順治—嘉慶朝

清實錄經濟史資料

國家財政編·壹

《〈清實錄〉經濟史資料》課題組成員：

陳振漢　熊正文　蕭國亮

李　諶　殷漢章　葉明勇

武玉梅　羅熙寧

北京大學出版社
PEKING UNIVERSITY PRESS

編輯説明

《〈清實録〉經濟史資料》是北京大學經濟學院組織編輯的一部大型經濟史資料彙編。本次出版的是第一輯，分爲《農業編》、《商業手工業編》、《國家財政編》三個系列，收入《清實録》中有關順治至嘉慶朝經濟的全部資料。其中《農業編》一九八九年曾由北京大學出版社出版，此次重印進行了一定程度的修訂。

《清實録》是重要的清史文獻，連同《宣統政紀》在内，全書共四千四百三十三卷（不包括卷首四十二卷），卷帙浩繁，内容翔實，全面記録了有清一代政治、經濟、社會、文化、軍事、外交等各方面的活動。所收史料，大多來自官方檔案，舉凡一國大政，靡不備録，爲研究清代歷史所必備。它是一部編年體史書，按年代、事件，逐日分條記載，在有關軍事、外交、用人行政等内容具體、時間地點明確的事件的記載方面較爲清楚，檢索比較容易。而社會經濟方面的史事，由於内容平凡瑣細，或者記載繁多而不集中於一時一地，或者很少爲人注意，偶有記載，又不知在何朝何年。因此爲蒐集某一方面或某一問題的資料，往往要翻遍全書，耗時費力，極爲不便。因此一些學者對《清實録》或按省份，或按專題，分類輯録整理，以便研究之用。

《〈清實録〉經濟史資料》選輯工作早在一九四九年新中國成立之初就已開始。當時北京大學法學院成立了中國經濟史研究室，它的一項中心工作就是由陳振漢先生主持選編《清實録》、《東華録》中的經濟史資料，以滿足教學和科研需要。一九五二年院系調整之後，教育部在北京大學經濟系設置經濟史研究據點，蒐集《清實録》經濟史資料定爲主要工作之一。當時選編該資料的目的不僅爲在北京大學教學上自用，並且要付印出版，以利廣大研究工作者和讀者使用。一九五六年全國科學長期規劃中，它被列爲資料工作項目之一。起初，因爲人手少、條件落後，全部《清實録》資料都是用手工抄寫，資料整理工作進展緩慢。後又因"文革"運動開始而打斷了工作的正常進行。一九七八年撥亂反正後，《清實録》經濟史資料的整理工作才得以重新開始。一九八九年北京大學出版社出版了由陳振漢、熊正文、李誾、殷漢章四位先生整理編輯的《〈清實録〉經濟史資料》第一輯《農業編》，並於一九九一年獲得了北京大學科學研究成果獎。但仍有大部分資料尚待整理出版，此即《商業手工業編》和《國家財政編》。《農業編》於一九八九年十月出版後，資料的選編工作又因各種原因而中斷。

二〇〇二年，陳振漢先生囑託蕭國亮教授向有關領導提議重新恢復《清實錄》經濟史資料的整理出版工作。時任北京大學經濟學院院長，現任北京大學副校長的劉偉教授向學校領導彙報後，在校領導的支持下，決定撥出專項經費，由蕭國亮教授主持《清實錄》經濟史資料整理與出版工作，重新啟動該課題。自二〇〇二年十月開始，先後錄用葉明勇和武玉梅兩位博士後，分別進行《商業手工業編》、《國家財政編》的整理與出版工作。之後又錄用燕紅忠、劉文遠兩位博士後，繼續道光至光緒四朝實錄和《宣統政紀》經濟史資料的整理工作。

這項工作前後持續了六十多年，但陳振漢等先生始終堅持不懈，即使面臨嚴重困難，也矢志不渝。新世紀以來，在北京大學經濟學院領導的支持下，發揚愚公移山的精神，經過幾代學者的共同努力，這部與共和國同齡的經濟史資料整理工程才終成完璧。

前　言

——《清實録》的經濟史資料價值

一

　　實録是南北朝以後我國編年史著作的一種體例。一個朝代裏某一個皇帝的實録，是史官於皇帝死後按年月日期順序記載他在位時期言行事功的流水賬簿。爲纂修實録，明清兩代都設立專門機構，任用成千上百職官。雖然由於各朝治亂情況和政刑繁簡不一，歷朝實録每年卷帙多少各異，但因爲是逐日的記録，明清兩代統治年時很長，《實録》的總的卷帙都相當浩繁。現存《明實録》（南京國學圖書館傳抄本）爲二千九百二十五卷，約二千萬字。《清實録》（全名《大清歷朝實録》，一九三六年僞滿國務院影印本）[1]卷帙更多。連順治以前六十一年的《滿洲實録》、《太祖實録》和《太宗實録》在內，綜計前後三百二十九年的《實録》，加《宣統政紀》共四千四百三十三卷，約四千四百萬字。因此就字數和篇幅來説，《清實録》是少數幾種大宗清史資料來源之一。《清實録》的總的篇幅和字數如此。至於每朝《實録》的卷帙和字數，歷時長短不同，固然有所差別，但即便兩朝年時相近，卷帙多少也可大相徑庭。如康熙朝與乾隆朝，皇帝在位時間衹差一年，《實録》卷數卻相差五倍。下表是順治至同治八朝《實録》的卷帙和纂修經過的簡單情況。光緒朝《德宗實録》的纂修已在清亡以後，情況與前有別，所以没有列入。

---

[1] 一九三四年僞滿洲國爲日本脅迫，合作影印《清實録》，於一九三六年由東京大藏出版會社出版。底本以瀋陽崇謨閣藏本爲主，中缺道光十八年七册和咸豐十一年五册，從北京故宫博物院藏本補抄，《德宗實録》和《宣統政紀》則據溥儀藏本。（陳象恭：《談〈清實録〉和〈清史稿〉》，《歷史教學》，一九五七·一·四一；孫月嫻：《日本對〈清實録〉的篡改和影印》，《社會科學輯刊》，一九八四·三·一一〇。

表一

王朝		《實錄》卷數			纂修情況			
年號	歷年	皇帝廟號	總數	皇帝在位期間年平均	職官人數	敕修年	遞呈年	所用年數
順治	一八（一六四四—一六六一）	世祖	一四四	八	一二九	康熙六	康熙十一	六
康熙	六一（一六六二—一七二二）	聖祖	三〇〇	五	二一九	雍正一	雍正九	九
雍正	一三（一七二三—一七三五）	世宗	一五九	一二	二三〇	雍正十三	乾隆六	七
乾隆	六〇（一七三六—一七九五）	高宗	一五〇〇	二五	一二〇二	嘉慶四	嘉慶十二	九
嘉慶	二五（一七九六—一八二〇）	仁宗	三七四	一五	七四八	嘉慶二五	道光四	五
道光	三〇（一八二一—一八五〇）	宣宗	四七六	一六	八六三	咸豐一	咸豐六	六
咸豐	一一（一八五一—一八六一）	文宗	三五六	三二	七八〇	同治一	同治五	五
同治	一三（一八六二—一八七四）	穆宗	三七四	二九	八三一	光緒一	光緒三	三

（資料來源：各朝《實錄》卷首）

　　表中乾隆以後各朝《實錄》的每年平均卷數都比以前增多。特別是咸豐、同治兩朝卷數之多，至達康熙朝的六倍。其所以如此的原因大約不止一端，我們不在這裏論列。

　　《清實錄》的卷帙情況如此。現在我們來看其中經濟史資料的篇幅。由於各朝《實錄》卷帙不同，而現在付印的一輯則是道光以前各朝《實錄》中的資料，以下所述也以這一部分爲限。

二

　　實錄既是一朝皇帝在位期間"重大"言行事功的記錄，各朝實錄的內容就因朝代經歷時間的久暫，當時國內外形勢變化和朝政興革的多少而彼此不同，不能完全一律。就順治至嘉慶前五朝二千四百七十七卷《實錄》來說，根據其中"範例"所舉"書"録的專案,它們的內容可以大略歸納爲十類:(一) 天象,氣候徵應;(二) 皇帝,皇室;(三) 兵事;(四) 戶政,食貨;(五) 官制,吏治;(六) 貢舉,考試;(七) 司法;(八) 政府工程;(九) 理藩,邦交;(十) 纂修官書,旌表節孝、義烈。可以説是把整個朝代所有典章制度變革、文治武功、内政外交,都已包括在内。因爲按照當時的認識,所有這些方面都既是由當朝皇帝一人的意志言行決定,是非功過就都應寫在他的賬上。在這十大類内容裏面,經濟史資料主要是第四類:戶政、食貨。其中主要包括下列項目:

歷年全國人丁户口、田地數字,人丁編審,土地開墾、圈撥。

漕糧折徵,賦役蠲除、緩减,歲辦諸物徵、罷,漕運,錢法,茶、鹽、榷關則例更定。

水、旱、蟲災年時、地區、災情,蝗蟲防治,災荒賑恤,倉穀儲備。

諸王以下文武官員俸禄,軍士月餉則例更定。

以上各項內容,大體相當於我國傳統史籍中的"食貨"或會典中的"戶部"一門,主要是官府經濟或財政史資料。但上列其他各類實録記載,如同(二)中有關皇帝耕耤、閱視河工或海塘的記載,(八)中關於河工、海塘、河渠水利的記載,(九)中關於外藩人衆安插,土司、酋長歸化以及外國朝貢通市的記載,都主要是經濟史資料,特別是(三)"兵事"類内有所謂"剿撫賊寇、平定地方"的記載,在雍正、乾隆、嘉慶三朝《實録》中,往往連篇累牘,不絶於書。其中大部分是各族城鄉人民反抗壓迫剥削起義鬥爭的社會經濟史資料;此外,這一類中關於軍糧供應、屯墾和軍事通訊(馬政、郵驛)的記載,不少也是經濟史資料。

這些類的記載之外,還有大量分散在(五)官制吏治和(七)司法等類中,性質不屬於經濟,但内容卻與經濟極有關係的記載。本輯就是由《實録》中這樣一些類別的資料組成的,共約五百五十萬字,當前五朝《實録》總字數二千四百七十萬字的五分之一弱,可能是迄今已出版的篇幅最大的清代前期經濟史資料匯集。已有的這個時期的資料類書,篇幅最大、字數最多的要數《清朝文獻通考》和嘉慶《大清會典事例》。可是兩書這部分資料的總字數,都比本輯少得多。乾隆《通考》"食貨"八考[2]共四十六卷,約七

---

[2]《清朝文獻通考》,共三百卷,乾隆二十六年(一七四七)成書。食貨門八考卷數(括弧内數字)如次:田賦考(十二),錢幣考(六),户口考(二),職役考(五),徵榷考(六),市糴考(六),土貢考(一),國用考(八)。

十萬字，不過本輯資料八分之一。嘉慶《大清會典事例》內，户部事例一百零四卷，禮、工二部事例與經濟有關的二十七卷，合一百萬字[3]，不及本輯資料五分之一。

以上是本輯資料的字數多寡情況，現在來看這些資料的內容和質量價值。

三

任何國家的政府都必須關心本身的財政狀況。在《清實錄》和其他清王朝官修政書中，有關財政經濟的資料都占一定的比重。這一點是容易理解的。《清實錄》的特點是這些記載不止是清王朝的政府財政史料，而且同時是清代中國的國民經濟史資料。這有兩個方面原因。

第一，清朝廷是一個中央集權的專制帝國政府。這樣的一個政權，為了鞏固自己的統治地位，為了足食足兵，一方面必須有充裕的財政來源，能夠徵調最大量的賦役，另一方面又須預防老百姓起來造反，不能竭澤而漁。因此，康熙、雍正和乾隆三朝皇帝，主觀上都關心國民經濟，這幾朝的《實錄》裏面於是也有大量關於農業生產和農民生計的記載。

第二，清代國民經濟的主體是農業，並且是個體經營的小農業。小農業不僅是清王朝政府的主要財政來源，而且也是它的首要兵力來源。這是秦漢以後中國歷代專制統一王朝政權與西方專制政權不同的一個重要方面。小農經濟能夠在傳統生產技術條件下，最有效地利用現有土地資源來維持最大量的人口，對政府提供充裕兵力來源，同時小農又因為散處四境而不是集中在少數府縣，比較不易聚衆造反，而便於中樞操縱統治。

王朝政權依靠小農經濟，小農經濟的生存和繁榮也有賴於政府，特別是一個強有力的統一國家的政府來維護。這主要有兩個方面。一個方面是農業生產即便是近代大規模機械化農業，也不能完全擺脫天時地利因素的影響，小農業或個體農民因地制宜、興利除弊、抗禦自然災害的力量更是微弱，因此大規模的如同黃、淮、運河、江、浙海塘等河渠水利工程，或西北新疆邊

---

[3] 嘉慶《大清會典事例》，九百二十卷。嘉慶二十三年（一八一八）成書。禮、工二部二十七卷，子目如次（括弧内數字代表卷數）。禮部：耕耤（一），親蠶（一），授時（一），朝貢（六）。工部：河工（十），海塘（二），水利（四），關稅（一），匠役（一）。

遠地區的移殖墾荒，水旱災荒的預防周恤和常平倉穀的積貯等事業，都要由北京朝廷擘劃經營。

另一方面是防止土地兼併和土地的過度集中。農民分化和地權不均是小農經濟的必然趨勢，但土地的過度集中是不利於王朝政權的鞏固的，一個集權的專制統一王朝必須預防這種局面的形成。

由於這些原因，本輯大約五百五十萬字資料裏面，將近一半是關於人口、土地和農業的資料，一百二十萬字左右是商品和手工業史資料，其餘大約一百九十萬字是國家財政史資料。

關於人口、土地和農業的資料分編爲五章：（一）人口，（二）土地，（三）農業生產，（四）清政府的農村賦役徵派，（五）農村人民的生活和反抗鬥爭。這五章中，（一）至（四）章都有一部分內容是超出傳統政府財政的範圍的。因之，也是已有史籍政書中的"食貨"典志和歷朝《大清會典》"戶部"門所不收的。第五章則幾乎全部都是新從《實錄》輯錄而不見其他書籍的材料。

歷代農業生產關係和農村社會階級矛盾鬥爭史的研究曾是我國史學界用力最多和成果最豐碩的領域之一。關於清代前期的這方面歷史，人民大學清史研究所和檔案系合編的《康雍乾時期城鄉人民反抗鬥爭資料》[4]（下文作《康雍乾鬥爭》）是一部重要資料書籍。全書資料輯自第一歷史檔案館所藏檔案、山東"孔府檔案"、地方誌、文集和專著，也有不少采自《清實錄》。蒐羅廣泛，內容豐富。其中十分之七以上是鄉村人民反抗鬥爭的資料。表二是這一部分資料所記載的反抗鬥爭案件次數與本輯類似的案件次數的一個比較[5]：

---

[4] 全二册，一九七九年中華書局版。
[5] 兩書編輯體例不盡相同。凡內容性質各異案件，未計算在比較數字之內。

表二　本輯與《康雍乾鬥爭》記載全國農村反抗鬥爭案件數[1] 比較

案件\王朝	抗租[2]		反抗賦役徵派[3]		搶米遏糶鬧賑[4]		武裝起義鬥爭		總計	
	本輯	康雍乾鬥爭	本輯	康雍乾鬥爭	本輯	康雍乾鬥爭	本輯	康雍乾鬥爭[5]	本輯	康雍乾鬥爭
順治		三					二		二	三
康熙		一〇	二	五	一	三	四		七	一八
雍正		三	二	八	三	五	二九	二九	五	一六三
乾隆	九	九	五二	二八	一三八[6]	九七[7]		九	二二八	一六
嘉慶			四	五		四	三[8]		七	一八
總計	九[9]	二五	六〇	四六	一四二	一〇九	三八	三八	二四九	二一八

1　某年，某日，某省，某州縣發生的一次事件。

2　《康雍乾鬥爭》，第1章，第1節，"抗租和爭田—民地"（頁一〇～一六四）。

3　《康雍乾鬥爭》，第1章，第4節，"抗糧和反科派"（頁三一〇～三四八）。

4　《康雍乾鬥爭》，第1章，第3節，"奪糧"（頁三一〇～三一九）。

5　《康雍乾鬥爭》，第4章，"農民起義和農民戰爭"（頁五九九～八四四），這一章所收共五十八起案件的資料，其中有的顯然不能稱爲武裝起義，這裏沒有包括在內。

6　其中乾隆十三年，山東一省共五十四案（《高宗實錄》卷三一九，頁九，《康雍乾鬥爭》，頁二八五）。

7　其中乾隆十三年，山東一省共五十四案（《高宗實錄》卷三一九，頁九，《康雍乾鬥爭》，頁二八五）。

8　白蓮教、天理教各省起義戰爭作一次論。

9　白蓮教、天理教各省起義戰爭作一次論。

　　從表中各類鬥爭的案件數字可以看出，《實錄》關於雍正以前和嘉慶朝的人民反抗鬥爭的記載，除武裝起義鬥爭以外，都不如《康雍乾鬥爭》的多，但乾隆一朝則《實錄》資料與《康雍乾鬥爭》或者相等，或者要大得多。這說明即便如人民反抗統治壓迫鬥爭這樣一個爲我國史學界曾着重研究的領域，本輯的資料，也或許還能使我們看出一些問題，從而去做一些新的探索。舉例來說，《高宗實錄》中關於人民反抗鬥爭的記載，即就上表所列的四類鬥爭來看，其案件之多，幾乎每年平均四次，是康熙一朝六十一年的三十三倍。《康雍乾鬥爭》中的資料也反映了同樣的情況，祇是程度稍有不同。爲什麼會如此？這意味着什麼？

　　從上表中還可以看出，不論是本輯，還是《康雍乾鬥爭》的資料，都說明乾隆朝或清代前五朝裏面的人民反抗鬥爭，絕大部分，百分之六十是搶米遏糶和鬧賑；其次是反抗賦役徵派，約佔全部案件的百分之二十；第三是武裝起義鬥爭，佔全部案件的百分之十五；最少的是農民抗租鬥爭，不過全部案件的百分之五左右。

這些數字是否足以啟發我們對於這個時期人民反抗鬥爭的起因、物件和性質作新的研究呢？

《實錄》記載一般都比較簡略。惟獨關於人民反抗鬥爭則往往不厭其詳，對於一案多次反復記載。這樣，對於有的案件就留下了相當完整翔實的史料，供我們利用來研究當時的社會矛盾和鬥爭。例如，康熙五十六、五十七年河南宜陽、閿鄉、澠池等縣人民為了反抗賦役加派先後起事，《聖祖實錄》共有五條記載（康熙五十六年七月己卯至五十七年四月庚寅），其中五十六年九月癸酉日一條中說，河南巡撫李錫上年在宜陽、閿鄉等河南府屬十四州縣加徵田賦每畝四釐，又發給這十四州縣瘦馬共三百八十一匹，每匹勒交銀十二兩，因而激起這些地方人民的造反。[6] 這是對巡撫大員浮徵私派的反抗。多數這類反抗鬥爭的矛頭則是指向州縣小官、佐雜吏役，而敢於首先起來發難的往往不是農民，而是地方紳士。《高宗實錄》裏面有幾條地方士紳帶頭反抗河工兵差徭役的記載，更多的是這類人在災年率先遏糴，鬧賑。例如，乾隆十六年七月，江西安仁縣人民"聚衆阻運倉穀"，"巨魁"是當地紳衿劉丹[7]；乾隆三十三年，江蘇江陰縣民衆因災要求蠲緩錢糧，領袖是保正沈添益[8]；乾隆三十五年，貴州桐梓縣民鬧災，系"有生員在内唆使"[9]。

這些祗是從本輯資料中隨手掇拾的事例。此外類似的記載還所在多有，如能加以系統整理分析，大概對於這一時期人民反抗鬥爭的主要起因、動力和打擊對象，對於清王朝統治勢力興衰消長的契機，乃至對於當時整個社會的階級、階層結構及其相互關係變化的研究，都可能有所啟發或助益。

《農業編》最後一章還有一部分記載社會下層人民"結社設教等秘密活動"的資料，數量也不少。但考慮到其中不少這類活動並不一定旨在反抗官府或任何統治勢力，我們沒有編入"反抗鬥爭"史料。

《清實錄》，特別是《高宗實錄》，可能是清代秘密社會史研究最重要的資料來源之一，而過去大概還沒有人能夠注意利用。例如，關於四川省的"啯嚕"或"啯匪"，單是我們收錄在這裏的直接有關記載就有五十二條，約

---

[6]《聖祖》二七四、一一（《聖祖實錄》卷二七四，頁一一，以下注釋《實錄》出處卷頁號碼標法同此）。
[7]《高宗》三九五、二三。
[8]《高宗》八二三、二三。
[9]《高宗》八五六、二。

一萬來字（凡是内容前後重複、毫無新義的記載和不是直接有關，因而編入其他章節的，還未算在内）[10]，是迄今我們知道的有關啯嚕的最翔實記載，不僅對於這個問題本身，而且對於後來的哥老會和清代前期四川農村社會的研究，都可能具有重要價值。

以上是第五章裏我們認爲比較重要的一些内容。現在再看《農業編》其他幾章的主要和特殊資料。

四

《清實録》，特別是《高宗實録》裏面關於人民反抗鬥爭的大量資料，反映了朝廷對於鬥爭形勢的密切注意，因爲這是最直接關係到王朝安危存亡，因而需要朝廷隨時決策肆應的事情。從同樣的鞏固統治地位的目的出發，王朝所關心的次一方面問題，大概要算廣土衆民，這也就是户口、墾荒和糧食生産年成。於是《清實録》也爲我們在這幾個方面提供了大量官方資料。

第一章，關於人口的資料，包括兩個部分：户籍編查和人丁户口統計。一般人比較感興趣的是第二部分人口統計數字。因爲這些是唯一的全國性系統官方數字，應當具有權威性。但是其中有的數字顯然十分荒謬，令人難以置信，甚至懷疑其他數字的可信性，爲清代人口史研究增加了困難，而第一部分關於户籍制度的資料，對於我們了解這些數字的來歷、性質和適當估計它們的價值是有用的。

《清實録》記載全國人口數字"民數"，始於乾隆六年（一七四一）[11]。在這之前，從順治八年（一六五一）[12]，到雍正十二年（一七三四）[13]，八十四年間《實録》所記載的是所謂"人丁户口"[14]。人丁是十六至六十歲的應徵差徭義務男子，不包括婦女老幼在内，所以這是政府課徵丁銀（差徭代金）的對象，而不是人口數字。從雍正十三年（一七三五）到乾隆五年（一七四〇）六年間，《實録》没有任何全國性人口數字見諸記載。乾隆六年以後直至同治十二年（一八七三），前後一百三十二年間，每年最後一卷《實録》的卷末，都記載有當年的全國"民數"（"大小男婦名口"）和"穀數"

---

[10] 見本輯農業編第五章第三節，四。
[11] 《高宗》一五七、三〇。
[12] 《世祖》六一、一六～一七。
[13] 《世宗》一五〇、一八～一九。
[14] 實際上是以明代萬曆年間（一五七三——一六二〇）《賦役全書》記載爲基礎，根據清代五年一次編審的結果加以調整的數字。詳下文第七節。

（"存倉米穀"石數）。光緒《德宗實録》則完全没有這種數字。

這些數字是户部根據各省上報材料統計出來的。各省材料在乾隆六年至嘉慶二十五年共八十年間，除嘉慶朝三年湖南、湖北、陝西和福建四省材料不全以外，其他年份都是系統完整的[15]。問題是這些人口數字的可靠性怎樣？

關於《清實録》人口數字的可信程度或誤差大小問題，國内外學者爭論已久，衹是到二十世紀七十年代以後，才有比較一致的看法[16]。世界各國的人口統計，即令是近代、當代數字，都不免有一定誤差，問題衹在於幅度大小。《實録》人口數字所以令人懷疑，是其中有的年份，連續兩年的全國民數完全相同，毫無增減[17]，又有的一年之間，民數突增百分之二十[18]，或突減百分之七[19]，都是令人無法理解的荒唐記載；還有如嘉慶元年（一七九六），白蓮教起義方興未艾，全國民數就從上年突減二千一百萬，合百分之七；而在嘉慶三、四兩年，起義戰爭地區擴大以後，民數反倒連續增長，以致嘉慶十年（一八〇五），亦即白蓮教起義戰爭完全平息後的翌年，比戰爭開始時期嘉慶二年（一七九七）的民數要多六千萬，或百分之二十二[20]，這樣總起來看，似乎經過了爲時八年和廣及七省的戰爭，全國人口不但没有任何減少，反而大爲增加了。

但是，這樣的荒唐情況，在乾嘉兩朝的記載當中終究衹是少數，並且既然易於發現，也就不難加以訂正。對於經濟史研究來説，重要的是全部數字是否大體可信，是否能夠反映這個時期中國人口消長的大致趨勢。如果衹是這樣來要求，那麼我們認爲《實録》人口數字還不失爲大致可信的參考資料，理由如次：

第一，《實録》裏面一些記載説明清帝弘曆不僅發動了乾隆六年以後全國"民數"的查報，而且在他在位的年代當中，一直注意着這件事情。當時清王朝國勢鼎盛，乾隆政權尤其炙手可熱；但另一方面，人民的反抗鬥爭已

---

[15] 道光朝（一八二〇——一八五〇）數字也基本完整，咸豐、同治兩朝（一八五一——一八七四）則僅兩年有各省全部數字。

[16] 珀金斯（Dwight H. Perkins）：《中國農業的發展（一三六八——一九六八）》（上海譯文出版社，一九八四年）頁一一～三四，二五一～二八八。這裏關於我國歷史上人口數字的論述，有不少可供我們參考之處。

[17] 《高宗》二八一、三〇，三〇五、四三，三三一、六六，三五五、二四。

[18] 《高宗》九七三、三二，九九九、三四。

[19] 《高宗》一四六七、二三，一四九三、二九。

[20] 《仁宗》一二、一九，一五五、二三。

日益頻繁，清查戶口成爲"彌盜安民"的嚴重任務，地方官吏不敢十分玩忽。加以康熙五十二年明詔滋生人丁永不加賦以後，各省多報人口，不僅並不增加賦稅負擔，而且能在積儲備荒倉穀上面得到好處，所以不致蓄意隱匿少報。

第二，在整個這一世紀當中，除了嘉慶初的短期波動和個別年份的突然漲落以外，民數的基本趨勢是平穩的直綫增長。從乾隆七年（一七四二）到二十七年（一七六二）二十年間，民數從一億六千萬增爲二億，平均年增百分之一點一；從二十七年到五十五年（一七九〇）二十八年間，從二億增爲三億，平均年增百分之一點五；再到道光十四年（一八三四），四十四年間，又增加爲四億，年增長率百分之零點七[21]。總計九十二年間，平均每年增長百分之一。這樣一個速度大概是符合當時歷史實際的，在這一個世紀內，一方面除了嘉慶初的白蓮教起義戰爭以外，我國國內基本上是和平安定局面。另一方面，玉米和番薯兩種外來農作物在許多省份的廣泛種植，使得國內糧食產量空前增加[22]。這正是一個社會人口不斷迅速增長的時代。

第三，現在國內外多數專家學者都認爲，我國公佈的一九五三年的全國人口數字是接近實際的。從道光十四年（一八三四）到一九五三年，歷時一百一十九年。其間中國經歷了太平天國、捻軍和回民起義戰爭（一八五一—一八七四），經歷了北洋軍閥和蔣介石統治時期的連年內戰（一九一三—一九三六），又經歷了八年的抗日戰爭（一九三七—一九四五）和三年的解放戰爭（一九四六—一九四九），全國人口從四億增加到六億[23]，平均年增長率僅爲百分之零點三，是可以理解的，也反映了道光十四年以前一百多年間的人口增長率大概並不偏高，而是近乎實際的。

五

第二、三兩章《實錄》有關土地和農業生產的資料裏面，全國性土地數字祇有從順治八年（一六五一）到雍正十二年（一七三四）的逐年全國"田、地、山、蕩、畦地"頃數。同上述"人丁戶口"數字一樣，這些是政

---

[21] 本輯《農業編》，第一章，第二節；《經濟科學》一九八一年第二期，頁七六～七七，第四期，頁八十。

[22] 陳樹平：《玉米和番薯在中國傳播情況研究》，《中國社會科學》，一九八〇年，第三期，頁一八七～二〇四；李德彬：《番薯的引進和早期推廣》，鄧力群、錢學森等著：《經濟理論與經濟史論文集》（北京大學出版社，一九八二年），頁一三九～一七一。

[23] 國家統計局編：《偉大的一年》（人民出版社，一九五五年），頁一。

府課徵賦稅的數額。其中多數衹是就明代萬曆年間的舊額，略加或根本不加增減的數字，因此不僅不是實際耕種地畝，而且往往多年固定不變，並不反映農民耕地的實際增減。

乾隆和以後各朝《實錄》沒有相當於"民數"的全國耕地面積數字，而有不少關於四川移墾，新疆屯墾，各省"報墾升科"和坍塌不堪耕種土地報請開除田賦的記載，有不少關於政府墾荒政策的諭旨和奏議；也有一些揭露各省大小官吏虛報墾荒成績的材料。如果加以系統整理、綜合和分析研究，對於清代前期全國耕地面積的消長變化，即使不能得出確切數字，也是能夠增進對於實際情況的了解的。

《清實錄》裏有大宗"旗地"、"官田"材料。關於"民田"佔有關係也有一些重要材料。其中最值得注意的是關於朝廷維護小土地所有制和小農經濟的記載。這裏如：（一）招民墾荒條例中每戶占地以三五十畝爲限的規定[24]；（二）禁止山西商人災年到河南"越境放債，賤准地畝"的記載[25]；（三）朝廷蠲免田賦年份勸諭地主富户酌減地租的諭旨[26]；（四）懲辦河南官僚彭家屏之弟彭家植[27]、湖南監生段興邦[28]和禮親王昭槤[29]等突出兇惡不法地主的事例；以及改定紳衿優免差徭制度[30]和廢除各省殘存賤民户籍[31]等記載，都說明清王朝所重視和維護的是小農經濟和小土地私有制。

在十七、十八、十九世紀，清代皇帝還不可能知道小農經濟這個名詞和其中的經濟學，但他們大概從我國歷史上專制帝王的統治經驗中，從《孟子》上就已有過的"有恒產者有恒心"[32]這類教條中，懂得了朝代強盛和國家長治久安的首要條件之一，在於廣大農民能夠安居樂業，而這又在於農民不僅有地可耕，而且還對耕地享有產權。所以他們必須維護土地私有制，而在這種制度必然引起的土地兼併的客觀現實面前，採取一些補苴調和措

---

[24] 如四川招墾，每户給水田三十畝或旱地五十畝，《世宗》六七、二五。
[25] 《高宗》一二五五、二三，一二五七、二四，一二六三、二九。
[26] 《高宗》三〇九、一二。
[27] 《高宗》三八四、五。
[28] 《高宗》八九〇、七，八九一、一〇、一一、一八，八九五、一、二。
[29] 《仁宗》三一二、二五，三一三、四。
[30] 《聖祖》一四六、一四、二三；《世宗》四三、二三；《高宗》一七四、一八，五〇六、八，八四五、二五。
[31] 《世宗》六、二三，一一、二七，五六、二七，八一、三八，九四、一七；《仁宗》二二三、二四。
[32] 《孟子·滕文公》上。

施，一方面藉以預防過分強大的地主勢傾朝野，甚至割據稱雄；同時也是害怕過多農民迫於饑寒而流離載道，可能起來造反。

《清實錄》裏面的農業生產記載，有關墾荒或耕地面積增減的，已在上面提到。此外比較重要的是：（一）農田水利，（二）自然災害，和（三）新疆墾殖等三個方面的資料。

（一）農田水利

《實錄》對黃、淮、運和直隸永定河等河的重大河工，都有比《會典》、《通考》等書更爲詳盡的記載。本輯《財政編》有關河工經費的章節中，選錄了其中不小一部分。在各省農田水利方面，浙江海塘（所關不僅農田水利）和寧夏河渠資料不少，但同其他官修政書比較起來，《實錄》更突出的，是關於畿輔直隸水利，特別是其中關於發展水稻種植的記載。康、雍、乾三朝政府在直隸、河南和山東三省，特別是雍正一朝，在淮河以北，作了大概比宋、明兩代都更爲巨大的努力，來發展水稻種植，但成績同樣不大。《清實錄》對於清朝前期政府試圖運用政治力量來維護和發展小農經濟的用心，在這裏也提供了一個典型事例。《實錄》這裏固然記載了這個"運動"初興時期（雍正四、五年，一七二六—一七二七）的聲勢和成績，如直隸各州縣已經開闢的水稻田面積：官營，三千二百八十七點七頃；民營，文安縣，三千余頃，安州、新安、任邱三州縣，二千餘頃。水稻產量，"據各處呈報新營水田，俱禾稻茂盛，高可四五尺，每畝可收穀五、六、七石不等"[33]。但《實錄》並不諱言這場一度聲勢煊赫的自上而下的發展生產"運動"，在不到十年之間就綻露衰象[34]，不到二十年之間，就以失敗告終[35]。更難得的是《實錄》還記載了一些事情，爲後人分析研究其中的成敗緣由提供了綫索。例如在"運動"高潮中的雍正六年（一七二八），"效力〔營田〕主簿梁文中，在薊州營治水田，將水泉微細之地捏報堪營。因民間觀望，差拘責比，復逼迫民人將已種豇豆、高粱等項拔去"，以致農民蒙受損失，朝廷旨在"惠養斯民"、爲地方興利的好事變成了壞事，他自己也被認爲是"阻撓政事"，不但丟了原來官職，而且被罰在"工所枷號示衆"，賠償農民豇豆損失[36]。這雖然不過是一個事例，但是否也能用來說明古今中央集權專制國

---

[33]《世宗》五一、二〇，六〇、二五。
[34]《高宗》五三、三。
[35]《高宗》二一六、九，六七三、九。
[36]《世宗》七一、四。

家政令得失的普遍道理的一個方面呢？

（二）自然災害

《實錄》這方面的材料，又可分爲二類：

（甲）災害類別、頻率，災區範圍和災情。各省報告災情通常都很積極，因爲由此可以請求朝廷減徵、緩徵，甚至完全蠲免錢糧。所以這些記載是否完全可信還是問題。不過就記載的完整程度來說，《實錄》要超過所有其他官修政書。現有清代全國各省的自然災害統計，大概要推陳高傭編的《中國歷代天災人禍表》卷九[37]最爲詳備。這部巨著成於二十世紀三十年代，當時《清實錄》尚無影印本，所以書中的清代部分表格是根據清"三通"、《清史稿》、《清史紀事本末》、《清鑒》等書的記載編制的。其中記載的清代從順治到嘉慶五朝的自然災害，總的要比本輯所記載的少四百三十八次，前三朝的記載比較接近；乾嘉兩朝則陳書所記次數祗有本輯的一半。

（乙）災荒防治。清政府的水旱災害防治措施，主要是興修河渠水利和黃、淮、永定、荊江等河的搶險防洪工程。《實錄》除了關於這些工程的技術方面有大量記載以外，還有一個方面的資料，是其他政書所不載的。這就是如同政府禁止湖南、湖北農民在洞庭湖和漢水沿岸與水爭地之類的法令[38]。這些資料除了反映政府水利政策的意義外，在反映清代前期人口增長對於農業生產的壓力，反映政府在小農經濟發展上的作用等問題上，也是很有價值的。

清前五朝《實錄》裏另一方面的突出的資料，是關於蝗災防治的廷議和具體措施的記載。單是我們輯錄在這裏［農業編，第三章，第五節，一，（二）］的就有一百三十條，約二萬多字。從第五節"一，（二），3"的統計表上可以看出，就頻率和災情嚴重程度來說，蝗蟲在清代前期是僅次於水、旱的第三大災，理應爲朝廷所密切注意。《實錄》的大量記載，一方面說明了像蝗蟲這樣易於廣泛蔓延的農業災害，確是需要由中央政府來統一採取防治措施，但另一方面，更多的是暴露了當時清朝統治在這種問題上的無能和寡效。例如，（一）皇帝本人的缺乏常識而又好炫才矜能，雍正和乾隆皇帝父子幾次發表過一種奇談怪論，居然說蝗蝻是由低地水坑裏面的"魚子"經過日曬以後孵化出來的[39]。

---

[37] 全書十卷，一九三九年上海暨南大學出版。
[38] 《高宗》一七一、二九，二五八、九，二八九、四，四五九、二三，六九九、二一。
[39] 《世宗》九三、二五，一〇八、二七；《高宗》五六一、二八。

（二）政府的防治措施是凭藉功令，由地方駐軍或州縣官吏、胥役督責里保强徵民役從事鏟蝻驅蝗，結果是田少農户被迫應役，旗莊巨富袖手事外，而揭發這類情況的御史言官反由此獲譴[40]。

（三）有的州縣迫於上司督責，偶而動用官款、官米，收買蝻子，或臨時僱傭用民夫驅捕蝗蟲，也從來不曾收到過較大成效[41]。原因除了省、府、州縣之間不能通力合作之外，還在於農民害怕地上莊稼遭到踐踏[42]，尤其是州縣胥役的敲榨勒索。農民説："胥役滋事，甚於蝗蝻。蝗蝻僅食禾稼，胥役累及身家"[43]。所以農民在遇到蝗災的時候，往往是一面祈禱"劉猛將軍之神"禳災，一面跪求州縣胥役不要進村[44]。

以上是乾隆時期的一些零星記載，但其中所透露的清王朝統治下的地方行政實際卻可能是有普遍意義的。根據本輯［農業編，第三章，第五節，一，（二），3］中清代前五朝的全國蝗災數字，乾隆朝蝗災的嚴重程度僅次於順治朝，平均每年都有一個州縣遭到蝗災，順治朝平均一個以上州縣，而康熙朝要每四年，雍正朝每五年，嘉慶朝每二年才有一個州縣發生蝗災。順治朝兵荒馬亂，蝗災頻仍或在情理之中，但乾隆朝華北各省很少兵燹，這連綿不已的蝗災，是朝廷防治措施徒具形式的具體證明。同時，從這樣的一些記載，我們是不是也可以看出，《清實録》裏絶不衹是對於皇帝的頌歌諛詞，而也有不少可貴的真實史料呢？

（三）新疆墾殖

康熙、雍正以後，新疆地區的開發是清王朝在中國經濟史上的一大貢獻。《清實録》對這一經過有相當翔實的記載。在本輯裏我們編録了有關這方面的一共二百五十條，約四萬字的資料。對於社會經濟史研究來説，其中的重要内容，大約有這樣兩個方面：（一）關於新疆農業生産發展，（二）關於新疆少數民族的社會經濟，尤以前一方面的資料居多。這方面如同，（甲）墾殖地區範圍和規模——移民來歷、人數、墾地面積；（乙）農業生産情況——氣候、水利、土壤條件及其改進，農作物種類和單位面積産量等方面，都有分别地帶的幾乎逐年的系統記載，是其他政書所少載或根本不載的

---

[40]《高宗》八六二、一六、二二，八六三、五、二二，八六四、二三。
[41]《聖祖》二三八、九；《高宗》九三、二四，四一五、一五、二三，五九八、二三。
[42]《高宗》四一五、一五，六一三、一九。
[43]《仁宗》五〇、四六。
[44]《高宗》四一五、一五。

資料。

　　這個時期新疆北部的移民墾殖，可大別爲三類：軍屯、民屯和遣犯（發配到新疆的罪犯）屯田。民屯又分爲漢民屯田和回民屯田。其中最重要的是軍屯，即去到新疆打仗和駐防的軍士兵丁的屯田。本輯這一部分四萬來字的資料中，十之六七是記載軍屯的，關於民屯和遣犯屯田的記載不過百分之三十二。因此這裏的墾地頃畝和年成產量數字，大概也同第一、二章的人口、土地數字一樣，不能完全置信；不過由於各地前後記載條數不少，研究者不難通過比較分析來辨別其中是非真僞。因此，這部分記載仍是極有價值的清代新疆墾殖史資料。

　　關於南北疆少數民族社會經濟的記載[45]，數字不是很多，不過大致都是本於當時派駐新疆官吏的親身見聞而又不爲《平定準噶爾方略》（乾隆三十七年）、《平定回疆剿擒逆裔方略》（道光九年）等官書所輯録，因此也是難得見到的史料。

六

　　前五朝《清實録》中的商品、貨幣和手工業史資料，數量不是很大，我們輯録在這一編中的，大約一百二十多萬字，還不到《農業編》字數的一半。這大概是國家重農輕商和商業在國民經濟中的微末地位的反映。一百二十萬字中，主要是關於糧食貿易和鹽、鐵、銅等貨物的官營或包商產銷的資料，貨幣流通、銀錢典當和高利貸業資料，交通路綫以及沿海和臺灣地區的通商限制的資料，食鹽生產、鑄幣和織造等官府手工業資料，也有一些關於商人和私人商業資本的記載。這最後一部分，雖然字數不多，卻是《實録》資料的特色和精華所在。因爲關於官營或特許經營商業、對外貿易管理和貨幣制度這些方面的興革演變，不僅一般官修政書都有記載，而且有詳備的法令條例專書，而關於商人本身和商業資本的記載資料，則除了故宮原清政府檔案、各省地方誌和私人文集筆記之外，《實録》便是重要來源。官修政書一般都很少或根本不記載私商個人事蹟，因而很少或全然没有微觀的商業經濟史料。例如《清朝文獻通考》是政書中商人姓名事蹟記載較多的，但其中有姓名可稽的一共不過六人（銅商四人，鹽商二人）[46]，而前五朝《實録》

---

〔45〕　散見於第三章第二節，二，（四）和三，（九），未分列子目。
〔46〕　《清朝文獻通考》，卷一六，二七～二九，三二。

裏面[47]，根據我們初步查點，卻有七十三人（鹽商四十八，銅商十四[48]，行商十一）之多。

在《實錄》這部分關於商人資本的資料中，特別值得注意的，也許是其中有關清政府和政府官吏一方面利用，而另一方面壓迫和摧殘私人商業資本的記載。在利用方面，比較突出的如清廷內務府利用王綱明[49]、山西范氏家族[50]等官商運銅、行鹽、供糧、販馬，乃至銷售人參；高級官吏利用商人，如乾隆年間侍郎永壽（乾隆皇帝姪）交淮商黃德、程可正先後經營江西吉安府鹽引[51]，廣東巡撫熊學鵬通過兩淮總商江廣達爲其子熊之臺謀得"鹽窩"[52]（歸商人獨專的銷鹽地區），新疆葉爾羌辦事大臣高樸（慧賢皇貴妃姪，大學士、內大臣高斌孫），利用蘇州商人販賣玉石[53]等等事例，都是以官府的某種特殊權益作爲"股本"與私人合夥經商，既利用商人的資財和能力來賺錢，又可以不蒙與民爭利的罪名。這從王朝或官吏方面來說，都無疑是很高明的辦法；至於對商人來說，其爲禍爲福，從而對於中國商業資本發展的影響如何，都是有待於根據這裏的和其他資料來更深入和全面研究的問題。

在對於商人的壓迫打擊方面，主要是各種不同形式或名稱的敲榨勒索：捐輸或報效，勒索或賄賂。《實錄》記載這方面的事例極多，情況也都大同小異，其中比較突出的事例，如乾隆初年雲南礦商吳尚賢[54]，在滇緬邊境開辦銀礦；福建僑商陳怡老[55]，到南洋噶喇吧貿易多年，都極爲成功，但都分別爲這兩省地方官府所殘酷迫害，以致家破人亡，說明清代商人同其他

---

〔47〕 本輯《商業手工業編》。

〔48〕 傅衣凌：《清代前期東南洋銅商》一文（《明清時代商人及商業資本》，人民出版社，一九五六年，頁一七六～一九七），除《清朝文獻通考》外，還從其他中、日文文獻蒐集資料。但所提到的有姓名銅商，連《清朝文獻通考》四人在內，一共亦衹十一人。

〔49〕《聖祖》二五五、四，二六四、一、一五，二八八、一；《世宗》九、七。

〔50〕《世宗》一六、一八，一〇六、八，一五九、八；《高宗》五、一七，九、二七，六八、七，七、八，二一四、一〇，二一五、一四，二三一、五九，二四六、九，三二〇、二五，二三一、五九，四六九、二三，七〇八、一五，七三六、一五，一一七二、一五，一一七五、一五，一一八一、四，一一八四、二，一一八六、七。

〔51〕《高宗》二一八、二。

〔52〕《高宗》一〇二、一三。

〔53〕《高宗》一〇六七、四、七、九、三三，一〇六八、九、一〇、三一，一〇七〇、三、三七、四〇、四八，一〇七一、一，一〇七五、二一。

〔54〕《高宗》三六九、三，三九三、六，三九四、一三，四〇〇、四。

〔55〕《高宗》三四六、一四，三六一、一七，三六四、三。

職業的私人一樣，個人生命財產完全沒有安全保障；而生命財產的安全保障是任何私人經濟賴以建立和發展的最基本條件。所以官商關係或商人的政治地位也許是清代商業史中的一個關鍵性課題，《實錄》裏面這方面的資料，值得我們予以重視。

七

本輯第三編《國家財政篇》，主要包括如下三個方面的資料：

（一）政府財政收支内容項目和規章制度沿革。這一部分數量最大，其中主要内容也大致見於《清朝文獻通考》和歷朝《會典》。這裏的資料所不同的祇是對有的制度變革，如耗羨歸公、養廉銀制度化、攤丁入地等等的原委經過，有比政書更爲詳盡的記載。

（二）順、康、雍三朝（一六四四——一七三四）九十年間逐年的地丁、漕糧、鹽引、鹽税、鑄錢等數字和從乾隆六年（一七四一）到嘉慶二十五年（一八二〇）八十年中逐年的各省存倉穀石數字。在《會典事例》和《通考》中，這些數字，或者根本沒有，或者祇有某幾年的。因此《實錄》的這些數字記載是户部檔册以外，有關問題的唯一系統資料來源，也基本上反映了這個時期清政府財政收入的真實狀況。

清代前期，政府的主要財政收入是地丁和漕糧。兩者基本上都按照明代萬曆年間（一五七三——一六二〇）《賦役全書》徵收[56]。因此，《實錄》這裏順、康、雍三朝的"人丁户口"和"田地"頃畝數字，如果作爲當時實際存在的人口和耕地來看是完全不符實際的；但是作爲政府的徵課對象，則是與丁銀和漕糧一樣的真實數字。丁糧是政府每年的實徵收入，"户口"和"田地"是徵收依據。一個省的丁糧總額既是税則與户口、田地數額的乘積，又須與該省"起運"（報解中央各衙門）和"留存"（地方經費）數字吻合，其間不容許什麼差異，所以，從這個意義上來説，這些數字是真實可信的。

在同樣的意義上，這一編裏面的三朝其他財政收入，鹽、茶官銷税額和鑄錢數目，也都確實可信。其中鹽税是清政府僅次於地丁漕糧的重要財政收入，在順、康、雍三朝，每年的鹽税收入，大致相當於地丁銀兩的十分之一。所以這裏的這些數字，對於了解和研究清代初期政府的財政收入是重要

---

[56] 清政府在順治三年即已着手編纂《賦役全書》，但到十四年底方告完成。其中"錢糧則例，俱照萬曆年間"；賦額也是在萬曆《賦役全書》的基礎上，按當時編審清丈材料增減而定。（《世祖》二五、二四、八三、四、一一五、六）。

的。但這些並不是清政府財政收入的全部，更不是清王朝整個政治機器所加在全國老百姓身上的全部負担。丁、漕、鹽、茶之外，關稅（分屬户部、工部經管）、雜稅、內務府各種收入、旗地官莊以及捐輸和商人報效這些項目，在清代前期政府的財政收入中，雖然不如太平天國革命以後那麼重要，但其中如內務府收入在皇室宮廷經費上，捐輸或商人報效在軍事經費上，還是有一定重要性的。所以，如果要對這個時期清政府的財政收入作全面深入研究，則除了這裏的數字和本編其他《實錄》記載以外，還須直接從故宮檔案和其他政書中補充搜集資料。

但是，政府的財政收入還不等於，而是遠遠小於老百姓所負担的國家經費。因爲除了額定的賦稅差徭以外，老百姓還要忍受政府官吏和衙門胥役的敲詐勒索。

（三）政府官吏和衙門胥役的貪污營私。清代政府官吏（連同他們的幕僚、家人）和胥役的貪污營私，包括私徵勒索、侵蝕尅扣和貪贓受賄等等活動，《實錄》記有大量的事例，都是不能在其他政書中看到的資料。其中官吏胥役敲詐勒索商民或他們自己之間相互結納賄賂的案件，與國家財政或國民經濟沒有多大直接關係，但這種現象是一個朝代政風吏治的一個重要部分或表現，如果不斷發生，或普遍滋長，則農民生計、工商業發展和整個國民經濟，肯定要受嚴重影響。因此《實錄》的這一部分記載，也是清代經濟史研究的重要資料。

八

以上我們分編論述了清前五朝《實錄》經濟史資料的主要內容和特點。所謂特點是以《實錄》相對於《通考》、《會典》這類政書作爲文獻資料來說的。現在我們再以經濟史研究的需要作標準來衡量《實錄》資料。這裏我們提出這樣兩方面的意見來討論：

（一）《實錄》資料的真實性問題

任何關於社會或人與人之間關係的文字著述，大概都不可能完全避免作者個人自覺不自覺的各種主觀因素或立場觀點的影響，因而也不可能絕對客觀真實。就《清實錄》來說，其中資料的真實性問題，須分別兩個層次來作分析，首先是清政府（故宮）檔案的真實性問題，其次是《實錄》的真實性問題。

《清實錄》是根據清政府各衙門册檔編纂的，可以説是編年體的檔案資料節錄。這樣，《實錄》資料的真實性問題，實質上也就是清政府中央與地方之間以及各部門相互之間的往來公牘是否真實的問題。在清代那種集權專制統治制度下面，内外上下公牘中存在如同對王朝和皇帝的有頌無貶、各級官吏的炫功諱過和臣僚之間黨同伐異之類的偏向是沒有疑問的。但就清代前五朝的全部上下行文公牘來説，多數還應當是真實可信，大體上反映了這一百七十多年間的政治、經濟和某些方面的社會基本情况。其中内容不同程度虚假失實的題奏本摺當然是有的，即如本輯資料中，督撫捏報墾荒地畝[57]、州縣隱匿人丁户口[58]而爲皇帝所覺察和指責的事例，就很不少。但就這個時期清王朝的整個吏治政績來説，這種情况終究還衹是枝節，而不是主流。這個時期是清王朝的盛世。康、雍、乾三朝皇帝主觀上都還在勵精圖治。在當時的生産技術條件下，他們所遵循的政治、經濟方針政策是符合王朝根本利益的。因此，如果這一時期清朝廷内外上下之間來往的公文案牘都是些從"四書""五經"裏引來的陳詞濫調，或者是虚擬浮誇的政績滙報，那就不能説明當時全國基本上統一和平、農業生産和人口迅速增長以及國勢强盛的局面。這也就是説，清代前期政府檔案的内容，基本上應當是真實可信的。

《清實録》是根據清朝政府檔案修纂的。如果檔案内容基本上真實可信，那麽，除非修纂工作中有什麽問題，或在修成定本以後，又經過後人改竄，《實録》内容也應該基本上是可信的。

修纂上的問題，就是《實録》在選録檔案和節删其中文字上是否有所偏向。根據纂修"凡例"，一朝《實録》的記事範圍，大概都有一定準則，凡是與應"書"事件有關的檔案内容，在《實録》中都應有適當反映，纂修人員似乎没有多少選擇餘地。因此纂修上的問題，比較大的是檔案文字的節删。《實録》一條記載的字數，可能衹是所依據的題奏本的幾十分乃至幾百分之一。這樣，内容細節自然也要有所减損。但總的來看，檔案中的主要内容决不致於被抹煞或者完全歪曲，檔案資料的真實可信程度並不因爲編入《實録》而受嚴重損害。

更重要的問題是這幾朝的《清實録》，有没有在編定以後又經過後人改竄？改竄的程度和對於其中資料的真實性影響怎樣？

最早懷疑《清實録》於編定以後曾被後世皇帝修改了的，是孟森。孟森

---

[57] 最早如四川巡撫羅森，康熙十一年虚報開墾五六百頃（《聖祖》一〇六、四），河南、福建兩省捏報開墾地畝最多（《高宗》四、三七，五、五二，七、一八，一一、一三，一六一、一一）。

[58] 例如乾隆四十年，清帝説有的省份所報户口"不及實數什之二三"（《高宗》九九二、一七）。當時湖廣總督陳輝祖説："（湖北）應城一縣，每次衹報滋生八口，應山、棗陽衹報二十餘口及五、六、七口，且歲歲數目一律雷同"（《高宗》九九五、一五）。

在一九三七年，根據蔣良騏《東華錄》和王先謙《東華錄》中有的記載不見於故宮小黃綾本《實錄》，著文[59]提出這個問題，認爲《清實錄》曾經屢被修改，認爲清朝皇帝把修改《實錄》當成了"日用飲食之恒事"。同時指出這種修改大概祇能限於藏在北京的幾份《實錄》，特別是宮中經筵日講用的小黃綾本，而不大可能遠赴瀋陽去把崇謨閣藏本《實錄》（下文簡稱閣本）也同時修改，所以他建議用閣本來與北京藏本校對，以明修改真相。

孟森所舉未見於小黃綾本的記載，有蔣《錄》三條，王《錄》一條。我們就這四條檢查了影印閣本，發現其中兩條（蔣《錄》，順治十二年給事中李裀因諫阻追捕逃人被流徙尚陽堡；王《錄》長逾三千字的雍正七年曾靜案記載），閣本有完全相同記載[60]（蔣《錄》記載首尾有幾個字不同，顯然出自蔣氏手筆），這證明了小黃綾本《實錄》經過後人刪改之處；另外兩條（蔣《錄》[61]康熙中陸隴其因諫阻捐免保舉被譴及御史彭鵬疏劾李光地奪情）則閣本也未見記載，大概是蔣氏抄自"紅本"或其他文獻資料而並非抄自《實錄》。所以根據孟森提出的四條例證，我們可以肯定有的故宮藏本《實錄》是在編定以後又經過刪改的，但還不能說這種刪改次數很多，範圍十分廣泛。閣本中被刪兩條都是關於清代初期滿漢民族關係或清統治者對付漢人知識分子的政策的。由此我們猜測即使還有其他的竄改刪削，大概也不至涉及與民族矛盾和清政權的統治地位關係不大的問題的。

至於《實錄》被改次數的問題，我們以爲從已知的情況來看，也可以説祇有一次，大概就在乾隆中葉大興文字獄廣泛搜求所謂"違礙"書籍的時候。這也正是蔣良騏供職國史館的年代。蔣良騏《東華錄》關於漢人名士的記載特詳，而於曾靜這樣的軒然大案，反而與黃綾本《實錄》一樣，完全不着一字，這大概不是偶然的。孟森提出《清實錄》在光緒中葉又經過一次修改的看法，是因爲王先謙《東華錄》[62]有曾靜案記載。王《錄》成於光緒初葉，那麼《實錄》必然是在其後又有過改削了。二次乃至多次修改當然是可能的，但一則不能解釋蔣《錄》爲什麼沒有曾案記載，二則從雍正六年（一七二八）以至光緒十四、十五年（一八八八——一八八九），相隔一百六十年，清統治者又爲什麼要舊事重提，來把曾靜案從《實錄》上抹去呢？此

---

[59]《讀〈清實錄〉商榷》，天津《大公報·圖書副刊》，一七四期（一九三七年三月二十五日）；《明清史論著集刊》（中華書局，一九五九），頁六一九～六二三。

[60]《世祖》八八、一八、一九；蔣良騏：《東華錄》卷七。

[61] 蔣良騏：《東華錄》卷一六。

[62] 王先謙：《東華錄》卷七（雍正七年五月乙丑）。

外，王先謙原是因爲嫌蔣良騏《東華錄》過於簡略，所以又自己另輯，那麽很有可能是從"紅本"或別本《實錄》抄入曾靜案記載，而不一定是王《錄》成書以後《實錄》又經過一次修改。這個問題還待校對故宫各本《實錄》才能最後解決。但從這些情况可以看出《實錄》被改的次數是不多的。[63]

所以，概括起來，我們認爲清代的政府檔案資料大概並没有因爲被編入《實錄》而減損了多少原來的真實性。就資料内容的真實程度而言，檔案與《實錄》大概不至於有多大差别。有的論者[64]認爲從檔案中能找到"十分有用的史料"，認爲明清檔案是"研究明清兩代歷史的不可缺少的第一手資料"，這自然是正確的；但同時又把《實錄》説成"爲皇帝歌功頌德的"資料，給人以《實錄》與檔案截然無關的印象，把兩者間的淵源關係完全抹煞，從而歪曲了《實錄》資料的基本性質和内容，這就很難令人同意了。

(二)《實錄》資料的整體性問題

所謂整體性，是指《實錄》資料的一個總的特點，即是它的内容反映了清王朝統治者從本身利益出發所看到的中國社會整體。《清實錄》是一部編年體綜合性史事長編，舉凡有清一代中國社會的内部和外部、基礎和上層建築的各種矛盾和關係變化，在裏面都有所反映。任何時代的歷史都是一個整體。經濟史與其他歷史的劃分是人爲的，無非爲了研究上的方便。因此，本輯雖然是經濟史資料，但由於《實錄》原書内容的這個特點，這裏的資料也許能够較多地反映歷史事物之間實際上密不可分的整體關係。

由於《實錄》全書的性質，本輯内容大部份是宏觀經濟和國家財政史料，有關私人或微觀經濟的記載很少。如果是研究西方國家的經濟史，這是很大的缺陷，但對於清代經濟史的研究來説，問題不是很大。因爲在整個清代，國民經濟的主體是小農經濟，也是習慣經濟。直至清代末年，中國北方旱地農作物的生産技術，基本上停留在戰國時代，江淮、嶺南的水稻生産技術停留在北宋的水平。商品經濟始終是以"日中爲市……交易而退"[65]的

---

[63] 據孫月嫻在《日本對〈清實錄〉的篡改和影印》(《社會科學輯刊》，一九八四年第三期)一文中説，日本人曾利用影印這部書的機會，對《德宗實錄》中甲午前後不利於日本的記載文字作了很多修改，僅光緒二十、二十一兩年記載，修改即達一百六十處之多，但這不在孟森和本文討論的問題範圍之内。

[64] 劉子揚、朱金甫、李鵬年：《故宫明清檔案概論》，《清史論叢》第一輯（中華書局，一九七九），頁七九、八六。

[65]《易經‧繫辭》。

地方市集為主。在這種情況下，國民經濟中的生產部門和流通部門，雖然分成很多細小單位，但單位與單位之間，張姓與李姓的地主或自耕農戶之間，這家與那家雜貨店或米行之間，在各方面都很少有什麼不同或特點。因此，有沒有關於他們之中某一個別單位的發家或經營史料，對於國民經濟史的研究，就沒有多大關係。《實錄》裏缺少這類記載正是這樣的一種社會現實的反映，不是什麼缺陷。

此外，小農經濟不僅需要依靠國家抵禦外來侵略和維持國內治安，而且還得依靠國家來救濟災荒，小農經濟並且還祇有在國家政治清明、賦薄徭輕的時候才能昌盛。所以不論是農民還是商人，儘管生產和經營的方法方式都是傳統習慣的，法定身份地位大體上是自由獨立的，在實際生活上，卻是受着包括鄉党族權或地主紳權在內的國家政治機器的嚴密有效約束和控制。這樣一副國家政治機器，特別是其中的地方政府行政這一個環節，對於國民經濟發展，可能有比歐洲中世紀時期教會或莊園更廣泛和深刻的阻滯作用。但一般根據傳統的或根據某種理論概念上的範疇而搜集和編纂的經濟史資料滙集，大概就不大可能有涉及這種內容的資料。例如，州縣官吏胥役的貪污營私，他們勾結土豪劣紳或流氓地痞對老百姓敲詐勒索，在地方上橫行不法，可能是中國社會階級、階層關係中一個特殊的、對於國民經濟有重要影響的因素，但由於在傳統的社會科學或史學觀念裏，這是屬於官制吏治範疇的問題，研究經濟史的人可以不去注意，也就很少有人特別去搜尋這方面的資料來作分析研究。本輯所錄《實錄》中的一部分這方面資料，則不僅反映了官吏貪污營私對於國計民生的禍害，而且反映了這種風氣在清代不同時期的消長程度及其原因。這是本輯資料的一種特殊整體性。

以上是我們對於《清實錄》經濟史資料的一點總的看法。是否有當，敬希讀者予以指正。但《實錄》資料本身的價值是一回事，我們所編的這輯資料書是否能夠把它的價值或特色充分顯示出來，又是另一回事。在主觀上，我們是希望本輯不祇是一部分類編纂的資料書，而且還能對清代經濟史的研究起兩個方面的輔助參考作用。

首先，我們希望本輯各編章節子目的先後次序和分別內容，能夠大致反映清代前期國民經濟的結構層次、各部門的相對地位和相互聯繫，能夠突出小農自給經濟的主要地位，並且顯示國家和政府在國民經濟中的作用。希望讀者從這部書中，不祇是能夠找到某些方面的具體史料，而且還能獲得一個清代中國國民經濟的近似的、哪怕是不盡完整的總體形象。

其次，希望本輯中的資料還能作為故宮清政府檔案中的經濟史資料索引。由於《實錄》原書性質的限制，書中各章各節子目的資料份量很不平衡。有的章節需要從故宮檔案、各地方誌、碑記、私人文集、筆記，以及清代有關賦役、鹽法、漕運等官修政書中補充資料。

　　故宮清政府檔案是現今全世界少有的數量巨大、内容廣泛的歷史文獻。可惜由於種種原因，直至一九七九年還衹"按形成檔案的機構"大略分類編目。[66] 近年以來，在第一歷史檔案館同志們的努力下，有的資料已經陸續整理出版，但這部分的數量當然很小，題材也較狹隘，所以絕大部分檔案還不很便於一般利用。特別是經濟史研究工作者，對於這"浩如煙海"的清代檔案，尤其會感到無所措手而"望洋興嘆"。因爲歷史上的經濟現象，無論其爲國民經濟總體，還是其中某一局部的興衰變化或長期停滯，都不是如同政治、外交、軍事事件或歷史人物的言行事功那樣有比較明確的時間地點可資識別，和比較集中的文字記載可作依據，而只能是按照某種理論概念設想某時某地應有某種事態，或者根據傳統内容範疇，從漫無邊際的各種文獻檔案中去沙裏淘金般地搜尋資料。這在數量不大的圖書文獻資料或如地方誌這樣的分類編纂書籍中，我們還可以通過全盤通讀來索尋史料，但在故宮檔案，特別是其中題本、奏摺，數量如此浩瀚，非一人所易全部通讀，而又難望在相當時期内能有明細分類目錄索引可資利用的情況下，我們以爲本輯資料既然出於《實錄》，而《實錄》又主要是根據原清政府檔案編纂，那麼輯中各編章節子目的每一條記載也都是故宮檔案原件的索引。研究工作者可就自己所要解決的問題，按照記載上面的年月日期，到故宮各該檔册中去查找有關原始資料。

　　當然，這衹是我們的一種設想或主觀意圖。是否切合實際？究竟能有些什麼用處和用處多大？我們期待着讓實踐來作檢驗。

　　（本文原爲陳振漢先生所撰，作爲北京大學出版社一九八九年出版《清實錄經濟史資料農業編》的前言。此次重印，個別地方進行了改動。）

---

[66] 上引劉子揚等文，《清史論叢》第一輯，頁八一。

凡　　例

一、本書所收的經濟史資料，以瀋陽原奉天大内崇謨閣藏《大清歷朝實錄》影印本爲底本，以中華書局一九八五年影印本《清實錄》爲校本。如崇謨閣本誤，中華書局影印本爲正，則改從中華書局本；如兩本皆誤，則於文中逕改。不出校勘記。

二、《清實錄》原書按一朝皇帝在位的年、月、日順序分條紀事。連續兩條之間，有"○"號隔開。本書資料，一般係就原書一條全文編入，不加刪節。每條在本書以出現一次爲原則，以免重複。惟有少數條文，内容涉及方面較多，則間有刪節，並分作數條編入不同章節。

三、本書資料，全部改用現在通行標點符號排印。在每一條資料的開頭，都簡化標明該條所記事件的朝代年號和年、月、日的序數或干支。在每一條資料末尾，則簡化標明該條文的第一字或條文前的"○"號所在何朝《實錄》的卷數頁碼。所標年、月、日期及卷數頁碼，均括以圓括號，以示與所錄原書條文内容有别。例如本書所錄以下史料一條，（順治四、五、乙巳）開河南鼓鑄。（世祖三二、四）後面圓括號裏的文字，簡單標明這一條記錄第一個"開"字前邊的"○"號出現在《世祖實錄》第三十二卷第四頁上；而前面圓括號裏的文字，則簡單標明這件事發生在順治四年五月乙巳日。

四、本書所錄《清實錄》條文，原書間有明顯的錯字、漏字，收錄時都作了補正。還有少數所錄條文因脱離原書，以致内容的前後聯係不明之處，也酌情予以補注。所有補正和加注的文字，概以方括號［　］標明。例如：

1. （乾隆八、四）［是月］，提督廣西總兵譚行義奏：……

2. （乾隆八、閏四、壬午）［廣西右江鎮總兵官畢暎］又奏報：……

3. （乾隆一八、三、戊寅）又諭：……著將吴晟相、李［楊］興樓二犯即行解京交軍機大臣等訊問……

4. （乾隆三九、九、戊午）山東巡撫徐績奏：……臣於［與］河臣商酌……

前二條方括號内的文字爲補注，後二條方括號内的文字爲改正。

五、《清實錄》原書關於全國各地歷年自然災害和錢糧緩減蠲免情況條文極多，是分析研究有關問題的詳備資料。但由於條數繁多，一般利用不便，本輯除將全部條文編入有關章節外，並加工制有各項統計表格，作爲《農業編》的附錄，以便讀者參考。此外，《實錄》每年最後一卷卷末皆有"會計天下"丁口、田地和錢糧等項條文，内容全爲漢字數字，形式亦千篇一律，本書皆列成統計表格，代以阿拉伯數字，不再保留原條文字，以節篇幅，並便讀者。

目　　錄

第一章　清政府的財政政策與制度 …… 1
第一節　財政政策 …… 1
一、歷朝重要通敕、通諭 …… 1
(一) 順治朝 …… 1
(二) 康熙朝 …… 16
(三) 雍正朝 …… 23
(四) 乾隆朝 …… 24
(五) 嘉慶朝 …… 34
二、一般方針、政策 …… 37
(一) 賦課的徵收與清釐 …… 37
(二) 捐納的開例與停止 …… 41
(三) 社倉的設立與積貯 …… 50
(四) 耗羨的徵收、提解 …… 54
(五) 節用與抑奢 …… 64
(六) 其他 …… 67

第二節　財政制度 …… 74
一、徵解支銷制度 …… 74
(一) 錢糧徵收 …… 74
(二) 賦課起解 …… 87
(三) 錢糧支銷 …… 92
(四) 錢糧接交 …… 102
二、考成獎懲制度 …… 104
三、其他財政制度 …… 120

第三節　收支庫貯制度 …… 123
一、收支概況 …… 123
二、銀錢 …… 131
三、倉穀 …… 143

四、庫貯虧蝕 …………………………………………………… 154
第二章　財政收入 …………………………………………… 188
第一節　地丁、官租 …………………………………………… 188
一、攤丁入畝及其執行情況 …………………………………… 188
二、地丁附加 …………………………………………………… 196
三、土地清丈 …………………………………………………… 198
四、賦額釐定 …………………………………………………… 207
五、改徵折徵 …………………………………………………… 215
六、錢糧虧欠及其清釐 ………………………………………… 236
七、少數民族地區稅賦 ………………………………………… 271
第二節　鹽稅 …………………………………………………… 277
一、鹽稅制度與政策 …………………………………………… 277
二、鹽稅科派陋規 ……………………………………………… 284
三、各區課額及徵收情況 ……………………………………… 288
　（一）兩淮 …………………………………………………… 288
　（二）長蘆、山東 …………………………………………… 293
　（三）河東、陝甘 …………………………………………… 305
　（四）福建、兩浙 …………………………………………… 310
　（五）兩廣 …………………………………………………… 311
　（六）雲南 …………………………………………………… 316
　（七）四川 …………………………………………………… 319
第三節　關稅 …………………………………………………… 321
一、稅收政策與制度 …………………………………………… 321
　（一）常關 …………………………………………………… 321
　（二）海關 …………………………………………………… 330
　（三）關稅則例 ……………………………………………… 335
　　1. 常關 …………………………………………………… 335
　　2. 海關 …………………………………………………… 348
二、稅收概況 …………………………………………………… 358
　（一）常關 …………………………………………………… 358
　（二）海關 …………………………………………………… 390

第四節　商業稅及其它雜稅 …… 393
一、商業稅 …… 393
（一）商稅則例 …… 393
（二）稅收情況 …… 403
二、雜稅 …… 406
（一）房號稅、廠房稅、買賣房產稅、房價銀 …… 406
（二）漁課 …… 409
（三）船稅 …… 410
（四）蘆課 …… 410
（五）其它 …… 411

第五節　捐輸報效 …… 412
一、捐監製度 …… 412
二、捐監事例 …… 422
三、商人捐輸報效 …… 445
（一）概況 …… 445
（二）捐輸軍餉 …… 449
（三）捐輸銀資迎鑾祝嘏 …… 455
（四）其他捐輸 …… 459
　　1. 賑濟 …… 459
　　2. 工程 …… 459
　　3. 捐資積貯等 …… 462
四、官紳庶民捐輸 …… 463
（一）輸備稅貯 …… 463
（二）捐輸助工 …… 465
（三）捐賑 …… 468
（四）捐餉 …… 471
（五）其他 …… 475
五、獎敘則例及積弊 …… 476
（一）獎敘則例 …… 476
（二）捐輸積弊 …… 478

第六節　其他雜項收入 …… 483
一、官款生息 …… 483

(一) 鑄幣贏餘 ………………………………………… 483
　　　(二) 平糶贏餘 ………………………………………… 487
　　二、其他 ……………………………………………………… 489
　　　(一) 官租牧場、房屋等 ……………………………… 489
　　　(二) 罰沒貲財 ………………………………………… 492
　　　(三) 銅鉛餘息 ………………………………………… 495
　　　(四) 其它 ……………………………………………… 496

第三章　財政支出 …………………………………………… 499

第一節　俸餉 …………………………………………… 499

　　一、宗室及皇戚年俸津貼（包括賞賜、俸給、歲給、別例）……… 499
　　二、王公百官俸給及旅差供應 ……………………………… 503
　　　(一) 俸給則例 ………………………………………… 503
　　　(二) 養廉津貼及其則例 ……………………………… 510
　　　(三) 差旅供應 ………………………………………… 536
　　三、軍餉、給養 …………………………………………… 543
　　　(一) 軍餉及支付則例 ………………………………… 543
　　　(二) 糧銀借支 ………………………………………… 578
　　　(三) 口糧借支 ………………………………………… 590
　　　(四) 屯田、河兵糧餉供支和用費補給 …………… 594
　　　(五) 發付方式與餉項改折 …………………………… 608
　　　　1. 發放方式 ………………………………………… 608
　　　　2. 餉項折改 ………………………………………… 611
　　　(六) 官兵移駐辦差幫貼及其他工食支出 ………… 621
　　　(七) 對官兵的賞恤 …………………………………… 635
　　　　1. 賞恤 ……………………………………………… 635
　　　　2. 欠項的蠲除與緩償 ……………………………… 653
　　　　3. 陣亡官兵的撫卹 ………………………………… 660
　　　(八) 驛站夫驛工食及馬匹草料 ……………………… 662
　　　(九) 其他人員工食賞卹 ……………………………… 670

第二節　軍費、軍糧及其它軍用物資 ………………… 675

　　一、軍費 …………………………………………………… 675
　　　(一) 順治朝 …………………………………………… 675

（二）康熙朝 ………………………………………………… 676
　　（三）雍正朝 ………………………………………………… 682
　　（四）乾隆朝 ………………………………………………… 685
　　　1. 用兵金川軍需 …………………………………………… 685
　　　2. 用兵回疆軍需 …………………………………………… 697
　　　3. 用兵緬甸軍需 …………………………………………… 714
　　　4. 其他專撥軍需 …………………………………………… 753
　　（五）嘉慶朝 ………………………………………………… 764
　二、軍糧運貯 …………………………………………………… 779
　　（一）運糧與貯存 …………………………………………… 779
　　（二）撥運中的損失 ………………………………………… 810
　三、馬駝等軍需的飼養與購買 ………………………………… 812
　　（一）牧廠與內廄馬駝 ……………………………………… 812
　　（二）軍營馬駝 ……………………………………………… 824
　　（三）馬駝的撥用與購買 …………………………………… 832
　　（四）馬駝倒斃賠補與孳生獎勵 …………………………… 838
　四、其他軍用物資的購置 ……………………………………… 846
第三節　官糧、官物的徵購、運儲 ……………………………… 851
　一、清制錢的發行 ……………………………………………… 851
　　（一）採買 …………………………………………………… 851
　　（二）運儲 …………………………………………………… 889
　二、社倉、義倉 ………………………………………………… 915
　三、河工及其他工程物料的採買、運儲 ……………………… 921
第四節　漕運 ……………………………………………………… 942
　一、制度總則及一般情況 ……………………………………… 942
　二、漕船建置 …………………………………………………… 956
　三、漕糧督運與途程限期 ……………………………………… 962
　四、運道淺阻與海船試航 ……………………………………… 967
　五、運丁工食及嘗項津貼 ……………………………………… 971
　　（一）運丁工食 ……………………………………………… 971
　　（二）嘗項津貼 ……………………………………………… 986
　六、攜帶土宜 …………………………………………………… 991

七、沉溺船米的免賠及對運丁的撫恤 ……………………… 995
　　八、漕糧收發接驗及其用費 …………………………………… 1014
　　　（一）接驗轉運 ……………………………………………… 1014
　　　（二）收儲發放 ……………………………………………… 1026
　　九、陋規使費及漕運積弊 ……………………………………… 1038
　　　（一）陋規使費 ……………………………………………… 1038
　　　（二）漕運積弊 ……………………………………………… 1047

第五節　工程支出 ……………………………………………… 1065
　一、河工水利 …………………………………………………… 1065
　　　（一）黃河河工 ……………………………………………… 1065
　　　（二）運河河工 ……………………………………………… 1097
　　　（三）江蘇、江西、浙江水利 ……………………………… 1119
　　　（四）江浙海塘塘工 ………………………………………… 1137
　　　（五）湖北隄工 ……………………………………………… 1149
　　　（六）永定河工及直隸其他水利工程 ……………………… 1158
　　　（七）其他各地河工水利工程 ……………………………… 1173
　　　（八）河工糜費侵蝕與積弊 ………………………………… 1188
　二、城工 ………………………………………………………… 1201
　三、倉廩添建 …………………………………………………… 1229
　四、其他工程 …………………………………………………… 1241

第六節　賑貸支出 ……………………………………………… 1252
　一、賑貸的政策法令和執行情況 ……………………………… 1252
　二、全國、兼省賑貸及各省、區的賑貸支出 ………………… 1272
　　　（一）全國及兼省賑貸 ……………………………………… 1272
　　　（二）政府對各省區的賑貸 ………………………………… 1276
　　　　1. 奉天 ……………………………………………………… 1276
　　　　2. 吉林 ……………………………………………………… 1281
　　　　3. 黑龍江 …………………………………………………… 1283
　　　　4. 直隸 ……………………………………………………… 1286
　　　　5. 北京 ……………………………………………………… 1323
　　　　6. 河南 ……………………………………………………… 1335
　　　　7. 山東 ……………………………………………………… 1359

8. 山西 …………………………………………………… 1387
　　　9. 陝西 …………………………………………………… 1399
　　　10. 甘肅 ………………………………………………… 1413
　　　11. 江蘇（包括江南）………………………………… 1440
　　　12. 安徽 ………………………………………………… 1471
　　　13. 江西 ………………………………………………… 1492
　　　14. 浙江 ………………………………………………… 1496
　　　15. 福建 ………………………………………………… 1502
　　　16. 湖北 ………………………………………………… 1506
　　　17. 湖南 ………………………………………………… 1516
　　　18. 廣東 ………………………………………………… 1521
　　　19. 廣西 ………………………………………………… 1525
　　　20. 四川 ………………………………………………… 1525
　　　21. 雲南 ………………………………………………… 1527
　　　22. 貴州 ………………………………………………… 1530
　　　23. 新疆 ………………………………………………… 1532
　　　24. 蒙古 ………………………………………………… 1537
　　　25. 西藏 ………………………………………………… 1556
　三、賑貸糧銀的籌辦 ……………………………………… 1556
　　（一）截留漕糧 ………………………………………… 1556
　　（二）協撥倉穀 ………………………………………… 1593
　　（三）採買穀石 ………………………………………… 1624
　　（四）動撥銀兩 ………………………………………… 1631

第七節　其他支出 …………………………………………… 1653
　一、宗室日用及遊幸支出 ………………………………… 1653
　　（一）日用、遊幸 ……………………………………… 1653
　二、陵糈 …………………………………………………… 1665
　三、少數民族來歸安置、獎勵費用 ……………………… 1666
　四、其它 …………………………………………………… 1674

第四章　官吏胥役的貪污 ………………………………… 1679
第一節　懲治貪污條例及稽查侵蝕概況 ………………… 1679
　一、懲處違紀貪污的法令 ………………………………… 1679

二、杜絕違紀貪污的措施 …………………………………………… 1681
第二節　清政府官吏胥役違紀貪污的各種行徑 ……………… 1682
一、田賦稅款徵收中的違紀貪污 ………………………………… 1682
　（一）私派冒征錢糧 …………………………………………… 1682
　　1. 侵盜錢糧，收受規禮 …………………………………… 1682
　　2. 以完作欠，通同舞弊 …………………………………… 1683
　　3. 私立田冊，假印串票 …………………………………… 1686
　　4. 改徵折色，加收銀錢 …………………………………… 1689
　（二）侵蝕稅款 ………………………………………………… 1690
　　1. 虧空額稅，侵盜庫銀、額外橫征 ……………………… 1690
　　2. 隱匿稅課，串通一氣，朋比為奸 ……………………… 1693
　　3. 私添稅口，另設私簿，一貨多稅 ……………………… 1694
　　4. 關權征課，巧立名目，苛索浮收 ……………………… 1696
　　5. 家人關役、勒求需索，營私累商 ……………………… 1697
　　6. 預提庫銀，挪新補舊，挪後補前 ……………………… 1701
　　7. 寬免稅種，仍舊加徵，虛捏報解 ……………………… 1702
二、兵餉、軍需支出中的違紀貪污 ……………………………… 1704
　（一）尅扣需冒兵餉 …………………………………………… 1704
　　1. 將弁侵冒兵餉，縱兵放債、典當 ……………………… 1704
　　2. 武弁發放兵餉糧銀，借名尅扣、攤派 ………………… 1708
　　3. 虧空兵糧，私扣兵餉，冒銷鄉勇卹賞銀兩 …………… 1710
　（二）侵冒軍需款項物資 ……………………………………… 1712
　　1. 武職官弁制辦武器，借軍需之名，耗費國
　　　帑，浮冒、侵欺、勒索、嚇詐 ………………………… 1712
　　2. 武職官員挪移馬價放賬，私開鋪面販賣，冒領兵米 … 1715
　　3. 牧廠虧缺馬匹，攤扣牧丁錢糧；劣員採買馬匹，侵帑誤
　　　公；貪官侵蝕馬乾，肥橐營私 ………………………… 1715
　　4. 承辦軍需官員虧空軍需銀米，短發夫價，科派津貼，收受饋金 …… 1717
　　5. 貪官劣吏盜賣扣發軍用物資，營私漁利 ……………… 1720
　　6. 辦理軍需糧站官員私刻鈐記，盜買盜賣軍米，借支
　　　帑銀，混領、混借、混用 ……………………………… 1722
三、工程中的違紀貪污 …………………………………………… 1723

        （一）河工等工程中的違紀貪污 ……………………………… 1723
        （二）城工等工程中的違紀貪污 ……………………………… 1727
        （三）倉廒等建造工程中的違紀貪污 ………………………… 1729
        （四）其他工程中的違紀貪污 ………………………………… 1730
    四、糧石採買、倉儲和賑貸、糶糴中的違紀貪污 …………… 1732
        （一）糧石採買中的違紀貪污 ………………………………… 1732
        （二）倉谷庫銀出納中的違紀貪污 …………………………… 1734
        （三）救災濟貧、賑貸工作中的違紀貪污 …………………… 1756
        （四）平抑穀價糶糴中的違紀貪污 …………………………… 1770
    五、官場迎送、酬酢中的違紀貪污 …………………………… 1771
        （一）貪詐納賄，供應饋獻 …………………………………… 1771
        （二）勒索屬員，苦累商民 …………………………………… 1789
    六、學政科場等違紀貪污 ……………………………………… 1797
        （一）學政科場徇情納賄 ……………………………………… 1797
        （二）其他違紀貪污 …………………………………………… 1798
第三節　清政府的各類官吏、胥役違紀貪污事例 ………………… 1806
    一、大學士、尚書等大員違紀、貪污的事例 ………………… 1806
        （一）堂官希福納等虧空草豆銀兩案 ………………………… 1806
        （二）尚書隆克多挾勢婪贓案 ………………………………… 1807
        （三）大學士兼總督李侍堯貪縱營私案 ……………………… 1808
        （四）大學士和珅、尚書福長安等貪黷營私案 ……………… 1812
        （五）欽差大臣廣興婪索供應案 ……………………………… 1813
    二、總督、巡撫等要員違紀貪污事例 ………………………… 1816
        （一）山東巡撫耿焞婪索案 …………………………………… 1816
        （二）山西巡撫噶禮等貪婪案 ………………………………… 1817
        （三）川陝總督年羹堯貪黷案 ………………………………… 1819
        （四）浙江巡撫盧焯受賄營私案 ……………………………… 1822
        （五）參贊大臣富德扣罰士兵鹽菜銀兩、收受饋金案 ……… 1823
        （六）山東巡撫國泰貪縱營私、勒索屬員案 ………………… 1826
        （七）浙江總督陳輝祖抽換王亶望查抄貲財案 ……………… 1832
        （八）閩浙總督富勒渾家人恣意婪索案 ……………………… 1835
    三、藩司、布正使等官員違紀貪污的事例 …………………… 1840

（一）布政使錢度尅扣庫銀婪索案 …………………………… 1840
　　（二）甘肅藩司王亶望等私收監糧折色、捏災冒賑案 ………… 1842
　　（三）福建藩司伍拉納侵吞倉穀庫項案 ………………………… 1852
　　（四）松江鹽道運使柴楨虛冒挪移鹽課案 ……………………… 1854
四、知府、司書等吏役違紀貪污的事例 …………………………… 1857
　　（一）貴州鎮遠府知府蘇墧侵匿稅銀，捏報反噬案 …………… 1857
　　（二）哈密通判經方侵盜庫銀票 ………………………………… 1860
　　（三）司書王麗南私雕假印串通舞弊案 ………………………… 1862
　　（四）松岡站員冀國勳侵虧軍需銀兩案 ………………………… 1867
　　（五）諸官家人需索案 …………………………………………… 1870

第一章　清政府的財政政策與制度

第一節　財政政策

一、歷朝重要通敕、通諭

（一）順治朝

（**順治一、七、壬寅**）攝政和碩睿親王諭官吏軍民人等曰：嘗聞德惟善政，政在養民，養民之道，必省刑罰、薄稅斂，然後風俗醇而民生遂。……至於前朝獎政，厲民最甚者，莫如加派遼餉以致民窮盜起，而復加剿餉，再爲各邊抽練而復加練餉。惟此三餉，數倍正供，苦累小民，剔脂刮髓，遠者二十餘年，近者十餘年，天下嗷嗷，朝不及夕。更有召買糧料，名爲當官平市，實則計畝加徵，初議准作正糧，既而不與銷算。有時米價騰貴，每石四五兩不等，部議止給五分之一，高下予奪，惟賄是憑。而交納衙門，又有姦人包攬，猾胥抑勒，明是三餉之外，重增一倍催科，巧取殃民，尤爲秕政。茲哀爾百姓困窮，夙害未除，痌瘝切體，徹天之靈，爲爾下民請命。自順治元年爲始，凡正額之外一切加派，如遼餉、剿餉、練餉及召買米豆，盡行蠲免，各該撫、按即行所屬各道、府、州、縣軍衛、衙門，大張榜示，曉諭通知。如有官吏朦朧混徵暗派者，察實糾參，必殺無赦，儻縱容不舉，即與同坐。各巡按御史作速叱馭登途，親自問民疾若，凡境內貪官污吏加耗受賕等事，朝聞夕奏，毋得少稽。若從前委理刑官查盤，委府、州、縣訪惡，純是科索紙贖，搜取贓罰，名爲除害，實屬害民，今一切嚴行禁絕。州縣倉庫錢糧，止許道、府時時親核，衙蠹豪惡，止許於告發時從重治罪。總不容假公濟私，朘民肥己，有負朝廷惠養元元至意。（世祖六、九）

（**順治一、一〇、甲子**）是日，上御皇極門，頒即位詔於天下。……緬維峻命不易，創業尤艱，況當改革之初，更屬變通之會。是用準今酌古，揆天時人事之宜，庶幾吏習民安，彰祖功宗德之大。所有合行條例，臚列如左……一、朝廷高爵厚祿優養臣僚，原欲其盡忠爲國。國之安危，全係官僚之貪廉。官若忠廉，則賢才向用，功績獲彰，庶務皆得其理，天下何患不治？官若姦貪，則賄賂肆行，庸惡幸進，無功冒賞，巨憝得以漏網，良善必至蒙冤，吏胥舞文，小民被害。政之紊亂，實由於此。自本年五月初一日以後，凡在京大小衙門及在外撫按司道、各府州縣鎮協、營路、軍衛等官，并書吏、班皁、通事、撥什庫、糧長、十季、夜不收等役，但有貪賄枉法、剝削小民者，照常治罪，不在赦例。一、凡弁兵於行軍之際，隱匿無主財物，因而犯罪者，盡行赦免。一、出征兵丁，多歷勞苦，其家口，著該部厚加存恤。一、地畝錢糧，俱照前朝會計錄原額，自順治元年五月初一日起，按畝徵解；凡加派遼餉、新餉、練餉、召買等項，悉行蠲免。其大兵經過地方，仍免正糧一半，歸順地方，不係大兵經過者，免三分之一，就今年一年正額通算。一、各直省起存拖欠本折錢糧，如金花、夏稅、秋糧、馬草、人丁、鹽鈔、民屯、牧地、竈課、富戶、門攤、商稅、魚課、馬價、柴直、棗株、鈔貫、果品及內供顏料、蠟、茶、芝麻、棉花、絹布、絲綿等項，念小民困苦已極，自順治元年五月初一日以前，凡未經徵收者，盡行蠲免。一、京都兵民分城居住，原取兩便，實不得已。其東、中、西三城官民，已經遷徙者，所有田地應納租賦，不拘坐落何處，概准蠲免三年，以順治三年十二月終爲止；其南北二城，雖未遷徙，而房屋被人分居者，所有田地應納租賦，不拘坐落何處，准免一年，以順治元年十二月終爲止。一、丁銀原有定額，年來生齒凋耗，版籍日削，孤貧老幼，盡苦追徵，殊可憫念。自今以後，各撫按官嚴行，有司細加查核，凡幼未成丁、老殘未豁者，悉與豁免。一、軍民年七十以上者，許一丁侍養，免其雜泛差役；八十以上者，給與絹一疋、綿一觔、米一石、肉十斤；九十以上者，倍之。有德行著聞，爲鄉里所敬服者，給與冠帶榮身。一、窮民鰥寡孤獨、篤廢殘疾不能自存者，在京許兩縣申文戶部，告給養濟；在外聽該府州縣申詳撫按，動支預備倉糧給養。務使人霑實惠，以昭朝廷恤民至意。……一、北直、河南、山東節裁銀及山西太原、平陽二府新裁銀，應解兵部者，前朝已經免解；其太原、平陽二府舊裁及各府新舊節裁銀兩，在本年五月初一日以前者，俱免解。以後仍照見行事例，分別蠲免。一、會同館馬站、驢站、館夫及遞運所車站，夫價等銀，除本年五月初一日以前免解外，以後仍照例分別蠲免。一、有司徵收錢糧，止取正數，凡分外侵漁、秤頭火耗、重科加罰、巧取民財者，嚴加禁約，違者從重条處。一、京師行商車戶等役，一遇僉派，頓至流離。近年已經停報，嗣後永行除豁，以蘇民困。一、各運司鹽法，向來遞年加增，有新餉、練餉及雜項加派等銀，深爲厲商，今盡行蠲免，止照舊額按引徵收；本年仍免三分之一。一、關津抽稅，原寓譏察，非欲困商，順治元年准通免一年，自二年正月初一日以後，方照明朝初額起稅，凡末年一切加增，盡行豁免；其直省州縣零星抽取落地稅銀名色，概行嚴禁。一、各處州縣有曾經兵燹寇亂殘破地方，其應納錢糧已經前朝全免者，戶部察明彙題，仍與全免，不在免半免一之例。一、柴炭錢糧，向來派順天、保定、山西六十八衛所掌印官於軍餉內扣除，解兵部，給發商人承辦。今衛軍額餉久停，前項銀兩，戶部即於應發軍餉內除出，逕自招商辦買，以供內廷煙爨，各衛官不得朦朧私派。一、直省額解工部四司料銀、匠價銀、磚料銀、綵蔴銀、車價銀、葦夫銀、葦課銀、漁課銀、野味銀、翎毛銀、活鹿銀、大鹿銀、小鹿銀、羊皮銀、弓箭撒袋折銀、扣剩水腳銀、牛角牛筋銀、鴛翎銀、天鵝銀、民夫銀、地租銀、匠班銀、缸罈銀、燋炭銀、麻鐵銀、斑竹銀、白豬鬃銀、閘夫銀、梔子銀、藍靛銀、河夫銀、椿草子粒銀、狀元袍服銀、衣糧銀、砍柴夫銀、搬運木柴銀、擡柴夫銀、蘆課等折色銀、盔甲、腰刀、弓箭、弦條、胖襖、褲、鞋、狐麂兔狸皮、山羊毛課、鐵、黃櫨、榔、桑、胭脂、花梨、南棗、紫榆、杉條等木、椴木、桐木、板枋、冰窖物料、葛楷、蘆蓆、蒲草、榜紙、磁罈、槐花、烏梅、梔子、筆管、芒箒、竹掃箒、蓆草、粗細銅絲、鐵線、鍍白銅絲、鐵條、鍼條、鉞條、碌子、青花綿、松香、光葉書籍紙、嚴漆、罩漆、桐油、毛笙、紫水斑等竹、實心竹、棕毛、白圓藤、翠毛、石磨、川二硃、生漆、沙葉、廣膠、焰硝、螺殼等本色錢糧，自順治元年五月初一日以前，逋欠在民者，盡予蠲免，以甦民困；自五月初一日以後，仍照見行事例分別蠲免。一、直省解屯田司助工銀一項，原係加派錢糧，准予豁免。一、各直省運糧官役，有因漂流掛欠幷侵沒漕運錢糧，見在收糧衙門及原籍追比未完者，自本年五月初一日以前，盡行免追釋放。一、直省解官解戶領解錢糧被賊寇劫失，在順治元年五月初一日以前者，咸予豁免。……一、向來勢家土豪重利放債，折准房地，以致小民傾家蕩產，深可痛恨。今後有司不許聽受賄囑，代為追比，犯者以違制重論。……一、贖鍰之設，原開罪人自新之路，向來有以追比罰贖，反致傷生，或以罰贖不完，扳引代納，甚為民害，嗣後一切禁止。有力不能納者，速與免追歸結。一、向來巡按官以訪拏為名，聽倚蠧開送，誣害良民，科取臟贖，最為敝政，今後悉行禁革……於戲，天作君師，惟鑒臨於有德，民歌父母，斯悅豫於無疆，既已俞旨布恩，弘敷大賚，將使投城皈命，無阻幽深，惟爾萬方，與朕一德。播告遐邇，咸使聞知。（世祖九、九）

（順治二、四、丁卯）頒恩詔於陝西等處曰：……向因群盜縱橫，迄無寧宇。頻年捍禦，既竭脂膏，一日染污，重遭湯火。雖賊以此始，必以此終。要其受禍久而痛痛深，未有過於秦人者矣。朕執言弔伐，本爲除殘。既受歸誠，宜矜註誤，是用特施浩蕩，咸與維新。所有陝西地方合行恩例，開列於後：……一、官吏貪贓，最爲民害。自本年二月初一日以後，該省撫、按、司道，各府、州、縣、鎮協、營路、軍衛等官，併書吏、班皁、通事、撥什庫、糧長、十季、夜不收等役，但有貪賄枉法，剝削小民者，具治以死罪。……一、陝西通省地畝錢糧，自順治二年正月爲始，止徵正額；凡加派遼餉、新餉、練餉、召買等項，悉行蠲免。其大兵經過地方，仍免見糧一半；歸順地方，不係大兵經過者，三分免一；西安等府、州、縣遭寇焚掠獨慘，應聽撫按官察明，順治二年錢糧，應全免者全免，應半徵者半徵。一、陝西起存、拖欠夏稅、秋糧、馬草、人丁、鹽鈔、民屯、牧地及內供茜草本折錢糧，未經徵收，逋欠在民者，自順治二年正月以前，盡行蠲免。……一、該地方軍民：年七十以上者，許一丁侍養，免其雜派差徭；八十以上者，給與絹一疋、綿一觔、米一石、肉十觔；九十以上者，倍之。有德行著聞，爲鄉里所敬服者，給與冠帶榮身。一、各運司向來加增新餉、練餉及雜項加派等銀，前次恩詔已盡行蠲免，止照舊額按引徵收。秦省鹽法事宜，准一體遵行，本年額課，仍三分免二。一、該省落地稅銀，照例禁止。一、有司徵收錢糧，止取正數，不許分外侵漁秤頭、火耗，違者治以重罪。一、前朝秦、肅、慶、韓、瑞等各府宗藩，有倡先投順者，優給養贍，其一切藩封荒蕪田宅，聽彼處撫按官察明彙報。一、民間貿易資本，雖在赦前，應還應取者照舊還取。……一、歷代帝王陵寢在秦中者，有司照例以時致祭，及名臣賢士墳墓，俱嚴禁姦民掘毀。一、該省各學貧生，聽地方官覈實，申文該提學官，於所在學田內，動支錢米，酌量賑給。……一、凡軍兵行伍之中隱匿無主財物，因而犯罪者，盡行赦免。一、營路將領及僑寓等官，有乘寇亂擾攘，私帶在官兵丁、馬匹回家者，准將原兵原馬照數交官，前事免其追論。……一、逃散良民故業，或被賊黨勢豪乘亂霸占，以致還鄉良弱，資生無策。有能省改前非，一一歸還本主者，無論賊黨勢豪，概從赦宥。違者，仍以黨寇重治。一、該省額解工部四司料銀、匠價銀、弓箭撒袋折色銀兩、盔甲腰刀本色錢糧，自順治二年二月爲始，從前逋欠在民者，盡與蠲免，以甦民困。自本年二月以後應徵錢糧，俱歸戶部。其順治二年額數，准照戶部丁地錢糧事例，照分數一體蠲免。一、秦省解官解戶領解錢糧，侵盜與被賊寇劫失者，自順治二年二月以前，咸與豁免。……一、衙蠹向爲民害，乘此寇亂之後，更易爲姦。撫按嚴行所屬，不許有司偏聽積猾蒙蔽，致百姓湯火之後，復被殘害。如本官不行禁飭，致有前項不法者，撫按訪出，官役一併治罪。一、撫按舊習，迎送往來，交際餽遺，實爲可恨。以後除文移會稿外，不許交相餽送。況紙贖既革，俸祿之外，便是貪贓。撫按爲朝廷法吏，當先爲倡率，勿自遺感。一、撫按承差，向來濫用，多至百十餘人。今各院止許用二十人，以備齎奏。除緊急重大文移外，不得擅差承差，擾累驛遞，違者重處。(世祖一五、一七)

（順治二、六、己卯）以南京平定頒赦河南、江北、江南等處，詔曰：……所有河南、江北、江南等處地方，合行恩例，具列於後。……一、河南、江北、江南等處人丁地畝錢糧，及關津稅銀、各運司鹽課，自順治二年六月初一日起，俱照前朝會計錄原額徵解，官吏加耗重收，或分外科斂者，治以重罪；凡加派遼餉、剿餉、練餉、召買等項，永行蠲免；即正額錢糧，以前拖欠在民者，亦盡行蠲免。一、大軍經過地方，免正糧一半；歸順地方，不係大軍經過者，免三分之一。自順治二年六月初一日起至本年十二月三十日止。一、大軍克取西安，收復中原，平定江南，文武各官運籌決勝，汗馬著功，并行間兵士，俱著該部通行察敘，以憑封賞。一、官吏貪贓，最爲民害。自本年六月初一日以後，各撫、按、司道及府、州、縣、鎮協、營路、軍衛等官併書吏、班皂、通事、撥什庫、糧長、十季、夜不收等役，但有枉法受贓及逼取民財者，俱計贓論罪，重者處死。……一、東南雖號沃壤，但年來加派疊徵，誅求無藝，民力殫竭，深可憫念。凡近日一切額外加派，准照三餉等例，悉與豁免。一、民間貿易資本，雖在赦前，應還應取者，照舊還取。一、窮民鰥寡孤獨、篤廢殘疾不能自存者，該府州縣申詳撫按，動支預備倉糧給養。一、各地方勢豪人等，受人投獻產業、人口，及詐騙財物者，許自首免罪，各還原主。如被人告發，不在赦例，追還原主。一、明季軍興缺乏，行一切苟且之政，立借富糾貪等項名色，巧取財物，最爲獘政。除已徵在官外，其餘拖欠未完者，悉與豁免。……各學貧生，聽地方官覈實，申文該提學官，於所在學田內，動支錢米，酌量賑給。一、歷代帝王陵寢，有司照例以時致祭，及名臣賢士墳墓，俱嚴禁姦民掘毀。……一、南直鎮江、蘇州、常州等府屬，浙江紹興府屬，江西南昌、撫州、饒州、廣信等府屬，應解會同館站價銀兩，照北直等處恩例，分別蠲免；南直馬價、草料、籽粒銀兩，恩赦以前未經徵收者，盡行蠲免；浙江、江西、福建、廣東、廣西、雲南、貴州應解節裁銀兩，照地方繁簡，掛酌蠲免。……一、各營兵士傷亡、病故者，所在官司隨即埋瘞，仍察明厚恤其家。一、營路將領及僑寓等官，有乘亂擾攘，私帶在官兵丁馬匹回家者，准將原兵原馬照數交官，前罪免其追論。……一、河南、江北、江南直省地方，應解工部營繕司折色料銀、磚料銀、桼蔴銀、匠價銀；虞衡司本色胖衣、褲、鞋、盔、甲、腰刀、榜紙、麂皮、狐皮、弓、箭、撒袋、弦條、民箭、鹿皮折色料銀、翎毛銀、牛角、牛筋銀、天鵞銀、虎皮銀、大鹿銀、鵞毛銀、活鹿銀、小鹿銀；都水司本色竹木、板枋、杉條木、紅黃羅、蓆草、歲造緞、生絹、吐絲、芒苗、苕箒、竹掃箒、筆管、兔皮、香狸皮、山羊皮折色料銀、蔴鐵銀、梔子銀、藍靛銀；屯田司折色料銀、蘆課銀，自順治二年六月初一日以前，逋欠在民者，盡與蠲免。自本月初一日以後，仍照見行事例，分別蠲免。……一、新附地方，以恤民爲第一義，有司有濫准詞狀、縱容衙蠹，苦害窮民，撫按官亟提究處。其從前各直省巡按，委理刑官察盤、委府州縣訪捕，皆是科索紙贖、摻取贓罰，名爲除害，實以害民。今一切禁絕。州縣倉庫錢糧，只許道府時時親核，衙蠹豪惡，只許告發重治。巡按官必不容循習陋規，察盤訪捕，假公濟私，朘民肥己，有負朝廷惠養元元至意。一、撫按舊習，交際餽遺，實長貪黷。以後除文移會稿外，不許交相餽送。其各院承差人役止許用二十名，以備齎奏。除緊要重大文移外，不得擅差，擾累驛遞，違者重處。一、江南人民稠密，事緒繁多，一切利獘興革，與民更始，須詳細調停整頓，所有詔書開載未盡事宜，聽該地方官不時陳奏，以便裁酌施行。（世祖一七、一五）

（順治四、二、癸未） 以浙東、福建平定，頒詔天下。詔曰：自平定中原以後，浙東、全閩尚爲唐藩朱聿鍵所阻，聲教未達，稅畝增科，頻年橫斂，爾百姓辛苦墊隘，無所控訴，朕甚悯焉。……所有地方合行恩例，具列於後：……一、浙江、福建人丁地畝本折錢糧并衛所屯糧，除浙江杭、嘉、湖三府業經該總督題准照平南恩詔開徵，今浙東八府併福建全省，俱自順治四年正月初一日起，俱照前朝萬曆四十八年則例徵收；天啟、崇禎時加派，盡行蠲免。其唐、魯二藩，僭號竊據，疊派橫徵，地方尤稱苦累，一切悉行停止，以蘇民困。有司借名私派、加耗虐民者，事發治以重罪。一、新定地方，徵收各項錢糧，自順治四年正月初一日以前，已徵在官者，起解充餉，拖欠在民者，悉行蠲免。一、滿漢有功文武各官，併行間兵士，俱著該部通行察敘，以憑陞賞。一、……各學貧生，聽該地方官核實申文該提學官，於所在學田內動支錢米，酌量賑給。一、該地方歷代帝王陵寢，有司照例以時致祭，及名臣賢士墳墓，俱嚴禁姦民掘毀。一、新定地方，兵民年七十以上者，許一丁侍養，免其雜派差役；八十以上者，加給絹一疋、綿一勘、米一石、肉十勘；九十以上者，倍之。有德行著聞，爲鄉里所敬服者，給與頂帶榮身。一、浙江起解戶、禮、兵、工四部金花、果品、菜筍、黃白蠟，富戶派剩米、綿、絹、鹽鈔、草束，協濟昌平黃蠟扣價、顏料餘銀、輕齋、藥材、牲口折價、會試銀兩、料價、雕填漆匠、羅匠、斑竹、白猪鬃、絕爐鐵課、槐花、梔子、烏梅、漁課、麻鐵、魚膠等料，課鐵、馬站、并新改折盔甲、腰刀、胖襖、箭、弦等項，福建起解戶、禮、工三部金花、料價、廚料、果品、牲口、軍辦、鹽鈔、農桑夏稅絹價、翎、鰾并新舊改折胖襖、軍器、箭、弦、江南鹽鈔、狐皮、麻鐵、協濟昌平馬價等項，各折色錢糧，浙江漕白糧米、綿、絹、黃蠟、葉茶、顏料、黃麻、栗果、藥材、金銀箔、薦新牙茶、弓折牛角、筆管、兔皮、香狸皮、山羊毛、粗細銅絲、鐵絲、鐵條、鍼條、鍍白銅絲、青綿花、碌子、猫竹、紫竹、笙竹、白硝、麂皮、狐皮、槐花、梔子、烏梅、松香、廣膠、書籍紙、桐木、黃白榜紙、歲造緞、罩漆、嚴漆、桐油等項，福建京庫顏料、黃白蠟、芽茶、香料、樟腦藥味、緞疋、課鐵、建鐵、螺殼、翠毛、白硝、麂皮、鹿皮、斑竹、弓折牛角等項各本色錢糧，以上併鋪墊水脚，俱照前朝萬曆年間賦役全書徵收。自順治四年正月初一日以前，已徵在官者，起解充餉，拖欠在民者，悉行蠲免。一、浙江起解江南各衙門折色、永福倉米、折絹、折綿、折曆日，直部把門皂隸、獄卒、草折、漕折、山羊、折桐油、折餘絲易銀，并本色漕白糧米、絹疋、合羅絲、荒絲、藥材、金銀箔、芽茶、甘蔗等項，俱照前朝萬曆年間賦役全書徵收，解赴戶部交納。自順治四年正月初一日以前，已徵在官者，起解充餉，拖欠在民者，悉行蠲免。一、浙閩運司鹽課，前代天啟、崇禎年間加派名色甚多，深為商厲，今盡行蠲免，止照萬曆年間舊額，按引徵課。一、關津抽稅，原寓稽察，非欲困商，明末疊增數倍，原額已經戶部題定，照萬曆年間原額及天啟、崇禎遞增額數一半徵收。杭州南北二關，先已差官，其餘自順治四年正月初一日以後，俱照此例，一體抽徵。其州縣零星抽取落地稅銀名色，及閩省勢官、土豪、不肖有司，向來津頭牙店，擅科私稅，概行嚴禁，違者重治。一、丁銀雖有定額，但生齒凋耗之後，年老、殘疾，盡苦追徵，甚至包納逃亡，貽累戶族，殊堪憫惻。自今以後，各撫按官嚴行有司細加編審，凡年老、殘疾并逃亡、故絕者，悉與豁免。一、窮民鰥寡孤獨、篤廢殘疾不能自存者，聽該府、州、縣申文撫按，動支預備倉糧給養。一、各地方勢豪人等，受人投獻產業、人口及騙詐財物者，許自首免罪，各還原主。如被人告發，不在赦例，仍追還原主。一、民間貿易資本，應還應取者，雖在赦前，照舊還取。一、浙閩自明季以來，山場環區之地，多被豪强私霸自肥，密結有司，隱匿錢課，聽撫按清察歸官，前罪免論。……一、將領等官，有乘機擾攘，私帶在官兵丁、馬匹、船隻回家者，如果全照原數交官，前事免論。……一、新附地方，以卹民爲第一義，有司濫准詞狀、縱役擾民者，該撫按条提究處。巡按官委理刑察盤州縣、訪惡，科索紙贖，搜取贓罰，害民尤甚，及撫按等官交際餽遺，實長貪黷，併照平南詔例，一體嚴禁；有故違者，事發重治。於戲！勝殘去殺，用弘濟夫艱難，布澤流膏，務與之爲休息。大業克成於一統，新恩誕沛於遐方。偕兹率土之民，永底太平之治。布告中外，咸使聞知。（世祖三〇、一五）

（**順治四、七、甲子**）以廣東初定，特頒恩詔。詔曰：……一、廣東人丁地畝本折錢糧并衛所屯糧，俱自順治四年正月初一日起，通照前朝萬曆四十八年則例徵收，天啟、崇禎年間加派，盡行蠲免。一、文武各官併行間兵士，俱著該部通行察敘，以憑封賞。凡戰守盡節者，督撫按題到該部勘覆，察例贈廕祭葬，立祠恤賚。一、官吏貪贓，最爲民害，朝廷特嚴懲貪之典。枉法受贓，律有明條，其餘犯罪輕重大小，一如律行。……各學貧生，地方官覈實，申文該學政，於所在學田內，動支錢米，酌量賑給。……一、所在應祭壇廟，有司務竭誠致祭，毋致褻慢。歷代帝王陵寢及名臣賢士墳墓被人毀發者，即與修理，禁止樵牧。一、廣東起解戶、禮、兵、工四部折色錢糧、金花、黃白蠟、烏梅、五棓子、膽黃、黑鉛、桐油、黃熟銅、圓眼、菉荀、荔枝、香蕈、木耳、硇砂、核桃、蜂蜜、藥材、四司料價、胖襖、胭脂木、南棗木、紫榆木、紫竹、梨木、翠毛、均一料、魚油料、麻、鐵、鐵稅、會試、會同館、協濟昌平本色錢糧、黃白蠟、芽茶、葉茶、銀硃、貳硃、生漆、錫、生銅、藥材、廣膠並鋪墊水腳銀兩，俱照萬曆四十八年額數，自順治四年正月初一日以前，已徵在官者，起解充餉，拖欠在民者，悉行蠲免。一、本省鹽課，照萬曆四十八年舊額，按引如數徵解。其天啟、崇禎年間加派，盡行蠲免。一、丁銀雖有定額，但生齒凋耗，年老、殘疾，盡苦追徵，甚至包納逃亡，貽累戶族，殊堪憫惻。自今以後，各撫按官嚴行有司，細加編審，凡老年、殘疾並逃亡、故絕者，悉與豁免。一、窮民鰥寡孤獨、篤廢殘疾不能自存者，聽該府、州、縣申文撫按，動支預備倉糧給養。一、地方勢豪人等，受人投獻產業、人口及騙詐財物，許自首免罪，各還原主。如被人告發，不在赦例，仍追還原主。一、民間貿易資本，雖在赦前，應還應取者，照舊還取。一、軍民年七十以上者，許一丁侍養，免其雜派差役；八十以上者，給與絹一疋、綿一勔、米一石、肉十勔；九十以上者，倍之。有德行著聞，爲鄉里所敬服者，給與頂帶榮身。一、抽稅原以裕國，非欲病民。明朝末年濫行抽取，殊屬虐商。自順治四年正月初一日起，凡府、州、縣零星抽取落地稅銀名色，及勢官、土豪、不肖有司向來津頭牙店，擅科私稅，概行嚴禁，違者重治。一、有司徵解錢糧，原有定額。明季貪黷成風，借名私派、加耗虐民，難以枚舉。自今以後，該撫按官嚴加禁約，不時親訪，違者從重條處。……一、將領等官有乘機擾攘，私帶在官兵丁、馬匹回家者，如果照原數交官，前事免論。……一、新附地方，以卹民為第一義，有司濫准詞狀、縱役擾民者，該撫按条提究處。巡按官委理刑察盤州縣，訪察蠹惡，科索紙贖，摻取贓罰，害民尤甚，及撫按等官交際饋遺，實長貪黷，并照平南詔例，一體嚴禁；有故違者，事發重治。於戲！四方大定，悅來無間於寰中；萬國攸寧，聲教丕揚乎海外。凡官斯土，體熙朝寬大之懷；永乂吾民，享奕葉蕩平之福。播告遐邇，咸使聞知。（世祖三三、九）

　　（順治五、一一、辛未）以奉太祖武皇帝配天，及追尊四祖考妣帝后尊號禮成，諸王群臣上表稱賀。是日大赦天下。詔曰：……典禮綦隆，覃恩宜廣，特大赦天下，以慰臣民。應行事宜，條列於後：……一、派徵錢糧，俱照萬曆年間則例，其天啓、崇禎年加增，盡行蠲免，通行已久，如有貪官污吏，例外私派、多徵擾民者，該撫按官糾条重處。一、地方災傷，一經察勘，即與蠲免，有司官毋得仍行派徵及有力之家濫行冒免，以致窮民不霑實惠。一、我朝定鼎以來，恩詔有免，荒地有免，水旱災傷有免，民間額賦，不應再有拖欠。或輸納已完，地方官別項支用，或侵入私囊，以致小民虛受拖欠之名。撫按官確察某州縣額徵若干、已完若干、未完若干，果係百姓拖欠，自元年以至三年，悉與蠲免。一、各關抽稅，俱照萬曆年間舊例，其天啓、崇禎年間加額，除免一半。不得踵習明季陋規，分外多抽，及多設委官巡攔，以察稅為名，肆行科擾。一、漕白二糧，照舊徵收本色，除二三兩年運官掛欠，久追未完，俱准蠲免外，其五年運到四年漕白二糧，掛欠數多，明係侵盜，但照數追比還官，俱免擬罪。一、各處本色錢糧，除顏料、黃白蠟，仍辦本色外，其餘准解折色一年。一、直省押解錢糧官吏，有途次被劫見在追比者，准與蠲免。一、圈丈地土分給滿洲耕種，其被圈之家，或圈去未補，或原地錢糧未除，即與蠲免。或新補之地較原地瘠薄不堪者，俱照新地等則納糧。一、滿洲圈過地內，道路、溝壑、房基、廟宇、墳墓皆係地數，今一概除去不算，則原額必虧，錢糧何出，俱著一體清察蠲免。一、倉庫錢糧，收支各有款項數目，有額外多支及盤量短少者，俱免追賠，并免科罪。一、勢豪舉放私債，重利剝民，實屬違禁，以後止許照律，每兩三分行利，即至十年，不過照本算利。有例外多索者，依律治罪。一、各處無主荒地，該地方官察明呈報，撫按再加察勘，果無虛捏，即與題免錢糧；其地方仍招民開墾。一、北城及中、東、西三城居住官民商賈，遷移南城，雖原房聽其折賣，按房領給銀兩。然舍其故居，別尋棲址，情殊可念；有地土者，准免賦稅一年，無地土者，准免丁銀一年。一、軍民年七十以上者，許一丁侍養，免其雜派差役，八十以上者，給與絹一疋、綿一觔、米一石、肉十觔；九十以上者，倍之。一、各處養濟院收養鰥寡孤獨及殘疾無告之人，有司留心舉行，月糧依時給發，無致失所；應用錢糧，察照舊例，在京於戶部、在外於存留項下動支。一、凡係大貪，罪應致死者，止免死，贓仍照追，永不敘用。一、凡係見在議革、議降、議罰及住俸戴罪併內外衙門提問究擬者，盡與豁免。一、各官已經罰俸、住俸戴罪者，俱免。……一、內外問刑衙門，凡滿漢官員犯各項罪名，應鞭責應板責者，以後俱依律折贖，免責。一、應追贓私，察果產業俱盡，力不能完者，概與豁免，毋得株連親族。以上各款，凡內外各衙門官，俱當實心作速遵行。各該地方即將詔刊刻，張掛於各大小村莊，務使民人盡知蠲免款件。如有怠玩壅蔽，在內都察院、科道，在外督、撫、按指条，定以違旨論。（世祖四一、八）

（順治八、八、丙寅）以恭上皇太后徽號禮成，上御太和殿，諸王、貝勒、文武群臣上表，行慶賀禮。是日，頒詔天下。詔曰：……所有恩宥事宜，開列於後：一、親王以下，宗室三等輔國將軍以上，應加恩賜。一、外藩諸王，各加恩賜。一、內外自公主以下，至格格，各加恩賜。……一、滿洲兵丁，各處征剿，對陣傷損殘廢未經給賞者，該部照例速行賞卹。一、在內滿洲、蒙古、漢軍，或有窮兵無力備馬者，該部察明購給。……一、順治五年以前民間拖欠錢糧，悉與豁免。一、倉庫錢糧，或因交盤短少，見在追賠，家產絕盡不能賠補者，察實豁免。一、各處解運錢糧，途次遇賊劫奪者，察實豁免。一、大小武官，不許擅受民詞及縱令兵丁強買市物，該督、撫、按須嚴行察条，以甦小民。一、各直省先加城工錢糧，准抵八年正額。如恩詔未到以前，八年正額已徵在官者，俱各照數退還，仍取花戶領狀，繳撫按考察；其有已解各部寺者，並發該司府給領，不得重累小民。一、臨清燒造，苦累小民，並漕船帶運，已行停止。其造過坯片，已費工本，並民船長短載帶甄納價，俱准一體豁免。一、江南、浙江、福建、江西、山東等處題派綾紗，又三色榜紙、龍瀝紙價，姑念地方初定，通免三分之一，仍分三運起解。一、漕船缺額，已准動輕齎銀兩，責令運官自僱，不得重派地畝，又拏民船，以甦苦累。一、凡應追贓私，察果家產盡絕，力不能完者，概與豁免，毋得株連親族。一、凡失落之物及被盜贓物，如本主認明，原物給主，免究收盜之罪。一、京城內外，有鰥寡孤獨窮苦無依者，該部院著五城御史、兵馬司，宛、大二縣實察名數，酌量周卹，其順天八府及各省府州縣衛所，舊有養濟院，皆有額設米糧，該部通行設立給養，該道府官，從實稽察，俾沾實惠。一、國子監監生，免坐監兩月；已拔歷者，免歷事兩月。一、各直省儒學貧生，該地方官覈實，申詳學政，於學田內動支銀米賑給。（世祖五九、一九）

（順治一一、六、庚辰）以加上皇太后徽號禮成，諸王、文武君臣上表行慶賀禮。是日頒詔天下。詔曰：……所有恩赦事宜，開列於後：一、和碩親王以下，奉恩將軍以上，俱加恩賜。一、公主以下，固山格格以上，俱加恩賜；其無俸宗女，酌加恩賜。一、在外藩王以下，公以上，俱加恩賜。一、在京滿洲、蒙古、漢軍異姓公以下，七品官以上，俱加恩賜。一、在京文武漢官，五品以上，俱加恩賜。……一、內外文武官員，除大計處分、城池失守外，有因公事註誤革職、降級、罰俸、戴罪、住俸等項併見在議革、議降、議罰者，各該衙門悉與奏明寬宥。一、順治六、七兩年地畝人丁、本折錢糧，果係拖欠在民，悉與豁免；其已徵在官者，不得借口民欠侵隱。一、順治七年分曆日、祭祀牛羊、藥材、本折錢糧，其已徵在官者，照數起解，其拖欠在民者，悉行蠲免。一、會典舊制，各府、州、縣俱有預備四倉及義倉、社倉等法，每處積貯，多者萬餘石，少者數千石，各省倉儲，俱數百萬計，故民有所恃，荒歉無虞。今責成各地方該道專管，稽察舊積，料理新儲。應行事宜，聽呈督撫具奏，每年二次造冊報部，該部察積穀多寡，分別議奏，以定該道功罪。一、大軍經過地方，馬匹所需，供應草豆運價等項，以後俱准作正項錢糧銷算；如官胥通同勒掯侵冒，該督撫即行糾參，隱徇者一體重處。一、滿洲、蒙古、漢軍兵丁，酌量給賞。一、貧民失業流離，各地方官有能賑恤全活五百人以上者，核實紀錄，千人以上者即與題請加級；其有鄉紳、富民尚義出粟，全活貧民百人以上者，該地方官覈實具奏，分別旌勸。一、東南財賦之地，素稱沃壤，連年水旱為災，民生重困，皆因失修水利，致誤農工。該督撫責成地方官，悉心講求，疏通水道，修築隄防，以時蓄洩，俾水旱無虞，民安樂利。一、頻年治河，旋塞旋決，夫役埽料，民累不堪，或地方有司借端加派，或濫用委官侵冒詐索，該督撫、監司嚴加清釐、禁戢，仍須講求長策，刻期竣工，勿得延緩滋害。一、近來司府州縣徵收錢糧，天平法馬太重，多加火耗，民受困苦，著該督撫、司道等官嚴飭有司務遵較定法馬，不許私自增加；仍不時密察，違者指名參奏。併上司差役催提，橫加需索，陵逼下屬，著嚴行禁戢；督撫各官，不自覺察者，一併治罪。一、各地方徭役繁重，有豪紳、劣衿、衙胥、積蠹，或本身田連阡陌，濫免差徭，或包攬他人田地徭丁，代為規避，偏累窮民，莫此為甚。該督撫行各地方官秉公嚴察，如有此等情弊，重加懲處。一、直隸及各省徵收錢糧，俱照萬曆年間則例，久已通行，如州縣官有將天啓、崇禎年間濫加錢糧仍行徵派者，該督撫糾叅重處。一、白糧民解累民，官解仍以累民，今後於該省漕糧船分帶，以甦官民之累。應行事宜，該督撫作速議奏。一、漕船缺額，已准動輕齎銀兩，責令運官自僱，如有重派地畞，擅挐民船者，有司運官，俱聽該督撫糾叅重處。一、關稅已經定額，奉差官員不許分外科索，擾害商民；其地方民事一概不許干預，違者倂治。一、錢糧私派、欺隱等弊，俱由積惡吏書串通衙內幕客誘官作姦，害民蠹國。今後該督撫糾叅有司錢糧款件，必將經承吏書、姦惡幕客，列名並劾；如款內不及吏書、幕客者，該督撫以徇縱論。各布政使，仍將司府州縣一應經承錢糧吏書，每年二次造册報部；若册內無名，濫管錢糧者，許諸人告發，司府州縣，一體重治。一、饑民有願赴遼東就食耕種者，山海關章京不得攔阻，所在章京及府州縣官，隨民願往處所，撥與田地，酌給種糧，安插撫養，毋致失所；仍將收過人數，詳開報部奏聞。一、兵火之後，田地荒蕪，須令民間盡力開墾，不許豪強占隱，以致窮民失業，違者重懲。有司不行覺察，以溺職論。一、運糧官丁行月糧，各地方本折不等，多有偏祐之弊，著漕督通查確酌具奏，務期本折均平，以贍窮丁。……一、滿洲兵丁披甲隨征，多年效力，被傷不能披甲及年老有疾退役者，酌給恩賞。一、滿洲兵丁各處征剿，對陣傷損，未經給賞者，速給。一、鑾儀衛旗尉象軍服役有年，酌加賞賚。一、土賊嘯聚，或因饑饉所迫，或因貪官虐害，殊爲可憫。果能改悔前愆，自行投首者，悉免其罪。一、有從賊官民人等，厭苦賊患，慕義來歸者，地方官即行優養，務令得所；來歸官員，奏聞酌用。一、各省設兵處所，錢糧務要以時支放，不許有司壓欠、本管將領侵剋，如有此等情弊，該督撫即行糾叅。……一、凡應追入官錢糧，如果家產盡絕，該督撫查確，題請豁免，不許株連親族。……一、各省有城垣傾圮、橋梁毀壞，地方官能設法修葺不致累民者，該督撫具題，即與敘錄。一、黃河神金龍四大王、運河神分水龍王，應遣官致祭。一、詔內各款，該地方各官俱要實心奉行，務使恩澤及民，方不負朕憫念元元至意。如沿習舊套，徒以虛文塞責，該督撫不能覺察叅奏，著部院科道一併糾叅重處。於戲，協九疇而茂祉，萬年膺篤祐之祥，聚大順以怡親，四海霑旁流之澤。詔告中外，咸使聞知。（世祖八四、一六）

（**順治一二、一、壬子**）諭內外文武官員等：……茲以朕思慮所及，先頒敕諭，著各該管衙門，作速遵奉，興利除害，稱朕祇承天意，周恤民隱至懷。……一、水旱災荒，古今代有，全在豫備得法。一省報荒，必有不荒之府；一府報荒，必有不荒之縣。荒者當速賑，不荒者即當蚤備。如常平倉之法，米賤則增價以糴，米貴則減價以糶，官民俱便，歷代行之，未嘗有改。明宣德年間，巡撫周忱與蘇州知府況鐘，多方儲積，蘇州一府至六十餘萬石，松、常二府尚不與焉，春夏濟農，秋冬還官，民至今稱之。若各地方官果有為國為民之心，豈不能於存留項下，周詳設處？著戶部嚴飭遵行。一、賦役原有定額，自流賊煽亂之後，人丁逃散，地畝荒蕪，姦民乘機隱漏，良善株累包賠。或有地而無糧，或有糧而無地；或有丁而無差，或有差而無丁。甘苦不均，病民殊甚。著各布政使嚴飭該道府，責令州縣官查照舊冊，著落里甲，逐一清釐，隱漏者自首免罪，包賠准其控告，查確即與豁免，不許借端擾害。事畢造冊報部，以憑覆覈。即以查出多寡，分別各官殿最。至於屯道屯廳奪民熟田，捏充開荒，及墾少報多，命民包納者，一體清查，俾無重納，以寬民力。其河東、長蘆等處各運司鹽課，原應商人辦納，中有每年派民納課、而民不見升合之鹽者，著該運司詳加稽核，從長計議。務令公私兩便，經久可行，毋得因循積獘。……一、瀕河郡縣，田土盡湮，各地方協濟河工，一束之草，賠銀數錢，徵調繁興，侵那萬狀。河夫工食不能時給，物力已竭，績用未成。中原重地，人民苦累，半由於此。自今以後，該管各官務宜親駐河干，解到人夫物料，嚴核數目，乘時修築；工食價值，毋得短減。有仍前作獘者，官則題参，吏即拏究。期在早竣，以蘇民困。一、近來各處驛遞，疲累至極，衝要地方，尤為苦困。皆因馬價草料工食等銀，不敷支用。民力既窮，馬亦隨斃，買補之費，仍出於民。民困如此，勢必至驛政盡壞，道路不通。著戶兵二部行各督撫，察地方衝僻及路程遠近，每驛應用馬匹、草豆、鞍轡、夫役工食數目，錢糧見額若干、應補若干，逐一確算，造冊奏報。應用錢糧，准於應解正項錢糧內動支；原解缺額，該部另行酌議，期久遠可行。凡從前倒塌驛站，責命各地方官速行料理，如因仍廢弛，著該督撫察明，併道府題参究治。其奉差員役需索騷擾，屢有嚴禁，著再行申飭，務革積獘。一、各處兵丁，日見窮苦，皆因督、撫、鎮、道不能潔己釐獘。將領餽送，悉出兵身，所領月糧，得不償失，深可痛恨，著嚴行禁革。應支月糧，務須依期給發，不許官吏需索使費、將領借端侵扣，違者重究。一、大軍養馬及駐兵地方應支糧米草豆，雖動正項錢糧，而運送腳價及各項器用，所費不貲，悉係民間備辦，最為苦累。著該督撫詳察報部，酌量銷算。其有姦貪官吏，指稱供應大軍，分外多派，用一科十、折斂入己者，嚴察劾奏，治以重罪。……以上事款，內外文武衙門，作速遵行。係在外者，該部謄發各總督、巡撫，將行過緣由，逐款奏繳，不許視為具文，玩

忽遷延，自干憲典。（世祖八八、二〇）

（順治一三、六、癸丑）以乾清宮成，頒詔天下。詔曰：帝王統御天下，必先鞏固皇居，狀萬國之觀瞻，嚴九重之警衛，規模大備，振古如茲。朕自即位以來，思物力之艱難，罔敢過用，軫民生之疾苦，不忍重勞，暫改保和殿為位育宮，已經十載。揆之典制，建宮終不容已，乃於順治十年秋，卜吉鳩工。今乾清、坤寧宮告成，祗告天地、宗廟、社稷，於順治十三年七月初六日臨御新宮，懋圖治理。念臣民之勞瘁，宜恩赦之廣頒。所有事款，條列於後：一、文職官員，除大計處分、失陷城池、緝盜不獲、罪犯越獄、貪贓、拖欠錢糧、漕糧等罪不赦外，其餘議革、議降、議罰及戴罪、住俸各官，俱免議。……一、直省報荒地方，有隱漏田糧以熟作荒者，許自行出首，盡行免罪；其首出地畝，即以當年起科，以前隱漏錢糧，概不追理；如被他人告發，仍行治罪追糧。……一、武職官員，除失陷地方、縱兵搶掠並軍政處分、大貪受贓外，其餘見在議革、議降、議罰，俱免議；有因公事註誤革職、降級、罰俸、戴罪、住俸等項，各該衙門悉與奏明寬宥。一、滿洲兵丁，各處徵剿，陣前被傷未經給賞者，照例速給。……一、應追贓私，除貪贓、侵盜情重者不赦外，其餘查係家產盡絕，力不能完者，概與豁免，不許株連親族。一、罰贖積穀，原以預備賑濟，今歲水蝗為災，秋冬之際，恐民生艱困，各巡按御史確查災荒地方，除蠲免正糧外，其流離無告者，即動前項贖穀賑濟，不得令姦民冒領。一、十二年以前各省牛角、皮料等項，果有未解完者，工部照例改折，以紓民力。於戲，定丕基於萬世，益屋敬天法祖之心，通寰宇為一家，共躋物阜民安之盛。布告中外，咸使聞知。（世祖一〇二、二三）

（順治一四、三、癸丑）以太祖太宗配享禮成，諸王、群臣上表慶賀。是日，頒詔天下。詔曰：……式舉宏章，宜頒湛惠。所有事宜，開列於後：一、親王以下，奉恩將軍以上，俱加恩賜。一、內外公主以下，固山格格格以上，俱加恩賜。一、外藩諸王以下，公以上，俱加恩賜。一、在京文武官員，聽各衙門堂印官確查，分別陞賞。一、各省固山額真、昂邦章京、梅勒章京、總督、巡撫、總兵官，各加恩賜。……一、文職官員，除貪贓及大計處分、失陷城池、緝盜不獲、罪犯越獄、拖欠錢糧、漕糧、違誤欽件限期、審事徇情、舉劾不公、閱卷有獎、衙役作獎犯贓本官不能覺察、投認師生等罪不赦外，見在因公註誤，議革、議降、議罰及戴罪、住俸各官，各該衙門奏明寬宥。一、武職官員，除貪贓及軍政處分、失陷地方、緝盜不獲、縱兵搶掠、拖欠錢糧、違誤欽件限期、審事徇情等罪不赦外，見在因公註誤，議革、議降、議罰及戴罪、住俸各官，各該衙門奏明寬宥。一、滿洲兵丁，處處戰攻勞苦，該部通行賞賚。一、滿洲兵丁，披甲隨征，多年效力，被傷不能披甲及年老有疾退役者，酌給恩賞。一、征調別省兵丁，深爲可憫，其家口坐糧，照例給發，務令得沾實惠。……一、派徵錢糧，俱照萬曆年間則例，其天啟、崇禎年間加增盡行蠲免，通行已久，如有貪官污吏例外私派、多徵擾民者，該督、撫、按官糾紏重處。……一、大兵經過餧馬地方，供應草豆運價等項，以後俱准作正項錢糧銷算。如官胥通同揹勒侵冒，該督撫即行糾紏；隱徇者，一體重處。一、貧民失業流離，各地方官有能賑恤，全活五百人以上者，核實紀錄；千人以上者，即與題請加級；其有紳衿富室尚義出粟，全活貧民百人以上者，該地方官核實具奏，分別旌勸。……於戲！祀事孔修，答高厚生成之德，孝思用展，彰聖神作述之猷。洽萬國之歡心，備一朝之盛典。布告天下，咸使聞知。（世祖一〇八、一〇）

（順治一五、一、庚子） 上以皇太后聖體康豫，頒詔大赦天下。詔曰：……一、和碩親王以下，奉恩將軍以上，俱加恩賜。一、內外公主以下，固山格格以上，俱加恩賜。一、外藩諸王以下，公以上，俱加恩賜。一、在京文武各官，除未隨朝年幼官員外，公、侯、伯以下，至九品官員，普加恩賜。一、各省固山額真、昂邦章京、梅勒章京、總督、巡撫併總兵官，各加恩賜。……一、滿洲兵丁披甲隨征，多年效力，被傷不能披甲及年老有疾退役者，酌給恩賞。……一、順治十、十一兩年未完地畝、人丁本折錢糧，該撫、按確察，果係拖欠在民者，具奏豁免，已徵在官者，不得借口民欠侵隱。一、順治十、十一兩年分曆日、祭祀牛羊、藥材本折錢糧，其已徵在官者，照數起解，其拖欠在民者，該撫、按確察具奏豁免。一、順治十四年以前各省牛角、皮料等項，凡有未解完者，工部確察，照例改折，以紓民力。一、應追贓私，除貪贓、侵盜情重者不赦外，其餘果係家產盡絕，力不能完者，該撫、按確察，題請豁免，不許株連親族。……一、各處土司世守地方，有能真心嚮化者，即將原管地方部落准與照舊襲職，有能擒叛逆來獻者，仍厚加陞賞。一、已歸順土司，曾立功績者，該督、撫、按察明，具奏陞賞，其未經授職立功者，一併敘授。於戲，慈闈介祉，綿鶴算於萬年，海宇蒙禧，霑鴻恩於九有。播告中外，咸使聞知。（世祖一一四、一）

（順治一七、一、辛巳） 上省躬引咎，頒詔大赦天下。詔曰：……一、文職官員，除貪贓及大計處分、失陷城池、緝盜不獲、罪犯越獄、拖欠錢糧、漕糧、違誤欽件限期、審事徇情、舉劾不公、閱卷有獎、衙役作獎犯贓本官不能覺察、投認師生等罪不赦外，見在因公詿誤、議革、議降、議罰及戴罪住俸各官，各該衙門奏明寬宥。一、武職官員，除貪贓及軍政處分、失陷地方、緝盜不獲、縱兵搶掠、拖欠錢糧、違誤欽件限期、審事徇情等罪不赦外，見在因公詿誤、議革、議降、議罰及戴罪、住俸各官，各該衙門奏明寬宥。一、順治十六年以前，直省拖欠錢糧，差廉幹滿官前往清察，果係拖欠在民者，俱與蠲免，如係官吏侵欺者，不准援赦濫及。一、滿洲兵丁，處處戰功勞苦，該部通行賞賚。一、滿洲兵丁披甲隨征，多年效力，被傷不能披甲及年老有疾退役者，酌給恩賞。一、征調別省兵丁，深爲可憫，其家口坐糧，照例給發，務令得沾實惠。……一、額徵錢糧，俱照萬曆年間則例，其天啓、崇禎年間加增，盡行蠲免，通行已久，如貪官污吏例外私派，多徵擾民者，該督、撫、按題叅重處。……一、大兵經過餧馬地方，供應草豆運價等項，以後俱准作正項錢糧銷算；如官胥通同揹勒侵冒，該督撫即行糾叅，隱徇者一體重處。一、貧民失業流離，各地方官有能賑恤全活五百人以上者，核實紀錄；千人以上者，即與題請加級；其有鄉宦、富民尚義出粟，全活貧民百人以上者，該地方官核實具奏，分別旌勸。……於戲，乾行惕勵，用昭内省之誠，解澤旁流，式布維新之治。誕告中外，咸使聞知。（世祖一三一、一二）

（二）康熙朝

（康熙四三、一、辛酉） 諭大學士等：朕數巡幸，諮訪民生利獎，知之甚詳。小民力作艱難，每歲耕三十畝者，西成時，除完租外，約餘二十石，其終歲衣食丁徭，所恃惟此。爲民牧者，若能愛養而少取之，則民亦漸臻豐裕。今乃苛索無藝，將終年之力作而竭取之，彼小民何以爲生耶？如朕前遣侍衛至鐵索橋掛匾，還京回奏，彼處督撫饋六千餘兩。夫一侍衛而費至此，則凡部院司官、筆帖式等差遣往來者，又不知煩費幾何。去歲所遣祭告諸臣回都，朕曾問一二人，彼雖飾辭以對，然地方所費，亦不少矣。目今巡撫皆有廉聲，而司道以下，何嘗不受州縣餽遺？總之，此時清官，或分内不取而巧取別項，或本地不取而取償他省。更有督撫所欲扶持之人，每歲暗中助銀，教彼掠取清名，不逾二三年，隨行薦舉。似此互相粉飾，釣譽沽名，尤屬不肖之極。至於蠲免錢糧，原爲加恩小民，然田畝多歸縉紳富豪之家，小民所有幾何？從前屢頒蠲詔，無田窮民，未必均沾惠澤。約計小民有恒業者，十之三四耳，餘皆賃地出租，所餘之糧，僅能度日。加之貪吏苛索，蓋藏何自而積耶？朕比年巡行七省，惟秦晉兩地，民稍充裕，畿南四府，及河南一路，殊覺生計艱難。山左初次巡幸，民甚饒裕，繼而少減，今則大異往昔矣。皆由在外大小官員，不能實心體恤民隱，爲民除獎，而復設立名色，多方徵取。以此民力不支，日就貧困。科道官職司風紀，當一切不避，見之敷陳，今惟挾仇報復者，挂之彈章，否則斷斷不言。或專倚一人，藉聲勢而聽其指使，然後敢言。甚有大言不懸，妄自矜誇者，考其行事，與言迥別。子曰，先行其言而後從之，夫己之言，己且不能行，徒見之敷陳，何益之有？（聖祖二一五、二）

（**康熙四六、七、戊寅**）浙江巡撫王然疏報仁和等州縣亢旱情形。上諭大學士等曰：浙江巡撫王然報浙省旱災，而近日江南總督劭穆布亦奏報江南全省俱旱，以此揆之，被旱之處甚廣。朕屢幸南省，其地方山川形勢，及小民生業，鮮有不知者。南方溝洫最多，水之出入固易，然亦只可備平常小旱而已。若至大旱，河蕩盡涸，惟近大河之處，猶可薄收；若田高河遠之處，水不能到，必至全荒。且小民有田者少，佃户居多，豐年則納糧之外，與佃户量其所入分之，一遇歲歉，則佃户竟無策可施矣。南方卑濕，民間難以蓋藏，故比户而居，有米者少，凡飲食諸物，每日見買。此數年幸遇豐稔，可以無慮，今遇大旱，所關匪細。奏聞之後，若能得雨，不必言矣，如未有雨，不早加詳議，殊非朕保民如赤子之心矣。著九卿、詹士、科道，會同速議具奏。又諭曰：江浙被旱災事，王然於六月二十八日具題，劭穆布於七月初十日具題，伊等具題之後，有雨無雨，著問江南、浙江大小諸臣，或有伊等家信，或聞之南方來人，著即陳奏。雖有錯誤，亦不較也。至江西、湖廣兩省，雨水、米穀何如，亦著問明具奏。若江西、湖廣兩省雨水調和，米穀豐收，尚無妨礙，倘雨水不調，關係甚大，不可不預籌畫也。又諭曰：前年山東饑饉，朕發帑金，遣旗員賑濟，民乃安堵如故。今巡行邊外，見各處皆有山東人，或行商，或力田，至數十萬人之多，而該撫並未嘗奏稱彼處納糧人少者，於此可以知小民生息之繁矣。（聖祖二三〇、一〇）

（**康熙四六、一〇、己亥**）又諭曰：江浙地方，今年旱荒，有被災之處，朕心殊覺惻然。屢頒諭旨，截留漕糧以賑饑，蠲免歷年拖欠以濟困厄，想被災人民，已各得其所矣。但江浙乃財富要區，爾等可會同户部，將江浙所屬成災州縣幾何，所免田糧幾何，丁糧幾何，仍應徵收田糧幾何，丁糧幾何，及不成災州縣幾何，應徵田糧幾何，丁糧幾何，通計錢糧幾何，查明具奏。（聖祖二三一、八）

（**康熙四六、一一、己酉**）諭户部：江浙地方，賦役殷繁，倍於他省，朕屢經巡歷，時切軫懷。比年以來，業已節次敷恩，頻行蠲貸。頃因兩省偶被旱災，隨命按數減徵，豁免漕欠，並分截本年漕糧，令該督撫親往散賑。

猶念民間素鮮儲積，生計不充，非更加格外滋培，則荒歉之餘，未能驟臻康阜，茲特再施膏澤，用弘修養。康熙四十七年江南、浙江通省人丁，共額徵銀六十九萬七千七百餘兩，著悉與蠲免，其今年被災安徽所屬七州縣、三衛，江蘇所屬二十五州縣、三衛，應徵康熙四十七年田畝銀共二百九十七萬五千二百餘兩，糧三十九萬二千餘石，浙江二十州縣一所應徵康熙四十七年田畝銀九十六萬一千五百餘兩，糧九萬六千餘石，亦俱著免徵。所有舊欠，帶徵銀米，並暫停追取，俟開徵時，一併輸納。務使小民一歲之內，絕跡公庭，安處隴畝，俾得優游作息，經理農桑。庶幾閭閻氣象，可以日加豐豫。諭旨到日，該督撫體朕孳孳惠愛黎元至意，各飭有司，實心奉行，仍張示通曉，令咸知悉。倘蠲除不實，致有侵冒，察出從重治罪。爾部即遵諭行。(康熙二三一、一一)

(康熙四六、一一、乙亥) ……諭曰：朕在宮中，無刻不以民間疾苦為念，恐遇旱潦，必思豫防。……江浙農功，全資灌溉，今見其河渠港蕩，比舊俱淺者，皆由素無瀦蓄所致。雨澤偶愆，濱河低田，猶可戽水濟用，高燥之地，力無所施，往往三農坐困。朕茲為民生，再三籌畫經久之計，無如興水利，建閘座，蓄水灌田之為善也。……上曰：今所議閘座，原與運道無涉，而關係經費、錢糧，所以無人敢言。朕特念江浙財富重地，小民粒食所資，故欲講求經久之策。諸臣所見，既皆符合，今總漕及各督撫，俱為截漕散賑事，見在彼地料理，該部速行文伊等，將各州縣河渠宜建閘蓄水之處，並應建若干座，通行確察明晰具奏。以朕度之，建閘之費，不過四五十萬兩。且南方地畝，見有定數，而戶口漸增，偶遇歲歉，艱食可虞。若發帑建閘，使貧民得資傭工，度日餬口，亦善策也。(聖祖二三一、一八)

(康熙四七、一〇、戊午) 諭戶部：朕屢次南巡，見閭里殷富之象，遠不逮於舊時。雖不時蠲免額賦，停徵積逋，僅可支吾卒歲，絕無餘蓄。朕每念及此，未嘗不為惻然。去年江南、浙江兩省，俱被旱荒，多方軫恤，民力稍蘇。迨今歲復報潦災，旋經照例蠲賑，並留漕資濟。但歲再不登，生計益匱，欲令辦賦，力必難供。康熙四十八年，除漕糧外，江南通省地丁銀四百七十五萬四百兩有奇，浙江通省地丁銀二百五十七萬七千兩有奇，著全行蠲免。所有舊欠帶徵銀米，仍暫行停止。此朕因江浙二省為東南重地，特於格外施仁，用弘修養之至意。該督撫各飭有司，張示徧諭，務令窮鄉部屋，咸共知悉。倘或別借事端，侵冒徵派，事發，定從重治罪。(聖祖二三五、一二)

(康熙四八、一一、庚辰) 上諭大學士等曰：本朝自統一區宇以來，於今六十七八年矣。百姓俱享太平，生育日以繁庶。戶口雖增，而土田並無所增，分一人之產，供數家之用，其謀生焉能給足？孟子曰，無恆產者無恆心，不可不爲籌之也。朕意欲將康熙四十九年應徵錢糧，豫配各省用度，爲之抵算。至五十年，將天下應徵錢糧，一概蠲免。如近省有支用之事，則以戶部庫銀，給發應用。戶部尚書希福納奏曰：每年天下地丁錢糧及鹽課、關稅、雜項錢糧，內除照常存留各省應用及解往別省協濟之外，一年共起解銀一千三百萬兩有餘。京城俸餉等項，一年需用九百萬兩有餘，每年所積不過一二百萬兩。如將天下錢糧全免，似乎國用不足。上曰：今年免江浙錢糧八百萬兩，並未曾有所不足。希福納奏曰：皇上蠲免江浙錢糧，命下之後，臣等催取各省缺解銀兩六百萬到部，始能足用。上問張鵬翮曰：爾意云何？張鵬翮奏曰：皇上加惠於民，實出非常。但通免天下錢糧，其事甚大，容臣等與大學士、九卿核查議奏。上曰：爾等速議具奏。（聖祖二四〇、六）

（康熙四八、一一、甲申）大學士、九卿等以遵旨會議全免天下錢糧事覆奏。上問戶部諸臣曰：爾等作何定議？張鵬翮奏曰：聖主施殊恩於天下，頒發諭旨，欲將康熙五十年天下地丁錢糧一概蠲免，止存額徵鹽課、關稅六百萬兩，實浩蕩之隆恩。但所存之數，恐不足用，勢必另發帑銀以濟之。臣等會議，自康熙五十年起，視各省之大小，斟酌配搭，於三年內免完。如此，則萬民俱沾實惠，而庫帑亦不至缺乏矣。上曰：爾等所議良是。至明年十月間，視各省秋收何如，先免歉收之省。張鵬翮奏曰：臣查戶部冊籍，自康熙元年起，以至於今，所免錢糧共萬萬兩有餘，是誠亙古所無也。上曰：果至此數矣。又諭曰：凡地方水旱，督撫即行奏聞，預爲料理，則被災百姓，不至失所。今年安慶府、太平府屬俱被災荒，而巡撫劉光美竟不奏聞，其意以爲災荒非盛世所宜言。不知天時水旱之災，乃所恆有，生民關係甚大，匿不以聞，殊爲非理矣。（聖祖二四〇、一一）

（康熙四八、一一、庚寅）上諭大學士等曰：今京城米價甚貴，朕聞小米一石，須銀一兩二錢，麥子一石，須銀一兩八錢。爾等與九卿會議，如何可以平價。江浙前兩年無收，今年大熟，米價仍未平者，亦必有故。李光地奏曰：今人口甚多，即如臣故鄉福建一省，戶口繁息，較往年數倍。米價之貴，蓋因人民繁庶之故。上曰：生齒雖繁，必令各得其所始善。今河南、山東、直隸之民，往邊外開墾者多，大都京城之米，自口外來者甚多。口外米價，雖極貴之時，秋米一石，不過值銀二錢，小米一石，不過值銀三錢，京師亦常賴之。（聖祖二四〇、一四）

（康熙四九、一〇、甲子）諭戶部：朕恭膺天眷，祇承列祖鴻庥，統御萬方，子育兆庶，廑懷至治，宵旰靡寧。幸際海宇同風，邊隅向化，遐邇中外，帖然衽席之安，是皆仰荷天地、祖宗福佑之所致也。方朕八齡踐祚之初，太皇太后問朕何欲，朕對臣無他欲，惟願天下治安，生民樂業，共享太平之福而已。迄今五十年矣。惓惓此心，未嘗一日稍釋。每思民爲邦本，勤恤爲先，政在養民，蠲租爲急。數十年以來，除水旱災傷，例應豁免外，其直省錢糧，次第通蠲一年，屢經舉行。更有一年蠲及數省，一省連蠲數年者。前後蠲除之數，據戶部奏稱，共計已逾萬萬，朕一無所顧惜。百姓足，君孰與不足？朝廷恩澤，不施及於百姓，將安施乎？朕每歲供御所需，概從儉約。各項奏銷浮冒，亦漸次清釐。外無師旅饟饋之煩，內無工役興作之費。因以歷年節省之儲蓄，爲頻歲渙解之恩膏。朕之蠲免屢行，而無國計不足之慮，亦特此經籌之有素也。比來省方時邁，已歷七省，南北人民風俗，及日用生計，靡不周知。而民生所以未盡殷富者，良由承平既久，戶口日蕃，地不加增，產不加益，食用不給，理有必然。朕洞矚此隱，時深軫念。爰不靳敷仁，用甦民力。明年爲康熙五十年，思再沛大恩，以及吾民，將天下錢糧，一概蠲免。因衆大臣議奏，恐各處需用兵餉，撥解之際，兵民驛遞，益致煩苦。朕因細加籌畫，自明年始，於三年以內，通免一周，俾遠近均霑德澤。直隸、奉天、浙江、福建、廣東、廣西、四川、雲南、貴州所屬，除漕項錢糧外，康熙五十年應徵地畝銀，共七百二十二萬六千一百兩有奇，應徵人丁銀共一百一十五萬一千兩有奇，俱著查明全免。並歷年舊欠，共一百一十八萬五千四百兩有奇，亦俱著免徵。其五十一年、五十二年應蠲省分，至期候旨行。民間舊欠，既經豁免，嗣後每年額徵錢糧，務如數全完。倘完不及額，或別有虧空，託稱民欠，則負國甚矣。即責令督撫以下官員償補，仍從重治罪。夫地方大吏，以及監司守令，皆與吾民誼均休戚者也。誠克體朕摯摯保赤之懷，實心愛養，力杜侵牟朘削，則閭閻咸得衣食滋殖，無有失所，而爲官吏者，亦身名俱泰，豈非昇平樂利之盛事歟？爾部移文各督撫，諭旨到日，即刊刻頒布，徧示窮簷，令咸知悉。特諭。（聖祖二四四、二）

（康熙五一、一〇、癸丑）諭户部：朕宵旰孜孜，勤求民瘼，永惟惠下實政，無如除賦蠲租。除每歲直隸各省報聞偶有水旱災傷，照輕重分數豁免正供，仍加賑卹外，將天下地丁錢糧，自康熙五十年爲始，三年之內，全免一週。使率土黎庶，普被恩膏。除將直隸、奉天、浙江、福建、廣東、廣西、四川、雲南、貴州及山西、河南、陝西、甘肅、湖北、湖南康熙五十年、五十一年地丁錢糧一概蠲免，歷年舊欠錢糧，一并免徵外，所有江蘇、安徽、山東、江西四省，除漕項外，康熙五十二年應徵地畝銀，共八百八十二萬九千六百四十四兩有奇，人丁銀共一百三萬五千三百二十五兩有奇，俱著查明全免，其歷年舊欠銀二百四十八萬三千八百二十八兩有奇，亦並著免徵。計三年之內，總蠲免天下地畝、人丁新徵舊欠，共銀三千二百六萬四千六百九十七兩有奇。各該督撫，務須實心奉行，體朕軫念民生至意。如有侵欺隱匿，使惠不及民，借端科派者，該督撫嚴行察參。督撫失察，事發之日，亦嚴加究治。諭旨到日，立即徧示城郭、鄉村，咸使知悉。爾部即遵諭行。(聖祖二四八、一三)

(康熙五〇、一〇、戊午) 諭戶部：……前四十九年所頒諭旨，申晰甚明，原欲將五十年天下錢糧，通行蠲免，以諸臣集議，恐需用兵餉，撥解之際，兵民驛遞，益致煩苦。故自五十年為始，三年以內，全免一週。除將直隸、奉天等九省康熙五十年地丁錢糧一概蠲免，及歷年舊欠錢糧一并免徵外，山西、河南、陝西、甘肅、湖北、湖南各撫屬，除漕項外，五十一年應徵地畝銀共八百四十萬四千兩有奇，人丁銀共一百二十萬八千一百兩有奇，著查明全免，並歷年舊欠，共五十四萬一千三百兩有奇，亦俱著免徵。其康熙五十二年應蠲省分，至期候旨行。民間舊欠，既經豁免，嗣後每年額徵錢糧，務如數全完。倘完不及額，或有虧空，託稱民欠，即責令督撫以下官員償補，仍從重治罪。該督撫須實心力行，期副朕惓惓愛民之意。如有指稱事故，侵欺科派，事發之日，必嚴行究治。諭旨到日，徧示城郭鄉村、深山窮谷，咸使知悉。爾部即遵諭行。(聖祖二四八、一三)

(康熙五一、四、乙亥) 上諭大學士等曰：從來米價騰貴，由於收成歉薄，比來屢歲豐登，米價並未平減。或有謂蒸燒酒用米太多，故米價騰貴。蒸燒酒多用高粱，則高粱宜貴，其他米穀宜賤，而高粱價值並未增於別種米穀，別種米穀價值，亦未減於高粱。或有謂殷實人家，多屯米糧謀利。夫年歲不可必，多屯之後，若遇豐年，則米價必減，賤賣不能得利。屯糧糶賣之人，預籌及此，必不敢多屯也。今地少人稠，各處人民，往邊外居住耕種者甚多，比年又皆豐收，附近京師之人，俱賴此谷，大有裨益。而米價終未賤者，皆生齒日繁，閒人眾多之故耳。(聖祖二五〇、一一)

(康熙五一、五、壬寅) 諭大學士等曰：湖廣民往四川墾地者甚多，伊等去時，將原籍房產、地畝悉行變賣，往四川墾地，至滿五年起徵之時，復回湖廣，將原賣房產、地畝，爭告者甚多。潘宗洛以此情由，曾繕摺啟奏。嗣後湖廣民人，有往四川種地者，該撫將往種地民人年貌、姓名、籍貫，查明造冊，移送四川巡撫，令其查明；其自四川復回湖廣者，四川巡撫亦照此造册，移送湖廣巡撫，兩相照應查驗。則民人不得任意往返，而事亦得清釐，爭訟可以止息。大學士等俟潘宗洛具題到日，會同九卿確議具奏。（聖祖二五〇、一七）

（康熙五一、五、壬寅） 又諭曰：山東民人，往來口外墾地者，多至十萬餘。伊等皆朕黎庶，既到口外種田生理，若不容留，令伊等何往？但不互相對閱查明，將來俱爲蒙古矣。嗣後山東民人，有到口外種田者，該撫查明年貌、姓名、籍貫，造册移送稽查；由口外回山東去者，亦查明造册，移送該撫對閱稽查。則百姓不得任意往返，而事亦得清釐矣。（聖祖二五〇、一七）

（康熙五二、一〇、丙子） 户部議覆：原任偏沅巡撫潘宗洛疏請墾荒展限，應行文接任巡撫，查明詳議。上曰：凡督撫條陳地方事務，應據實陳奏。潘宗洛奏湖南荒田五百餘頃，今天下户口甚繁，地無棄土，湖南安得有如許未墾之田？著差户部司官一員，會同湖廣總督額倫特，就潘宗洛奏疏內所有州縣，查勘詳明具奏。又諭曰：湖廣、陝西人多地少，故百姓皆往四川開墾，聞陝西入川之人，各自耕種，安分營生，湖廣入川之人，每每與四川人爭訟，所以四川人深怨湖廣之人。或有將田地開墾至三年後，躲避納糧，而又他往者。今四川之荒田，開墾甚多，果按田起課，則四川省一年內，可得錢糧三十餘萬。朕意國用已足，不事加徵，且先年人少田多，一畝之田，其值銀不過數錢，今因人多價貴，一畝之值，竟至數兩不等。即如京師近地，民舍市廛，日以增多，略無空隙。今歲不特田禾大收，即芝麻、棉花，皆得收穫。如此豐年，而米粟尚貴，皆由人多地少故耳。朕巡幸時，見直隸自苑家口以下，向年永定河衝決之處，今百姓皆築舍居住，斥鹵變爲膏腴，不下數十百頃，皆未嘗令起税也。又江南黃河隄岸，至所隔遙隄，有二三里者，亦有六七十丈者，其空地先皆植柳，以備河工取用。今彼處百姓，盡行耕種，亦並未令起課。昔黃河泛漲時，水常灌入遙隄，不得耕種。自清水暢流以來，河底刷深，水必長至二丈，方能及岸。遙隄以內，皆成沃壤矣。大凡濁水與清水合流，方可無壅決之患。如直隸永定河，一交冬令，水乃漸涸，或有壅沙，高出河身，及夏秋水發，不由故道而行，遂至潰散，淹沒田廬。朕詳度河工情形，引莽牛河之清水，入於永定河，春冬之時，雖水小不能行舟，而仗此引流，故道不至壅淤。及水發時，清水合流，水力甚大，故河底刷深，無衝決之患矣。又去年趙申喬條奏，黃河近邊被衝田畝，請查明數目，蠲免錢糧。不知黃河東岸刷，則西岸之田出，西岸刷，則東岸之田出。被衝之田，應免錢糧，則新出之田，不應取錢糧乎？……今遣官勘驗湖

南荒田，亦此意耳。（聖祖二五六、一四）

（**康熙五二、一〇、庚寅**）諭九卿等曰：朕念福建、廣東沿海州縣，值此青黃不接之時，宜酌量蠲免。張鵬翮奏曰：頃蒙皇上特加殊恩，已令運米賑濟矣。且連年蠲免甚多，見今動用至康熙四十九年錢糧矣。上曰：即動用至五十年錢糧，有何妨礙？今米雖運去，但足餬口，不能辦錢糧也。朕心惟以百姓爲重，蠲免之事，不可遲延。（聖祖二五六、二三）

（**康熙五三、五、丙子**）又諭曰：條奏官員，每以墾田積穀爲言，伊等俱不識時務。今人民蕃庶，食衆田寡，山地盡行耕種，此外更有何應墾之田，爲積穀之計耶？（聖祖二五九、九）

（三）雍正朝

（**雍正五、一〇、己酉**）諭户部：朕御極以來，愛養黎元，勤求治理。……各省之中，賦稅最多者，莫如江南之蘇、松二府，浙江之嘉、湖二府，每府多至數十萬。地方百姓，未免艱於輸將。其賦稅加重之由，始於明初洪武時。四府之人，爲張士誠固守，故平定之後，籍諸富民之田，以爲官田，按私租爲稅額。夫負固之罪，在士誠一人，而乃歸咎於百姓，加其賦稅，此洪武之苛政也。有明二百餘年，減復不一。我朝定鼎以來，亦照明例徵收。蓋因陸續辦理軍需，經費所在，未便遽行裁減。我皇考聖祖仁皇帝常論及此。雍正三年，朕仰體皇考多年寬賦之聖心，將蘇、松二府額徵浮糧豁免，彼時頒發諭旨甚明。本欲一體加恩於嘉、湖二府，因浙江風俗澆漓，正須化導，不便啓其望恩倖澤之心，故爾暫止。今見浙俗漸次轉移，改而遷善，朕心深慰，用沛恩膏。查嘉興府額徵銀四十七萬二千九百餘兩，湖州府額徵銀三十九萬九千九百餘兩，俱著減十分之一。二府共免銀八萬七千二百兩有奇，永著爲例。……朕軫念浙省官民，施恩格外。百姓賦稅之稍重者，則將徵額之數特賜裁減；官員用度之不足者，則將惟正之供賞給養廉。朕今施恩於官者，實施恩於民之意。無非欲百姓等催科不擾，皆樂業於田間；官員等俯仰裕如，咸盡心於官守。儻官員不知副朕愛民之苦心，仍有作奸犯科、隱糧逋賦及侵漁公帑、剝削民膏者，在天理國法，俱難姑容。加以重懲，更無可貸。思之慎之。（世宗六二、二五；東五、五五）

（**雍正六、九、庚午**）諭户部：《論語》曰，百姓足，君孰與不足。朕宵旰孜孜，惟以足民益下爲念，是以各省逋賦則蠲至數百萬，每年正額，則免至數十萬。凡興作工程，俱支國帑；偶逢旱澇，蠲賑兼施。此中外所共知共見者。乃邇年以來，各省督撫等有以地方舊有之項，不敢入己，奏請歸公者。彼時陳奏之際，似出急公奉法之心，今細加體察，此等款項，多係地方相沿之積弊，歷年未革之陋規，不取之於民，即取之於國者。一種欺世盜名之督撫，往往奏請歸公，以博清廉之美譽。更有本係一己之贓私，入己囊橐，又恐敗露，不得已而奏請歸公，以蓋前愆。又或回護前任之員，而奏請歸公，以掩其短。則是諸臣欲沽一己之名，欲逃一己之罪，而巧借奉公之說，爲此遮飾之計也。著各省督撫等悉心確查，若無礙於國、無礙於民，可以歸公之項，則將緣由備細聲明，具摺陳奏，候朕批示。其有上竊之於國而下取之於民者，則應永行裁革，不許借歸公之名，以遂其私心，而掩其積弊。如有仍蹈舊習者，經朕察出，定行嚴加處分。（世宗七三、二〇）

（四）乾隆朝

（雍正一三、九、己亥）上即皇帝位於太和殿。分遣官祗告天、地、太廟、社、稷……朕自惟涼德，懼弗克勝。顧念神器不可久虛，勉抑哀衷，欽遵成命，於九月初三日，祭告天、地、宗廟、社、稷，即皇帝位。以明年爲乾隆元年。仰惟上天篤祐之隆，皇考詒謀之重，撫躬乾惕，祗紹前徽，丕布新恩，聿昭錫類。所有合行事宜，條例於左：一、在京諸王以下，至九品官員以上，俱加恩賜。一、在外諸王以下，至公等以上，俱加恩賜。一、內外自公主以下，至格格，各加恩賜。一、內外滿漢官員，一品封贈三代，二品、三品封贈二代；七品以上，封贈一代；八九品止封本身。一、除五旗包衣佐領下披甲人等不賞外，八旗滿洲、蒙古、漢軍、護軍、披甲人、礟手、步軍，各賞一月錢糧。一、八旗出征滿洲、蒙古、漢軍、綠旗兵丁及蒙古兵丁，效力行間，勞苦堪憫，所借銀兩盡與豁免。一、八旗官兵舊日出征，少一功牌，不能得官者，皆係血戰有功之人，殊可矜憫。交與該部，有少一功牌不能得官者，著查奏。綠旗官兵，有類此者，亦著查奏。一、舊日效力兵丁，年老退甲，無錢糧，不能養贍者，殊可矜憫。除子孫有錢糧不查外，子孫若無錢糧，作何養贍給錢糧之處，著查明議奏。……一、五嶽四瀆等祀，應遣官致祭者，照舊例舉行。一、文官在京四品以上、在外三品以上，武官在京、在外二品以上，各送一子入監讀書。一、滿洲兵丁，戰功被傷、不能披甲，年老閒住者，俱加恩賚。一、會試額數俟禮部臨期請旨廣額外，鄉試，大省加三十名，中省加二十名，小省加十名。一、各直省儒學，無論府、州、縣、衛，俱於本年以正項作恩貢，次貢作歲貢。一、各省入學額數，大學加七名，中學加五名，小學加三名。一、凡文武官員，現在議降、議罰及住奉、戴罪者，盡與豁免。及京官告假、告病、休致者，准其補用。

一、每府、州、縣、衛,各舉孝廉方正,暫賜以六品頂帶榮身,以備召用。務期採訪真確,毋得濫舉。一、天下之本農為重,各府、州、縣、衛,果有勤於耕種、務本力作者,地方官不時加獎,以示鼓勵。一、各省民欠錢糧,係十年以上者,著該部查照具奏,候旨豁免。一、歷年驛站軍興,甚屬勞苦。著各省督撫加意撫卹。一、年老之人,自古所重。滿漢八十以上,除家奴外,作何給與品級之處,該部查議具奏。一、各處盜賊或為饑寒所累,或為貪官所迫,實有可憫,如能改過就撫者,准赦其罪。一、凡各省侵貪挪移應追之項,查果家產盡絕,力不能完者,概與豁免。毋得株連親族。一、八旗及內務府,並五旗包衣人等,凡侵貪挪移應追銀兩,實係本人家產盡絕者,查明准與豁免。其分賠、代賠,以及牽連著賠者,一概豁免。一、應追軍需錢糧,除本身不准豁免外,其弟兄親族,以及指欠、開欠、有著落追賠者,著該部旗查明具奏,候旨豁免。一、軍民年七十以上者,許一丁侍養,免其雜派差役。八十以上者,給與絹一疋,綿一斤,米一石,肉十斤。九十以上者,倍之。於戲,觀光揚烈,深思負荷之維艱;建極綏猷,時勵精勤於罔懈。諸王文武大小臣工,其共殫公忠,協心襄贊,懋圖上理,祇迓洪庥,以光大我國家無疆之祚。布告天下,咸使聞知。(高宗二、三)

　　(**雍正一三、九、壬寅**) 止進獻方物。諭曰:各省督撫大臣,有進貢方物之禮。昨福建督撫,齎到閩省果品,乃照例獻於皇考之前者,朕不便發回,已交所司敬謹收貯,備几筵供享之用。若遠省大臣進貢皇考之物,已齎送在途者,准其赴京,交奏事官員轉奏。其各省照例進朕之物,概行停止。雖食物果品,亦不許進。俟三年之後,候朕再降諭旨。著通行傳諭各省督撫大臣等,一體遵行。(高宗二、一六)

　　(**雍正一三、一一、己酉**) 以恭上世宗憲皇帝尊謚禮成,詔示天下。詔曰:……尊親之大義既彰,厚下之洪恩宜錫。所有事宜,開列於後。一、各處守陵官員兵丁,俱議加恩賜。一、閑散宗室覺羅十五歲以上者,俱加恩賜。一、自雍正十三年九月初三日恩詔後,陞職加銜及補官者,俱照現任職銜,給與封典。一、現在西北兩路及苗疆軍營大臣官員等,甚屬勞苦,宜加恩賜。自將軍以下至官員等,著賞半年俸。一、在京滿漢文官五品以下,在外四品以下,在京在外武官三品以下,俱各加一級。一、八旗現任大臣、官員、護軍、兵丁、拜唐阿內,曾經出征,得過頭等二等功牌及頭等二等戰傷者,該部查明,酌議加恩。一、各省將軍、副都統、總督、巡撫、提督、總兵官,各加恩賜。一、凡文武各官,因公罰俸,已經扣除,未滿所罰之數者,著一併豁免。一、京城兵丁,當差效力行走,甚屬可憫。著賞給一月錢糧。一、各省侵貪那移，應追之項，家產盡絕，力不能完者，已概予豁免。其分賠、代賠、指欠開欠之項，著查明一併豁免。一、凡有叛逆、殺人、強盜等罪，因本犯未獲，牽連對質，候審監禁人犯，在獄年久，恐無辜致死，該部院直省督撫確審，如有情可矜疑者，即行奏請釋放。一、各處養濟院，所有鰥寡孤獨、殘疾無告之人，有司留心，以時養贍，勿致失所。……於戲，帝德難名，曷罄敷揚之願；聖功丕煥，允垂顯懿之稱。用慰群情，永昭隆典。布告天下，咸使聞知。（高宗六、二三）

（雍正一三、一一、丁巳）以恭上孝敬憲皇后尊謚禮成，詔示天下。詔曰：……既展追崇之禮，宜推錫類之恩。所有事宜，開列於後。一、嶽鎮四瀆，廟宇傾頹者，該地方奏明修葺，以致誠敬。一、滿漢孝子順孫，義夫節婦，該管官細加諮訪，確具事實奏聞，禮部核實，以憑旌表。一、會試文武舉人，已經中式者，除過犯革黜外，其有因殿試謄寫錯誤、不合體式者，著禮兵二部，察明核實，准其再行殿試。一、鄉試已經中式文武舉人，除過犯黜革外，其有磨勘原卷，字句錯誤，以致停科者，俱著赦免，准其會試。一、各省要路橋梁，間有損壞，行人勞苦，交與地方官查明驗看，應修之處，該督撫奏明修理。一、八旗滿洲、蒙古、漢軍、包衣佐領下婦人，年六十以上者，查明分別等次賞賚。一、直隸各省婦女，年七十以上者，給與布一疋，米五斗。八十以上者，給與絹一疋，米一石。九十以上者，倍之。百歲者，題明給建坊銀兩。一、軍流人犯，有本人身故，其妻子願回本籍者，著該管官查明，一面報部，一面即令回籍，不得留難，永著為例，一、從前發往各處安置人員，有情罪尚輕，而在外已過三年，能安靜悔過者，著該管官查明所犯情罪，具奏請旨。於戲！懿德丕昭於奕世，瑤牒垂光；隆稱永炳於千秋，璿圖衍慶。布告中外，咸使聞知。（高宗七、二〇）

（雍正一三、一二、己卯）以尊上崇慶皇太后尊號，頒詔天下。詔曰：……懽愉並洽於宮庭，膏澤宜均於海宇。所有事宜，開列於後。一、在內親王之福晉以下，公之妻以上，著加恩賜。一、外藩蒙古諸王之福晉以下，公之妻以上，著加恩賜。一、民公侯伯以下，二品大臣以上命婦，著加恩賜。一、從前尚過公主格格之額駙等，照伊等品級，著加恩賜。一、從前恩詔後，陞職加銜補官者，悉照現在職銜，給與封典。一、在京文官四品以上，武官三品以上，著各加一級。一、在京王公文武官員，任內有降級罰俸、住俸者，咸與開復。又在京官員，現在議降議罰者，悉與豁免。一、外藩蒙古王公以下，台吉以上，有罰俸住俸者，咸與開復。其現在議罰者，悉與豁免。一、京城巡捕三營兵丁，著加恩賞給一月錢糧。一、除十惡不赦外，犯法婦人，盡行赦免。一、上三旗包衣佐領下拜唐阿及太監等，著賞給一月錢糧。一、上三旗辛者庫當差婦人，著酌議賞賜。一、罰贖積穀，原以備賑。冬月嚴寒，鰥寡孤獨貧民，無以爲生。著直省各督撫令有司，務將積穀酌量賑濟。毋令奸民假冒支領。一、各處效力贖罪人員，向無定限，多致苦累，殊堪矜憫。著該管官，查係已滿三年者，聲明犯罪緣由，奏請酌量寬免。一、內務府莊頭等，所有累年積欠，在雍正十二年前者，著查明請旨豁免。於戲！隆名丕峻，銘苕琬以揚庥；純嘏彌增，溥黃埏而錫福。布告天下，咸使聞知。(高宗八、三〇)

　　(**乾隆二、三、甲午**)以世宗憲皇帝孝敬憲皇后升祔太廟禮成，頒詔天下，詔曰：……既襄殷禮，宜布鴻施，所有事宜，開列於後：一、乾隆元年十月恭送世宗憲皇帝梓宮，及今三月隨往泰陵之大臣官員，俱加一級。一、雍正十三年九月、十二月兩次恩詔後，陞任到任之文武大臣官員，俱給與封典。一、凡試職各官，俱准實授。一、貢生、監生，每年仍派大臣官員，考定職銜，照舊例送吏部註冊。一、貢生、監生，在監肄業者，免坐監一月。一、漢軍犯軍流等罪者，其親族墳墓，俱在京師，邊方遠土，風尚頓殊，平時不習生計，類難存活，且與百姓交錯居住，不無滋擾，仍照舊例，以枷責完結。一、軍民年七十以上者，許一丁侍養，免其雜派差役。一、各省養濟院，所有鰥寡孤獨，及殘疾無告之人，有司留心，以時贍養，無致失所。一、窮民無力營葬，並無親族收瘞者，該地方官，擇高阜隙地，無妨耕作者，設義塚，隨時掩埋，毋使拋露。於戲，薦太室之馨香，式隆孝享，仰橋山之弓劍，莫罄謳思，惠及臣民，布湛恩於勿替，錫茲祉福，衍先澤於無疆，布告天下，咸使聞知。……(高宗三八、一〇)

　　(**乾隆八、九、甲辰**)頒詔天下，詔曰：……於乾隆八年秋恭奉皇太后祇謁永陵、福陵、昭陵，大禮既成，留都是莅。瞻神丘之蔥鬱，仰祖德之靈長，爰沛德音，用頒湛惠。所有事宜，開列於後。一、隨從王等，紀錄一次，大臣、官員及奉天文武大臣、官員，俱加一級。一、隨從兵丁，及內務府執事人等，俱賞一月錢糧。一、奉天、山海關文武大臣、官員、兵丁，三陵守陵官兵，俱著加恩賞賚。總理行營王大臣速議請旨。一、奉天居住之宗室、覺羅，及國戚子孫，俱著加恩。總理行營王大臣，速議請旨。一、奉天府屬，應徵乾隆九年分地丁銀兩，著寬免。一、奉天旗民男婦年七十以上者，給與布一疋，米五斗。八十以上者，給與絹一疋，米一石。九十以上者，倍之。一、凡試職官員，俱准實授。一、奉天府、寧古塔、黑龍江等處，除十惡死罪不赦外，凡已結正未結正，死罪，俱著減等，其軍流徒杖等罪，俱著寬釋。一、奉天內務府莊頭，所有積欠，在乾隆七年以前者，俱著寬免。於戲，譾烈顯承，隆億年之泰運；恩膏沾被，協萬國之歡心。布告天下，咸使聞知。（高宗二〇一、一五）

（乾隆一四、四、丙戌）以尊上崇慶慈宣康惠皇太后徽號，頒詔天下。詔曰：……所有應行事宜，開列於後。一、和碩親王以下，在京文武三品以上官員，俱加恩賜。一、內外公主以下，固山格格以上，俱加恩賜。一、五嶽四瀆，及歷代帝王陵寢，先師孔子闕里，應遣官致祭，著查例舉行。一、內外官員，有因公罣誤，降級留任罰俸，並現在因公議降、議罰、戴罪住俸等項，俱著該部奏明，開復寬宥。一、直省地方有現行事例不便於民者，各該督撫詳察，開列具題，該部確議，酌量更正。一、大兵所過州縣，除侵盜錢糧及貽誤軍需外，一切降罰處分，事在四月初九日以前者，概從寬免。一、自金川用兵以來，軍需浩繁，川陝地方以及大兵經過之處，百姓急公敬事，深屬可嘉，各該督撫，須潔己率屬，加意撫綏。嚴禁有司，勿得橫徵私派，及借端需索科斂、官吏分肥，如有此等獘端，該督撫即行據實指參，如或徇庇，別經發覺，將該督撫一併從重治罪。一、經略大學士忠勇公傅恆，先起帶往軍前之雲梯兵，所有從前借支官銀，應行扣還者，加恩豁免。一、金川前後所調馬、步兵丁，借支行裝銀兩，并未經賞給銀兩之成都滿兵，借有公帑者，例應於餉銀分扣還項，今格外加恩，凡已至軍前者，概予豁免；甫經起程，即奉徹回者，亦量免一半，以示優恤。該部即行令各該督、撫、副督統、提、鎮，查明辦理。毋任不肖將弁，冒扣入己。一、川省運糧夫役，如有逃亡物故拖欠公項，應行追賠者，加恩概行豁免。一、地方有才品優長，山林隱逸之士，著該督、撫核實具奏，酌與錄用。一、滿漢孝子、順孫、義夫、節婦，該管官細加諮訪，確實具奏，禮部核實，以憑旌表。一、國子監監生及教習，俱免監期一月。一、各省驛站，軍興甚屬勞苦，著各督、撫，加意撫恤。一、現在軍流以下人犯，概予減等發落。一、傷病兵丁不能充伍者，該管將弁，查明本家如有子弟至戚，可以教練差操，即令頂食名糧，免致失所。一、滿洲兵丁，原係披甲效力行間，有帶傷殘廢閒住，及疾病年老閒住者，著察加恩賜。一、各省要路橋梁，間有損壞，行人勞苦，交與地方官查明驗看，應行修理之處，該撫奏明修理。於戲，廣聖慈而錫福，萬邦共樂乎昇平。昭德範以承庥，四海覃敷乎愷澤。布告天下，咸使聞知。（高宗三三八、二二）

（乾隆一五、八、甲戌）以冊立皇后、加上皇太后徽號禮成，頒詔天下。詔曰：……所有應行事宜，開列於後。一、五岳、四瀆及先師孔子闕里等處,應遣官致祭,著察例舉行。一、在内王妃以下,宗室公妻以上,著加恩賜。一、内外公主以下,縣君以上,俱加恩賜。一、王公内外文武官員,任内有罰俸之案,咸予開復。其現在議罰者,悉行寬免。一、外藩蒙古王、公以下,台吉以上,有罰俸、住俸,其現在議罰者,概行寬免。一、上三旗包衣佐領下拜唐阿及太監等,著賞給一月錢糧。一、上三旗辛者庫當差婦人,着酌議賞賜。一、八旗滿洲、蒙古、漢軍婦人,年七十以上者,分別賞賚。一、軍民婦人,年八十以上者,照例分別賞賚。一、本年各省間有水旱偏災地方,除勘明成災者,照例題請蠲緩外,其勘不成災地畝,各該督、撫飭令州縣官,查明實在無力貧民,酌量借助,以資耕作。一、直隸、奉天、山東、江南、陝西、甘肅等省,乾隆九年以前,所有借出籽種、口糧、牛草等項,民欠未完銀、錢、米、豆、穀石,著該督撫查明,實在無力完繳者,准予豁免。一、各省民人,有孤貧殘疾,無人養贍者,該地方官加意撫卹,毋令失所。一、國子監坐監監生,及各官學教習,俱著免期一個月。一、各省儒學,以正貢作恩貢,次貢作歲貢。一、滿漢兵丁,有年老不能當差者,著該管官弁查明,本家如有子、孫、弟、侄可以教練差操者,令其補食名糧,以資養贍。一、本年内外秋審情實人犯,俱停處決。緩決五次以上者,量予減等。可矜者,照例發落。一、除十惡不赦外,犯法婦女,概予赦免。一、現在内外監候質審干連人等,俱著准其保釋。一、嶽、鎮、四瀆、廟宇傾頹者,該地方官隨時修葺,以昭誠敬。一、各省要路橋梁,及過渡船隻,間有損壞,有礙行旅者,著地方官查明,隨時修理。於戲,播宮庭之雅化,益洪垂裕之謀;衍奕禩之嘉祥,彌啓陞平之運。布告天下,咸使聞知。(高宗三七○、八)

(乾隆一六、一一、戊子)以加上崇慶慈宣康惠敦和裕壽皇太后徽號。禮成,頒詔天下。詔曰:……所有應行事宜,開列於後。一、歷代帝王陵寢,先師孔子闕里,應遣官致祭,著察例舉行。一、五嶽、四瀆等祀,應遣官致祭,著照舊例舉行。一、王妃以下,奉恩將軍之妻以上,俱加恩賜。一、公主以下,鄉君以上,俱加恩賜。一、滿漢大臣命婦,年六十以上者,俱加恩賜。一、外藩王妃以下,公妻以上,俱加恩賜。一、在京滿漢文武大小官員,俱各加一級。一、内外大小各官,除各以現在品級已得封贈外,凡陞級及改任者,著照新銜封贈。一、内外官員,有因公詿誤、革職留任者,該部查明奏請開復。一、凡試職各官,俱准實授。一、在京八旗兵丁及太監等,俱著賞給一月錢糧。一、滿洲兵丁,原係披甲効力行間,因疾病年老閒住者,著察加恩賜。一、八旗滿洲、蒙古、漢軍兵丁,及内扎薩克喀爾喀等蒙古，年七十、八十、九十以上者，分別賞賚，至百歲者，題明給與建坊銀兩。一、軍民年七十以上者，許一丁侍養，免其雜派差役。八十以上者，給與絹一疋，棉一觔，米一石，肉十觔。九十以上者倍之。至百歲者，題明給與建坊銀兩。一、滿漢孝子、順孫、義夫、節婦，該管官細加諮訪，確具事實奏聞，禮部覈實，以憑旌表。一、各省儒學以正貢作恩貢，次貢作歲貢。一、國子監監生免坐監一月。一、凡嶽鎮海瀆廟宇，有傾頹者，該地方官估計價值，具奏修葺，以昭誠敬。一、歷代帝王陵寢有毀壞者，該督撫察明具奏修葺。一、各省道路、橋梁間有損壞者，著地方官查明修理，以利行旅。於戲！播徽音而錫類，萬年樂有道之長，綿景祚以凝庥，四海沛無疆之澤。布告天下，咸使聞知。（高宗四〇三、一七）

　　（**乾隆二〇、六、己酉**）上御太和殿，諸王、貝勒、貝子、公、文武官員，表賀如儀。以恭上崇慶慈宣康惠敦和裕壽純禧皇太后徽號，頒詔天下。詔曰：……所有應行事宜，開列於後。一、五嶽、四瀆等祀，照例遣官致祭。一、歷代帝王陵寢，照例遣官致祭。一、凡嶽、鎮、海、瀆廟宇有傾圮者，該地方官查明估計修葺，以昭誠敬。一、歷代帝王陵寢，該督撫查勘修葺，動項報銷。一、此次領兵之王大臣，身歷戎行，調度合宜，克成偉績，應加懋賞，用志酬庸。一、現在行間之滿洲、蒙古將領兵丁，俱能奮勇出力，著通行賞賚。其出征之綠旗將領兵丁，亦著一體賞賚。一、此次派往西北兩路之在京大臣官員，隨圍豫支俸銀，及宗人府生息銀兩，並兵丁借過庫銀，未經扣完者，概行豁免。一、軍機處行走官員，晝夜辦理，甚屬勤勞，著交部從優議敘。一、兩路管理臺站官員，已有旨查明議敘。其兵部司員，接辦軍報，黽勉無誤，亦著交部議敘。一、順天府官員，料理軍行，俱屬妥協，著照直隸、山西、河南等省之例，一體交部議敘。一、在京王以下，文官五品以上，武官三品以上，俱加恩賜。一、各省將軍、副都統、總督、巡撫、提督並總兵官，各加恩賜。一、在外諸王以下、公以上，俱加恩賜。一、凡試職各官，俱准實授。一、在京文武各官，俱加一級。其任內有降革處分，即以抵銷。一、乾隆丙子年各省鄉試，大省廣額十名，中省七名，小省五名。其丁丑年會試，應廣額若干名之處，該部臨時奏聞請旨。一、國子監貢生、監生及各官學教習，免坐監期一月。一、在京滿洲、蒙古、漢軍馬步兵丁，俱加恩賞一月錢糧。一、在京巡捕三營兵丁，著加恩賞一月錢糧。一、內務府莊頭等，所有積欠糧石等項，查明請旨豁免。一、各省民欠錢糧，著該部查明具奏，其年久應免者，候旨豁免。一、從前各省偏災地方，所有借給貧民籽種、口糧、牛具等項，查明實係力不能完者，著予豁免。

一、雜派項款永行禁革，以安民生。該督撫嚴察禁革，如有仍前濫徵者，或經糾奏，或被發覺，定行從重治罪。一、除謀殺故殺外，如原無仇隙，偶因一時忿激相毆、重傷致死者，將兇犯免死，決杖一百，照例追銀四十兩，給付死者家屬。一、現在軍流以下人犯，概予減等發落。一、除十惡不赦外，犯法婦人盡行赦免。一、現在內外監候質審及干連人等，久禁囹圄，恐致無辜瘐斃死者，概與釋放。一、各省分賠、代賠之案，本人業已身故，其子孫實係力不能完者，著查明奏請豁免。一、濫動重刑，舊有嚴禁。有司官員，有因小事輒行夾訊，並違例妄用非刑者，該督撫即行查糾具奏，從重治罪。一、各處養濟院，所有鰥寡孤獨，及殘疾無告之人，有司留心，以時養贍，毋致失所。於戲！廣仁恩於茂育，遠敷熙皞之隆；崇光烈之觀揚，永慶綏和之治。布告天下，咸使聞知。（高宗四九〇、一四）

（乾隆二四、一一、辛亥）以平定回部，頒詔中外。……所有應行事宜，開列於後：一、五嶽四瀆等祀，應遣官致祭，著照例舉行。一、歷代帝王陵寢，應遣官致祭，著照例舉行。一、先師孔子闕里，應遣官致祭，著照例舉行。一、歷代帝王陵寢，該督撫查看修葺，動項報銷。一、凡嶽鎮海瀆，廟宇有傾圮者，該地方官查明估計修葺，以昭誠敬。一、自用兵以來，軍書旁午，所有官兵經過地方，辦差官員，俱屬急公奮勉，著該督撫查明咨部議敘。一、軍興以來，前後所調馬步兵丁借支銀兩，例應於餉銀內分扣還項者，著加恩豁免。一、傷病回營兵丁不能充伍者，該管將弁查明本家如有子弟至戚，可以教練差操，即令頂食名糧，免致失所。一、臺站官員，已有旨查明議敘，其兵部司員，接辦軍報，奮勉無誤，亦著交部議敘。一、在京文武各官，俱加一級。其任內有降級處分，即以抵銷。一、在京滿洲、蒙古、漢軍馬步兵丁，俱加恩賞一月錢糧。一、在京城巡捕三營兵丁，著加恩賞一月錢糧。一、各衙門承辦軍需官員，量予議敘。一、各省驛站，軍興俱屬勤勞效力，著各省督撫加意撫卹。一、滿洲兵丁披甲隨征效力，被傷不能披甲及年老有疾退閒者，俱著加賞賚。一、在外蒙古台吉以下官員，有罰俸處分，及現議罰俸案件，概行寬免。一、凡流徒人犯，在流徒處所身故，其妻子願回本籍，該地方官報明該部，准其各回原籍。一、現在軍流以下人犯，概予減等發落。一、國子監貢生、監生及各官學、教習，免坐監期一月。一、各處養濟院所有鰥寡孤獨及殘疾無告之人，有司留心養贍，毋致失所。於戲，荷鴻庥之寵賜，永圖四塞之清寧。廣大福以覃施，彌洽萬方之歡慶。布告天下，咸使聞知。（高宗六〇〇、三）

（乾隆二六、一一、乙卯）以加上崇慶慈宣康惠敦和裕壽純禧恭懿皇太后徽號禮成，頒詔天下。詔曰：……所有應行事宜，開列於後：一、歷代帝王陵寢，先師孔子闕里，應遣官致祭，著察例舉行。一、五嶽、四瀆等祀，應遣官致祭，著照例舉行。一、王妃以下、奉恩將軍之妻以上，俱加恩賜。一、滿漢大臣命婦年六十以上者，俱加恩賜。一、外藩王妃以下、公妻以上，俱加恩賜。一、在京滿漢文武各官，俱加一級。一、內外大小各官，除各以現在品級，已得封贈外，凡陞級及改任者，著照新銜封贈。一、在籍休致告假官員，來京慶祝萬壽，除從前已經得過封典，毋庸另給外，其現在京師者，著加恩准其一體照原銜請封。一、凡試俸各員，俱准實授。一、滿洲兵丁，原係披甲效力行間，因疾病年老閒住者，著加恩賜。一、八旗滿洲、蒙古、漢軍兵丁及內扎薩克、喀爾喀等蒙古，年七十八十九十以上者，分別賞賫。至百歲者，題明給與建坊銀兩。一、軍民年七十以上者，許一子侍養，免其雜派差役。八十以上者，給絹一疋，棉一觔，米一石，肉十觔，九十以上者倍之。至百歲者，題請給與建坊銀兩。一、滿漢孝子、順孫、義夫、節婦，該管官細加諮訪，確具事實奏聞，禮部覈實，以憑旌表。一、各省儒學，以正貢作恩貢，次貢作歲貢。一、國子監貢監生及各官學教習免坐監期一個月。一、凡嶽鎮海瀆廟宇有傾頹者，該地方官估計價值，具奏修葺，以昭誠敬。一、歷代帝王陵寢，有毀壞者，該督撫察明具奏修葺。一、直省有坍沒田地，人戶逃亡，其虛糧仍相沿追納者，該地方官查明咨部奏請豁免。一、各省道路橋梁，間有損壞者，地方官查明修理，以利行旅。於戲，介慈釐而錫福，萬年之景祚彌長；崇慶典以推恩，四海之懽心畢洽。布告天下，咸使聞知。(高宗六四九、一二)

（乾隆四五、一、庚辰） 上以七旬萬壽，頒詔天下。……所有應行事宜，開列於後：一、五嶽四瀆等祀，應遣官致祭，著察例舉行。一、歷代帝王陵寢，先師孔子闕里，應遣官致祭，著察例舉行。一、自王以下，宗室覺羅十五歲以上者，俱加恩賜。一、滿漢大臣年六十以上者，俱加恩賜。一、內外滿漢文武各官，俱加一級。一、內外大小各官，除各以現在品級已得封贈外，凡陞級改任者，俱照新銜封贈。一、凡試職各員，俱准實授。一、國子監貢監生及各官學教習，免坐監期一月。一、各省儒學以正貢作恩貢，以次貢作歲貢。一、滿漢孝子、順孫、義夫、節婦，該管官細加諮訪，確具事實，奏交禮部覈實旌表。一、滿洲兵丁，原係披甲效力行間，因病年老閒住者，著加恩賜。一、八旗滿洲、蒙古、漢軍兵丁及內扎薩克喀爾喀等蒙古年七十、八十、九十以上者，分別賞賫；至百歲者，題明旌表。一、軍民年七十以上者，許一丁侍養，免其雜派差役；八十以上，給與絹一匹，綿一觔，米一石，肉十觔；九十以上者，倍之；至百歲者，題明旌表。一、凡嶽鎮海瀆廟宇有傾頹者，該地方官估計工料，具奏修葺，以昭誠敬。一、各省道路橋梁間有損壞者，地方官查明修理，以利行旅。一、直省有坍沒田地，其虛糧仍相沿追納者，該地方官查明咨部，奏請豁免。一、從前各省偏災地方，所有借給貧民籽種口糧牛具等項，查係實在力不能完者，著予豁免。一、各處養濟院所有鰥寡孤獨及殘疾無告之人，有司留心，以時瞻養，毋致失所。一、內外官員有因公詿誤，降革留任者，該部查明奏請開復。一、各直省軍流以下人犯，俱著減等發落。於戲！惠此萬方，俾緝熙於純嘏；斂時五福，用敷錫厥庶民。布告天下，咸使聞知。（高宗一〇九八、一）

（乾隆五〇、一、辛亥）上以乾隆五十年國慶，頒詔天下：……今御極五十年，嘉慶疊臻，尤為伊古稀有，朕惟一人有慶，兆民允賴，是宜特沛殊恩，下孚輿望，用稱朕敬天法祖、加惠黎元之至意。所有應行事宜，開列於後：一、各直省有同堂五世者，著各督撫查明，咨送軍機處彙奏，給予賞賚。一、五嶽四瀆等祀及風雨雷火各神，應遣官致祭，著察例舉行。一、歷代帝王陵寢，先師孔子闕里，應遣官致祭，著察例舉行。一、王妃以下奉恩將軍之妻以上，公主以下鄉君以上，年過六十者，俱加恩賜。一、外藩王妃以下公扎薩克台吉塔布囊妻以上，年過六十者，俱加恩賜。一、滿漢大臣命婦年過六十者，俱加恩賜。一、八旗滿洲、蒙古、漢軍兵丁，及內扎薩克喀爾喀等蒙古未經入宴之年七十、八十、九十以上者，分別賞賚；至百歲者，題明給與建坊銀兩，並加賞大緞一匹、銀十兩。一、滿洲兵丁係披甲效力行間，年過六十，因殘廢疾病閒住，不能入宴者，著加恩賜。一、軍民年七十以上者，許一丁侍養，免其雜派差役，八十以上者，給與絹一匹、棉十觔、米一石、肉十觔，九十以上者倍之；至百歲者，題明旌表，並加賞大緞一匹、銀十兩。一、各省儒學，以正貢作恩貢，以次貢作歲貢。一、國子監貢監生及各官學教習免其坐監期一月。一、內外滿漢大臣文武官員，俱加一級；試職各員，俱准實授。一、內外大小各官，除各以現在品級已得封贈外，凡陞級及改任者，著照新銜封贈。一、各直省軍流以下人犯，俱著減等發落。一、各處養濟院所有鰥寡孤獨及殘疾無告之人，有司留心，以時養贍，毋致失所。一、滿漢孝子順孫、義夫節婦，該管官細加諮訪，確具事實，奏交禮部覈實旌表。於戲！斂五福錫厥庶民，以洽百禮；式九圍受茲多祜，曰至萬年。布告天下，咸使聞知。（高宗一二二二、一）

（乾隆五五、一、壬午朔）以八旬萬壽，頒詔天下，……所有應行事宜，開列於後：一、五嶽四瀆等祀，及風雲雷雨火各神，應遣官致祭，著察例舉行。一、各直省有同堂五世者，著各督撫查明具奏，賜予恩賚。一、自王以下、覺羅十五歲以上者，俱加恩賜。一、公主以下至格格，俱加恩賜。一、王妃以下奉恩將軍妻以上，年過六十者，俱加恩賜。一、外藩王、貝勒、貝子、公、扎薩克台吉、塔布囊、及其福晉妻室，年過六十者，俱加恩賜。一、滿漢大臣及命婦，年過六十者，俱加恩賜。一、內外滿漢文武各官，俱加一級。一、內外大小各官，除各以現在品級已得封贈外，凡陞級及改任者，著照新銜封贈。一、內外文武官員，有因公註誤，降革留任者，該部查明奏請開復。一、國子監貢監生及各官學教習，免坐監期一月。一、各省儒學，以正貢作恩貢，以次貢作歲貢。一、滿漢孝子順孫，義夫節婦，該管官細加諮訪，確具事實，奏交禮部覈實旌表。一、滿漢兵丁，曾經効力行間，因病年老閒住者，著加恩賜。一、八旗滿洲、蒙古、漢軍兵丁，及內扎薩克、喀爾喀等蒙古，年七十、八十、九十以上者，分別賞賚。至百歲者，題明旌表，並加賞大緞一匹，銀十兩。……一、各省道路橋梁，間有損壞者，著各該地方官查明修理，以利行旅。一、各省現犯軍流以下人犯，俱著減等發落。其在配軍流人犯，已過十年、安分守法、別無過犯者，著各省督撫分別咨部，查照向例覈議，奏請省釋。一、各省監禁人犯，著將上年秋朝審緩決至三次各犯，仍照節次查辦之例，查明所犯情節，分別減等發落，其緩決一二次人犯內，有案情本輕，可予矜原者，亦著該部查明，請旨定奪。一、各處養濟院，所有鰥寡孤獨及殘疾無告之人，有司留心，以時養贍，毋致失所。一、從前各省偏災地方，所有借給貧民籽種、口糧、牛具等項，查明實係力不能完者，著與豁免。一、歷代帝王陵寢，先師孔子闕里，應遣官致祭，著察例舉行。（高宗一三四六、一）

（五）嘉慶朝

（嘉慶一、一、戊申）是日，……太上皇帝傳位詔書頒行天下，詔曰：……所有合行事宜，開列於左：一、在京在外諸王以下至公等以上，俱加恩賜。一、內外自公主以下至格格，各加恩賜。一、內外滿漢文武大小官員俱加一級。一、內外大小各官，除各以現在品級已得封贈外，凡陞級及改任者，著照新銜封贈。一、文官在京四品以上，在外三品以上，武官在京在外二品以上，照現任品級，各廕一子，入監讀書。一、內外文職自四品以下，武職自三品以下，降革留任，及住俸、罰俸處分，准其開復。一、會試額數，俟禮部臨期奏明人數，請旨酌量廣額。鄉試，大省加三十名，次省加二十名，小省加十名，滿洲、蒙古加六名，漢軍加三名。一、各直省入學額數,大學加七名,中學加五名,小學加三名。一、國子監貢監生及各官學教習免坐監一月。一、各直省儒學,無論府、州、縣、衛,俱於本年以正貢作恩貢,次貢作歲貢。一、每府、州、縣、衛,各舉孝廉、方正,暫賜六品頂帶榮身,以備詔用,務期採訪真確,毋得濫舉。一、歷代帝王陵寢、孔子闕里及五嶽四瀆等祀,應遣官致祭者,照舊例舉行。……一、各省軍流人犯,查明到配三年,實在安靜守法及年逾七十者,釋放回籍。一、各旗籍內務府並旗包衣人等,凡侵貪挪移,一切賠罰應追銀兩,實係本人家產盡絕者,查明准與豁免。其分賠代賠,以及牽連著賠者,一概豁免。一、凡官員因公賠罰等項,而其子孫又代祖父著賠者,查明寬免。一、旗營官兵有因出征及被災借支俸餉者,免其扣還。一、滿漢兵丁,曾經効力行間,因被傷年老閒住者,除例得優卹外,查明酌加賞賚。一、各直省有同堂五世及親見七代者,除例賞扁額外,查明各加恩賚。一、天下之本農為重,各府、州、縣、衛,果有勤於耕種,務本力作者,地方官不時加獎,以示鼓勵。一、年老之人,自古所重,滿漢七十以上,除家奴外,給與品級之處,該部查議具奏。一、除五旗包衣佐領下披甲人等不賞外,八旗滿洲、蒙古、漢軍護軍披甲人、礮手,步軍,各賞一月錢糧。一、軍民年七十以上者,許一丁侍養,免其雜派差役,八十以上者,給與絹一匹,棉一觔,米一石,肉十觔,九十以上者倍之。一、各處養濟院,所有鰥寡孤獨及殘疾無告之人,有司留心,以時養贍,毋致失所。(高宗一四九四、二)

(嘉慶一、一、戊申) 太上皇帝傳位詔書頒行天下。詔曰:……履端首祚,禪授上儀,宜沛新綸,同敷愷澤。所有合行事宜,開列於左。……一、各旗籍內務府並五旗包衣人等,凡侵貪挪移,一切賠罰應追銀兩,實係本人家產盡絕者,查明准與豁免。其分賠、代賠以及牽連著賠者,一概豁免。一、凡官員因公賠罰等項,而其子孫又代祖父著賠者,查明寬免。一、旗營官兵,有因出征及被災借支俸餉者,免其扣還。……一、天下之本農為重,各府州縣衛果有勤於耕種、務本力作者,地方官不時加獎,以示鼓勵。一、年老之人,自古所重,滿漢七十以上,除家奴外,給與品級之處,該部查議具奏。一、除五旗包衣佐領下披甲人等不賞外,八旗滿洲、蒙古、漢軍護軍披甲人、礮手、步軍,各賞一月錢糧。一、軍民年七十以上者,許一丁侍養,免其雜派差役;八十以上者,給與絹一匹、棉一斤、米一石、肉十斤;九十以上者倍之。一、各處養濟院,所有鰥寡孤獨及殘疾無告之人,有司留心以時養贍,毋至失所。……(仁宗一、一二)

(嘉慶四、一一、庚辰) 以恭奉高宗純皇帝配天禮成,頒詔天下,詔曰:

……所有事宜,開列於後。一、各省乾隆六十年以前積欠緩徵地丁耗羨,及民欠籽種、口糧、漕糧、銀兩,俱著豁免。一、各省乾隆六十年以前積欠緩徵,並民借米、穀、草束俱著豁免。……一、各省民人孤貧殘疾無人養贍者,地方官加意撫卹。一、各省要路、橋梁及過渡船戶間有損壞、妨礙行旅者,地方官查明,隨時修理。一、直省軍流以下人犯分別減等發落。一、傷病留營兵丁不能充伍者,該管將弁查明,本家如子弟至戚,可以教練差操,即令頂食名糧,免致失所。……(仁宗五五、二二)

(嘉慶一〇、八、乙巳)上御崇政殿,扈從王公大臣官員、蒙古王、貝勒、貝子、公、額駙、台吉及盛京文武官員、朝鮮國使臣等,行慶賀禮。禮成,頒詔天下。詔曰:……所有合行事宜,條列於左。一、隨從王等紀錄三次,大臣官員及奉天文武大臣官員,俱加一級。一、隨從兵丁及內務府執事人等,俱賞一月錢糧,即在盛京給發。一、奉天、山海關文武大臣官員、兵丁、三陵守陵官兵俱著加恩賞賚,交總理行營王大臣,查照乾隆八年原議,俱奏請旨。一、奉天居住之宗室、覺羅及國戚子孫,俱著加恩賞賚;交總理行營王大臣,查照乾隆八年原議,具奏請旨。一、奉天府屬,應徵嘉慶十一年分地丁銀兩,著寬免。一、奉天旗民男婦,年七十以上者,給與布一匹、米五斗;八十以上者給絹一匹、米一石;九十以上者倍之。……一、奉天內務府莊頭,所有積欠在嘉慶九年以前者,俱著寬免。(仁宗一四九、一五)

(嘉慶一四、一、辛酉)以五旬萬壽,頒詔天下。……所有應行事宜,開列於後。一、五嶽四瀆等祀,應遣官致祭,著察例舉行。一、歷代帝王陵寢、先師孔子闕里,應遣官致祭,著察例舉行。一、自王以下宗室覺羅十五歲以上者,俱加恩賜。一、滿漢大臣年六十以上者,俱加恩賜。一、內外滿漢文武各官俱加一級。一、內外大小各官,除各以現在品級已得封贈外,凡升級及改任,著照新銜封贈。一、國子監貢監生及各官學教習,免坐監期一月。一、各省儒學以正貢作恩貢,以次貢作歲貢。一、滿漢孝子、順孫、義夫、節婦,該管官細加諮訪,確具事實,奏交禮部覈實旌表。一、八旗滿洲、蒙古、漢軍兵丁,及內扎薩克、喀爾喀等蒙古,年七十、八十、九十以上者,分別賞賚,至百歲者,題明旌表。一、軍民年七十以上者,許一丁侍養,免其雜派差役;八十以上者,給與絹一匹、棉一斤、米一石、肉十斤;九十以上者,倍之;至百歲者,題明旌表。一、直省有坍沒田地,其虛糧仍相沿追納者,該地方官查明咨部奏請豁免。一、從前各省偏災地方,所有借給貧民籽種、口糧、牛具等項,查明實係力不能完者,著予豁免。一、各處養濟院所有鰥寡孤獨及殘疾無告之人,有司留心以時養贍,毋致失所。一、各省軍流以下人犯，俱著減等發落。一、各省監禁人犯，著將上年秋朝審緩決至三次各犯，仍照節次查辦之例，查明所犯情節，分別減等發落，其緩決一二次人犯內，有案情本輕可與矜原者，亦著該部查明請旨定奪。(仁宗二〇六、一)

(嘉慶二四、一、甲午) 以六旬萬壽，頒詔天下。詔曰：……所有應行事宜，開列於後。一、五嶽四瀆等祀，應遣官致祭，著察例舉行。一、歷代帝王陵寢，先師孔子闕里，應遣官致祭，著察例舉行。一、自王以下宗室覺羅十五歲以上者，俱加恩賜。一、滿漢大臣年六十以上者，俱加恩賜。一、內外滿漢文武各官，俱加一級。一、內外大小各官，除各以現在品級已得封贈外，凡升級及改任，著照新銜封贈。一、國子監貢監生及各官學教習免坐監期一月。一、各省儒學以正貢作恩貢，以次貢作歲貢。一、滿漢孝子、順孫、義夫、節婦，該管官細加諮訪，確具事實，奏交禮部覈實旌表。一、八旗滿洲、蒙古、漢軍兵丁及內扎薩克、喀爾喀等蒙古，年七十、八十、九十以上者，分別賞賚，至百歲者，題明旌表。一、軍民年七十以上者，許一丁侍養，免其雜派差役；八十以上者，給與絹一匹，綿一斤，米一石，肉十斤；九十以上者倍之，至百歲者題明旌表。一、直省有坍沒田地，其虛糧仍相沿追納者，該地方官查明咨部奏請豁免。一、從前各省偏災地方，所有借給貧民籽種、口糧、牛具等項，查明實係力不能完者，著予豁免。一、各處養濟院所有鰥寡孤獨及殘疾無告之人，有司留心以時養贍，毋致失所。一、各省軍流以下人犯，俱著減等發落。一、各省監禁人犯，著將上年秋朝審緩決至三次各犯，仍照節次查辦之例，查明所犯情節，分別減等發落；其緩決一二次人犯內，有案情本輕，可與矜原者，亦著該部查明請旨定奪。(仁宗三五三、一)

二、一般方針、政策

(一) 賦課的徵收與清釐

(順治一、五、庚戌) 山東道監察御史甯承勳奏言：賦役之定制未頒，官民無所遵守，祈敕部於賦役全書外，無藝之徵，盡行裁革。如恩詔內有全免者，有半免者，有免三分之一者，著定書冊，刊布海內。令州縣有司遵照規條，戶給易知由單，庶愚民盡曉，而永遵良規矣。下戶部議。(世祖一一、二三)

(順治二、六、丙寅) 以福王就擒，遣侍衛綽克圖、巴克善等齎敕往諭和碩豫親王多鐸等，敕曰：覽王等奏捷，不勝喜悅。江南既定，福王就擒，此皆王與諸臣協力效忠所致。以天下爲一家，正此時矣。王可移文各該地方，宣布德意，招撫居民。錢糧應徵者，照常徵收，應解京者，照常運送。其投降騎兵，仍留彼地。步兵應留若干，應裁若干，爾等酌量裁減。蒙古人有投順者，俱分隸旗下，俟回軍日，同赴京師安插，口糧照滿洲兵丁支給。文武各官印信，俟爾等除授文册到日頒發。守洪武陵寢官役且暫留，將其官役地畝錢糧數目，俱明註於册，送京裁奪。南京或仍爲京，或改爲省，俟大定日再議，一切緊要圖籍，俱著收藏毋失。（世祖一七、八）

（順治二、六、壬辰）河南巡按甯承勳奏言：中州地方初定，一切經費，皆取足於本省錢糧。倘熟地蠲免太多，恐應用不敷，反滋私派。臣以爲除荒田免科外，已報熟者，悉徵之便。章下所司確議。（世祖一八、一五）

（順治二、七、丙寅）工部奏言：蕪湖、杭關、龍江、荊州、清江五處，每年例抽稅銀，計十二萬九千六百三十一兩四錢有奇，請差本部官抽分。從之。（世祖一九、一六）

（順治二、七、甲戌）太常寺典簿王文言奏：江南長江一帶，荻蘆數千餘里，中多腴地，乞遣臺臣部臣以次清查，立爲蘆政，以充國用。得旨：江南初經歸附，治平急務，惟在安民，王文言何得藉端言利？不准行。（世祖一九、二一；東二、一四）

（順治三、四、癸巳）革明季加增太平府姑溪橋米稅、金柱山商稅、安慶府鹽稅。（世祖二五、二一；東二、二四）

（順治三、四、壬寅）又諭戶部：國計民生，首重財賦，明季私徵濫派，民不聊生。朕救民水火，蠲者蠲，革者革，庶幾輕徭薄賦，與民休息。而兵火之餘，多借口方策無存，增減任意。此皆貪官猾胥，惡害去籍。將朝廷德意，何時下究，明季叢蠹，何時清釐？今特遣大學士馮銓前往戶部，與公英俄爾岱，徹底察核，在京各衙門錢糧款項數目，原額若干，現今作何收支銷筭；在外各直省錢糧，明季加派三項，蠲免若干，現在田土，民間實種若干，應實徵、起解、存留若干。在內，責成各該管衙門，在外，責成撫按，嚴核詳稽，擬定賦役全書，進朕親覽，頒行天下。務期積獎一清，民生永久，稱朕加惠元元至意。（世祖二五、二四）

（順治八、一〇、癸酉）原任河南光山縣知縣謝柟奏言：從來理財者，輒曰加賦增稅，而民生愈艱，國計未裕。今目擊應行之政有三：一、故明設立衛所官軍，即有屯地，每畝止納籽粒三分。今舊軍一概不用，屯地應照民田起科。一、近湖濱海之地，潮沙積成灘漲，似應丈量，亦應照民田科稅。

一、舊例配軍遺田，止令民間課種，今竟私相授受。似當立法清追。疏入，得旨：各項錢糧，概從經制。近來章奏言清屯清課者紛紛，是何綠故？該督、撫、按久任地方，若果有隱占等弊，何不奏報？如借端利己害民，妄爲條陳，情殊可惡。著該督、撫、按即嚴察虛實奏聞。（世祖六一、八）

（順治一二、一、甲辰）諭户部：……比年以來，水旱頻仍，干戈未靖，轉輸旁午，人不聊生，蕩析離居，鬻及妻子，煢煢無告，輾轉呼號，想其怨咨，必歸於朕。言念及此，何以仰副祖宗付託之意，中夜以興，潛焉出涕。雖未能減賦蠲租，實欲除苛去甚，與良有司共圖休養。已有諭旨，令内外大小官員，悉心條奏，通達下情。自今以後，各地方錢糧，凡横斂私徵，暗加火耗；荒田逃户，灑派包賠；非時預徵，蠲免不實；災傷遲報，踏勘騷擾；妄興詞訟，妨奪農時等弊，一切嚴行禁革。有違犯者，該督撫即行糾參，以憑重處，如督撫徇情庇縱，部院科道官訪實劾奏。（世祖八八、一一）

（順治一七、三、己巳）户部等衙門議奏：各省拖欠錢糧，應請差員徹底清查，以杜侵欺之弊。江南省差户、兵、工三部官各一員，浙江、福建二省差户、工二部官各一員，廣東、江西、山西、山東、湖廣、陝西六省差户部官各一員。從之。（世祖一三三、一三）

（康熙一、九、戊戌）工部議覆：河道總督朱之錫疏言，商船至瓜州，由閘通行，不用盤剥，船户無從覓利。瓜洲剥船濟工銀兩，請予豁免。應如所請。從之。（聖祖七、九）

（康熙二四、二、辛亥）又諭大學士明珠曰：財富出於閭閻，凡查核錢糧，必徹底澄清，不致以完作欠，額外科派，方於小民實有利益。朕於正供所入，毫無濫用，正以愛養物力。使國有三年九年之蓄，縱遇水旱，民生亦不致苦累。朕所以留意清覈，正欲加惠元元也。（聖祖一一九、二二）

（康熙二四、一二、戊戌）山東巡撫張鵬疏請曲阜縣顏氏地畝，照孔氏例，從輕徵糧，以昭朝廷優恤聖賢後裔之意。從之。（聖祖一二三、二〇）

（康熙二五、八、庚辰）詔增孔林地十一頃有奇，免其税糧。（聖祖一二七、一七）

（康熙四七、一二、癸卯）户部議覆：江蘇巡撫于準疏言，海州安東縣碩項湖、佃湖等田，地處窪下，常被淹没，請減賦額，照海灘下則例徵收，應如所請。從之。（聖祖二三五、二八）

（乾隆一二、九、乙巳）又諭：據大學士高斌奏稱，江蘇煩劇重地，書役之侵蝕飛灑，百弊叢生，牢不可破。誠恐察弊既滋擾累，而察出一弊，將更轉增十弊，不惟無益，而且有損。雍正年間，清查滋擾，固是辦理者之奉行不善，今次之清查，恐亦不能即謂妥協。聞此際已有書役侵蝕，畏罪不能自完，仍浼糧戶代爲應承實欠，重出完納者甚多。是小民現今已受重完之累，而蠹蝕仍未能清，紛擾多端，難於枚舉。至所謂書役者，約言若無多人，其實一邑中，其類何止數百？蓋書，則有經承、書辦、清書，役，則有原差、快役，以及圖書、里書、排年里長等類，實繁有徒。而所謂紳衿者，其中賢愚優劣，固有不齊，但係一邑一鄉之望。且南邦讀書者多，尤宜養其廉恥，導之以禮。而書役雖賤，與小民同類，今皆不能無擾，而此中畏罪之徒，奸匪之蠹，遇事風生，拖累無辜，牽連良善之處，亦所不免，以致民情惶恐。竊以安民首在察吏，今江蘇繁劇之州縣，宜慎選精明強幹之員，俾久於其任，令督撫面行曉諭。清查積欠一事，原屬應行加意，剔蠧獘，懲一儆百，不時體察，從容妥辦，須用寬嚴相濟。積欠原應新舊並徵，於設法催科之中，寓勸道撫字之術。其人如果清勤廉幹，人地相宜，准督撫保題，陞則陞銜，降亦留任。雖未能責效於目前，亦可澄清於久遠。其現今派令清查多員，可否漸次徹回等語。清查江蘇積欠一事，原始於安寧屢次陳奏，經大學士等議行者，原以杜書役之侵蝕，俾拖欠積習，可以悉除，而於民間不致滋擾。今既有稱安寧辦理未協者，尹繼善爲本省總督，何以視若無涉，未行奏聞？或者此奏所言有未盡然耶？可傳諭尹繼善，令其將所奏情節，詳查明白，據實奏聞。並將高斌覆奏摺，抄寄大學士訥親閱看，令期作速寄交愛必達，將摺內情節，是否如此，密行詳查，據實具奏。（高宗二九九、五）

（乾隆一四、二、丙戌）又諭：據長蘆鹽政麗柱奏稱，大軍凱旋，辦理一切善後事宜，官兵糧餉等項，在在需用，其撥協軍餉之各省歲支俸餉，亦所必需。請照康熙十四年之例，蘆東每引增銀五分，並請勅令兩淮、兩廣、河東、浙江等省，一體按引增課等語。此奏殊屬猥瑣鄙陋。金川用兵，供億固爲浩穰，但國家當全盛之時，無論已經降旨，允降班師，即令尚在進兵，公帑所儲，足敷數年之用，不至拮据。且康熙十四年增加鹽課，原因開創未久，三孽煽動，兵連數省，正供缺乏，不得已而爲之，旋即復舊，今時勢懸殊，豈可援以爲例？其近日議復米豆稅額，則全不爲軍興而然，蓋自免稅之初，即有以利商而無益於民爲說者，朕念切民依，堅持不允。乃行之數年，米價不惟不減，且視舊益昂，無分豐歉，騰湧如故。則其果爲無益，殆可概見，不若仍舊徵收，以備賑卹優免之用。朕尚慮復稅後奸商乘機增價，或致病民，特旨詢問管理關稅之人。今據倭赫奏，開徵一月有餘，較前毫無增減。足驗米稅復額一事，洵爲理勢之必當變通者。朕辦理庶務，悉斟酌時宜，一出於大公至正，豈肯稍有假借，規小利而啓迎合之端？而衆人不能體會，轉以其私利小見，臆度觀望，紛起言利，豈朕而容聚斂之說，得以行於今時哉？昨有唐綏祖倡捐養廉之奏，朕已降旨申飭，今麗柱復以增課爲請，是群情之不顧大體，競思懸擬。此風斷不可長，若不加懲警，將來效尤波靡，習尚日益澆漓，閭閻不無驚擾。麗柱著交部察議。罷兵之舉，斷自朕衷，即此而觀，非特民命國儲，得以休養生息，而於人心風俗，亦大有維繫。囊弓偃革，更何疑焉。著傳諭中外知之。（高宗三三四、一〇）

（**乾隆五七、閏四、丁酉**）貴州巡撫陳淮奏：黔省地丁銀，歲止十二萬一千五百餘兩，飭令隨徵隨解，以杜那新掩舊之獘。批：好。毋始勤終怠。又奏：屬官時加訪察，持之以久。批：得之矣。（高宗一四〇三、三五）

（**嘉慶五、二、辛丑**）諭內閣：祝雲棟奏請將民閒應納錢糧，以穀代銀一摺，所奏斷不可行。國家設立倉庫，均關緊要。小民輸納正供，銀米本有定額。若將應完地丁銀兩，概行徵收米石，是倉儲蓄積豐盈，而庫項竟致短絀，成何事體？現因各省地方官徵收漕米滋獘，屢降諭旨嚴禁，今若令百姓盡輸本色，是各州縣例收漕糧外，又添無數漕糧。浮收之獘，更難禁絕；苦累閭閻，莫此爲甚。即如地方官買補倉穀，若非豐收應補之年，尚不准各州縣率行採買，恐糧價增昂，有妨民食，祝雲棟即因調劑倉儲起見，自有舊定章程可以遵辦，何得率請以穀代銀？實屬全不曉事。（仁宗六〇、三；東三、五）

（二）捐納的開例與停止

（**康熙二三、三、癸巳**）九卿等議：賑濟直隸、河南，除將存倉米穀，令各該撫確查賑給外，如米穀不敷，請暫開捐例，限三個月停止。再移咨豫撫，本年錢糧，於秋收後徵收一半，次年帶徵一半。得旨：捐納事例無益，不准行。著戶部賢能司官一員前往，會同該撫，鼓勵地方官員設法散賑，並將饑荒最甚地方速行察明，具題到日，將應徵錢糧酌量蠲免。餘依議。（聖祖一一四、三一）

（**雍正一、九、丁亥**）諭戶部：江西巡撫裴𢓚度疏稱，請捐俸工銀兩，賑恤被水居民。夫官吏俸工，特爲贍養伊等家口而設，原不可少；縱將通省官員俸銀捐助，爲數亦屬無幾，有何裨益？至若胥役工食，亦盡行捐出，何以令其應差行走？如果民遇災禩，該督撫即應奏聞，動支正項錢糧。若偶遇水旱微災，不無賑恤或修理堤岸城垣之小費，該地方大小官員有願出己資捐助效力者，何必具題？即欲報聞，亦止可另行摺奏。著該部行文直省督撫，凡地方遇有公事，奏請捐助俸工之處，永行停止。（世宗一一、一六）

（雍正一三、一〇、甲午）工部等衙門議准：閩浙總督郝玉麟疏請，修理海塘捐納條款，酌增六條。得旨：浙江修理海塘工程，該督郝玉麟等奏請增添捐納條款，經九卿會議准行。朕思捐納一事，原爲一時權宜，無益於吏治，並無益於國帑，朕知之甚悉，浙省增捐之處，不必行。海塘工程著動正項錢糧辦理。（高宗五、四五；東、一、八）

（乾隆一、一、丙辰）諭總理事務王大臣：西北兩路用兵以來，一應軍需，皆取給於公帑，不肯絲毫累民。而費用繁多，不得不資藉捐納，以補國用之不足，此中外所共知者。當日皇考聖意，原欲俟軍需告竣，即行停止。今大兵漸徹，軍需減省，著將京師及各省現開捐納事例，一概停止。夫議捐納者，未嘗不出於士子之口，而留生童捐納一款，是士子首以捐資爲進身之始矣。其應停應留之處，著漢九卿、翰、詹、科道會同確議具奏。尋議：生童捐監，係士子一進取之路，順天鄉試，例有南北監生，定爲皿字號中式；具遊學、隨宦在京者，亦得藉爲應試之階。應留戶部捐監一條，各省一概停止，不令照前考職，並請以每歲捐監之銀，留爲各省一時歲歉賑濟之用。從之。（高宗一一、一四）

（乾隆一、三、庚申）又諭曰：劉於義奏，許啟盛、董仲，俱非常赦所不原者。著准其贖罪。朕前因官爵有關名器，仕途不宜冒濫，是以降旨停止捐納。至於贖罪一條，原係古人金作贖刑之義，況在內由部臣奏請，在外由督撫奏請，皆屬斟酌情罪，有可原者，方准納贖，其事尚屬可行。嗣後將贖罪一條，仍照舊例辦理。（高宗一五、一六）

（乾隆四、一〇、己亥）戶部議覆：建威將軍王常等奏，巡察歸化城員外郎色楞前奏歸化城、托克托城請開捐監事例，經部行令會同都統、山西巡撫妥議具題。查口外地方，俱係各省民人前來貿易居住，豈肯遠涉赴捐？且米價低昂難定，辦理捐納乏員，種種未便，開捐實屬無益。又近經副都統甘國璧奏准，由山西巡撫處解送銀兩，於豐收之年，就近採買糧石備用。所有綏遠城等處開捐監生之例，應如該將軍王常等所請停止。從之。（高宗一〇三、一五）

（乾隆七、八、壬辰）又諭曰：高斌、周學健奏稱，此番賑務、水利，需費浩繁，請令情願急公人員，倣照樂善好施之例，出貲效力，按其效力多寡，酌予議敘，分別錄用等語。近年上下兩江水患頻仍，朕心軫念，多方籌畫，如果有益於災黎，帑金原所不計。但照高斌等所奏，此等人員，若准其效力，自必踴躍急公，輻輳而至，因此商賈流通，貨物充裕，於屢年饑饉之餘，可臻富庶之象，地方民生似均有裨益，此一時權宜之計也。況京官自中、行、評、博以下，外官自同知、通判以下，於正途仕進之階，尚未有礙，事屬可行。但此舉因江南屢被災荒，非常年可比，他省亦不得援此瀆請。然不定以年限，恐日積月累，從事者多，與現在因時制宜之意，轉有未合，其應如何酌定條例，並於何時停止之處，該部一并定議速奏。尋議：京職自中、行、評、博以下，外職自同知、通判以下，按吏部品級考，及戶部舊有糧運事例，詳加条酌，分別敘用。但各省官生，陸續來江，尚需時日，應請於本年十月起定限，二年停止，……從之。(高宗一七二、一八)

(乾隆一八、八、辛亥) 諭軍機大臣等：據莊有恭稱，辦賑章程、開捐事宜，現在會同策楞、劉統勳、鄂容安酌商具奏等語。此番淮揚被災之處據策楞等及莊有恭前後奏到，其情形實較乾隆七年爲輕。將來賑卹諸費，自不至如七年繁重。開捐一事，原非得已，況現當府庫充裕之時。若賑卹需費無幾，即不應過於張皇。必所費不貲，始可暫開捐例。著傳諭策楞等會同通盤籌酌，覈計需用銀米之數。以二百萬爲率，如必三四百萬，方可題請開捐，若在二百萬以內，竟不必爲此一舉。可速行諭令知之。(高宗四四五、二〇)

(乾隆一九、一一、辛丑) 諭曰：長蘆鹽政普福奏，蘆東衆商，情願捐銀三十萬兩，稍充軍營賞需之用，且援金川之例爲請。此甚非是。金川同兵，適當朕普免天下錢糧數千餘萬之後，又值江南水災，賑濟撫卹，需用過多。是以於兩淮、蘆東、浙、閩等處各商之急公捐輸者，不便阻其報效之忱，俯允所請，其實於軍需折費，何裨萬一。方今國家全盛，府庫充實，適當準夷投誠者，接踵而至，應籌其游牧，俾令久安。且彼內亂，機有可乘，此不過以餘力舉之，已屬裕如。而近年以來，各省年穀順成，倉儲豐羨，即去秋淮徐諸郡，被水成災，賑卹所需，亦不下數百萬，而每歲冬季八旗兵丁諸賞賚，按例舉行。並不因西北軍需，於應用帑項，稍存裁節之見。統計經費，仍復有贏無絀，何至遽以商捐爲請耶？向來偶遇軍興災賑之事，不知輕重之人，多思藉以開例報捐，然果使籌餉捄荒，動煩經畫，則捐輸踴躍，原屬臣民忠愛之誠，而此時則殊可不必。況天地生財，貴於流通，庫藏所積既多，而臨事又復別籌取益，殊非用財大道。朕所不爲。軍需所費，邊境藉以流通，即內地商民，亦均爲有益。普福此奏，所見甚小，著傳旨申飭。恐各省復有踵而行之者，是用明降此旨，諄切曉諭。令內外諸臣，共知朕意。(高宗四七七、二〇)

(乾隆二八、七、己卯) 諭曰：託庸奏，江浙等四省，現議貢監收捐穀石，運補京通倉貯，請將安省常平穀一百六十餘萬石，先行碾米，分附糧艘帶運一摺。雖其酌劑積儲，頗見勇往，然朕熟籌此事，於倉庾民食，實在有無裨益情形，即九卿覆准侍郞英廉條奏本案，并可無庸亟事舉行也。陳編所載餘三餘一之文，固爲足食本計，第在當時，原屬地廣人稀，又列國各守其封域，持籌者可以隨宜措置耳。以今幅隕之廣、生齒之繁，歲即屢豐，而三農生穀，祇有此數，採購於官庾，捐輸於紳士，條款雖殊，其爲地方所產則一。與其展轉挹注，名異實同，又何如即以此留之民間，俾饔飧倍爲饒給乎？朕御極以來，曾議直省倉貯，寬裕買補，旋聞市價增長，即令停罷。蓋以小民未獲將來糶貸之利，而先受目前食貴之艱？譬諸日資四酺者，先奪其一二而語之曰：吾將爲爾他日待哺計也。彼不生感而生怨矣！此中先後得失，其理較然不爽。況朕念切民依，偶值偏災，即截漕動以億萬計，而年來糧艘正供自足，太倉之粟，可餘備二、三年而羸，此亦足矣。計臣即鰓鰓較量，朕皆不以爲然。國家昇平富庶，內府外府均爲一體，凡官廩兵糈，歲支之數，豈闕於供。若以補漕糧而議捐穀，又因議捐穀而先運常平，不獨徒費輸輓之勞，且他省聞風踵事，地方因緣壟斷，必致米價踴騰，閭閻轉滋獘累。即云不動聲色，似此多立規條，轉相仿效，其爲聲色，更何待言。揆之經常不易之道，惟爲民食留其有餘，國用自無不足。居今顧平日久，戶口增而產米祇有此數，倘民間或遇必資通融協濟之處，亦不過臨時善爲補偏救獘耳，無他一勞永逸之計也。至執三十年制國用之說，拘文牽義，更制而事不可行，譬之封建井田諸舊法，又豈可復議於今日哉？所有託庸、碾運常平穀石之奏，不必行。其江浙四省貢監收捐本色之例，並者停止。將此通中外知之。（高宗六九五、九）

（**乾隆三五、九、癸未**）諭：從前暫開捐例，原屬一時權宜，以遂海內士民急公上進之願，究於事體非宜。停捐以後，曾有奏請再行開例者，朕皆斥而不允。今國家帑藏充盈，儲積廣有，朕方屢次加恩，普蠲糧賦，惟期藏富閭閻，國用更無虞不足，開捐一事，竟當永遠停止。至於現行事例，如報捐貢監，並微末職銜，及封典加級等項，皆於名器無妨，原可仍聽照舊捐納。因思未登仕籍之人，冀邀冠服章身，並有加捐實級請封，藉以顯揚者，自屬人情之常。且所捐祇係虛銜，既無礙正途銓選，亦不致濫竊誤公。若僅以末職卑階爲限，未免阻人希榮之志。或可推廣其例，量以何銜爲止，俾伊等各隨所願，量力自爲報捐。至降革留任人員，原屬因公處分，且其人尚不至於擯棄，是以量予加恩，俾得在任自効。但一經議處，即停其陞轉，直待數年無過，方准開復。從前曾有捐復之例，復經部議刪除，第念此等人員內，未嘗無可及鋒而用之人，若以微眚淹滯多年，亦覺可惜。自當仍准援例捐復，俾得黽勉自新。以上各條，應如何定例之處，著軍機大臣會同各該部詳悉妥議具奏。尋議：現行捐例，外官，自未入流以上，至州同為止；武職，自把總以上，至遊擊為止，並無京官職銜。今擬照豫工例，京官，自未入流、從九品，及一應小京官以上，至郎中為止；外官，自未入流以上，至道員為止；至武職舊例，係捐至遊擊職銜，已屬三品，毋庸再議。俱准其捐納職銜，不准選用。從之。（高宗八七〇、二五）

（乾隆三六、六、辛巳）又諭：據尹嘉銓奏，甘省積欠情形，請復捐監舊例一摺，所謂知其一不知其二，已於摺內批示矣。甘省向設常平捐監事例，原令輸粟於官，厚儲蓄而備民食，嗣因行之既久，積弊叢生，遂經部議停止。今該布政使，因該省頻歲歉收，物價昂貴，採買撥運，俱不免少覺周章，遽請復行開例。不知閭閻食用，全賴市穀有餘，以供日糴升斗。當此積歉相仍之後，市中糧食，不能充足，價值亦必加昂，若再令買穀報捐，眾皆入市爭購，盡納官倉，米糧必至日絀，閭閻餬口，益無可資，是欲裕民食而轉窒其源，所謂救荒之策安在？如屢豐之後，一時新糧雲集，居民既鮮計蓋藏，而棲畝又易滋狼藉，或可暫開捐例，比之輸納常平，以免穀賤傷農之病，尚得謂之因時調劑。目今方慮陳因不給，接濟為艱，豈宜轉為耗穀之舉？所奏實非此時應辦之事，斷不可行。又尹嘉銓另摺所奏，抵任時沿途得雨優渥，二麥秋苗，並皆勃興，可望有收等語，尤屬非是。現據文綬奏報，甘省地氣早寒，其得雨稍遲之處，不能趕種晚秋，已降旨令照秋災之例，作速查辦，尹嘉銓途中所見，豈能獨異？乃因一兩處偶得雨澤，遽以為秋收有象，綠飾其詞，率行入告。伊身任藩司，民瘼是其專責，且平日以理學自命，豈宜不誠若此？尹嘉銓，著傳旨申飭。（高宗八八六、二一）

（乾隆三九、七、丁卯）諭軍機大臣等：勒爾謹等奏請復陝省捐監舊例一摺，已批交該部速議矣。至陝省非甘肅近邊苦寒可比，本無事亟亟開捐。第該督等稱陝省連歲豐收，糧價日減，則乘此有秋之際，收捐監穀，以裕倉糧。在積貯既為有備無患，而閭閻不致穀賤傷農。就現在情形而論，亦未為不可。而外吏皆喜開捐，其弊病自所不免，惟在該上司加意董稽，務使弊絕風清，不致有名無實，方為妥協。然亦止可暫行一、二年，設遇穀價稍貴，即當奏請停捐，不可拘泥多收，致虧民食。該撫等務當深體朕意，切實妥辦，倘不認真料理，致官吏復蹈昔年故徹，朕惟該撫及藩司是問，恐畢沅、富綱不能當其重咎也。將此諭令畢沅，併令轉諭富綱，一體遵照。（高宗九六三、一）

（乾隆四六、五、戊子）又諭：向來甘省藩庫收捐監生，原因該處出產米穀較少，不得不有藉捐輸，以資裒益。近年以來，該處收捐糧石各州縣，倉廩當已充足，況行之日久，其中轉不免弊竇。地方官既經收捐監穀，其幕友家人等或竟視爲利藪，因緣滋弊，不可不防其漸。阿桂現在甘省辦理剿洗逆回諸事，於該處地方利弊，自當隨時體察。李侍堯又新任陝甘總督，監糧一事，本非其所承辦，自應無所迴護。而地方因革事宜，到任後亦當悉心體訪，據實奏聞。況伊身獲重譴，經朕加恩錄用，諸事尤宜實心查辦，以贖前愆，更不當稍有瞻徇。著傳諭阿桂會同李侍堯，將該省收捐監糧，有無情弊，及應否停止之處，據實奏聞，候朕降旨。（高宗一一三一、二）

（乾隆五一、閏七、庚寅）又諭：據李世傑等奏，本年黃、運兩河，漫口數處，一切修築、撫卹及善後事宜，需費甚鉅，請暫開捐例等語。納貲授官，本非善政，如川運軍糧之事，需用浩繁，偶一行之，旋即停止；而自停止以來，十有餘年，亦未有人再以開捐奏請者。方今帑藏充盈，足敷供億，李世傑等何必鰓鰓過計，爲言利之請乎？朕思泉貨本流通之物，與其聚財於上，毋寧藏富於民。朕即位初年，戶部銀庫計不過三千餘萬兩，今五十餘年以來，仰蒙上蒼嘉佑，年穀順成，財賦充足。中間普免天下地丁錢糧三次，蠲免漕糧兩次，又各省偏災賑濟及新疆兩金川軍需所費，何啻億萬萬？即去年江南等處賑費，亦至千餘萬。然現在戶部庫銀，尚存七千餘萬，較之即位初年，已多一倍有餘。朕壽已高，距歸政之期，屈指九年。若非因上年各省荒旱賑卹所需，用去帑銀一千四百餘萬兩，則尚欲於此數年內，設法施恩，以散帑項，至歸政時庫藏，較即位時自必尚有盈餘，又何必於此時轉以要工費用，稍爲靳惜乎？況現在科目出身人員，足敷任使，而川運軍糧報捐之人，尚有未經銓用者。內外職官，額缺止有此數，若捐例一開，正途必至壅滯，有早歲登科，至皓首不得一登仕籍者。朕方爲寒畯疏通進身之階，每屆數科後，即舉行挑選一次，又豈肯令貲郎壅其仕路乎？在捐納中，原未嘗無人才可用，而雜流即因之並進，且博得臑仕，一兩年內，其所得廉俸，即可盈於所出之貲。在國家並無實際，適足以遂其龔斷之私，於銓政、官方兩無裨益。此奏斷不可行，並將此通諭知之。（高宗一二六一、九；東華四○、二一）

（乾隆五八、一一、己酉）諭曰：……前因軍需河務，支用浩繁，曾暫開捐例，原屬一時權宜之計，不久即行停止，迄今已閱二十餘年，而府庫充盈，並不因捐例停止，稍形支絀。銓選既無壅滯，人才亦得奮興。可見捐納一事，竟當不必舉行。此不特慎重名器，並以嘉惠士林。我子孫亦應奉以爲法，倘復有奏請開捐者，即爲言利之臣，更當斥而勿用。惟貢監一途，乃衆所願，弗占正途，不過給予頂戴，無礙銓政，亦仿古人納粟之意，事尚可

行。是皆用人愛民之大經大法。著將此旨敬謹存記，俾我世世子孫，遵循弗替，以期永臻郅治。(高宗一四四一、三)

（嘉慶三、三、壬辰）敕諭：大學士、九卿、科道議覆蔣賜棨奏請暫開捐例一摺。以捐例停止多年，正途人員銓選疏通，而急公自効者，情尤殷切，請俯准所奏辦理。朕思納貲受官，本非善政。從前因金川運糧需用浩繁，偶一行之，不久即行停止。數十年來，有以開捐奏請者，俱經降旨駁斥。蓋以人才究以正途為重，捐例一開，銓政既慮有壅滯，而仕途亦不免增倖進之人，是以再三申諭，不肯稍徇諸臣之請，輕易舉行。朕臨御六十年來，惠愛黎元，推恩施惠，普免天下地丁錢糧五次，蠲免漕糧三次，並將各省積欠概行豁免者，不一而足。而地方偶遇偏災，隨時賑濟及保護民生。如河工、海塘等項，無不頒發帑金，所用何啻億萬萬，從不稍存靳惜。此次勦辦川楚教匪，閱時較久，而一切軍需供億，亦皆由內帑撥給，絲毫不以累民。現在渠魁首惡二犯，業經授首，其餘夥黨，屢經官兵截勦，勢已窮蹙，無難迅就殲除，軍務剋期可竣。雖辦理善後及撫卹等事，尚須轉餉供支，為數究屬無多。且軍務將次告竣，加以撙節愛養，自可漸就豐裕。國用何憂不足？又奚藉捐項為耶？大學士、九卿、科道，請如蔣賜棨所奏暫開捐例，可以不行。但既以經費有常，儲備宜裕為辭，且據稱捐例停止年久，銓政疏通，而趨事急公，冀圖及時效用者，情尤殷切，合詞籲懇，不得已勉從所請，暫准舉行。一俟川楚等省辦理善後事竣，即行停止。著各該部查照舊例條款，另行悉心妥酌。俾官方不致混淆，而正途仍無壅滯。以副朕慎重名器，不得已權宜辦理至意。將此通諭中外知之。(高宗一四九八、九)

（嘉慶五、三、壬午）又諭：吳熊光奏，查明豫省各官扣繳養廉，以充軍餉，將該省歷任巡撫司道各府州縣分別銀數，開單進呈。豫省從前被賊處所，地方官不能認真防守，固屬咎有應得，若因此扣及現任各官養廉，安知不以被累藉口，暗肆侵貪？於地方吏治，大有關繫。且豫省年來一切防守，尚為周密，有功無過，朕又安忍令現任巡撫兩司措銀充餉乎？以防守嚴密有功無過之省分大小官員，盡令措銀充餉，川、陝、甘、楚之省分大小官員，豈盡查抄治罪耶？是朕除邪救民之舉，反成掊克聚斂之虐政矣。現據單內所開銀數，共四十五萬三千餘兩，軍務度支，國家已不惜數千萬帑金，又豈藉此區區繳項充餉乎？此一事，吳熊光竟無庸辦理，原摺單俱著發還，不必存留。將此諭令知之。(仁宗六二、二九)

（嘉慶六、二、壬子）諭內閣：軍機大臣會同戶部議駁吉慶奏請另開河工捐例，將現開捐例停止一摺；又戶部議駁費淳奏請將捐貢、捐銜、捐封三項皆在外省報捐一摺，所駁俱是，已依議行矣。現開川楚善後事例，原因剿辦教匪，一切善後，需用較多，暫行開捐，係屬一不得已之舉，原非善政。前年本欲即行停止，嗣因各省報捐者人數眾多，業已來京具呈，未便阻抑，是以仍准續捐，至今捐生尚踴躍如前。而近來各路軍營捷音踵至，川陝楚等省教匪指日即可蕩平，朕意方欲俟大功告竣，辦理善後略有端緒，即將捐例停止，豈有此時復開河工捐例之理？況上年南河投効各員所捐之項，即係為挑濬河身，增培堤工而設，今該省投効各員捐銀若干尚未奏報，又欲另開河工事例，似此斤斤言利，實屬不知大體。至各直省暫開捐監之例，本為各省封貯銀兩，節經動撥，均須補足原額。嗣因粵東江浙等省捐監銀兩較多，經部議令湊至成數，隨時解京，俟軍務完竣，補足封貯原額，將外省捐監一併停止。若又將貢生職銜封典等項，均准於各直省一體報捐，則京中常捐竟成虛設，所有部中經費，勢必又由外省報撥，徒勞運費。該督不過為外省多積捐項，易於通挪起見，並未詳覈事理，通盤籌畫，儻伊現任部臣，亦必不為此奏矣。吉慶、費淳等率陳臆見，除所奏不准外，仍各行申飭。嗣後內外大小臣工不得妄行條奏，開言利之端，如再有以此等事瀆陳者，即當治以應得之罪。（仁宗七九、五）

（嘉慶六、一〇、乙丑）諭軍機大臣等：本日吉慶奏事摺內另片密奏，……所稱現開河工捐例，未知上捐是否踴躍，懇請密示。尤可不必。其意不過以新例報捐如不甚踴躍，又將奏請在粵省捐封捐職耳。前因直隸被災較重，工賑浩繁，暫開捐例，原屬不得已之舉。自開例以來，報捐人員已不少，現在永定河口業已合龍，大賑現經開放，窮黎餬口有資，極為安靜。俟工賑事畢，即應停止捐例，更無須鰓鰓計及。吉慶惟當將該省應辦各事宜認真經理，能使洋面肅清，吏治整飭，即屬盡職，不必為此出位之思也。將此密諭知之。（仁宗八九、一三）

（嘉慶六、一〇、丙午）又諭：據吉慶、瑚圖禮、謝啟昆奏，粵東省公捐銀三萬兩，粵西省公捐銀二萬兩，以備凱旋賞賚之用等語。所奏甚屬紕繆。教匪滋事以來，節次派調東三省各省官兵，分投剿辦，所以除莠安良，俾黎元均臻寧謐。年來籌備軍需，所發餉銀已不下萬萬，動撥帑項，曾不少為靳惜；即由外省支撥者，亦均屬應行解京款項，初不因軍興需用浩繁，稍有累及民間。各省地方大吏，自所深悉。此時大功將次告藏，其凱旋賞犒，需費幾何？何待外省捐資備用？況朕屢經降旨，嚴諭內外臣工，不得稍涉言利，蓋深有鑒於利國之事，多係病民。即目前暫開捐例，亦係不得已之舉。現在工賑已畢，軍務指日完竣，即當飭諭停止。朕躬行節儉，為天下先，惟有休養生息，以期百姓康阜，元氣日復，漸臻上理。焉有因年來度支繁費，設法科斂，以裨國用之理？損下益上之舉，朕斷不爲。百姓猶朕之子，焉忍剝削？乃朕諄諄誥誡，至再至三，而吉慶等猶不確信朕言，竟思巧爲嘗試，是直不以朕爲賢君，視爲好貨之主矣。非孟子所謂不敬莫大乎是耶？且伊等借此捐輸之名，派及兩省，督撫司道勢必取之各府州縣，各府州縣勢必取之百姓。層層派累，仍不過朘削閭閻，所謂捐輸者，初非出自己貲。其名爲捐銀五萬，而攤派之項，諒不止此。種種情形，豈能逃朕洞鑒？似此藉詞聚斂，不特以小人之腹度君子之心，意圖見好；而其假公濟私，巧爲自肥之計，是於言利之中，尤爲卑鄙不足道者也。況此端一開，各省紛紛效尤，成何政體？吉慶、瑚圖禮、謝啟昆顯違前旨。本應交部治罪，惟念伊等三人，素日辦事尚知認真，姑從寬免付吏議，著傳旨嚴行申飭，以觀後效。此項銀兩，若尚未措辦，即著停止；儻已收齊，亦即按每名下所出銀數，全行發還。該督等接奉此旨，有將公捐之項勒掯不還，經朕訪聞，或被人呈告，必將伊等按例治罪。若地方官因此科派百姓，即據實条辦；儻伊等徇隱不奏，一經查出，一併從嚴懲治，決不寬貸。將此通諭知之。(仁宗八八、七；東四、七)

（嘉慶八、一〇、壬申）諭內閣：軍機大臣會同戶部議奏，嵇承志、馬慧裕懇請暫開衡工捐例一摺。國家偶值度支繁費之時，請開事例，原非得已。此次豫省衡家樓漫口，工費甚鉅，若非軍興八載，節次動撥餉項數逾千萬，即該河督等合詞籲懇，朕亦斷不允行。今大功雖經底定，而一切善後事宜，尚多需用，復值此河水漫溢，亟須剋期堵築，工程緊要，刻不容緩，不得不寬爲籌備。著姑准所請，暫開衡工事例，一俟該處漫工告竣，即降旨停止。所有應行覈定條例，著即會同吏兵二部詳議具奏。(仁宗一二二、九)

（嘉慶一九、一、己巳）又諭：前據侍郎吳璥請開捐例，當交戶部覈議具奏。茲據潘世恩、蘇楞額議請暫開捐例，盧蔭溥、桂芳、趙秉沖議請將常例推廣加增，托津因甫經回京，二摺俱未列名。推廣常例，事多格礙難行。暫開捐例，能否於經費有裨？或於此二議外別有良策，可裕國用？著派曹振鏞、托津、鐵保、英和四人，再行妥議具奏。尋議上。得旨：前據吳璥奏開捐例，朕以捐例本非善政，恐無實濟而徒滋流弊，特交戶部覈議。嗣經部臣兩議奏上，其請推廣常捐事例者，既窒礙難行；其請暫開捐例者，亦未能確計其足裨國用。因再降旨派曹振鏞、托津、鐵保、英和四人另行妥議。旋據英和單銜具奏，極言捐例之弊，而其所陳裕國之策，一請仍復各糧之舊、一請多開礦廠。各糧一節，前已飭查覈辦；若開礦則流弊滋多，亦不可行。本日據曹振鏞等三人議上，仍以暫開捐例爲請。現在軍需、河工各項動用，均出常年經費之外，國家度支有常，實不能不豫爲籌備。斯時既別無善策，姑照所請，暫開豫東事例。著各該部會同妥議條款具奏。此朕萬不得已之舉，非以捐例爲必可行也。諸臣食君之祿，皆當忠君之事，除此次曾經交議者無庸再行瀆奏外，其餘各大臣果有真知灼見、能爲裕國之策者，必須字字確切，毫無流獘，不准泛論，紙上空談，仍犯議論多而成功少之病。如確有把握，立能濟軍需、河工之用，奏上時，朕採取施行，即將捐例停止。若止言捐例之獘，而別無良謀，其言皆朕所稔知，無庸虛陳奏牘也。（仁宗二八二、七；東一二、一）

（**嘉慶二五、四、壬辰**）諭内閣：御史黃大名奏，推廣武陟大工投効事例，請倣照南河土方續增事例辦理一摺。國家經費有常，偶開捐例，亦衹因辦理漫工，爲民拯災捍患，從無解撥内用之事。現在豫省儀封南岸復有漫口，籌辦堵築，需費浩繁。該御史所奏，尚屬可行。著該部查照從前南河土方事例，覈議具奏。（仁宗三六九、三）

（三）社倉的設立與積貯

（**康熙三一、五、辛亥**）諭大學士等：朕思積貯米穀，最爲要務。誠有所積貯，雖遇災傷，斷不致於飢餒。但小民不知儲蓄，每遇豐稔之年，恣意糜費；及逢儉歲，遂底困窮。今時屆麥秋，可敕各該地方官，勸諭百姓，比户量力，共相樂輸，委積儲偫。州縣官將捐助者姓名與米數註冊。秋成之後，亦仿此行焉。其春時乏食者貸與之，至秋照數收入，以爲積蓄。每年於麥穀告登之後，勸勉捐輸，則數歲之間，倉廩充裕，即罹災祲，民食自可不虞匱乏矣。（聖祖一五五、一〇）

（**康熙五五、一〇、戊戌**）大學士、九卿等遵旨議覆：張伯行疏請直隸等地方建立社倉，應不准行。上諭曰：此議甚是，設立社倉，殊無裨益。豐年猶可，若遇饑饉之年，開倉賑濟，所司奉行不善，往往生變。即如浙江賑濟，百姓幾至毆官；明代李自成之亂，亦由賑濟而起。爲督撫者，遇地方有此等事，須善爲消弭。張伯行任江蘇巡撫時，地方有一二小賊，恐爲所害，甚至不敢赴常州會審。如此倉皇失措，平日學問安在哉？（聖祖二七〇、七）

（**康熙六〇、九、癸丑**）都察院左都御史朱軾疏言：臣從前奏晉省請立社倉，兼興水利，奉旨令臣試行。臣仰惟皇上至聖至明，於民間利獘及山川地土之宜，無不洞晰。臣一時冒昧陳言，今細加籌畫，實屬難行。伏祈皇上俯鑒臣愚，免令試行。得旨：朱軾親至山西，深知地方情形，既請立社倉，

興水利,著仍留山西,鼓勵試行。(聖祖二九四、一八;東二一、二九)

（雍正二、四、丙辰）諭湖廣總督楊宗仁、湖北巡撫納齊喀、湖南巡撫魏廷珍等：國家設立常平諸倉,蓄穀積粟,偶逢旱潦,詳報踏勘,往返察驗,未免後時。古人云,備荒之倉,莫便於近民,而近民則莫便於社倉。前諭爾等勸導建設,蓋專爲安民起見也。爾等自應轉諭屬員,體訪各邑士民中有急公尚議之心者,使主其事。果掌管得人,出納無獘,行之日久,穀數自增。至於勸捐之時,須俟年歲豐熟;輸將之數,宜隨民力多寡;利息之入,務從乎輕;取償之期,務從乎緩。如值連年歉收,即予展限,令至豐歲完納。一切條約,有司毋得干預。至行有成效,積穀漸多,該督撫亦止可具摺奏聞,不宜造册題報,使社倉頓成官倉,貽後日官民之累。朕初意如此,孰料該督撫欲速不達,令各州縣應輸正賦一兩者,加納社倉穀一石,且以貯穀之多少定牧令之殿最。近聞楚省穀石,現價四五錢不等,是何異於一兩正賦外加收四五錢火耗耶?是爲裕國乎?抑爲安民乎?諭到,該督撫速會同司道府等官,確商妥議,務得安民經久之法,以副朕意。(世祖一八、一八)

（雍正二、閏四、丁丑）諭直隸各省總督、巡撫等：社倉之設,原以備荒歉不時之需,用意良厚,然往往行之不善,致滋煩擾,官民俱受其累。朕意以爲奉行之道,宜緩不宜急,宜勸諭百姓聽其自爲之,而不當以官法繩之也。近聞各省漸行社倉之法,貯蓄於豐年,取資於儉歲,俾民食有賴,而荒歉無憂,朕心深爲嘉悅。但因地制宜,須從民便,是在有司善爲倡導於前,留心稽核於後,使地方有社倉之益,而無社倉之害,此則爾督撫所當加意體察者也。又聞民間輸納錢糧,自封投櫃,亦屬便民之法,但偶有短少之處,令其添補,每至多方需索,其數浮於所少之外。應將原銀發還,仍於原封內照數補足交納,庶可免多索之獘。此雖細事,督撫大吏亦不可不留心體察,嚴飭有司,以除民累。(世宗一九、一)

（雍正五、六、丙戌）署湖廣總督福敏条奏：虧空社倉穀石各員,請分別議處。得旨：社倉之設,所以預積貯而備緩急。朕御極以來,令各省舉行,曾屢頒訓諭,務俾民間踴躍樂輸,量力儲蓄,不可繩以官法。誠以官法相繩,則勉強催迫,轉滋煩擾。惟期設法開導,使衆樂從,不致一毫擾累,乃爲盡善也。數年之內,各省督撫奉行最力者,惟湖廣總督楊宗仁。今據福敏陸續盤查具奏前來,始知原報甚多,而現貯無幾。此中情獘,想因不肖有司侵蝕入己,或那移以掩其虧空,又或楊宗仁銳於舉行,而各官迎合其意,虛報穀數,以少爲多,均未可定。總之舉行社倉之法,其中實有甚難者,我聖祖仁皇帝深知其難,是以李光地奏請而未允,張伯行暫行而即罷。此實事勢使然也。以民間積貯言之，在富饒之家，自有蓄積，雖遇歉收而無藉乎倉穀，則當輸納之時，往往退縮不前。至貧乏之家，仰給社倉，固爲殷切，而每歲所收，僅供生計，又無餘粟可納，以備緩急。此責諸民者之難也。至於州縣官，實心視百姓爲一體者，豈可多得？今以常平之穀，爲國家之公儲，關係己身之考成，尚且侵欺那用，虧空纍纍，況民間之社倉，安能望其盡心經理，使之實貯以濟用乎？朕之舉行社倉，實因民生起見，又諸臣條奏，多言之鑿鑿，是以令各省酌量試行，以觀其成效何如，並非責令一概施行也。湖廣社倉虧缺之數，即交與福敏悉心清查。儻穀已如數交倉，而州縣侵蝕那移，忍以百姓預備之需，充一己之私用者，著即於原侵那之州縣名下，嚴追賠補；或民間原未交倉，或交倉之數與原報之數多寡不符者，若必欲令民間照數完納，恐小民力有未敷，未免竭蹶，非朕曲體民隱之意。福敏辦理此事，必須至公至當，方於吏治民生，兩有裨益也。自古有治人，無治法，必有忠信樂善之良民，方可以主社倉之出入；必有清廉愛民之良吏，方可以任社倉之稽查。各省官民，果能實力奉行，而善全無獘，朕實嘉之。至於繩以官法，而好尚虛名，則有司奉行之不善，負朕本意矣。（世宗五八、五；東五、三二）

（雍正七、六、己亥）陝西總督岳鍾琪疏奏：陝屬設立社倉一事，懇請特頒諭旨，恭錄鐫石。又擬列社倉條約，并請刊刻木榜，以昭程式。得旨：朕惟國家建立社倉，原令民間自行積貯，以百姓之資糧，濟百姓之緩急，其春貸秋償、及滋生羨息，各社自爲經管登記。地方有司，但有稽查之責，不得侵其出納之權，此社倉之古法也。是以各省有請立社倉者，朕皆令其聽從民便，毋得強勒捐輸，繩以官法，以致便民之舉，轉爲民累。所以曉諭各省督撫者，不啻至再至三矣。從前岳鍾琪在京時，請於通省加二火耗內，應行裁減每兩五分之數，且暫行徵收，發與民間採買穀石，分貯社倉，俟採買數足，即行裁減，是於暫收耗羨之中，隱寓勸輸之法。實則應行酌減之耗羨，即小民切己之貲財，而代民買貯之倉糧，即小民自捐之積貯。此藏富於民之良法，最爲切實而易行，是以俞允所請，令其辦理。乃陝省官員，不知此項穀石，本係民貲，又未識從前岳鍾琪奏請之由，以爲收貯在官，即是公物，不肯付民經管；而胥吏司其出納者，遂有勒買勒借之獘，殊非數年以來朕之周咨詳畫、多方生養斯民本意矣。今特降諭旨，將朕允從岳鍾琪之請，並岳鍾琪陳奏原委，明白曉示，著署督查郎阿、巡撫武格，刊石頒布，俾各州縣鄉社小民，咸知朝廷經營設法之蓋藏，實百姓自爲斂散之資用。儻地方官有於社倉穀石，創議交官，不交百姓，或指稱原係公項，預爲公事侵那之地者，俱以擾撓國政、遺悞民生論，從重治罪。其岳鍾琪所擬社倉條約，著戶部鈔錄，交與該督撫，分發各州縣，刊刻木榜，於各鄉社倉豎立，以爲永久程式。(世宗八二、二五；東七、二五)

（雍正七、閏七、戊戌）諭戶部：各州縣之設立常平倉，積貯米穀，原以備地方一時緩急之需，所關甚重。朕爲此備極焦勞，多方籌畫，務期倉儲有備，旱潦無虞。年來所頒諭旨，亦深切著明矣。夫收貯米穀，必須倉廒堅固，始可爲經久之計。是以從前降旨，將倉廒完整與否，一併入於交盤之內，以爲州縣官考成。今聞各省中，偏僻之邑，竟有向來本無倉廒，而有司苟且因循，不行詳請，督撫藩司等亦漫不查察，致將養民備荒之具，或寄頓於寺廟，或借放於紳士富戶之家，而霉爛虧折、生事滋擾之獘，多由此起，大非朕慎重民儲之意。凡各省未有倉廒之州縣，著督撫詳悉查明，即行商酌建造。(世宗八四、二三)

（乾隆一四、八、乙巳）諭軍機大臣等：據山東巡撫準泰奏稱，東省常平，現在應停採買，勿致有妨民食。又一摺奏稱，今歲豐收，請舉行義倉，勸令捐積，以爲儲備等語。所奏甚不妥協。前因常平積貯爲數過多，恐民間採買，米少價貴，是以令照當年舊額。若恐穀賤傷農，則寧用價收買，爲常平積貯之計，否則聽其自爲流通，小民亦受賤價之益。若僅舉行義倉，則穀既歸公，民間轉覺短少，與積之常平何異？況義倉之舉，在朱子當年，但就浙東一處，行於一時，遂稱善政，其後亦不能繼。蓋不得其人，則行之鮮效。與其舉行義倉，不若仍行常平，既謂常平採買，恐致價昂，豈可又行義倉？此奏殊非調劑之道。著傳諭準泰知之。(高宗三四七、一四；東一〇、二一)

（乾隆二三、一、丙辰；東丁巳）諭：據吉慶奏，近年截漕過多一摺，稱康熙年間，共截過漕糧二百四十萬石。雍正年間，亦不過二百九十餘萬石，今已截至一千三百二十餘萬石等語。所奏固亦慎重京庾之意。但朕偶遇偏災，已飢已溺之懷，自不容已。初亦不計截漕之數，逐至如此之數，逐至如此之多，若恐京倉易缺，而於待哺災民，稍有靳惜，朕從來無此意見。設多方顧慮，其遂將重視倉稟之儲蓄，而偶有災歉，不爲通融拯救耶？至各省地方官，因朕屢屢截漕，遂於常平倉穀，不實力籌辦。此種情節，實亦不免，要在督撫司道等。嚴飭屬員，先事預圖，行之以實耳。常平所貯，原以備水旱不虞，若需用過多，自不能不再取給於漕糧，而究不可專恃漕糧，爲散賑平糶之用。況江、浙等省，有漕可截，尚可藉以接濟。若雲貴等無漕省分，惟資倉穀賑借，設不實等儲偫，一遇災歉，將何以應之？嗣後各省大員，務當留心查察，勿得奉行故事，以致有名無實，至朕軫念災黎，有加無已之意，固有出於不自覺者。無論所截漕糧，已十倍於康熙、雍正年間，而截漕糧之外，一切賑借所用倉穀，又不知凡幾，此亦天下所共知者。《易》曰：「有孚惠心，勿問元吉。」朕非問也，然試平心而論，朕之於民，爲痌瘝一體耶，抑猶有隔膜之見耶？近年如江、浙、河南、山東等省被災，雖已多方賑卹，不下數千百萬，朕心猶不免怃然。而蚩蚩無知之流，或邪教之屢興，或怨謗之自若，則有司奉行之不善，教化之未臻，不能不憤懣於懷，而愧吾誠之未至也。然朕必不因吉慶此奏，鰓鰓過計。致於撫卹災黎，轉有所節嗇也。（高宗五五五、三四；東一七、五）

（四）耗羨的徵收、提解

（**雍正二、三、丁丑**）河南巡撫石文焯摺奏：請將捐穀耗羨銀兩，收存司庫，留充公用。奉上諭：耗羨存庫，不過暫寄，以備地方公用，斷不可歸入錢糧之內。凡此等羨餘，概不得牽混正項。國家經費，自有常額，若將此入正項，爾等羨餘必仍另取。不特名實相違，且恐移東就西，反致滋獘。（世宗一七、四）

（**雍正二、六、乙酉**）山西布政使高成齡摺奏：臣見內閣交出請禁提解火耗之條奏，臣伏思直省錢糧正供之外，向有耗羨，雖多寡不同，皆係州縣入己。但百姓既以奉公，即屬朝廷之財賦，臣愚以爲州縣耗羨銀兩，自當提解司庫，以憑大吏酌量分給，均得養廉；且通省遇有不得已之費，即可支應，而不分派州縣，藉端科索，至以羨餘賠補虧空。今撫臣諾岷，將每年存貯耗羨銀二十萬兩留補無著虧空之處，先經奏明，臣請皇上敕下直省督撫，俱如山西撫臣諾岷所奏，將通省一年所得耗銀，約計數目，先行奏明，歲終將給發養廉、支應公費、留補虧空若干之處，一一具摺陳奏。則不肖上司，不得借名提解，自便其私，如條奏所慮矣。上諭：此事著總理事務王大臣、九卿、詹事、科道平心靜氣、秉公持正會議，少有一毫挾私尚氣，阻撓不公者，國法具在，斷不寬宥，各出己見，明白速議具奏；如不能畫一，不妨兩議、三議皆可。（世宗二一、一二；東二、二二）

（**雍正二、七、丁未**）總理事務王大臣、九卿、科道等議覆山西布政使高成齡條奏提解火耗一疏。得旨：高成齡提解火耗一事，前朕曾降諭旨，令爾等平心靜氣、秉公會議。今觀爾等所議，見識淺小，與朕意未合。州縣火耗，原非應有之項，因通省公費各官養廉有不得不取給於此者，朕非不願天下州縣絲毫不取於民，而其勢有所不能，且歷來火耗，皆州縣經收，而加派橫徵，侵蝕國帑，虧空之數不下數百餘萬。原其所由，州縣徵收火耗，分送上司，各上司日用之資，皆取給於州縣，以至耗羨之外，種種饋送，名色繁多，故州縣有所藉口而肆其貪婪，上司有所瞻徇而曲為容隱。此從來之積獘所當剔除者也。與其州縣存火耗以養上司，何如上司撥火耗以養州縣乎？爾等奏稱各屬火耗，請將分數酌定。朕思一省之內，州縣有大小，錢糧有多寡。地廣糧多之州縣，少加火耗，已足養廉，若行之地小糧少之州縣，則不能矣。惟火耗不定分數，儻地方遇差多事繁之時，則酌計可以濟用；或是年差少事簡，則耗羨即可量減矣。又或偶遇不肖有司，一時加增；而遇清廉自好者，自可減除矣。若酌定分數，則將來竟無成額，必致有增無減，此火耗分數之不可以酌定者也。又奏稱，提解火耗，將州縣應得之項，聽其如數扣存，不必解而復撥等語。現今州縣徵收錢糧，皆百姓自封投櫃，其拆封起解時，同城官公同驗看，耗羨與正項同解，分毫不能入己。州縣皆知重耗無益於己，孰肯額外加徵乎？是提解火耗，既給上下養廉之資，而且留補虧空，有益於國計；若將州縣應得之數扣存於下，勢必額外加增，私行巧取，浮於應得之數，累及小民，況解交督撫，則顯然有據，扣存州縣，則難保貪廉。此州縣羨餘之不可扣存者也。又奏稱，巡撫諾岷清勤敏幹，布政使高成齡，操守亦優，應令二人盡心商榷，於山西一省照所奏試行之，此言尤非也。天下事，惟有可行與不可行兩端耳，如以為可行，則可通行於天下；如以為不可行，則亦不當試之於山西。譬如治病，漫以醫藥試之，鮮有能愈者。今以山西為試行之省，朕不忍也。且天下撫藩，豈盡不如諾岷、高成齡，而謂二人獨能行之乎？又奏稱，提解火耗，非經常可久之道。凡立法行政，孰可歷久無獘？從來有治人，無治法。文武之政，布在方策，其人存，則其政舉。朕謂有治人即有治法，法有因時制宜者，譬如人有疾病，因症投藥，病癒即止。今提解火耗，原一時權宜之計，將來虧空清楚，府庫充裕，有司皆知自好，則提解自不必行，火耗亦可漸減。今爾等所議，為國計乎？為民生乎？不過為州縣起見。獨不思州縣有州縣之苦，上司亦有上司之苦，持論必當公平，不可偏向。又朝廷之與百姓，原屬一體，朝廷經費充足，民間偶遇歉收，可以施恩賑恤，百姓自無不足之虞，是清補虧空，於國計民生均有益也。天下督撫有如諾岷等不避嫌怨，實心任事，自能酌量行之。通省羨餘，絲毫不能隱匿，又孰敢此外多取一錢，以干罪戾乎？朕於臣下，期望甚殷，即州縣官員，亦冀其為臯、夔、稷、契，自此各加勉勵，勿侵蝕國帑，勿貪剝小民，各省火耗，自漸輕以至於盡革，此朕之願也。爾等所奏，與朕意不合。若令再議，爾等必遵朕諭，議覆准行。朕亦不能保其將來無獘否也。各

省能行者聽其舉行，不行者亦不必勉强。可將此諭旨並爾等所議之本，交存內閣。（世宗、二二、三；東二、二四）

（雍正三、二、壬辰）諭河南巡撫田文鏡：據奏，欲以存司耗羨，彌補州縣無著虧空，既以填實倉庫，又省案牘之煩，固屬美舉。果如此行，本内或作承追、督催各官，代爲完結，仍將該犯照例處分，則可；若直將通省公用耗銀，明爲貪劣各員抵補虧項，是只以錢糧爲重，而國家懲貪癉惡之法轉輕矣。如何其可？無論謹飭廉員，聞之心不甘服，寧不大啓一切貪員希冀之念乎？斯乃創始之舉，當審酌而行。（世宗二九、一九）

（雍正四、四、己丑）諭内閣：各省耗羨銀兩，與營伍中數分公糧，存貯公所，原爲本省本營之中，或有公事需用，或爲各官養廉，使地方營伍，備用有資，不致派累兵民。乃通權達變之法，其來久矣，並非正項錢糧可比也。邇來督撫、提鎮中，小心拘謹者，恐目前經手，將來無以自明，具摺奏請咨部，以記出納。原係見小之舉，該部祗應存案。此並非開銷正項錢糧也，若將耗羨銀兩，俱比照正項具題報銷，相沿日久，或有不肖官員，指耗羨爲正項，而於耗羨之外，又事苛求，必至貽累小民。此風斷不可長。（世宗四三、二五）

（雍正四、一〇、壬申）諭户部：錢糧之有火耗，原非應有之項。但以相沿日久，地方官員，非此無以養贍，故姑且存之。而各省舊例，亦有輕重之不同，儻地方官員，於應取之外，稍有加重者，朕必訪聞，重治其罪。向來山西省虧空甚多，地方官無以藉口，動稱因預備軍需所致，並將侵蝕之銀，皆指爲軍需之用。及諾岷到任，加意整頓，盡革從前之加派，而各屬無著之虧空不能填補者，則將各官應得耗羨，歸之於公，以爲酌補虧空之計。又恐各官無以養廉，以致苛索於百姓。故於耗羨中酌定數目，爲日用之資。以官員之羨餘，補官員之虧空，既可完帑，亦不累民，實權宜得中之善策也。前聞伊都立將通省火耗應減者，皆出示裁減，朕甚嘉之。近日又聞伊都立以用度不敷，竟不奏聞，而將已減之耗羨，仍舊徵取，經朕訪聞，尚不肯深信，因降旨詢究，務令照前裁減。今伊摺奏，竟係實有之事，認咎無辭。伊都立如此暮四朝三，前後矛盾，同於兒戲，可乎？夫以封疆大臣，不能宣揚德意，使小民知朕恤下之恩，而反爲此悖理營私之事，昏庸若此，豈事君理民之道？伊都立著交部嚴加議處。（世宗四九、一七；東四、五〇）

（雍正五、二、甲子）[户部]又議覆：協理河南道御史陳學海條奏，直省徵收錢糧，例有火耗，輕重懸殊。請敕下各督撫查核舊額，酌定成規，以便畫一遵行。得旨：火耗原非應有之項，乃迫於時勢，不能全行禁革耳。故加耗重者，必重治其罪；而賢員愛養斯民，將舊有之數，亦可輕減。若一經督撫題定數目，則火耗遂成定額。雖遇清廉之官，亦不能裁減；而遇貪劣之員，又將多取於此數之外，以飽私橐，必致重累民生。該御史請令督撫具題，該部即照所請議覆，均屬不合。此處不准行。（世宗五三、一三）

（雍正五、九、戊辰）諭戶部：向來山西虧空甚多，國帑久虛，不能彌補。歷任撫臣每請將虧空人員，革職留任彌補。不但毫無益於國帑，此等劣員，轉將虧空爲護符，無所不爲，民生實受其害。諾岷蒞任後，將虧空人員，盡行条革，酌定以公完公之法。將州縣之火耗重者，嚴行裁汰，酌中量留耗羨，抵補無著之虧空。不使累及民間，而官員亦免承追不力之条罰。又恐官員無以養廉，復酌撥以爲日用之資，凡地方公務所需，亦皆取給於此，上不誤公，下不累民，此實通權達變之良策也。諾岷在任二年，將山西數十年未清之積案，漸漸就緒，伊都立接任，柔懦無能，且好務虛名，因循瞻顧。從前諾岷之未及清理者，未能清理一事。當諾岷在任之時，高成齡不得已協力相助，上緊辦理。及伊都立接任，高成齡苟且怠忽，贊成伊都立之廢弛。今見年歲已久，舊案不能楚結，又經朕數次嚴諭，始請定承追之限。獨不思數年以來，藏匿花費，獘端種種，清理愈難，高成齡何不陳奏於從前，而乃遲至於今日乎？應如何追完之處，俟石麟到任後，與高成齡悉心定議具奏。伊都立曾奏稱地方虧空，彌補全完之後，應將耗羨解充公帑，他省亦屢有如此陳奏之人，朕皆嚴切訓飭之。蓋耗羨者，出產於地方，即小民之膏脂也。以地方之出產，完本地之虧項，所謂以公完公，官民均有裨益。若虧空既完，則此項耗羨應仍歸於本地之官民，豈有收入公帑之理？他省亦有將州縣之耗羨，提解十分中之二三以備公用者，該地方大吏，應念此項雖充公用，實民力之所輸將，百凡撙節愛惜，不使妄費。遇有應用之事而後動用，方爲節用愛人之道。乃近來督撫、藩司等，多以此項既已捐之於公，取攜甚便，任意支用。如此，非諾岷提解火耗之初心矣。昨田文鏡奏稱，河南固始縣東關官河一道，地勢窪下，七月間驟雨水漲，東岸長興集、西岸站馬集二處，被水浸注，民房倒塌，漂没人口，幸而水退甚速，禾稼無恙，並不成災，無庸題請蠲免。其被水人民，已將司庫存貯耗羨之銀動撥，令道員確查散賑，加意撫恤等語。如田文鏡之辦理此事，乃以地方之耗羨，爲地方之公用，百姓得沾恩惠。而耗羨之留，誠爲有益。大凡地方小有水旱之事，勘不成災，於例不應題本者，該督撫當就近酌量料理，並具摺奏聞，務令朕得知地方情形，無絲毫隱匿，方不負封疆大臣之任。田文鏡所奏固始臨河鄉村被水之處，河道或有應修濬以除水患者，著田文鏡商酌辦理。（世宗六一、一

五）

　　（**雍正五、一〇、己酉**）諭户部：……各省錢糧耗羨，原非應有，本欲悉行革除。因廣爲諮詢，留心體察，知州縣官員實有必不得已之用度，若將耗羨盡行禁止，在廉謹之員，實難支持。而貪污不肖之徒，勢必藉口無以養廉，恣意苛索，百姓轉受其累。是以錢糧之有火耗，由來已久。各處皆有相沿之例，其數亦多寡不同。惟應於火耗過重之員，重治其罪，若有司官酌量收納，不加重苛取於民，小民亦覺相安，此各省之大勢也。……至於浙省地方各官養廉之資，更無別項，而耗羨則每兩不過五六分，以通省額徵之數計之，每年耗羨僅十四萬兩。自督撫、將軍、副都統、學政及藩、臬、道、府、同知、通判、州、縣等官，共一百二十員。凡用度公費，皆取資於此，似不足支應。除嘉、湖二府錢糧已經減免外，著將杭州、寧波、紹興、台州、金華、衢州、嚴州、溫州、處州等九府額徵銀二百五萬兩，按十分之一內存半計算，得銀十萬兩。賞給各官，以爲養廉。合之州縣耗羨，則有二十四萬兩。從雍正六年爲始，俱著提解司庫，令該撫酌量官職之大小，府州縣地方之繁簡，秉公派定數目奏聞。餘銀存爲本省公事之用。（世宗六二、二五；東五、五五）

　　（**雍正六、四、壬寅**）諭内閣：錢糧之加耗羨，原非應有之項，朕勤求治理，愛養黎民，本欲將此項全行禁革。而博采輿論，留心體訪，凡爲州縣地方官，實有萬不得已公私兩項之用度，若全革耗羨，其勢必不可行。爲有司者，果能減輕收納，不苛取於民，在民亦所樂從。此耗羨所以未盡裁革之故也。州縣既有耗羨，而上司官員無以養廉，勢不得不收州縣之饋送。是上司冒貪贓之罪，以爲日用之資。在謹慎小心者，則畏懼而不敢行，必至過於窘迫；而貪取濫用者，又因無所限制，借規禮之名，恣意橫索，獎端種種。州縣公私之用既有不敷，必致加派巧取，爲害於民；況上司既收屬員之規禮，則必有瞻顧回護之處，而下屬反得操上司之短長，於察吏之道，大有關係。所以雍正二年間，山西巡撫諾岷，請以通省耗羨，提解存公，將闔省公事之費及上司下屬養廉之需，咸取於此。上不誤公，下不累民，無偏少之獎，無苛索橫徵之擾，實通權達變之善策，朕是以降旨允行。此提解火耗之所由來也。向來山西虧空甚多，國帑久虛，不能彌補，從前撫臣多請將虧空之員，革職留任，以爲彌補之計。夫以不肖之徒，令其留任還帑，是以虧空爲護官之符，不但無益於國計，亦且有害於民生。而德音在任，又借彌補虧空之名，提火耗以肥私橐。及諾岷接任，潔己奉公，實心辦理，將虧空劣員，悉行糾革；州縣火耗，嚴行裁減，而酌留羨餘，以補無著之虧空。既不累及於閭閻，而有司亦免糸罰，又為官員定養廉之資，為公事留辦理之費。諾岷此舉，於國計民生、上下公私均有裨益。然伊當始行之時，不但晉省屬員怨望，而內外臣工，皆有異詞。朕彼時降旨曰，此事惟如諾岷之督撫方能行之耳。蓋朕之意，原聽各省督撫自為之，而至於不能行之督撫，不便行之地方，則朕並未強之使行也。諾岷舉行之後，隨有數省仿效其意，提解十分中二三，以備公用。亦以地方公務繁多，若不豫為計畫，則一時需費，仍至累及小民。然此亦皆督撫自行奏請者，非由朕諭也。伊都立接諾岷之任，曾奏山西虧空漸次清楚，將來耗羨，便可充餉。朕嚴切訓飭曰，本地之羨餘，止應作本地之用度，若歸公充餉，斷無是理；且恐相沿日久，遂成公項，不肖官員，竟有重復徵收之事矣。田文鏡亦曾奏稱，豫省虧空彌補已清，火耗尚有贏餘等語。朕批示之曰，此項耗羨，原係豫省官民之物，假使果有盈餘，則當增添官員養廉之資，使其用度寬裕；儻再有盈餘，則當再減民間火耗之數，使其儲蓄充盈。蓋朕之准其提解耗羨者，原是愛養官民之苦心；若以支給地方公用之外，尚有餘貲，即准收作公項，朕必不為也。前陳時夏亦具奏欲行提解耗羨之法，因其有分別地方有無多寡之語，朕諭之曰，政令之行，必須各屬一體，方得均平，若有所分別，便可高下其手，易滋獘端。諭旨如此。聞陳時夏向人云，奉旨令全提耗羨。此乃陳時夏自行奏請之事，而以其名歸之於朕，朕不受也。今魏廷珍又效法之，以上江提解火耗之事，具摺陳奏，恐外人不知，亦以為出自朕意，故特頒此旨，明白曉諭。蓋提解火耗之舉，若行之果善，亦督撫分內之事，不得居功；儻行之不善，實足為伊身家性命之患，無所逃罪。總在伊等自行度量，其願行者，朕不拒阻；其不願者，朕亦不強也。（世宗六八、九；東六、一一）

（雍正一三、一一、癸亥）禁溢收耗羨。諭曰：向來州縣徵收錢糧，因銀色有傾銷之耗折，解送有路途之盤費，故於正項之外，徵收耗羨，原無定額。其廉潔者，尚知自愛，不肖者任意徵求，而督撫以至道府等員，於中收受節禮陋規，互相容隱，獘難究詰。嗣經巡撫諾敏、田文鏡倡為提解歸公之法，各該督撫，就本省情形，酌定分數徵收，以為各官養廉及地方公事之用。除所定分數外，絲毫不許溢徵。蓋以耗羨原屬格外之項，與其聽地方官私行徵取，不如明定分數，使有節制，不敢違越也。然在未提解以前，尚為私項；既提解以後，或恐不肖官員，視同正課，又得於耗羨之外，巧取殃民。從前皇考洞見流獘，屢降諭旨，欲俟將來虧空全清，府庫充裕之日，漸減漸革。聖心廑念，未或忘之。朕紹承大統，切念民依，孜孜軫恤，日與王大臣等悉心籌畫，期使吾民於正項之外，絲毫無擾，而一時勢有未能，尚須從容計議。惟是提解耗羨之法，行之已十有餘年，恐日久弊生，奸吏夤緣朘削，羨外加耗，重困閭閻，不可不爲深慮。著各該督撫嚴飭有司，咸體朕意，知耗羨一項，可減而決不可增；可於格外從寬，而斷不可於額外多索。倘於所定分數之外，或又借估色添戥爲名，多取絲毫者，該督撫即行題叅，重治其罪；倘督撫徇隱不舉，或經科道糾叅，定將該督撫等一併嚴加議處。再各省耗羨分數，率在加一上下，然江南賦重之區，如蘇、松、常、鎮四府，額賦較之他省幾及數倍，雍正六年以前，每兩加耗僅五分，雍正六年以後，增至加一；且有司又復巧取苛索，民何以堪？其令江南督撫詳加酌定，量減分數徵收，不得仍前重耗困民。倘敢陽奉陰違，朕必於該督撫是問。(高宗七、三四；東一、二二)

(**雍正一三、一二、乙未**) 蘇州織造海保奏：江南田賦繁重，請免耗羨，變通以籌經費。得旨：汝奏請全免錢糧之耗羨，而以關稅贏餘爲各官養廉，獨不思商賈亦吾民乎？近來大以稅重爲苦，伊等不當蒙寬減之恩耶？汝有司權之責，但當以清獘恤商爲本，不當爲越位之謀。至於減耗養廉之事，目前尚無良策，俟朕徐徐經理之。(高宗九、三八)

(**乾隆二、閏九、丙辰**) 禁耗羨外收餘平。諭內閣：川省耗羨銀兩，向因公用不敷，每兩完銀二錢五分。朕御極以來，加惠閭閻，減去一錢，止存一五之數。無非欲使民力寬餘，受國家休養之澤也。今據碩色奏稱，該省相沿陋例，於火耗稅羨外，每銀百兩，提解銀六錢，名爲餘平，以充各衙門雜事之用等語。聞之不勝駭異。火耗之報官，原以杜貪官污吏之風，若耗外仍聽其提解，此非小民又添一交納之項乎？一項如此，別項可知；一省如此，他省可知。朕思此等浮多之費，雖爲數無幾，而取之商民，層層剝削，其數必不止此，難免地方之擾累。著巡撫碩色永行革除，以杜官吏借端需索之獘。倘公用內有必不可少之項，著於存公耗羨內支給報銷。別省有如此者，著各該督撫查明具奏。該部即遵諭行。(高宗五二、二；東二、一七)

(**乾隆三、六、乙酉**) 禁州縣暗加火耗。諭：朕聞江南州縣徵收錢糧，有加增火耗之處。可傳諭那蘇圖、許容等嚴查闔屬，如果有劣員暗地加耗，立即題叅治罪，以爲殃民肥己之戒。但以朕所聞江南如此，恐別省亦有此風，不急爲查禁，則貽害百姓，將不可言。(高宗七〇、一一；東二、三二)

(**乾隆五、一、乙丑**) 諭：國家一應賦稅，無論正雜羨餘，凡徵之官府者，俱係出之閭閻。究其實，乃以天下之物力，供天下官弁兵民之用。爲上者不過爲之權衡調劑於其間，若經理其事者，稍有纖毫假借，則大不可也。前者各省臣工，不能砥礪廉隅，取之民者，既極煩苛；而侵於官者，又多虧空；計其贓私，動逾累萬，以致身罹法網，貽害妻孥。仰蒙皇考世宗憲皇帝聖慈矜憫，提撕警覺，釐剔肅清，所有一切陋規，悉行裁禁，以紓民困。俯允直省督撫所請，將舊有耗羨一項，酌定額數，用資各官薪水及地方辦公之需。名雖提解耗銀，而較之從前私派私收，固已輕減數倍矣。自奉行之後，官員無拮据之憂，百姓免需索之累，吏治民生，稱為兩便，此實中外所共知共見者。朕御極之初，會降諭旨，飭令督撫毋得重耗浮徵，致困閭里。凡賦多稅重之地，屢加寬減，民捐官墊之款，悉動存公。乾隆三年，又將解部減半平餘一項，扣存司庫，以備荒歉應用。蓋因各省公用甚繁，而耗羨無幾，惟恐所入不敷所出，是以不惜部庫之贏餘，留備地方之不足。各省督撫藩司，皆當加意慎重，不時查核。減官吏一分之浮費，即留百姓一分之實惠，此理顯然可見。乃比年以來，或無關緊要之事，遽行動用，即例應支給之項，亦有浮開。部駁核減，時見章疏。其扣存備賑平餘銀兩，各省有已經報部者，亦有未經報部者，遇有應辦賑務，仍多臨時請撥。由此類推，則司庫所存公項，未必盡歸實用。雍正十三年六月內，曾奉皇考諭旨，將各省耗羨存公銀兩，敕令清查，原屬防微杜漸之至意。朕嗣位之初，念耗羨不同正項，從前原未定有章程，且歷年已久，各省規條不一，官員更換亦多，況復恩詔屢頒，縱有拖欠，亦當在寬免之列，是以諭令暫行停止清查。今看各省情形，漸滋冒濫，若不早加整頓，立法防閑，必致挪移出納，獘竇叢生；一經敗露，國法難寬。揆之朕愛養教誨之心，固有所不忍；即經辦各員，噬臍知悔，已屬難追。是及今綜核清理，亦豫為保全之道也。戶部可行文各省督撫，將地方必需公費，分晰款項，立定章程，報部核明，彙奏存案。嗣後務將一年之內，額徵公費、完欠雜支同餘剩未給各數目，逐一歸款。各官養廉，照依正署起止月日，應得分數並扣除空缺，詳悉登記。其收數內有拖欠未完者，分別應否著追；其支數內有透動加增者，分別是否應給；有無挪移虧缺之處，俱於歲底，將一切動存完欠確數及扣貯減半平餘銀兩，造冊咨送戶部核銷。如此年清年款，則民力輸將，均歸地方實用，而經理之員，亦免罹於糸處矣。（高宗一〇九、六；東三、三九）

（乾隆七、四、庚寅朔）策試天下貢士金甡等三百十三人於太和殿前。制曰：……務本之民，莫要於輕徭薄賦，重農積穀。我國家從無力役之征，斯固無徭之可輕矣，而賦猶有未盡合古者乎？賦之外曰耗羨，此固古之所無也。抑亦古嘗有之，不董之於官，則雖有若無，而今不可考耶。且康熙年間無耗羨，雍正年間有耗羨，無耗羨之時，凡州縣蒞任，其親戚、僕從仰給於一官者，不下數百人，上司之苛索，京官之勒助，又不在此限，而一遇公事，或強民以樂輸，或按畝而派捐，業田之民，受其累矣。自雍正年間，耗羨歸公，所爲諸獎，一切掃除，而游民之借官吏以謀生者，反無以餬其口。農民散處田間，其富厚尚難於驟見；而游民喧闐城市，貧乏已立呈矣。人之言曰，康熙年間有清官，雍正年間無清官。亦猶燕趙無鎛，非無鎛也，夫人而能爲鎛也，而議者猶訾徵耗羨爲加賦，而不知昔之公項，皆出於此而有餘，今則日見其不足，具動正帑矣。是以徒被加賦之名，而公私交受其困而已矣。將天下之事，原不可以至清乎？抑爲是言者，率出於官吏欲復耗羨者之口乎？多士起自田間，其必不出此，而於農民之果有無利獎，必知之詳矣。又如常平之設遍天下，而卒不聞百姓無鮮飽之嗟。或者禾栖畝而給銀，稼登場而責穀，是民未受其益，先受其害矣。將欲改弦易轍，而天時不可必，其何恃以無恐耶？凡此數者，皆朕日夜躊躇，而未得其要領者，多士其毋以朕爲不足告，而閟之隱之；其尚以朕爲可告，而敷之陳之。悉言其志，毋有所諱。（高宗一六四、一）

　　（**乾隆七、四、乙未**）諭：辦理耗羨一事，乃當今之切務，朕夙夜思維，總無善策，是以昨日臨軒試士，以此發問。意諸生濟濟，或有愷切敷陳，可備采擇，見諸施行者。乃諸貢士所對，率皆敷衍成文，全無當於實事。想伊等草茅新進，未登仕籍，於事務不能曉徹，此亦無怪其然。今將此條策問，發與九卿、翰林、科、道閱看。伊等服官有年，非來自田間者可比，可悉心籌畫，各抒所見，具摺陳奏，候朕裁度；若無所見，亦不必勉強塞責。至外省督撫，寄重封疆，諒已籌算有素，並著各據所見，具摺奏聞。務期毋隱毋諱，以副朕集思廣益之意。（高宗一六四、一九）

　　（**乾隆七、四、乙巳**）諭：各省辦理耗羨一事，朕恐或有不便於民之處，是以於廷對時入於策問之内。乃諸生無所敷陳，甚且有不知耗羨爲何事者；又降旨詢問九卿、翰林、科、道並外省督撫等，庶幾合衆論以求一是，此朕集思廣益之意也。諸臣如有所見，即當就事敷奏，待朕採擇；如無所見，亦不必勉強塞責。所降諭旨甚明。乃近見諸臣奏對，竟有於耗羨一事之外，旁牽側引，以狂瞽之見，爲無稽之言，所答並非所問。即説到耗羨，亦究竟不知原委，萬難見諸施行。甚至潘乙震之請開捐，路斯道之請鑄幣，尤爲荒謬之極。方今天下承平，海宇寧謐，無擾攘之干戈，無繁興之土木，上而府庫充實，下而滿漢安堵，並非財用不足，亟須籌畫之時，此人所共知者。在我君臣，惟當制節謹度，未雨綢繆，爲持盈保泰之計。若侈言豫大豐亨，而流於奢靡荒縱，固非安不忘危之道；但如諸臣所奏，沾沾以國用爲言，竟似國用實有不足，不得不從權計議者。此風一開，將見言利之徒，接踵而起，其爲害甚大，豈止有妨政體而已。不但諸臣不當揣摩及此，陳奏紛紜，即專司錢糧之臣，惟應通計出入，平準制用，亦不當託言國計，徒以綜核爲盡職也。數日來無知妄奏之輩，原當加以處分，因係降旨詢問，導之使言，故雖乖謬，特從寬宥。此番訓諭之後，如再有節外生枝、悖理傷道者，必從重治罪，以爲妄言者之戒。（高宗一六五、一；東五、九）

（乾隆七、一一、乙丑） 大學士等議奏：辦理耗羨一事，曾奉諭旨，命九卿、翰林、科、道及外省各督、撫等直抒所見陳奏。今據陸續覆到，查諸臣所奏，俱稱耗羨歸公，法制盡善，不可復行更張，衆議僉同。其間有一二異議者，皆係不揣事勢，不量出入，但執偏見，斷難施行之論。伏思耗羨一項，由來已久，弊竇漸生。世宗憲皇帝俯允臣工所請，定火耗歸公之例，將州縣一切陋習，皆爲革除，惟將各該省舊存火耗，提解司庫，爲各官養廉及地方公事之用。從此上官無勒索之獎，州縣無科派之端，而小民乃無重耗之累。蓋以天下之財，爲天下之用，於國家毫無所私，誠爲法良意美，可以久遠遵行。應勿庸輕改舊章。至總督高斌、孫嘉淦等，俱請耗羨通貯藩庫，令督撫察核，仍復年終報部之例。查各省動用存公銀，款項繁多，若未悉情形，概行飭駁，勢必掣肘。若竟聽其任意費用，則侵濫之弊，無從剔除。惟送部查核，庶諸弊可釐。應如所請行。得旨：錢糧之有耗羨，蓋經國理民，事勢之必不能已者，未歸公以前，耗羨無定制，有司之賢者，兢兢守法，不敢踰閑，不肖者視爲應得之項，盡入私囊，一遇公事，或強民輸納，或按畝派捐，濫取橫徵，無所底止。且州縣以上官員，養廉無出，於是收受屬員之規禮、節禮，以資日用。而上官下屬之間，時有交際，州縣有所藉口，恣其貪婪，上官瞻徇而不敢過問，甚至以餽遺之多寡，爲黜陟之等差，吏治民生，均受其弊。我皇考俯允臣工之請，定耗羨歸公之法，就該省舊收火耗之數，歸於藩司，酌給大小官員養廉，有餘則爲地方公事之用，小民止各循其舊有之常，有輕減，無加益也。而辦公有資，捐派不行，有司之賢者，固無所用其矯廉，而不肖者，亦不能肆其貪取。此愛養黎元，整飭官方之至意，並非爲國用計爲此舉也。且以本地之出產，供本地之用度，國家並無所利於其間。然通天下計之，耗羨敷用之處，不過二三省，其餘不足之處，仍撥正供以補之。此則臣民未必盡知者。此十數年中，辦理耗羨之梗概也。朕御極以來，頗有言其不便者，朕思古人云，琴瑟不調甚者，則解而更張之。此事若宜變通，何可固執，是以留心體察，並於今年廷試，以此策問諸生。乃諸生奏對，不過敷衍成文，全無當於實事。旋降旨詢問九卿、翰林、科、道并各省督撫等。今據諸臣回奏，大抵皆以爲章程一定，官民久已相安，不宜復議更易，衆論僉同。其中偶有條陳一二事者，不過旁枝末節，無關於耗羨歸公之本務也。朕再四思維，耗羨在下，則州縣所入既豐，可以任意揮霍，上司養廉無出，可以收納餽遺，至於假公以濟私，上行而下效，又不待言矣。則向日朕所聞者，未必不出於願耗羨之在下，以濟其私者之口。傳曰：作法於涼，其獘猶貪，作法於貪，獘將若之何。朕日以廉潔訓勉臣工，今若輕更現行之例，不且導之使貪，重負我皇考惠民課吏之盛心乎。此事當從衆議，仍由舊章。特頒諭旨，俾中外臣民知之。餘著照大學士等所議行。（高宗一七八、一七）

（五）節用與抑奢

（順治五、一二、乙卯） 諭內三院：前戶部奏，在外大小文武各衙門額設公費等項，冗濫累民，酌議裁減，已經允行。今思各衙門公費款項裁減，未免用度不足，反致害民。著戶部另為酌議速奏。爾衙門即傳諭行。（世祖四一、二四）

（順治八、八、己酉） 原任曹州副將許武光奏言：開封前因水淹，周王府內有銀二三百萬不止，曾被沉壓。乞假臣三年之工，搜盡天下遺銀，以資兵餉。得旨：帝王生財之道，在於節用愛民。掘地求金，亙古未有。儻此議一行，恐生事擾民，深屬未便。許武光借端求官，兼圖牟利，殊為不合，著交與該城御史斥逐。（世祖五九、四）

（順治九、四、丁未） 戶部以錢糧不敷，遵旨會議。一、山東登萊巡撫宜裁。一、宣府巡撫宜裁，以總督兼理。一、納監、納吏、納承差事例，宜照前例行。一、江寧、杭州、西安、漢中駐防滿洲、漢軍兵丁，除草料、口糧照例支給外，每年多支米石應裁。一、各直省應解本色顏料、藥材等項，除京中無從備辦者，仍解本色外，餘俱應折銀。一、工部錢糧，除緊急營建外，其餘不急工程及修理寺廟等項，俱應停罷。一、戶、禮、工部製造等庫內監三百九十餘名，應留數員，餘盡裁革。一、在外當鋪，每年定稅銀五兩；其在京當鋪並各鋪，宜仍令順天府查照鋪面，酌量徵收。一、總督、巡撫家人口糧應裁。一、州縣修理察院鋪陳、家伙等項銀兩應裁。一、各州縣修宅家伙銀兩應裁。一、州縣備各上司朔望行香紙、燭銀兩應裁。一、在外各衙門書吏人役，每月給工食銀五錢，餘應裁。一、各州縣民壯五十名，應裁二十名。一、知府並各州縣燈夫各四名，同知、通判、推官燈夫各二名，各州縣轎夫四名，歲支工食銀兩應裁。議上，得旨：這不敷錢糧，既經會議妥確，悉如議行。其民壯、燈夫、轎夫不必裁。（世祖六四、三）

（康熙一三、八、甲辰）先是經略莫洛以秦省兵單，請添設綠旗兵萬餘以資戰守。上諭：增兵必須增餉，國家錢糧止有此數，茲大兵進勦浙江、江西、湖廣，需餉浩繁，爾經略所知。前因饋運不給，致王懷忠等兵逃散。秦民供億入川兵餉，已極勞苦，若增兵萬餘，貝勒、經略又統諸軍深入，萬一糗糧難繼，恐禁旅有匱乏之虞，而綠旗兵復蹈前轍矣。經略身在地方，洞悉情形，或不煩增兵，即親行入川，或必須議增，方可進發，或以秦省重要，不必親行，遙措兵餉，其逐一詳議以聞。至是莫洛疏言：陝西舊兵內，王懷忠所率四千悉已逃散，今王輔臣又率二千以行，除此六千照額招補外，所增無多。蓋增則戰守調遣均有裨益，陝西得以保固，故臣以爲增之便。若四川速定，則錢糧有資，而秦民又得息肩，臣仍宜親統官兵，協力進勦平定四川。從之。（聖祖四九、八）

（康熙二三、七、乙亥）諭户部、工部、光禄寺堂司各官：朕凡巡幸，一應動用之物，皆從節儉。此番巡幸，户部採買草豆，工部木炭，光禄寺食物。勿令地方官派取民間，擾害百姓。爾等衙門前往官員，按每程所用，合其時價，採買供給。儻有派取民間者，著令該督撫指名題參。（聖祖一一六、二三；東八、二六）

（康熙二四、二、壬寅）户部題：臣部積弊難除，皆由款項多端所致。嗣後將錢糧各項名色刪去，總修一册，應歸併者歸併，應裁革者裁革，揀選滿漢官員內諳練錢糧事務者，令專管修纂滿漢新書。得旨：九卿、詹事、科道會同確議具奏。（聖祖一一九、一八）

（康熙二四、三、辛酉）上諭大學士等曰：光禄寺估計價值等項，頭緒甚多。各物俱照時價，須詳察估計，使公私俱便。釐剔諸弊，逐一定爲條款，以便永久遵行。則國課不至妄費，户部儲有餘財。凡遇有旱澇，可以酌量賑濟、蠲免，無所顧慮，民間不致困苦，大有裨益。王熙等奏曰：此皇上以節儉治天下，足國足民至意，凡有急需，自無匱乏之虞矣。（聖祖一二〇、一）

（康熙二八、一、庚午）諭吏部、户部、兵部、工部：朕統蒞寰宇，二十八年於茲，早作夜思，勤求治理，務恤黎庶，永圖乂安。如黃運兩河運道，民生攸係，朕日切心勞，比年工役，雖漸有緒，而應修應塞，議論紛紜。曩歲巡幸，曾允淮揚士民所請，疏濬下河，前已興工，尚稽底績。屢經廷議，請朕親行閱視。今特諏吉南巡，躬歷河道，兼欲觀覽民情，周知吏治。所至沿途供億，皆令在京所司儲偫，一切不取之民間。即有日用應需，該衙門於所在地方，照市估平買，不許錙銖抑勒小民。猶恐地方官吏不能悉體朕懷，借名科派供應，今特頒諭嚴飭，如有悖旨借端私徵者，察實即以軍法從事。地方文武大小官員，不許與扈從官員指稱交戚，輒通饋遺；違者，饋送、收受人員並以軍法從事。其扈從大小官員及隨往僕役，如有橫行生事擾民者，一併從重治罪。朕茲巡省，原以軫恤編氓、咨諏風俗，凡經過地方，百姓各安生業，務令廛無廢市，隴不輟耕，毋得倉皇驚避，輒滋煩擾。……爾部即傳諭扈從大小官員人等，並行令各該督撫，於府州縣城市、村莊、窮鄉僻壤，徧懸告示，備行曉諭，務令通知，以副朕惠愛元元至意。（聖祖一三九、一）

（康熙三六、二、辛丑）諭山西巡撫倭倫、陝西巡撫黨愛、甘肅巡撫郭洪等：朕比年出師剿寇，總期乂安邊徼，永輯民生。茲厄魯特噶爾丹，業已勢蹙力窮，畏死悔罪，遣使具奏乞降。朕特親統六師，再臨邊塞，相機剿撫。因乘便巡覽邊境形勢，察視軍民生業。遂發禁旅，取道邊外。朕自大同，從內地前赴寧夏一路地方，見緣邊州縣地土瘠薄，軍民生計艱難，朕心深切軫念。一切御用所需，皆自內廷措辦，不以煩民。扈從人員俱極簡少，市易之物悉依時值。誠恐有強取抑價等事，已令都察院及科道官，逐日稽察糾劾。其經過城堡衢市，輒多結綵，殊覺擾累，嗣後著通行禁止。乘輿巡幸，本為安民，豈可反勞民力？爾等務嚴飭有司，不得借端科派，仍張示曉諭，俾窮簷編戶，咸悉朕曲體民依至意。（聖祖一八〇、二二）

（康熙三六、三、戊寅）諭四川、陝西總督吳赫曰：朕巡幸沿邊地方，詢察閭井生聚及土田沃瘠之狀，自晉及秦，經行三千餘里，直抵寧夏，所以勤求民隱至殷且切。朔方資大河之灌注，疏渠溉田，宜於稼穡。當茲春氣暢遂，正三農盡力南畝之時，誠恐有司官員不體朕懷，因車駕經臨，調遣師旅，借辭供億，擾累小民。東作有妨，西成奚望？今一切軍需芻糗，俱儲偫足用，至扈從簡約，馬悉放牧，並不以供辦草豆，動煩民力。爾可傳飭有司，勿借端科派，違者治罪。務使地方百姓各安本業，廛無廢市，隴不輟耕，以副朕親歷邊圍，軫恤民依之至意。（聖祖一八一、二一）

（康熙四二、一〇、丁丑）諭吏部、戶部、兵部：陝西省為嚴疆重地，當出師塞外時，曾經歷其邊境，而西安一路未及親蒞。……用是輕裝約從，諏吉西巡。沿途一切供御，皆內廷儲備，纖毫不取辦於地方；即偶有市易之物，亦敕所司依時價給值，不許錙銖抑勒。所過大小官吏勿借詞供億，私派閭閻；地方官不許與扈從人員指稱交戚，私相饋遺，違者並以軍法從事。其扈從人員，宜約束僕役，勿使妄行。乘輿所至，市廛隴畝，宜各安生理。米豆薪芻等物，民間照常貿易，不必禁止。惟懷私挾詐、衝突告訐者，所告事不准理，仍嚴加治罪。爾等即傳諭從官員人等，並行各督撫，令於經過府州縣城市、村莊，徧示曉諭，俾咸悉朕懷。（聖祖二一三、一五；東華一五、二七）

（康熙四五、一〇、乙巳）諭戶部：國家錢糧，理當節省，否則必致經費不敷。每年有正項蠲免，有河工費用，必能大加節省，方有裨益。前光祿寺一年用銀一百萬兩，今止用十萬兩；工部一年用二百萬兩，今止用二三十萬兩。必如此，然後可謂之節省也。（聖祖二二七、八）

（康熙五二、五、乙卯）又諭曰：古大臣進言於君，皆云墾荒積穀、節用愛民。明代萬曆年間，於養心殿後窖銀二百萬金，我朝大兵至京，流寇挈金而逃，因追兵甚迫，棄之黃河。大抵明代帑金，流寇之難，三分已失其一，又於達賴喇嘛處費用無算，凡製造器皿等物，亦繁費不貲。朕自御極以來，酌量撙節，不敢濫費，從古無如朕之節用者。……（聖祖二五五、一一）

（雍正一、八、己酉）諭各省鹽政官員：國家欲安黎庶，莫先於厚風俗；厚風俗，莫要於崇節儉。《周禮》一書，上下有等，財用有度，所以防僭越，禁驕奢也。孟子亦曰：食時用禮，菽粟足而民無不仁。朕臨御以來，躬行節儉，欲使海內之民，皆敦本尚實，庶康阜登而風俗醇。夫節儉之風，貴行於閭里，而奢靡之習，莫甚於商人。朕聞各省鹽商，內實空虛，而外事奢侈。衣服屋宇，窮極華靡；飲食器具，備求工巧；俳優妓樂，恆舞酣歌；宴會嬉遊，殆無虛日。金錢珠貝，視爲泥沙，甚至悍僕豪奴，服食起居，同於仕宦。越禮犯分，罔知自檢，驕奢淫佚，相習成風。各處鹽商皆然，而淮揚爲尤甚。使愚民尤而效之，其獎可勝言哉？爾等既司鹽政，宜約束商人，嚴行禁止，出示曉諭，諄切勸誡，使其痛自改悔，庶循禮安分，不致蹈僭越之愆。而省一日之靡費，即可裕數日之國課，且使小民皆知警惕，敦尚儉約，於民生亦有裨益，庶不負朕維風振俗之意。若仍前奢侈，不知悛改，或經朕訪聞，或被督撫糾劾，商人必從重究治，爾等亦不能辭徇縱之咎。（世宗一〇、三）

（六）其他

（順治四、三、丙辰）殿試天下貢士李人龍等，制策曰：……近聞見任官員伯叔昆弟、宗族人等，以及廢紳劣衿大爲民害，往往壓奪田宅，估攬貨財，凌暴良善，抗違國課。有司畏懼而不問，小民飲恨而代償，以致貴者日富，貧者日苦。明季獎習，迄今猶存，必如何而後可痛革歟？今當混一之初,尚在用兵之際,兵必需餉,餉出於民。將欲減賦以惠民,又慮軍興莫繼,將欲取盈以足餉,又恐民困難蘇,必如何而後能兩善歟?爾多士家修廷獻,正在今日。務各出己見,逐條獻策,勿用四六,不限長短,毋得預誦套詞,拘泥舊式,重負朕意。朕寤寐真才,不啻飢渴,多士宜深體恪遵,明切敷對,朕將親覽焉。(世祖三一、五)

(康熙四九、一一、辛卯) 兵科給事中高遐昌疏言:凡遇蠲免錢糧之年,請將佃户田租,亦酌量蠲免,著為例。上諭大學士等曰:蠲免錢糧,但及業主,而佃户不得沾恩,伊等田租亦應稍寬。但山東、江南田畝多令佃户耕種,牛、種皆出自業主,若免租過多,又虧業主,必均平無偏,乃為有益。此本著交部議。尋户部議覆:嗣後凡遇蠲免錢糧,合計分數,業主蠲免七分,佃户蠲免三分,永著為例。從之。(聖祖二四四、一二)

(雍正四、五、壬辰) 川陝總督岳鍾琪疏言:寧夏駐防滿漢兵丁糧餉,請分別折給。得旨:從來滿洲兵丁,性情質樸,奉公守法,不知爭論財物,自圖便利。亦未聞於該管上司前有控告錢糧等事。昔年福州漢軍駐防兵丁,因爭競馬乾錢糧,聖祖仁皇帝將為首之人重懲,附和之人分別治罪。蓋恐其漸成惡習,故用法以儆將來也。每見旗人為上司,往往袒護旗人,亦有故意刻待旗人,袒護漢人以示公者;漢人為上司,又往往袒護漢人,亦有故意刻待漢人,袒護旗人以示公者。此皆非大公至正之道也。朕君臨天下,一視同仁,惟期事事公平,不肯稍有偏向。如滿洲駐防兵丁,其所得錢糧馬乾等項,較綠旗兵丁為多,此非厚待旗人也。蓋綠旗兵丁係土著之人,經營度日,稍覺容易,滿洲兵丁於錢糧之外,無所資藉,故特加恩惠以養贍之。旗兵既有多得錢糧之處,則不應復占綠旗之分例。今岳鍾琪奏,據鍾保詳稱,寧夏滿兵初到,採買米石草束實難,請將夏朔二縣實徵草束,並額徵一萬五千石之米,盡給滿兵,以折價給與綠旗兵丁。此奏甚屬錯謬。若云折價足敷採買之用,則綠旗可以採買,滿兵即可以採買,且地方官亦可以採買矣;若云折價不敷,則滿兵不敷,綠旗兵亦即不敷矣。兵丁同為朝廷豢養之人。滿洲素性尚義輕財,豈肯奪綠旗兵丁之利以自便其私乎。據云詢問綠旗兵丁,亦欣然樂從。凡辦事,祇論理之當行與否,若於理當行,豈因綠旗兵丁不願而遂停止乎;若於理不當行,即綠旗兵丁情願,固屬可嘉,獨不計及滿洲兵丁之顏面乎。又稱所需白米每石以一兩五錢折價,為數無幾等語。國家有一定之經費,若屬應用,則數千數萬亦不為多;若不應用,則一絲一粟亦宜察核。豈有因數目不多,而遂可任意增添乎。況為數不過七百餘金,即將此分與三千人眾,為利幾何?而令滿兵徒受與國家較量錙銖之名乎。鍾保身為藩司，料理軍餉，乃其專責。滿洲兵丁所需米石草束，著交與鍾保管理，採買散給，不得稍有虧缺。若藉端貽累地方，朕必加重處。俟辦理數年，兵丁住久熟習之後，再行奏聞，令兵丁各自採買。(世宗四四、二)

(**乾隆三、六、乙未**) 大學士鄂爾泰等議覆：御史陳高翔條奏廣東總督鄂彌達，借帑營運、修築民隄、倡利滋弊一疏，應仍照戶部原議，借支關稅營運辦理。該御史所請停止，毋庸議。又吏部尚書孫嘉淦議得前事，應如該御史所奏停止。諭曰：從來利之一字，乃聖人之所不諱，而為賢者之所謹防。《易》之文言釋元亨利貞曰：利者，義之和也。利物足以和義。《繫辭》曰：理財正辭，禁民為非曰義。《論語》亦曰因民之所利而利之，與《周易》正相發明。惟放利自利，則不可耳。蓋義利本非兩截，用以利物，則公而溥，是利即義也；用以自利，則貪而隘，是利即害也。後人但見言利之害，遂將義利判然分為兩途，如冰炭水火之不相入。孟子恐人舍義言利，日趨於害而不自覺，所以有何必曰利之說也。所謂利物者，以百姓之資財，謀百姓之衣食；上之人不過為之董率經畫而已。所謂自利者，掊克聚斂，取下民之脂膏，充朝廷之府庫，以致民力益竭，民怨日增，其為害孰大焉？今鄂彌達奏請，廣東潮州府屬海陽六縣民隄，請借給商人關稅銀十萬兩，營運生息，次第興修。經戶部議准。御史陳高翔以為督臣不應言利，復行條奏。朕交爾等會議，爾等又各抒所見。兩議進呈，朕覽後議，以借帑營運，辦理公事為非，持論未嘗不正。但經理天下之事，必須總攬全局，期於可行。如海陽等六縣隄岸，係小民自修之工程，因其力量不足，是以仰賴官修；而廣東所有公項，又不敷本省公事之用，不得已而為營運之舉。查廣東商人資本無多，往往不惜重利向人借貸，以圖利息；是以向來皆借給帑銀，出息收鹽，以為裕商之計。今借給官稅銀兩，既可稍紓商困，又可裨益民田，頗稱兩便。若以借帑築堤為不可行，則商人之借帑收鹽，亦不可行矣。推而至於內外惠濟兵丁銀兩，皆營運生息之所出；若以生息為非，則向來之賞賚兵丁以為吉凶之用者，可以一旦中止乎？兵丁惠濟，既不可中止，而國家之經費有常，又何從措辦此格外之恩賞乎？將來有人援照海陽隄工之例，以請停止營運者，爾等其將議准乎？抑議駁乎？可知議天下事者，本有因時制宜之道，識見不可不廣也。夫以義為利，以利為利之辨，朕籌之已審，目前實有不得不通盤計算、權宜辦理之勢。如果將來國用充盈，百姓家給人足，則現在施行之事，又何不可變通之有？此案著照前議行。可將兩議並朕諭旨，俱行頒發，俾各省督撫知之。若非大有益於民生之事，而輒以生息營運為辦理公事之善法，則又不知為政之體者矣。(高宗七〇、二三)

（乾隆四、四、丁丑朔）策試天下貢士軒轅誥等三百二十八人於太和殿前。制曰：朕惟帝王統御寰區，代天子民。敕明旦，凜對越，廣諮詢，切飢溺，朝夕乾惕，不遑寧處者，亦惟思措天下於治安，登斯民於衽席。緬想唐虞之世，吁咈一堂。時幾互儆，其時黎民於變，府事修和，猗歟盛矣。朕以涼德，纘承丕基，孜孜圖治，四年於茲。勤恤民隱，痌瘝在抱。蠲復遍於各省，而閭閻尚覺艱難；賞賚時及八旗，而京師未見富庶。論者謂泉布之貴，病在禁銅。今銅禁開矣，而錢價轉昂。又謂物料之貴，病在稅重，今關稅薄矣，而物價未減。用是日夜思維，不能稍釋，惟恐言路或有壅塞，而利獘不知，乃諮詢倍切。而假公濟私者多，實心忠愛者少；苟且塞責者多，直陳時務者少。豈折檻牽衣之流，不可見於今日耶？元為善長，宅心豈可不寬，而尚寬大則諸獘叢生，民生轉受其累，恐其流也。稍事整飭，而觀望者又以為上心在嚴，遂莫不以苛為察，以刻為明，而民受其困矣。夫以今日之風，行今日之政，不過補偏救獘，權宜設施。思欲家給人足，講讓興廉，成比戶可風之俗，將何術之從歟？又如河工一事，動如聚訟；新開運口，論者紛紛。彼身當其事者，稍自擔承，衆即以為固執而措置失宜；若一無釐正，又以為因循而不足與為。是責人則易，而自處之則又難也。生民休戚，視庶司賢否，而承宣表率，則大吏之責也。乃今之課吏者，不過稽其案牘，察其考成，其有愛民若子，如召父杜母者，果得與旌揚之典耶？凡此數事，皆朕時厪於懷，而未得其要領者。爾多士起自草茅，入對明廷，既無顧忌之嫌，宜盡敷陳之義。若能倣治安六策，賢良三對，深達天人之理，性命之源，治亂安危之機者，亦不拘體制，詳切陳之，朕將進而親詢焉。（高宗九〇、一）

（乾隆四、八、丙申）又諭：大學士、九卿議覆布蘭泰條奏各款，朕一一詳閱，所議亦是。但語多籠統，尚少切實。如……布蘭泰奏稱，社倉常平之穀，如有糶借，秋成即可買補，何必多此買穀之事，輾轉累民，囤積自官，其價愈昂等語。爾等既議稱如或市價增長，及民間購買者衆，官即暫行停糶，是布蘭泰所奏，廷議亦以為是，何以又云布蘭泰並不深究其原，遽思更變其法，殊未允協。此則幾有明駁暗准之意矣。夫採買米穀，亦原以備民食，今前後詞意未符，將來或需採辦，又將如何料理？總之辦理政務，惟應就事論事，其可行者，自當議准施行，即其人無可取，亦不當以人廢言。其不可行者，則當實指其不可行之處，使衆心了然，免生疑議。若以事本難行，而但籠統駁詰，如御史張湄、傅為詝等輩又將以大臣議事，不過無庸議，而奉旨亦不過依議。竟似我君臣於政事不甚留意者。即彼所言不當，而朕與諸卿，亦難辭其責矣。此摺發還，著另議具奏。（高宗九九、一五）

（乾隆一〇、三、己卯）工部議覆：川陝總督公慶復等奏稱，陝省估修各屬城垣，在一千兩以內之華陰等十處工程，州縣合力捐修，督撫、司道共勷其事，應如所請辦理。至稱咸陽等二十四州縣，俱工在一千兩以上，請將每年存剩公用銀兩儘修外，動用商雜稅銀。查此項城垣是否均係急工，難以懸揣，現派戶部侍郎三和，馳勘甘肅一帶城堡邊牆，應令就近會同該省督撫詳查確勘，分別緩急具奏。得旨：此議覆內慶復等奏稱一千兩以內之工程，令州縣合力捐修，督撫、司道等共勷其事等語，部議准行。朕思大小各官所領養廉，原以資其用度，未必有餘可以幫修工作。倘名爲幫助，而實派之百姓，其獎更大，轉不若名正言順，以民力襄事之爲公也。此議不准行。（高宗二三六、八）

（乾隆一五、七、戊午）諭曰：御史羅源浩奏請除抽收稅課不實之積獎一摺，瑣碎難行，甚屬混繆。其謂今歲近畿與江南宿遷等州縣，水災疊見，蠲賑所費，實爲浩繁，辦理恐虞掣肘，從前間以開捐爲災賑，終非長策，若將稅課一一徹底澄清，則國帑增多、災賑有藉等語，近畿、江南今歲雨水雖多，致有漫溢之處，然不過一二偏災。朕令直隸總督方觀承比較查奏，今年有四十八州縣，上年亦有四十一州縣，爲數相仿。上年近畿固未爲非稔歲也。淮、宿等處，本積水之區，賑卹具有成規，並無需用浩繁之處。從前如乾隆七八年江南水災，十二年山東饑浸，以其地廣災重，賑給至盈百萬以外，曾允開捐，不過一時權宜之計，初非賑卹偏災，必待取償捐納，以爲長策。當此國家全盛之時，倉有餘粟，庫有餘帑，何至皇皇焉惟掣肘是慮，以至搜括榷關、累及商旅耶？如羅源浩所云司榷者侵蝕，朕不能保人人必無，亦不謂人人盡有。沽名博譽者，漫謂此時功令森嚴，人皆畏法，不敢作獎。此語朕亦不信。惟於貪吏舞獎婪贓，嚴懲不貸耳。有如朱荃之賄賣生童，明福之贓私巨萬者，畏法奉公之語，可信耶？不可信耶？但國家辦理庶務，祇可整肅綱紀，有犯必懲，毋縱之漏網，致滋玩弛斯已矣。若謂設防立禁，苛察細碎，遂可杜絕獎竇，不知防一獎，即生一獎。果如羅源浩所奏，一一行之，又安能盡除積獎？不過苦累商旅而已。羅源浩此奏，必出於觀望。謂朕近年意在去獎惡侵，不知去獎惡侵，乃行政之要，而視司榷者盡爲不可信之人，以致束濕周防，累及商旅，朕何忍耶？羅源浩本應議處，念其愚瀆，姑寬之。內外諸臣，當感動天良，洗心奉職，不忍欺隱，不敢營私，朕所願也。其有憨不畏死，僥倖嘗試之徒，因此旨而肆無忌憚，朕惟執法繩之，斷在必行耳。慎之戒之。羅源浩摺並發。（高宗三六九、四）

（乾隆四一、九、丁亥）諭：據劉秉恬、富勒渾、鄂寶、桂林奏稱，川省辦理軍需，蒙發帑金六千餘萬之多。凡例准開銷者，現在隨案覈銷。其與例不符，應行刪減者，約計千百餘萬。除於承辦各員名下追賠，及該管上司分賠外，爲數尚多，擬於川省養廉內，扣半攤賠。猶恐歸結無期，帑仍懸宕，請令各直省督撫以下，州縣以上等官，於應得養廉，酌扣十分之三，代爲賠還，不出十年，即可全數完結等語。所奏大非，無此辦法。朕征勦兩金川之故，因其係服屬土司，敢於負恩抗拒，吞噬鄰封，實爲邊圉之患，勢不得不行翦除。五年以來，朕宵旰運籌，調兵裕餉，幸將士宣勞用命，掃穴俘酋，大功告蕆。爲一勞永逸之計，即用數千萬帑金，朕心原所不惜。但須核實報銷，使用項悉歸有著，不得謂之妄費。若貪劣之員，藉端侵冒，自爲法所必誅。設其中有因軍務緊急，趕辦過費，致踰成額，難以按例准銷者，如果核實奏聞，未嘗不可格外加恩寬免。即如站員冀國勳承辦糧臺諸事，濫用無度，至於累萬盈千，法司議以大辟，擬入秋審情實，朕猶念其訊未入己，且究因急公所致，是以勾到時並未予勾。亦可知朕辦事準情酌理，務期至當，而不肯稍有偏倚矣。今劉秉恬等，乃因軍需奏銷，例應刪減者多，恐帑項懸宕，欲令各省將養廉酌扣攤賠，所見鄙謬，不能深體朕意，至於如是乎。夫金川事務，係四川一省之事。若因經手之人辦理不善，致多糜費，於各員名下追賠，並著落該上司分賠歸款，理所宜然。或因爲數過多，於通省養廉分年攤扣，尚係就川省以完川省。然朕猶以爲各官養廉扣至一半，辦公不免拮据，且事屬已往，後任何辜，而令其代爲前人賠累，亦未平允。併恐川省各官，所得者少，不足以養其廉，致有黷貨病民之事，更滋流獘，近經降旨與劉秉恬等矣。至各直省官員，與此事尤毫無干涉，顧可從而波及之乎？且如軍行所過省分，一切皆官爲資給，絲毫不擾閭閻，雖用兵而人不知兵，朕之體卹下情，若此其周且至，安肯以軍需無著之項，貽累率土臣工乎？況此次軍需，共發帑六千餘萬兩，刪減即至千百餘萬，不過十分之二。方今府庫充盈，並不必急欲歸還此千萬之數。若劉秉恬等所奏，竟似因軍需費多，而令天下官員，公同填補，成何政體乎？昔康熙年間，江南藩庫虧帑二百餘萬兩，部臣議請賠究，皇祖諭云，此必因朕屢次南巡墊用之故，朕爲太平天子，省方觀民，即動帑金以供巡幸，亦無不可，毋庸追賠究治。煌煌聖訓，人皆感誦。今朕因征勦叛蕃，綏靖邊徼，致費帑項，豈不能效法皇祖之概行寬免乎？劉秉恬等係朕特派會同該督文綬等，核辦軍需奏銷大員，惟應各發天良，將用過軍需各項，徹底清查，核實銷算，以次題結，通計准銷者若干，應刪減者若干，分別明晰，勿使稍涉朦混。至於刪減之項，總不離各站員經管，伊等支領收放，俱有冊檔可稽，其實用多寡，難掩衆人耳目。

劉秉恬等在軍營董辦糧運年久，亦應早有見聞。若有站員於事後浮冒揑開，查無確據，即屬藉端肥橐，或將官銀私自花費。膽敢侵蝕軍需，其罪實浮於冀國勳，即當查明糸奏，必不姑寬，勿使貪劣之員，得以侵帑倖免。若有因軍需緊迫，必需多費，以免貽誤，查係衆見確鑿，實有憑據，如冀國勳之類者，雖與部定之例未符，而其急公之心可諒，不但不當治罪，並不當復向追賠。該侍郎等，即當據實奏聞，候朕施恩豁免。但不得因有此旨，輒思將劣員侵冒妄費之項，濫行混入，以圖掩蓋彌縫，爲邀譽市恩之事。非特難逃朕之洞鑒，即伊等撫心自問，亦恐爲天理所不容矣。至所奏各省攤扣養廉之説，斷不可行。將此明白宣諭，使咸知朕意。劉秉恬、富勒渾、鄂寶、桂林均著嚴飭行，並通諭中外知之。（高宗一〇一七、六）

（乾隆五七、八、癸巳）諭軍機大臣等：昨已降旨，令福康安等受降藏事，並將善後各條，令公同詳酌妥辦矣。但徹兵之後，該處應行另定章程，前旨尚有未經詳盡之處，今思慮所及，再爲逐條開示。……一、前後藏租賦，向歸達賴喇嘛、班禪收貯，又衆蒙古平時皈依喜捨，是以布達拉、扎什倫布兩處商上，蓄積饒多，駐藏大臣向不過問，其商卓特巴、噶布倫等，任意侵蝕，各擁厚貲。嗣後商卓特巴、噶布倫等缺，應聽駐藏大臣秉公揀選，其收支一切，亦令駐藏大臣綜覈。凡換班官兵，及駐藏大臣公用，俱不得於商上侵那。其商上出息，除養贍喇嘛番衆，或有羨餘，即爲添補唐古忒兵丁養贍之用。……一、廓爾喀搶掠扎什倫布物件，倘送出時，即稍有短絀，不必過於查究，仍將物件給還該喇嘛，不必入官。一、布達拉、扎什倫布兩處商上，改隸駐藏大臣綜理，祇須代爲稽覈，不可過於嚴切。其達賴喇嘛、班禪額爾德尼自用及公用各項，仍聽其便，無庸管束太過，以示體恤。（高宗一四一一、二二）

（嘉慶一五、一一、壬戌）諭軍機大臣等：吉綸奏，籌辦東省水利，請展徵曹工幫價銀兩一摺。所奏殊屬非是，直等於橫徵暴歛矣。試思江省每歲興舉大工，動輒幾百萬，朕尚不忍稍增賦稅，豈因此而累及庶民耶？各省水道，關繋民間井舍田廬，如果有必應挑濬及培築隄岸之處，自當籌款辦理，即如直隸興修水利，係於鹽務加價内撥給，俟收有成數，再行興工，焉有因捍衞民生，轉爲累民之事？東省境内河道，並各屬川澮溝渠，如果急需興修，亦應倣照直隸辦法，熟籌妥議。乃率請將曹工幫價展徵十年，其所稱豫備興辦水利，及一切便民公事等語，試問便民公事，又係何所指實？不過欲豫備東巡，託詞便民，實則藉端加賦。且朕此時並無東巡之舉，前經降旨明諭吉綸，該撫復何得意存揣測，爲此巧取橫徵之計耶？所請不准行，並著傳旨申飭。其曹工幫價銀兩，除應行攤徵足數外，所有嘉慶六、七兩年被災恩蠲銀二萬八千八百餘兩，既係蠲除之款，豈得復行補徵？又前次張秋大工及善後各工，未歸款銀十萬九千八百餘兩，早經該部議令，於東平州等五處徵還，亦著遵照辦理，無得再行攤派，致干咎戾。(仁宗二三六、一三)

(嘉慶一八、一二、戊戌) 諭軍機大臣等：新疆南北兩路，自乾隆年間開闢以來，設立駐防，以資控馭。地方遼闊，道路遙遠，各路卡倫驛站，繁費在所不免。從前新疆經費，係由內地撥解備用，歲以為常，原難一時裁減。惟思巴里坤、烏嚕木齊已列為郡縣，南路各城回民，歲輸貢賦，亦比於齊民，大率與內地無異；其伊犁塔爾巴哈台兵丁亦多給與屯田。該處自平定以來五十餘年，人民日聚，土地日闢，今昔情形不同，因時制宜，亦宜量加裁定。著傳松筠、長齡，將新疆南北各城及鎮西、迪化二府州所屬每年出納大數，通盤覈計，其地利所產，人力所生，是否歲有增益，不須取資內地者約有若干。即不能以該處歲入給該處之用，但使經費歲有所減，則於國用不無稍裨。此事關係甚大，總在松筠等公忠體國，實心擘畫，務為經久無獘之策，朕亦不責以近功速效也。(仁宗二八〇、九)

(嘉慶二三、一二、乙亥) 普免天下民欠錢糧。諭內閣：朕自丙辰元旦仰蒙皇考高宗純皇帝大廷授璽，寅紹丕基，兢兢業業，旰食宵衣，以勤求郅治。所願者四海群黎，家給人足，同臻康樂。敬惟皇考臨御六十年，普免天下錢糧四次，漕糧三次。湛恩汪濊，淪浹民心。朕嗣位以來，亦思廣施闓惠，大賚寰區。始緣教匪不靖，軍興孔棘，繼以黃河泛溢，屢舉大工，十餘年間所費帑金，數逾十千萬。國家財賦，歲有常經，實有入不敷出之勢。(仁宗三五一、一一；東一四、一〇)、

第二節　財政制度

一、徵解支銷制度

(一) 錢糧徵收

(順治二、二、乙卯) 直隸巡撫王文奎疏言：畿南各衛所地畝錢糧，宜令州縣就便徵收，屯丁兼聽管攝。凡屬軍宅屯莊，不拘鄉村城市，概入保甲。一人為盜，九家連坐。至於邊戍既裁，軍裝雜派，應請禁革。下户、兵二部酌議。(世祖一四、三)

(順治二、七、戊辰) 戶部奏言：上供錢糧，向皆取辦於上林苑監四署，

而光禄寺實統之。今後凡有供應，該署辦送該寺，驗明轉進，所需銀兩，臣部按季給發。至馬政原隸兵部，今給各鎮馬匹，臣部買應未便，應仍歸兵部市買，臣部給銀。從之。（世祖一九、一七）

（**順治六、九、甲戌**）戶部議：戶科右給事中董篤行請頒刻易知由單，將各州縣額徵、起運、存留、本折分數、漕白二糧及京庫本色，俱條悉開載，通行直省，按戶分給，以杜濫派。應如所請。從之。（世祖四六、八；東三、二）

（**順治七、四、壬子**）戶部等衙門會議兵餉缺額事宜。奏入得旨：巡按御史已到地方者，奉行事件無論已完未完，悉將文卷册籍，移送該巡撫料理，即便出境；已差未行、已行未到者，俱不必前去。以後巡行察舉，不拘年分，候旨特遣，引部裁撤，作速回京。裁併監司等官，歸併江南學差，酌汰無用兵丁，皆依議行。内庫錢糧、工部織造、各處抽分、江南蘆課及各衙門錢糧額數不多者，併已裁衙門錢糧，俱歸併戶部管理。禮部、兵部、工部、太常寺、光禄寺、太僕寺、國子監等衙門原管錢糧，俱著照舊管理。自順治五年十二月以前，仍著戶部察核完欠，明白奏繳。六年正月起，一年之内，著該管衙門照依原册，會同戶部，將直隸各省府、州、縣、衛、所等衙門完欠數目，詳細對察。已經完解、取有戶部批迴實收者，仍聽戶部奏銷；未經完解者，著各衙門行催速解，奏請支用。七年正月以後，戶部各衙門各照職掌管理。一應催解、歲參、考成、奏銷事宜，悉依舊例舉行。從前錢糧款項，如有遺漏未經報明者，姑免追究。自今以後，必須徹底清察，各歸款項。儻或隱匿欺矇，被人告發，審究得實，必殺不赦，仍行籍沒人口入官，家產充告發之賞。各處關稅，以前缺額者，因地方多事，曾經奏明，俱免追賠，各官俱免補考，以後不必定額。恐有餘者自潤，不足者橫徵，俟回部之日，酌量商賈通塞、徵解多寡、有無擾害地方，嚴加考覈。鹽課内水鄉等項，應解者，著戶部作速催解。（世祖四八、二二）

（**順治八、六、辛酉**）刑科左給事中魏象樞奏言：國家錢糧，部臣掌出，藩臣掌入，入數不清，故出數不明。請自八年爲始，各省布政使司於每歲終，會計通省錢糧，分別款項，造册呈送該督、撫、按查核；恭繕黄册一套，撫臣會題總數，隨本進呈御覽。仍造清册，咨送在京各該衙門，互相查考。既可杜藩臣之欺隱，又可核部臣之參差。至於故明勳逆產價、蘆鹽租課、贓罰銀兩、本折物料等項，一概報明，庶錢糧清、國用足。又言：近奉上諭，停止城工，盡免加派。查照完過數目，開除八年額賦。但有司派徵錢糧，皆假吏胥里書之手，或蒙蔽不知，或通同作弊，朝廷雖有浩蕩之恩，而小民終未免剝削之苦。請敕該督、撫、按速檄各州縣，照本年易知單備造格眼清册，詳註某户某人，某項錢米及蠲免開除、徵收數目，送督、撫、按覆核無差，即將原册鈐印發徵，儻有改册徵收、自立紅簿等獎，立行糾参。則皇仁下逮，不爲貪吏所蔽矣。疏入，命所司確議以聞。（世祖五七、一九；東三、四三）

　　（順治八、八、丙寅）江南蘇松巡按秦世禎以江南賦重差煩，徵解失宜，民不堪命，條上興除八事：一、田地令業主自相丈量，明註印册，以清花詭。一、額完糧數，俱填易知由單，設有增減，另給小單一紙，則姦胥不得藉口。一、由單詳開錢糧總撒數目及花户姓名，先給後徵，以便磨對。一、催科不許差人，設立滾單，以次追比，則法簡而事易辦。一、收糧聽里户自納，簿櫃俱加司府封印，以防姦獎。一、解放先急後緩，勒限掣銷完驗，不得分毫存留胥役之手。一、民差查田均派，排門册對，庶不至苦樂不均。一、備用銀兩每事節省，額外不得透支。布政司將徵解原册，按季提查，年終報部；扶同容隱者，按律議處，庶無那移侵欺。下所司議。（世祖五九、二五）

　　（順治一〇、四、甲寅）諭户部：朕惟比年以來，軍興未息，催徵煩急，兼以水旱頻仍，深慮小民失所。即如民間充解物料，款項煩多，以致僉點解户，賠累難堪。向曾量折幾項，但折少解多，民不沾惠。户部等衙門作速查明，有應解本色易於買辦者，永遠改折。前代一條鞭法，總收分解，責成有司，小民便於輸納，不受擾害；國家亦收實課，不致缺用。立法良善。見行條鞭地方，著官收官解，不得仍派小民。其點解地方，爾户部等衙門，著即詳議具奏，以便永遠通行，稱朕休養斯民之意。（世祖七四、一五；東四、二六）

　　（順治一一、四、丙寅；東乙丑）户部奏言：賦役全書關乎一代之制度、各省之利獎。查考舊籍，貴詳盡無遺；創立新規，期簡明易曉。請敕臣部右侍郎，將舊貯全書，作速訂正，督率各司官，照所管省分，創造新書。仍會同户科詳加磨勘，有應增減變通者，小則部科酌定，大則上疏奏請，務求官民易曉，永遠可行。書成進呈御覽，刊發內外衙門，頒行天下。凡徵收、完納、解運、支銷、考成、蠲免諸法，悉據此書，用垂永久。報可。（世祖八三、四；東五、八）

　　（順治一二、四、丙子）諭户部：賦役全書上關國計盈虧，下係民生休戚。屢覽爾部奏疏，或駁回該督撫另造，節催不應；或發出該地方謄刻，經久不完，明是官胥利於朦混，故意錯誤，希圖延緩歲月，便其私派橫徵，殊可痛恨。今欲將全書刻期告成，方略安在？倂令督撫造報，如何始能畫一？其悉心詳議具奏。務令朦混永除，橫徵立止，斯愜朕體恤民隱至意。(世祖九一、八)

(順治一四、一〇、丙子) 諭戶部：朕惟帝王臨御天下，必以國計民生爲首務。故《禹貢》則壤定賦，《周官》體國經野，法至備也。當明之初，取民有制，休養生息；萬曆年間，海內殷富，家給人足；天啟、崇禎之世，因兵增餉，加派繁興，貪吏綠以爲姦，民不堪命，國祚隨之，良足深鑒。朕荷上天付託之重，爲生民主，一夫不獲，亦疚朕懷。凡服御膳羞，深自約損，然而上帝、宗廟、百神之祀，軍旅、燕饗、犒錫之繁，以及百官、庶役餼廩之給，罔不取之民間。誠恐有司額外加派，豪蠹侵漁中飽，民生先困，國計何資？茲特命爾部右侍郎王弘祚，將各直省每年額定徵收、起存總撒實數，編列成帙。詳稽往牘，糸酌時宜，凡有糸差遺漏，悉行駁正。錢糧則例，俱照明萬曆年間，其天啟、崇禎時加增，盡行蠲免。地丁則開原額若干，除荒若干；原額以明萬曆年刊書爲準，除荒以覆奉俞旨爲憑。地丁清核，次開實徵，又次開起存。起運者，部寺倉口，種種分晰；存留者，款項細數，事事條明。至若九釐銀，舊書未載者，今已增入；宗祿銀，昔爲存留者，今爲起運。漕白二糧，確依舊額，運丁行月，必令均平。胖襖盔甲，昔解本色，今俱改折；南糧本折，昔留南用，今抵軍需。官員經費，定有新規，會議裁冗，改歸正項。本色絹布、顏料、銀、硃、銅、錫、茶、蠟等項，已改折者，照督、撫題定價值開列；解本色者，照刊定價值造入。每年督撫再行確查時值題明，填入易知單內，照數辦解。更有昔未解而今宜增者，昔太冗而今宜裁者，俱細加清核，條貫井然。後有續增地畝錢糧，督、撫、按彙題造冊報部，以憑稽核。綱舉目張，彙成一編，名曰賦役全書，頒布天下。庶使小民遵茲令式，便於輸將；官吏奉此章程，罔敢苛斂。爲一代之良法，垂萬世之成規。雖然，此其大略也。若夫催科之中寓以撫字，廣招徠之法，杜欺隱之姦，則守令之責也；正己率屬，承流宣化，覈出納之數，慎那移之防，則布政司之責也；舉廉懲貪，興利除害，課殿最於荒墾，昭激揚於完欠，恪遵成法，以無負朕足國裕民之意，則督撫之責有特重焉。其敬承之毋忽。(世祖一一二、六；東六、一九)

(康熙四、二、丁卯) 戶部題：今關稅事務，既已交與地方官，其各倉糧米以及通州豆草事務，亦應交與地方官。從之。(聖祖一四、一一)

(康熙五、三、己酉) 河南道御史施維翰疏言：錢糧考成，責在州縣。近聞各省多委府佐協徵，或駐郡城，或臨外邑，差票拘提，與州縣一同行事。所涖地方，鋪設公署，備辦供給，不免擾民。更有不肖者，生事需索，重加火耗，又或指稱公費，計里坐派，縱容胥役，橫肆誅求，其弊難以枚舉。請嗣後各省錢糧，專責州縣，如有逋欠，即照例条處，不許委官協催。庶職掌可專，擾害可杜，而民力少寬矣。下部議行。（聖祖一八、一六）

（**康熙六、六、己卯**）順天府府尹李天浴疏言：徵收錢糧，民不苦於正額之有定，而苦於雜派之無窮。查賦役全書，夏有稅，秋有糧，請夏稅定於五六兩月徵收，秋糧定於九十兩月徵收。戶部議：恐於軍餉有悞，應不准行。得旨：此徵收錢糧，著照李天浴所奏，夏稅定於五月六月，秋糧定於九月十月。（聖祖二二、一八）

（**康熙九、四、丁亥朔**）戶部議覆：四川巡撫張德地疏言，四川州縣無存留錢糧。若銀錢兼徵，則起解腳費累民，請停止鼓鑄。應如所請。從之。（聖祖三三、一）

（**康熙一一、一一、壬午**）戶部議覆：江南、江西總督麻勒吉疏言，江寧等十六衛屯田錢糧，向係守備、千總等催徵，完納不前，請改歸各州縣徵收。應將此十六衛屯糧，自康熙十二年爲始，改歸就近州縣徵收。從之。（聖祖四〇、一四）

（**康熙二四、三、壬戌**）九卿、詹事、科道等議：戶部題錢糧條款繁多，易於滋弊，應專委部院堂官同戶部將賦役全書、易知由單，酌量核定，編輯簡明滿漢新書。其銀兩、米錢、絲、忽、抄、撮等尾數，應否增入毫勺之內，著委出堂官等酌議編輯，進呈後頒行天下。得旨：編輯簡明賦役全書，著蘇赫、胡昇猷、龔佳育會同戶部監修。（聖祖一二〇、三）

（**康熙二四、三、己巳**）戶部以纂修賦役全書，擬滿郎中蒼柱等、漢員外郎王之麟等六員引見。上曰：賦役全書一定，將來永爲定例，爾等必須精心詳慎，務求要當，編纂成書。朕思田地一畝之外，亦有零星不足畝者，若將毫忽俱爲一釐，雖目下易於辦理，誠恐有累小民，爾等尤宜詳加確議。尚書余國柱奏曰：臣等以爲毫忽以下，民間無物可以稱量，賦役滿釐者固一釐完納，即毫忽之微，亦必以一釐爲斷。如此改定，想亦不至累民。上曰：此事關係民間休戚，爾等不可不博訪詳議。（聖祖一二〇、六；東九、四）

（**康熙二四、一一、丁巳**）吏科給事中楊周憲疏言：纂修簡明賦役全書，無益於民，請停止。上諭大學士等曰：楊周憲奏稱，纂修簡明賦役全書，將銀之尾數，收入釐內，糧之尾數，收入勺內，所增銀、米、豆、麥爲數不多。在部議所收者，乃州縣之尾數；州縣所收者，則各圖、各里、各甲之尾數，殊爲繁多，不無滋弊。且歲造册籍，書吏需索，恐致擾民。伊言似是，不知戶部初題時是何意見，果能永久無獘否？此事關係國計民生，須求確當方可永久遵行；勿以一人以爲可而輒行，勿以一人以爲不可而輒止。宜虛心公議，從容確定，務期可垂久遠。倘急遽議行，不過數年又議更改，豈可爲法？爾等再公同確議具奏。(聖祖一二三、一；東九、一二)

(康熙二四、一一、戊子) 九卿等議覆：吏科給事中楊周憲疏言，錢糧絲忽以下細數，不應刪去；其簡明賦役全書當停其刊刻，應毋庸議。上顧吏部尚書達哈他等曰：爾等之意皆同否？達哈他奏曰，錢糧事件，臣不能洞悉。但微細之數刪去，則檔冊簡明，似易查核。臣等今議將忽以下細數刪去，所刪之銀不過數千兩，數目不多，臣等故同一議。上曰：朕原不從所刪些微錢糧起見，但論有益於民否耳。吏部尚書李之芳奏曰：戶部前奏將絲歸於毫，今臣等議將絲以上之數仍存，忽以下之數刪去。如此，則便於查核，吏胥不得作獘，實有益於民。九卿等出。上又顧曾任有司科道錢玨、任辰旦等，問曰：此議畢竟有益於民否？錢玨等奏曰：臣等任知縣時，頗有錢糧細數繁多、檔案冗雜，由部駁至藩司，由藩司駁至州縣，展轉駁查，滋累民間，吏胥藉此作獘。若刪去忽以下細數，實於民有益。上命如九卿議行。(聖祖一二三、一七)

(康熙二七、九、甲午) 先是，戶部覆直隸巡撫于成龍疏言，直隸賦額，刊刻由單，不肖官吏，指稱紙板工費，用一派十，民受其困，應請停止，查各省風土不一，應並敕各省巡撫詳議具題，到日再議。至是，各省巡撫題覆，由單款目，與賦役全書無異，應照直隸一體停其刊刻。從之。(聖祖一三七、七)

(康熙二九、六、丙戌) 諭戶部：朕撫育蒸黎，勤求民瘼，務期休養，漸至阜安。閭閻間有疾苦，朕衷時切軫念。近見廣東高瓊等府，地丁各項錢糧，歷年逋欠。如係官役侵漁及豪強頑梗，抗不輸納，自應嚴追；倘因丁缺地荒，不能輸納，仍行徵比，照例考成，則小民既困追呼，有司復罹条罰，徒滋擾累，終無裨益。著該督撫以各州縣舊欠錢糧不能辦納情由，詳悉察明具奏。(聖祖一四六、二一)

(雍正二、六、庚子) 諭江西巡撫裴㣧度：地丁錢糧，百姓自行投納，此定例也。聞江西省用里民催收，每里十甲，輪遞值年，名曰里長催頭。小民充者，有經催之責，既不免奸胥之需索，而經年奔走，曠農失業，擾民實甚，須即查明，通行裁革。若慮裁革里長，輸納不前，亦當另設催徵之法。或止令十里輪催花戶各自完納，庶爲近便。務須斟酌盡善，無滋民累，以廣朕惠愛元元之意。(世宗二一、二二；東二、二三)

（雍正一一、六、壬子）大學士等議覆安徽巡撫徐本條奏徵糧事宜。一、州縣徵收糧櫃，向例由該管道府給發封條，粘貼櫃口，俟州縣申報拆封，然後道府另發封條更換。胥吏以州縣不敢擅動，致有藏匿補投等獎。請仍用該州縣封條，俾得覺察吏胥，以專責成。該管道府不時委員會同教職，秉公拆兌，稽查短少，以杜州縣虧空之獎。一、花户完糧，從前准科臣顧祖鎮條奏，用十截串票。宜行停止。查民間納糧，向用三聯串票徵收，無論多寡，聽其自便，若必限定十截，花户不足一分之數，即不能製票；或一截有餘，勢必將餘銀扣回，花消拖欠。況分釐小户，若概分十截，則每票僅止毫忽，姦猾之吏覺數目零碎，改換飛灑，百獎叢生。請仍用三聯串票以杜抽換之獎。一、小民零星錢糧，概令完銀，一經銀匠傾化，多有折耗，於民不便。請嗣後凡一錢以下者，每銀一分完大制錢十文；每銀一釐完大制錢一文；其毫以下完小制錢一文。以免守候折耗。如有情願完銀者，仍聽其便。均應如所請。從之。（世宗一三二、二）

（雍正一三、一〇、乙未）［雲貴總督尹繼善］又奏：滇省連歲秋成豐稔，米價平賤，請遵循成例，仍收秋糧，以裕倉儲。得旨：雖然如是，又不可使民受徵催之苦，以供胥吏之中飽。（高宗五、五四）

（雍正一三、一二、丁丑）［户部］又議覆，御史蔣炳奏，州縣徵糧三獎。一、田畝科則不同，條編之數，各年有異，花户無從查考。書吏每暗行飛灑，增添毫釐。請徵收錢糧，每年照部頒定額，由布政司核明刊示，遍行曉諭，使人共知科則銀數。應如所請，將書吏飛灑之獎，永行禁止。一、州縣拆封，每借短平名色，硃標空袋，押令花户添補。胥吏因綠爲奸，偷出拆過空袋，私用硃標，向花户勒索。請於拆封時，稱兌果有短少，即將原銀發出，令花户較準補足。查發出原銀，必經胥吏之手，恐有挪移抵換諸獎。應令州縣及監拆人員，除毋庸添補者，即將所拆封袋銷燬，如有短少應補者，即於袋面注明數目，彙立清單，將應補花户姓名示諭，令於下卯自行補交。一、州縣設立官匠，傾銷銀兩，凡花户納銀，無官匠名字印記，即不准投櫃。各匠勒索包完，侵漁重利。請嗣後花户納銀，不拘何處銀鋪，聽便傾銷，止令鎔化足紋投櫃。應如所請，將官匠勒索、私用印記之處，永行禁止。從之。（高宗八、二三）

（乾隆一、七、辛酉）廣東巡撫楊永斌奏：謹籌粵東停徵、開徵之期，以便民生。得旨：各省風土不齊，自應因地制宜。所奏知道了。（高宗二三、二九）

（乾隆一、一〇、戊子）命直隸歲徵，銀、錢並納。諭總理事務王大臣曰：朕聞永平府屬州縣，凡徵收錢糧，率皆以錢作銀，每銀一兩，連扣耗銀一錢五分，共折交制錢一千一百五十文。現今該處錢價昂貴，民間交納錢文，比之完納銀兩，為費較重。朕思民間完納錢糧，銀數在一錢以下者，向例銀錢聽其並用，原以便民。若數在一錢以上、又值錢價昂貴之時，亦令交錢，轉致多費。是便民而適以累民，殊未妥協。著直隸總督，飭行各屬，民間完納錢糧，在一錢以上者，不必勒令交錢；在一錢以下者，仍照舊例，銀錢聽其自便。（高宗二九、一三；東一、五六）

（乾隆二、九、戊子）御史周人驥奏言：請敕停有損無益之議准條例。一、州縣之獎，莫如徵糧重耗；而重耗之巧，又莫如捉補短封。前户部議覆御史蔣炳條奏州縣拆封之獎，飭令監拆人員，眼同拆封。如有短少，該委員即於袋面註明，彙單示諭，令花户於下卯補交等語。查現在州縣徵糧，雖係百姓自封投櫃，而州縣官恐其短少，仍必責成書吏從旁查看。但百姓既來完糧，豈肯短少些微，自貽後累？而書吏亦斷不肯聽其短少，取罪本官。是錢糧原無短封之慮，何須捉補？再州縣每次拆封，封袋不下數十萬，若逐一核算清楚，非十餘日不能。彼監拆之州縣何能久待，仍不過於各櫃中抽取拆兌，餘俱任本官自拆。此例一開，州縣借委員為名，任意私註。是委員不得不任其責，而本官反得行其巧。應將捉補短封之事，永行禁革。一、州縣買穀，向例俱於本地採辦，自官吏不肖，不無抑勒派累等情。前户部議覆學士方苞條奏常平倉穀糶糴之法，務令於鄰近州縣購買等語。查州縣疆界，遠近不等。其運送穀石，水路可通者無幾，則車馬、人夫以及裝穀口袋所費既多。況穀非碾不可食，即非碾不便賣，向來州縣買穀係百姓各從鄉村送交，若城鎮市集，無穀可買，向鄰封採辦，必須沿村逐户購之。奸民藉端居奇，必致高擡時價，更有不肖有司，名為遠赴鄰封，實仍買於本地，而反冒銷運費，侵蝕盈餘，又必致之勢。應令仍於本地採買，每石比時價量加數分，以償折耗。應將赴鄰封買穀之處，永行停止。得旨：此摺著直省督撫秉公據實議奏。該部知道。（高宗五〇、五）

（乾隆三、六、丁酉）户部議准安慶巡撫趙國麟奏：廬、鳳、潁、泗等府州錢糧，請於麥後五、六、七月徵收。從之。（高宗七一、二）

（乾隆三、一二、乙酉）〔户部〕又議：陝西巡撫張楷疏言，遵旨詳議御史周人驥奏請停止州縣官捉補短封並鄰封採買。查徵收錢糧，例應花户自封投櫃，但短封亦所時有。如該御史所奏，一概禁止捉補，頑民公然短少，官吏難以補賠。若慮不肖有司借名勒添，乾隆元年户部曾經定議，令監拆人員，眼同拆封，果有缺少，監拆之員，即行註明，示諭花户補交，立法最善，請照舊辦理。至買穀尤宜酌量地方出產市價，因時制宜。本地產穀無多，或年歲歉薄，鄰近穀價又賤，自應赴鄰近採買；本地產穀既多，歲豐價賤，即在本地採買。應如所請。從之。（高宗八二、一四）

（**乾隆五、四、己卯**）戶部議准：雲南巡撫張允隨疏稱，各省地丁錢糧，舊例俱應於二月開徵，四月完半，五月停忙，八月接徵，十月全完。嗣於雍正十三年，改令十一月全完。各省遵行，惟貴州一省，向係九月開徵，次年三月全完。雲南省山多田少，秋收納糧而外，蓋藏有限，春夏之交，籽種牛工，在在拮据，非典質輸將，即借貸完納；即至稻穀登場，拮据仍所不免。查滇、黔兩省，土宜物產、地氣天時，無不相類，若照黔省之例，九月開徵，次年三月全完，有益民生，並無虧正賦。請自乾隆五年為始，將滇省各屬應徵地丁銀兩，照黔省辦理，著為定例。從之。（高宗一一四、一三；東三、二三）

（**乾隆六、二、乙丑**）署貴州總督、雲南巡撫張允隨奏：黔省施秉縣所屬軍戶屯田，有插入楚省沅州界內者，相隔五百餘里。地分兩省，赴縣納糧不便。請將此項屯糧丁差銀米，歸湖南芷江縣就近徵收。得旨：所奏俱悉。（高宗一三七、二二）

（**乾隆七、六、丁巳**）甘肅巡撫黃廷桂奏：甘屬上下衙門，大半未設庫局，並無庫吏經管，祇將經徵銀收放內署，以致任意侵挪。現檄各道府廳州縣，向未有銀庫者，即於大堂左右建設，將正雜銀兩，全數封貯；並照例選設庫書，責成看守。得旨：如此實心辦理，殊屬可嘉也。（高宗一六九、二七）

（**乾隆七、七、丙子**）戶部議准：御史王興吾奏稱，民糧百獘叢生，乞敕下各督撫，嚴飭地方有司，務令糧戶豫備好米，開倉即收。其本係乾圓潔淨，而借查驗之名，故意勒捐刁蹬，不即兌收，以索陋規，或將潮濕細碎，及攙和糠秕、砂土不堪之米，濫行收兌者，該管上司立即嚴行參究。從之。（高宗一七一、四）

（**乾隆七、一一、乙酉**）戶部議准兵科給事中鍾衡奏稱：漕白糧一項，近例俱隨漕統徵，每石准加三完納，官為代舂，俾民無零星守候之苦。其法固善，但一經統徵，而漕白應完各數，無從分晰，糧書易於作奸，遂有藉端多科，并私收折色者。應請敕諭該省督撫，嚴飭州縣，嗣後隔歲冬底，刊刻由單，逐項分晰開明，該戶田地若干、每畝科則若干、應完地丁漕截各若干、漕白米各若干、其地方加耗若干、白糧加舂耗若干、漕截有無火耗，一并總註。於統徵之中，仍自分晰不混，民間一見了然，自可照單完納，奸胥

無以舞弊。從之。（高宗一七九、二〇）

（乾隆九、四、丁丑）［甘肅巡撫黃廷桂］又奏：據布政使徐杞口傳諭旨，清查地糧一事，查明使無中飽，便民則可，若加賦斷乎不可。臣敢不敬體，但此番查造實徵紅簿，原因官徵民納，不知實數，里長、甲首得以串通書役，乘間作奸，或包輸侵用、或任意多收、或分派飛灑，其弊不一。是以行令州縣，傳集里甲，開出各戶姓名、應納科則，然後按戶查對確切。冊籍一定，里甲不敢蒙官滋弊，每歲開徵之始，將一戶田地錢糧，應納若干，開明由單，給民照數交納，里甲不得欺民多索，實於小民有益無累，並非料民增賦也。奏入，報聞。（高宗二一五、三三）

（乾隆九、一〇、癸酉）湖北巡撫晏斯盛奏：請行簡明由單，將本年科定額數分晰開載，以杜飛灑積弊。得旨：知道了。有治人無治法也。（高宗二二七、二一）

（乾隆一〇、四、癸亥）協辦大學士公訥親等議覆：湖廣總督鄂彌達奏稱，剔釐里書冊書積弊，查糧冊為徵糧實據，豈有官冊不詳，轉憑私冊之理？應拘出里書收貯廒經，與在官之實徵，遂一查核。冊籍已清之後，編列字號，置局大堂，遇民間上稅，令經承照則科算，聽百姓取冊核對，過割清楚。每年開徵時，輪點戶長，分給滾單，令花戶自封投櫃。毋許里書胥役包攬，以杜挪延之漸。應如所奏辦理。從之。（高宗二三九、一八）

（乾隆一〇、六、庚申）戶部議覆：山西巡撫阿里袞疏稱，綏遠城各通判，經徵本色米草折銀，向照內地考成。查口外風勁氣寒，三月冰融，四月播種，霜降甚早，節候與內地迥殊，一歲僅止一種。花戶俱非土著，每歲九月開徵，僅能完半，一屆冬寒，相繼回籍，春融出口，東作尚難支持，何能完官補項？若追呼過迫，必多棄地逃亡，次年四月，斷不能與內地一例奏銷。查大同、朔平二府現係九月開徵，次年年底造報，所有綏遠城各通判經徵本色米草折銀，請照大、朔二府之例，庶完戶得寬裕輸將，而經徵各員，不致枉罹条罰等語。應如該撫所請，米石於九月開徵，次年歲底奏銷，草折銀自可催納，不便改至年底。從之。（高宗二四三、五）

（乾隆一三、一一、庚辰）是月，署兩江總督策楞、署江蘇巡撫覺羅雅爾哈善覆奏：江蘇積欠錢糧，現在清查，而乾隆十二年地漕錢糧，仍復欠至三十餘萬之多。緣上年水旱潮災，共四十九州、縣、衛，除災緩外，其不成災地，民力不克輸將者多；又有上元等縣低瘠請減賦則，句容等縣續報坍荒，淮、揚、徐等屬水利挖廢等項，現在委勘未定，欠數仍懸。是以致有三十餘萬。唯是向來催科杜弊之法，多未盡善，今酌定三條。一、州縣實徵糧册，必豫造齊，較對上屆原册，如有買賣推收分并户糧，務吊契券分書驗實，以杜花分、詭寄、飛灑、隱漏等獘。即將徵册存署，凡註銷、完串，按欠摘比等事，俱令幕友在署查辦。如遇交代，即將徵册、簿串，由署對交，不許假手胥役。一、立滾單，每單五户，以糧多者為單首，發給按限完清，粘串同繳驗銷，改滾次户，法亦如之。如有停單不繳不完，除拘比本欠外，仍罰催同單各户，不完同比，紳衿則拘比家屬。如寄莊人户，田坐本邑而人居他縣者，令佃户扣租完賦。一、胥蠹收侵之獘，不出假串、白券二項，今既行驗串改滾之法，則假串之獘可破，惟白券私收，在官無從查察。因向例，白券私收，與假券誆侵者同予追抵，是以私相授受者多。嗣後有白券之項，概於原户名下照欠追納。得旨：覽奏俱悉。(高宗三二九、六三)

（**乾隆一四、二、庚寅**）又諭：李渭所奏，徵收錢糧，按照糧數多寡分別上中下户，每單定以五十人滾催，將從前長單禁止一摺，是亦催徵積逋之一法。著抄寄直隸、江蘇、山東、福建、河南、甘肅各督撫等，令其量度地方情形，是否可以仿照，斟酌辦理。俟伊等奏事之便帶去。(高宗三三四、二〇)

（**乾隆一五、一、壬戌**）户部議准前任安徽巡撫衛哲治奏稱：徵收錢糧，有以糧户住址完糧，認人不認地者，是謂順莊之法；有於每里中，或五户、或十户用一滾單，於某名下註明田地徵銀限額各若干，給甲内首名，挨次滾催，是謂滾催之法。查廣德州向來每屆開徵，即按圖籤單頭一名，數圖籤經催一名，如花户抗延，提比經催。故錢糧易完，並無民欠役侵，前撫臣潘思榘奏改行順莊，轉有未便，請仍照舊辦理。從之。(高宗三五七、三)

（**乾隆一六、九、丙寅**）户部議覆：雲南巡撫愛必達奏稱：滇省地丁，一概以銀徵解，而奏銷時，又以銀七錢三捏報。請嗣後一以銀數造册。再一錢以下之小户，及大户一錢以下之尾欠，並折欠短封，請照放餉例，每銀一分，收錢十二文，其五釐以下者，每銀一釐收錢一文，易銀支解。如情願完銀者聽。倘地方官以該省錢價之賤，勒收銀兩，及重戥浮收即行叅處。應如所請。從之。(高宗三九八、六)

（**乾隆二二、一二、壬戌**）諭軍機大臣等：莊有恭查奏巴東、長樂等州縣浮收綠由，實因各該州縣地處山僻，糧户零星，距城窵遠，計其往返盤費及補色添平，種種積算，故每銀一兩，於正額之外，多用四、五分至錢餘不等，並非官吏浮收等額，看來自係實情，已於摺内批諭矣。地方官吏私徵加派，朘民肥己，自當嚴行查叅，從重治罪。若山僻小邑，糧額無多，而花户零星，遠近不一，必令自封投櫃，以及召募銀匠，代為傾銷，則糧户額外之費，恐愈滋多，且於民情實多未便。此等處亦祇可如此辦理。在富勒渾初任未諳，一聞有此獘，自不得不奏。使其早悉實在情節，必當據實入告矣。至於胥吏之飛灑侵蝕，實爲徵糧積獘，又當時刻留心體察，不可因此數州縣之並未浮收入己，而遂一概置之不問也。可再傳諭莊有恭並富勒渾知之。（高宗五五二、八）

（乾隆二五、一一、庚辰）又諭：據陳宏謀摺奏，新舊錢糧有屆限不完者，現行地方官攜帶串票欠冊下鄉，許民就近完納。所奏自屬近理可行。至稱州縣事繁，不能遍歷，遴委佐貳赴鄉徵收，交縣彙解一節，則其事易啓獘端，不可不防其漸。論民間積欠，爲數零星，鄉愚以離城路遠，或代納被侵，或催比賄捐，皆所不免。但須地方印官親身下鄉料理，則尚知自顧考成，冀可收勸課便民之效。若佐貳微員，其去胥吏一間耳，況勢屬代庖，不但閭閻滋累，且從中沈擱延捱，救獘更恐滋獘。曾不思州縣事務雖繁，而周歷鄉村，尤親民職任所重，至其餘應理事件，何妨酌量分委各員代辦？此正封疆大吏所應隨宜調劑者。再該撫既稱現在飭行查辦，其從前民人積欠，完納若何？吏胥侵蝕釐剔若何？並嗣後作何妥議立法盡善之處，著傳諭陳宏謀逐一詳悉具奏。尋奏：江省從前民欠，上年委員逐戶清查，鄉民俱就近投納，吏胥等侵蝕者亦皆敗露爭完，實清理民欠良策。惟佐雜微員下鄉徵收，誠不免擾累滋獘。請嗣後每年奏銷前，遇有負欠，令州縣官赴鄉，於適中地方曉諭赴納。其倉庫錢糧，暫交承薄典史稽查。倘衝劇繁難州縣不能分身者，許其自選可信佐貳，詳明上司，專委代徵。如無可信，詳請於鄰邑中批委，並責成道府就近查察。得旨：覽奏俱悉。（高宗六二五、三）

（乾隆三〇、九、壬寅）廣西布政使淑寶奏：粵西徵冊，皆歸里書收藏，任意飛灑，且每年秋季私纂徵冊後，即停止推收，無賴原業，勾串重售，情獘百出。請飭州縣將里書家藏底冊繳官，編號鈐印，置局大堂。業戶稅契，當堂封冊，過戶推收，擇誠實里書輪直，每晚復覈，每季彙繳，藩司查察，庶私稅白契之陋習可杜。得旨嘉獎。（高宗七四五、二四）

（乾隆三八、二、壬戌）安徽巡撫裴宗錫議覆，布政使楊魁奏請農忙不准停徵積欠錢糧一摺。據稱，三十六年以前，未完正耗及因災緩徵帶徵等項，並奏銷案內未完銀兩，請照江蘇省三十五年奏准之例，雖遇農忙，不准停徵。實爲清釐積欠起見，事屬可行，應爲所奏。除因災分年帶徵者，照例農忙停徵外，其餘仍按限催徵，不准停緩，庶年清年額，不致積重難完。得旨：如所議行。（高宗九二六、六）

（乾隆四八、八、丁亥）戶部議准：署山東布政使陸耀奏稱，徵收錢糧，例有火耗，各州縣止將正銀起解，而耗羨穀價等項，仍貯縣庫取攜自便，逐漸虧那。請嗣後嚴定處分。各州縣經徵耗羨，務與地丁正項隨同解報，若有未完，照正項錢糧之例，並予降罰。又存倉穀石，每遇市價稍昂，詳請平價出糶，所收價銀，最易侵那。請嗣後糶存穀價，俱令寄存司庫，至應行買補之時，即將原銀發還，由該管道府出具實在買穀存倉甘結，送司查覈。又各州縣衛，有彼縣民人置買此縣地畝者，名曰寄莊。請嗣後凡寄莊花户每年開徵之始，令經徵州縣逐一查明，開造村莊户名錢糧數目清冊，移交住居之州縣，代行催徵。如至奏銷未完，即將代徵之員，開条議處。得旨：依議速行。（高宗一一八七、一一）

（**嘉慶二〇、七、丙戌**）諭內閣：御史王嘉棟奏，嚴禁書吏包攬錢糧一摺。直省州縣徵收錢糧，例應令民自封投匱，官給印票。若書役包徵或訛索糧户，或侵虧國帑，獎竇叢滋，本律有明禁。但欲令地方官於銀糧俱親自經手，不用吏胥，亦勢有不能。各督撫惟當飭令州縣官，嚴行約束。如有包攬把持等獎，立即查拏，按律嚴辦，以除奸蠹。（仁宗三〇八、二）

（**嘉慶二二、二、乙酉**）諭內閣：方受疇奏，錢糧完解九分有餘，請免上忙經徵、督催各員處分等語。直隸二十一年分上忙錢糧，三河等州縣未完銀十九萬三千餘兩，前降旨令方受疇將徵解不力各州縣及督催不力各道府、直隸州職名，咨部議處。嗣經議定章程，各直省上忙錢糧，將徵解實數造冊報部，毋庸予以處分，統歸入下忙辦理。所有直隸上年上忙未完錢糧，徵解不力州縣及督催不力之道府廳州，俱著免其議處；其民欠未完錢糧，州縣經徵不力處分，統候奏銷時覈計分數，照例處焉。（仁宗三二七、一〇）

（**嘉慶二二、二、癸巳**）諭內閣：慶保奏，粵西春種無多，全賴秋收，始能陸續輸將。請仍照舊催收錢糧，毋庸另改上下兩忙限期等語。各省徵收錢糧，自户部奏明，截分上下忙期限，各省均有成效；廣西省上年錢糧，截至年底，亦較前多完五六萬兩，即云該省春種無多，必待秋收後始能踴躍輸將。昨已改定章程，將上忙處分寬免，統歸下忙覈辦，已無格礙難行之處。該撫率請將上下忙限期停止，與各省辦理不能畫一，勢必相率效尤，藉詞延玩。慶保所奏，不准行。仍著傳旨申飭。（仁宗三二七、一七）

（**嘉慶二二、五、癸亥**）又諭：長齡奏，清釐倉糧一摺。甘省額徵糧石向來各州縣以上色一石，抵交下色二石，積獎相沿。前經先福奏准，將十五年清查案內，以一抵二之糧估支兵食，茲長齡又查出十六年以後作抵之糧，仍復不少，著照所請，准其將十六年以後作抵下色之上色糧石，查明確數，造冊咨部，估支兵食，於奏銷冊內，開除原抵下色兩石，以符款額。自本年秋收爲始，以後永不准以上色通融抵交下色。儻敢復蹈舊習，將濫抵濫接之員查明糸奏，一併革職，所短糧石，仍著落各半分賠，以示懲儆。（仁宗三三〇、二〇）

（**嘉慶二三、一一、己酉**）又諭：御史盛唐奏，州縣徵納錢糧，請嚴禁浮收一摺。直省州縣徵收錢糧，定額外原不准絲毫浮多。至畸零小戶無銀完納，例有以錢完交，官爲易銀傾解之條，若因官吏藉此浮收，令藩司按照銀價酌定錢數，於啟徵之先刊示，遍發各州縣張貼。不知銀價隨時長落，亦且隨地不同，事殊格礙難行，惟當責成督撫、藩司及本管道府於州縣徵收錢糧時，嚴加訪察，如有勒折浮收等獎，據實糸辦，無稍姑息。官嚴朘削之罰，自民享盈寧之樂矣。（仁宗三四九、一九）

（二）賦課起解

（**順治一、七、癸卯**）御用監太監吳添壽等請照舊例，遣內員徵收涿州、寶坻縣皇莊錢糧。攝政和碩睿親王諭：差官必致擾民，著歸併有司，另項起解。（世祖六、一二）

（**順治一、七、甲寅**）順天巡按柳寅東陳民間疾苦二事：……一、解京錢糧，頭緒紛雜，擾累滋多。有一縣正額三千餘兩，而起解分四十餘項者；有一項錢糧止一兩六七錢，而解費至二三十兩者。請總計各款，分四季解府，彙解戶部，俾免賠累。下戶、兵二部酌議。（世祖六、二三；東一、一九）

（**順治一、八、庚申**）睿親王允戶部議：內官監屬各廠地畝租銀，照御用監近例，歸併有司徵收，另項起解，以清冒破、騷擾等獎。（世祖七、六；東一、二〇）

（**順治二、閏六、辛卯**）戶部議覆：山西巡按黃徽允疏言，江南額賦，較他省獨重，百姓久稱苦累。漕白二糧，與歲供絹布，其尤甚者也。漕運歸官兌，則需索可省；白糧歸官解，則民困可蘇。應悉如御史言。其庫貯絹布，見存無多，應解本色一年，嗣後再議。從之。（世祖一八、一〇；東二、一二）

（**順治一八、五、戊午**）戶部議覆：都察院左副都御史朱之弼條奏。一、淮庫宜核收支應，請飭漕運總督，將節年出入掛欠并餘庫各項銀兩，造冊具題。嗣後於歲底造冊奏報，以憑核銷。一、楚漕宜還原項。查楚省接連滇、蜀，大兵征調必由之地，南糧一項，恐不足用，漕項銀米，仍應留濟軍需。一、漕折宜清完欠。應請飭下江南、浙江巡撫，嚴查解交細數造冊，其未完之銀，有無侵蝕，查明具題，以憑核追。一、錢局宜查銅本。應請飭錢法侍郎，即將各局未完本息，嚴限追完報部。得旨：依議嚴行。（聖祖二、二六）

（康熙二、二、乙丑）浙江總督趙廷臣疏言：浙省錢糧，逋欠不清，多由徵解繁雜，請以一條鞭徵收之法，即用爲一條鞭起解之法。行令各州縣，隨徵隨解，每次解文內開列歲額，填寫所解條銀若干、尚餘未解若干。布政司查明完欠分數，開注奏銷歲糸二册，至爲簡便。從之。（聖祖八、一六）

（康熙七、四、庚寅）酌減直隸各省存留錢糧額數。（聖祖二五、二七）

（康熙二五、三、丙辰）戶部議覆：入覲江蘇布政使章欽文疏言，國家首重錢糧，藩司一省總滙，起解批收，若非釐剔有法，則百獘叢生。臣到任後，即將解批一項，具詳撫臣，檄行各屬。凡州縣起解錢糧，銀批同解，銀存司堂，批投撫署。登記之後，發司限日收掣，當堂驗兌，出具實收，同批一并呈繳撫臣驗銷，即從撫臣衙門遞發該州縣存案。其有批無銀并款項不符者，詳請提究。是以解支清楚，並無纖毫淆混。臣思江蘇賦額繁重，行之而效，則他省易行可知。祈敕部通行各省，一例舉行，以清批收夙獘。應如所請，直隸各省一應起解錢糧，俱照江蘇例舉行。從之。（聖祖一二五、二；東九、一九）

（康熙三九、一一、己酉）吏部議覆：都察院左都御史李柟疏言，州縣虧空近日定例甚嚴，臣謂嚴於事後，必防於未然。即今知府親查，或向鄰封移取，暫應一時，過後仍虛。惟親查後酌量存留，其餘於三日起批即解藩庫，則完欠自難隱匿。應如所奏，若三日內不行起解，即行題糸。從之。（聖祖二〇二、八）

（康熙五三、一二、丙戌）戶部議覆：陝西道御史周祚顯疏言，直隸各省起解各項錢糧物料到部，司務廳將批文存案、呈堂之後，即委之庫官，任其勒索。延及數月，尚不兌收。庫官與胥吏通同作獘，解員熟識者，竟以銀兩輸入庫官之家，虛給回批，此盜取之實情。請自今凡解錢糧物料到部，批文呈堂驗明，即示兌收日期，不得延逾五日。屆期，滿漢堂官當面收兌，交與典庫官員即發批回。如有淹留時日，包攬勒索等獘，即指名糾糸。應如所請。從之。（聖祖二六一、一四）

（雍正二、二、戊申）總理戶部三庫怡親王允祥條奏三庫事宜四款。一、除加平之獘。嗣後各處錢糧，務令照庫法解送，不得如前故爲短少，與庫官講明輕兌，在外加平，違者治罪。一、除加色之獘。從前各省解送銀兩外，有加色一項，解官與庫官，侵蝕分肥，便將潮銀入庫。嗣後若解潮色銀兩，將直省經辦及解送官員，提糸治罪。一、三庫請設主事一員，辦理檔案，登記一應數目,至年終復將各處冊檔詳加查對,以杜欺隱之弊。一、請設庫大使一員。各省解送錢糧物料,將限定日期,銀兩物件數目,及官役姓名,預行知會大使,回堂登簿,俟解到之日,令大使公同該司官查驗。庶無那移、偷盜、遺漏等弊。從之。(清世宗一六、一〇)

(雍正七、閏七、甲申)諭戶部:各省解送錢糧,差委雜職領解,此等微末之員,功名甚輕,或有中途盜隱、捏報劫失之弊,再,失鞘銀兩,令地方文武官均賠,亦未允協。著查議具奏。尋議:各省領解錢糧,例係巡檢、典史等員,遇有失事,如但加以革職處分,恐其假劫竊之名,行偷盜之弊。嗣後失鞘銀兩,請令失事地方文員分賠一半,其一半令解官分賠二分,該省差委之大員分賠三分。儻解官實係微末窮員,其二分亦著差委之大員賠補,地方武員,免其分賠。至於解官不由通途,不赴州縣掛號者,其失鞘銀兩,責令解官全賠;其州縣官,照道路、村莊失事例,限年承緝。將此永著為例,直省一體遵行。從之。(世宗八四、一三)

(雍正一二、一〇、癸卯)工部議覆:河東河道總督朱藻疏言,東省河工雜項錢糧,向交運河廳、東昌府兩庫存貯,凡經收支解,係該府廳為政。至黃河、泉河以及浦泇上下等六河,兵夫工食銀兩,亦係各該廳支收,俟有盈餘,始令解歸河庫,其中不無侵那、扣尅等弊。今山東曹東道既經改為通省管河道,請照豫省之例,將兩庫六河該廳銀兩,俱歸管河道庫存貯,遇有需用,照例支給;其有應解別處銀糧,令河道查明俱詳,總河給咨批解。應如所請。從之。(世宗一四八、二)

(乾隆一一、一二、丙戌)戶部議覆:御史朱士伋奏稱,外省州縣經徵錢糧時,多有不貯外庫,存貯內署,以便那用,而監收之佐二,以為無關考成,至遴委監拆官員,亦多奉行故事。因而起解玩延,以致倉庫錢糧虧額,一聞道府盤查,非搬取於鄰封,即勒借於境內。請於丁卯開徵之先,勒下直省督撫,於遴委監拆時,嚴諭該員眼同拆封後,與州縣官通盤計算,扣除支留分數等語,均屬現在遵行成例。但恐日久漸弛,應再通行各督撫嚴飭該州縣實力奉行,如有陽奉陰違等弊,即行題參。至該御史所請應解錢糧,一併著落監拆之員督催,務於三日內批解呈院交司之處,亦應如所請行。從之。(清高宗二八一、一四)

(乾隆一四、二、甲申)[戶部]又議覆:廣西巡撫舒輅奏稱,耗羨係隨正收解,粵省地丁銀俱次年五月奏銷,耗羨完欠,難於本年底核奏。應如所請,於次年五月具題。外省事同一例,均此辦理。從之。(高宗三三四、七)

(乾隆二二、八、癸亥)諭軍機大臣等:前經傳諭愛必達,令其速赴新任。定長現在丁憂，滇、黔兩省大員俱係新調，邊疆重地，該督早到經理爲宜。至滇省課金，向例即在該省變價歸款，以致輾轉購買，滋生獘端。所抽課金，原屬公項，嗣後即著遇便搭解戶部交納，不必留於地方變價，庶可令積獘肅清。著將比傳諭愛必達知之。（高宗五四四、九）

（**乾隆二二、一二、丁亥**）山西布政使劉慥奏：州縣錢糧，除應留支俸工、驛站等項外，其餘悉應隨徵隨解。晉省積習，州縣收存銀兩，任意不解，以致虧空累累。良由稽查未有章程，上司亦因循不察，流獘相沿，於今爲甚。與其糾追於事後，不若防範於未然。臣現詳明撫臣，通飭各屬，凡徵收一有成數，即報明該管知府，委員監視拆封，除留支各項外，悉限三日內填批起解，具文通報。如逾期不解，即行嚴查。倘有侵那情獘，立即揭報糾追。並設循環二簿，發令州縣官，將收支起存錢糧及已、未完各數，按月登報。其糶借倉糧，徵完買補等數，一併開造。則州縣之倉庫虧足，自可按籍而稽。並責成道府，就近不時稽察，虧空之獘，或可清除。再州縣錢糧完欠，奏報考成，自應以解到司作爲完數，乃晉省州縣，於奏銷之時，每月以欠作完，冀免處分，迨一經入奏之後，或惰徵不完，或已徵在官，而侵那虧空，獘端滋起。臣亦經詳明通飭，凡奏銷報完錢糧，務以解到司庫方准作完，如有捏報規避處分，照例查糾議處。得旨：是，勉力爲之。（高宗五五三、四〇）

（**乾隆二三、一〇、辛酉**）戶部議准：戶科給事中黃登賢奏，請改定額賦徵銷例款各條。一、徵款名目宜歸畫一。今河南、山東等省所開花絨、黃丹、明礬、槐花、芝蔴、光粉、黑鉛、紅銅、黃熟銅并各藥料等項，久經折徵，仍列多條，徙滋繁冗。至宗祿、唐府、瑞府及匠班等名，并陝西之秦府王附馬勳田，直隸之膳人、膳軍、常兌、操賞等名，皆沿明時陋例，應俱刪除。一、奏銷例分舊管、新收。今各省有不開舊管，或即以新收爲舊管者，辦理殊未畫一。嗣後應令各省查明上年存剩銀兩，如已全數撥用，即於下年奏冊舊管下注明，如未撥及撥剩，均造入舊管款下，與本年新收分別覈算。至四川省報墾徵銀，另列一冊，既經彙入地丁項下，應即總列。湖北省冊列康熙十一年至五十年丁數，廣東省冊載前朝議允及積年成案，均與本年奏銷無涉，應即刪除。一、藩司職錢穀出納。今江蘇、安徽、江西等省，惟撫臣列銜鈐印，體制未協。江蘇、甘肅等省，既造司總冊，又有撫總、院總名目，事涉複贅。嗣後應令藩司出名用印，督撫細覈，於司總冊上鈐印，餘冊停造。至雜稅冊載日收細數，或至七百餘本，過於冗雜，應令藩司彙造總冊。從之。（高宗五七二、一四）

（乾隆二九、六、辛巳）兵部議准：大學士公傳恆等奏稱，各省關稅解京，或給勘合兵牌，或給火牌兵牌，或祇給兵牌，辦理向未畫一。嗣後除在京之崇文門左右兩翼，向不造報經費，及距京甚近之坐糧廳，起解省便，毋庸置議外，其餘各關起解錢糧，俱一體填給勘合火牌兵牌，由驛遞送。再查兩淮鹽課，自二十八年議准由驛遞解京。廣東、福建二省課銀，向係為備本省兵餉，如歷年存剩積多，始酌定起解報部，將來遇解京之年，亦准一體填給勘合運送。從之（高宗七一二、一）

（乾隆三七、四、己卯）吏部議覆：廣東巡撫德保奏稱，粵東田房稅羨銀，向於下年冬季具題。臣抵任後，查乾隆三十四五年稅羨銀，尚未解呈，緣向未定有遲延處分，各州縣每多延緩。請嗣後徵收田房稅羨銀，統限奏銷前全數完解，如不完解，即將該管上司及本員叅處等語。查例載解送錢糧等項，停擱日期者，罰俸一年；督催不力之府州，罰俸六個月。今據奏稱，廣東稅羨銀，各屬遲延，請定處分。應如所請，令該撫嚴飭各屬，隨收隨解，如任意延緩，即據實查叅，將該管上司議處。從之。（高宗九〇六、三三）

（乾隆五六、一二、甲寅）又諭：福建額徵地丁銀兩，為數較少，該省應需兵餉等項，不敷支放，向由隣近省分協撥濟用。因思閩海關盈餘稅銀，每年俱全數解部，既多運送之煩，而該省應放餉銀，轉須向隣近省分，紛紛協濟，辦理殊多周折。所有閩海關盈餘稅銀，嗣後不必解部，即著留於福建藩庫，以備支放兵餉之用。至各省內，如有似此地丁銀兩不敷支放兵餉者，其有關稅省分，應解稅銀，亦著照此辦理。該部即詳晰查明，分別應留應解之項，行知各省，一體遵照。（高宗一三九二、二四）

（嘉慶一九、三、戊戌）諭內閣：御史富勒禮奏，外省解部餉鞘並不隨到隨收，輒先寄存銀號轉交，並部庫收放銀兩，請令稽查該部御史，眼同收放等語。各省鞘銀解部，自應隨到隨交，若輾轉拖延，難保不滋獘竇，著步軍統領衙門，隨時密查，餉鞘一經解到，即派員押送赴部呈報，勿令稽遲。其江南道御史，本有稽查戶部之責，遇有部庫收發銀兩時，即知會該道輪流前往，眼同收放，以專查察。（仁宗二八七、七）

（嘉慶一九、四、癸亥）諭內閣：戶部奏請，飭催各省州縣徵存未解銀兩，開單呈覽。內江蘇、安徽兩省，嘉慶十四年奏催案內未解銀三百餘萬兩，迄今數年，不特報解無幾，而徵存者轉益加多，現在此兩省共未解銀六百六十餘萬兩；山東省亦增至五十萬餘兩；其甘肅、雲南、直隸、福建、廣東等省，亦均有未解銀兩，實屬因循疲玩。直省各州縣經徵銀兩，乃國家惟正之供，度支經費所從出；若州縣徵存而不解司庫，以致部中指撥日形支紃，頻年積壓相仍，國用將於何取給？各督撫受朕厚恩，具有天良，無一實心辦事，思之實深憤懣，全不以國計爲念，一任不肖官吏拖延奬混，總不上緊清釐。明知經費未裕，瑣瑣焉議於常賦之外，設法巧取，而置分應提催之款於不辦，豈非本末倒置，公私罔辨乎？江蘇、安徽二省爲數最多，張師誠甫經簡調，胡克家亦任未久，無所用其迴護，山東省較之甘肅等省亦多至數倍，著嚴飭各該督撫，即督率該藩司認眞查辦，各將徵存未解之款，儘數提解司庫，報部報撥。如州縣中有延不申解者，嚴条治罪，以儆其餘；儻提催不力，則惟該督撫、藩司是問，恐不能當此重咎也。（仁宗二八九、二）

（**嘉慶一九、八、乙亥**）又諭：户部議覆，御史賈聲槐條奏，清查錢糧起解數目，以除積奬一摺。各省額徵正賦，爲國家度支之源，其留支起解各款，每年定限奏銷，分別完欠考成，立法綦嚴。其例應起解之款，本與留支者不同，一有徵存，即應按起批解，如報解逾時，該藩司道府等即當隨時察覈，勒限飛提。若該州縣已報徵存，日久不行解司，其中必有官侵吏蝕情奬。此而不加查辦，該督撫、藩司、道府所司何事？至每歲錢糧奏銷，各按完欠分數，將經徵、督徵等官開条，若以徵存未解之款，列入已完數內，則是實欠在民者，尚有處分，侵挪在官者，轉無察劾，何以杜欺隱而絕奬端？嗣後各州縣應解錢糧，如有已徵未解者，奏銷册內，即照未完分數揭条；如該督撫、藩司開作已完者，查出即照通同徇隱例懲處。其直隸、江蘇、安徽、山東、福建、甘肅、廣東、雲南等省徵存未解數目，前經户部查条，降旨飭催，著該督撫嚴提飭解。儻州縣不能剋期報解，則虧挪情奬顯然，即行查明，據實嚴条，按例治罪。勿得代爲掩飾，致干重譴。（仁宗二九五、四）

（**嘉慶二四、一二、癸卯**）又諭：御史沈學廉奏，各省解京飯食等銀，請覈實交收，以杜奬混一摺。直省解京飯食等項銀兩，原爲各部院大小衙門辦公經費，例應解員親赴投批，按期交納。若如該御史所奏，各省委員管解到京，每有銀號從中包攬，勾通書吏，瓜分使費，甚有挪用抵換情奬，及各衙門出票查催，仍復延不交納，殊非慎重辦公之道。著通行飭禁，嗣後委員解銀到京，不准由銀號代交，務各遵照定例，親赴該衙門投批。如有書吏壓擱文批，勒索使費等奬，該解員即行據實呈明，以憑究辦。（仁宗三六五、一八）

（三）錢糧支銷

（**康熙一七、三、辛巳**）户部等衙門遵旨會議：各省動用錢糧，司道等官須先申詳督撫，預行題明。如不申詳題明，藉稱軍需，竟入奏册請銷者，將司道等官革職，不准開銷，令其賠補，督撫降四級調用。如司道等官申詳，而督撫不行題明擅令動用者，司道等官免罪，督撫照司道官例處分。惟正在用兵，刻不可緩之時，一面申詳具題，一面動用。若不具題咨報，擅自動用，督撫、司道等官各降五級調用，所用錢糧，不准開銷，令其賠補。若司道等官並未申詳，而督撫徑爲請銷者，督撫降二級留任，司道等官降五級調用。其各省供應大兵俸餉、米豆，承放官重支，不行扣抵，查出，將承放官降三級調用，不行查報之司道等官降三級留任，不行查出之督撫降一級留任；或司道等官已經查出、督撫已經查叅，各免處分。其重領官，隱匿不行舉首者革職，將重領銀米賠還；不行查出之叅領、夸蘭大、將軍，俟回兵之日，從重議處。綠旗官員亦照此例。至各省供應大兵米、豆、草束價值浮冒、開銷等獘，督撫查出題叅，照貪官例，革職提問；如已銷結、或被科道糾叅，或被旁人舉首，將督撫一併照貪官例治罪。從之。（聖祖七二、四）

（康熙二三、三、癸酉）上諭大學士等曰：戶部管理各省錢糧，一時難以清楚。地方督撫將在庫銀兩，那移私用，雖云補墊，及題奏時每多朦混銷算。部內無憑稽察，百姓深受其害。即今原任廣西巡撫郝浴，侵欺銀至十九萬兩。由此觀之，天下類此者不少。朕日夜思維，欲清查各省錢糧。訪之外任官員及督撫等，皆云清出存留錢糧，則別項錢糧，自必清楚。朕思此事一行，雖在外督撫、司道不無被罪，實於國家有益。果錢糧充足，更可爲加恩百姓之用。今九卿曾爲外官者多，知之必詳，爾等會同詳議以聞。尋大學士會同九卿等條議具覆：一、凡奏銷錢糧，應將存留、起運逐項分晰，並報部年月，明白造册，毋致朦混駁查。如有駁回者，將該督撫照朦混例處分；戶部司屬不行詳查，亦交吏部議處。一、支給各省駐防官兵、綠旗官兵米豆草束，除折價地方不議外，如支本色地方，盡本省所收支給；如有不敷，照時價給發，官兵自行採買，如有將價值浮折具題者，將該管官並督撫照例處分。一、各省採買米豆各項，從前有價值浮多者，有支領並無實據者，應行令該督撫清查，定限一年追完。如不完，將經催官並督催之督撫，俱照承追不力例處分。一、兵馬錢糧數目有舛錯者，應令各省將軍、督撫、提鎮各將弁印領結狀，按季送部，以便查對。如有不符，照朦混例處分。一、直隸各省奏銷錢糧，凡有駁查者，俱令具題完結，不得以咨文塞責。得旨：本內第一款奏銷駁察事情，著照見行例行。餘如議。（聖祖一一四、二一；東八、一九）

（康熙二六、一一、乙未）諭大學士等：近見支用修造等項奏銷錢糧時，該部不准、駁回者甚多。此等奏銷，屢行駁回，官員未必捐橐補給，亦止派取民間耳。如此，則百姓愈苦。向因需用孔亟，故奏銷者未即准行；今公帑並非匱乏之時，奏銷案件不必駁回，即應完結。此等事不行駁回，在官員既可省案牘，而於百姓，尤大有裨益也。可傳諭九卿、詹事、科道。(聖祖一三一、二四；東九、四〇)

（**康熙二八、三、戊子**）九卿等議覆：戶部疏言，各省藩司庫銀，屢以虧空見告。應於每年奏銷時，該撫將新舊存庫銀兩清查一次。如無虧空，於奏銷本內保題。倘保題之內仍有查出虧空者，將巡撫照交盤例治罪；又各州縣官虧空錢糧，往往於去任之後，始得發覺，請敕藩司、知府，將州縣錢糧每歲察核，如有隱匿不舉，事發以徇庇議處；又民間最苦私派，乃私派之中，有部費名色，請敕各督撫嚴行禁飭；又各布政司每年奏銷錢糧內，有駁察核減者，有不准支銷見在察核另案歸結者，有民欠未完、官役侵那者，請令該布政司，於每年終，將歷年未清各案錢糧，開明舊管新收，開除實在並完欠細數，造冊報部。俱應如所請。從之。(聖祖一四〇、一二)

（**康熙三三、六、丙寅**）戶部議覆：漕運總督王樑疏言，隨漕輕齎行月糧等項錢糧，因限隔年奏銷，是以各州縣衛支解不清。請照地丁錢糧例，於本年冬季奏銷考成，以杜徵新補舊之獘。應如所請。從之。(聖祖一六四、四)

（**康熙四〇、三、壬寅**）諭大學士等：督撫奏銷錢糧疏內，因銀數有一兩不符及四兩不符者，該部輒議駁回。事甚微細，必待往來申奏，然後改正，殊覺多事。嗣後錯悞十兩以內者，部內行文改正，不必議駁。(聖祖二〇三、二〇)

（**康熙四五、六、壬寅**）諭戶部、工部：戶工二部，凡咨取錢糧事，俱不奏聞，所以二三十萬銀兩，不過以一咨文取之，而事已畢。嗣後著戶工二部，將不啓奏用咨文動支大小款項錢糧，於月終明白彙奏。則凡事知所儆畏，而錢糧大可節省矣。(聖祖二二五、一八；東一六、一七)

（**康熙四八、九、甲午**）諭大學士等：工部、光祿寺每年所用銀兩，奏請預爲儲備，赴戶部支領，用完復奏。一年之中，光祿寺用二十萬餘兩，工部用四五十萬兩至百萬兩不等，俱造黃冊奏閱。所用數目，雖較前略省，而動工之處，奉委官員於未估計之先，即已領銀備用，以致浮支肥己之獘不絕。嗣後工部、光祿寺，著十五日一次，將所委官姓名，及支給銀數，具摺奏聞。如是，則事務清而奢用之端絕矣。又，凡督工人員，於工竣後銷算，延挨時日至十年銷算者有之，至二十年銷算者亦有之。凡工作物料，俱登冊籍，何故稽遲若此？此不過欲從中作獘耳。工上錢糧，朕常核算，極其簡

易，數日可畢。嗣後官員銷算，如有踰年者，立即奏聞罷斥。(聖祖二三九、四；東一七、二二)

(**康熙六一、一二、甲子**) 諭戶工二部：財者利用之源，古帝王足國裕民，務必制節謹度。朕初即位，每恐府庫金錢，中飽於胥吏之侵蝕。以後凡戶工二部，一應奏銷錢糧米石、物價工料，必須詳查核實，開造清冊具奏，毋得虛開浮估。儻有以少作多、以賤作貴、數目不符、核估不實者，事覺，將堂司官從重治罪。(世宗二、二六)

(**雍正一、一、甲午**) 諭內閣：各省奏銷錢糧，除地方正項及軍需外，其餘奏銷項內，積弊甚大。若無部費，雖冊檔分明，亦以本內數字互異、或因銀數幾兩不符，往來駁詰；一有部費，即糜費錢糧百萬，亦准奏銷，或將無關緊要之處駁回，以存駁詰之名，掩飾耳目，咨覆到日，旋即議准。內外通同欺盜虛冒。此等情弊，盡在皇考睿照之中。聖恩寬大，未行深究。朕今不得不加整理。嗣後一應錢糧奏銷事務，無論何部，俱著怡親王、隆科多、大學士白潢、左都御史朱軾會同辦理。或將各部賢能司員，指名保題，或酌量另取官員，令伊等管辦之處，著王大臣四人議奏。尋議：錢糧關係甚重，應另立衙門，設滿漢郎中、員外郎各二員，筆帖式十員，俱遴選賢能補用。至錢糧除地方正項外，其軍需各省動用之項，俱題到日，應准應駁，臣等會同該部查核議覆。其設立署名，恭候欽定。得旨：署名著爲會考府。餘依議。(世宗三、三四；東一、一五)

(**雍正一、二、乙亥**) 諭總理事務王大臣等：向來地方官奏銷錢糧，不給部費，則屢次駁回，恣行勒索。朕欲革除此弊，特設會考府衙門，前降諭旨甚明。近見各處奏銷之事，並并不送會考府，各部有擅行駁回者。則勒索之弊，尚未革除。嗣後有應駁之事，定須送會考府查看，如果應改駁，會考府王大臣官員列名駁回。(世宗四、三二)

(**雍正五、五、壬午**) 諭議政王大臣等：安西新設重鎮，其兵馬錢糧係按季赴蘭州支領。但邊陲重地，恐有一時需用之處。朕意欲撥銀數萬兩，交與安西總兵官存貯備用，哈密亦著存貯數千兩，儻有需用，准該鎮一面奏聞，一面動用。爾等會同定議具奏。尋議：安西兵馬錢糧，酌撥銀四萬兩交貯該鎮，其哈密遇有需用，亦於此項內撥給。得旨：著於四萬兩之外，再撥銀二萬兩，以備兵丁平時通融之用，不必具奏，仍於發餉時照數扣除。(世宗五七、二〇)

(**雍正一三、九、癸亥**) 諭總理事務王大臣：西路軍需，從前岳鍾琪辦理之時，草率從事，於一切物件，定價太減，本不敷用，又因用兵日久，兵馬加增，以致物價日益昂貴，而甘涼肅等處尤甚。皇考聖心軫念，欲周知地方情形，特命該處大臣，將米穀、草豆時價，兩月一奏，交户部軍需房，以備稽察。近年陝甘督撫等，奏銷軍需本章内有照定價者，有照時價者，更有多於時價之外者。業經該部將不符定價各款，駁令查覈。朕思各案軍需，若概照定價覈銷，則官員不免受累；若但據承辦官開報，竟照時價准銷，恐地方有司於開報時價之時，即豫留餘步，以為冒銷之地。二者均非公平之道。現在奏銷案件，若不斟酌定價，則内部查覈，既無準則，而外省奏報，亦無所適從，徒為文移往返，駁詰咨查，於事無益。其如何按照地方折中定價，斟酌合宜，俾官吏無賠累之苦，國帑無浮冒之弊，著總理事務王大臣，會同九卿悉心確議具奏。其從前駁查案件，或竟照時價、或即照現議之折中定價，准其開銷之處，亦著一併議奏。再軍興以來，承辦官員，若有借稱軍需名色，派累百姓者，著該督撫即行嚴叅，重治其罪；若該督撫不據實叅奏，經朕訪聞，必將該督撫一併重處。（高宗三、三四）

（**乾隆一、三、癸卯**）停佐雜以下扣荒。諭曰：聞直省州縣地方，額徵地丁錢糧項下，有起解、存留二款，如官役俸工，即在存留款内支給，若該省有地畝荒蕪，糧額豁除者，即將官役俸工扣減，以抵豁除之數，名曰扣荒。此亦不得已之辦理也。但此扣荒一項，自應合省大小官員均攤，方不悖於情理。乃聞外省，止扣知府以下及州縣佐雜、教職寒苦之員，而督撫、司道，轉不在扣除之内。此則大非情理矣。著該部通行傳諭各直省督撫，若該省有荒缺銀兩，應於督撫司道大員，及府縣正印官俸工内，酌量均攤扣除，以抵所缺之數；至於佐雜、教職等官俸工，概免扣除，俾微末官吏，得以養贍。若有因地方荒缺，而裁減祭祀銀兩者，著遵雍正十一年皇考世宗憲皇帝恩旨，於該省存公銀兩内撥補，以重祀典。俱著各省督撫悉心妥議辦理。（高宗一四、一四；東一、三六）

（**乾隆三、一〇、戊申**）［署理蘇州巡撫許容］又奏：蘇城自雍正十一年以來，每逢歲底，煮賑一月，今歲長、吳等縣被災，更宜舉行，並請加賑一月。其米薪等費，即於司庫閒款無礙銀内動用二千兩，無庸更派商民。嗣後此項銀兩，一例造冊咨部，遇有動支，題報覈銷，將閒款名目，永遠刪除。得旨：所見甚是，即照議行。（高宗七九、一九）

（**乾隆三、一一、辛酉**）［户部］又議准四川巡撫碩色疏言：四川錢糧，必俟五六月麥熟絲成，始能輸納。所有驛站夫馬、鋪司、兵丁春夏二季工料銀兩，請自己未年始，於各州縣應解鹽茶、驛道等項耗羨銀内，借支給發，本年徵收地丁，照數歸還。從之。（高宗八〇、二四）

（乾隆四、四、辛卯）户部議准理藩院左侍郎覺羅勒爾森奏稱：州縣地丁錢糧，向例徵解司庫，聽候督撫盤查。每當奏銷交代，清查報部，而鹽道向無盤查之例，止將按卯收數摺報，或止奏銷造册報明。閩浙兩省，業經巡撫盧焯題請歸併撫臣盤查，嗣後兩淮、長蘆、河東、兩廣各道庫鹽課錢糧，請照閩浙之例，責令鹽政大吏，將正雜收支數目，分年分款，開造月報，每年奏銷交代，親臨盤查。至廣西一省，向歸督臣管理，查該督駐劄廣東，應令廣西巡撫，就近盤查。從之。（高宗九〇、二三）

（乾隆五、二、辛丑）山東巡撫碩色奏：東省地丁耗羨一項，自應愼重收支，年清年款，方免冒濫。乃自雍正二年歸公以來，已十餘載，其動支各項，爲數甚多，有無濫用，尚須確覈外，至各屬長完、未完、耗銀及有無民欠可徵，並衛所各官透動之項，種種疑竇，顯有朦混情弊。歷任藩司等俱未查明揭報，現令徹底清查。臣當細加確覈，酌其輕重，應叅追者叅奏，應咨部者咨部，俾庫項不致糜濫，劣員亦知儆惕。得旨：此奏甚好，勉力爲之，將來辦有頭緒，仍明白具奏。（高宗一一一、一二）

（乾隆五、三、庚午）督理蘇州織造事務安寧奏：查明海保辦差册檔，於乾隆二年後，因每年動潯關贏餘銀置辦。所以設有細册；至乾隆元年分，並未辦過差事，雍正年分，即有差事，向係火耗戥銀辦理，原非動用贏餘，並不報銷，所以從無細册。得旨：覽。火耗豈非官物？有動用，即應有報銷。此事汝大看情面矣。（高宗一一三、一二）

（乾隆五、三、庚午）[安徽巡撫陳大受]又奏：安省錢糧，較直隷、山東、山西、河南、浙江、蘇松、江西爲少，耗羨辦公，尚覺不敷，乾隆三、四兩年，頻遇災荒，公務倍於往昔，動支之數，紛繁叅錯，不能各歸款項。今飭令布政使徹底詳查，務期款項悉清，永杜牽混。得旨：知道了。汝係新任，此地應及早清查；不然，責在汝矣。（高宗一一三、一四）

（乾隆五、七、甲戌）户部議准浙江布政使張若震奏：浙省地丁錢糧，存留項下，支放官俸役食，一概給銀，而奏銷册內向以錢一銀九搭放造報，實屬虛捏。請嗣後統以銀數開銷，不必作錢。從之。（高宗一二二、八）

（乾隆七、一二、己亥）户部議准江蘇巡撫陳大受奏稱：江省災邑賑濟平糶米穀，從本邑運往鄉村，水陸脚價，俱應動項開銷。至賑濟缺額，動款買補及將倉糧協撥鄰境，所需運費，均應於耗羨存公項內動支；倘不敷，再奏明動用正項。從之。（高宗一八〇、一八）

（乾隆九、一二、甲辰）大學士鄂爾泰等議覆：福建道御史范廷楷奏，會計錢糧出入，於各省奏銷到齊之時，彙總開造清册，將一歲部庫支放俸餉等項數目，一體列入，註明從前歲入歲出若干，現今歲入歲出若干。其開除項下，注明某年某款，此多彼寡各綠由進呈等語。查每年各省官兵俸餉，應支應扣等項，按數奏銷，尚不至叅差。惟一切雜項，支給報銷等款，即一省中，亦前後互異，彼此不一。今於每年奏銷後，通盤覈算一次。在部司人員，囚得詳慎出入，而外省亦有實數可稽，於錢糧有益。請自明年爲始，彙總奏聞。從之。（高宗二三〇、一；東六、三三）

（**乾隆一〇、九、丁酉**）諭軍機大臣等：前降旨蠲免各直省地丁錢糧，經户部議將各省酌留分貯銀兩，以及雜項平餘等銀，造册詳報，以備酌抵歲需。朕思各省存餘銀兩，款項不一，雖經造報，而報部之後，該處動用，部内無由得知，并有未經報部者，可寄信與各省督撫，令其將歷年凡有存餘銀兩，詳悉查明，并將可否動用酌撥之處，分別具摺奏聞，毋得稍有遺漏。此因普施大恩，不得不從權辦理，並非爲裕帑起見。著各督撫善體朕意，速爲料理。（高宗二四九、一八）

（**乾隆一九、一、乙丑**）欽差尚書劉統勳等奏：遵旨查辦河工積弊，擬定條款。一、河工次年料物，向係上年發銀購辦，以致各**廳**庫年積月累，那新掩舊。臣等酌議，如上游、鹽河二項，應於開閘時購買蕩柴，請嗣後定於七月内按照工程、酌量給發，限十月内運料到工。其頭關十月内給發，冬底辦料到工；二關十一月内給發，次年二月辦料到工。刀草雜料等項，隨時請領，勒限到工。一、河工有歲修搶修之分，請嗣後每年秋防告竣後，各**廳**營將所管工程查勘，以逼臨大溜。當衝最險者爲一等，次險者爲一等，並將應用工料確估，册送該道覆覈，限十月底彙齊。轉詳河臣，委該管河道、叅遊照册踏勘，核實飭辦，限正月内興工，三月内完竣。其運河工程，向無歲修，有應豫爲修築者，亦照此辦理。至伏秋搶護，難以豫定，應令該管文武大員，不時巡查，遇有搶修工程，**廳**營一面動料修築，一面核實具詳。該管大員親行查驗。再黄河水勢，變遷靡定，如係新生大工、不在歲搶修之内者，必須該管道員會同叅、遊確估，河臣親行覆勘。一面題估，一面動支庫銀。委員趕辦，工竣覈實造册題銷。一、**廳**員辦運料物、修築工程，出入數目，向雖按月申報，然必俟料齊工竣，方行驗收。請嗣後令該營守備汛弁一體稽查。將運到料物若干，按十日一次；所做工程若干、用料若干，按一月一次，分晰據實摺報。一、各**廳**銷算錢糧，向係河臣按照水大水小，約計准銷。其覈減之項，仍令辦下年工程料物。請嗣後銷算時，有經河臣覈減者，定限年内完交，年清年款；如限滿不完查叅。得旨：不過如此定法，行之則在人。若更滋弊，不妨，有尹繼善在。（高宗四五四、一六）

(乾隆三六、四、戊子) 户部議覆：山西巡撫鄂寶奏，豐寧、鎮遠二廳，徵解錢糧耗銀，援引察哈爾西四旗准銷成案，未便擬銷，請交該撫按照彼地現在情形，另奏再議。得旨：此案著派吏部侍郎袁守侗，馳驛前往，會同巡撫鄂寶，酌中定議具奏。（高宗八八三、五）

(乾隆四二、二、辛亥) 户部議覆：安徽巡撫閔鶚元奏稱，耗羨不敷，借動未歸地丁銀八萬餘兩，請就款開銷。查從前江蘇、安徽，雖有議准之案，但概准就款開銷，恐借項愈積愈多，非慎重正項錢糧之道。請嗣後耗羨不敷，如江蘇、安徽等省，遇災賑急需，及蠲緩之年，養廉役食無出等要務。准其奏明，借動地丁墊發，如實無可補，即行奏交臣部覈實。於別省積存耗羨數多者，撥補歸款。所有安徽前項，請即照此辦理。仍令非有刻不容緩之項，不得濫動地丁，亦不准恃有撥補，並不實徵節用。得旨：所奏是，依議。江蘇、安徽兩省耗羨既不敷用，原應以此省之有餘，補彼省之不足。但臨期奏撥，未免辦理周章。著該部通盤覈算。如何於鄰近積存耗羨數多省分，每年酌量奏明，撥解若干，以資接濟之處，即行妥議具奏。尋奏：查附近江南之江西省，耗羨積存三十餘萬兩。所有安徽借款銀兩，請於江西省照數撥解歸還。查安徽省額徵耗羨，於章程冊有定各款，尚足敷用。災賑急需，亦非常年必有之事，若按年撥協，恐積存過多，轉滋弊竇。請於河南省撥銀六萬兩，山東省撥銀四萬兩，交安徽另款留備，遇有急需，題明動用。如不有足，臣部另行籌撥。至江蘇耗羨，前因辦災不敷，近年尚無竭蹶情形，應令撙節辦理，毋庸另籌。再臣等更有請者，查浙江省耗羨內，有備公銀十萬兩，係自雍正六年爲始，於地丁項下，每年劃給。續於雍正十一年因閩省耗銀不敷，於前項按年撥協福建二萬兩。今浙江積有三十餘萬兩，福建積有四十餘萬兩，不但閩省無需撥協，浙江積存，亦足敷數年之用。未便仍照往例，遞年以正項劃作閑款。除福建撥協，永行停止外，請將浙江備公銀，停其劃給。俟積存用完，或須接濟，該省題明。臣部即照安省例，酌於鄰省撥協。從之。（高宗一〇二六、三〇）

(嘉慶四、五、己未) 又諭：從前額設養廉，原爲大小官員辦公日用之資，乃外省遇有一切差使，及無著款項，往往議將通省官員養廉攤扣，以致用度未能寬裕；上司藉此勒派屬員，而州縣遂爾需索百姓。此弊朕所深知，自當概行嚴禁，以清吏治而肅官方。前日松筠奏請停止攤扣廓爾喀軍需，已將朕意諭知勒保、松筠。著通諭各該督撫，凡遇該省應辦公務，原有耗羨備公銀兩可動，不得仍前攤扣各官養廉。至州縣教職佐雜，及吏役等工食，亦著仍照舊例，即於各州縣徵收耗羨內坐支，用歸簡便。其餘仍隨正項錢糧盡

數解司，以杜挪移之弊。(仁宗四四、三)

（**嘉慶五、三、丁丑**）諭內閣：戶部奏，各省支用耗羨銀款，請酌量刪減，並將閒款查明歸款一摺。各省耗羨銀兩，係隨正項徵收，即與正項錢糧無異，不得任意支銷。向來動用耗羨至一千兩以上者，俱奏明請旨，原以杜浮冒濫用之弊；況各省本有存貯閒款銀兩，偶遇地方公務，自當先行儘用，如有不敷，方可借支耗羨。乃近來地方官，往往將閒款私行支用，及有應辦公事，輒稱需用孔亟，轉不提及閒款，而於不應輕用之耗羨，任情挪借，以致日漸虧絀。各省督撫每遇動撥需項，率以本省無可動支，屢向部庫請撥，既添沿途運費之煩，而本省應行存貯之款，日久胥歸無著。現在各路軍營，屢次獲勝，奏報捷音，大功即日告蕆，一切善後事宜，需費浩繁，正資籌備。著照部議，所有近五年各省耗羨贏餘內借款，責成各該督撫速行查明實數，補歸原款，並將動支耗羨之款，各就該省情形，酌量刪減。其各項閒款銀兩共有若干，亦著詳查開單具奏。現已飭令部臣，將近五年案卷通行查對，俟各省奏到之日，再行覈辦。各該督撫務宜悉心查奏，毋任地方官隱匿蔽混。(仁宗六二、一三)

（**嘉慶一〇、一一、辛酉**）諭內閣：戶部奏外省捐監銀兩，仍請解京，並各省例應解部備撥款項，非遇刻不可緩工程，不得擅行動用二摺。各省收納捐監銀兩，曾經降旨，自嘉慶十一年為始，留於外省補還封貯，俟足額後再行奏明請旨。今據戶部奏，此項銀兩，本非藩庫備用正款，可以隨時解京。著照所請，自十一年起，各省收捐監銀，每湊足十萬兩，仍照前解部。如果實有要務必需留用，亦應專摺奏明，不得藉端扣留。其何時可以補歸封貯，著該部體察各該省情形，隨時具奏。至地丁錢糧及關稅銀兩，均係帑項正款，近年南河歲搶修各工，請撥銀至一二百萬兩之多，照舊額數增兩倍，且未經奏報，即已提用，殊屬非是。該處工程，亦非盡係刻不可緩之工，有何迫不及待，竟無暇具摺奏聞乎？嗣後各督撫等如遇實在急需、不能稍緩之事，仍准一面奏報，一面暫行指款支用；若僅係豫購料物及年例歲修等工，均應先行奏明擬動何款，俟接奉諭旨，及部文後，方准借支，不得擅行動撥。(仁宗一五二、一八)

（**嘉慶一一、一〇、乙未**）又諭：鐵保奏，請令各州縣查工驗料，以袪河工積弊一摺。河工用費浩繁，其弊混之處，層出不窮，不可不設法嚴杜。前經明降諭旨，令將河工報銷一事，按照時價具報，不准浮開工段丈尺，以示覈實。復因例價係多年奉行，時價係早晚更易，若專憑時價覈辦，則部中竟將無例可循，日久亦滋流弊。續經降旨，於工程報銷時，將定例准銷若干、其不敷若干、應增時價若干，隨案聲晰具奏。但此事總全在經管大員隨時實心查察，認真覈辦，方於辦工無誤，而用項亦不至虛銷。若稍涉瞻徇顢頇，不加嚴察，即用時價報銷，更可虛開工段丈尺，其弊益大，不可勝言。總之有大工必有大弊，日久必成大案。司其事者，不可圖目前之小利，而不顧日後之大害也。且時價較例價之數，或多至數倍，或尚不止數倍，儻漫無查覈，不加限制，豈任聽工員等隨意捏開乎？京城辦理工程，皆特派大臣查驗收工，鐵保僅請令州縣於工滿之日親赴查驗，尚不足以昭鄭重。此後竟當派出司道府大員，前往各工，按原估工段丈尺，逐加查勘，並將河工例價應報若干，現在因何不敷，須加至幾倍方能辦理之處，據實結報，方准奏銷。若修理未能如式，查有偷工減料情節，即嚴行揭參治罪，以示懲儆。儻司道府等亦瞻徇不舉，別經發覺，一併治罪不貸。餘俱照議辦理。此非朕吝惜帑金，實為保護河工大小官員身家性命，不可不加意慎重也。（仁宗一六九、一五）

（嘉慶一六、三、丙子）諭內閣：溫承惠奏，將直省庫貯款項徹底清釐，除正雜錢糧外，另有附貯賞項存剩並公捐提解等銀四款，或本係恩賞，或通省捐解，向有支用皆不報部等語。此項銀兩，係以通省公捐，濟通省公用，即兵差經費用剩銀兩，亦係恩旨賞給，並非應行報撥之款。著加恩將前項兵差用剩銀兩，賞留直省充公，其提解、公捐等款，仍准本省照舊支銷，免其報部，俾地方公事，得資寬裕。（仁宗二四〇、二八）

（嘉慶二一、一一、甲戌）諭內閣：戶部奏，直隸省自嘉慶十一年至十九年，地丁奏銷案內，行查各款共銀一千二百餘萬兩，節經奏催，總未造冊登覆；其中有例應專案報銷者，亦遲至八、九年之久，未據題報覈銷。辦理實屬延玩。著該督即督率藩司將節年報銷各案，迅速逐案查明，分別題報覈銷。並將單開年久未結各案，一併趕緊清釐，報部覈辦。其遲延各職名，查明照例議處。（仁宗三二四、二二）

（嘉慶一九、八、庚午）又諭：章煦奏，查明東省捐監銀兩，撥解借動各款，內有聊城等州縣辦理煮賑案內，續發銀一萬五千兩，又軍需借動銀三萬六千兩，俱未經詳奏，先行動用。藩庫存貯銀兩，遇有地方公用，例應奏准動支，朱錫爵於煮賑、軍需兩案，先行借撥捐監項下銀五萬一千兩，如曾經稟商同興，則擅挪之咎，伊二人共之，若朱錫爵逕由藩庫動用，同興亦有失察之咎。又據章煦奏，東省續行查出積案六十三起，同興前摺未經列入，其在巡撫任內，更屬因循廢弛。所有前項借動銀五萬一千兩，著同興、朱錫爵照數各半分賠，以示罰懲。（仁宗二九四、二八）

（四）錢糧接交

（順治一五、五、戊午）［九卿、詹事、科、道］又會議都察院條奏四事：一、巡方察吏安民，若所屬地方巡歷未到，則百姓利害，有司賢否，何由得知？今後應令巡歷周遍，仍將巡到地方登記彙報。一、御史差滿，若久候境上，徒費供應。以後差滿，應即回京，將文卷交巡撫收存，候更替御史到日交付；惟鹽、倉、漕、茶、馬等差，關係錢糧，俱候親身交代。一、鹽引用印繁多，一時印用不敷。今後御史奉旨後，該部嚴催該司，將用過印引，交巡鹽盡數帶去；其用印未完者，俟陸續給發。一、緝姦禁暴，巡城所關最重，三月一換，未免太速，以後應六月一換。如無人更換，仍在城辦事。從之。（世祖一一七、一九）

（康熙一一、一二、甲辰）戶部題：各省解交本色顏料等項錢糧，每有遲延日期及惡棍包攬交納之弊。嗣後請令各該巡撫，將批回限定到京交部日期，臣部亦照批文所注日期，於五日內收受完結。如解官逾限，題参治罪；惡棍包攬交納、崇文門人役掯勒等弊，查出從重治罪。從之。（聖祖四〇、一七）

（雍正六、九、丙子）河東總督田文鏡疏言：東省倉庫錢糧，俱有虧空，且多那新掩舊之弊。歷任撫臣，不及查条，皆該管之知府、知州爲之通同徇隱。請嗣後東省知府、直隸知州離任時，將所轄州縣倉庫錢糧，俱照豫省交代之例，限三個月，令接任官查明出結。如有虧空，即著落知府、知州均半分賠，完後方許另赴新任。儻接任官徇情出結者，即著落出結之官分賠。再查知府、直隸知州亦有倉庫，向係該管之道員盤查。請嗣後道員升遷事故離任者，亦照此例交代。得旨：東省吏治廢弛，倉庫錢糧尚有虧空，且多那新掩舊，及仍復收受陋規，加增火耗科派等弊，是以特命田文鏡爲河東總督，整理清查，掃除錮習。雖管理錢糧係巡撫專責，然岳濬以少年新辦巡撫之事，或有未諳。田文鏡練達老成，經理豫省錢糧，已有成效。則東省錢糧於積弊叢生之後，應悉聽田文鏡主張料理。岳濬與費金吾盡心竭力，協同贊助，則自無不清釐之患矣。儻稍存怠忽之念，經朕察出，定將布政使嚴加處分，該撫一併議處。田文鏡此奏，俱照所請行。又前邁柱差往江西辦理錢糧，甚爲妥協。今湖北、湖南錢糧亦有不清者，著邁柱與巡撫一同辦理。凡各省錢糧，總督舊無兼辦之責，今令田文鏡、邁柱兼理者，乃因人而施，後不爲例。（世宗七三、二四；東六、二七）

（雍正六、一一、戊辰）戶部議覆：護理江西巡撫印務布政使李蘭疏言，直省州縣各官，到任日期，向來止報吏部，不報戶部，是以交盤遲延，戶部無從查核。請將到任日期，報明戶部，即以到任日為始，定限兩月，交盤錢糧，逾限題參。應如所請。得旨：向來州縣交盤錢糧倉穀，俱以兩月為限。但額徵數少之地方，自可依限清楚，其額數繁多之處，定限未免太迫。嗣後州縣錢糧交代五萬兩以上者，令展限一個月；十萬兩以上者，展限兩個月；十五萬兩以上者，展限三個月。著為定例，通行直省，一體遵行。（世宗七五、一六）

（雍正七、閏七、癸巳）諭內閣：凡州縣官新舊交代，如錢糧、倉穀、驛馬等項，自應據實查盤，秉公授受。在上司不得徇庇前官，抑勒交代；在後官不得留難前任，挾詐行私。斯於理為至當，於法為得平。即以倉穀、驛馬二事言之，若果米穀紅朽、糠粃不堪，自當據實揭報。但聞有刻薄之人，恣意苛索，於搬颺之時，高下其手，好米亦有虧折，以致前任之官，畏其搬颺，勉強議幫銀兩，而後得以交代離任。驛馬若果疲瘦，不能應差，自應退還前官，著落賠補；又聞有故意勒掯者，將好馬退還，強令交銀，又託言需馬應差，以賤價買其原馬，餘銀入己。此等惡習，各省州縣官，每嘗有之，朕曾經訪聞，即督撫大臣，亦有以此入告，請定例通行嚴禁者。朕思前後交盤，乃國家政治之所關，亦本人考成之所係。如果前任之人，事事清楚，豈後任者皆屬無良之人，而好為刻覈之事？今接任之干係既重，而又不令其舒展盤查，情理實未允協。況不肖之員，往往於將近離任之時，百計侵蝕、扣克，以貽後人之累，則其過又不在接任之員矣。是以前後之間、寬嚴之際，難以概論，亦難以法律相繩，惟在督撫大吏等，於未交代之先，推誠訓誡，正交代之際，留心察訪，既交代之後，體其情理，即此可知屬員之立志為人矣。若過在前任，則叅處前任，在後任，則叅處後任。不存成見，不涉偏徇，耳目能周，賞罰悉當，則吏治事事可望肅清矣。至於訓誡屬員，又當動以天良，曉以利害，儻前官欲貽累於後人，後官欲苛求於前任，是皆損人利己、假公濟私，目前之獲利有限，暗中之造罪無窮。天道好還，國法具在，恐究不能免於貪刻之報。著通行曉諭各省大小官員知之。（世宗八四、一九）

（乾隆七、八、丁酉）戶部議覆：兩淮鹽政準泰疏稱，經管錢糧各官，例有交盤定限，兩淮鹽屬二十五場大使徵解錢糧，止有奏銷分數考成。而新舊交代，並無報部定限，亦無冊報部科。若不立定章程，勒限催辦，則新舊各員，恃無交代處分，任意延緩，或至虧欠那移，均未可定。應請嗣後將兩淮鹽場大使，亦照州縣例，勒限兩個月交盤，造冊加結，咨報部科查覈。倘逾限未清，查明新舊兩任，係何任遲延，分別叅處。若有侵挪、虧空情弊，即行嚴參。應如所請。再查兩淮場員交盤，既經定有例限，則凡經管鹽課大使等官，事同一例，自應通行各省，一體遵行。從之。（高宗一七二、三三）

（乾隆二四、一一、甲寅） 軍機大臣等議覆：江蘇布政使常亮奏稱，江蘇民欠，較別省爲最繁。總因州縣接受交盤之際，並未實力查辦。意謂後有發覺，其咎仍在前官，無所顧忌以致積欠纍纍。請嗣後江蘇州縣錢糧，專責新任官，凡遇接受交盤，將節年未完民欠，數在五萬兩以上者，於交盤原限外，展兩個月；五萬兩以下者，展一個月，徹底清查。如有官侵吏蝕，即於限內報參。如結報交代後，有前任官任內以完作欠、衙役兜收侵蝕等弊，經後任官及歲底盤查之道府州查出，不必更查前官，惟現任出結之員是問。至道府州歲底盤查印結，亦照交代之式，隨奏咨部存案。如能隨時查出前弊揭參，照例免議；倘姑容徇庇不報，一併參處。均應如所請行。從之。（高宗六〇〇、二二）

（乾隆三八、七、乙酉） 戶部議准：貴州巡撫覺羅圖思德奏稱：各省知府州縣，陞調離任。所有經管錢糧，例由本府本道，盤查出結。其有本屬州縣即陞本府，本府即陞本道，若仍由陞任之道府加結，難保無捏飾弊混。應請嗣後遴委隣封道府，清查結報。從之。（高宗九三九、五五）

二、考成獎懲制度

（順治一一、一、丁巳） 定倉糧考成則例：各州縣官未完一二三分者，住俸；四五分者，降俸一級；六七分者，降職一級；八九分者，降職二級；十分者，革職。俱戴罪督催，限文到三月內催完，方准開復。糧道以合屬通計，未完一分者免議；二三四分者，住俸；六七分者，降俸一級；八九分者，降職一級；十分者，降職二級。俱戴罪督催，仍限三月內催完開復。（世祖八〇、一〇）

（順治一二、六、癸亥） 戶部議覆：總督倉場王永吉疏言，運官領運之後，將漕米盜賣侵蝕，發追不完，欠一分者革職，二分者杖一百、徒一年，三分者杖一百、徒三年，四分者發附近衛所充軍，五分者發邊遠衛所充軍，六分者絞，七分者斬，俱監候，八九十分者立決，籍其家產人口。從之。（世祖九二、五）

（順治一三、八、丁酉） 復定直省錢糧考成則例：其州縣經徵接管正印官，俱按任事月日多寡，每官各作十分計算完欠分數，仍照定例處分。其署官處分，欠一二分者罰俸三個月；三四分者罰俸六個月；五六分者罰俸九個月；七八分者罰俸一年；九十分者降職一級調用，不及半月者免議。其巡

撫、司、道、府、州俱各作十分計算，照舊例處分。（世祖一〇三、一五）

（**順治一四、三、甲寅**）江南江西總督郎廷佐疏奏：請舒江南三大困。一、江南官多降調，爲錢糧積欠多而考成嚴也。以數年之積逋，追徵於一時，官有必去之念，民無懾服之心，爲有司者，尚能以布皇仁耶？請將考成規則，去其降調之例，重不過革職戴罪，仍令在任課其成功，必自安心治理矣。一、江南自八年至十三年，積欠錢糧四百餘萬，未必盡欠在民，或官吏侵蝕，或解役烹分，新舊牽混，上下朦朧。請以十四年爲止，通將從前積欠，總令右布政使查其已解而無批回、被經承侵欺那借者，及某官支用提取而不應開銷者，注數清追，分爲二册。若民間實欠，則又爲一册。議定一年止徵若干，示民知有應完之數。分路督催，責成各道，握總者爲右布政使，按册而稽，專理舊欠；一切新糧，專責左布政使。則徵新補舊之弊可除矣。一、江南爲數省咽喉，商賈舟楫所聚，向因大軍經過，封船載送，商民坐困。或謂禁封貨船，但封空船，不知江河之內，舍貨船，空船無幾，豈能載往還兵馬乎？臣見江西已經造船，備送兵馬，江南亦可踵行，庶商困得蘇，軍機不誤矣。疏入，上以其言深切時弊，下所司詳議。（世祖一〇八、一五；東六、一四）

（**順治一四、一〇、庚午朔**）諭吏部：錢糧係軍國重務，有司考成，自不容寬。但近來各處拖欠，降調紛紜，新舊交代，反誤催徵，官雖屢更，拖欠如故。以後因錢糧降調各官，俱著帶所降之級，在任督催，完日開復。（世祖一一二、二）

（**順治一四、一二、壬申**）定戶部錢糧考成則例：州縣官欠七分者，降職四級，欠八分者，降職五級；布政使、知府、直隸州知州欠八分者降職四級，欠九分者降職五級；俱戴罪督催，完日開復。（世祖一一三、一〇）

（**順治一五、六、丙戌**）刑科左給事中任克溥奏言：江浙財賦半天下，屢年積欠甚多，今特遣專官督理，法誠善矣。臣思繁劇大縣，儻遇年老之令，一見數十萬錢糧册籍，目眩心搖，豈能催徵得法？請敕督、撫、按將欠糧有司，嚴加考核，有老邁罷軟者，報部開缺，將甲科歷俸二年以上、聲望素著者調補。三年內能將本任錢糧全完，而從前逋欠一一查明款項，造册達部，死亡逃絕者，請旨定奪。如此，方爲經濟有用之才，立予超擢。即有小過，量加寬宥。如三年內未能全完，亦不妨寬期觀成，庶人人鼓勵，而國課自清矣。然有司逋課，實有三難。一曰彌縫之難。有司十分精神，三分辦政事，七分奉上官。迎送細節也，有因失而受辱者矣；条謁屢禁也，有漸遠而獲譴者矣；餽送嚴飭也，有以奔競之疏密，定官評之優劣者矣。有司精神有限，竭盡心思彌縫上官之不暇，而何暇於政務乎？必督、撫、按互相糾察，互相砥礪，大者法而小者廉，庶有以寬有司之力。一曰掣肘之難。有司職分尚卑，無論地方紳士情面難破，即上司衙役，嘗懷鼠器之嫌，間有申報上司之事，誠恐衙役中傷，甘心隱忍者。臣愚以爲，遇此等抗不納糧者，一面申報督、撫、按，一面申報部科，題參重處，庶催徵無掣肘，而可以作有司之氣。一曰差提之難。大縣事務冗雜，上司差人，有守催、有急催、有接催，蜂擁喧鬧，索公館、索路費，有司敢怒而不敢言，甚至有憤激自盡者。若輩之逼勒，較上司譴責，更爲難堪，乞敕旨嚴行禁革。止許牌票行催，庶催提無煩擾，而有以存有司之體。更有積弊宜除者，錢糧缺額，民間固有挂欠，胥役實多侵漁，其那借透冒無可開銷者，則盡歸之民欠。臣愚以爲凡遇歲終，州縣將民欠花名，開造清册，申報藩司撫按，擇欠數最多者，委廉幹官員，親詣地方，逐里逐圖，按冊面對。如此，則民欠不敢妄報，而實徵之數乃真，侵漁之弊，無自出矣。且衙蠹之惡，莫甚於侵漁錢糧，以後凡遇此等，審明申請，立行正法，查產入官。彼之侵課，無非爲身家計，今身家不保，未有不廢然思返者矣。總之，懸異賞以待良吏，立嚴法以懲蠹胥，而國課不清者，臣未之敢信也。下所司議。（世祖一一八、八）

（順治一五、九、乙卯）河南巡撫賈漢復疏報：清察開墾荒地共九萬餘頃，每歲約增賦銀四十萬八千餘兩。上以其實心任事，下所司優敘。（世祖一二〇、一八）

（順治一五、一一、辛丑）加河南巡撫賈漢復兵部尚書，以清出地畝錢糧四十萬餘兩也。（世祖一二一、一八）

（順治一七、三、戊寅）户部議奏漕、糧二道考成則例：山東、河南二省漕糧數少，糧道十分全完者紀錄一次，欠一分者罰俸一年，再運又欠一分者降一級調用，一運欠二分者降二級調用，欠三分者革職。江南、江北、江西漕糧數多，十分全完者陞一級，欠一分者罰俸一年；再運又欠一分者降一級調用；一運欠二分者降二級調用，欠三分者革職。其有前官遇丁憂事故、後官接管運事者，如在未開幫以前，後官照例陞罰降革，前官免議；如在開幫以後，接管官十分全完者紀錄，欠一分者罰俸半年，欠二分者降一級調用，欠三分者降二級調用，欠四分者革職。前官酌量議奏。漕道以通漕計算，十分全完者陞二級，其罰俸降革例，與糧道同。至各省押運通判，應照開幫以後接管糧道例。從之。（世祖一三三、二〇）

（順治一七、一一、戊寅）刑部等衙門會覆鳳陽巡撫林起龍疏言：皇上立法懲貪，官員犯贓十兩、衙役犯贓一兩以上者，流徙；贓重者，分別斬絞。今撫臣林起龍言立法過重，人犯抵死不招，徒有流徙之虛名，致棄充餉之實用。臣等議，今後貪官犯贓，仍照律追擬，以助軍需；其衙役犯贓，若照律擬罪，恐法輕不足懲姦，今後衙役亦照官律擬罪。得旨：貪官蠹役害民，屢懲弗悛，不得不特立嚴法，冀人人畏懼，省改貪心，始不負朕懲貪救民之意。今林起龍疏稱，衹緣法重，以致人犯抵死不招，追贓甚少；爾等會議，請仍照律擬罪，贓追入官，以助軍需。夫與其畏法不招，何若使其畏法不貪；與其饜足貪腹，以贓濟餉，何若使其不貪，民得豐裕，國賦亦充。朕明知立法既嚴，於貪官蠹吏有所不便，必懷怨心，但軫念民生，即為貪蠹所怨，亦不遑恤。若不如此，貪風何由止息，小民何日安生？仍著遵前諭行。林起龍所奏與爾等所議，俱屬不合，著嚴飭行。(世祖一四二、二一；東七、三〇)

(順治一八、一、己卯) 諭吏部、戶部：錢糧係軍國急需，經管大小各官，須加意督催，按期完解，乃為稱職。近覽章奏，見直隸各省錢糧，拖欠甚多，完解甚少。或係前官積逋貽累後官，或係官役侵那，借口民欠。向來拖欠錢糧，有司則条罰停陞，知府以上雖有拖欠錢糧未完，仍得陞轉，以致上官不肯盡心督催，有司怠於徵比，支吾推委，完解愆期。今後經管錢糧各官，不論大小，凡有拖欠条罰，俱一體停其陞轉，必待錢糧完解無欠，方許題請開復陞轉。爾等即會會同各部寺，酌立年限，勒令完解。如限內拖欠錢糧不完，或應革職、或應降級處分，確議具奏。如將經管錢糧未完之官陞轉者，拖欠官並該部，俱治以作弊之罪。(聖祖一、一六；東一、二)

(順治一八、二、丁酉) 戶部議覆：江寧巡撫朱國治疏言，江南屯政錢糧，屯田道專責，應與都司一例考成。應如所請。從之。(聖祖一、二三)

(順治一八、三、庚戌朔) 定直隸各省巡撫以下、州縣以上徵催錢糧未完分數處分例。(聖祖二、一；東一、三)

(康熙二、五、丙戌) 戶部議覆：工科給事中吳國龍疏言，直隸各省解京各項錢糧，自順治元年起總歸戶部，至七年復令各部寺分管催收，以致款項繁多，易滋奸弊。請自康熙三年為始，一應雜項俱稱地丁錢糧，作十分考成。除每年正月扣撥兵餉外，其餘通解戶部，每省各造簡明賦役冊送部查核。其易知由單，頒給民間者，盡除別項名色。至各部寺衙門應用錢糧，年前具題數目，次年於戶部支給，仍於年終核報。應如所請。從之。(聖祖九、九；東一、一八)

(康熙二、七、壬辰) 刑科給事中查培繼疏言：錢糧新例，不分款項，總作十分考成。帶徵舊欠之法，亦當依新例酌定。除順治十五年以前民欠，俱經蠲免外，其見在應徵銀米，不分四部二寺款項，彙算總數，區作十分徵解戶部。其三部二寺額數，有未完解者，亦但移咨戶部，陸續支補。庶追舊徵新，統歸畫一。至處分帶徵之例，亦將民欠數目，統算若干，總作十分考成，酌議年限，分別完欠，以課功罪。庶吏殫慮以催科，民遵限以輸納。下部議。（聖祖九、二一）

（康熙二、一一、庚寅）戶科給事中吳愈聖條奏：州縣因錢糧被參，繼經督撫報完開復，部議輒以未經題明本官任內續完或接管官續完，其續完銀兩見貯何處，推敲不已，重疊駁查，保無奸胥蠹役索詐。嗣後開復各官，如某年參欠錢糧，於某年某月續完，其銀係交該司、或該府、或發某處兵餉，俱一一開明，該部據疏即為注銷。下部議行。（聖祖一〇、一三）

（康熙二、一二、庚戌）戶部題定徵收地丁錢糧總作十分考成則例。（聖祖一〇、一六）

（康熙四、三、辛丑）吏部、戶部議覆：吏科給事中傅感丁疏言，凡官員陞任後，如有錢糧未完、緝盜未獲等事題參，本官撤回，錢糧勒限一年、緝盜勒限二年，如限內不完，該督撫查參，照原任降三級調用。如限內錢糧全完、盜賊全獲者，本官仍照原陞之項補用。應如所請。從之。（聖祖一四、二六）

（康熙四、七、丙午）諭吏部：順治十八年三月內定例，凡各官經徵帶徵一應錢糧全完者，該部准其開復，咨吏兵二部，照常陞轉。其新年錢糧未經銷算者，於本任內扣定若干月日錢糧分數，令在本任全完，方許赴新任；若本任錢糧不完，即赴新任，許該撫按題參，照例革職；如撫按將所轄各官本任應徵分數不令全完，即准赴新任者，將該撫按治以朦蔽徇情之罪，降二級調用。此例雖經題定，近見陞任官員，有錢糧未完即赴新任者，爾部並未將巡撫等官照此例處分，殊屬不合。本應將爾部議處，念係已往之事，姑從寬免。其原定例內，並未議及總督及巡鹽、茶馬御史處分之例，應作何處分，著定議具奏。（聖祖一六、六）

（康熙六、五、己未）諭吏部等衙門：……州縣等官，因錢糧未完處分者，於未離任之先全完，准其開復。今思民間正項錢糧，豈有拖欠？皆由不肖有司，非侵欺，即那移，若仍令在任催完，不過額外加派，百姓愈困。嗣後未離任全完開復之例，永行停止。其所欠錢糧，如旗員，交於該都統，漢人，交於該督撫，令照數追取。亦著定例具奏。……戶部議覆：那用錢糧各官，仍照舊例處分。如係侵欺者，限一年追取，限內不能全完，將家產變價入官。從之。（聖祖二二、八）

（康熙一二、七、甲午）户部等衙門遵旨會議：清理錢糧應嚴新舊官交代，交代嚴則侵欺、透冒、那移、墊解等弊并拖欠未清等弊可杜。嗣後司道、府、州、縣新舊官交代之時，如前官任內有侵欺、透冒、那移、墊解并拖欠未清等弊，署官、新官即行通報上司題參，將前官照例處分。如署官、新官徇隱不報，交代後始行查報者，不必議前任之官，竟坐接任官名下。侵欺、透冒者，照侵欺例擬罪；已徵那用詐稱民欠者，照例革職拏問；那移、墊解者照那移例議處。如後官不受交代通詳督、撫、司道，而上司不行詳報題參，徇庇舊官，逼勒新官交代者，許新官即行據實指名報部，將逼勒之上司以徇庇議處。本官既報參上司，本省難以為官，應於別省員缺調補。再，州縣官有侵欺、透冒、那移、墊解等弊，司道官亦照知府例，於次一年內查出者免議，如遲至三四年始行查出者，仍以失察例議處。其餘各款，仍照舊定例遵行。從之。（聖祖四二、二五）

（康熙一五、八、丙寅）諭户部：今正當軍需浩繁，在外總督、巡撫及經管錢糧各官，俱宜潔已奉公，殫心料理。一應收支銷算，詳明造冊，據實開報，聽部核議。近見部覆各處奏銷本內，或因款項不符，或因數目舛錯，或因造報遺漏，或因冊結不到，多致駁察。道路往返，動經歲月。明係地方各官不加意清釐，故留疑竇，希圖延挨時日，以滋弊端。錢糧朦混不清，民力苦累益甚。以後如何盡除積習，錢糧不致駁察，爾部定議具奏。（聖祖六二、一五）

（康熙一五、九、丁酉）户部遵旨議覆：錢糧項款繁多，督撫以下及經管衙門，各宜殫心料理。查定例，數目舛錯、造報遺漏者，各府、州、縣、衛、所各官罰俸三月，督、撫、司道、都司罰俸一月等語。今議，府、州、縣、衛、所官員所造冊內，有數目舛錯遺漏，督、撫不行查出，經該部查出者，將府、州、縣、衛、所官員罰俸一年，督、撫及轉報司道、都司，各罰俸六月；如督、撫、司道、都司所造冊內，有數目舛錯遺漏者，亦應各罰俸六月。又奏銷錢糧，祇憑冊結磨對。今議，司道、都司、府、州、縣、衛、所官員，將冊結遲延不送，經該督、撫題參，違限一月者，罰俸六月；違限二月者，罰俸九月；違限三月者，罰俸一年；違限四五月者，降一級留任；違限六月以上者，降二級調用；違限一年以上者，革職。如司道、都司、府、州、縣等官將冊結申送督、撫，而督、撫遲延，不隨各案一併送部者，經該部查出題參之日，將督、撫違限五月以下者，亦照司道、府、縣等官例處分；違限六月以上者，降二級留任；違限一年以上者，降三級調用。從之。（聖祖六三、五）

（康熙三九、二、丁卯）直隷巡撫李光地題：目前因循積弊，未有甚於虧空者，不可不立法釐清宿弊。一、雜項錢糧，不入奏銷案内者，應責成該管上司，於盤查正項時，一併照例盤查保結，則那移之弊杜矣。一、上司盤查屬庫，例責年終。嗣後應自該年十一月起至次年奏銷以前止，親至查明。如有虧短，立行揭報，見存無虧，據實出結。則期限舒徐，可以逐項周察也。一、虧空那移，律例雖有正條，但法輕易犯。嗣後地方官如有那移銀至五千兩以上或糧米至六千石以上者，無論已未革職，仍擬滿流，不准折贖；即遇恩典，亦不准減免。庶人知畏法，而倉庫加謹矣。下部議行。（聖祖一九七、一〇）

（康熙四一、八、戊戌）户部議覆：江蘇巡撫宋犖疏言，江南財賦重地，各官錢糧處分，有應加酌改者。如署印官徵收錢糧，欠一分至二三分止於罰俸，欠四五分者始降一級調用。署印官多綠處分例輕，以致因循怠忽，應改爲重例，俾知儆惕。又徵收地丁漕項錢糧，初叅未完一分以上者，年限内雖有續完，仍照未完一分例，降三級調用。各官以難逃部議，寧坐受叅處，舊欠不復完納，請改輕例以勸諭之。應如所請。嗣後署印官徵收錢糧，欠三分以上者即降一級調用，其經徵經催官員，初叅未完一分以上者，年限内果能完至八九釐者，仍降三級，免其調用，並著爲令。從之。（聖祖二〇九、一二）

（康熙四二、一〇、庚寅）吏部題：山東巡撫王國昌、河道總督張鵬翮等擅動常平倉米穀賑濟，擬各降一級。其所動米糧，仍令賠補。上諭大學士等曰：朕曾諭總漕桑額、總河張鵬翮，將漕米各轉運二萬石，一面賑濟飢民，俟願往賑濟效力人員到日，交與伊等賑濟。諭旨甚明，張鵬翮等亦曾具摺奏明，何故擅動常平倉米穀賑濟？著將朕原諭並張鵬翮所奏摺子，逐一查明具奏。（聖祖二一三、二四）

（康熙四三、三、壬寅）九卿遵旨議覆：臣等先議州縣官倉穀霉爛者，督撫題叅革職留任，限一年賠補，賠完免罪復職；逾年不完解任，二年外不完定罪，著落家產追賠。得旨：著行文各省督撫定議具奏。今直隷各省督撫等疏稱，所議倉穀霉爛，限年賠完甚當。但恐有扶捏之弊，應於補完日令府道出具印結，申繳藩司督撫存案。如再有虧空，府道亦分別議處。應如所請。從之。（聖祖二一五、一六）

（康熙四三、四、戊子）河道總督張鵬翮疏言：山東賑濟，臣等誤用常平倉穀。今臣屬河員，願將俸工清還山東倉糧。得旨：山東省昨歲歉收，若將河員俸工銀兩解至山東買穀，則穀價必致騰貴。江南產米之地，又水路易

於輓送，著總河張鵬翮等，即從江南購買穀石，運至山東，交倉還項。（聖祖二一六、四）

（康熙四四、二、丁卯）户部議覆：貴州巡撫于準疏言，黔省錢糧，九月開徵，至歲終，僅止四月，爲期甚迫，恐州縣各官考成心切，徵比急迫，或致累民。懇將黔省徵收錢糧考成之限，展於來年三月。應如所請。從之。（聖祖二一九、五）

（康熙四四、八、己酉）户部等衙門議覆：江蘇巡撫宋犖等疏言，蘇、松、常、鎮四府，賦稅繁重，俱有積欠。州縣官到任未經兩年，即罹降革。請將州縣官本任內，經徵每年地丁漕項錢糧，完九分以上者，或因接徵舊欠錢糧復被叅處，其降級調用之例，酌改降級留任，再限一年催徵；如仍不完，照伊所降級調用。應如所請。從之。（聖祖二二二、六）

（康熙四六、一一、壬申）吏部議覆：山西巡撫噶禮疏叅潞安府知府白邦傑借欠官銀，一年限滿未完。請將白邦傑降俸二級，令其戴罪完結。上諭大學士等曰：凡借官銀者，因不能完銀治罪，若留任追賠，必希圖還債，以致剋剝小民矣。嗣後凡牧民官員借欠官銀不能完納，即令離任追賠，已還後准其開復；如不能清還，即以家產抵償。如此，則官銀不致虧欠，而亦無剝民之事矣。著交九卿定例議奏。（聖祖二三一、一六）

（康熙五二、二、己巳）户部議覆：山東道御史成文運疏言，奉差收稅官員，定限一年期滿，不應攜帶家口。其有廣收童僕及任所置婢妾者，亦請禁止。回京後，考核未畢，不得擅買田宅并放債等項。應如所請。從之。（聖祖二五三、一四）

（康熙五三、一〇、丁酉）户部議覆：盛京户部侍郎董國禮疏言，萬壽恩詔，將各省地丁錢糧盡行蠲免，其盛京所屬各處旗人所種地畝內應徵之米、豆、草，與歷年舊欠之米、豆、草，請照奉天府地丁錢糧蠲免之例蠲免。應如所請。得旨：依議。各省州縣徵糧之官，皆有考成，盛京並無考成之例，故每年拖欠甚多。盛京地方官聲名不好，部員徵取肥己，亦未可料，著交與户部嚴查。嗣後盛京等處徵取米、豆、草官員，亦著考成。（聖祖二六〇、二〇）

（康熙五九、七、庚午）先是，上諭户部，直隸各省錢糧，虧空甚多，應作何立法，使虧空之弊永遠清理，著行文各該督撫確議具奏。至是，户部據各該督撫等覆疏，會核定議：查直隸各省督撫等所奏，或與定例相符，或與錢糧無益者，均無庸議外，如陝西總督鄂海、福建浙江總督覺羅滿保、廣東廣西總督楊琳、浙江巡撫朱軾、廣東巡撫楊宗仁、廣西巡撫宜思恭、湖廣巡撫張連登、偏沅巡撫王之樞、福建巡撫呂猶龍疏稱，州縣錢糧，令知府嚴加稽查，隨徵隨解，無許久存州縣庫内，以絶侵那之弊。應如鄂海等所請，嗣後州縣官徵收錢糧，務令隨徵隨解，如遲延不解，即令該府查報叅處。如州縣批解錢糧，而布政使抵充雜派，扣批不發，許州縣官申報督撫，并報部院衙門題叅。四川總督年羹堯、江南江西總督長鼐疏稱，州縣虧空錢糧，或知府有扶同徇隱情弊，別經發覺者，請將知府叅革，責令獨賠。應如年羹堯等所請，令各該督撫確查虧空情由，或因知府扶同徇隱以致虧空者，即行叅革，令知府獨賠。江南江西總督長鼐、雲南貴州總督蔣陳錫、山西巡撫蘇克濟疏稱，州縣官恃有上司分賠之例，本無虧空，將庫銀藏匿，假捏虧空，應令督撫核實題叅，嚴加議處，其虧空銀兩，仍在該州縣名下獨賠。應如長鼐等所請，嗣後州縣官有捏報虧空，審明定擬，即於本犯名下獨追還項。河南巡撫楊宗義、雲南巡撫甘國璧、江西巡撫白潢、護理貴州巡撫印務布政使遲炘疏稱，州縣因公那用虧空錢糧，請照霉爛倉穀之例，革職留任，限年賠完。其霉爛倉穀者，不論在任解任，以及分賠之知府，能於限内全完，准其開復。應如楊宗義等所請，虧空錢糧果係因公那用者，將該員革職留任，勒限賠補，限内全完，准其開復。至霉爛倉穀，見在叅追者，於一年限内，如數完補，亦准開復。再州縣虧空錢糧，或有知府揭報、而布政使不即轉揭，或已揭而督撫不即題叅者，應令該知府申報部院，將督撫、布政使等官俱照徇庇例議處，仍令分賠。其衛所官員虧空屯衛等項錢糧，亦照地丁之例處分。著爲定例。以上徵解追賠各條，既經各該督撫等具題定議，即應責成督撫。如虧空未發之先，伊等不盡心防範，虧空已覺之後，伊等不竭力補苴，應將該督撫嚴加議處，責令分賠完項。從之。（聖祖二八八、一〇；東二一、一一）

（**康熙六〇、九、癸丑**）户部等衙門議覆：都察院左都御史朱軾疏言，直隸各省積貯倉穀，不肖有司，任意侵那，一經地方報災，或稱平糶，或稱借貸，或稱煮粥，總係有名無實。請敕該督撫等逐一詳查，其虧空數少者，勒限補還。逾限不完，將該州縣革職嚴追。如虧空數多，即行拏究，詢有侵欺情弊，立即正法，嚴追家屬完項。又地方官，每因賑濟動支倉穀，輒稱捐俸抵補。查俸銀有限，倉穀甚多，不但抵補無期，且册開之數，借非實借，還亦非實還。請敕該督撫等，徧查捏報，勒限嚴追。督撫如有隱徇之處，別經發覺，一併交部，嚴加議處。均應如所請。從之。（聖祖二九四、一八）

（**雍正一、二、己卯**）諭吏部：虧空錢糧各官，若革職留任催追，必致貽累百姓。伊等既已獲罪革職，豈可復留原任？嗣後虧空錢糧各官，即行革

職，著落伊身勒限追還；若果清完，居官好者，該督撫等奏明。著通行直隸各省督撫知之。(世宗四、三四)

（**雍正二、八、戊寅**）刑部等衙門議覆：條奏內稱官員虧空錢糧，審係那移案內有多至數萬兩者，或以罪止擬流，而任意那用；或以罪無遞減，而故意不完。請嗣後那移一萬兩以上至二萬兩者，發邊衛充軍；二萬兩以上者，雖屬那移，亦照侵盜錢糧例擬斬。俱限一年全完免罪，二年完者減二等，三年完者減一等；三年限滿不能全完，查未完之數照例治罪。應如所請。從之。(世宗二三、六)

（**雍正四、四、甲子**）户部等衙門議奏：原任直隸總督李維鈞，侵蝕俸工銀十四萬八千餘兩，勒限五年追完。若限滿不完，或不足數，照侵蝕例治罪。得旨：五年限滿，分毫不完，然後治罪，於錢糧何益？此等缺欠錢糧，勒限追賠事件，應將所欠銀兩數目，按所勒年限計算，一年應完若干。儻一年應完之數不完，如何治罪；年限已滿，不能全完，又如何治罪之處，著分別定議，嗣後一體遵行。(世宗四三、二)

（**雍正六、四、庚寅**）諭內閣：積貯米穀，所以備旱潦緩急之需，民命攸關，最為切要。朕無時不加訓飭，嚴其考成，務期地方有司，實力奉行，庶可有備無患。又念倉厫若不堅固，必有霉爛虧折等弊，是以雍正四年，諭令各省加意修理。但恐有司視為具文，奉行不力。且新舊官未定倉厫交代之例，或去任之員，以損壞、滲漏之厫座，任意交代，貽累於後官；或接任之員，有霉爛虧空等情，而藉口舊日倉厫之不修，委咎於前任。似此種種弊端，皆於積貯之政，大有關係。嗣後著將各府州縣倉厫入於交盤項內。新舊交代，若有傾圮、滲漏之處，著接任官即行揭報。儻有徇情濫受者，即係接任官之責。除照例處分外，仍令賠修。如此，則有司各顧考成，於積穀養民之道，實有裨益。其如何定例之處，著九卿會議具奏。尋議：嗣後各府州縣倉厫，俱造入交盤項內。若有木植毀爛、傾圮、滲漏者，著接任官即行揭報，將前任官照例議處賠補；如接任官有徇隱濫受者，亦照例議處，仍令賠修，其霉爛虧空米石，著限年賠完，限內不完，照例治罪。從之。(世宗六八、五)

（**雍正八、九、丁丑**）諭大學士等：從前直省應行起運錢糧，該省撫藩以解部為艱，每至撥餉之時，百計營求，借備公協餉之名，存留本省；而户曹堂司，亦就中漁利，將雜項稅課盡留該省司庫，即正項解部者，亦屬寥寥。以致外省撫藩得藉存庫名色，通同那用，而州縣效尤，亦不肯隨徵隨解。官侵吏蝕，虧空累累。自怡賢親王總理户部以來，與二三大臣，同心釐整，直省一切正雜錢糧，除實在存留，併各封貯數十萬兩以備公用外，其餘悉於春秋二季按數撥解。從此各省不敢有虛收虛報之弊，是以虧項漸清，帑藏充裕。今怡賢親王薨逝，戶部大臣仍遵守遺規，未嘗稍易。但恐不肖司官及姦猾胥吏乘間覬覦，希圖撞騙；而無知外吏，或冀倖可以復行舊習，稍留掩藏虧空餘地，仍令書吏家人到京鑽營，亦未可定。儻有此等，或經戶部大臣察出条奏，或朕親有訪聞，定將撫藩革職究擬，司官書吏，即行正法，決不姑貸。（世宗九八、八）

（**雍正一三、九、丁巳**）果親王允禮奏：請定侵盜錢糧罪例。得旨：如此辦理纔是。具見王公忠誠直，而非爲苛刻者也。將此奏與九卿看。其三百一千之數，原係法司上下其手之通弊，著永行禁止。其援詔邀免之處，著以一萬兩以下爲準。有逾此數，不准豁免。餘依議。（高宗三、一二）

（**雍正一三、九、辛酉**）諭吏部：凡有虧欠錢糧未完之人，定例不准銓選；至於有恩免銀兩之人，與虧欠未完者有別，若亦照例不准銓選，實爲可憫。前因范時繹都統任內，条劾旗員之奏，遂將候補候選諸員概停選補。今年皇考本欲開恩，未及降旨，今朕仰承聖意，著將恩免銀兩人員及其子孫應選應補者，俱准入伊等班次銓用。爾部即遵諭行。（高宗三、二九）

（**乾隆一、七、癸卯**）戶部議准署湖廣總督史貽直奏：虧空倉儲，向例計贓科罪。請查照一米二穀之成例，每侵那米一石，比照侵那銀一兩；穀一石，比照侵那銀五錢，計算治罪；麥、豆、高粱、青稞等各色雜糧，照穀石一例科斷。從之。（高宗二二、二六）

（**乾隆一、一〇、己丑**）諭總理事務王大臣：戶刑二部奏請，遵奉恩詔豁免欠帑人員內，查原案有應行追繳者，有不應行追繳者。朕思不應追繳之案件，與其赦免於事後，何如詳審於事前？使人無拖累，而事易辦理。即如開欠一節，原係借貸交接之私情，遇本人或有虧空及應追之項，自當聽其自行索討，以清公帑。今乃令將平日欠銀之人，一一開出，即按開出之人，著令完繳。是以私債而成公項。從前辦理殊未妥協。其他分賠、代賠、著賠，名色甚多，如道府有稽查州縣之責；州縣設有虧空，道府非屬分肥即係疏縱，責令分賠，實屬允當；若或因錢糧數多，一人未能歸結，而令旁人分賠、代賠、著賠，則本屬牽連，而歷久難完，又不得不爲開豁，於國帑仍無裨益。其應如何分別定例，俾事不滋擾，而法在必行，著戶刑二部妥議具奏。尋議：分賠案內，如有霉變米穀、短少官物者，著落接受出結之員賠補，及徇庇之上司分賠，不得藉端攤派；如擅動錢糧，例不准銷者，著落擅動之人賠補，不得抑勒分派；代賠案內，如本非應行分賠、著賠之人，亦並無公帑侵漁、私財寄頓之事，祇以本員產盡無著，勒賠拖累者，概行禁止；承估、承變、承追之員，如無以多報少，瞻情延緩之弊，祇因變抵不敷、公帑無完，勒令代賠者，亦應禁止。著賠案內，凡米穀、牛具、籽種，奉文出借之項，並非捏飾侵漁、私行借動者，如遇人亡產絕、無可著追，准其題豁；承追各項贓罰，如本犯產盡無完，株連親族，及遠年無據贓私，其人已故，無可質訊，即著子孫追補者，亦不得濫追。其開欠一節，如係平日債負及同官私借，並無印領者，總非有虧公帑，聽其自行索討，不准抵追。得旨：允行。(高宗二九、一四)

(**乾隆一、一一、戊戌**) 九卿議覆：刑部奏言，嗣後凡侵盜錢糧，數滿千兩以上者，照例擬斬監候；其一千兩以下，照律雜犯准徒；遇赦，則數逾萬兩者，不准援宥，萬兩以下，俱准赦免。其從前數滿三百兩擬斬及一千兩以上不准援赦之例，均應刪除。至八旗一切收貯公所錢糧，並交庫銀兩，亦應照直省監守自盜錢糧，分別一千兩上下，擬斬監候及雜犯准徒定例遵行。仍遵旨，一萬兩以下，准其援赦，有逾此數，不准豁免。其三百兩以上斬決等例，並請刪除。從之。(高宗三〇、一〇)

(**乾隆二、七、癸巳**) 又諭：從前侵貪那移應追之項，已於恩詔內令查，果係家產盡絕力不能完者，概予豁免。今朕思侵貪皆係入己贓私，罪無可逭，至於那移之項，或因公事緊急，不得不爲通融；或移此就彼爲一時權宜之計。夫錢糧各有款項，豈容任意那移？在那移之人，雖法無可貸，而較之侵貪之人，稍有不同，情尚可原。著該部查明，雍正十三年九月以前那移各案，所有家產，除已經交官及變價外，其有已報未估並估報而尚未變交者，分別情節，查明實係因公確有憑據者，具題請旨。(高宗四六、八)

(**乾隆二、七、丁未**) 豁免虧空禁用家產盡絕字樣。諭王大臣等：朕臨御以來，凡八旗部院及直省虧空銀兩，施恩豁免者，已不下數千萬。溯其虧空之源，或係侵蝕，或係那移。侵蝕者，以公家之帑金，充己身之私橐，其罪固無可逭；而那移之項，則由辦理不能妥協，苟且遷就之所致，亦屬罪所應得者。是以當年我皇考世宗憲皇帝，分別著追，以示懲儆。原出於不得已。即朕今日之加恩寬免，亦出於不得已；並非以伊等數十年之虧欠，一旦豁免，遂謂人人蒙澤，而以爲快舉也。朝廷體恤臣工，詔稍授錄，原以厚其身家，長其子孫；即爲臣子者，服勤宣力，亦自應思世沐恩榮，長叨覆露。豈有以身犯法，虧欠帑項，累及子孫，而倖逃國典，轉相慶幸，以爲得計者乎？是朕心實不願於此等事加恩，天下臣工，亦不當於此等處望恩也。且夫公爾忘私，國爾忘家，乃人臣事君之大義；今縱不能屛棄身家之念，亦當思所以保全身家，爲久長之計。若苟圖一時之利，罔顧後害，以致身敗名裂，貽累後人，則下愚之甚者。及至虧空被劾，身家已傾，子孫並獲罪戾，而後希冀豁免，又何如謹身節用，遵守法紀，早自立於無過之地，以長沐國家養育之恩乎？況虧空國帑，必須稽查，縱能掩飾於一時，不能不敗露於異日。至敗露之後，而得恩免，乃朝廷格外之曠典，尤非可以屢邀者。內外臣工，有應得之俸祿養廉，於仰事俯育，亦足自給。所當各自猛省，嚴義利之辨，審禍福之關，毋得縱欲敗度，自貽後悔。至於題奏虧空案件，動云家產盡絕。夫所謂家產盡絕者，必上無片瓦、下無立錐，饑不得食，寒不得衣，有不可終日之勢。若今所謂家產盡絕之人，衣食未常虧缺，家口仍得支持，不過無力完帑，遂過甚其辭，以邀恩免，而實非至於此極也。夫國家享億萬年無疆之休，惟冀大小臣工，永沐恩膏於勿替，若至於家產盡絕，豈厚待臣工之意？況本無實事，而徒存此虛名，又何爲者？嗣後一切虧空案件，仍照舊例辦理，如有實在不能完納者，但當云無力完帑，出具保結，不得用家產盡絕字樣。著將此旨，傳諭內外臣工知之。（高宗四七、一七；東二、一五）

（**乾隆六、一二、丙午**）吏部議覆：戶部咨稱，鹽課錢糧督徵不力各員，均按地丁錢糧之例，扣算分數，題參議處。今定例，凡州縣催徵錢糧，奏銷以前通完，概予議敘。而山東省經徵、督徵票價竈地民佃鹽課錢糧各員，歲內全完，方准議敘；其奏銷前全完者，未得與地丁錢糧一體議敘。倘州縣場官，惟圖議敘，不顧竈戶有力無力，必欲歲內全完，輸納未免拮据。請將東省經徵票價等項錢糧之歷城等五十八州縣，經徵竈課錢糧之永利等十場，及督催之運司、運同、運判，如果奏銷以前全完，即照地丁錢糧之例，均予議敘等語。查東省鹽課錢糧，經雍正八年議覆，照地丁錢糧議敘，原議照奏銷前全完之例，無庸重復定議。但查鹽課例內，兩廣各員，其奏銷前全完者，不得概邀議敘；兩准、兩浙、河東、四川、雲南全完之後，不得照山東例議敘，似未畫一。請嗣後各省經徵鹽課、督銷鹽引催徵各官，於奏銷前催徵全完者，俱照地丁錢糧全完例議敘。再地丁錢糧例，全完五萬兩以下者，紀錄一次。其兩浙代徵場員，處分本減，不便與經徵官一例議敘，應統計兩年合算全完，方准紀錄一次。通融銷售地方，不准議敘；正課雖完，而本年帶銷之項未完，亦不准議敘。令該督鹽政於題銷疏內聲明，捏報全完者，照地丁例議處。得旨允行。（高宗一五六、三五）

（**乾隆一二、三、己未**）湖北巡撫陳宏謀奏：嚴禁各州縣書吏徵收錢糧，抽取侵蝕積弊。得旨：是。自可嚴其將來，不必究其已往。（高宗二八七、二一）

（乾隆一二、九、戊子朔）諭軍機大臣等：據安寧奏稱，金壇縣知縣馮觀民虧空一案，不能早爲糸處，即係臣之咎，於題糸本內附疏聲明。將來馮觀民之虧空不能完補，應於臣及藩司等各名下分賠等語。此案屢經安寧批飭查糸，而王師等觀望不前，今安寧復行查出糸奏。著傳諭大學士本到之日，擬票安寧旣經自行查出糸奏，免其分賠，如馮觀民不能完項，著王師等賠補之簽。（高宗二九八、二）

　　（乾隆一五、六、壬辰）戶部奏：各關管理稅務日期，凡接任徵收者，無論兩任三任，俱扣足一年爲滿。其管關一年零數月者，將一年盈餘奏報，零月歸下屆，統俟扣足一年彙奏。其各任徵收盈餘，較之成數俱屬無虧，及此任徵收，能抵補彼任短少者，均無庸議。倘此任短少，而彼任所餘之數，不能抵補者，祇將短少之員議處。如各任所徵俱少者，均照例議處。再各關監督，如前任所收稅課，係實力稽徵，儘收儘報，飭令接任之員，出具並無捏飾印結。已經出結之後，專責成接任，不得復將短少緣由推諉前任。倘接任官，查出前任徵多報少等弊，據實糸奏。扶同徇隱者，一併議處。從之。（高宗三六七、八）

　　（乾隆一九、七、壬午）諭軍機大臣等：王惠民父子於應賠帑項，重複扣抵，至三十五萬餘兩之多，明有鑽營弊混情節。此雖果毅親王管理戶部任內專辦之事，而海望當日已爲侍郎，不能持正，隨聲附和，豈謂無罪？使果毅親王尚在，朕必直窮到底，按其情罪，加以處分；乃吏部僅將海望，議以革職，援赦寬免。抑思此等重案，豈尋常可比！若云按例，則一書辦足矣，設爾衆堂官何用？不然，朕豈不知事在屢次恩赦以前耶？看來此本主稿定議，又必出於楊錫紱之意，著嚴飭行。原本擲還另議，莫更糊塗。將此旨敍入本內，但持此帖與海望看可耳。尋議：戶部尚書海望，應照例革職，雖在赦前，不准援免。得旨：海望著革職，從寬留任。（高宗四六八、四）

　　（乾隆四五、八、戊申）吏部議覆：四川總督文綬、廣西巡撫姚成烈各奏稱，督撫等衙門需買物件，原俱設有買辦，先期按值給價，不容絲毫克扣短欠，應將交首縣中軍買辦之處，永行禁止，並嚴定處分。均應如所請。嗣後各省督撫等，倘有仍交首縣中軍購買物件者，即將該督撫等照違制杖一百私罪律革職，首縣中軍照溺職例革職。其有勒令屬員買送物件及短發價值，或屬員藉此短領繳回、逢迎餽送者，請旨革職治罪。此外各省將軍、提、鎭、都統、副都統、藩、臬以下各官，不遵功令者，亦照此例辦理。從之。（高宗一一一二、五）

　　（嘉慶二四、六、丙午）諭內閣：右翼監督經徵二十三年稅務，前據普恭於任滿時奏明，計少收正額銀二千六百九十餘兩。經户部覈明，按照向例，令前任監督哈寧阿及普恭二人，照一年在任月日勻攤賠繳。現既查明哈寧阿任內所收稅銀，尚屬有盈無絀，普恭接任後，始行缺額，所有短收稅銀二千六百九十一兩零，全行著落普恭賠繳。嗣後崇文門及左右兩翼監督經徵銀兩，均著一手辦理。如有出差及降革事故，仍著照常經理。俟一年任滿，令其自行覈解。若有病故及身罹重譴去任者，著接任之員於接收交代時，將前任所收銀數報明户部。遇有前任未經缺額，後任始行虧短者，即著落後任賠繳。（仁宗三五九、八）

（**康熙四、三、丙辰**）河南右布政使李本晟以雲南按察使任內錢糧未清，令仍回原任。（聖祖一四、三一）

（**乾隆一一、三、癸酉**）諭軍機大臣等：条革同知周涌虧空一案，於雍正九年，業將伊弟周潼田產入官變價，陳大受誤引十三年恩詔豁免，請將變價在先之產，於別款內撥還。似此辦理，殊屬市恩。部駁甚是，爾等可傳諭申飭之。（高宗二六〇、一二）

（**雍正五、九、丙辰**）工部議覆：河道總督齊蘇勒疏条，革職同知李世彥等分賠江南睢寧縣朱家口漫坍工程銀兩。應如所請。得旨：河工追賠之項，其中情由不一。有該員侵蝕入己者；有修築草率，本不堅固，易致衝決應當賠修者；有當潰決之時，該員預知例當賠修，而以少報多、先留地步者；甚至有故意損壞工程，以便興修開銷者。種種積弊，不可枚舉。但亦有經手之員本無情弊，而照例則應分賠者。在該員情稍可原，而承追之時無力全完，亦於國帑無益。朕意欲開恩，稍爲變通。其如何酌量分別定例之處，著九卿詳議具奏。尋議：嗣後除侵蝕、浮冒、損壞工程等弊，仍照定例遵行外，至黃河一年之內、運河三年之內，堤工實係堅固，已經題報，而陡遇衝決者，止令承修官賠修四分；如該員修築已完，未及題報，陡遇衝決者，該總河、督撫查無浮冒，據實保題，亦令賠修四分，其餘六分，俱准開銷。其黃河一年、運河三年之外，堤工陡遇衝決，而防守各員實無疏虞、懈弛者，該總河、督撫查明，令防守道**廳**、千把等官共賠四分，其餘六分准其開銷，所有承修、防守各員，俱令革職留任，戴罪效力，工完准其開復。總河督撫保題不實者，查出嚴加議處。從之。（世宗六一、三）

（**乾隆二三、八、庚辰**）工部議覆：江南河道總督白鍾山、調任江蘇巡撫託恩多奏稱，河工人員應追覈減分賠等項，其有事離任或陞遷回籍不隸河工者，交蘇撫查辦，餘請就近在工，分別催繳。其現任**廳**員，責成該道；汛員，責成該管**廳**員；效力人員，係在浦差遣，責成裏河**廳**；現任汛弁，責成該管守備；守備，責成遊擊；河道叅將、遊擊，責成河庫道承追。數在三百兩以上，以奉部資日始，限一年全完；三百兩以下，限六個月。應支廉俸儘數扣報，或扣不足，或無廉俸可支，自行完繳。逾限不完，現任者停陞調，效力者停補授，照舊立限令完。再逾限，現任者暫解任，效力者暫革銜，仍留工立限令完。如再不完，即革去職銜，咨巡撫監追，查產變抵。至承追不力之員，照催追錢糧不力例議處。應如所請。從之。（高宗五六九、二〇）

（**乾隆三一、一〇、辛亥**）諭曰：高晉等奏報，韓家堂漫工於十月十一日合龍，大溜全歸正河，覈計用過工料銀十五萬兩有奇等語。此次堵築漫口工程，高晉等親駐河干，督率文武員弁，晝夜趕辦，自開工以迄合龍，為期迅速，帑不虛糜，經理頗屬盡心。高晉、李宏及在工員弁，俱著交部議敘。巡撫明德，一聞河流漫溢，即趕赴徐州協同催運物料，撫恤災民，亦屬出力，著一併交部議敘。所有急公辦料之地方各員，並著該督撫等，查明咨部議敘，以示獎勵。（高宗七七〇、二一）

（**乾隆三九、一一、丁卯**）諭：前因吳嗣爵奏老壩口漫工銀兩，祇請令道府以下文武汛員分賠，而於河臣無一語提及。曾降旨令總河吳嗣爵賠銀二萬兩，兼管河務之總督高晉賠銀一萬兩，其餘令各員照銷六賠四之例，按股攤賠，以昭平允。第查工部賠四成例，文職自道員至主簿，武職則守備、千總，而總河及兼管河務之督撫，獨不議及，此尚相沿明季官官相護之陋習，使官職大者，竟得置身事外，豈得謂公？即以各官廉俸而論，道府所得尚多，其丞倅下至微員，以及武職員弁，歲入甚微，較之總河、督撫所得養廉，其少幾不啻百倍。總河督撫平日席豐處厚，遇有應賠工程公項，豈可不與下屬酌股分賠，以均甘苦，而令窮員攤扣無幾，以致帑項久懸，大臣之道，當如是乎？且如每遇奏報安瀾，議敘首及總河並兼管之督撫，至賠項獨不議及。功則居之不疑，過則諉之於下，情理又安在乎？所有河工賠例，仍著該部另行妥議具奏。尋議：嗣後遇堤岸保固限內，陡被汕決，查明該管各員，實係防守謹慎，並無疏虞懈弛者，將用過錢糧，除照例准銷十分之六外，其餘應賠四分，按其責任重輕，酌定賠數多寡。總作十成計算，河臣總理河務，一切董率機宜，是其專責，應賠二成；督撫兼管河防，責任綦重，應賠一成；河道係專司河務大員，修防乃其職守，應賠二成；廳員駐劄河干，工程錢糧，皆所經手，應賠二成；知府、州、縣俱係地方正印，有協守之責，應分賠一成；叅、遊專司估計，督率防護，守備協辦工程，應分賠一成半；文武汛員，駐工防守，責亦難辭，應分賠半成。如無兼管督撫及額設

条遊等官省分，即將應賠銀兩，在於總河以下文武各官名下，按應賠成數，分別攤賠。從之。（高宗九七一、六）

（**乾隆四一、九、甲午**）吏部議覆：署浙江布政使徐恕奏稱，南米關係兵糈，請酌定初条未完不及一分，及一二分以上三条處分等語。於清釐積欠之道，似有裨益。應請嗣後初条州縣官，欠不及一分者，罰俸三個月，戴罪催徵，条後違限不完，加倍議處。至未完一二分以上之經徵各官，二条限滿不完，亦加倍議處。再該管上司有督催之責，亦應酌議。除未完不及一分之督催各上司，例無處分，毋庸增定外，其未完一二分以上之督催各官，二条後違限不完，亦按其未完分數，照二条例加倍處分。從之。（高宗一〇一七、一三）

三、其他財政制度

（**康熙三七、二、辛未**）兵部議覆：四川巡撫于養志疏言，蜀省協餉每年至六七十萬兩，未曾另設夫役運送。請照各省協餉例，每年撥銀二千兩，僱夫運餉。查雲貴等省並未設運送協餉夫役，應無庸議。得旨：四川驛路居民稀少，非他省可比。此給發運送協餉夫價，著照該撫所題行。（聖祖一八七、一三）

（**康熙五一、一一、甲辰**）兵部議覆：都察院左都御史趙申喬疏言，自兵有頂名之事，然後官有侵餉之弊。蓋兵之召募者為新收，事故者為開除，今召募食糧悉頂舊名，則新舊無從辨別，而糧餉易致侵蝕矣。請嗣後通飭直隸各省督撫、提鎮嚴查，凡營兵頂名食糧者，速報改定。事故兵丁，即行開除造冊，召募新兵，年貌籍貫按季造冊，並出具印結送部。如有兵丁冒替食糧，混行造報者，該管官及兵丁皆從重議處。應如所題。從之。（聖祖二五二、一二）

（**康熙六一、一二、丙寅**）裁廣善庫衙門，停止內外官員借俸例。（世宗二、二八）

（**雍正四、一〇、丙子**）諭各直省督撫：春秋二季報戶部冊，務將藩庫實存銀兩，悉行開報。應存應解，靜候部撥。儻有行賄，私囑部中吏役者，與受俱按律治罪。（世宗四九、二二）

（**雍正一三、一〇、丙戌**）又諭：水利庫一應錢糧，著即歸併戶部管理。王鈞回京時，亦不必管。（高宗五、二五）

（**乾隆五、一〇、戊申**）刑部議覆：護山東巡撫、布政使魏定國奏，東省解部贓贖及咨追虧空賠補等項，所收補平飯銀，歷任未經報部，請嗣後令

照正額完納等語。查贓罰例不加耗,今所加平飯,恐有借端苛索情弊,應如所請豁除。從之。(高宗一二八、一一)

(**乾隆二四、三、己酉**)雲南巡撫劉藻奏:滇省糧儲道督理通省糧銅諸務,每年收放銀兩不下百萬,又時有巡查銅廠、水利等事,不能常川在庫稽查,止憑庫吏經手,非慎重之道。查道庫設在二堂右,頗爲嚴密,毋庸特設庫官,惟收放錢糧,須專員經理。查按察使經歷職任尚簡,衙門距道署不遠,可兼管糧道庫務,遇收放期,令監司彈兌。請另鑄印信,以昭信守。得旨:如所議行。(高宗五八三、三四)

(**乾隆三三、一二、癸亥**)[工部]又議覆:陝西布政使勒爾謹奏稱,各屬估變房船什物,不過按年遞減,籠統開報。其實在情形,上司並未目睹。議准、議駁究屬懸揣,請令布政使親勘等語。查房屋船隻,遇有裁汰,均須按期估變。布政使錢穀事繁,勢難分身往勘。應請嗣後估變銀數在二百兩以下者,令地方官估報,該管知府確勘,司道覆覈,具詳督撫咨部;二百兩以上者,該管道員隨時親查,布政使轉詳督撫覈奏;若多至數千兩者,或令藩司勘估,或督撫乘便覆勘,均聽該督撫臨時酌辦。從之。(高宗八二四、二二)

(**乾隆三四、一〇、乙亥**)户部奏:宗人府及八旗官員紅白銀,向由長蘆兩淮鹽商生息銀兩解部支發,嗣據宗人府奏准將兩淮銀兩交宗人府自行辦理。現在長蘆解到利銀,應存備八旗官紅白賞俸。得旨:此事依議。摺内所稱宗人府需用紅白銀兩一項,經宗人府奏准,令兩淮鹽政將應交利銀徑交宗人府,不由户部轉領,乃宗人府朦朧所奏,而朕失檢點者。户部爲度支總匯,凡銀款出入自應經由該部收支,以備稽查。今宗人府需用紅白銀兩徑由鹽政解交,既與體制未合,且恐其中不無滋弊之處。嗣後兩淮應交宗人府銀兩,著鹽政仍解交户部查收,宗人府按季赴户部支領轉給。(高宗八四五、四五)

(**乾隆四一、三、丁酉**)户部議覆:四川總督文綬疏稱,撥解西藏餉銀,請於司庫支發。應如所題。至稱派委鄰水縣典史平震世管解前往,查上年採銅案内,奉旨不准簿尉微員領辦,今此項餉銀,多至六萬兩,亦未便以微員貽誤。嗣後應覈銀數多寡,即照京餉例,遴員押解。從之。(高宗一〇〇五、二七)

(**乾隆四五、五、丙申**)又諭:據袁守侗奏,直隸總督衙門購買食物,向設有買辦八名,分班供役。凡日用所需,皆給發現錢,令其照依市值平買,按十日一次結算,再行發錢採辦等語,固屬循照舊例,但十日結算,再行發錢，小民供役，安得有私錢豫行賠墊，勢必賒欠勒買，仍滋流弊。自應於十日前豫先發給錢文，令各役隨時買辦，再行按日結算。事雖瑣屑，然防微杜漸，不可不慎。既經查辦，必須周妥方可行之無弊也。並著將表守侗摺，行知各督撫倣照辦理。（高宗一一〇七、三）

（嘉慶三、九、壬午）諭內閣：據永琨奏，烏里雅蘇台調撥軍需銀兩，請嗣後俱照解送茶葉等物之例驛遞解運等語。軍需銀兩，最關緊要，自應運解，著即照永琨所請。嗣後此項銀兩，即照茶葉等物一體由歸化城驛遞解送。（仁宗三四、八）

（嘉慶五、五、辛亥）是月，密諭張誠基知：朕聞……江西各知府每月薪米之費，多取之於知縣，大縣每月一百餘兩，小縣八九十兩，或云係舊規，名曰月費；知府進省一次，各縣又送盤費七八十兩不等。……朕所聞如此，而應去取酌奪，在汝秉公細訪，以實申禁，務令民安化淳，官清吏正，方爲盡職。（仁宗六八、三一）

（嘉慶六、一〇、丙辰）諭內閣：……閩省每年報銷錢糧，僅止六七分以上。任意抗延，並有因推收過戶糾纏不清，致將正項錢糧，互相推諉。雍正年間，曾將田面田根名色，概行革除，何得至今復沿陋例？（仁宗八八、一九）

（嘉慶一一、一一、癸丑）諭內閣：……又御史嚴烺奏請添設年終盤查藩庫，以杜虛冒一摺，所奏亦是。督撫到任，及每年錢糧奏銷後，例須盤查藩庫一次，自當將各項款目，及收支實數，詳悉鉤稽，方爲有益。近來督撫等視爲具文，不過到庫略爲抽驗，虛應故事，日久釀成弊端。即如本年直隸、湖北，俱有藩庫侵虧重案，不可不詳定章程，以資釐剔。嗣後督撫於到任及奏銷時盤查司庫，均當實力清查；並著於每年封印後，親赴藩庫，將本年收支正雜款項，逐一詳查，取結送部。如將來款項不清，將加結之督撫一併懲治。其有運庫、河庫地方，亦照此辦理。（仁宗一七〇、一九）

（嘉慶一一、一一、庚申）又諭：御史陸言奏請嚴汰州縣逾額官役以清弊源一摺，所奏是。外省州縣額設官役，原有定數，豈容任意增添？近來各省州縣，俱有無名白役，什百爲群，遇有詞訟事件，官出票差，伊等即隨同滋擾，勒索訛詐，威逼良民，大爲閭閻之害，實可痛恨。本年直隸正定縣生員王之選等呈控吏役包攬車輛一案，審出該縣吏役多至九百餘名，已屬可駭。然正定係九省通衢，猶得以差務繁冗，需人幫辦爲辭，若該御史摺內所稱浙省仁和、錢塘兩縣，正身白役，不下一千五六百名。該二邑更非直隸州縣可比，何得紛紛募雇，倚勢病民？不可不嚴申例禁。著各省該管上司官嚴加查覈，將各衙門所有白役，立即裁汰務盡，一面將現設官役，按名報部。將來如有蠹役滋事之案，部中檢查原冊，如係正身官役，將該管官照例議處外，若係原冊無名，即應治州縣官以違制之罪，并將失察該上司從嚴議處不貸。(仁宗一七一、三)

第三節　收支庫貯制度

一、收支概況

(順治一三、一、乙巳)戶部議覆：江西巡撫郎廷佐奏言，江省地瘠民疲，頻遭水旱。請照直隸八府例，蠲免八、九、十、十一年分錢糧。查江省積逋至一百五十五萬八千二百餘兩，目今需餉甚急，所請應無庸議。得旨：江西水旱頻仍，深可軫念。八年拖欠錢糧，著蠲免。(世祖九七、一一)

(順治一三、四、壬申)吏科都給事中郭一鶚以圖治貴務實政，條奏五事：……一曰開源節流，爲生財之大道。現今兵餉缺額四百四十餘萬，諸臣數次會議，未見畫一長策。請敕下戶部並內外各衙門，凡有錢糧者，徹底清查，每歲將各色款項，彙輯成書，令滿漢諸臣共喻共曉，毋使朦混侵肥，則公帑充而財用足矣。(世祖一〇〇、一三)

(順治一七、六、辛丑)議政王、貝勒、大臣等會議：戶部裁兵籌餉一事，滇逆未靖，滿洲大兵，不應撤還；但協餉艱難，應將綠旗兵未招募者停止招募，投誠兵願爲民者令其爲民，共以三萬爲額。至於各省軍需，俱取之本省，獨滇省用各省轉輸，黎民困苦，國課匱乏。今請敕平西王及該省督撫，於本省設法酌量取用，其月餉仍令各省起解。江南京口既調駐漢軍官兵及各省精兵，則舊駐綠旗兵內有庸弱者，應行裁去，仍如經制額數。浙江既經增兵，則舊駐綠旗官兵亦應酌裁，各滿洲兵一依經制額數。蜀省投誠兵願爲民者酌量安插，願爲兵者，應散各營，將經制內老弱兵丁裁汰補入。杭州既增閒甲，則經制內綠旗庸弱兵丁應裁。西安、保定等腹內地方，俱有駐防滿兵，則綠旗兵應酌議多行裁減。得旨：滇省滿洲大兵應否撤回，綠旗兵應否以三萬爲數，米糧草料可否於該省民間取用，必身在地方，熟諳情形，乃能籌畫萬全。平西王諳曉地方情形，著酌量詳確速議具奏。餘俱依議。(世祖一三七、九)

(康熙三〇、一二、壬午)大學士等奏：臣等會同戶部，確查米數，現今倉內儲米七百八十萬石有奇，足供三年給放。上曰：有米如許，朕意將三十一年起運之米，於江寧、京口、杭州、荊州等處，酌量截留；將三十二年漕運，盡行蠲免。民生寬裕，於國實有裨益。其下九卿確議。尋九卿議覆：京師根本重地，漕糧輸挽，關係國計，似難輕議全蠲。況五方雜處，人煙湊集，需用孔多，若一年停運，米既不能北來，百貨價值，亦將騰貴。臣等公議，將漕米照省分府，逐年輪免，二三年間，即可周徧，無有不邀聖恩者矣。得旨：朕急思軫恤民生，於都城人民食用之需，未曾計及，九卿議是。（聖祖一五三、二二）

　　（**康熙四二、一二、丁丑**）諭河南巡撫徐潮：朕念西土兵民生計，乘冬令農隙之時，特事西巡。返轡京師，道由豫省。自入潼關，見閿鄉以及河南府民生甚艱，而懷慶少裕。至衛輝府，則又艱苦，賴薄有秋成，尚能餬口，倘遇歉歲，必至流亡。此皆大小官吏互相容隱，雖有衰老病廢、懶惰退諉之員，仍使在任，以致貽誤地方。河南百姓質朴愚魯，輸賦從未稽遲，而今歲所欠乃至四十萬兩，顯係州縣官聞朕蠲除秦晉積欠錢糧，希冀恩免，於中漁利。見今民欠，俱免催徵。著將河南通省俸工銀兩，補足所欠之數。如有不完，停其陞轉，俟完日開復。特諭。（聖祖二一四、一四）

　　（**康熙四八、一二、丙寅**）是歲，人丁戶口二千一百九十二萬一千三百二十四；田地山、蕩、畦地，六百三十一萬一千三百四十四頃三十四畝有奇；徵銀二千八百二十萬四千五百五十二兩有奇，米、豆、麥六百五十二萬一千三百五十二石有奇，草三百二十五萬一千六百八十七束，茶十八萬二千四百十五引。行鹽四百八十二萬九千五百九十七引，徵課銀三百二十七萬一千二百二十八兩有奇；鑄錢二萬九千四百九十四萬二千六百有奇。（聖祖二四〇、二二）

　　（**康熙五三、一二、丁酉**）是歲，人丁戶口二千四百六十二萬二千五百二十四，又永不加賦滋生人丁十一萬九千二十二，田、地、山、蕩、畦地六百九十五萬七百六十四頃九十畝有奇，徵銀二千九百八十九萬三千二百六十二兩五錢有奇，米、豆、麥六百八十三萬一千六十六石有奇，草四百四十萬六千二百七十四束，茶三十四萬一千四百二十四引，行鹽五百九萬九千八百五引，徵課銀三百七十四萬一千一百二十四兩有奇，鑄錢三萬八千六百五十五萬九千九百有奇。（聖祖二六一、二四）

　　（**乾隆一、一、丁酉**）命督撫務休養，戒廢弛。諭總理事務王大臣：……以致累民之事，往往而有也。即如催徵錢糧而差票之累，數倍於正額；拘訊訟獄，而株連之累數倍於本犯；抽分關稅，而落地、守口、給票、照票，民之受累，數倍於富商巨賈。至於查拏賭博、黃銅以及私宰、私鹽之類,胥役營兵,因緣爲奸,佐貳雜職,橫肆貪酷,一案而化爲數案,一人而波及數人,如此等者,不可枚舉,以此擾累吾民。……(高宗一〇、三)

(**乾隆一〇、四、庚申**) 又議覆:福建巡撫周學健疏稱,臺灣府屬,按地徵糧,共納稻粟一十六萬七千有零,並無額徵銀兩。今内地積欠銀兩,即分作三年帶徵。所有臺屬積欠稻粟,自應一例辦理。應如所請,分年帶徵,如有完不及數,照錢糧例分別議處。從之。(高宗二三九、一〇)

(**乾隆一二、一〇、壬申**) 署江蘇布政使愛必達奏,江蘇積欠共二百數十萬兩。……(高宗三〇〇、一九)

(**乾隆一三、一、辛亥**) 諭軍機大臣等:戶部議奏,盛京侍郎傅德奏稱,庫内並無贏餘銀兩之處,應令其查覈具奏,朕已依議。盛京戶部,係一省綜理錢糧之所,關係匪輕,豈容稍滋弊竇?此項贏餘銀兩,先經該部題定每年具奏,且各處均有平餘銀兩,不過爲數多寡不同,豈有竟無之理?從前傅德並未按年奏報,累經戶部咨查,始稱自十年以來並無贏餘。看來傅德竟不留心,祇據屬員呈稟,苟且了事,伊自簡放盛京侍郎以來,並不實心辦事,一味沽名塞責,甚負朕任用之恩。著傳旨嚴行申飭。此項銀兩,有無朦混情弊,著即查明,據實陳奏。(高宗三〇七、一八)

(**乾隆一四、三、己酉**) 諭軍機大臣等:年來各省輪免正供,又因水旱偏災,時有賑需,而金川軍務,支用錢糧,亦屬浩繁,今雖凱旋,所有一應經費,正在籌畫撥補;而督撫中尚有以可緩之工程,奏請動辦者,夫酌盈劑虛,與時變通,乃經國者所宜留意。著傳諭各省督撫,該地方工程,除已經動項辦理外,如非必不可緩者,俱應酌量情形,俟一二年後,再行奏請修舉。(高宗三三六、一)

(**乾隆一五、一二、戊戌**) 浙江布政使、升任江蘇巡撫王師奏報:浙省本年額徵地丁二百一十四萬兩零,已完解司銀一百三十萬兩零,其餘未完各屬,現在源源徵解。得旨:浙省年清年款,實屬可嘉。今江蘇之區,汝亟應承朕施恩之後,是一辦理機關,若稍存好名姑息之心,雅爾哈善是前車。汝勿謂彼升侍郎,乃彼之福也,此正塞翁之馬耳。於明年奏銷時,引此旨密摺奏聞。(高宗三七九、一九)

(**乾隆三二、七、戊寅**) 兩江總督高晉、江蘇巡撫明德奏:奉諭江蘇糧額,飭令間府分免。查江蘇省十一府州,額徵漕白糧,統計一百九十七萬餘石,江以南六府州,漕糧較多。(高宗七八九、一)

(**乾隆三七、一、辛亥**) 諭軍機大臣等:……昨歲已撥餉三百萬兩,解川備用,將來並不妨再添撥三百萬兩。現諭戶部查議,另降諭旨。此時部庫所積，多至八千餘萬，朕每以存積太多爲嫌。天地生財，止有此數，今較乾隆初年，已多至一半有餘，朕實不欲其多聚。若撥發外省公事動用，稍減盈積之數，亦屬調劑之一端。將此意亦令溫福等知之。(高宗九〇〇、三一)

（乾隆三七、一一、癸卯）諭：據文綬奏，暫請開捐以裕軍需一摺，所奏大非，已於摺內批飭矣。捐貲入官，本非選舉正格。朕御極之初，召見內外臣工，不但捐納出身之人，即科舉出身之人，亦多有言捐納中可得人材者，因姑試廣求，以期克當任使。乃歷年來報捐人員，雖不乏尚堪驅策之人，而求其才識超群，體用兼備者，竟未多觏。即今內而部院大臣，外而督撫，其實能爲國家辦事者，孰爲起自貲郎者乎？捐納事例一開，必致正途滯積，朕實深知其無益，是以降旨永行停止。茲科目銓選，甫得疏通，豈可復使紛淆阻窒乎？方今國家當全盛之時，左藏所儲，日以充積。乾隆初年，戶部銀庫止三千三四百萬，而今已多至七千八百餘萬，奚翅計倍而贏。然此並非有加派重徵之事，因平定西陲以來，摘減沿邊防守兵馬，及酌裁各省駐防漢軍糧餉馬乾等項，除抵補新疆經費外，每年節省銀九十餘萬兩，歷今十有餘載，歲需出數較少，約積存千有餘萬。庫帑之增，大率因此。憶乾隆二十年以前，內務府存備之項，或因支給不敷，奏撥部帑數十萬協用者有之，今亦以歲會溢於舊額，尚將內務府餘銀撥貯部庫。朕雖不翊儉，而府藏充盈，實爲從來所罕有也。每念天地生財，秪有此數，不在上，即在下，與其聚諸無用之地，曷若使民間多得流通。所以遇有災荒賑恤，曾不惜大費帑金，又兩次普蠲天下正賦，俾得藏富於民。方思乘此邦計裕饒，因公多爲動用，以益閭閻樂利之庥，豈可轉復爲培益之說耶？至進勦兩金川一事，本屬勢不得已，因僧格桑、索諾木二酋，俱係內地土司，敢於狼狽爲奸，阻兵抗命侵擾鄰封，若不厚集兵力，掃穴殲渠，日久必貽後患，不可不爲一勞永逸之計，用以靖邊徼而輯諸蠻。其一切軍興倚備所需，雖多費實無稍靳。今節次撥帑濟用，已一千四百萬兩，而太府之儲，未嘗少減。且兩路大兵，采入小金川，自可迅奏捷音，即將來攻勦金川，或略延時日，再費二千萬兩，亦可蕆事。庫貯尚在五千萬以上，又何虞見絀？文綬顧欲藉軍需之名，孳孳言利，將已停捐例復開乎？至所奏請照從前金川之例，每米一石定價二十五兩等語，明係欲爲地方官豫開浮冒之端，此更不可爲訓。外省開捐，包攬收折諸弊，無所底止。即使實報實收，而上司下屬，亦皆資其餘潤。川省各員，辦理軍需，種種未協，方負罪之不暇，又何必復曲爲體恤耶。朕以文綬辦事實心，特調任四川總督，冀其襄理軍務，於事有益，今乃率爲此奏，初不意其識見淺狹，罔識大體，竟至於此。文綬著交部議處，仍將此通諭中外知之。

（高宗九二〇、二三）

（**乾隆三八、五、丁卯**）又諭曰：……征剿金川一事……前後所撥軍需，至二千四百萬兩，而庫貯尚有七千餘萬。（高宗九三四、九）

（**乾隆四二、一、辛卯**）諭：……現在部庫帑項又積至七千餘萬。（高宗一〇二五、二九）

（**乾隆四六、九、丁卯**）又諭：大學士公阿桂覆奏，各省武職名糧，裁添養廉，挑補實額一摺。據稱，國家經費，驟加不覺其多，歲支則難爲繼。此項經費歲增三百萬，統計二十餘年，即須用七千萬兩。請將武職議給養廉，所扣兵餉，除滇、黔、四川、閩、廣等省，控制邊疆，應查明增添兵額。又陝、甘兩省，業添滿、漢兵一萬五千餘名外，其餘腹裏省分，均可毋庸挑補實額，並請交軍機大臣會同該部查議等語。國家經費，原當量入爲出，而足兵衛民，爲萬年久遠計者，又不得稍存靳惜之見。阿桂現管三庫，其所奏康熙、雍正年間出入大數，通盤畫算。大臣籌國，自應如此，但朕以泉貨本流通之物，財散民聚，聖訓甚明，與其聚之於上毋寧散之於下。且在官多一分，即在民少一分，顯而易見。朕即位初年，戶部庫銀計不過三千萬兩，今四十餘年以來，仰荷上蒼嘉佑，年穀順成，財賦充足，中間普免天下地丁錢糧三次，蠲免天下漕糧兩次，又各省偏災賑濟及新疆兩金川軍需所費何啻萬萬，而賦稅並未加增，又非如漢武帝之用桑宏羊，唐德宗之用裴延齡，以掊克爲事，而致府藏充盈也。現在戶部庫銀，尚存七千餘萬兩，朕又何肯稍爲靳惜乎？且即以歲支頓增三百萬兩計之，至乾隆六十年歸政之時，所用亦不過四千餘萬，加以每年歲入所存，其時庫藏，較即位時，自必尚有盈餘，又何必於此事鰓鰓過計乎？從前海望在戶部時，不肯明言銀庫實數，其意似恐外人聞知，朕彼時即不以爲是。國家惟正之供，出入歲有常經，原屬大公至正，又何必掩人耳目乎？甚如明季金花聚斂，乃至戶部請內帑，亦不肯發，則其鄙悖更可笑矣。即以內帑而論，憶乾隆初年，內務府大臣尚有奏撥部庫銀兩備用之事。今則歲減浮費，釐剔積弊，不特無須奏撥，且每歲將內務府庫銀命撥歸戶部者，動以百萬計，又何必以經費不敷歲出爲慮乎？至於歲入項下，惟米豆關稅一節，初年曾經免稅，原欲使市價日平，乃行之日久，並未平減，殊不滿朕意，後因安寧奏請復收，經部議准允行。至遇地方歉收穀貴之年，原有降旨特行免米豆所過關之稅，所以隨時調劑，或商賈多往，亦救災區米貴之一法耳。今阿桂既籌畫及此，但朕意究以多添兵力，不惜經費爲是，在廷諸臣，自必各有確見。所有阿桂奏到原摺，並朕此旨，一併發鈔，使中外咸知朕意。並著大學士、九卿、科、道詳悉妥議具奏。

(高宗一一四一、二一)

　　（**乾隆四七、九、辛酉**）諭軍機大臣等：據李侍堯奏，酌籌甘省各營歸還公費虧缺銀兩等因一摺，已交軍機大臣議奏矣。至摺片內稱，將現存駝隻節省銀兩，先行歸補豫借公費及儘數歸還，急製軍裝借項，尚有未完銀六萬四千四百四十餘兩，請照阿桂等原議，將新兵馬匹，緩立一年，將節省草乾銀兩，儘數撥抵急製軍裝借項，自應如此籌辦。又據奏稱，尚有公費不敷銀六萬四千四百一十九兩，別無可以撥補之款，請令各該營於每年公費內逐漸彌補等語。此項公費不敷銀兩，何不將新兵馬匹再行緩立一年，其省節草乾銀兩，即可撥補公費不敷之項，自更易於歸款。除交軍機大臣遵照妥議外，將此先行諭令李侍堯知之。（高宗一一六五、二六）

　　（**乾隆四七、一〇、丙寅**）軍機大臣議覆：陝甘總督李侍堯奏稱，甘省各營，虧缺公費等項銀共十八萬二千六百餘兩。現在實貯在庫之駝隻節省銀三萬二千八百七十三兩，即時撥補。又於各營駝隻節省款內，借墊公費銀二萬九百三十六兩外，其不敷銀十二萬八千八百六十四兩，將新兵馬匹，緩立一年，計節省草乾銀五萬三千餘兩，儘數撥抵。其內急製軍裝借項下，應扣之銀一萬一千餘兩，照各營應扣銀數，分限五年扣繳。應如所請，其餘尚有公費不敷銀六萬四千餘兩，應令該督將新兵馬匹再行緩立一年，所有節省草乾銀兩，即行撥墊此項。從之。（高宗一一六六、五）

　　（**乾隆五〇、六、丁未**）廣東巡撫孫士毅奏：粵東每年應徵銀米，均有民欠，州縣措墊奏銷，藉免處分；州縣墊解後，於交卸離任時，將民欠減為六折七折作為後任抵項，輾轉抑勒，那新掩舊，皆由此起。臣現委員分赴民欠最多之高要、保昌等縣四鄉，將上年未納各户查對，均係實欠在民。此外如羅定、德慶、清遠、翁源、歸善、博羅等，積欠纍纍，其餘俱飭嚴查。所有四十年以後民欠，挨造清册，限三個月掃數全完，有實在逃亡絕户者，毋庸列入。至追出銀米，如係現任州縣墊解，仍給還本任；倘追出積欠係接收前任移交流抵之項，概令入官，一體咨部報撥。得旨：不料汝竟能如此，勉為之！李湖素稱風勵，何未辦及此耶？（高宗一二三三、四八）

　　（**乾隆五四、二、乙卯**）諭軍機大臣等：此次阮惠糾眾潛出滋擾，致官兵損失，並傷及提鎮大員，是竟得罪天朝，在所難赦。方今國家全盛，帑藏充盈。原不難統兵進勦，現在帶兵大員，諳練軍務，久歷戎行者，亦尚有人，帑項現存貯六千餘萬，即費至三千萬，亦斷不稍有靳惜。（高宗一三二三、四一）

　　（**乾隆五四、九、丁酉**）工部議復：江南河道總督蘭第錫等疏稱邳睢廳原設經費銀二千兩，今分爲邳北睢南二廳，缺既分設，經費亦宜分支，惟事務繁簡不同，宜量加區別，請自乾隆五十四年爲始，歲給經費銀睢南廳一千二百兩，邳北廳八百兩。應如所題。從之。（高宗一三三八、二五）

（嘉慶六、七、己亥）又諭：前據高杞、莫瞻菉奏，勘挑護城等河，請於戶工二局豫領錢文二萬串，朕以局錢經費有常，一切工程需用豈能概行取給？莫瞻菉係工部右侍郎，錢局是其專管，高杞雖未管錢局，但現任戶部左侍郎，於本部局錢多寡，亦應知悉，乃率爲此請，殊屬不曉事體，當經降旨申飭。昨即據戶部奏稱，因七月兵餉搭放錢文六成，現在局中存錢較少，除八月兵餉仍行搭放三成外，其九月以後兵餉，請搭放一成，並將官員秋俸概用銀兩給放，已依議准行。此摺高杞亦復列銜具奏，經朕將原摺交軍機大臣詢之高杞，既知局錢不敷，何以前奏請發錢文至二萬串之多？始據高杞、莫瞻菉二人聯銜奏請交部嚴議。伊二人於本管部分事務，漫不經心，其所請多發錢文，不過自圖省便之計。若人人皆圖省便，則那彥寶等現辦河工，請銀一百萬兩，亦當奏請俱給發錢文，有是理耶？似此即再添數百卯，仍屬不敷支給，而添卯一事詢之戶部堂官，僉以爲難行，詢工部堂官，則云較之戶局更難添設。昨大學士、滿漢尚書等議覆御史汪鏞條奏請添卯鑄錢一節，亦均議駁。高杞、莫瞻菉均係與議之人，是竟如御史游光繹所奏，不過挨次畫題，又安用此堂官爲乎？戶工二部職任較繁，高杞、莫瞻菉憒憒乃爾，豈能勝任？所有戶部左侍郎，著和寧調補，那彥寶著調補工部左侍郎，伊現在出差，仍著和寧兼署。其兵部左侍郎，即著高杞調補。蔣曰綸著調補工部右侍郎，管理錢法堂事務，劉躍雲著調補工部左侍郎。其禮部左侍郎，著莫瞻菉調補。高杞、莫瞻菉所請嚴議之處，著加恩改爲交部議處。（仁宗八五、二五）

（嘉慶一一、五、戊辰）諭內閣：裘行簡等覆奏，會籌兵丁差費一摺。據稱，各營出派弁兵，供辦站道清道、緝捕等差，覈計共需銀一萬二三千兩，藩庫既無閒款可撥，營中亦無公項可以充用，請節省每年馬乾銀兩，爲兵丁差費之需，即可無庸另行籌款等語。各營兵丁應得分例，僅能瞻顧身家，每遇出派辦差，勢須另給盤費。前此該督等以攤捐俸餉幇貼差費具奏，當經降旨令與該提督妥議熟商，通盤籌畫。茲該督等既查明各營倒斃疲乏及口老羸弱之馬，有一千四百餘匹，均需更換買補。即將此項馬匹，凡倒斃者無庸買補，疲乏者照例變價，此外尚有馬七千餘匹，足敷差操，計每年可節省草乾銀一萬六千餘兩。著照所請，准將此項銀兩存貯藩庫，以資每年差費。其扣出馬價銀一萬二千六百兩，著發交長蘆商人生息，以備有緊要差務時，爲購買馬匹之用。此後辦差各兵，既定有章程，足敷盤費，而各營員更無可藉口。儻再有不肖劣員，從中克扣，自肥囊槖，苦累營兵，該督等即當嚴參懲辦，計贓定罪，不得稍有寬貸也。其此項內按年應支應存之數，仍著咨部查覈。（仁宗一六一、一八）

（嘉慶一八、二、己亥）諭內閣：百齡等奏，請將新添海州、揚州官兵俸餉等項，槪由商人捐辦，毋庸移改漕標左營一摺。所奏斷不可行。國家設兵衛民，一切廉俸、餉糈，悉皆支用正帑，直省營伍皆然，從無令民間捐辦之事。兹該督等以江南海州地方私販充斥，時有械鬭拒捕之案；揚州存城額兵，亦不敷巡緝；議於該二處增設官兵。夫緝私禁暴，皆保衛民生之事，商亦民也，亦復何所區別？若謂商人等自顧綱引，出貲雇募巡丁，屏禦梟販，原例所不禁，聽其自辦。今既定制建營，名爲額設官兵，而令商人等捐給俸餉，朝廷豈有此政體乎？百齡、阮元、阿克當阿何陋見若此？均著傳旨嚴行申飭，仍交部議處。汝三人俱係有才有爲之人，今如此存心卑陋，朕實不解。至該二處如必需添設弁兵，或漕標不能裁撥，另於通省各營伍議撥，均無不可；即江省無可改撥之處，或將所增俸餉，另行籌款動支，統俟妥議具奏到日，再降諭旨。（仁宗二六六、一；東一一、五五）

（嘉慶一九、三、丁巳）諭內閣：從來兵製與國賦相權而行，我朝建設各省營兵，久有定額，其小有損益，亦皆就地方情形隨時酌定。惟乾隆四十六年添補名糧額缺案內，一時各省驟添兵六萬六千餘名，爲數較多，迄今三十餘年，於武備無甚裨益，而帑項已多用至四千餘萬。前曾降旨令大學士、軍機大臣會同兵部，將增設名糧額數酌量汰減詳議具奏。本日議上。朕披覽摺內，現在各省額兵六十二萬四千餘名，較之雍正年間及乾隆四十六年以前所增實多，自應酌加裁減。惟各該省地方情形，有今昔不同者，亦當熟思審慮。各就現在經製，叅考先後所設兵數、汛防控制情形，將應汰應留通盤籌畫，庶餉不虛糜，而兵皆足用。著各省總督，山東、山西、河南巡撫，成都將軍，河道、漕運總督，各將所屬標下各營及該提撫鎭協等營兵內，每省可以汰減若干，據實具奏，彙交原議大臣再行覆議。尋奏：除直隸、安徽、山東、河南、陝西、甘肅六省及河東河標，或兵額本簡，或控制緊要，難以酌減外，江蘇裁額兵三百六十五名，漕標裁八十四名，河標裁二十五名，江西裁額兵一千八十三名，浙江裁額兵七百二十八名，福建裁添募暫設兵一千三百五十名，馬五百六十四，湖北裁額兵一千六百三十六名，湖南裁額兵一千五百五十四名，山西裁額兵一千八百六十五名，四川裁額兵六百三十名，廣東裁馬六百九十六匹，廣西裁額兵六百三十名，雲南裁額兵二千三百三十二名，貴州裁額兵一千九百五十八名。統計裁兵一萬四千二百四十名，馬一千二百五十六匹；每歲共節省餉、乾銀二十七萬一千九百三十二兩有奇，米三萬七千五百五十五石有奇。從之。（仁宗二八八、一八、東一二、一〇）

（**嘉慶二三、一二、乙亥**）普免天下民欠錢糧。……朕嗣位以來，亦思廣施闓惠，大資寰區。始綠教匪不靖，軍興孔棘，繼以黃河泛濫，屢舉大工，十餘年間所費帑金，數逾十千萬。國家財賦，歲有常經，實有入不敷出之勢。是以嘉慶十四年，朕五旬正慶，雖恩綸載錫，而未能普惠閭閻。比年仰荷昊蒼垂佑，稂莠蕩除，萬方寧謐；河流順軌，久慶安瀾。以正供所入，謹制國用，尚可無虞匱乏。朕子惠元元，深念損上益下之義，俟將來府藏充盈，仍欲覃敷渥澤。……（仁宗三五一、一一）

二、銀錢

（**雍正八、一〇、壬子**）諭內閣：向因大興、宛平二縣，近在輦轂之下，常有速辦之公事，不得不那移庫銀以濟用，而上司察知，每以虧空題參，至於罷黜治罪，實為可憫，用沛特恩，於大、宛二縣各發庫銀一萬兩，存貯該縣，儻遇有速辦之公事，准其詳明府尹，動支應用。此朕體恤有司之至意也。近思辦理軍需之州縣，其急切應付之處，不容刻緩，而該州縣並無存貯備用之項，若擅動公帑，又干嚴譴，有司實處兩難，不可不為籌及。朕意欲於辦理軍需及事務繁劇之州縣，亦倣大、宛之例，酌留帑銀，以備急切公事之用。其如何舉行，俾辦公有賴而弊竇不生，著大學士會同大將軍岳鍾琪、總督高其倬悉心定議具奏。尋議：嗣後辦理軍需省分，請計其事務繁簡，留銀三十萬兩或二十萬兩，其公務簡少，而錢糧又屬富饒之省分，應酌留十五萬兩或十萬兩，交督撫、藩司，酌發各府及直隸州存庫。所屬州縣，遇有緊急軍需，即時請給。其相距窵遠，而事屬不容刻緩者，准其一面具文，一面先動本州縣庫銀支用，俟給發後還項。仍令逐案報銷，督撫、藩司嚴行稽核。從之。（世宗九九、一五）

（**乾隆一五、一、癸亥**）諭軍機大臣等：據方觀承摺奏，直屬節年民欠已未完銀，并乾隆十四年地糧完欠數目內，節年民欠等項，共九十七萬八千餘兩，已完六十四萬四千餘兩，未完三十三萬三千餘兩。是舊欠銀兩，所完已及三分之二。固屬催徵有法。但乾隆十四年應徵起存銀兩，未完尚有五十萬九千有餘。看來所完似多，新舊合計，所徵不過數萬，而所欠仍八十餘萬矣。或十四年奏銷之期，尚在五月，此四個月內，尚有續徵銀兩，不致拖欠，亦未可定。著傳諭方觀承，令其詳悉查明覆奏。尋奏：臣據冊具奏後，各屬陸續解銀一十三萬九千八百九十餘兩，是十四年未完銀，祇三十六萬九千餘兩。內除薊州等處，十四年被水偏災案內應行停緩之項，須屆奏銷覈定，其應徵銀兩，均應於本年五月奏銷前，催輸完納，覈之節年奏銷，不致多欠。再節年民欠未完銀三十三萬三千餘兩，內有停緩帶徵銀二十三萬八千餘兩，餘舊欠銀九萬五千餘兩，於五月奏銷前，仍有續完，例應統入奏銷冊內造報。得旨：覽奏俱悉。（高宗三五七、四）

（乾隆一九、三、己卯）浙江巡撫覺羅雅爾哈善奏：玉環孤懸海面，自雍正五年題請展復，以該處地土出息，供支各項經費。迄今二十餘年，漁鹽耕稼之利，逐漸加增。應照內地之例，將存積餘銀酌撥充餉，歲收租穀，額定積儲。查玉環賦役，原議不徵條銀，止徵租穀，糶出價銀，藉充經費；又該處環山皆海，刮土煎鹽，盡收盡賣，以充民食。近年穀價鹽價，除支給歲需公項外，約可餘銀三千兩，覈算現積盈餘，已至三萬四千餘兩。請酌留一萬二千兩，存廳庫，其餘歸入本年奏銷案內，盡解司庫。嗣後每年盈餘，悉解司報部，聽候撥餉；再該處向未額定存留積貯備用，請於該同知衙門，照內地常平倉例，定額貯穀一萬石，每年存七糶三，依時出易，即從本年為始，於所收租穀內陸續撥貯。得旨：如所議行。咨部知之。（高宗四五九、二一）

（乾隆一九、五、戊申）直隸總督方觀承奏：直屬公務繁多，歲有墊用，州縣庫內必使有存貯可動之項。懇恩准各州縣廳衛，量其道路之衝僻、差務之多寡，酌撥銀分貯備用。除在大、宛二縣久經定有章程外，其餘一百四十二州縣衛，並口北、熱河二道所屬八廳，應分別衝繁簡僻，貯銀自二三百兩至四五百兩不等。一切年例支應，數在二百兩以下，即於該州縣廳衛分貯項內動用；如遇倉猝急需，為數較多，不及赴司請領者，並應於道府庫內撥項存貯，俾得就近詳支。今酌量霸昌道貯銀四千兩，通永、清河、天津、熱河四道，各三千兩，大名道二千兩，口北道庫雖貯有軍需銀兩，未便移為別項之用，應於道庫另貯銀四千兩。其各府內除保定、天津、大名、宣化四府與道員同城，毋庸再貯外，永平、河間、正定、順德、廣平等五府，應各貯銀二千兩。其分貯之項，如墊缺已多，不敷備用，准該道府覈明申請，仍於司庫原動款內，詳明添撥。通計道府州縣廳衛分貯之項，共需銀八萬兩。查直省驛站項下，有留二銀一款，係在夫役工食內每十分扣留二分，以為添雇夫馬應差之用。除節年餘存報部入撥外，現在司庫存銀一萬八千五百三十兩；扣存各州縣驛借墊應歸銀四萬二千二百七十兩；又驛站餘剩虛糧銀一萬六千五百八十兩；小建銀六千七百四十兩；共銀八萬四千餘兩。應請於此內撥貯，並經飭司嗣後留二一項，不必由州縣驛扣解，即於給發驛站工料時，按數扣存司庫報部。至各州縣驛借墊留二之項，尚未准銷歸款，今議分貯之銀，不敷動撥，應令該司另籌。詳明報部，暫行借撥，一俟留二墊款准銷，即照數還項。得旨：如所議行。（高宗四六五、二〇）

（**乾隆三一、七、己巳朔**）諭：甘省每年額徵地丁等項銀兩，不過三十餘萬，所有應支經費，皆由鄰省撥運協濟，存貯庫項，爲數無多。該省地瘠民貧，每需賑恤，未免不敷支給。現在戶部帑藏充盈，著撥給銀三百萬兩，交與該督吳達善收存藩庫，以備應用。該部即遵諭行。（高宗七六四、一）

（**乾隆三三、二、癸亥**）軍機大臣等奏：貴州省封貯銀三十萬兩，上年調撥官兵案內，經該撫題咨，陸續動用，自應再爲籌備。昨臣等於江蘇、兩淮撥銀八十萬兩，奉有撥給貴州三十萬兩，餘著酌撥湖北、湖南、河南之旨。查湖北、湖南額徵銀數，俱較河南減少，請各撥二十萬兩，交該二省收貯備用，併撥給貴州之項，共七十萬兩；至河南額徵銀兩，本屬寬裕，又現存酌留銀三十餘萬兩，似可毋庸協撥。報聞。（高宗八〇四、一二）

（**乾隆三六、三、丁未**）直隸總督楊廷璋奏：直隸歲徵額賦銀二百四十餘萬兩，歲需經費二百二十七萬數千餘兩，零星雜款，亦復計費不貲，俱於徵銀內支領，遇有蠲緩，即不敷動撥。如偏災賑卹，必須奏請部帑，或鄰封協撥，往返領解，未免需時。應請撥庫銀四十萬兩，遇應行賑卹之時，即於此項借動，并隨時奏請賞撥歸款，使常年存備有資。得旨：向來部撥直隸省銀兩，俱係散銀，後經降旨，發給元寶。著軍機大臣存記，嗣後直隸豫撥備賑銀兩，著給與散銀，毋庸給發元寶。並令銀庫存案。（高宗八八〇、一一）

（**乾隆三六、五、丙寅**）諭：前因甘省採買賑恤等項，需用較繁，曾於乾隆三十一年，降旨撥解部庫銀三百萬兩，赴甘備用，業已支用全完。邇年來買穀備賑諸事，又於鄰省節次協撥銀三百餘萬兩，亦經動用。今年甘省得雨較遲，現需借糶接濟，而已經支給之穀，均應於秋成後買補還倉，所需銀項，自宜早爲籌備。著於戶部庫內撥銀二百萬兩，派委妥員，解赴該省，存貯備用。該部遵諭即行。（高宗八八五、一七）

（**乾隆三六、六、丁丑**）諭：昨因甘省庫貯之項無多，現有應需借糶接濟之事，已降旨令戶部撥庫銀二百萬兩，委員解甘存貯備用。今閱署陝西布政使畢沅所奏交代摺內，該省現有庫銀四百三十三萬三千七百餘兩，爲數既屬寬餘，該省去甘程途又近，莫若即將陝省庫項內，撥銀二百萬兩，解甘應用，較之自京遠解，尤爲迅便。所有戶部撥解甘省庫銀，毋庸辦理。該部即遵諭行。（高宗八八六、一三）

（乾隆四一、四、己酉）諭：據裴宗錫奏，黔省地處邊圍，司庫備貯銀兩，理宜寬裕，請勅撥銀三十萬兩解黔等語。著照所請行，准撥銀三十萬兩，解黔備用。或於附近黔省留協項下撥給，抑或於川省用剩軍需銀兩內就近撥往，該部即速妥議具奏。（高宗一〇〇六、一四）

（乾隆四一、六、己酉）諭：前據正白旗滿洲都統裕親王等奏，郎中圖桑阿，因在雲南大理府知府任內，分賠代賠各項，除已完銀二萬一千六百九十八兩零外，尚未完銀二萬一千九百六十三兩零，無力完交。請將圖桑阿現報出住房田產，變價入官抵項。其餘銀兩，於圖桑阿及伊子伯起孫永安所得俸銀錢糧，全行坐扣一摺。因令軍機大臣將伊應賠各項，查開清單呈覽。茲閱單內，其自賠銀兩，爲數不及一萬四千，餘俱分賠攤賠之項。且已完交銀二萬一千餘兩，計其應賠之數，業已過半。是圖桑阿尚有良心，顧惜顏面，非若諾穆親全未完繳者可比。其單內所開，攤賠公阿里衮名下，分賠餧養馬匹疲瘦銀三千六百五十餘兩一項。豐昇額此時雖以戶部尚書署兵部，將來自當仍回戶部，所得分例，較爲寬裕，可以陸續完交，毋庸復令圖桑阿攤賠。至其餘分賠攤賠各項，自可於同案各員內，攤賠歸款。所有圖桑阿名下，未完銀二萬一千九百六十三兩零，著加恩寬免；其報出田房等項，仍著給還；伊本身及子孫俸餉，亦不必坐扣。（高宗一〇一〇、一七）

（乾隆四一、七、戊子）諭曰：熱河道庫存貯銀兩，每年有放餉，及應需備賞之項，著於戶部庫銀內，撥三十萬兩，發交存貯備用。（高宗一〇一三、一五）

（乾隆四七、三、辛亥）又諭：前據陳輝祖奏，浙江藩庫實存銀數一摺，內稱自乾隆四十六年正月起至十二月底止，經收各年各款，除支銷外，實存銀二十二萬九千八百四十四兩零等語。彼時朕即以浙省藩庫，存銀何止二十餘萬。陳輝祖所奏，殊未明晰，業經降旨，令其將新舊正雜各款，實在共貯銀若干，詳查迅速覆奏。本日盛住奏到，接收庫項摺內，據稱自歷任流交，至本年正月止，計存新舊正雜錢糧，共銀一百一萬八百八兩零。自係藩庫現存實數，可見前此陳輝祖所奏，並未將新舊節年正雜各款、實存數目，分晰詳查，以致眉目不清。陳輝祖接奉前旨，何以尚未覆奏？著再傳諭陳輝祖，即將藩庫積年存貯銀兩，實在共有若干，逐細分款，據實具奏。（高宗一一五二、一三）

（乾隆四九、八、乙巳）又諭：向來豫省地丁銀內，每年撥二十萬兩，解交甘肅協濟。現在該省睢州下汛二堡，復有漫口之事，一切堵築辦稭事宜，正需應用；而甘肅存庫銀，前據馮光熊奏，現有四百七十餘萬兩，諒支給兵餉及新疆經費，並一應撫恤等項，已屬寬裕。現已有旨傳諭何裕城，將此項銀兩毋庸撥解甘省，並著傳諭福康安，即將藩庫實存銀數，通盤籌畫，是否足敷甘省應用。或因款項較繁，現存銀兩，尚有不敷支發之處，即行據實具奏，另俟酌撥也。（高宗一二一三、一五）

（乾隆五〇、一、壬申）諭軍機大臣等：昨因明興奏藩庫充公銀兩，未將正雜各銀一併具奏，已有旨詢該撫。本日始據將藩庫實存銀數奏到，所奏總不清楚，已於摺內批示矣。各省藩庫銀數，於年底遵例彙奏，自應將各項錢糧一併列入。乃明興將地丁等銀與充公銀兩，分爲二摺，先後呈進，即此可見其糊塗不曉事體。況摺內既稱酌留經費銀三百四十四萬八千餘兩，其下剩五十一萬四千餘兩，聽候酌撥，何以又稱此外別無存貯不動之項？亦未明晰。明興著傳旨申飭。仍著該撫將東省藩庫銀兩究竟實存若干，動撥若干，是否足敷本年經費，抑或另需籌撥濟用之處，詳晰開單具奏。尋奏：司庫充公銀兩，歲底繕造四柱冊摺，一面具奏，一面報部，係雍正七年定例；藩庫實存銀數，及盤查倉庫錢糧二項，於正月內彙摺具奏，係乾隆四十四年部議通行。臣拘泥舊例，將地丁等銀與充公銀兩，分爲二摺先後呈進，實屬糊塗。再查東省藩庫實在存貯，各年各案地丁等項，共銀三百九十六萬二千七百餘兩。內酌留銀三百四十四萬八千二百餘兩，即以爲本年各項經費已足敷用，其餘剩銀五十一萬四千四百餘兩，應聽候部中酌撥。至東省春秋二撥冊內，例係將庫貯各年一切正雜錢糧，悉行列入，是以聲明此外別無存貯不動之項。請嗣後東省存庫充公一項，即於實存銀數摺內列款聲明，以省煩瀆。得旨：覽。（高宗一二二三、六）

（乾隆五〇、七、丙辰）諭軍機大臣等：據畢沅奏河南省錢糧完欠各摺，朕逐加披閱，內地丁項下已完銀一百五十萬五千七百餘兩，未完銀二千八百餘兩；雜稅項下已完銀二十萬二千九百餘兩，未完銀一萬七千七百餘兩；帶徵項下已完銀三萬一千六百餘兩，未完銀四千二百餘兩。通盤覈計，未完銀數甚少。豫省上年衛輝、歸德所屬，俱有被旱被水地方，收成歉薄，本年旱災更廣，已成積歉之區，何以四十九年分應徵地丁及各項銀糧，尚能按限徵完，拖欠無多？雖南、汝、光等屬雨水調匀，麥收成熟，而歉收處所，已居大半。究係豫省民情淳樸，踴躍輸將，不至因災短缺。但恐閭閻於完納錢糧之後，情形不無拮据，朕體恤窮簷，如傷在抱。著傳諭畢沅留心體察，據實具奏。再畢沅另摺奏，盤查藩庫，實存正雜等款共銀二十一萬五千餘兩，似覺太少，雖據稱兩淮撥解銀一百萬兩，另立檔案，不入盤查款內，但是否足敷賑恤之用，抑或另須籌撥，現已交戶部詳查豫省實存銀數。並著畢沅將該

省究竟實存銀數若干，是否尚須撥銀協濟之處，詳悉查明，據實迅速覆奏。（高宗一二三四、一一）

（**乾隆五一、二、辛丑**）又諭：據李世傑奏，盤查司庫實存銀數，及各屬倉庫無虧一摺。外省於此等循例彙奏之事，往往視爲具文。……四川省向未聞有虧缺，福康安前在四川總督任內，實力整頓，李世傑到任後，亦能盡心經理，惟在持之以久，隨時加意嚴察，不使稍有虧挪，方爲妥協。倘日久因循，各屬倉庫或漸有虧缺之處，一經查出，則於該督顏面，關係非小，慎毋蹈浙省之覆轍也。將此傳諭知之。（高宗一二四九、二六）

（**乾隆五二、三、壬辰**）諭：據書麟奏，安省連年災歉，蒙恩蠲緩，司庫耗羨，不敷支用，請於鄰省協撥銀十五萬兩，以資接濟等語。著照所請，於江寧藩庫，協撥耗羨銀十萬兩，蘇州藩庫協撥耗羨銀五萬兩，照例解往備用。（高宗一二七七、二二）

（**乾隆五三、二、辛酉**）諭軍機大臣等：據陳用敷奏盤查藩司庫項無虧及動項修理監獄各摺，業經批覽，並交該部覈辦矣。外省藩庫存貯銀兩，原以備地方一切經費及災賑動撥，並鄰省協濟之用，自應寬爲儲備。今安徽藩庫，實存正項耗羨雜項等銀共存七十五萬餘兩，爲數未免過少。遂面詢書麟。據稱，俟地丁徵齊，即可得百餘萬兩。恐他省庫貯銀兩，亦有多寡不齊之處，現已交戶部將各省藩庫內實存銀數各有若干，查明另行酌辦外，至各省地方，遇有應行動用官項之事。其勢實難稍緩者，固當動帑興修，不可惜費；若酌量情形可從緩辦，亦當量爲節省。即如此等修理監獄及衙署倉廠等事，各省每屆應修時，即奏請動項，而部中亦即照例議准覈銷。其實此等工程，未必俱係急需修理、必不可稍緩者。著傳諭各省督撫，凡遇有動項應修工程，務須嚴飭屬員，切實勘驗，如係可以緩辦，即不妨酌量從緩。此亦節省浮費，留備緩急之一法。總期慎重錢糧，俾儲積充盈，以備地方隨時公用，更爲寬裕。（高宗一二九九、二〇）

（**乾隆五四、二、甲辰**）諭軍機大臣等，前據浦霖奏，五十三年分湖南省藩庫實存銀數一摺，朕閱單開各款，現存銀兩爲數無多，恐不敷撥用，因命軍機大臣交查戶部。茲據查奏：該省實存留備協餉銀一款，五十年分係八十餘萬兩，節年遞減，至上年止存銀十七萬九千餘兩。即合之其餘各款，現存銀數亦不過四十八萬餘兩，而兵餉養廉等項，均須陸續支撥，不可豫行寬爲儲備。著傳諭浦霖即通盤籌畫，將該省藩庫銀兩應否須由鄰省籌撥，抑即於春撥，及奏銷時扣留停撥，以省解運之處，詳細查明，據實覆奏。又本日據孫永清奏：廣西藩庫實存銀八十萬二千餘兩，內除應付赴閩官兵及勦捕安南阮匪動用銀三十八萬四千餘兩，現存銀不過四十餘萬兩。雖上年已於廣東省撥銀五十萬兩，解往備用，但該省現有籌辦安南事宜，尤應寬爲儲備。著傳諭福康安等公同籌酌，如該省現存銀兩不能寬餘，即據實奏聞，候朕降旨，交部撥往。（高宗一三二三、四）

（**乾隆五四、三、戊辰**）湖南巡撫浦霖遵旨覆奏：湖南省每年徵存銀兩除支應本省經費外，約餘剩銀三十萬兩，本屬寬裕，惟自五十年至五十三年，節次撥解湖北等省二百二十四萬餘兩，是以現存銀較少。應請於本年春撥及奏銷案內撥出銀十七萬六千七百十九兩，歸還原款，通融籌備。下部知之。（高宗一三二四、三〇）

（**乾隆五五、四、辛酉**）諭：直隸省節年緩帶地丁銀兩，概行蠲免，所有一切經費，該省藩庫現存銀兩，不敷支放。著於部庫撥銀六十萬兩，河南省藩庫地丁項下，撥銀一百萬兩，山西省藩庫地丁項下撥銀四十萬兩，共銀二百萬兩，照例解往直隸藩庫收存，以備應用。（高宗一三五二、一八）

（**乾隆五六、一、乙巳**）又諭曰：伊齡阿名下應交未完各項內，其分賠代賠者，均著加恩寬免，其罰賠硝磺價銀二萬五千七百餘兩，著寬免一半，其餘一半，以伊房地入官抵補外，餘著一併豁免。（高宗一三七一、二七）

（**乾隆五六、三、丁丑**）諭曰：畢沅歷任封疆，辦理地方事務，尚屬認真妥協，所有應繳未完賠項內，著再加恩寬免銀三萬兩。（高宗一三七四、六）

（**乾隆五九、二、辛巳**）諭：前因內外各官員名下，有攤賠代賠銀兩，及八旗綠營兵丁內，有祖父應賠銀兩，於子孫所得餉銀內坐扣者。此項銀兩，究屬因公，特令軍機大臣查明未完數目，酌量加恩。茲據分別開單具奏，內已經離任各員應賠銀兩，據報家產盡絕，及無可著追者，七十一案，共未完銀十七萬四千九百餘兩；八旗綠營兵丁應行坐扣餉銀者七十八案，計應扣繳銀十九萬三百餘兩；又原任都統索諾木策凌等大員六員，共未完賠項十九萬七千七十餘兩，因已經治罪查抄，無力完繳，一併開單請旨。朕詳加披閱，此等應賠銀兩，有關帑項，本應著落照數完繳，第念各該員等緣事降革，離任後業據各該旗籍結報家產盡絕，並查明無力完交；而兵丁等所得餉銀，爲數有限，若再行坐扣，未免生計拮据；其另單所開之原任大員六員，俱經治罪查抄，無可著追。著將查出各該員名下未完應賠銀兩，及兵丁應扣餉項，共銀五十五萬九千八百餘兩，一併加恩概行豁免，以示朕格外施仁，曲加優恤至意。嗣後因公覈減借欠等項，及該員本係分賠代賠，經地方官查明結報家產盡絕無力完繳者，並著照例題豁，毋庸再於同案各員名下攤追，

用溥恩施而昭體恤。（高宗一四四七、七）

（乾隆五九、七、辛卯）又諭曰：穆和藺奏查勘衛輝府屬被水情形，……現在需用賑卹築堰等項，據該撫奏［河南］庫存正雜等項共一百八十九萬二千餘兩，是該省存公銀兩，爲數甚多，盡足敷用，自可無需再行撥給帑項。（高宗一四五六、一四）

（嘉慶四、六、己丑）又諭：戶部奏，湖廣、四川二省，原任各員子孫代賠未完銀兩一摺。畢沅前在湖廣總督任內，聲名本屬平常，聶傑人等即係於彼時起事，楚省各股教匪滋擾，亦多由此畢沅釀成。不將伊家產查抄，已屬格外施恩，不爲已甚。今此項應賠銀兩，即係失察邪教之款，豈能再邀恩免？所有畢沅名下未完銀二萬兩，仍著落伊家屬如數賠交。至原任四川夔州府知府張至軿，前在軍營積勞病故，業經加恩賞給道銜，並將渝關賠項寬免，此項罰賠夔關缺額稅銀三萬四千一百餘兩，事同一例，著再加恩全行豁免。（仁宗四六、五）

（嘉慶五、二、壬子）是月，安徽巡撫荊道乾奏：安省各屬倉庫虧缺，款項繁雜，請展限半年徹底清查。得旨：國家設立倉庫，儲蓄銀米，原爲水旱災荒，惠養子民耳。今各省皆被不肖州縣侵欺挪用，或交結上司、或卷歸私橐，今欲彌縫，不過又將小民剝削，設或激成變故，更需費用，反不如不辦之爲愈矣。必通盤籌畫，方可次第舉行，切勿孟浪。至於貪官，必不可恕，當切實嚴懲，勉之。又奏彌補虧空章程八條。一、各員舊虧，應各按各任，分別嚴追。一、勒提現任各員節省之項，按大、中、小缺分，酌定銀數，提歸司庫。一、離皖各員，應分別咨追。一、倉庫抵款，應責成現任變追。一、年久無著之項，應於歷任失察各上司，及濫行出結之員攤賠。一、此次清釐之後，每年上司盤查，及新舊官交代，不許沿習故套，率以無虧捏結。務將已未完各數，於結內聲明，題咨存案。一、追出銀兩，買補倉穀，應責成該管道府州賠補。一、現任州縣開報舊虧不實，應著開報之員賠繳。報後續虧，應將現虧之員糸辦。其徇情之接任官，及明知不報之上司，一併嚴糸，以絕流弊。奏入內勒提現任各員節省之項一條。得旨：此處尚應斟酌。何則？三節兩生日所需，皆取之於民，非官自辦也。今革彼增此，仍取之於民耳。是令民補官項，仍致剝削矣，似乎未便。餘七條，俱得旨：是。（仁宗六〇、三五）

（嘉慶五、二、壬子）湖北布政使孫玉庭奏：湖北省倉庫錢糧，各州縣有並未經手軍需者，即應先爲查辦。惟彌補之法，辦理不善，必至挪東掩西，甚或藉詞科派，擾累地方，反成害民之舉。請將虧數在一萬兩以內者，先行革職離任，調至省城，分別銀數多寡，勒限完繳；如限内全完，奏請開復，逾限不完，即行監追，照例問擬。其在一萬兩以上者，仍立即奏條監追，毋庸先行予限措完。有升調別省，及已回旗籍者，均請照此辦理，已故者照例在家屬名下著追。該州縣一有虧缺，即應離任，亦不致苛擾小民。得旨：朕所以不急辦者，原恐病民。此諭祇可同姜晟看，不可宣露於衆。（仁宗六〇、三七）

（嘉慶八、六、壬戌）是月，署福建布政使裘行簡奏：閩省倉庫，自乾隆六十年清查以後，有流交無著之款分攤後任。而接任之員，以爲非己任内之事，遷延諉卸，迄無清款之期。又海洋船工經費，及緝匪口糧等項皆取給鹽商生息項下，及本省管員捐廉銀兩，遇有不敷，則動用司庫雜款先行發給。此則以官帑墊私捐也；又州縣應交攤捐各款，一時不能措繳，轉挪動地丁錢糧先行解送，此則以正項墊雜款也。節年頭緒不清，以致司庫雜款項下墊用較多，致干部詰，州縣經徵項下丁耗私挪，轉多懸宕，此則爲各省所僅有。臣現在嚴飭州縣正項，按款批解，不許與攤捐各款稍涉通融。至司庫動用項下，詳慎出納，即船工口糧等項，有可節省，即詳明立案。得旨：甚是。……又奏：閩省近日營伍，略知歛戢，然藩司署中，每日各營投文，除應領正餉外，如修補戰船，籌鑄礮械及賞卹溺海兵丁難眷與夫兵弁出洋借支糧俸，日不下二三十件，無怪經費之不敷也。臣愚以爲止須整飭營規，嚴防海口所設戰船，仍照從前會哨巡查，使之不敢近岸，居民即可安堵，似不必責以遠涉大洋，衝波緝匪。況聞蔡牽私收商税，任意揮霍，與沿海居民久相浹洽，即水師兵丁及投誠賊匪，亦有爲蔡牽通信之人，官兵一有舉動，彼早聞信遠颺。即有可乘之機，弁兵亦未必肯出力前往。蓋此匪一經擒獲，營中別無希冀，不能藉寇縻餉矣。以臣竊計，恐蔡牽終難就獲也。得旨：實有此弊。覽奏俱悉，一切勉力辦理。（仁宗一一七、一七）

（嘉慶一四、四、乙巳）諭内閣：日前正黃旗都統奏，據正藍旗蒙古都統巴特瑪呈稱，伊子富蘭名下，有應賠銀一萬七千一百兩，無力賠交，願將住房交官作抵，其餘將伊等廉俸錢糧坐扣等語。巴特瑪、富蘭均係當兵出身，伊父子曾經出兵受傷，其家窮苦，乃朕所素知。富蘭應賠銀兩，無力還繳，自屬實在情形。若將其住房交官，並將廉俸錢糧全行坐扣，即無以資當差之用。因令軍機大臣將富蘭應賠之項，酌量均攤，其廉俸等項，加恩祇扣一半。兹據慶桂等將富蘭應賠銀一萬七千一百兩，於范建豐等九人名下攤賠。開單呈覽，内有哈豐阿名下攤銀八百兩。因思哈豐阿亦屬窮苦，此項銀兩無庸在哈豐阿名下攤出，著仍在富蘭名下，同餘銀四千九百兩，在巴特瑪

等廉俸錢糧內，每年坐扣一半，抵繳還款。其巴特瑪房屋，亦著加恩賞還，以示體卹。(仁宗二一〇、一)

(嘉慶一五、六、乙酉)諭內閣：德泰奏，接收庫項，查出另款存貯應行報部銀兩一摺。據稱接署藩司印務，覈對庫貯各項，內有向未報部銀二十萬九千餘兩，其虧在攤捐安南軍需餘剩項下所少銀二萬餘兩，查係陸續動支借給各屬修理衙署之用，現在分別提扣，歸還軍需餘剩原款。又西隆軍需餘剩項下，有撥歸西省兵丁應還借庫銀一萬二千餘兩等語。各省庫貯，國帑攸關，絲毫均應報部，何以該省庫存銀款竟有未經報部之項，至二十萬兩之多，並擅行動支借用，懸宕未歸？著該撫錢楷，即行查明，係何藩司任內之事，據實嚴叅具奏，其失察之巡撫，亦一併查奏。因思廣西邊遠小省，藩庫尚有此等情弊，則此外各省，更不能保其必無，亟當徹底查明，用歸覈實。並著各該督撫一體確查，如有似此未經報部款項，即據實具奏，免其究辦。儻經此次諭飭之後，別經查出，必將該藩司及該督撫懲處不貸。德泰甫到粵西，即於署藩司任內查有未報庫款，尚屬留心，著賞加一級，以示獎勵。並通諭各督撫知之。(仁宗二三〇、二)

(嘉慶一五、一二、癸巳)諭內閣：戶部奏，據兵部主事成寧呈稱，前在道府及臬司任內分賠、代賠各款，除繳過銀五萬四千餘兩外，尚有未完銀二萬九千二百九兩零，現在無力措繳，懇將伊應得主事俸銀，並伊胞姪重嘉、長孫穆常阿筆帖式俸銀一併坐扣等語。官員賠項，本應按照例限，如數完繳，近來外官降革在京，其應賠之項，輒請將房產抵繳，其房產不敷抵繳者，即請坐扣本身及子弟俸銀，每經邀恩允准，並祇令其坐扣一半，以示體卹。乃該員等意存希冀，紛紛具呈，視為故套，其在職分較小之外官，或實在苦於無力，尚屬可原，若歷任督撫大員，受恩深重，廉俸優厚，何得藉詞無力完繳？殊非情理。所有成寧未完賠項二萬九千二百九兩零，著不准將伊主事及胞姪、長孫筆帖式俸銀扣抵，仍加恩予限六年，每年繳銀五千兩，如逾限不完，即當照例治罪。嗣後降革在京之督撫大員，毋許將俸銀扣抵賠項，如有似此具呈瀆懇者，該部即當駁飭不准，無庸再行請旨。(仁宗二三七、一一)

(嘉慶一六、五、甲申)諭軍機大臣等：那彥成奏，密陳甘省彌補章程一摺。據稱，口外鎮西府迪化州等處，俱經查明並無虧短，惟口內各廳州縣，截至十五年年底止，尚有未歸庫項、未歸倉糧共銀二百一十一萬五千餘兩。內除已經報部覈銷、尚未撥給之軍需，又提貯糧價及流抵攤銷各項外，其無抵者共銀一百七萬五千餘兩，均請勒限十年，分別追繳等語。甘省瘠苦情形，倍於他省，倉庫虧缺，已非一日，姑照該督所請，准其分限追完，以清款項。惟是清查之法，總以截止新虧、實籌彌補爲最要。近來各省督撫，往往立限於前，及屆期不能全完，又復請展於後，是名爲彌補，實啟延宕之端。且舊虧未補，新虧續增，年復一年，終無了期，成何事體？該省倉庫，既以截至嘉慶十五年年底爲止，即著按限嚴追，提貯司庫，勿任稍涉延緩，至十五年以後倉庫，該督尤當嚴飭所屬，認真稽察，不准再有絲毫虧短。將此諭令知之。(仁宗二四三、六)

（嘉慶一八、二、甲子）諭軍機大臣等：朱理奏，查明江蘇省倉庫虧墊各款，酌定追補章程一摺。直省倉庫虧缺數目，以江蘇省爲最多。前於嘉慶十四年，查明江藩所屬，共虧銀一百七萬三千五百餘兩，米八千六百餘石；蘇藩所屬共虧銀三百三十三萬五千二百餘兩，米豆三千九百餘石。今據朱理奏稱，截至上年十一月，江藩所屬已完銀六萬三千四百餘兩，未完銀一百一萬餘兩，錢二千七百餘串；已完米六百餘石，未完米七千九百餘石；蘇藩所屬已完銀七十一萬三千八百餘兩，未完銀二百六十二萬一千三百餘兩；已完米豆二千六百餘石，未完米豆一千二百餘石。該省倉庫錢糧虧缺如此之多，數年以來，江蘇並無大差大役，而彌補者爲數無幾，是該撫所奏並無續虧之言，殊難憑信。各州縣彌補之法，總在杜絕新虧，若不節其流，其事迄無底止。自此次截數之後，該撫務通飭所屬，清查只此一次，斷不能再邀寬典。各州縣中如有挪新掩舊，再致虧缺者，查出一處，即叅辦一處，照例監追治罪。庶現任之員，各自顧身家，接任之員亦不肯代人任咎。自經此次奉旨之後，務照依所定年限數目，覈實提解。如查明某款原虧若干，分限幾年補完，此幾年中一年應補若干，每屆年終將依限補足若干，尚有未完若干，逐款分晰，開列清單，據實密奏，交軍機處查覈。該撫務督率該藩司等認真經理，確實勾稽，勿得一奏之後，仍聽屬員掩飾拖延，以致有名無實也。勉之慎之。將此諭令知之。(仁宗二六六、二五)

（嘉慶一九、八、甲子）又諭：初彭齡奏查辦虧空嚴禁密奏之弊一摺，所奏甚是。……初彭齡所稱，名爲密摺陳情，實則通同舞弊。此二語確盡情事。即如江蘇省嘉慶六年岳起查奏時，各屬虧短銀三十餘萬兩，若能分年彌補，迄今已越十年，每年約補三四萬金，早已據報全完。乃張師誠任內，續查已增至七十餘萬兩；至慶保任內，續查竟增至二百二十萬餘兩，江寧藩司又報出九十六萬餘兩；江蘇一省共虧銀三百十八萬餘兩，較岳起初報之數，多至十餘倍。試思自嘉慶六年以後，並無南巡大差，亦無諭令豫備巡幸之事，豈東南一路有兵差徵調可以藉口乎？又豈在京諸大臣中有似從前和珅貪婪者，致該省督撫傾貲餽送乎？如果有之，著即據實陳奏，毋稍隱諱。計惟南河屢舉大工，及災歉賑衈，數年之間，所費甚鉅。然皆出自國家左藏，共撥銀數千萬兩，何嘗絲毫累及地方？乃該省歷次清查虧空，有增無減，若再姑息不辦，何以警官邪而慎國帑？惟此時若即明降諭旨，按律查辦，不特罹於重辟者人數過多，且亦於帑項無益。各州縣雖同一虧空，其實在情形亦有不同，即銀穀各數亦有差等。一經徹底查辦，俱不難水落石出。百齡、初彭齡皆係實心任事之員，著即會同查辦，將歷任虧空之員，各就該員名下查明實據，此內貪黷營私、損國課以肥私橐者，指名糸奏挐問，實之重典，仍查抄家產作抵。等而下之，何等者應革職監追，何等者尚可暫行留任勒限追賠，分別情罪重輕，酌擬章程，開單具奏，候旨遵行。俟江蘇一省辦定章程，再明降諭旨，令凡有虧空省分，俱傚照辦理。以期國帑清釐，咸知警懼，剔除積弊。……將此諭令知之。（仁宗二九四、一七；東一二、一九）

（嘉慶二〇、一二、乙亥）又諭：那彥成奏，查明直隸省初、二兩次及三次清查倉庫案內已未完銀數一摺。直隸省三次清查虧欠各員，前經立定限期處分，分別任所旗籍催追。乃據該督所奏，初、二兩次案內，十九年祗完銀七百五十兩，尚未完銀九十六萬一千九百兩零。三次案內，十九年祗完銀一千三百九十六兩，尚未完銀九十四萬四千九百兩零。似此任意拖延，帑項迄無歸補之日。著該督將本省勒追各員，查明限滿未完者，即分別監追治罪；並咨行各旗籍一體勒限嚴追，毋稍寬縱。現經降旨，將山東省虧缺倉庫各員一萬兩以上者，俱革職挐問，解部問擬大辟，勒追嚴辦。此後直隸各州縣如有新虧者，即著照此例辦理。（仁宗三一四、一五）

（嘉慶二〇、一二、丙子）諭內閣：慶保奏，審明臨桂縣歷任短交捐款，並挪缺倉庫各知縣，現已賠繳銀兩分別定擬一摺。此案臨桂縣歷任知縣短交捐款銀兩，及應追徵折盤折倉穀價銀，經該撫查明各任知縣已未完數目，分別開復追賠，俱著照所議辦理。直省倉庫錢糧，本應實徵實貯，不容絲粟虧短。近年以來，朕爲各督撫所蒙，該督撫又爲各州縣所欺，辦理寬緩，以致肆無忌憚，各省虧缺累累，幾於百孔千瘡，不可究詰。若不嚴加懲辦，何以警怠除貪。昨已降旨，將山東虧缺各州縣銀數在一萬兩以上者，全行革職挐問，解交刑部，分別問擬斬候斬決，勒限監追。限內全完，貸其一死，永不敘用；逾限不完，即行正法。其廢弛、貽誤之前任山東巡撫吉綸、同興，藩司朱錫爵，均予譴戒。嗣後直省各州縣，如有侵蝕錢糧數逾巨萬者，該督撫查明糸奏，即照新例辦理；如該督撫、藩司不認真整飭，徇庇墨吏，廢弛地方，即照吉綸等一律發遣，決不寬宥。（仁宗三一四、一七）

第一章　清政府的財政政策與制度 / 143

（嘉慶二一、一、戊申）諭內閣：陳預奏，遵旨查辦虧缺各員一摺。前因東省州縣虧缺倉庫錢糧，動盈鉅萬，特降諭旨從嚴懲辦。將十四年以後虧空各員，銀數在一萬兩、二萬兩以上者，分別予以實犯死罪。茲據陳預奏，查明從前單開各員虧缺銀數之內，尚有應准扣抵及刪除各款，其現經措繳者，亦請准其完解等語。此次革職拏問、交刑部監追各員，其原開銀數內，尚有軍需、煮賑、修理營房、辦理剝船等款，其例得准銷者，本應作正開銷；即例不准銷者，經該撫查明，實用有據，籌補歸款，亦准其扣除。至攤捐各款，非正雜錢糧可比，亦著查明於虧缺數內劃除。現在措繳者，必實已提存司庫，方准作完。該撫再覈明實虧銀數，遵照前降諭旨，將一萬兩、二萬兩以上者，解交刑部監追，限滿之日，分別斬決、斬候罪名辦理。至已離東省各員，亦著照該撫所請，先行解至東省監禁，俟覈算明晰，再將實虧銀一萬兩、二萬兩以上者，解交刑部，一併辦理。（仁宗三一五、二一）

三、倉穀

（康熙三七、三、庚子）戶部議覆：戶科給事中姜橚疏言，陝西長安、永壽、華陰等三縣，倉米虧空，請嚴加查核。應如所請，令該督撫查明。得旨：此倉米事情，甚屬年久。著刑部尚書傅臘塔、左都御史張鵬翮前往，會同該督撫詳察，并將借給籽粒事務，查明具奏。（聖祖一八七、二二）

（康熙三九、三、丙申）［九卿］又會議：刑部尚書傅臘塔等會同巡撫貝和諾，察看西、鳳二府所屬等縣監收米麥，及存貯各倉米麥，均與原數相符，應無庸議。原任長安縣知縣謝嵩齡等，私將麥石出陳易新，應治罪，但已經買補足數，亦免議。貯省倉米，行令該撫交糧道加謹收貯，毋致浥爛。其省倉及西、鳳屬縣各倉所貯麥石，令經收府縣官員，作速易米，并見貯米石，一概運入省倉。如有遲延，該撫題条，從重治罪。從之。（聖祖一九八、七）

（康熙三九、七、庚申）戶部議覆：湖廣總督郭琇疏言，臣前蒙皇上面諭，湖廣可收米二十萬石，當預於秋成時定價，摺送內閣。臣思楚省之米，出自湖南；湖南歷年所積穀一百萬四千八百石零，即遇歲歉，廣行賑濟，亦不過至五十餘萬石。何若將此一半積穀辦米，留一半貯倉備賑？而米價亦不致騰貴，似屬兩便。應如所請。從之。（聖祖二〇〇、一二）

（康熙六〇、五、庚寅）戶部等衙門遵旨議奏：直隸、山東、河南、山西、陝西被旱，除陝西已差大臣賑濟外，今查常平倉米穀，直隸，一百六十萬五千二百七十石零，山東，四百七十三萬石零，河南，一百三十四萬七千石零,山西,四十八萬二百石零,應令四省撫臣,遣官分賑,并平價糶賣。再陝西康熙六十年分錢糧,已經奉旨蠲免;其直隸、山東、河南、山西被災州縣錢糧,應令各撫臣查奏,分別蠲免。得旨:依議速行。(聖祖二九二、二二)

（**雍正三、八、辛卯**）諭大學士九卿等:前於天津,蓋造倉廠,原備截留漕米,是以朕諭托時等,將湖北、湖南之米,截留二十萬石,存貯天津。托時因奏,天津倉廠,地勢卑濕,廠底須鋪墊乾草,以隔潮氣。昨牛鈕奏稱,墊草亦不免浥爛。如此,則截留漕米無益。前所降諭旨,截留之米,可仍令抵通歸倉。當時蓋造倉廠,原係李維鈞及地方官員經手,乃並不相度高燥之地,草率營建。著托時前往天津,會同莽鵠立、柯喬年,詳審地形,或另擇高阜之處,或將舊基培墊,交與李維鈞,親同當時經手之員,賠補修造。即著莽鵠立、柯喬年監督工程。至於直隸州縣倉穀,李維鈞曾奏虧空無多,今歲秋收,即可全補無缺,今蔡珽奏稱清苑倉穀,並無顆粒,清苑爲保定附郭之縣,倉穀尚虧空如此,則他處可知。李維鈞前此所奏不實,著大學士會同刑部,問明具奏。……(世宗三五、二〇)

（**雍正五、二、乙丑**）諭大學士九卿等:廣東巡撫楊文乾條陳廣東事宜三件。……一係廣東積貯倉穀之事。據楊文乾奏稱,廣東一歲所產米石,即豐收之年,僅足支半年有餘之食。合計通省須積穀四百餘萬石等語。夫本省所產之米,不足供本省之食,在歉年則有之,若云每年如此,即豐歲亦然,恐無此理。朕思廣東之米,所以不敷廣東之用者,或田疇荒廢,未盡地利;或興作怠惰,未用人工;或奸民貪得重價,私賣海洋。三者均未可定。每年漕運進京之米,亦不過三百餘萬石。以廣東一省而積四百餘萬石之穀,爲數太多,難於查核。而又當嶺南潮濕之地,能保無黴爛之虞乎?今廣東各屬見報存倉之穀一百六十餘萬石,去冬又令廣西運穀三十萬石,以備廣東之用,是廣東已有穀一百九十餘萬石。若此數實貯在倉,則一時需用,儘足支應,不慮匱乏矣。一係請開捐納以築圍基,以備積貯之事。既爲地方需米起見,一開捐納,則米價反致昂貴,於民不便。故上年冬底爲廣東籌畫積貯,九卿議開運穀捐監之例,其所以令其運穀者,即是此意。若云開捐收納銀兩,再委員採買於鄰省,則何不動用庫帑採買,而必廣開事例乎?況廣東既有運穀捐監之例,則將來米穀自然日益加多。想楊文乾具本時,尚未知運穀捐監之議也。以上二事,亦俟孔毓珣、楊文乾到京之日,九卿會同定議具奏。至廣西撥運廣東之穀三十萬石,仍遵前旨,即速運送。(世宗五三、一六)

（**雍正五、閏三、丙寅**）又諭:據江西巡撫邁柱奏稱,江西存倉穀石,向係二錢一石折價，存留各縣，買穀一石，實屬不敷等語。朕思離任官員，交代之際，並無穀石存倉，而以二錢一石之賤價，交與接任之員。接任之員力難賠墊，以致穀石空虛。弊端種種，國帑民生，均受其累。此皆裴㣲度及歷任布政使等徇情市惠，强令接任官員收受之故。著將江西通省折價銀兩，交與裴㣲度及歷任布政使，作速照數買穀還倉，不得藉端絲毫派累小民。再，直隸各省倉穀，若有前任官折價存庫者，不許新任官接受交代，仍令前任官買穀交倉，不許顆粒短少。其該管督撫上司，亦不得徇情寬縱。儻敢故違，定將本官及該管官，分別從重治罪。永著爲例。（世宗五五、一〇；東五、八）

（**雍正九、七、丁亥**）四川總督黄廷桂等疏言：川省存貯米穀，現止四十二萬石有零，請早爲籌畫。將常平倉捐例，改穀作銀，隨時糶買，並酌開捐納事例，將銀買穀存貯。得旨：川省乃產米之鄉，積貯易於爲力。該督撫請開捐納，誤矣。況改穀折銀，又復將銀買米，徒滋弊端，更屬背謬。但通省積穀止四十萬石，爲數實少，應如何增貯之處，著大學士等詳議具奏。（世宗一〇八、三六；東九、二一）

（**雍正一一、一二、己未**）移福建興化府倉大使一員駐福州府，管理常豐倉務。其興化府倉務，改歸經歷管理。從福建巡撫趙國麟請也。（世宗一三八、八）

（**乾隆四、一一、壬申**）署廣西巡撫安圖奏：粤西積貯，現有一百五十餘萬倉糧，分存郡邑，緩急有資。惟民間素少蓋藏，習於耗費。粤俗尚鬼，歲時伏臘，家家賽願，病不求醫，亦惟詔禱，聚集親朋，酣飲而散。復恃官倉例有糶借，於新穀登場，恣意賣與客販，冀來年賤買官米。現飭有司勸化，以除錮習。得旨：此雖探本之論，然須行之以漸，不可欲速也。（高宗一〇五、二一）

（**乾隆九、一〇、壬戌**）户部議覆：山西巡撫阿里袞疏稱，現奉部行，酌定常平倉額款。查晉省原定三百四萬，酌減十分之一，以二百七十三萬六千石爲定額。除現存實數外，尚不敷額穀八十五萬三千四百石，歸於本地交納本色案内，收捐補足。應如所請。從之。（高宗二二七、二）

（**乾隆一〇、九、戊戌**）江西巡撫塞楞額奏：江省常平倉穀，定額一百六十萬六千石，從前缺額甚多，臣陸續買補勸捐，止少七萬三千餘石，雖現在遵照部文，停止採買，而本年秋收豐稔，捐輸本色者，諒不乏人，約計歲内，即可彌補足額。得旨：穀少之數，亦不爲多，應趁豐收買足也。速爲之。（高宗二四九、二四）

（**乾隆一一、六、甲午**）湖北巡撫開泰奏：湖北通省社倉，現存穀麥共計五十二萬餘石，若不及時設法整頓，日久恐多虧缺。但各屬社倉，散在村莊，未便特行委員遍查，致滋擾累。查州縣應行興革諸事，例應該道府按季巡查，擬飭各道府於巡查所至，遇有存貯社穀之處，就便抽驗。倘有挪移等弊，將社長分別責革，勒限追賠；過多者，將失察之州縣揭報。得旨：此見甚好。所爲不動聲色之辦理也。（高宗二六九、四一）

（**乾隆一三、八、戊戌**）護理山東巡撫布政使唐綏祖遵旨覆奏：常平倉穀動借糶存確數，并陳東省頻年災歉，疊蒙截漕協撥，較常平額穀倍多，所有連年出借現存米穀，可資常平補額，合計與雍正七年定額不虧。其現存以備今冬加賑、明春借糶之用，本年採買應暫停。得旨：所奏甚清楚，具見留心。餘俟交議遵行。（高宗三二三、一）

（**乾隆一三、八、丁未**）又諭：據直隸總督那蘇奏圖奏稱，該省常平倉穀，實貯、民借二項，共穀三百三十萬六千餘石，以雍正十年定額計算，尚餘穀一百一十五萬一千一百餘石……（高宗三二三、二三）

（**乾隆一三、八、丁未**）又諭：據那蘇圖奏，直隸各屬常平倉穀，實貯三百三十餘萬石，若以雍正十年定額，再加新設新隸，各倉計算，尚餘穀一百一十五萬一千餘石等語。東省被災之後，倉貯應須足額。前據唐綏祖奏明，東省現存常平倉八十九萬餘石，又截漕撥協米四十二萬餘石，共一百餘萬石，其餘雖暫停採辦，若舊額已定，則固無庸籌補，若舊額不足，則將來尚須買補足額。直隸今歲豐收，在本省無需採買，若於隣近東省州縣酌買運往，則以此之有餘，補彼之不足，似屬兩便。但恐由直運東，腳價未免太費，然東省當積歉之後，急須籌貯，就令運費稍重，不出東省採買價值之內，尚可辦理；若於就近水次之州縣設法運往，更屬妥協。朕已諭令那蘇圖會商酌辦矣。可傳諭準泰、唐綏祖，令其會籌妥酌，具摺奏聞。（高宗三二三、三一）

（**乾隆一三、一一、丙寅**）户部議覆：貴州巡撫愛必達奏稱，黔省倉貯，現存八十六萬餘石，今奉旨，照康熙、雍正年間舊額，自應籌減。但黔省山多田少，產米無多，倉貯宜裕。請將現存秋糧，酌減十一萬餘石，仍存七十五萬石，同常平現存穀折米二十五萬石，共貯米一百萬石。酌減之米，即設法出糶，價銀充餉。應如所請。至所奏，以黔省連年豐稔，每年平糶之米，又加減貯之米，恐一時難盡糶，請將每年所徵秋糧餘米四萬石改徵銀。查秋糧餘米，每年秋徵，於次年青黄不接時，盡數平糶，並非存貯，未便折收。即因減貯米，與秋糧餘米，同時難以盡糶，或一二年內暫爲改折，似可權

行。應令該撫酌辦。從之。(高宗三二九、二)

（**乾隆一四、一一、癸酉**）安徽巡撫衛哲治奏：安省倉儲，除定額九十四萬二千石外，僅溢額米三千七百九十八石零，且在應買數內，與別省實存溢額米穀，可補糶三之數者不同，其定額內應行買補者，前屆秋成，已通飭所屬採買。至各州縣倉貯，照定額有盈絀不一者，統於司庫糶價內酌撥，毋庸撥運米穀，以省運送。所有通省溢額米，應於賑濟撥缺應買數內劃除，存銀歸款。再查安省倉穀奏銷，向分積捐兩案。今常平定額，係合積捐兩案爲一數，應於本年爲始，彙爲一疏。得旨：該部知道。(高宗三五三、一四)

（**乾隆一四、一二、丙申**）甘肅布政使張若震奏：甘省岷州、西和、秦州、秦安、禮縣、成縣、河州等州縣，節年額徵存倉餘糧共二十四萬石有奇。現無別項支用，除常平倉糧，應仍舊積貯外，其西和、秦安、成、禮四縣餘糧，應各留一萬五千石，岷州留二萬石，秦州留四萬石，河州留三萬石，餘均變價解司，以爲豫買滿兵糧草，及撥充兵餉之用。嗣後每歲額徵及估兵食之外，總按額留之數存貯，餘於每年三四月間，變舊存新，倘值歉收，毋庸變解。報聞。(高宗三五五、一一)

（**乾隆一五、二、辛卯**）[軍機大臣等]又議覆：貴州巡撫愛必達奏稱，黔省存倉秋糧一項，每年額徵十五萬餘石，充各營兵食等用。自康熙年間至今，計節年支剩，現存六十萬石有奇，加軍務餘米二十六萬石零，共現存米八十六萬石零。前以邊地理宜備貯，題准留米七十五萬石，合常平額米二十五萬石，共計百萬。其酌減十一萬餘石，並現存糶剩十三年秋糧餘米二萬餘石，均非他省採買加貯者比。黔省跬步皆山，艱於撥運，若照舊存，必致黴變。請仍於青黃不接時，陸續出糶等語。自應如所奏。惟該省產米本少，雖餘米應糶，亦應俟昂貴時，藉平市價。又稱古州存倉，有酌減米五千八百十四石零，苗藪多食雜糧，難以出糶，請將應撥粵米兵餉內，如數減運，即以此項湊支等語。查古州產米無多，是以撥運粵米充餉，今以溢額抵補，亦屬通融之法，應令酌量本年秋成分數，如果豐收，即將粵米減運辦理。從之。(高宗三五九、五)

（**乾隆一八、三、己巳**）戶部議覆：廣東巡撫蘇昌疏稱，豐順縣，僻處萬山，難於輓運，額貯穀僅五千二百八十九石九斗八升四合，除碾支兵米外，所存無幾，不敷糶濟。請將乾隆十六年，領運三水縣廣益倉穀二千石，又南澳同知糶存三水縣廣益倉一千石之價銀，移交豐順買補，一併加貯入額。應如所請。從之。(高宗四三四、一七)

（**乾隆二〇、一二、戊辰**）湖南巡撫陳宏謀奏：湖南省米價，因江北販運，日漸昂。民多呈官禁米。臣以江浙歉收，不應過糶，惟糶多存少，恐來春缺乏。查楚省常平倉貯穀九十七萬八千六百石零，原供平糶，第出糶太早，恐難為繼。現有社穀四十三萬二千石零，分貯各鄉，屆春應先儘社穀出借，後將常平倉穀碾糶，源源接濟。社倉恐有虧欠，乘此本息還倉時，飭道府委員盤查。現令地方官出示曉諭，俾知明年先借社穀，繼糶常平，民心可以無恐。得旨：甚妥。可嘉之外，無可批諭。（高宗五〇三、二三）

（**乾隆二二、二、辛卯**）是月，湖北巡撫盧焯奏：湖北通省儲穀九十二萬餘石，上年碾動三十九萬六千餘石，已於離省稍遠處飭買補一十九萬三千餘石。近省各屬市價略昂貴，尚有未買穀二十萬三千餘石。查上年川省歉收，川米罕至。湖南米糧，轉販運川省。楚北糧石止可供本地民食，未便收買。請將未買穀石，俟麥收後照市價買麥抵穀，如不足數，再俟秋成買穀儲倉。得旨：如所議行。（高宗五三三、二八）

（**乾隆二四、三、己酉**）湖南巡撫馮鈐奏：湖南產米之鄉，通省常平倉額貯，共存正額溢穀及各案加買穀百四十四萬四千餘石，本年應出糶穀四十餘萬石。採買陳陳相因，隣省又不豫受協濟之益。請於附近水次各屬常平倉，動撥三十萬石，運赴江南，咨明江督，聽轉運平糶各屬補倉。穀價運腳銀無庸解楚，即提貯司庫報部撥解，抵湖南動用司庫地丁頂。得旨：所見甚是。但江南今年亦屬秋成有望，目下糧價甚平，另有旨諭。（高宗五八三、三〇）

（**乾隆二五、一、癸亥**）陝甘總督管理甘肅巡撫事務吳達善奏：甘省常平倉糧，乾隆二十二年以倉斗定額，實貯三百六十萬石。近值歲歉賑糶，屢有動撥缺額，現貯僅一百三十七萬五千六百二十二石，猝難籌補。請俟來歲豐收，再行設法通融酌辦足額，報聞。（高宗六〇五、二）

（**乾隆二七、一一、戊子**）陝西巡撫鄂弼奏：陝省常、社兩倉，額貯穀三百四十萬石，最為充盈。現在盤查各屬，除倉內實儲及庫存糶價外，民欠積至八九十萬石，且有欠至四、五年以至八、九年者，其中不無胥役冒領及社長侵蝕情弊。飭令各州縣開造戶冊，委員清查，按戶取限交倉。如有侵冒捏欠，即令監追，州縣官或那移抵捕，並即糾揭。其欠戶逃亡及貧苦無追，著落接收交代之現任州縣賠補，不得勒派里族代償。得旨：如所議行。（高宗六七五、一七）

（**乾隆二八、一〇、壬子**）諭軍機大臣等：來朝奏請暫停採買加貯倉穀一摺，其意原為民間便於報捐而言，今英廉條奏，早降旨停罷，自無可置諭。已於摺內批示，至該省倉儲，現在各案採買，既有一百數十餘萬，所儲已爲不少，將來即需酌辦，亦惟隨時審量市價，從容措置，正不必亟亟購買，以致有妨民用。著傳諭喬光烈，毋庸仍泥許松佶加貯原奏，稍爲勉強從事。將此並諭來朝知之。（高宗六九七、一八）

（乾隆三二、八、辛未）護理山東巡撫布政使梁翥鴻奏：東省常平倉穀，額貯二百八十八萬二千石，除應徵應買及本年平糶借撥兵米外，實存穀一百八十二萬三千七百六十三石，尚有缺穀二十一萬一千五百餘石，係歷年蠲賑動支，未經買補。今年各處豐收，應請酌動地丁銀兩，發價採買。再應徵民借穀五十七萬一千餘石，其中零星小户，有僅種雜糧者，若令買穀交倉，殊費周折，並飭各州縣照乾隆二十五年奏明之例，一體兼收。報聞。（高宗七九二、七一）（高宗七九二、一一）

（乾隆三七、一二、庚寅）是月，湖北巡撫陳輝祖奏：查通省額貯倉穀，及零星各款，共存穀一百三十萬三千餘石，每年奏銷册內，附貯另立一款，造册紛繁，查覈難徧，恐日久不肖吏胥影射滋弊。且每年出陳易新，非如銀兩各清各款者比。請刪除歸併，以一百二十萬石，作爲正額，其餘十萬有奇，及將來漕南耗米易穀、折穀，俱入附貯項下，列爲二款，令各屬一體造報。報聞。（高宗九二三、五二）

（乾隆三八、三、辛亥）河南巡撫何煟奏：豫省各州縣倉穀，向例以二百三十一萬餘石爲額，此外贏餘爲地方儲備，並協濟鄰省之用。節年通省溢額四十四萬，倉廒不敷存貯。請將溢額四千石以外者，變價解司。遇有平糶應買之穀，先儘該年息穀抵補，如抵不足數，再動糶價採買，以免額外多買之弊。於倉儲益加慎重。從之。（高宗九二九、一三）

（乾隆三八、三、辛亥）［河南巡撫何煟］又奏：豫省有漕穀一款，係節次截漕賑濟所餘，現存七十九萬餘石。又蘇米一穀，係每年漕米撥出，爲直隸兵米之用，乾隆三十年，直隸改支折色，奉旨存貯，以備協撥鄰省，現存二十九萬餘石。以上二項，分貯各州縣，多寡不均，往往借民房廟宇存積，既恐浥爛，且有壓借濫糶之弊。計漕穀存數較多，應於接連鄰省之安陽、河內、陝州、靈寶、閿鄉五處各存二萬石，附近水次之祥符三十六州縣各存一萬石，又禹州等四十八州縣各存五千石，以爲定額。蘇米仍於祥符等三十六州縣，各存一萬石，倘額貯外有餘，照常平之例，變價報撥。庶通省存貯適均，統歸實用。從之。（高宗九二九、一四）

（乾隆四一、三、辛丑）貴州布政使鄭大進奏：貴州常平項下，額貯米八十萬五千七百餘石，應折穀一百六十一萬一千餘石。今查全省倉貯穀數，不及十之三四。邊方官不諳掌故，未經籌辦平糶，多致黴變耗折。請照例遞

年借糶，秋後買補還倉，勒限三年，全數易穀。得旨：好。諸凡似此實力爲之可也。（高宗一〇五、四一）

（**乾隆四三、一一、丁巳**）廣西巡撫吳虎炳奏：崇善縣恩城縣丞地方，戶口日增，原貯社穀二千石不敷，應如該縣所請，再分貯常平倉穀四千石；又桂林、平樂、梧州、潯州、南寧、太平、柳州、慶遠、思恩、泗城、鬱林等府、州、所屬各州縣，均有穀石分貯佐離衙門，臣恐佐離等官，或因部中無案，有虧那徽浥等弊，隨嚴檄該佐離等，照例交代結報，仍歸額貯之州縣倉内造報，并責成道府親盤，以歸畫一，報聞。（高宗一〇六三、三〇）

（**乾隆四五、五、己丑**）山東巡撫國泰奏：遵查東省常平倉盈餘銀兩，現存四萬四千八百二十兩有奇，額穀二百九十四萬五千三百石，現在存倉及糶借未還未買，除抵缺額外，尚有溢額穀九萬三千八百三十二石有奇，無須採買補額。報聞。（高宗一〇〇六、二八）

（**乾隆四六、九、己巳**）貴州巡撫李本奏：黔省常平倉米，共額貯一百萬石，經三十七年奉部議減，共糶過米十八萬八千六百餘石，旋於四十三年，議復原額，應買還折穀三十七萬七千三百餘石，計四十四、五兩年，共買穀十三萬六千二百餘石。今歲秋收，較往年倍豐，臣飭藩司等，將復額穀二十四萬餘石買補，以實倉儲。得旨：嘉獎。（高宗一一四一、三三）

（**乾隆四九、八、壬子**）陝西巡撫畢沅奏：乾隆八年部議常平倉定額，綏德州，並所屬清澗、米脂、吳堡三縣，俱額貯穀四萬石。近查綏德一州，民物殷繁，較所屬各縣煙户，多至數倍，應請於原定額穀外，再增貯四萬石。報聞。（高宗一二一三、二五）

（**乾隆五七、一一、甲寅**）又諭：各省常平社倉，係仿照周官荒政而設，原以備水旱偏災，糶借放賑之用。乃各省督撫，每年俱彙奏倉庫無虧，而遇有偏裖歉收，並未據奏聞動撥倉穀，以濟饑民，即如本年直隸畿南一帶，因旱歉收，經朕降旨詢問梁肯堂，何不將倉貯穀石，就近先行動撥。據該督奏，各該處額貯穀石，除連年出借籽種，及本年平糶外，所存無多，不敷散賑等語。可見各省倉儲，並不能足數收貯。此皆由不肖官吏，平日任意侵那虧缺，甚或借出陳易新爲名，勒賣勒買，短價剋扣，其弊不一而足。以古人之良法，轉供貪墨之侵漁。而該督撫等，並不實力稽察，惟以盤查無虧，一奏了事，以致各省倉儲，俱不免有名無實。備荒之義安在乎？該督撫等，向來因循怠玩，此後務當認真整飭，實力稽查。使倉穀豐盈，以期有備無患。若再仍前玩忽，任令州縣侵那短缺，將來朕出其不意，特派大臣前往抽盤，一經查出条奏，恐督撫不能當此重戾。若因有此旨，復任地方官借詞採買，

有勒派短價情弊，必將該上司，及州縣一併從重治罪，決不寬貸。勿謂教之不早也。(高宗一四一七、九)

（嘉慶一三、六、戊申）諭軍機大臣等：據愛星阿覆奏，塔爾巴哈台屯田所獲兵糧不敷歲支，歷年將奏明備貯八年之糧含混搭放，從前存倉十萬石，現在止存一半等語。該處官兵每歲以屯糧計口授食，何得遽將奏明備貯之糧含混搭放，竟用至五萬石之多？愛星阿到彼已非一日，於抵任時既知備貯倉糧止存一半，即應據實查辦，何以遲至此時始行具奏？或者伊從前明知虧短，含混接收，迨接奉申飭嚴旨，恐致掣回，自料離任在即，故爲此奏，以掩飾扶同之咎，亦未可定。至所稱和寧未悉塔爾巴哈台情形，亦不知伊如何籌辦，率行先奏，實所不測之語，殊不成話。所有塔爾巴哈台備貯糧石，著松筠帶同愛星阿前赴彼處。愛星阿如已起程，著即飭令馳回，將歷年應存備貯糧若干石、現在實存若干石、因何含混搭放兵糧以致止存一半、從前愛星阿如何接收具奏，並搭放兵糧始於何年之處，詳細查明，據實条奏，毋得瞻徇。將此諭令知之。(仁宗一九七、二五)

（嘉慶一四、一一、甲子）〔軍機大臣〕又會同户部議覆：御史周鉞奏請清釐倉貯，以糶代查一摺。據稱各省常平倉穀實貯足額者，十無二三，請飭令督撫責成藩司，將各府州縣倉廒額數，通貯有二萬石者，將一萬石存貯該倉，其一萬石所糶之價，勒限解交藩庫，總計各直省所糶倉額一半之數，可得千餘萬金，自可暫充國用，仍令於歲豐穀賤之時，由藩司發價，採買歸倉，俟買足後，再將前存一半，於歲歉時出糶，仍照前法買補等語。查各直省共額貯常平倉穀四千四十一萬餘石，原以備小民出借籽種口糧及緩急不時之需。奉行日久，侵虧諸弊，誠難保其必無。定例，常平倉穀概以存七糶三爲率，其間地方燥溼不同，穀性久暫各異，有存三糶七，有存半糶半，有存六糶四，並有不限額數隨時出糶者。即一省之中，各就地方情形，斟酌存糶，原難強歸畫一。今若概以一半存倉、一半出糶，於定例既多紛更，更恐不肖官吏，又藉出糶爲名，轉將實貯倉穀，復行虧短，且採買過多，亦恐病民。若謂以糶爲盤，即可杜絕州縣欺隱之弊，不知除糶一半之外，尚有一半存倉，則於實在數目，仍可以少報多，巧爲掩飾，於清釐究屬無益。並查各直省嘉慶十一、十二、十三等年，常平奏銷册報，存糧二千六百一十二萬二千餘石，較之額貯數目，不及十分之七。其間有從前支應軍需、估撥兵餉並災賑等項動用，均就款開銷，未經買補，亦有出借籽種口糧，因災緩徵尚未徵還者，該御史統將各省額貯滿數縶計，更難一律辦理。至所稱出糶一半之數，可得千餘萬金，暫充國用等語，此項糶價，仍應買穀還倉，自未便擅行動用，儻此時任意通挪，將來又須另籌撥補，亦非經久之策。第倉儲攸關國計，地方官侵虧諸弊，自當嚴行懲辦，應請勅下各直省督撫，查照該御史所奏虧短情節，將現在各府州縣倉儲，通飭各屬實力稽查，如有虧短情弊，立即據實嚴叅。其積久穀石，仍遵例隨時飭令出陳易新，以免黴變，庶舊章不致更改，積貯亦可清釐。從之。（仁宗二二○、一八）

（嘉慶一九、九、辛丑）諭軍機大臣等：本日據御史孫汶奏州縣倉穀積弊一摺。常平倉穀，原以爲民間水旱不時之備，若奉行不善，更或滋生事端，則不特緩急無備，並且勒借派買，爲害閭閻。該御史所稱，山東於嘉慶十六、七等年，登、萊、青三府偏災，十八年泰、兗、曹諸屬災歉，未聞以開倉平糶賑貸爲請者，可見倉廒並無實貯等語，所言之確之至。東省現在清查庫項，其各屬倉穀，如有虧缺，自應一併查辦。至採買須視收成分數在八九分以上，糧價平減，方發價採買，庶不致穀貴病民，本係常平倉成法；其仰勒派買，亦干例禁。著陳預嚴飭所屬，力加整頓，毋得因循滋弊。又御史賈聲槐奏嚴禁浮收漕糧一摺。據稱，山東兗州、曹州、東昌等府，收成較豐，然上年冬間蹂躪之餘，元氣未復。萊、青二府間被蟲災，收成尚有六七分；武定府得雨已晚，蟲災更甚，收成不過四分，若再浮收，恐致拮据等語。州縣徵收漕糧，不准浮收顆粒，例禁綦嚴。雖在豐熟之區，亦當杜絕弊端，況值民力維艱，豈可任令貪猾朘削？著陳預通飭所屬，力除漕弊，並隨時嚴加查察，如有仍前弊混，即據實叅辦。（仁宗二九六、三○）

（嘉慶一九、九、甲辰）諭內閣：戶部奏，查覈常平倉穀額貯現存未買各數目，開單進呈。朕詳加披閱，內惟四川一省實貯在倉並無動缺外，其各省節年動缺未買倉穀，自一萬餘石至五百一萬餘石不等。積貯爲民食所關，國家設立常平倉存貯穀石，爲有備無患之計，各該省遇有動用，必須隨時買補，顆粒無虧，以期緩急有恃。今各省倉穀，動缺如此之多，日久虛懸，延不買補，實屬玩視倉儲，不可不嚴定章程，畫一辦理。著各該督撫查明所屬倉穀動缺未補者若干，各按地方之大小，兼視年歲之豐歉，自行奏明，立限買補。各省俱以四川爲式，務令實貯無虧。俟補足後，即行奏聞。該督撫惟當實心查察，毋令各州縣藉採買爲名，有多買短發、浮收勒索情事，以致累及閭閻；更不得以無報有，以少報多，自蹈欺飾之咎。將此通諭知之。（仁宗二九七、五）

（嘉慶一九、一一、乙未）諭內閣：前據高杞奏，甘省嘉慶二十年應支兵糧估撥不敷，請撥銀五十五萬七千餘兩，照數採買。當交戶部覈議。茲據戶部查明該省倉貯數目足敷支放情形，詳悉具奏，甘省河東、河西實存各色倉糧，據該省十七年奏銷冊造，計有六百餘萬石，加以兩年新收糧石，積漸加多，所有每年需用兵糧，足敷支放。其河東各營分，覈計各州縣存貯糧石，亦均可就近供支，又何得以遠道撥運，糜費腳價爲詞？今舍現存之糧石不用，任其紅朽，轉請動項採買，竟似從前按例冒賑，甚屬可惡。即經費充足，亦不應辦，況經費支絀之時，豈能增此妄費？該藩司率行詳請，該署督不行查明，遽以入奏，殊屬含混。原奏之署陝甘總督高杞，原詳之藩司盛惇崇，均著交部議處，所有該省嘉慶二十年估撥兵糧，著該督即轉飭各屬，就近動支，毋許貽誤。並照戶部所議，嗣後遇有採買兵糧，著將該處存貯糧石實數，造具簡明清冊，隨案報部，以備稽覈。（仁宗二九九、一一）

（**嘉慶二〇、一、戊申**）諭軍機大臣等：先福奏嚴查甘肅各州縣倉穀，並刪減採買兵糧一摺。甘肅各州縣倉穀額貯京斗倉糧六百一十餘萬石，折倉斗糧四百三十餘萬石，茲據查明，截至十九年估撥時止，除清查案內奏明虧短各色糧一百七十餘萬石，及已估支二十年兵馬糧料二十四萬二千餘石外，實在應存各色糧二百三十餘萬石。現在應需兵糧僅二十萬餘石，何以不能撥運，必需採買？即所稱河西糧多州縣，距河東較遠，恐多糜運腳。豈河東駐兵之處，各州縣倉貯竟全無存者？其中虧缺情弊，已屬顯然。且據稱，從前該省採買，尚係閒年一請，迨嘉慶十年以後，則每歲均奏請撥銀買供。可見近年虧短愈甚。邊陲要地，似此積貯空虛，所關匪細，不可不徹底查明，認真覈辦。先福甫經到任，該省從前虧缺弊竇與伊無涉。此事著責成該督確查，究竟通省倉穀虧短若干，係何州縣，其虧缺始自何年？秉公奏辦，毋稍瞻顧。若所查稍有不實不盡，將來別經發覺，即係先福任內之事，惟先福是問。至此次甘省二十年不敷兵糧，據該督奏稱，於原請採買二十八萬餘石數內量加刪減，仍採買兵糧二十萬一千餘石，請撥銀三十八萬九千兩解甘歸款。姑照所請，交該部在鄰近省分，照數撥給。其所請河西撥運倉糧，每石每百里給腳價銀一錢三分之處，亦著照所請行。又據另片議駁，御史周宗泰奏，該省採買兵糧，請由藩庫徑發，各該營領放一節。從前州縣領銀採買，因例價不敷，將原銀發給兵丁，兵丁等艱於買食，致有爭論。今若由藩庫徑發各營，設遇糧貴之年，更難辦理。著仍照舊例交州縣領辦，周宗泰所奏無庸議。將此諭令知之。（仁宗三〇二、二二）

（**嘉慶二二、六、己卯**）諭軍機大臣等：楊護奏，清查原虧銀兩全數完竣，並現存穀價不敷，擬提津貼採買，以期早歸實貯一摺。浙省原虧倉庫銀一百九十四萬二千餘兩，自嘉慶五年八月起至本年四月止，均已全數彌補完竣。惟現存司庫穀價銀三十一萬四千六百餘兩，計各屬尚有未買穀四十八萬八千五百餘石，不敷買補，自應設法籌辦，俾歸實貯。著照所請，每穀一石，發銀一兩，其不敷例價，即照從前提解節省之例，均勻裁減。每年止提解四萬四千兩，以奉旨之日起，照所減之數，按季提解司庫；該藩司務於四年限內全行發買，自本年秋成爲始，按限補足，均歸實貯。統俟買補完竣，該撫奏明，彼時朕簡派大員，前往該省將倉庫一併覈實詳查。此後浙省州縣，儻再有挪掩虧缺，查出一案，即指叅一案，從嚴懲辦，以遏其流。儻該撫稍有徇縱，別經發覺，並將該撫嚴懲不貸。將此諭令知之。（仁宗三三一、九）

四、庫貯虧蝕

（康熙二〇、三、庚午）諭戶部倉場侍郎等曰：近聞各倉發米，多雜土塵，有賄賂者給好米，經管之人，種種作弊，上下串通，侵欺盜取者甚多。此米係人生命，朕一經體察，務將始末澄清。爾等應知此等情弊，若不加嚴察，永行杜絕，是知而自取戮矣。（聖祖九五、八）

（康熙三九、三、丙申）［九卿］又會議刑部尚書傅臘塔等察審那墊運價等案。查醴泉縣知縣張鳴遠等將借給窮民種地籽粒銀兩，那爲雇車、賠米、墊解鹽課等項使費，應將張鳴遠、章紳、劉桂、李先茂、朱作繡、張鳳瑞均革職；程奇略、史起正已經病故，無庸議；此那用銀著落張鳴遠等照數追還；咸陽縣民張拱等因未得籽粒銀兩，枉受追比，情急控告，應免罪。從之。（聖祖一九八、四）

（康熙四九、一、戊子）江南江西總督噶禮疏言：臣前因江蘇布政使宜思恭貪變，曾經題叅。今查江蘇藩庫錢糧，宜思恭任內，共虧空四十六萬一千兩有零，應請審追。得旨：著差往審事尚書張鵬翮等，一併嚴察究擬具奏。（聖祖二四一、三）

（康熙四九、一〇、癸未）諭大學士、九卿等：江南虧空錢糧，兩次命張鵬翮察審。朕意地方雖有不肖之官侵蝕錢糧，未必多至數十萬兩。前朕南巡時，曾有諭旨，凡沿途所用之物，悉出內帑預備，未嘗絲毫取諸官民。督撫等官不遵朕旨，肆意那用，以致虧空。朕若不言，內外諸臣誰敢言者？但彼任事之人，離任者已多，若將因公那用等項，責之新任官賠補，朕心實不忍也。問張鵬翮曰：爾往江南訊問此事，地方官有言及南巡之乎？張鵬翮奏曰：地方官員，願將俸工逐年扣除，以補諸項虧空，並未言及南巡之事。上曰：俸工銀兩有限，即逐年扣補，亦難清理。且官無俸祿，役無工食，必至私派以累民。依爾所言，能保地方官日後不累民乎？朕爲天下生民計，蠲免

各省錢糧，已逾萬萬矣，免此四五十萬之銀，有何足惜？爾等會議具奏。(聖祖二四四、七；東一七、三六)

（**康熙四九、一〇、戊子**）諭大學士、九卿等曰：前命張鵬翮察審江南虧空，曾諭爾等查議，已查明否？爾等主意若何？大學士等奏曰：臣等尚未商酌，未有主見。上曰：此項虧空，據稱因公那用，係何公事，未經明晰。張鵬翮奏曰：大概如賑濟、平糶以及修塘等事。上曰：朕總理幾務，垂五十年，事無大小，凡臣下情隱，無不灼知洞鑒。朕屢次南巡，地方官預備縴夫、修理橋梁、開濬河道，想皆借用帑銀，原冀陸續補之，而三次南巡，為期相隔不遠，且值蠲免災荒，所徵錢糧為數又少，填補不及，遂致虧空如此之多。爾等皆知之而不敢言也。張鵬翮奏曰：皇上屢次南巡，必大沛恩膏於百姓，所至之地，小民無不懽欣鼓舞。至於一切供億，悉由內府儲備，從無絲毫累及民間。上曰：即如縴夫一項，需用既多，伺候日久，勢必給與口糧、工價，安得無費？至於修造行宮，必然亦借用帑銀。前者朕巡視溜淮套工程，至彼處，見有舍宇三間，此係取用何項？張鵬翮奏曰：係俸工銀兩所造。上曰：雖云俸工銀兩所造，然必先借用庫銀，後方抵補，爾等豈肯明言其故乎。今合計江南虧空，共有幾何？張鵬翮奏曰：約計共五十餘萬。于準、宜思恭應賠十六萬，其餘將俸工抵補，至康熙五十三年，可補足矣。上曰：三年之內，地方官員或陞遷，或調用，或革退，或亡故，以前各官那用虧空，而將後來者之俸扣補，於理不順，朕心實為不忍。至於胥吏賤役，若不給與工食，此輩何所資生？必致累民。今部中每遇一事，輒議令地方官設法料理，皆修飾美名，實則加派於地方也。張鵬翮奏曰：皇上聖明，無微不照，所以養育百姓者，至深至渥。上曰：朕非但為百姓，亦為大小諸臣保全身家性命也。朕南巡時，聞龍潭地方建造行宮，恐致累民，曾諭總督阿山，令其拆毀。至他處建造行宮，朕皆未之知也。總之，此不欲累民之念，可以自信，亦可見信於天下後世。朕歷年蠲免天下錢糧，至數萬萬兩有餘，今此項虧空，若令補墊，亦不為多，然豈忍以此累地方乎？至於查明款項，亦非難事，錢糧冊籍皆有可考。地方官借因公那用之名，盈千累百，餽送於人，若加嚴訊，隱情無不畢露也。朕意概從寬典，不更深求。今海宇昇平，國用充足，朕躬行節儉，宮中用度甚為省約。計明朝一日之用，足供朕一月之需。今即因數次巡幸，用錢糧四十五萬，亦不為過。明後年天下錢糧，以次盡行蠲免，若留此虧空之項，以為官民之累，甚非朕寬仁愛養、嘉與維新之至意。爾等可公同詳議具奏。(聖祖二四四、九)

（**康熙五〇、五、己酉**）諭戶部：江蘇巡撫張伯行奏江蘇等府州縣，無著錢糧十萬八千兩有奇，此項錢糧，朕知之甚悉，係地方官因公動用，未敢申明之項。若著落後任官員賠補，必致科派，擾害百姓，朕殊不忍。著將此項錢糧，免其賠補，以示朕軫恤官民至意。（聖祖二四六、一六；東一八、四）

（**康熙五八、一、壬寅**）諭九卿：各省錢糧虧空甚多。今總督楊琳因歷年積欠錢糧，將伊應得銀兩照數補完；鹽課事務，俱已清楚；又行文趙弘燦、滿丕等，速將從前所得銀兩，解送甘肅，以爲軍需之用。由此觀之，各省虧空錢糧，督撫等果能盡心竭力完補，又何至虧空乎？其作何完補之處，爾等會同詳議具奏。尋議：應行令直隸各省督撫，將見今虧空各項錢糧數目，作速查明何項虧空、作何完補，并嗣後作何立法始可永無虧空之處，一併確行定議具題，到日再議。從之。（聖祖二八三、七）

（**雍正三、一二、戊子**）諭大學士等：積貯倉穀，關係民生，最爲緊要。朕屢降諭旨，令該督撫嚴飭州縣，及時買補昔年虧空之數。無如苟且遲延，奉行不力。即如原任直隸總督李維鈞，曾奏稱各屬倉穀，已補足七八分。及今冬發倉賑濟，虧空甚多，若非截留漕米，並發給通倉之米，窮民幾至失所矣。昨據月選官陳克復條奏，虧空倉穀，請支動正項買補，一面嚴追本官還項，朕已交與九卿議行。今直省地方，俱著定限三年，將一應倉穀，務期買補完足，不得顆粒虧欠。三年之後，朕必特差官員，前往盤查，如有缺項，定行重治其罪。儻有不能補足情由，著該督撫題奏。凡虧空錢糧，猶可勒限追完，無損國帑；若虧空倉穀，則一時旱澇無備，事關民瘼。是虧空倉穀之罪，較虧空錢糧爲甚，自宜嚴加處分。並著內閣、九卿確議定例具奏。（世宗三九、二九）

（**雍正四、二、戊寅**）戶部等衙門遵旨議覆：嗣後州縣虧空倉穀，應照虧空錢糧例，分別侵蝕、那移二項定罪。其實係倉厫倒塌，雨水滲漏，或年深地濕，成色變爛者，三千石以下仍照舊例革職留任，限年賠補，三千石以上，即照那移錢糧之例，追完治罪。至直省地方一應虧空倉穀，俱定限三年買補完足，違者從重議處。得旨：所議霉爛倉穀之處分，甚屬未當。凡倉穀霉爛，皆倉厫不修之故。平日地方官，所司何事？以致倒塌滲漏，虧折米穀，此愈當加懲者。今若寬其處分，則有司於倉厫，平日必不加意修理，以便藉詞。著九卿再議具奏。尋議：嗣後倉厫滲漏，及牆壁、木植不甚堅完，需費無多者，該地方官自行苫葺。若遇年久，厫座木料朽壞，磚瓦破碎倒塌者，即詳明該上司，估勘工費，一面報部，一面動支正項錢糧，急行修整。其見在無倉厫者，即詳請建蓋。儻有漫不經心，不及時苫葺，不詳請修理、蓋造，以致米穀霉爛者，應照溺職例革職，勒限一年賠補。限內不完，照侵蝕錢糧例，以未完米穀之數，依律治罪。至修理倉廒之後，猶有託名霉爛虧空者，即照侵蝕例治罪。從之。（世宗四一、一六）

（**雍正四、一一、乙卯**）諭吏部：江西各州縣倉糧民欠，虧空不清。著伊都立會同邁柱清查。巡撫印務，仍著邁柱署理。查出虧空之州縣，照直隸之例，俱令解任，留於本處賠補。賠補全完者，具題給咨赴部另補，所遺員缺，即將命往之人題補，事竣日，將巡撫印務交與伊都立，邁柱再行來京。（世宗五〇、一九）

（**雍正五、一、己亥**）諭户部：聞江西倉儲，虧空甚多，現今正在清查。向來倉穀舊例，存七糶三，原為青黃不接之時，用以接濟民食。今裴㣲度因各州縣虧空，竟將此為那補遮掩之計。若仍聽其存糶，則盤查難於清楚。著從雍正五年為始，將糶三之例，暫行停止，俟各州縣倉穀查清之後，奏聞再行。（世宗五二、九）

（**雍正五、一、乙巳**）又諭：各省所貯倉穀，原備歉年賑濟之用，實百姓性命所關。地方官員虧空倉穀者，較之虧空銀兩，其罪更為重大。是以朕即位以來，時刻以倉儲為念，總為民命起見也。雍正元年，特頒諭旨，令各省州縣，於三年之內，將所虧倉穀，悉行買補，務期足數，違者重治其罪。嗣又屢頒諭旨，諄諄申飭。並諭各該督撫，若所屬地方，有不能如期補足情由，亦據實陳奏。乃江西巡撫裴㣲度奏稱，江西倉穀俱已補足，並無虧缺。且有數人在朕前，稱江西乃產米之鄉，不必多貯穀石，應將江西現貯之穀，酌量減數糶賣者。今據邁柱摺奏，現在查出江西州縣倉穀，虧空甚多。是裴㣲度所奏，顯屬徇隱欺罔。而從前之奏稱江西穀石當發糶者，想皆受裴㣲度之囑託，欲借此以掩蓋江西倉穀之虧空耳。又據邁柱奏稱，現在清查倉糧，請將存七糶三之例，暫行停止，庶免朦混等語。據此，則江西從前之存七糶三，不過借百姓之名，以為掩飾官員虧空之計，非真有出陳易新之事也。裴㣲度身任封疆大臣，為百姓所倚賴。而忍以百姓性命所關之物，化為子虛，使屬官得其利，百姓居其名，有是理乎？原任布政使張楷、陳安策職司錢穀，乃敢扶同欺隱，以致倉儲虧缺若此。從前裴㣲度奏摺，力薦張楷、陳安策，而張楷、陳安策來京陛見，亦極口稱讚裴㣲度。似此，明係彼此徇情比附，袒護屬員，盜虛名而貽實患，甚屬可惡。陳安策著革職，與張楷一同發往江西，交與邁柱、伊都立，將虧空情由，嚴加審訊；裴㣲度亦著革職，與伊等質審。務將虧空之項，徹底明白清楚。倘張楷、陳安策、裴㣲度仍然欺隱含糊，不得清結，定將伊等在江西地方正法，以為私動倉儲、輕視

民命者之戒。（世宗五二、一六）

（**雍正五、六、辛卯**）諭內閣：常平倉穀乃民命所關。數年以來，朕爲此事宵旰焦勞，諄諄訓誡，若地方大小官員，苟有人心，斷不忍置之膜外。查福建通省應貯米穀，共一百七八十萬石，爲數可謂足矣。乃上年稍覺歉收，米價略長，而地方大小官員與兵民之心，皇皇以缺米爲慮。彼時朕即疑閩省積貯之數，必有虧空，故地方情形若此也。近聞閩省各屬倉穀錢糧，虛懸者甚多。有銀穀兩空者，有無穀而僅存價值者。至於實貯在倉者，則十無三四。毛文銓身爲巡撫，奉朕面訓切諭，乃將無作有，捏稱實貯在倉，敢於欺罔。且忍以百姓性命之所需，供屬員之侵那作弊。負國負恩，莫此爲甚。向來直隸、江西二省，倉儲不實，經朕特遣大臣前往逐一清查，並遴選人員命往，將虧空之州縣官即行更換，是以二省倉穀，漸次清楚。今閩省積弊若此，亦當特遣大臣，會同新任巡撫常賚，將通省倉穀，秉公據實一一清查。其揀選府州縣等官，著即帶往，並前所發人員，遵照諭旨，分別題補委署。如有查出虧空之州縣，並失察之知府等官，即將伊等解任審追，其員缺，將前後命往人員，應題補者題補，應委署者委署。務期徹底澄清，不使絲毫濛混，以副朕察吏惠民之至意。（世宗五八、一〇；東五、一三）

（**雍正五、六、癸巳**）又諭：福建通省倉穀，虧空甚多，巡撫毛文銓扶同欺隱，經朕訪聞確實，特遣大臣前往盤查。務令徹底澄清，顆粒無虧，以備民間緩急之用。朕之爲閩民籌畫者，可爲殫心竭力矣。但恐不肖有司，聞欽差將至，向紳衿、富戶那移借貸，以掩飾其虧空之項。而紳衿、富戶或畏其威勢，或迫於情面，不得已代爲應付，以圖彌縫於一時，均未可定。朕此番差遣大臣清查，斷不容有絲毫蒙混隱匿。且揀選府、州、縣等官多員，令帶往更換。是現任者必去，而接任者新來。儻紳衿、富戶等一將貲財、穀米借出，便成官物。用是特頒此旨，明白曉諭，俾勿墮貪官劣員之術中，使地方積弊永除。而後任官員亦共知儆戒，不至仍蹈前轍。將此通行福建郡邑鄉村，咸使聞知。（世宗五八、一三；東五、三三）

（**乾隆七、六、辛亥**）免追問甘省官員未清款項。諭：朕臨御天下，期於政簡刑清。近來內外各衙門，俱無久而未結之案，惟有甘肅一省，從前屢次軍需，前後約四十餘年，凡供億軍費，大端俱已覈算奏銷完結，惟其中部駁清查覈減各款，尚有未清楚者。即如寧夏，則有康熙三十五年至三十八年，供應進勦大兵及駐劄滿漢官兵喇嘛等案，肅州一路，則有康熙五十四年至雍正四年，辦過大軍需各案；又有康熙五十四年至雍正十三年，供支出口人員馬駝、鍋帳、食物等案。西寧一路，則有康熙五十四年至雍正六年，辦過軍需各案；又有康熙五十四年至雍正十三年，供支出口人員馬駝、鍋帳、食物等案；又有雍正元年，勦撫青海用過錢糧等案。陝、甘二提，涼、寧、肅三鎮，則有康熙五十四年至雍正元年，拴養馬駝各案。以上諸件，事歷多年，官經數易，往返駁詰，不但案牘紛繁，地方滋擾；且使已故之員，累及子孫，現任之員，代人受罰。朕心有所不忍。用是大沛恩膏，將康熙三十年至雍正六年以前未清之項，悉予豁除，免其究問著追。至雍正六年以後之案，爲時未遠，尚易清查。著總督尹繼善、巡撫黃廷桂，遴選賢員，於一年限內，秉公確查，將其中應免不應免者，一一分別造具清冊，該督撫具本保題到日，朕再降諭旨。該部可即行文該督撫知之。（高宗一六九、一一；東五、一一）

（乾隆一五、九、癸卯）又諭軍機大臣等：碩色奏休至致驛鹽道郭振儀虧缺鹽勦銀兩，並張惟寅請將秤頭積餘等銀，代爲抵補一摺。滇省地處邊遠，辦理鹽務，率多牽混，往往借通融之名，額外婪取。郭振儀任內，虧缺存省鹽價，又有餘存秤頭鹽務積餘等銀，希圖抵補。其虧缺帑項，額外另收等弊，實所不免。碩色此次據實奏奏，似知振作，但伊向係因循怠玩之人，或因見廣省奏奏明福一案，有意搜求，轉不能廉得實情，此案自應特派大員秉公研訊。若仍照例督奏撫審，則係圖爾炳阿巡撫任內之事，如果實有此弊，伊自難辭咎，或稍存扶同徇隱之心，未必遂成信讞。此案俟本到，朕即降旨，令貴州巡撫愛必達，前往審理，伊必秉公研訊，若郭振儀果有虧貪實跡，自難掩飾。可併傳諭碩色知之。（高宗三七二、五）

（乾隆一六、閏五、丙戌）刑部議覆：雲貴總督愛必達疏稱，奏革鹽道郭振儀，廢弛鹽務，虧欠成本，應行著追，按律發邊遠充軍。接任鹽道張惟寅，有意瞻徇，降三級調用。得旨：郭振儀應追銀兩，係挪抵脚戶虧欠鹽勦。此滇省向來相沿陋習，非侵蝕帑金入己者可比。既經查出，祇應嚴警將來，不必追究其既往。所議郭振儀按律發邊遠充軍之處，著加恩寬免；現在應追未完銀兩，免其追繳。張惟寅著該督撫出具考語，送部引見。其積餘銀兩，歷任濫支濫給，應行著追之項，一併豁免。（高宗三九一、九）

（乾隆一八、九、癸酉）諭軍機大臣等：李因培奏涿州知州李鍾俾虧空一案，李鍾俾係福建大族，在直隸居官二十餘年，何至虧缺之項，數盈鉅萬？必有巧爲寄頓之處。若聽該地方官照例咨查，必以具文了事，使帑項終歸無著。可傳諭喀爾吉善，令其速行據實嚴查，毋任稍有隱匿。尋奏：臣遵諭即札致泉州陸路提督富海。并遴委員弁，馳往泉州，會同地方官嚴謹查辦，旋接署提札，并文員稟報，李鍾俾係告休刑部主事李光型之子，原籍安溪縣。妻子隨任涿州。父光型並其弟必甲、長慶等，現居泉郡，即日分派文武，分頭搜查封貯。今查郡城李光型所有房屋、田地以及衣飾資財，估值不過三千金。再安溪縣有李光型故父總兵李日煋公祠，係光型十房兄弟公產，其田房在安溪本籍者無幾。餘皆坐落臺灣，鳳山等縣，並漳州府屬，是否公產，現俱飭查，未有定數。至現隨李鍾俾任所之妻舅王山、王江二家亦經搜查，並無寄頓財產。臣現密飭兩司，俟統行覈查後，再將緊要親屬，逐細究追。得旨：寄頓固不可；波及亦不必。（高宗四四七、一三）

（乾隆二九、六、辛卯）陝甘總督楊應琚奏：甘省軍需告竣，各屬庫貯一切正雜錢糧，應儘數提解司庫。第恐年例必需之項，無可支應，應將衝繁州、縣、廳，撥貯經費銀四百兩，簡僻州、縣、廳，撥貯銀三百兩。至若道府庫中撥貯，除平涼、甘州、涼州、西寧、寧夏並肅州，現有存貯及備公等銀無庸撥貯外，其蘭州、安西、鞏昌三府，應各撥銀二千兩；慶陽、秦、階等府州，應各撥銀一千兩。如所屬州縣，額貯經費不敷，准於該府州庫內支領。俟報銷後，赴司按數領回歸款。得旨：如所議行。（高宗七一二、一一）

（乾隆三二、七、乙亥）諭軍機大臣等：前因湖南省有彌補虧空之案，曾通諭直省各督撫，就所轄屬員內，逐一查覈，將有無虧空，據實保奏。今各省督撫業經節次奏到，惟直隸所屬，僅據該督於二月間援引上年三月內，曾經道府等循例盤查結報之文，以為似屬可信，當即於摺內明悉批示，並將條奏交議。而該督於直屬各州縣倉庫，實在有無虧空之處，至今未據覈明覆奏。揣其意不過因朕從前曾有閱一二年或派大員前往清查之旨，在各省道路遼遠，京員出差，先期聞信，尚可設法補苴。若直隸地近京城，差員可以朝發夕至，勢難豫事綢繆。倘保奏之摺，一經奏上，便已信如成券，無可委卸。看來該督之前次空文搪塞，與現今之觀望不前，情形當不出此。然此乃著令飭遵之事，豈有行於遠省，而轉格於近畿者？著傳諭方觀承，令將所屬州縣實在有無虧空，即速具摺奏聞，毋得仍前支飾。尋奏：臣奉諭即行知藩司，分飭各道府，切實盤查結報。直屬一百四十九州縣於庫項外，尚有常平、義倉等穀三百八十餘萬石，數月以來，雖節據該道府等清查結送，而一切收支徵解各數目，是否相符，有無那掩，必須藩司總滙，徇門覈明，方可憑信。適因藩司辦理兵差，臣俱於四月公出，容差竣回署，趕緊查辦，不敢觀望支飾。得旨：速行查奏，不可再緩。（高宗七八八、二〇）

（乾隆三五、七、辛亥）步軍統領奏：熱河道明山保家人陸宏、三河縣吏書方國秀，控告清苑縣日昇號劉永相，偷用伊等寄放銀兩，劉永相之兄劉永陞賄差懸案；聚寶銀號何彪年，侵用藩庫銀八千餘兩。得旨：著派邁拉遜、余文儀，即日馳驛前往，會同楊廷璋，秉公查審具奏。其原告應質人犯，即交伊等帶往。所有隨帶司員，及動用驛馬之處，俱著照例行。（高宗八六四、一三）

（**乾隆三五、七、辛酉**）又諭曰：邁拉遜等，查審陸宏、方國秀控告劉永相偷用寄放銀兩一案。省城銀舖與藩司吏胥，表裏作奸，最爲弊藪。今何彪年承領藩庫傾換錢糧銀兩，輒敢私行那用，雖經事後追還，其情罪甚爲可惡。而原辦之前任知府誇喀、知縣郭玉，並不詳報定擬，僅以口稟藩司，顢頇了事，均有應得之罪。郭玉，著革職，與已革道員誇喀，俱交刑部查審。至觀音保，身任藩司，既知何彪年侵那作弊，理應徹底根究，乃於兌收清款之後，遂置此事於不問，亦不據實具奏。藩司例得奏事，若此等關係錢糧要件，匿不上聞，則應行專摺入告者，更有何事？觀音保，著革職，一併交部質訊。現任清苑縣知縣田澍，接追劉永相等欠項，雖係郭玉任內之事，但監追日久，任其延抗不還，又未將前後欠借緣由，逐一聲明揭報，殊乖職守。田澍，亦著革職。至劉永陞，係劉永相之兄，現充該縣戶書，劉永相若無所恃，何至應追之項，延擱經年？其爲表裏作奸，已無疑義，此等蠹胥惡習，不可不予以重懲。劉永陞，著改發烏嚕木齊；所有案內各犯，俱著交刑部嚴擬速奏。該督楊廷璋、布政使周元理，未能早爲查出，均難辭咎，著交部嚴察議奏。其原告陸宏、方國秀領出官銀，寄放銀號，係向來常有之事，且因其情急控告，始得究出銀舖舞弊情形，乃竟擬以枷杖，致令兩敗俱傷。則將來遇有銀號人等借端侵騙，勢必顧畏吞聲，不敢申訴，其何以扶弱鋤奸？所擬殊屬非是。朕辦理庶獄，一秉至公，務期情罪允協，適視其人之自取，雖一杖之微，亦不肯使之稍有屈抑。將此通諭知之。（高宗八六五、三）

（**乾隆三五、七、壬戌**）諭軍機大臣等：昨因陸宏等控告劉永相偷用寄放銀兩一案，命侍郎邁拉遜等，前往直隸會審。究出銀舖何彪年，承領藩庫傾換銀兩，私行那用，雖經事後追還，而前任布政使觀音保僅據府縣面稟完結，並不據實具奏，將書吏等舞弊緣由，徹底根究，已降旨將伊革職，交部質訊。因思各省布政使，爲錢糧總滙，所屬解銀，均須傾造元寶上庫。其僻小州縣，無傾銷銀匠者，不得不經省城銀舖之手。而此等圖利小人，盤踞壟斷，與藩司胥吏，朋比爲奸，弊端種種，不可枚舉，最爲從來惡習，不可不嚴加懲創。各該布政使等，如果實心釐剔，設法稽查，遇有銀舖書吏人等，潛相勾結，射利欺公情事，一經見聞，即行執法究處，宵小之徒，何至養成積蠹，竟爾肆行無忌？今直隸省何彪年之案，既已敗露，恐各省似此者正復不少。著傳諭各該布政使，務宜留心實力防範，痛加振刷，以絕弊源。其所屬州縣，解送錢糧，俱令隨到即齎批徑投藩司衙門上兌，毋得仍前先交銀號，或經藩司驗有成色不足。必須傾銷者，即選派員役，帶同該州縣來差，前赴銀號，督看傾銷。仍酌量銀數多寡，立定限期，如數交兌，毋許任意久存銀號，致啟侵那諸弊。各督撫仍隨時悉心體察，無得膜視取戾。如胥吏銀號，有通同舞弊情事，藩司不即舉發者，並將該藩司查參，勿稍徇隱。藩司原有奏摺之職，此等事件，何不可於年終奏聞，而徒奏雨水糧價，督撫已經奏聞之事，或漫條陳一二無關係事件以塞責耶？著於各省奏事之便，將此通行飭諭知之。（高宗八六五、六）

（**乾隆三九、一〇、甲午**）諭：據圖思德條奏盤查永昌府屬四廳州縣，應存常平兵糧軍需米穀。永平縣顆粒無存，保山縣虧短五萬四千餘石。該二縣共虧空米穀七萬八千三百餘石。請將署永平縣雲龍州知州沈文亨、署保山縣太和縣丞王錫革職嚴審等語。該二縣皆署事甫及一年，何至虧缺米穀如許之多，其中必另有情弊，不可不徹底嚴究。沈文亨、王錫，均著革職，交與該撫李湖，一併嚴審究擬具奏。（高宗九六八、五一）

（**乾隆四三、一一、壬子**）諭軍機大臣等：户部奏，江蘇省報銷常平倉穀案內，有漏報開除，及重復開造各款，請交兩江總督徹底清查一摺，已依議行矣。據稱碭山等六縣，乾隆七年至二十四年，查有另案支銷穀石、漏報開除者六款。又新收項下，重複開造者三款。通共穀三萬四千餘石，請於此次奏銷，補行開除等語。此項穀石為數不少，節年奏銷俱彙入實存項下。若果係倉貯所有，何此時乃欲徹出開除，若並未實貯在倉，則每年憑何結報無虧？今事隔數十餘年，忽行查款開除，其中自不免有虧缺挪移情弊。即各款果無虛捏，而歷任承辦各員，因何聽其遷延至今？（高宗一〇七一、二三）

（**乾隆四六、九、乙卯**）諭曰：李侍堯奏，查明甘省藩庫錢糧積欠不清一摺。據稱，司庫內除支動有著款項外，如積欠籽種口糧及各營豫借公費補製軍裝，並修理衙署隄工等項，借支銀兩，積欠纍纍，現今詳查分晰揭報。又另摺查奏各州縣倉庫，據各道府開報，共虧空銀八十萬九千餘兩，糧十九萬六千石，應如何設法攤賠，另行辦理奏聞等語。甘省大小官員，通同作弊至此，實堪憤恨。其侵冒各員，現俱參革治罪，將其婪得贓私查明，抵補官項，自無可再議追賠。至此項虧短銀兩，俱係前任各員，分肥侵蝕，與接任之員無涉，若如李侍堯所奏，不過令後任攤賠，則接任各員，無端波及，又何以責其各勵清操、廉隅自飭耶？所有甘省司庫積欠及各屬虧空銀兩，著李侍堯逐款詳查。一切積欠銀兩有無抵項及各屬所報銀兩數目，是否確實，徹

底查明，據實具奏，候朕酌覈情形。另降諭者。(高宗一一四一、一)

（乾隆四七、三、丙辰）又諭：昨據李侍堯奏，查明皋蘭縣等三十四廳、州、縣，虧空倉庫銀糧及草束，共銀一百六十餘萬兩，並開明虧空人名清單進呈。內閔鵷元等十七人，均有侵虧銀糧草束等項，多寡不等。但解部各犯，共有六十九人，現在查出前後侵蝕者，恐尚不止此十七人，著再行詳查具奏。至該督奏稱狄道等六州、縣，以銅玉綢緞等物，抵交虧缺庫項，似此積弊相沿，尤堪駭異。該員等侵虧帑項，飽其欲壑，而以私物濫行抵交，其所指六州、縣，又係何人首先作抵，或即在此六十九人之內，亦未可知。著傳諭李侍堯，一併查明，迅速由驛覆奏。尋奏：甘省狄道、肅州、會寧、武威、永昌、山丹六州、縣，以私物抵官項，輾轉交收之劣員，均在六十九人內，已於冒賑案分別治罪，所存物件，一併入官，不准作虧項抵算，以清國帑。報聞。(高宗一一五三、七)

（乾隆四七、四、壬辰）又諭曰：……今據李侍堯續行查奏該犯等任內，各有虧缺銀糧草束各項錢糧，多者至五萬九千餘兩，即至少者亦有數千餘兩不等。則是於捏災冒賑本罪之外，又有任意侵欺，毫無顧忌，多一虧空罪名，實為從來所未有。此而不辦，何以懲貪黷而申國憲？閔鵷元等十一犯，統計前後侵虧銀數均已在二萬兩以上，罪實無可復逭。閔鵷元、杜耕書、楊有澳、覺羅福明、林昂霄、王璠、顧汝衡、墨爾更額、趙元德、龐檉、沈泰均著即處斬；其董熙等六犯，雖依議斬決，亦屬罪所應得。但其冒賑並虧空銀兩，覈計尚在二萬兩以下，董熙、丁愈、華廷颺、章汝楠、李弼、葉觀海，俱著從寬改為應斬監候，秋後處決，俟本年朝審勾到時，刑部請旨辦理。(高宗一一五五、二一)

（乾隆四七、五、丁酉）又諭：據李侍堯奏，查明皋蘭等三十四廳、州、縣，虧短倉庫確數，共銀八十八萬八千九百九十餘兩。又虧空倉糧，七十四萬一百一十餘石及草束四百五萬一千有零。俱係歷任州、縣侵虧，轉相容隱接收，各上司因循不辦，捏結保題，釀成錮弊。請自乾隆四十年以前，溯至乾隆二十年之歷任州、縣、道、府、藩司、督、撫，照伊等任內虧空四十二萬之數，著落加倍賠補。如有無力完繳者，即攤入通案各員名下代賠等語。倉庫正項銀兩，乃敢任意侵欺，即令加倍賠補，亦所應得。但念歷年已久，各州、縣輾轉接收，較之折捐冒賑、昧良舞弊者，尚屬有間，其濫行出結保題之各上司，咎止失察。著加恩將虧空四十二萬之數，照依原單，按其在任久暫，照股分賠，毋庸加倍賠補。至該督所稱，其餘尚有八十二萬餘兩，未便竟歸無著，請於現任總督及司、道、府、廳、州、縣各員養廉內，攤扣三成、陸續歸補等語。甘省積弊相仍，爲從來未有之奇事。此等劣員，既經冒賑殃民，又復侵虧正帑，實屬罪無可逭。除已經正法各犯外，所有現在解部人犯，已交軍機大臣，會同英廉、胡季堂、劉墉詳加覈奏，候朕另降諭旨。至李侍堯、福崧等辦理此案，徹底清查，尚屬實心。即現在道、府、及州、縣各員，多係新任，若令攤扣養廉，辦公未免竭蹶，且恐將來轉有藉詞賠累，復致虧缺之弊，並著一體加恩，免其分賠。此次寬免之後，若再有虧短，一經查出，斷不能爲之曲貸也。該督撫仍當不時查察，毋得稍有徇隱，將此諭李侍堯知之。（高宗一一五三、五；東三七、一〇）

（乾隆四七、六、辛巳）諭：據署鑲紅旗滿洲都統修齡等奏，准陝甘總督來文，自乾隆二十年起至四十年止，甘省歷任督、撫、司、道、府、廳、州、縣分別應賠虧空銀兩一摺。內稱，原任巡撫常鈞、道員達爾吉善、知州長世圖等，應賠銀兩，俱請於限內呈交。至原任道員來朝業經病故，並無妻子兄弟，亦無家產，無可著追，行文戶部，於案內各官名下分賠。原任道員輔德、原任藩司恆光，二人俱經病故，並無家產，其應賠銀兩，著落該二員之子筆帖式富察彥、領催和漢等俸餉內坐扣一半。又另摺稱，原任蘭州府知府勒爾金，已經身故，並無家產，亦應於伊子候補同知錫麟等，應得廉俸餉銀內坐扣一半各等語。甘省虧空，前經李侍堯查明，自乾隆四十年以前，溯至乾隆二十年，歷任滿漢州縣道府藩臬督撫，共應賠虧空四十二萬兩，開具清單，奏請著落加倍賠補。經朕加恩，照依原單，按其在任久暫，照股份賠，免令加倍賠補。今該旗所奏應賠銀兩，自應著落追賠。但其中有宜略爲區別者，如輔德、恆光等，曾任道府以上各員，所得廉俸，本屬優厚，又未經緣事查抄，何至並無家產？可見必有隱匿。各該旗未經詳細查覈，此等應賠銀兩，各該旗藉查明該員子嗣名下，著落分賠，實屬應當。至同知以下各員，除本人尚在及伊子孫現任職官者，仍應於所得俸餉著落賠補外，倘業經身故，並無家產，其子嗣並無官職，或僅披甲當差者，俱著一概加恩，免其賠補。其應賠銀兩，仍交各該旗藉，著落此案曾任道府以上各員，攤賠歸款，以昭平允。該部即遵諭行。（高宗一一五九、一）

（乾隆四七、八、壬午）又諭：前據王懿德奏，情願將比較乾隆四十六年分不敷銀一萬三千七百餘兩，自認賠補。朕意該關短少盈餘止有此數，是以准其所請。今部議以四十二年作爲比較，共短收銀五萬四千四百餘兩，此項虧短銀兩，係基厚等四人任內之事，其虧短緣由，究因豫省漫水未退，商運稀少所致，與上年基厚任內虧短關課，加恩止令賠補一萬兩，其餘加恩寬免，事同一例。若因王懿德自認賠補，是獨多於前任，轉使前任基厚、江恂、臧榮青置身局外，不爲平允。所有此項虧缺銀兩，著照上年例，令基厚、江恂、臧榮青、王懿德四人，各按在任月日，共分賠一萬兩。其餘四萬四千四百餘兩，著加恩免其賠補。（高宗一一六三、六）

（乾隆四七、九、癸卯）諭軍機大臣等：據户部議駁淮關監督全德所收淮、宿、海三關稅銀，自乾隆四十三年以來遞年短絀。未便僅按上三屆比較，仍應比較四十二年少收銀一十九萬八千八百餘兩，著令該監督等照數賠補等語。淮關稅銀短少，該部指駁情節，甚屬近理。但近年黄河因漫口，每有斷流之事，何以該關本年短少，過於往年，至十九萬餘兩之多？推原其故，或因向年漫口堵築後，尚有數月船隻通行，即可抽收稅銀。至本年，自上年至今，漫口久未堵築，以致商販不通，船稅短少，亦未可定。著傳諭薩載，即將該關遞年短缺及堵築月分詳悉確查，若如户部所奏，則該監督等自難辭咎。其有無藉端侵蝕情弊，該督即應切實嚴查辦理。若果因黄河斷流，船隻不通之故，亦即將比較各上屆情形，詳晰查明據實具奏，候朕再降諭旨，户部摺著鈔寄閲看。（高宗一一六四、二七）

（乾隆四七、一二、甲子）又諭：昨聞浙省各屬倉庫，有任意虧那情弊，已傳諭富勒渾等，徹底盤查，設法籌辦矣。浙省倉庫虧空，究自何年而起？若謂係王亶望任内，因辦理大差那移，未能彌補，則由上屆南巡，朕曾經賞給該省帑銀二十餘萬兩，以爲差務之用，已屬寬裕，足敷支給。聞王亶望、王燧尚藉此獲利，何得又有各屬那移虧缺之事？因命軍機大臣，嚴訊陳輝祖、王燧。據陳輝祖供，伊到任後，原聞各屬倉庫歷年積壓，間有短少之事，曾行文清查，其始自何年、數目若干，未曾查明，不能知道。王燧亦供，浙省辦理差務，賞銀已極豐厚，並無賠墊，以致虧空各等語。該省各屬倉庫，究竟虧短若干，始自何人，或起王亶望任内或自王亶望之前？即有虧缺，著傳諭富勒渾、福崧，徹底查明著落，據實迅速覆奏。富勒渾不得以從前曾任浙省督撫，稍存迴護之見。若王燧於此中有所染指，亦據實奏。將此由五百里諭令知之，所有陳輝祖、王遂供詞，一併鈔寄閲看。（高宗一一七〇、八）

（乾隆四七、一二、辛巳）又諭：據福崧奏，浙江各屬虧空，現在嚴飭確查數目，根究來由一摺。内稱浙省上屆辦理差務，恩賞經費，實屬充裕，並無絲毫賠墊，人所共知。且王亶望、王燧等尚藉此獲利分肥，斷無因此虧空那移之事等語，此殊不然，已於摺内批示矣。王亶望、王燧於恩賞差費銀内，尚藉以獲利分肥，自必以辦差爲名，恣意向各屬勒派婪索，飽其私橐。各州、縣勢必那移倉庫，以爲逢迎結納之地。是浙省倉庫錢糧，積壓虧缺，多由王亶望、王燧朋比爲奸，藉端婪索所致。福崧此奏，殊不解事，著傳諭福崧，仍遵照前旨，徹底嚴查，務得確鑿，據實覆奏。若實非王亶望、燧任內之事，又係起自何時，亦應究查，毋得稍存瞻徇，此地由五百里諭令知之。（高宗一一七一、九）

（乾隆四九、七、癸未） 是月，河南巡撫何裕城奏：據藩臬兩司暨各道府詳報，豫省各州縣倉庫正項錢糧，並無虧短，惟雜項內那移墊用，合計通共銀五十三萬四千餘兩。臣密加訪查，實因河南地處衝要，辦理一切公務及墊借夫役工食，並詳儀大工案內攤扣未解養廉各項，遞年積累，一時未能歸款，尚非各州縣等私自侵蝕可比。仰懇聖恩，准照直隸等省，勒限一年完繳。逾限不清，嚴参治罪。一面查封任所原籍財產，變抵歸款。如不足數，著落各上司分賠，其已經離任各員，分咨追繳，仍照例嚴辦。得旨：姑如所請，明年此時查明奏聞。汝未經奏明，不爲無過也。（清高一二一一、三四）

（乾隆五○、六、己卯） 諭軍機大臣等：據福康安条奏，巴里坤總兵佛喜因虧短屯糧，自認賠補，私挪公項銀三千三百兩，實屬取巧舞弊，請旨革職，迎拏到省，審擬具奏等語。私挪公項，固有應得之罪，但佛喜始因要好見長，尚屬急公。乃並未確覈該處情形，扶同都統海祿意見，昌昧令兵丁加種地畝，以致渠水不敷澆灌，新舊田禾俱各受旱歉收，虧短屯糧七千餘石。又復迴護前情，自認賠交，除該鎮借當湊交銀一千六百兩外，擅動公項銀八百兩，又於馬幹內，借給屯員二千五百兩。尚非自不出貲，僅令營員攤賠。而其借動官項，究係以公辦公，並未侵蝕入己。佛喜不過糊塗不曉事體，覈其情罪，究與貪盜懸殊，尚不至於拏問。著傳諭福康安即將佛喜解任，傳令到省，查詢明確。佛喜似此謬妄，實難復勝總兵之任。審明後，應定以革職，毋庸議罪。……（高宗一二三二、二）

（乾隆五一、二、辛卯） 又諭：昨據福崧奏，浙省各屬倉庫虧缺之項，爲數較多，實難依限全補，懇請分別展限；並於新正傳齊司、道各府，公同立誓，務期同心協力，共砥廉隅等語。所奏實屬不成事體，各省倉庫錢糧，自皇考世宗憲皇帝御宇十三年，徹底清釐，大加整飭，將從前虧空積弊，一概澌除，各省庫項、倉儲，俱歸實貯。朕御極以來，雖間有不肖官吏，侵欺貪冒者，無不加以創懲，蓋因皇考一十三年整綱飭紀，旋乾轉坤之力，以充裕盈寧之天下，付託於朕，朕若不能隨時整頓，稍涉顢頇，是皇考剔弊覈實之苦心，至朕而竟有廢弛，朕甚懼焉。浙省地方，向無虧缺之事，四十六、七年王亶望、陳輝祖貪黷之案，相繼敗露，經富勒渾等將浙省倉庫虧缺之處，據實奏明。朕因該省王亶望、陳輝祖之案，甫經查辦，不值更興大獄，是以降旨令其勒限彌補,已屬失之姑息;該省大小官員,自應激發天良,上緊設法籌補,乃歷三四年之久,竟未彌補全完,尚敢靦顏奏請展限,且稱率同司道、各府,公同立誓,尚復成何政體耶?且浙省除王亶望、陳輝祖之外,未有勒索貪婪如國泰、郝碩者;即王亶望之黷貨營私,係在甘省侵蝕捐監銀兩,而陳輝祖亦祗於竊換官物,並無如國泰婪贓肥橐,派累各屬之事。國泰在山東肆行勒派,虧空至二百餘萬之多,業據明興奏報,於二年限內,已經彌補全完;浙省虧缺之數,非山東可比,何以立限已逾,尚復宕延虧帑?是該省大小地方官,恃朕有不爲已甚之旨,竟敢玩視帑項,一味稽遲。若以虧空止於倉糧一項,伊等或藉口穀貴,不及買補完足,已屬非是;然其穀價銀兩,自必存貯在庫,斷無銀米兩無之理。此而不嚴加懲創,各省紛紛效尤,伊於何底耶?此事著派尚書曹文埴、侍郎姜晟、伊齡阿,並隨帶司員,馳驛前往浙省,將各州縣倉庫,徹底盤查。究竟虧缺若干,彌補若干,或銀或米,具歸有著;並將因何遲延,不即補足之處查明。務使水落石出,據實具奏。所有富勒渾、福崧奏到各摺,暨福崧現奏摺片,通行發鈔,俾衆共知之。(高宗一二四九、五)

(**乾隆五一、二、甲辰**)兩廣總督富勒渾奏:廣東各屬倉穀缺數,查明勒限彌補,現已補過四十萬二千四百六十餘石,尚缺二十五萬七百二十餘石,飭該司將各州縣原未缺額並續買補各穀,先派道、府彼此互查結覆,覆齊日,親與該撫孫士毅,督同抽盤,虛捏著落互查,出結道府分賠。(高宗一二四九、三五)

(**乾隆五一、三、甲子**)諭軍機大臣曰:曹文埴等奏,查辦浙省倉庫錢糧一摺。詢據福崧稱,四十七年清查各屬虧空,據報具奏共一百三四十萬兩,經節年彌補外,實有未完虧空三十三萬餘兩,現在公同酌議,分派清查,如有別項情弊,隨時嚴行參奏等語。浙省虧空,前經福崧奏明立限彌補,但所稱除節年彌補外,現止有未完銀三十三萬餘兩,係一面之詞,未足憑信。曹文埴等務須切實清查,將各屬册報數目,逐款覈對庫貯銀兩是否相符;其倉穀一項,即使未經買補,亦應查明穀價,是否實貯在庫。如虧缺之項,與藩司册報之數,多寡相懸,顯有別項情弊,自應嚴行參究。倘銀米俱歸有著,亦即據實奏明,再治以不實力催辦及公堂設誓,不成政體之罪。朕向不欲爲已甚之舉,亦不爲姑息之政。至現在福崧報出未完虧短數目,安知非該州縣等,因有欽差查辦之事,畏懼敗露,始行設法彌補,以圖掩飾一時。及事過之後,其不肖之員,或仍挪移侵用,致倉庫復有短缺,尤屬不成事體。曹文埴等於此次查辦後,當悉心籌酌,或將現在彌補銀兩,及所存穀價，盡行提存藩庫；或如何明定章程，俾庫貯倉儲，俱得稽覈，不肖官吏，無從影射侵用，方爲不孤此番查辦。將此由五百里傳諭知之。仍將盤查後，有無虧缺情弊，據實具奏。（高宗一二五一、七）

（乾隆五一、三、辛未）又諭：前據福崧奏，浙省各屬倉庫，虧缺尚多，難以依限全補，請分別展限，並於新正傳齊司道各府，公同立誓，共砥廉隅等語。所奏殊不成語，並恐該省竟有別項虧空情弊，因命尚書曹文埴、侍郎姜晟、伊齡阿前往徹底查辦。昨據曹文埴等奏，浙省虧空，據福崧等開報，從前共一百三四十萬兩，除已彌補九十六萬餘兩，未完三十三萬二千餘兩，擬俟分投盤查，再行具奏等語。浙省倉庫，業經曹文埴等，委員先行盤查，並親自抽盤，虛實無難立見。如查有別項虧短情弊，自應將福崧等從重治罪；即無別項情弊，該省虧缺，自前次清查之後，該撫等果能督飭所屬，上緊籌備，自當依限全完，何至以巡撫而與屬員公堂立誓，實屬不成政體。此而得邀寬宥，不特福崧靦顏留任，莫知愧懼，將來封疆大吏，益復無所儆畏。至盛住身任藩司，錢糧是其專責，於該省虧缺，既不能督飭所屬，依限全完，又復隨同設誓，亦不可仍留藩司之任。福崧著來京候旨，其浙江巡撫員缺，著伊齡阿補授；盛住著革去藩司，留內務府郎中之職，專辦杭州織造事務，其浙江布政使員缺，著顧學潮補授；所遺直隸清河道員缺，著朱瀾補授。浙省范公塘一帶，改建石工，尚未告竣，此事原係盛住承辦，應仍令監修，以贖前愆。（高宗一二五一、一八）

（乾隆五一、四、乙酉）又諭：據竇光鼐奏浙省各州縣倉庫虧缺，未補者多。……昨據曹文埴等奏到，該省虧缺倉庫，自勒限彌補後，尚虧缺三十三萬餘兩，現在酌議清查等語。是所奏與福崧等原報之數相符。今據竇光鼐奏，嘉興、海監、平陽三縣虧數皆逾十萬，則是此三縣虧空，已有三十餘萬，其餘通省州縣虧缺，自不止此數。而曹文埴等所奏，合省尚虧三十三萬餘兩之處，殊非實在確數，似有將就了事之意。……又據竇光鼐奏，去歲杭州、嘉興、湖州三府秋收歉薄，倉庫正需平糶，而倉內有穀可糶者無幾；浙東八府歲行採買，惟折收銀兩，以便那移等語。曹文埴等亦未奏及此也。州縣設立常平義倉，收貯穀石，原爲偶遇荒歉，臨時平糶散賑之用。乃杭州等屬，竟至無穀可糶，而浙東採買，且有折收銀兩之事，尤堪駭異！……著將原摺鈔寄曹文埴等閱看，令其查照竇光鼐所奏各款，逐一秉公詳細盤查，務將該省數年積玩虧缺實數，及原虧續缺裝點各情弊，並虧空數逾十萬之嘉興等縣，及平糶無穀折銀那移之杭州浙東等屬，逐一查明，據實嚴參辦理，倘曹文埴等仍有迴護瞻徇，不實不盡，將來別經發覺，朕惟伊三人是問，恐曹文堉等不能當其咎矣。著由六百里速行傳諭曹文堉等，並令速行回奏。富勒渾、福崧各令其明白回奏外，將此通行傳諭知之。（高宗一二五二、一七）

（乾隆五一、四、己丑）又諭曰：德成奏，浙省倉庫虧缺一案，據學臣竇光鼐奏稱，嘉興、海鹽、平陽三縣缺數，已有三十餘萬，通省虧缺，自不止此，與曹文堉等所奏迥不相同。請將此案，即令竇光鼐，會同曹文堉等徹底清查等語。所奏是，朕意原欲如此辦理。竇光鼐現任浙省學政，其於該處倉庫虧缺情形，見聞自當確實，方行陳奏。此案即著竇光鼐會同曹文堉等，秉公據實徹底查辦，所有德成原摺，並著發交曹文堉等閱看。（高宗一二五三、二）

（乾隆五一、四、丙申）諭軍機大臣等：前因浙省虧空，派曹文堉等前往查辦時，曾諭知富綱、劉秉恬留心查察，俾倉庫盡歸實貯，倘稍事因循，不能實力整頓，以致各屬倉庫或有虧缺，惟伊二人是問。該督等接奉諭旨後，迄今已兩月有餘，何以尚未將實在情形覆奏？近聞該省倉庫，竟有虧缺之事，殊堪駭異！滇省非腹地可比，倉儲庫項，爲數本屬無多，何至竟形虧缺！此必不肖屬員，侵欺貪黷，而富綱等爲之徇隱掩飾，其咎甚大。朕不忍更興大獄，著傳諭富綱、劉秉恬實力查辦，設法彌補。其中州縣虧數稍多，即當嚴条治罪，追產抵項。黔省亦係該督所轄，亦當會同該撫實力查辦，總以年內爲限，務令滇黔二省倉庫，皆歸實貯，絲毫不容虧欠。倘該督等接奉此旨後，仍敢因循諱飾，希圖幸免，一二年內，朕必欽派大臣到滇徹底查辦，無難水落石出！一經敗露，必將該督等從重治罪，斷不稍爲寬貸！毋謂朕言之不豫也。聞李世傑在川省三年之中，不動聲色，將虧空皆補完，爾等何不仿爲之！將此由五百里諭令富綱、劉秉恬知之，仍著激發天良，據實明白回奏。（高宗一二五三、一五）

（乾隆五一、五、辛酉）諭軍機大臣等：據竇光鼐奏，盤查過嘉興、桐鄉、海鹽等六縣倉穀，有缺穀數百石，及百餘石者，隨飭該府轉令各該縣按數補足。惟桐鄉縣倉內，實無儲穀，所有之穀，乃借自社倉，又借米三千石開報平糶，掩飾一時；嘉興縣社倉空虛，呈控紛紛；是該二縣社倉，辦理皆不妥協。並據曹文堉等奏，前赴紹興、杭州所屬各縣，指出一二廒盤斛，其餘按廒簽探，丈量折算。惟山陰、嘉興縣多穀十三石，此外各縣廒口，俱有短少，自一二石至五六石不等各等語。著將原摺鈔寄阿桂閱看。到浙後，即將竇光鼐所奏各條款，與曹文堉等逐一覈辦。如各該縣果查有侵那捏報情弊，自應據實嚴条辦理。又竇光鼐所奏，塘工經費，宜責成塘工大員，督率海防同知承修一節，是否可行，亦著交與阿桂於履勘海塘後，一併酌議覈

辦。……將此五百里傳諭知之。（高宗一二五五、二）

（**乾隆五一、五、甲子**）又諭：據阿桂奏，查詢浙省各屬倉庫情形，及寶光鼐所稱盛住上年進京，攜帶過豐各情節，如寶光鼐原奏永嘉、平陽二縣借穀勒派之事。阿桂面詢該學政，係何人告知，該學政不能記憶姓名。是寶光鼐既欲於朕前見長，又恐得罪衆人，實屬進退無據。至所稱盛住進京攜帶銀兩、及總督收受屬員門包各節，詢之該學政，亦不能指實。阿桂等傳詢盛住，則因上年進京時，有應解夏價銀三萬九千餘兩，盛住自行裝匣攜帶，到京後，即赴廣儲司兑交有案。是盛住攜帶銀兩，係屬官物，豈可指爲贓私之證；而寶光鼐因見所帶銀匣數多，遂疑爲盛住私貨，若如此疑人，天下竟無一清廉之官矣。尤爲可笑。至盛住所稱進京時並無送給十五阿哥物件，阿哥亦從不許其幫助等語，阿哥等素常謹慎，宫中廩給亦優，本無需伊等幫助之處，盛住所言，自屬可信。朕閱之深爲嘉悦。至總督、藩司，收受屬員門包餽送，事關大員婪索，若並無確據，何得率行陳奏；乃詢問該學政，毫無指實，是竟係信口誣人，若寶光鼐欲誣人謀反，將不論其實有無，將人治罪，有是理乎？此案若非朕特派阿桂前往查辦，則寶光鼐與曹文埴等争執扳引，即經年之久，辦理亦不能完結，更復成何事體！今阿桂與曹文埴等公同面詢，逐層駁詰，俱確有可據，寶光鼐竟不能復置一詞。現復檄調嘉興所屬州縣質詢，自可無難得實。至富勒渾家人在粵招搖滋事，及在浙有無勒索門包之處，阿桂現在提集富勒渾進京時經過之嘉興、嚴、衢各地方官到省，剴切開導，令其據實供出。該州縣等知事難掩飾，自必和盤托出，所辦尤爲得其要領。現已令孫士毅將殷士俊嚴切鞫訊，計日内可以奏到，再寄信阿桂兩面質對，自然水落石出，著將此旨由五百里傳諭阿桂等知之。所有硃批阿桂各摺，並交與曹文埴等公同閱看。（高宗一二五五、六）

（**乾隆五一、五、丙寅**）諭：據富綱、劉秉恬覆奏，滇省各府、**廳**、州、縣倉庫錢糧，前經查有虧空，約共銀一百餘萬兩。自督臣福康安設法催追，各屬竭力措辦彌補，尚短少銀六十餘萬兩；富綱到任後，會同劉秉恬督率司道，上緊勒追，不遺餘力，又彌補銀共四十三萬三百餘兩，尚未完銀十八萬三千餘兩。細加體察，各員非不知畏懼奮勉，亟思完補，無如滇省地瘠民貧，缺多清苦，若催追過緊，復恐該員那新掩舊，於事仍無實濟等語。所奏殊不成話！滇省非腹地可比，倉儲庫項，爲數本屬無多，何致竟形虧缺？皆係不肖屬員，侵欺貪黷，以致虧那累累。朕不忍更興大獄，寬予一線之路，令其自行籌畫，已屬格外寬典。該省大小官員，自應激發天良，上緊設法彌補，乃歷四五年之久，竟未彌補全完，該督撫所辦理者何事？若福康安此時尚在雲南任，或可早已完案。富綱、劉秉恬獨非督撫乎？乃尚恬不知恥，諉之於滇省地瘠民貧，飾詞具奏，是誠何心？州縣倉庫，係各該員自行經管，其虧缺那移，皆由各該員侵期舞弊，自應著落各州縣依限完公，變產抵項，與民何與？而乃以滇省地瘠民貧，爲彌補難完托詞自解乎？朕屢經降旨，嚴禁各省，不許因彌補虧空，科派累民，如有派累，一經敗露，及被人告發，必將該州縣及上司從重治罪。若如富綱、劉秉恬所奏，是彌補庫項，皆出閭閻，是令貪官飽私橐，貧民爲賠補，有是理乎？富綱、劉秉恬此奏甚屬非是，著傳旨嚴行申飭。並傳諭富綱、劉秉恬務須激發天良，董率所屬，遵照奏定限期，於年內一律全完，不使絲毫虧欠，毋得稍有累及閭閻，加結具奏，以副朕法外施仁、懲吏愛民至意。並將此通諭各省督撫知之。（高宗一二五五、九）

（**乾隆五一、六、乙酉**）諭：前經阿桂等查明浙省虧空，已未彌補實數，詳覈定議，並請將雅德、福崧等交部嚴加議處一摺，已交軍機大臣會同該部議奏矣。浙省虧空一案，大局已定。所有倉庫彌補未完銀二十五萬三千七百餘兩，與福崧初報二十七萬餘兩之數，有少無多，足見其尚無隱飾。至福崧在浙江巡撫任內，若有別項劣蹟，寶光鼐必形之章奏。況阿桂等在彼查辦日久，如有所聞，亦必據實糾劾，看來福崧尚無貪黷敗檢情事，其咎在於不能實力督催，以致逾限不完，已失之柔懦，又復公堂設誓，有乖政體。其過尚輕，所有應得之罪，俟定案後，另降諭旨外，現在伊桑阿丁憂，其山西巡撫員缺，著加恩暫令福崧前往署理。俟亦無顏見朕，不必前來熱河請訓，即由京速赴新任。此後務當益加感奮，諸事實力整頓，倘再因循玩愒，朕必將伊加倍治罪，不能再邀寬典也。勉之慎之！（高宗一二五六、一四）

（**乾隆五一、一二、乙丑**）諭軍機大臣等：據李世傑覆奏，查覈上下兩江虧空，共有二十萬二千餘兩，現在已彌補銀十七萬五千餘兩，未彌補銀九萬七千餘兩。內淮安、揚州兩府，本年間被偏災，民力既多拮据，徐州則素稱積歉，以致彌補之項，較各屬多寡不一等語。所辦尚未周到，已於摺內批示矣。倉庫係州縣自行經管，其虧空皆由各該員挪移舞弊，與民何與？豈得以間被偏災，民力拮据，飾詞藉口。且地方即遇災歉，該州縣所有應得養廉等項，仍照常給領，何至遽行支絀，乃率以因災民欠，影射聲敘，殊屬牽混！若州縣任意虧挪，而借彌補爲名，科派累民，是令貪官飽其私橐，貧民代爲彌補，有是理乎？著傳諭李世傑等務須分晰查明，上緊辦理，依限全完。倘有藉名彌補，而累及閭閻，及逾限不完者，一經敗露，朕必將該州縣從重治罪，即該督撫亦不能當其咎也。（高宗一二七一、一九）

（乾隆五八、二、辛巳）軍機大臣等議覆：浙江巡撫覺羅長麟奏，遵旨查明五十一年，因災借給仁和等州縣，並嘉、湖二衢貧民籽種、口糧銀，除節年徵還，並續豁二成外，尚未完銀二十六萬四千三百兩有奇。查係貧民實欠，請如前撫福崧原奏，分別官賠。應如所請。令五十一年以後經徵各州、縣，分賠一半，節任撫、藩、道、府分賠一半。福崧應賠款，無可著追，應令曾任浙江巡撫侍郎伊齡阿代賠。又奏稱，五十三年遂安縣水災，借給貧民籽種穀價銀一千一十兩有奇，在恩詔前，藩司詳請題豁，福崧遺漏未辦，請照例豁免。再蕭山縣荷花池東岸隄工，遇坍損，向係民修，上年因山水陡發，民力緩不濟急，借帑先修，實用銀一萬三千九百餘兩，福崧僅奏用銀一千五百兩，餘議令承辦府、縣幫捐。請據實更正，按數徵民，歸還原款。均應如所請。從之。（高宗一四二三、五）

（乾隆六〇、四、辛卯）又諭：據魁倫奏，閩省各州縣倉儲多非實貯等語，業經降旨令伊轍布來京候旨。其福建布政使員缺，已令田鳳儀調補矣。各省倉儲俱係實貯，豈容絲毫虧短。乃閩省各州縣倉儲多非實貯，因何該督撫等並不奏聞？此事關係不小，不可不徹底查辦。除已降旨令魁倫查明糸奏外，並傳諭田鳳儀接奉此旨，即起程馳驛前赴閩省，隨同魁倫，將該省各處倉儲何處虧短若干，是否係州縣任意侵那舞弊，抑或上司通同弊混之處，逐一查明，據實聯銜具奏。該司向來辦事結實，是以特行簡調，伊係新任，無所用其迴護，務當認真查辦，以副委任。（高宗一四七六、一八）

（嘉慶四、三、戊子）〔署山東巡撫岳起〕又片奏：密查東省各州縣官虧，約有七十餘萬。其中情節，微有不同。或衝途差務，供應浩繁，或驛站口分，例價不敷，或前官已故，交代難清，或窮苦小缺，疲於捐墊者有之，或狃於積習，應酬饋送，私囊無措，因而挪用者亦有之。至若人多心計，缺本素豐，雖一體逢迎，而倉庫齊全者，亦復不乏。故有虧空者不盡劣員，無虧空者亦不盡能吏。總之大吏不能潔己率屬，費用奢靡，取給無度；上司既有欲不剛，屬員遂有恃無恐。種種弊端，皆由於此。今惟有按限勒令完交，而吏治官方，亦力加整肅，以冀起色。得旨：徐徐辦理。自有成效。百姓足，君孰與不足。培養元氣，勝於倉庫實貯，奚啻萬倍？至於大吏潔己率屬，各員裁革陋規，皆爲善政，以此彌補足矣。捐廉罰銀等事，朕必不爲。朕非晏坐深宮不知菽麥之主，汝其勉慎爲之。（仁宗四一、三四）

（嘉慶五、一、壬戌）特諭各省督撫：國家設立倉庫，原備各省緩急之用，豈容稍有虧缺？若清查過急，州縣借彌補爲名，復有勸捐派累之事，是爲民反成害民之舉，理財變爲聚歛之弊矣。若勒限在任彌補，則是剜肉補瘡，無益有害，朕深知此弊。大抵州縣虧空，不畏上司盤查，而畏後任接手。上司不能周知，盤查仍須書吏，臨期挪湊，賄囑簽盤；況爲期迫促，焉能得其真實，此所以不畏上司盤查也。惟後任接手，自顧責成，無不悉心查覈，書吏亦自知趨向新官，不能隱蔽册簿。然此皆向來之弊，非近年情形。近年則新舊交相聯絡，明目張膽，不特任內虧空未能彌補，竟有本無虧空，反從庫中提出帶去，名曰做虧空，竟移交後任。後任若不肯接收，則監交之員兩邊說合，設立議單；其不肯說合者，又令寫具欠券，公同畫押。以國家倉庫作爲交易，實屬從來未有之創舉。凡此弊端，朕在深宮皆知，況親臨之督撫獨不知乎？既知而不辦之故，則因三節兩生日之私情，有礙顏面；閒有一二清正大員，又以不辦爲積陰功。殊不知保全一貪官，害百萬生靈，其損陰功大矣。總之百姓不可剝削，倉庫不可虧損，其如何從容彌補之法，則在督撫悉心講求，無欺無隱，密奏章程，候朕酌定，亦不拘年限也。特諭。(仁宗五七、六；東三、一)

（**嘉慶五、三、壬子**）廣西巡撫謝啟昆奏彌補虧空之法。稱各省倉庫，大局約有三變，始則大吏之貪黷者，利州縣之餽賂，僨事者，資州縣之攤賠，州縣匿其私橐，而以公帑應之。一經離任，則虧缺纍纍；大吏既餌其資助，不得不抑勒後任接收，此虧空之綠起也。繼則大吏之庸闇者，任其欺朦，姑息者，又恐興大獄，甚至以敢接虧空者爲能員，以稟揭虧空者爲多事。以致州縣視若己資，取攜如寄；並有藉口虧空過多，挾制上司，升遷美缺。此虧空之濫觴也。近年諸大吏共相濯磨，各州縣亦爭先彌補。但原虧之員，大半死亡遣戍，現任者歷年賠補，未免囊橐空虛。且彌補之法，寬則人心生玩，而胥吏因綠爲奸；急則衆志驚惶，而百姓先受其累。此立法之難也。況各省多寡不同，難易迥別，一法立即一弊生，惟在因地制宜。請勅下各督撫，先查明實空數目，及原虧職名，除本員現在者照例辦理外，其損虧無著之項，詳記檔案，使猾吏無可影射；多分年限，使後任量力補苴，不必輾轉誅求，亦不必程功旦夕。督撫革陋規以清其源，倡節儉以絕其流；講求愛民之術以培元氣，獎擢清廉之員以勵官常。似此日計不足，歲計有餘，不數年間，休養生息。不獨倉庫完善，而吏治民生，亦蒸蒸日上矣。得旨：所論甚是，三年有成，亦不爲緩。總之倉庫原不應有虧，必須實貯；然虧損之由，非一朝一夕，則補助之道，豈可驟施？況應酬交接之人，存亡離散，無可著追，忍令現任之人，傾家蕩產乎？自應熟籌善法彌補，全在上司培養元氣，躬行節儉，以不收之陋規，耗羨之盈餘，緩緩歸款；上行下傚，未有不能完之理。卿其善爲料理。特諭。(仁宗六二、三一)

（**嘉慶五、一一、戊申**）諭內閣：前因兵部議駁貴州興義軍需，給過鄉勇卹賞銀兩一案，恐常明從中染指，及任聽屬員冒銷等弊，降旨令琅玕據實查明，分別糸辦。今據琅玕覆奏，調查案卷，並傳到領過卹賞銀兩之各鄉勇家屬鄰右人等出具切實甘結，反覆根究，常明於此項賞卹銀兩內，尚無冒銷等弊，但辦理錯謬，請將發過卹賞銀十九萬一千三百兩，著落常明照數賠補等語。常明於此案如果有冒銷之事，即當重治共罪，何止賠繳銀兩。茲既經琅玕查明，並無別項情弊，惟常明身爲翼長，總理軍需，未經先行詳明立案，而報部覈銷時，將鄉勇死傷陣亡數目，籠統造報於前，其實在發給人數銀數，轉造報於後；迨護撫篆時，又不分晰聲明，率行題銷。本應照琅玕所請，將此項銀兩，著落常明賠補，第念爲數過多，著加恩准其報銷十萬兩，其餘九萬一千三百兩，著落常明照數賠繳歸款。（仁宗七六、三三）

　　（**嘉慶七、一二、己亥**）諭內閣：初彭齡奏，查明貴東道所屬虧缺常平穀石，請勒限分賠彌補一摺。所辦甚是。常平存貯穀石，儲備攸關，豈容稍有虧缺？今貴東道所屬倉穀虧至八萬餘石之多，歷任督撫司道等官，於清查結報之時，俱不覈實辦理，顢頇已極，自應勒限分賠，以示懲儆。所有貴東道屬各府廳州縣等處虧缺常平倉穀價銀四萬三千九百一十八兩零，著照初彭齡所議，自乾隆六十年起至嘉慶六年七月底止，按照經管各官在任月日，並徇情失察之督撫、司道、府名下攤賠，勒令分限完繳。並查明各該員在任在籍，分別著追，俱繳還黔省司庫，責成貴東道分年買補，以實倉儲。仍查取職名，交部照例分別議處。（仁宗一〇六、一）

　　（**嘉慶八、六、己未**）諭軍機大臣等：阿林保奏籌辦彌補倉庫情形，據稱，彌補虧空總不外乎嚴追舊欠等語。外省州縣，於本年奏銷錢糧格於處分，自不敢不上緊徵解，而於舊欠往往意存推諉。殊不知既接舊欠，即屬新虧，各州縣於交替時，業已出具甘結，自應責令現任之員如數歸結，庶不致款項久懸無著。並須查明舊欠，是否實欠在民，抑或以徵作欠，毋使稍有牽混。至各州縣缺有大小、地有美瘠，原難一概而論，全在督撫等量爲設法，酌盈劑虛，俾得從容彌補。即向來沿習舊規，在各上司養廉優厚，自應將一切苞苴、承應槪行屛却，而各州縣多係寒畯出身，豈能挾有餘貲，墊充公用。若使將舊有陋規，裁革淨盡，又復責以彌補，勢必地方詞訟等事，藉端婪索，是於虧項毫無裨益，而閭閻反滋擾累。惟在該管上司詳加體察，於各屬舊有陋規，不可刻意剔除，俾得逐漸歸補正款。但不可明示以意，任其藉彌補爲詞，將規例私肥己橐，竟不實力補償，甚至勸輸派累，擾及百姓。如有此等不肖官吏，該撫當據實嚴糸治罪，不可稍有姑息。所有該省各屬倉庫正雜各項，著照所請，賞限四個月，查明各州縣銀數、穀數，實虧共有若干，現在已補若干，未補若干，據實分晰，開單具奏，毋得新舊輒輒，致多弊混。將此傳諭知之。（仁宗一一七、一四）

（嘉慶八、八、丁亥）諭軍機大臣等，鐵保奏清查倉庫酌立彌補章程一摺，據稱東省虧項共有一百八十餘萬兩，通計每年各州縣可彌補銀二十餘萬兩，約六七年可以全數歸款等語，彌補之法，原不能責效旦夕，該省虧缺各項，果能按照現定章程，於每年彌補二十萬兩，則六七年後不難陸續清釐，全行歸款，亦不為遲。但此事總須行之以實，不可徒託空言。至外省州縣俱有相沿陋規，該管上司自無庸刻意剔除。俾各州縣得藉以從容彌補，稍有所餘，並可為伊等津貼辦公之用。但不可任其借彌補為名，將規例私肥己橐，竟不實力補償。甚至有勸捐派累等弊，總之既屬官虧，並非民欠。若不肖官吏，有藉端絲毫擾及百姓者，必當嚴參懲辦。再摺內稱無論人虧己虧，先責成現任人員按數彌補一節，各州縣交替時，業已出具甘結在前，即不得意存推卸。其已離東省人員，若紛紛向別省咨追，而別省又復咨追該省，輾轉稽延，終無實濟。此時辦理積虧，自莫若著落現任之員上緊彌補為是。惟經此次清查之後，各州縣不許再有分毫虧短。儻舊虧未完，復有新虧，則當嚴參治罪，不得稍有姑息。鐵保惟當督率所屬認真彌補，仍將每年彌補實數於年終密奏，以憑查覈。將此諭令知之。（仁宗一一九、一五）

（嘉慶八、九、丙午）諭軍機大臣等：汪志伊查明江蘇省倉庫虧缺，將已未補完各數開單具奏一摺。內稱，將江寧各屬未補銀共十四萬五千五百餘兩，仍照舊定章程勒催，於嘉慶十年歸補全完；蘇藩所屬未補銀共三十萬九千餘兩，限每年補銀五萬七千餘兩，計至嘉慶十二年全數補完等語。該省原報虧缺銀數，經費淳、岳起等酌盈劑虛，分限彌補，此時已補還十分之八，其未完之數，自仍應妥為籌補。今該撫將江蘇兩潘司所屬，覈其銀數多寡，按照各屬實在情形，分別勒限補完，辦理均屬妥善。該撫應照此次所奏限期，認真督催，按年覈實，除俟本年底再將彌補確數奏聞外，仍於每年年終密奏一次。如既補之後復有新虧，即行嚴參懲辦。統俟至嘉慶十二年通省全完後，朕不拘何時，特派大員前往查覈，儻稍有不實，均惟該撫是問。（仁宗一二〇、二六、）

（嘉慶九、五、丁酉）諭內閣：吏部議奏，請將辦理虧賠倉穀錯謬之原任巡撫高杞，照違制例革職一摺。此項湖南省虧賠倉穀，早經總督吳熊光奏定，在各員名下按照時價追補歸款，已降旨允准，乃高杞輒妄議更張，既以例價追銀，復向有糧之家，按糧勻買，覈計民間須賠銀至二十萬兩之多，殊屬袒官病民。朕惠愛黎元，於地方一切公事，從不肯科派閭閻，總期藏富於民，培養元氣。此事若照高杞所奏辦理，則地方官員等得任意私虧，飽其囊橐，而百姓代官賠補，貽累無窮，豈不大形紛擾？且此端一開，儻有不肖地方官，乘穀貴之時，將倉穀照市價糶賣入己，迨採買時，不過以半價歸公，仍按糧戶派買，輾轉侵吞，多方朘削，勢復何所底止？設各省從而效尤，小民生計尚可問乎？高杞妄更成議，實屬乖謬，著照部議革職，仍來京候旨。(仁宗一二九、七)

（嘉慶九、八、癸亥）諭軍機大臣等：王汝璧奏，清查安徽省倉庫，分別追補一摺。據稱，飭司通查該省虧補實數，凡有原案不實不盡之處，悉行釐正。現在未完銀一百八十九萬餘兩內，共流抵有著銀一百三十四萬餘兩，其餘五十五萬餘兩，均係無著，應歸於現任彌補。酌看通省各屬情形，每年均可節省銀十五萬兩，以之彌補無著款項，不過四年之間，即可如數補足等語。安徽省清查倉庫，既經王汝璧查明確數，自定四年限期，全行完補，著即照所請辦理。(仁宗一三三、一五)

（嘉慶一〇、五、辛亥）諭軍機大臣等：據裘行簡奏，酌擬報銷案內分別覈實開条一摺。內稱，直隸初次清查各屬虧短銀二十七萬有奇，二次清查則一百五十二萬餘兩，三次清查已有二百六十四萬餘兩，後此虧欠又不知凡幾。請於報銷時，覈明虧欠銀數，分別追賠治罪等語。庫貯錢糧帑項，原不容絲毫挪移短缺，何以該省清查之數，不獨已短少者未經賠補，且疊次加增；甚至詳報有案，並未奏咨，殊不可解。該藩司甫經莅任，清釐錢糧庫項，是其專責。今據摺內稱三次清查，至二百六十四萬餘兩之多，此項虧缺銀兩，究係因何動用？或係歷任總督、司道各員婪索分肥，或各州縣等侵盜入己，或餽送在京王公大臣，率以虛帳歸入清查項下，希圖懸宕。該藩司自應將虧缺之項，逐一查明著落，再行覈實辦理。該省節次清查，並非該藩司任內經手之事，無所用其迴護，切不可扶同隱飾，代人受過。至直隸差務紛繁，非他省可比，朕所深悉。但因差動用之銀，亦須分晰款項名目，不得以差務藉詞，籠統牽混；如別有需索餽送情事，亦不妨一一指實奏聞辦理。又據摺內稱奏銷與清查相爲表裏，請於此次奏銷冊內，將州縣從前接收交代時，報出歷任虧項有案者，開單具奏請旨。此則非是。各州縣虧缺銀數，該藩司惟應悉心查辦，實力清釐。若僅將虧缺之員臚列入奏，是欲以一奏塞責，與節次清查有名無空者，又何以異乎？該藩司務當將直隸虧空之由，和盤托出，密行封固具奏。即顏檢有不謹之實，亦應據實条奏，他人更不待言矣。候朕指示辦理，不可有一字瞻徇含混也。將此諭令知之。(仁宗一四四、

二七）

（**嘉慶一〇、六、庚申**）諭內閣：前據裘行簡奏稱，查明直隸省初次清查各屬虧短銀二十七萬有奇，二次清查則一百五十二萬餘兩，皆經奏咨有案。至嘉慶六年以後，又復有三次清查，未經咨奏者，已有二百六十四萬餘兩。此後沿至九年為止，其為虧缺又不知凡幾等語。閱之殊堪駭異。因命軍機大臣，將嘉慶四年十一月間戶部奏覆議直隸省清查虧欠攤賠各款時所降諭旨呈覽，並查取四年十一月以後歷任直隸總督、藩司在任年月，開單進呈。各省倉庫錢糧，均係國帑，稍有虧缺，即當按律治罪。前此諭令覆實清釐，原欲該督撫、藩司等，督飭屬員速籌彌補，是以嘉慶四年間，直隸省查明虧欠數目，因念歷時既久，人數過多，特降諭旨免其治罪。按照所虧銀數，分別給予年限追完，係屬格外恩施。該督等接奉以後，自應一面截數，嚴禁各州縣續虧之弊，一面將承追銀兩，依限嚴催歸款，每年將已完未完數目，據實奏聞，劃清年月，以期逐漸完結。乃各省清查數目，辦理彌補章程，均已陸續陳奏。而直隸自四年冬間奉旨以後，從未有一字奏及。節經降旨通諭各省督撫，令其督率清釐，毋許屬員續有虧挪，不啻至再至三。而顏檢歷任直隸藩司、總督，總未據實入告。每於差次逐日召對，面加垂詢，亦未將實在虧短情形，備悉密陳。祇圖含糊了事，實則並未上緊查辦。顏檢好為虛語，意存粉飾，屢經訓飭，仍不悛改。一味徇庇屬員，因循推諉，以致各該州縣無所畏懼，蔑法營私，不惟前欠未補，抑且任意續虧。此內不肖之員，甚或買田置產，聲色自娛，或加捐升職，或為子弟捐納職官，侵盜入己，將正項錢糧以完作欠。種種弊端，不一而足。今易州一處，虧空正雜款項至十一萬餘兩之多。該督等佯為不知，並不將該知州陳溇及早劾參，任其交代前赴升任，直至接任之徐用書以另案革職逮問，無人可以擔承。又有裘行簡在彼查辦，乃不得不據實陳出，設徐用書尚不敗露，顏檢必仍緘默姑容。是該省虧短之多，皆由各上司沽名見好、遷延不辦所致。若云直隸差務殷繁，則四五六年間，朕惟恭謁山陵，此外別無臨幸處所。地方官有何承辦，豈得以賠累藉詞？顏檢受朕厚恩，全不以帑項為重，袒護劣員，續虧至二百數十萬，尚得謂之有良心乎？本日吏部議奏，易州虧空案內處分，將顏檢議降四級調用。因本有革職留任之案，無級可降，應行革任，此專指易州一案而言。合之通省續虧之數，該督獲咎更重。本應革職治罪，姑念顏檢平日尚能辦事，操守亦尚謹飭，破格施恩賞給主事銜，在吉地工程處効力，仍帶革職留任，八年無過方准開復。瞻柱在藩司任最久，錢糧是其專責，乃於通省虧空，並不詳晰覆明從前虧缺實數，嚴切查追，又不截流徹局，年復一年，徒以清查名目，轉啟屬員虧空之門，而款項亦轇轕不清，諸多牽混，實屬庸劣無能，發弛已極。今以易州一案，部議革職尚不足以蔽辜。瞻柱著革職，發往伊黎效力贖罪。傅修久任清河道，易州係其所屬，乃於陳溇虧空至十餘萬，並不早行揭報，著照部議革職，亦令在吉地工程處效力贖罪。至四年以後，陳大文曾任總督，同興曾任藩司，均在半年以上，於通省倉庫錢糧，並不隨時查辦，亦難辭咎，著交部嚴加議處。姜晟實任總督，熊枚署任總督，為期均不過數月，且正當嘉慶六年夏閒，該省被水較重之時，未及查辦，稍屬可原，著交部議處。所有直隸總督員缺，著吳熊光調補。該督到任後，當督同袞行簡，實力整飭吏治，將各州縣虧空數目，徹底查明，通盤籌畫。應如何勒限追補，及如何分別著賠之處，妥立章程，覈實辦理。其延玩不行完徹之員，即嚴糸治罪，並將虧空各州縣之該管道府一併查糸。務須力返積習，使屬員知所畏憚，以期帑項速歸實貯，方為不負委任。其吳熊光未到以前，著熊枚前往暫行署理總督事務。（仁宗一四五、四）

（**嘉慶一〇、一一、丁巳**）諭內閣：據和寧奏，喀喇沙爾已故糧員伊精額虧空庫項，請將經手人證，提取研訊，並請將該管大臣來靈，交部嚴議一摺，所奏甚是。已故糧員伊精額，在喀喇沙爾辦理糧餉十一年之久，虧短庫項至一萬兩之多，何以來靈於本年接任時，並不據實嚴糸？轉以盤查倉庫無虧，飾詞入告；及至伊精額身故後，始行糸奏。又未自請議處，殊屬不合。或係來靈因從前曾受伊精額賄賂，代為隱瞞。此時接手之員，未肯接收交代，是以奏明辦理，亦未可定。來靈著先行交部嚴加議處。至此案虧短庫項，來靈既已徇隱於前，豈可復令審辦？所有應訊人證，著交和寧親提嚴鞫，按律定擬具奏。如訊明來靈有染指分肥情事，即著據實嚴糸，其歷任辦事大臣，除普福、訥音、訥清保三員，業經病故外，所有德勒克扎布等五員，任內如何盤查交代，必有冊檔可稽，並著逐一詳覈，如有得受伊精額餽送賄賂扶同捏飾之處，一併據實糸奏。（仁宗一五二、九）

（**嘉慶一一、一、庚午**）諭內閣：和寧奏，查明喀喇沙爾庫內虧欠銀兩，請將歷任辦事大臣，交部嚴加議處一摺。各處庫貯銀兩，專備辦公，豈容該大臣等任意私借？喀喇沙爾庫貯銀兩，自乾隆五十九年歷任大臣官員等，不但私行借用，並放給該處兵丁、商民、土爾扈特回子等使用，殊堪駭異。歷任辦事大臣，均應懲辦。除明興、阿爾塔錫第、來靈、德勒克扎布等，均已另降諭旨交部嚴加議處，來京聽候部議外，此事始自乾隆五十九年，著和寧詳查始自何人任內，嚴行糸奏。餘俱照和寧所請行。將此通諭西北兩路將軍大臣。嗣後凡遇應查各處庫項，務當親往嚴查，仍嚴飭管庫官員，詳稽出入，務須實貯。儻有似喀喇沙爾任意借用情弊，一經查出，不但將該官員等嚴行治罪，仍將該將軍大臣等，一併治罪，斷不輕宥，明興等是其前轍也。尋議上，得旨：兵部奏議處前任喀喇沙爾辦事大臣來靈等一摺，前據和寧奏，喀喇沙爾虧空庫項一事，因係來靈查明參奏，尚無明知故縱等情，當經降旨將來靈處分寬免。昨據和寧查出該城官兵、商民、土爾扈特回子等零星借欠，積習相沿，來靈摺內，並未據實奏明，乃於現在商民、土爾扈特回子所繳銀錢，捏稱嚴追葉布肯繳出，冀圖掩飾本任知情，及同官挪借處分，顯係有心朦混。著照部議革職。其歷任喀喇沙爾辦事大臣，除德勒克扎布另降諭旨外，明興、阿爾塔錫第，明知屬員有虧挪情弊，並未參奏，實屬徇隱。均著照部議降三級調用。（仁宗一五六、二六）

　　（嘉慶一一、六、丁丑）諭軍機大臣等：成寧奏安省舊虧完欠銀數，並密陳籌補實在情形，懇恩展限八年追補一摺。安徽省倉庫虧缺，嘉慶九年，經前撫臣王汝璧查明有可著追者，共銀一百三十四萬餘兩，分別變抵咨追，無可著追者，共銀五十五萬餘兩，著令現任人員彌補。今成寧於到任後，據藩司鄂雲布開呈嘉慶九、十兩年已完數目，查覈原奏無著銀，應歸現任彌補者，僅完二十萬餘兩；原奏有著銀，應咨追變抵者，繳銀不及十分之一等語。所奏自係實在情形。此項無著銀兩，各州縣既不能如限完繳，其原查有著之項，將來咨追無著，爲數不少，亦須著落現任彌補，更難照原定四年之限，一律完清。所有安省原虧無著、有著應行彌補銀兩，自嘉慶十一年爲始，著加恩予限八年。該撫務須照所定章程，責成現任上緊彌補；其既經完補後，斷不容再有續虧。成寧現將查出續虧之亳州參奏，所辦甚是。嗣後仍不時留心，並著於每年補足若干之處，據實奏報一次，以憑查覈。如八年限滿，仍不能全數補清，惟該撫是問。將此諭令知之。（仁宗一六二、一）

　　（嘉慶一二、一二、癸酉）又諭：朕披閱勦平三省邪匪方略，從前湖北辦理軍需，該督撫任聽局員濫支濫應，而於餉項缺乏之際，又不肯據實陳奏，輒以通融辦理爲能。嘉慶五年間，朕因該省久未請餉，曾經降旨詢問，並不待該省奏請，即行頒發餉銀，撥給鄰省米石，截留漕糧，俾資接濟。彼時倭什布於糧餉撥到之後，又不以時給發，遂致兵勇等向民間勒索，任意滋擾，幾致貽誤。經朕降旨將倭什布革職逮問，大加整飭。而昨據汪志伊、章煦奏到湖北省積年未清倉庫錢糧摺內敍稱，各州縣現在缺短之數，多至六十八萬餘兩；聲明致虧之由，係因承辦軍需，積久賠墊。是彼時伊等所謂通融辦理者，不過將倉庫錢糧，任意挪用。其聞浮支濫應，無所不有，皆係取給於此。今計算節次所發湖北餉銀，不啻數千萬兩，而現在查覈倉庫，又復因此虧缺。在現任各員，皆係接收歷任交代，尚非本任虧短，將來不過責令分賠，已足示懲；至從前經手之員，率意挪移岙項，其咎甚重。非僅著落賠補，即可免罪。著交汪志伊等查明彼時經手各員，除劣蹟昭著如胡齋崙業經抵法外，其現在該省各員，如有承辦軍需擅動倉庫，虧缺數多，爲衆所共知者，著汪志伊等秉公確覈，即行指名糸奏治罪，以示懲儆。（仁宗一八九、一三；東八、一五）

（嘉慶一四、一、甲申）諭軍機大臣等：據積拉堪等奏，盤查烏什倉庫虧短，並究出佛倫保索取禮物等款，據實糸奏一摺。佛倫保身係新疆辦事大臣，到任之始，因阿奇木伯克送禮皮張内數目短少，不肯收受，即令章京達靈阿代爲傳説，令各補足送去，現據達靈阿及阿奇木伯克俱已供認。並違禁役使兵丁擡轎，又收受管理屯田處公送禮物，亦已訊明，是佛倫保之貪鄙妄爲，實有確據。且於烏什倉糧虧短之處，並不查明糸辦，即冒昧陳奏無虧。佛倫保著傳旨革職拏問，交該將軍松筠嚴審定擬具奏。（仁宗二〇六、三〇）

（嘉慶一四、一〇、戊戌）諭軍機大臣等：初彭齡奏，山西省虧空一摺。山西州縣倉庫，從前已彌補完全，地方官徵解錢糧，從無掛欠，何以近年來流弊復滋，又有虧缺？即如平魯一縣，現據初彭齡奏，降調知縣王敏樹，虧欠採買穀價五千餘兩，交代已逾定限，尚不完交，並據初彭齡訪問，係因成寧閲邊時，經過平魯、左雲等縣，所用車馬稍多，是以王敏樹及降調左雲縣孫燿藉口辦差賠累等語。本省巡撫閲邊往來，係屬常有之事，何至供億繁多？地方官挪用公項，虧缺至五千餘兩，其情節是否屬實？現已明降諭旨，將該二員革職嚴訊。著初彭齡向其根究，此項辦差銀兩，是否於備辦車馬之外，另行餽送成寧，抑係成寧家人向其需索，該革員等有無別項挪用、借此開銷情事。其平陽、潞安等屬，現在均有虧短，看來通省虧缺尚多，未必止十餘州縣，初彭齡現已分別確查，著於查明後據實奏聞，候旨辦理，將此諭令知之。（仁宗二一九、六）

（嘉慶一五、九、丁丑）諭軍機大臣等：吉綸奏，密陳東省倉庫實在情形，懇恩展限著追彌補，以歸覈實一摺。各州縣庫項倉儲，絲毫均關國帑，豈容稍有虧缺，致滋弊混？該省自嘉慶四年、八年，曾經兩次清查，各州縣欠解之款，俱有確數，自當覈實嚴追，及時彌補，何以復有虧缺？該撫摺内所稱何者新虧、何者舊虧，措語殊屬蒙混，從前所查虧缺數目，係一百八十萬兩，乃至今尚虧缺銀一百七十餘萬兩，可見該省歷年彌補，不過挪新掩舊，全係具文。似此舊虧未結，新虧復續，年復一年，伊於胡底？此次姑准照該撫所請，展限六年，至二十四年爲止，所有應行歸補款項，自本日奉旨以前，俱作爲舊虧，毋得再有新虧名目。儻經此次飭諭之後，各州縣如敢再有絲毫續虧，該撫即當據實嚴叅，隨時懲辦。並著將所有舊虧，依限如數追補，若再有新虧，該撫及藩司職司綜覈，咎有攸歸，必當重治其罪，決不寬貸。將此諭令知之。(仁宗二三四、二三)

（嘉慶一五、一二、壬寅）又諭：溫承惠奏，查明初、二兩次及三次清查案內，已、未完銀數，開單具奏一摺。內初、二次案內本年續完銀一萬六千三百九十五兩零，尚未完銀一百三十五萬餘兩；三次案內本年續完銀二百四十兩，尚未完銀二十五萬餘兩。直省倉庫錢糧，皆係國家正帑，本不應有虧缺，直隸節次清查，將歷年積欠銀兩，分限追賠，原屬格外恩施，亟應上緊嚴催，早清款項。乃本年具報所完銀數，初、二兩次尚有一萬餘兩，三次則祇二百餘兩，試思該省積虧一百數十萬，若似此疲玩，每年所繳不及百分之一，帑項終歸懸宕，尚復成何事體？溫承惠、方受疇督催不力，實屬懈弛，又不自請處分，著傳旨嚴行申飭，仍交部議處。並著將所屬各府州承追數目多寡，及在任久暫，查明開單具奏。其外省咨追銀一百萬餘兩，本年亦祇續完銀一萬六千二百餘兩，並著分咨嚴追，毋任延宕。(仁宗二三七、二九)

（嘉慶一九、一一、辛卯）諭內閣：御史孫汶条奏，私挪庫項爲子捐官之原任山東濟寧州知州王旭昇，請旨查辦一摺。王旭昇在山東州縣任內虧空最多，前經章煦等查叅，有旨將該員革職拏問，查抄備抵。今據該御史奏，伊子王康義，先於本年五月間報捐道員，其捐項如係盜用庫銀，則是以侵盜爲捐納，如云出自私囊，則豈有家擁餘貲，不先補完官帑之理？著戶部查明王康義捐項，如業經上庫，即行文山東，將所捐之銀，照數在王旭昇虧款內扣抵，將捐照追還註銷，如未經上庫，即勒令王康義將捐銀照數解東，爲伊父抵補虧空。並著戶部查明，凡遵新例報捐者，除京官及直省士民外，其外官凡有倉庫之責者，或本身捐升，或爲子弟報捐，均於收呈後，先行文該省，責令本管上司查明該員經手倉庫。如實無虧短，由該管上司出結咨部，准其報捐，設查有虧挪，即據實報明，除不准報捐外，仍照虧空例治罪。該管上司徇私捏混，查出，一併嚴懲。(仁宗二九九、五)

（嘉慶一九、一一、壬子）諭軍機大臣等：章煦等奏，查明[山東]通省倉庫虧缺，及嚴催趕辦情形一摺。據稱，嘉慶十四年吉綸任內，清查奏報虧數，多有不實。其原奏虧缺一百七十九萬八千餘兩，及另案叅追銀六萬一千七百餘兩外，茲又查出虧缺銀一百五十五萬二千餘兩，共銀三百四十一萬二千餘兩，係十四年以前通省虧空實數。其十四年以後，各州縣虧空更不可問。現因各屬册報數目不符，疲玩成習，飭令本管道府分赴所屬，親身督催，趕緊查辦等語。山東通省虧空銀兩，經章煦等查明，十四年以前實數已有三百四十餘萬之多，至十四年以後虧空，更不可問，則其中弊竇，自不一而足。必有不肖官吏，肆意侵吞，私肥囊橐，且擅取庫項，公然爲己捐升並爲子弟報捐官職者，此等貪劣之員，殊堪痛恨，若不從嚴懲辦，何以儆戒將來？……將此諭令知之。(仁宗二九九、二五)

(嘉慶二○、二、丁巳) 諭内閣：本日章煦等奏，山東通省州縣虧缺銀，新舊共積有六百餘萬兩，該省敝壞一至於此，實堪痛恨。此項虧缺，皆起於嘉慶元年以後，此十餘年來，朕並未舉行東巡，致勞供頓，其該省大吏，亦從無貢獻珍玩等物，此中外所共知，將復何所藉口？皆由歷任巡撫、藩司曠職玩公，縱任不肖州縣，將國帑付諸漏巵。此内若謂一無賄索，其誰信之？姑念事屬已往，不加深究。著軍機大臣查明該省自嘉慶元年起至十九年止，巡撫、藩司在任年月久暫，其業經身故者，查明伊子弟有無職官，開單具奏，候朕酌量分別罰賠，以示懲儆。尋議：請將該省無著銀十七萬八千三百六十餘兩，罰令嘉慶元年以後歷任巡撫、藩司，按照在任月日分賠。從之。(仁宗三○三、一)

(嘉慶二○、二、甲戌) 諭軍機大臣等：阮元奏密陳倉庫情形一摺，江西省於嘉慶五年清查各屬，共虧缺銀八十三萬餘兩，節年彌補，至十八年十一月，據先福奏停止彌補摺内，查明已完補銀七十五萬餘兩，尚未完銀七萬餘兩。茲據阮元奏，條辦之奉新、靖安、新昌三縣，虧缺銀三萬餘兩，即不在未完舊虧七萬餘兩之内。可見該省彌補完欠數目，仍多不實。該撫摺内擬立二法，其以交代爲盤查一節，於州縣交代之時，不稍存諱飾之心，務令和盤托出，據實條辦，俾各州縣知所懲懼。其爲杜絶新虧之法，必應如此辦理。至以比較驗彌補一節，於錢糧完欠分數之外，另立比較分數，未免膠轕。各屬新徵現年錢糧，總當儘數提解司庫，不令絲毫挪移。一有欠解，立即條辦；其舊有虧缺，該管上司亦不難洞悉底裏，即從此根究，據實查辦，則未屆交代之州縣，其虧缺亦不能掩飾。此事祇在該撫督率藩司，一秉大公，實力查察。自能漸收實效，非可以空言塞責也。將此諭令知之。(仁宗三○三、一六)

(嘉慶二○、一○、庚辰) 又諭：胡克家奏，督查司庫歷任借放未歸銀兩，分別著追著賠一摺。安省藩庫借放銀兩，除歸完外，尚有未完銀九十七萬七千餘兩之多，自應立即追賠歸款。但該撫開列單内，僅將各該員借放銀兩，分別應借不應借總數，籠統開載，殊未明晰。著該撫即查明原放之各該藩司，每名下共借放未歸銀若干內，應借者係何款目，不應借者係何款目，於該員名下，分晰開註，造册報部察覈。除不應借各款，著落原借原放之員賠繳外，其應借各款，交該部覈明，實係應借者，分別徵追歸款；此內仍有不應借者，著原借原放之員，按數賠繳，即將此款永遠停借。並著嗣俊藩庫遇有借放銀兩。均隨時報部查覈，如將不應借之款濫行借放，除著賠外，仍治以應得之罪。(仁宗三一一、二四)

（嘉慶二〇、一二、壬申）諭內閣：甘肅藩庫私借無著銀至二十萬餘兩之多，皆由歷任藩司瞻徇情面，私借私挪，毫無顧忌。所有歷任正署各藩司，除王文湧、楊揆、廣厚、陳祁、積朗阿、盛惇崇業經病故，蔡廷衡業已革職外，何銃、德克精阿俱著即革職。(仁宗三一四、一〇)

（嘉慶二〇、一二、乙亥）諭內閣：陳預奏，查明東省泰、兗、沂、登四府屬十五年以後續虧數目一摺。東省各州縣虧缺錢糧，前據章煦等查明，十四年以前共銀三百零五萬五千數十餘兩，十五年以後共銀三百三十四萬七千七百餘兩。其十五年以後虧缺之處，因無存司檔案可憑，恐不免以多報少，以少報多情弊，當經降旨，展限一年，令陳預確查具奏。茲據該撫將十五年以後虧數內之泰安、兗州、沂州、登州四府屬查明確數，共銀九十三萬六千四百三十七兩零，開單具奏。朕披閱單內，如現任蘭山縣知縣朱安國一員名下，即虧銀至六萬餘兩之多，其餘數在一萬兩以上者，尚有多人。此等劣員，以國帑恣其慾壑，取攜無忌，以致闔省虧缺至六百餘萬兩，若不從嚴懲辦，尚復何所警懼？著將單內所開各員，除病故者仍照原議章程辦理外，其虧缺在一萬兩以上者，俱著革職拏問，解交刑部。一萬兩以上者，問擬斬監候；二萬兩以上者，問擬斬決。將所虧銀數，令刑部分別定限，較例限加緊，奏明監追。限內全完，貸其一死，釋放，永不敘用；其逾限不完者，刑部於限滿日，按名具奏，請旨立即處斬，斷不寬宥。其數在五千兩以上以下者，仍照例在任著追，依限歸補。吉綸、同興俱久任山東巡撫，廢弛貽誤至於此極，俱應發往吉林。姑念同興前歲究出首逆林清，由驛馳奏，尚有微勞。吉綸著即發往吉林，同興著發往盛京，交普恭等派在工程處効力。朱錫爵係該省藩司，厥咎尤重，伊名下共有罰賠銀十一萬五千六百餘兩，除已繳過三萬六千兩外，尚有未完銀七萬九千餘兩。著勒限三年，完繳後發往烏嚕木齊充當苦差，如限滿不完，交部治罪。(仁宗三一四、一三)

（嘉慶二〇、一二、乙亥）又諭：那延成奏，查明直隸省初二兩次及三次清查倉庫案內已未完銀數一摺。直隸省三次清查虧欠各員，前經立定限期處分，分別任所旗籍催追。乃據該督所奏，初二兩次案內，十九年祇完銀七百五十兩，尚未完銀九十六萬一千九百兩零；三次案内，十九年祇完銀一千三百九十六兩，尚未完銀九十四萬四千九百兩零。似此任意拖延，帑項迄無歸補之日。著該督將本省勒追各員，查明限滿未完者，即分別監追治罪；並咨行各旗籍一體勒限嚴追，毋稍寬縱。現經降旨，將山東省虧缺倉庫各員，一萬兩以上者，俱革職拏問，解部問擬大辟，勒追嚴辦。此後直隸各州縣如有新虧者，即著照此例辦理。（仁宗三一四、一五；東一三、一五）

（嘉慶二〇、一二、丁丑）諭軍機大臣等：前因甘肅省虧缺倉糧，特派景安、朱理前往查辦，並令先福督率藩司嚴烺，協同該欽差等辦理。兹復據嚴烺奏，該省各屬有續虧銀一百萬兩有零，先經督臣先福奏請檄委隔屬道員互查結報，尚未報齊等語。甘省倉糧既已空虛，庫銀又復虧短，敝壞已極，均應徹底查辦。皆因近年所用大員，因循疲玩所致，實皆朕不明之愆。著景安、朱理、先福即督同嚴烺，將各州縣倉庫實數，一併查明，大破情面，和盤托出。其係何年月日總督、藩司任內之事，據實分晰久暫、正署，由五百里具摺嚴叅；有臓私入己者，亦一併叅出。所有虧空州縣，即照昨降諭旨辦理。山東虧空之例，除銀數在五千兩上下者仍准在任內著追，依限歸補外，其虧空至一萬兩以上者，俱革職拏問。一萬兩以上者，問擬斬監候；二萬兩以上者，問擬斬決。將所虧銀數，勒限監追，限內全完，貸其一死，釋放，永不敘用；逾限不完者，按名具奏，即行處斬。正法之員所虧之項，亦即豁除，無庸再行攤賠，以杜藉口貽累。此次既將閤省倉庫通行確查定案，諒非兩月所能竣事。其嚴烺交代展限以查明奏出之日為度，亦不必拘定兩月也。朕又訪聞得德克精阿，時常餽送食物等項，高杞任內，恐亦不免。密訪的確具奏。將此各傳諭知之。（仁宗三一四、二一；東一三、一五）

（嘉慶二一、三、癸卯）諭軍機大臣等：董誥等議覆甘省新舊虧缺，酌擬追補章程一摺，已依議行矣。甘省新舊虧缺至二百二萬餘兩之多，新舊必須劃明，誠恐不肖州縣，將十六年以後之新虧銀數，挪入十五年以前，希圖輕減銀數，藉免罪名。景安等務須查明年限，劃分清楚，毋任矇混。至新虧項内，有攤捐雜款，無關倉庫正項錢糧者，原不應與正項併計治罪。但既有攤捐名目，必須確有憑據，方准於新虧項内劃除，歸入攤捐項下辦理；不可任聽州縣捏報，將實係侵蝕入己之項，指作攤捐，藉以避重就輕。景安等務當留心稽覈，剔除弊竇，以昭公允。所有董誥等議覆之摺，著即抄錄發給，遵照辦理可也。將此諭令知之。（仁宗三一七、一八）

（嘉慶二二、三、癸丑）諭內閣：方受疇奏，遵限查明奏銷冊内虧空銀款一摺。上年直隸奏銷案内，各州縣有徵存未解及虧空銀款，當經降旨予限三個月,交方受疇督同藩司姚祖同,徹底查明,分別奏辦。茲據該督詳查,此案册報虧短銀二十七萬七千餘兩,除前後追提銀七萬三千餘兩外,現尚虧銀二十萬四千餘兩。此內丁憂、降革、病故、勒休各員,仍交該督查明原虧各案,分別奏辦監追,查產變抵,及歸後任分賠,分案奏咨辦理。其現任無極縣知縣金偉,候補知縣陳楷、何志清、王德棻、柯映伊、傅以納,並改選貴州龍里縣知縣錢鴻誥,均著先行革去頂帶。現任者停其升轉,候補者停其補缺。數在五千兩以上者,限一年完繳;一千兩以上者,限半年完繳;一千兩以下者,限三月完繳。逾限不完,分別奏處治罪;遵限完繳,給還頂帶,照常補缺、升轉。其查出金偉造報奏銷册內,多開前任知縣慶善虧欠地糧正耗銀二千七百七十餘兩,該管知府任銜蕙並不分晰覈對。此項銀兩,著金偉賠繳七成,任銜蕙賠繳三成,以示懲儆;金偉統俟此項銀兩繳足後,再行開復頂帶。(仁宗三二八、七)

(嘉慶二二、五、癸亥)諭軍機大臣等:甘省本係地瘠民貧,近來各州縣侵虧倉庫,動輒鉅萬,罹罪者纍纍相接,固由牧令等貪黷不肖,亦緣近數任總督皆性好奢靡,踵事增華,以瘠苦之區,必欲效豪侈之舉。屬員悉索供應,曲意逢迎,以致設法巧取、虛領虛報,侵欺國帑,覆轍相尋。試思總督爲封疆大吏,即躬自儉約,其體制已極尊崇,豈必藉服飾華腴,始爲光寵?長齡甫蒞陝甘總督之任,現在藩司程國仁,臬司屠之申,居官亦俱廉明,該督當與僚屬等共相勖勉,砥礪廉隅,敦崇節儉,凡燈綵、鋪陳以及衣服、飲食之間,其涉於華靡者,可裁則裁,可省則省,以期力挽積風。大吏爲通省表率,果能潔清自矢,澹泊寡營,則上行下傚,屬吏亦必以儉相尚,以廉相高。且伊等不能以供應藉口有所忌憚,自能量入爲出,倉庫可以不至續虧,一切侵挪捏冒之弊,無自而生。從此鮮罹法網,多所保全,其造福不亦大乎?……(仁宗三三〇、二一)

(嘉慶二二、一〇、丁亥)諭軍機大臣等:據張映漢奏,湖北清查舊案,第九限應完銀五萬二千四百三兩零,現已如數完解司庫;並聲明末三限銀兩完解後,仍有新辦清查案內,各州縣情願代前任認完無著、及逃亡民欠等項銀兩,請於二十五年舊案三限全完,再分十年彌補等語。湖北各州縣倉庫虧短銀兩,前於嘉慶十二年經該督撫奏請,分十二限彌補全完,彼時因虧空人數衆多,加恩免其治罪,准其依限完繳,已屬格外恩施,此後何得再有續虧?乃昨據阮元、張映漢會奏,覆加清查,將前次漏報各款,請於十二限滿後,自嘉慶二十五年六月起,再分限十年彌補完竣。當即降旨申飭,令慶保、張映漢另行妥議。此次張映漢摺內,又復申理前說。看來該省從前十二年清查之案，開報隱漏者尚多。若似此前限滿後又以清查未盡爲詞，續行展限，拖延歲月，終無清楚之日。慶保係新任總督，著會同張映漢徹底查明，全行報出，統計於前十二限滿再予限幾年，可以彌補全完。嗣後各州縣查出新虧，有一案即条辦一案，不准再有清查名目。若仍互相容隱，匿不舉報，一經發覺，不但將該州縣按律治罪，並將該督撫嚴懲不貸。將此諭令知之。(仁宗三三五、一五)

（嘉慶二三、五、癸丑）諭軍機大臣等：慶保等奏，覆查湖北虧缺實數，籌議勒限追補章程一摺。湖北各屬倉庫虧缺無著銀五十五萬八千餘兩，於嘉慶十二年經該督撫奏請分十二限彌補，除已完四十萬一千餘兩外，尚有三限未完銀十五萬六千餘兩。嗣又據阮元等查出十二年以前，有各屬原報遺漏，及抵交什物朽壞，變爲無著銀七萬八千餘兩，此項銀兩係十二年清查以前漏報者，仍屬舊虧，今續經查出，准其同前三限未完銀十五萬六千餘兩，一併扣至二十五年五月底彌補全完。其十二年以後至二十年分，各屬又有挪缺銀六十六萬餘兩，此則全屬新虧。該省督撫、藩司自十二年清查之後，並不認真截流，以致舊虧未完，新虧又增。似此輾轉相仍，伊於胡底？該州縣等如此玩愒成風，其罪尚有何可原？慶保、張映漢雖先後將王澍、方遵轍、樊鍾英三員条辦，此六十六萬虧缺之款，豈盡伊三人任內之事？念其人數衆多，雖不將該員等一概革職拏問監追，著慶保等即切實查明十二年以後至二十年，各州縣所虧銀兩，有可著追者，儘數實力嚴追，不准予限八年，扣至二十九年五月，賞限四年，追繳完款。其無著者，交慶保等將自十二年奏辦清查之督撫、藩司起，以至二十年以前接任之督撫、藩司止，各按在任年月久暫，擬開清單，分別著賠，以示懲儆。亦賞限四年，統於二十九年五月內全數交清，至該省各屬常社等倉。十二年清查案內未完三限米穀價銀十二萬一千餘兩，仍著照原定限期，扣至二十五年五月全數追繳。其此次續經查出常社二倉挪缺穀石未完價銀十三萬九千餘兩，即照該督等所請予限八年，自二十五年五月起至三十三年五月，一律追補全完。每年察看秋收情形，於軍需動缺穀石買竣後，接續採買，以歸實貯。其節年奏銷案內未完民欠，自元年至二十年，尚有一百餘萬兩之多。其奏明因災展緩者，均有奏案可稽。此外如查有私收包庇情弊，立即嚴拏究懲。該督等現在派員確查，著限於年內一律查竣，據實覈辦，不可稍有含混。(仁宗三四二、一五)

（嘉慶二三、一二、癸未）諭內閣：長齡奏，查明甘省已徵未報銀糧、草束勒限追繳，開單請旨一摺。甘肅各州縣已徵未報銀糧、草束，前經降旨交長齡督同藩臬兩司，嚴飭該管道府，逐一清釐。茲據該督查明皋蘭等四十一廳州縣州同、州判、縣丞,除虧糧存價及抵墊攤銷,並舊虧案內咨追無著各項外,已入清查者,未完銀十七萬一千九百八十八兩零,未入清查者,實虧銀十六萬三千二百六十三兩零,均係因公挪用,尚無侵盜入己情弊。著照所請,將單開一萬兩以上之戴椿齡等十二員,五千兩以上郭廷光等十一員,五千兩以下之誠忠等五十員,分別在甘、離甘、現任、去任、及在部監追者,俱按限追繳。如逾限不完,定行照例分別治罪。自此次查辦之後,若再有隱漏,即將該管道、府嚴条著賠,以示懲儆。(仁宗三五二、八)

(嘉慶二四、一一、庚申) 諭軍機大臣等:陳若霖奏,查明各州縣墊解民欠銀米,分限攤賠一摺。浙江省民欠地漕銀米,有先經州縣墊解,於奏銷案內報完,現屆普免積欠之後,自不能再向花户催徵,此在從前經徵之員,規避處分,挪款墊解,以欠作完,本有應得之咎。但念事閱多年,官非一任,且墊解完公,究與侵虧入己者有別,著免其治罪。所有自嘉慶元年起至二十二年止,無著民欠銀米及米穀折價銀共九十五萬四千八十五兩零,著即照該撫所請,在通省現任各州縣,分限十年,按數攤賠歸款。該撫當責成各該知府,飭屬屏除浮費,節省濟公,自二十五年正月為始,每年應補銀九萬五千四百八兩零,按季批解司庫,該撫仍按年將提解歸補實數,具奏一次,毋任延宕。嗣後嚴飭各州縣儘徵儘解,覈實開条,毋得輾轉流交,日久滋弊。將此諭令知之。(仁宗三六四、四)

第二章　財政收入
第一節　地丁、官租
一、攤丁入畝及其執行情況

（**康熙五一、二、壬午**）諭大學士、九卿等：朕覽各省督撫奏編審人丁數目，並未將增加之數盡行開報。今海宇承平已久，戶口日繁，若按見在人丁加徵錢糧，實有不可。人丁雖增，地畝並未加廣。應令直省督撫將見今錢糧冊內有名丁數，勿增勿減，永爲定額。其自後所生人丁，不必徵收錢糧。編審時，止將增出實數察明，另造清冊題報。（聖祖二四九、一四）

（**康熙五五、二、庚寅**）戶部議覆：雲南道御史董之燧疏言，直隸各省內，有丁從地起者，其法最善。但愚民每急欲售地，地去而丁存，貽累無窮。嗣後民間買賣地畝，其丁隨地輸課。應如所請。從之。（聖祖二六七、一一）

（**雍正一、七、己酉**）直隸巡撫李維鈞摺奏：直屬丁銀請攤入田糧。奉上諭：此事尚可少緩。更張成例，似宜於豐年暇豫，民安物阜之時，以便熟籌利弊，期盡善盡美之效。今既經題奏，俟部議到時，朕再酌定。（世宗九、一四）

（**雍正一、九、甲申**）戶部議覆：直隸巡撫李維鈞，請將丁銀攤入田糧之內，應如所請。於雍正二年爲始，將丁銀均攤地糧之內，造冊徵收。得旨：九卿、詹事、科道會同確議具奏。（世宗一一、一五）

（**雍正一、九、戊戌**）九卿遵旨議覆：直隸巡撫李維鈞請將丁銀攤入地糧徵收，應令該撫確查各州縣田土，因地制宜，作何攤入田畝之處，分別定例。庶使無地窮民，免納丁銀之苦，有地窮民，無加納丁銀之累。得旨：巡撫李維鈞條奏丁隨地起一事，九卿並不據理詳議，依違瞻顧，皆由迎合上意起見。即如本內有地窮民一語，既稱有地，何謂窮民？不與有米餓莩之語相似乎？……原本發還九卿，著仍照戶部議行。（世宗一一、二八；東一、一七）

（**雍正二、九、甲寅**）山西布政使高成齡摺奏：地畝生息有常，戶口貧富不等，富者田連千畝，竟少丁差；貧民無地立錐，反多徭役。請照直隸新例，將丁銀並入地糧，官民兩便。奉上諭：此奏甚是。今山東地方，亦諭令踵行，爾與撫臣繕本具奏，將直隸行有成效之處，引入可也。（世宗二四、一一）

（**雍正三、二、丙申**）户部議覆：雲南巡撫楊名時條奏，一、滇省丁銀，有民丁、軍丁之分。民丁請照直隸例，攤入田糧完納。至軍丁之額，自二錢八分起，有重至六錢二分者，難與輕額民丁，一概均攤，應俟查出吳逆平後，隱匿田土，量加增攤。一、民間田產，先由吳逆賦重差繁，減價絕賣，今承平墾熟之後，指定原價，告找告贖，爭控不休。應通飭永禁。一、雲南府屬，舊有三泊縣，在萬山之中，先並入昆陽州，遠至二百餘里。請改歸相近十餘里之安寧州，勢方聯屬，可以便民。一、糧儲道，爲通省道員之首，請改爲守道；永昌道，轄迤西數郡，有稽察地方之責，請改爲巡道。均應如所請。從之。（世宗二九、二三；東三、五）

（**雍正三、七、乙丑**）户部議覆：山東巡撫陳世倌疏奏，山東通省丁銀，請攤入地畝之内徵收。應如所請。從之。（世宗三四、二五）

（**雍正三、一一、癸亥**）户部議覆：原任浙閩總督覺羅滿保疏言，鳳山縣上淡水、下淡水、力力茄藤、放縤、阿猴、搭樓、大澤機等八社，每年額徵丁米四千六百四十五石，每米一石，折穀二石。就中男番一千七百四十八丁，每丁徵穀二石以至三石不等；番婦一千八百四十四口，每口徵穀二石。此皆初定臺灣時，循照僞鎮鄭成功所定之額，未經改正。查現在臺灣民丁，每口衹徵銀四錢有奇，並無婦女納穀之例，即諸羅縣各社土番，亦衹男番完糧，不及番婦。諸照例將鳳山八社番婦，一體免其納賦。再查各番鹿場，頗多閒曠，應聽各番租與民人墾種，陸續升科。則番民均邀利賴，而正賦亦復無虧。應如所請。從之。（世宗三八、二一）

（**雍正三、一二、甲子朔**）户部議覆：大理寺卿仍管長蘆鹽政莽鵠立疏言，東省丁銀，攤入地畝之内徵收，東運各場，地少丁多，請將竈丁銀兩，一半攤入竈地徵收，一半仍於竈丁均攤。應如所請。從之。（世宗三九、一）

（**雍正四、四、丁亥**）雲貴總督仍管雲南巡撫事楊名時疏言：通省丁銀，請於通省成熟田地内，按畝攤徵；自雍正四年爲始，永爲定例。其屯軍丁銀，將無主影射田土清查，漸次抵補。從之。（世宗四三、二三）

（**雍正四、一一、癸卯**）户部議覆：浙江巡撫兼管鹽務李衛疏言，仁和場之仁和倉及許村等八場，向有給丁蕩地，例非按畝徵銀，實皆計丁輸課。

應即以每丁應納之課，攤於給丁蕩地，定則徵輸。至台、温二府屬之無地攤丁，並錢塘倉及西路等九場，北監場之峽門、華嚴二倉，黃嚴等六場，白沙、岳頭二倉，或係無地可攤，暫令各丁照舊輸納者；或雖有給丁蕩畝，而地少丁多，因於舊有納稅蕩灘之上加攤者，必須清查陞漲抵補。請將許村等場，新陞蕩地稅銀，抵除前報暫攤納稅蕩灘之丁銀，並抵補各場無地可攤丁銀。如有續漲及坍缺地蕩，照例增減抵補。應如所請。從之。（世宗五〇、一一）

（雍正四、一二、辛酉）[户部]又議覆：河南巡撫田文鏡疏言，豫省丁銀，請均勻攤入地糧之内，一例徵收。嗣後遇有報墾陞科，以及遇閏之年，將丁銀隨年另行均派攤入。至太康等十二州縣，舊係按地收丁，但輕重不等。請與各屬一體按糧均攤，皆以雍正五年爲始，照數徵收。俱應如所請。從之。（世宗五一、四；東四、五五）

（雍正四、一二、癸亥）户部議覆：川陝總督岳鍾琪疏言，陝甘兩屬應徵丁銀，請攤於地畝徵收，以雍正五年爲始，著爲定例。其有以衛改縣、未經載丁，及原有丁銀者，按其額賦，均載丁銀。至陸續開墾及現今新開渠閘屯墾之處，亦照此糧額，一例增載。再川省地方，多係以糧載丁，間有數州縣以人載丁之處，亦應查改畫一。俱應如所請。從之。（世宗五一、五；東四、五五）

（雍正五、三、甲寅）户部議覆：署江西巡撫邁柱疏言，江西錢糧，請照直隸、山東等省之例，將丁銀攤入地銀。其各衛所屯丁銀，攤入屯糧，分派帶徵，爲數無多，兵民俱有裨益。應如所請。從之。（世宗五四、三〇；東五、一七）

（雍正五、七、己未）户部議覆：廣西巡撫韓良輔疏言，粤西全州、羅城、陽朔三州縣，有田少丁重、田多丁輕者，又有棄產而丁銀未除、得產而丁銀未納者。無業貧民，尤爲苦累。請將此三州縣丁銀，自雍正六年爲始，按糧額派輸，以均賦役。應如所請。從之。（世宗五九、八）

（雍正五、一二、辛丑；東己亥）户部議覆：署兩江總督范時繹疏言，丁隨糧辦，最爲均平良法。請以雍正六年爲始，將江蘇、安徽各州縣應徵丁銀，均攤入地畝内徵收。應如所請。從之。（世宗六四、二三；東五、六四）

（雍正六、四、乙酉）川陝總督岳鍾琪疏言：陝甘兩省丁銀，照各省以糧載丁之例題請，奉旨允行在案。今查應減丁銀之朝邑等二十一州縣，於未及攤定之先，照原額徵收，共銀六千七百九十二兩。若按户退還，則糧户畸零，難於散給，必致胥吏中飽。應請存貯司庫，以充兵餉。得旨：該督既稱按戶退還，必滋胥吏中飽之弊，著照所請，停其退還。但此項銀兩，係陝民輸納之物，著留貯陝西，於地方公事，如積貯興修之類，有裨益於民者，該督撫酌量奏聞，動支應用，不必撥充兵餉。（世宗六八、三）

（雍正六、一〇、己卯）［戶部］又議覆：川陝總督岳鍾琪疏言，陝甘二屬，丁銀偏累。向經題准攤入地畝徵收。但甘屬河東地方，糧輕而丁多；河西地方，糧重而丁少。若將河東丁銀，攤入河西，是兩處田糧，輕者益輕，而重者更重。請將二屬各自均派，河東則丁隨糧辦，河西則糧照丁攤。應如所請。從之。（世宗七四、三）

（雍正七、三、庚戌）戶部議覆：湖廣總督邁柱疏言，丁銀田賦，同屬正供，但窮民有寸土全無而受丁銀之累者，富戶有田連阡陌，而丁銀與窮戶相同者，苦樂不均。請將武郿等九府州、武昌等十衛所，自雍正七年爲始，照通省攤勻丁銀數目，派入田糧徵收。其續報勸墾，以及自首隱匿，每歲所報陞科，應暫緩均攤，俟再遇編審時，一併派入。均應如所請。從之。（世宗七九、一〇）

（雍正一二、一一、庚寅）戶部議覆：河東總督王士俊疏言，東省向有寄莊地畝一項，以彼邑民人置買此邑地畝，因而不派差徭，只於正供之外，每畝徵銀一二分至四五分不等，名曰外徵，以代徭役。但地畝之授受不常，官吏得以上下其手。今東省丁糧，俱經攤入地畝，何必留此外徵之名？請將歷城等六十一州縣寄莊地畝，並歷城、益都二縣照寄莊徵銀之廢藩基地二項，所有外徵銀兩，各按州縣地畝，一併均攤，以杜偏累之源，絕加派之弊。均應如所請。從之。（世宗一四九、一二；東一二、一七）

（乾隆一、五、庚申；東丁巳）寬恤甘省屯民丁糧。諭：朕聞甘省以糧載丁，從前辦理未善，致多偏枯，屯民甚屬苦累。現有民戶丁銀攤入屯戶者九千二百二十五兩，屯戶輸納維艱，朕心深爲軫念。再四思維，此種丁銀，乃國家惟正之供，並非無著之項，祇因從前岳鍾琪任意增減，遂致苦樂不均。今應酌籌變通之法，以惠甘民。著將此多攤九千餘兩，暫爲豁除，俟下屆編審之時，將平、慶、臨、鞏四府及新改直隸之秦、階二州所屬各州縣新編人丁應完丁銀，均勻攤入民地糧內，漸次補額；即分作二三次編審，遂漸補足，亦可。務令徐徐增補，以紓民力，俟補足之後，即行停止，永不加賦。著署督查郎阿、劉於義悉心妥議辦理。朕又聞康熙五十七年伏羌、通渭、秦安、會寧等縣及岷州衛，有地震傷亡缺額之七千六百八十丁，該銀一千四百八十六兩有零。人口既無，丁銀自應蠲免，乃岳鍾琪亦攤入田糧之內，尤屬錯謬。著該督等即查明豁除，毋貽民累。朕又思甘省從前多係衛所管轄屯户，其屯户額徵，悉係糧料草束，爲兵丁必需之物，是以蠲免地丁時，此項不在蠲免之内。惟雍正十年，皇考格外加恩，將民户、屯户應徵各色糧草，一概豁免，此從來未有之曠典也。朕意民、屯均爲赤子，所當一視同仁，兵食或有不敷，再當別爲籌畫。嗣後遇有蠲免地丁之年，著將屯户應納之糧草蠲免三分之一，永著爲例。（高宗一九、二五；東一、四三）

（**乾隆一、六、乙酉**）禁百工當官貼費。諭總理事務王大臣：聞江浙地方，一應百工技藝，奉官役使，名爲當官。久經嚴禁，而地方官並不遵照功令，更兼吏胥從中舞弊，凡有工作，不諭公私，總以當官爲名，短發工食，並有竟不給發者。如匠役不能親身應差，則暗中斂錢相助，名爲帖費。官則徇私，吏則中飽，種種弊規，累民實甚。夫百工勤手足之力，一日所得，仰事俯畜，僅足資給，何堪私役滋擾？該督撫應嚴行禁止。除公事照例給發工食，不得短扣外，總不許以當官名色，擾累斯民。倘不肖有司陽奉陰違，或經訪聞，或經題条，朕必將大小官員分別處分。爾等可寄信該督撫知之。（高宗二一、一二；東一、四六）

（**乾隆一、一〇、甲申**）除湖北江夏等州縣未經攤減丁銀。諭：湖北丁隨糧派一案，前蒙皇考疊沛恩膏，多方調劑減免，以除閭閻之累。其江夏等十九州縣攤納之重丁，原經廷議，俟有升科丁銀，可以漸次攤抵，則輸納可得其平。今朕聞得原墾之荒，頗多不實，則攤抵之期，一時難必。念此十九州縣獨受重丁之苦，輸納維艱，朕心深爲軫恤。今仰體皇考子惠元元之聖心，將江夏等十九州縣未經攤減之丁銀八千三百有奇，自乾隆二年爲始，全行豁免。著該部行文史貽直、鍾保即遵諭行。（高宗二九、一〇；東一、五五）

（**乾隆一、一一、甲辰**）户部議覆：山西巡撫覺羅石麟疏言，偏關、老營、水泉三汛兵丁，應納徭銀，前經奉旨永行蠲免。查尚有廠馬夫應徵徭銀十二兩有奇，伊等亦無承種地畝，請一例豁除。應如所請，從之。（高宗三〇、一六）

（**乾隆二、一、甲午**）減臺灣番餉及澎湖、淡水兩廳丁銀。諭總理事務王大臣：向來臺灣丁銀重於内地，朕已加恩仿照内地之例，酌中減則，每丁徵銀二錢，以紓民力。今聞臺地番黎，大小計九十六社，有每年輸納之項，名曰番餉，按丁徵收，有多至二兩、一兩有餘，及五六錢不等者。朕思民番皆吾赤子，原無歧視，所輸番餉，即百姓之丁銀也。著照民丁之例，每丁徵銀二錢，其餘悉行裁減。該督撫可轉飭地方官出示曉諭，實力奉行，務令番民均霑實惠。又聞澎糧廳、淡防廳均有額編人丁，每丁徵銀四錢有零，從

前未曾裁減，亦著照臺灣四縣之例行。(高宗三四、三)

（乾隆二、二、丁卯）户部議准陝西巡撫碩色遵旨議覆：侍講學士楊椿條奏，陝省匠價一項，歷年已久，有子孫改業，仍輸舊課，有丁倒户絶，里甲代賠。請將每年額徵匠價銀二千九百兩有奇，在於額徵民糧内均攤。從之。(高宗三六、一二)

（乾隆二、五、己丑）減福建寧洋、壽寧二縣丁銀。諭總理事務王大臣：朕聞福建丁銀一項，雍正二年，經原任巡撫黄國材請照各省之例，就田匀派，每田糧一兩，匀丁銀一錢至二錢不等，通省頗以爲便。獨有龍嚴州屬之寧洋縣、福寧府之壽寧縣，因地糧少而丁額重，若照匀入地畝之例，則有田之家即成加賦，勢有難行，只得仍循其舊。查通省丁銀，中則不過二錢，而寧、壽二邑，每丁徵至四錢、二三錢不等，民力未免艱難。朕愛養黎元，欲其均沾膏澤，不忍令其竭蹙於輸將。著二縣丁銀，照中則每丁徵收二錢，其餘盡行寬免。該督撫可督率有司，實力奉行，俾閭閻得受實惠，毋使胥吏、棍徒，侵蝕中飽。(高宗四二、四；東二、一〇)

（乾隆二、七、戊戌）户部議覆：原護甘肅巡撫鞏昌、布政使徐杞疏稱，甘肅匠價一項，前經侍講學士楊椿條奏，請援江南之例，以各州縣匠價，攤入地糧徵收。接准部覆，行司議詳。查甘省匠價，河西向無額設，淮河東州縣内有額徵匠價，自數兩至一二十兩不等，共銀七百六十餘兩。歷年久遠，現有子孫改業，仍照明時報部舊名輸課。有本人物故無後，而户族各匠均攤完納者，賠累在所不免。請照學士楊椿所奏攤徵，每糧一石，僅攤銀釐毫絲忽，在民不覺加增，里甲匠户，均免賠累。應如所請，即於甘省額徵民糧内，均匀攤派。從之。(高宗四六、一八)

（乾隆二、一〇、丙申）命豁免福建南平縣浮多丁銀。諭曰：福建丁銀，從前照各省之例，匀入地糧之内，合省稱便，惟有延平府南平一縣，丁口衆多，不能通匀。數年以來，紛更滋擾，小民不無賠累。查該縣田糧共計銀一萬七千三百三十餘兩，應照每田糧一兩，匀徵銀二錢之例，共匀入丁銀三千四百二十六兩零，其浮多丁銀三千三百八十三兩六錢悉行豁免，俾民力寬餘，永無追呼之擾累。該督撫即遵諭行。(高宗五四、一〇；東續二、二〇)

（乾隆二、一二、壬辰）户部議覆：長蘆鹽政準泰疏稱，山東永利等十場，現存一半竈丁銀兩，照例全行攤入各場地畝，於民佃竈地内徵收。應如所請。從之。(高宗五八、一〇)

（乾隆二、一二、己亥）[户部] 又議覆：大學士管浙江總督嵇曾筠疏稱，浙江淳安縣鄉市丁口錢糧，請仍照舊例，丁銀攤於田，口銀攤於地基山

塘，分別徵收。應如所請。從之。(高宗五九、一)

（**乾隆三、一、甲子；東癸亥**）減福建三縣丁銀。諭曰：閩省丁銀勻入地畝完納，數年以來，朕留心體察，如寧洋、壽寧、南平等處地少丁衆，小民難以輸將，已降旨減輕，以紓民力；又如通省缺額田地，既將糧銀豁除，則丁銀亦應寬免，復降旨令該督撫查辦。無非欲薄賦輕徭，去閭閻之擾累也。今聞各州縣丁銀俱已適中，惟漳州府之平和縣、汀州府之清流縣、延平府之永安縣，尚有田少丁多之苦，每田糧一兩，徵丁銀四五錢不等，較之別邑，多至加倍有餘。所當酌量變通，俾此三邑一體沾恩者，著該督撫斟酌本地情形，當如何裁減便民之處，悉心定議具奏。(高宗六〇、八；東續二、二三)

（**乾隆三、一一、辛亥**）[戶部] 又議准：甘肅巡撫元展成疏言，甘省河東各屬額徵匠價銀七百六十兩有奇，乾隆二年攤入民糧。現遇蠲免之歲，正糧俱已邀恩，此項匠價自應一體豁免。從之。(高宗八〇、五)

（**乾隆三、一一、庚申**）戶部議覆：河南巡撫尹會一疏報，祥符等三十三州縣額徵班匠等項，共銀一千五百四十二兩有奇，准其攤入各州縣地糧銀內徵收。從之。(高宗八一、一三)

（**乾隆八、二、己酉**）[戶部] 又議准：調任山西巡撫喀爾吉善疏稱，文水縣三門九則人丁，於乾隆元年查造丁歸地糧之時，定以下下則輸課，其土著新編人丁，自應一體辦理。乃止將三門九則之丁作爲下下則，一切徭銀，均攤入地糧，而土著新編等丁，復丁徭並列，並未明示開除。奸胥舞弊，日久相沿。請與三門九則之丁，一體止留實存丁數，不另徵徭。從之。(高宗一八五、一七)

（**乾隆八、五、辛亥**）山西巡撫劉於義奏：晉省糧輕丁重，非如江浙等省丁輕糧重、易於均攤者可比。若將丁銀歸入地畝，竟有原額糧銀一兩，今每兩加至三四錢者。查晉省每年錢糧，奏銷以前全完，從未見有以丁銀拖欠、完納不清申請者。且通省地土肥瘠不同，如平陽之吉隰等州，太原之岢嵐州并大同寧朔所屬各州縣，地土實係瘠薄，誠恐一例歸併，倘年歲稍歉，即錢糧逋負。況晉省逐末者多，力田者少，丁糧歸併，亦恐重累力耕之民。得旨：是。得其理而後爲之可也。(高宗一九三、二〇)

（**乾隆一〇、九、乙酉**）[戶部] 又議准：山西巡撫阿里袞議覆，前任河東鹽政吉慶，條奏晉省丁銀，分別攤徵、減徵一摺。查各屬丁糧分辦，貧民偏累尚多，請將太原、徐溝、清源、襄陵、洪洞、趙城、汾西、浮山、岳陽、靈石、汾陽、孝義、臨晉、萬泉、左雲、平陸、聞喜、鄉寧等十八縣丁銀，全數攤入地糧；交城、曲沃、翼城、長治、長子、屯留、襄垣、潞城、黎城、壺關、平順、廣靈、大同、樂平、夏縣等十五縣丁銀，一半攤入地糧；寧鄉、繁峙二縣，照下則徵收，餘銀攤入地糧；吉州無業窮丁，攤入地糧，其渾源、和順二州縣，攤入地畝三分之一；河曲縣，攤入地畝十分之一；至陽曲、太原、榆次、祁縣、徐溝、清源、文水、大同等八州縣，屯丁徭銀，亦全數攤入屯地。此外各州縣，照舊分辦，俟明年編審之期，清查增減壯丁，秉公編徵。從之。（高宗二四九、三）

（乾隆一二、三、己未）戶部議准：福建巡撫陳大受疏稱，臺屬通郡丁銀三千七百六十五兩四錢，請於十二年爲始，勻入田園內徵收。從之。（高宗二八七、一七）

（乾隆二三、一二、壬申）戶部議覆：山西巡撫塔永寧奏稱，陽曲等四十二州縣，丁徭未歸地糧，奉部咨籌辦，查陽曲、榆次、嵐縣、興縣、岢嵐、應州、山陰、靈邱、天鎮、懷仁、陽高、右玉、平魯、寧武、神池、偏關、五寨、遼州、平定、壽陽、孟縣、絳州、稷山、河津、絳縣、蒲縣等二十六州縣，土地瘠陋，糧少丁多，仍應丁糧分辦。惟太谷、臨縣、石樓、五臺、崞縣等五縣，丁糧輕重適均，應俱攤徵。至丁重糧少，不能全行攤徵者，據各州縣詳情分別辦理。永寧州請一丁徵銀三錢，餘徭並無著丁銀，均攤歸地糧。朔州請照中下，下下二則，令現在實丁與寄莊各户，按地輸徭，以符原額。其衛丁，按下上，下中，下下三則分貧富勻納。榆社縣請將丁徭三分，一分攤入地糧，餘按丁輸納。沁州，請不分民屯門則，每丁徵銀一錢，餘減除丁徭，按通邑糧銀，並民屯米勻攤。沁源、武鄉二縣，並請丁徭半入地糧，半按丁徵銀。靜樂縣，請以丁徭十分之三攤入民屯地糧，餘按丁徵銀。代州，請令民衛丁徭，每丁納銀一錢三分三釐，餘徭攤歸地糧。保德州，請俱照下下則，每丁徵銀八錢二分四釐，減存徭銀，按地糧攤徵。隰州、永和縣，均請查明寄居年久、置有產業各户，俱納下下則徭銀，將原額上、中、下，各則丁銀勻減。均應如所請。從之。（高宗五七七、一三）

（乾隆三八、一二、己丑）戶部議覆：署山西巡撫湖南巡撫覺羅巴延三奏稱，渾源、榆次二州縣，向係富商大買，不事田產，是以丁糧分徵。今戶籍日稀，且多置買田地。請將丁銀攤入地糧徵收，以歸簡便。應如所請。從之。（高宗九四八、一二）

（乾隆四一、五、辛巳）諭：戶部議覆，山西石樓、蒲縣、永和等三縣，應補缺額丁徭銀兩，請將乾隆四十年陸補銀一百四兩零，造入奏銷冊內題覆，其未補銀一千五百餘兩，仍令陸續增補，以復舊額一摺。在部臣自屬按例覈覆。但查該三縣丁缺徭存，乃自明季積習相沿，因循未加釐剔。現在雖日事籌補，究屬欠多補少，有名無實。著加恩，即將此次補復之數，作爲正額，其未補虛缺銀一千五百三十七兩零，永遠豁除，以省滋累。（高宗一〇八、二二）

（乾隆四一、五、壬午）諭軍機大臣等：戶部議覆，山西石樓、蒲縣、永和三縣，應補缺額丁徭銀兩，按例覈覆，仍令陸續增補一摺。已降旨將此次補復之數，作爲正額，其未補虛缺銀一千五百餘兩，即加恩永遠豁除矣。（高宗一〇八、二三）

（嘉慶一、四、庚辰）戶部議准：山西巡撫蔣兆奎疏請，襄垣、山陰、陽城、陵川、沁水、静樂六縣丁徭銀兩，全歸地糧攤徵。從之。（仁宗四、三）

（嘉慶二二、二、癸未）戶部議駁：吉林將軍富俊奏，吉林各屬民户滋生人丁，請照阿勒楚喀、拉林之例，一律徵丁，覈與定例不符，應毋庸議。得旨：部駁甚是。各直省續生人丁，康熙年間，奉有永不加賦恩旨，所當永遠遵行。其阿勒楚喀、拉林二處，係專爲編查流民而設，豈得援以爲例，將吉林闔屬一律徵丁？富俊不知政體，著傳旨申飭。所有該將軍奏請將吉林、寧古塔、伯都訥三姓等處滋生人丁起科加賦之處，著毋庸議。（仁宗三二七、八）

二、地丁附加

（乾隆一、六、庚辰）諭總理事務王大臣：朕聞廣東有屯糧羨餘一項，原係衛所官弁徵收，每正糧一石，收穀三四石不等，除正米撥支兵糧外，餘穀悉係衛所官弁侵蝕入己。嗣經督撫查出，題報歸公，留備賑糶之用。但屯田糧額，本重於民田，今以一石之糧，徵收至三四石，屯民其何以堪？又聞各省軍田額糧，較之民地亦重，從前軍田畝數原多，嗣後漸次清釐，田主亦屢經更易，而糧石仍輸舊額，自屬苦累。大學士等，可寄信各督撫，詳加確查，將如何定額徵收，並革除額外加徵之處，密議請旨。（高宗二一、五）

（乾隆八、三、戊午）［戶部］又議覆：前護理山西巡撫印務、布政使嚴瑞龍疏稱，朔平府左雲縣額徵糧石，應運交糧廳常豐倉。該縣止收耗糧，不收脚費，派附近糧户親身赴交，較之徵費官運，小民苦累更重，請仍照例計程覈算，每石徵脚價銀七分零、耗糧四升。糧少者照此遞減。就近在縣完納，官爲雇運。應如所請。從之。（高宗一八六、五）

（乾隆一五、一、丙午）諭：各省耗羨銀兩，以備地方一切公用。……

朕巡幸所至地方，應酌量加恩，以紓民力。直隸屢經巡歷，今春曁秋，清蹕五臺，命駕河汴，明歲即當南幸江浙，山東亦所必經。所有耗羨內，直隸、山西、河南、浙江四省未完銀兩，全行豁免，江蘇、安徽、山東三省未完銀兩，蠲免十分之六。……（高宗三五六、二）

（乾隆二六、三、己巳）湖廣總督蘇昌奏：湖北徵收漕糧南米餘耗一萬三千八百餘石，變價得銀一萬三、四千兩，除撥補咸寧等州縣，不敷水腳一千九百餘兩，餘俱解充養廉公用。查湖北各官養廉，現於耗羨、鹽規、商稅項內動支，有贏無絀，其咸寧等處不敷水腳，亦有各屬本款餘剩銀儘可撥給。惟通省常平倉穀，統計不滿百萬，請將前項南漕耗米，易穀貯各州縣，每年共增二萬七千六百餘石。得旨：如所議行。（高宗六三三、一九）

（乾隆三七、一〇、庚辰）又諭曰：李湖奏耗羨充公銀兩一摺，殊未明晰。該省地丁正數本少，其額徵耗羨銀數，每年祗三萬四千餘兩，該撫以耗羨等項字樣總敘，竟似耗羨有三十九萬餘兩之多。細閱之，則由摺內將公件商稅、牙帖、銅息各款，未經分別清數，率行籠統開報，以致眉目不清。著傳諭李湖，嗣後奏報各款實數時，務將款項逐一敘列簡明清單，附摺具奏。再該省地丁正項，向係留存本省備用。今此等雜項銀兩每年支銷有限，積存漸多，作何備貯稽查，不致日久滋弊之處，並著查明奏覆。（高宗九一九、八）

（乾隆三七、一〇、庚辰）又諭曰：李湖奏耗羨充公銀兩一摺，殊未明晰。該省地丁正數本少，其額徵耗羨銀數，每年祗三萬四千餘兩，該撫以耗羨等項字樣總敘，竟似耗羨有三十九萬餘兩之多。細閱之，則由摺內將公件商稅、牙帖、銅息各款，未經分別清數，率行籠統開報，以致眉目不清。著傳諭李湖，嗣後奏報各款實數時，務將款項逐一敘列簡明清單，附摺具奏。再該省地丁正項，向係留存本省備用。今此等雜項銀兩每年支銷有限，積存漸多，作何備貯稽查，不致日久滋弊之處，並著查明奏覆。（高宗九一九、八）

（乾隆四一、九、戊戌）［欽差吏部侍郎劉秉恬、四川總督文綬等］又奏：川省此次軍需，凡民間應幫貼之數，一時未能湊齊，先動官項酌借。今大功告竣，應速催繳。除已解繳歸款外，統計各州縣遞年未完者，不下百餘萬，爲數稍多，議將各州縣欠數，自來歲爲始，在三千兩以下者，定限二年完繳，三千兩以上者，三年完繳。得旨：如所議行。（高宗一〇一七、二一）

（乾隆四三、一一、丁酉）署湖北布政使按察使福川奏，安陸府城外，富民河淤塞，士民情願公捐疏濬，需銀一萬二千兩，工多費繁，請借項墊

發，照隄工例，按畝帶徵，分兩年歸款。得旨：告之督撫，令其速行辦理。(高宗一〇七〇、四四)

（**乾隆四五、四、甲子**）又諭：昨日榮柱至行在，具奏二摺。其一稱大工物件原派各屬領價採買，嗣因工程緊急，需用過多，曾經奏明，先發司庫銀兩，加價購買，分年帶徵。今計各款，共加價銀一百二萬九千兩零，請每年徵解銀六萬兩，按照通省錢糧數目，均勻攤派，徵還歸款等語。豫省堵築漫口工料，前經降旨均准開銷，毋庸著賠。何以榮柱復有此奏、殊未明晰？著傳諭阿桂查明，是否即係免賠之項，詳晰覆奏。又一件奏稱，大工挑挖引河，多用土方，價值銀兩計應攤扣歸款銀七十七萬九千餘兩，除丞倅及佐雜汛弁微員廉餉無多，免其坐扣，請於地方州縣以上、河員廳官以上，每年扣還銀四萬兩等語。微末河員，廉俸無多，免其坐扣，所言似屬情理，但此銀兩是否應令地方官分賠，抑或榮柱欲藉此沽名，故爲多開年限。阿桂前在豫省親行督辦，此項攤扣銀兩，究應作何辦理？知之必審，並著傳諭阿桂據實奏覆。榮柱原摺，並鈔寄閱看。(高宗一一〇五、二)

三、土地清丈

（**順治九、一二、癸亥**）工部奏言：計臣王永吉、按臣秦世禎請以蘆課歸併有司，誠以丈量催提等弊，重爲民擾也。但各州縣正項錢糧，尚虧定額，恐蘆課零星分散，逋欠益多。今後蘆課應仍歸主事管理，每五年一丈量，止丈新漲新坍之地。漲者增額，坍者開除。如不漲不坍，毋得重丈，以滋騷擾。報可。(世祖七〇、二八)

（**順治一四、四、乙巳**）戶部尚書孫廷銓奏言：天下本富，惟賴土田。餘稅雜徵，原非生財大道，不足賴也。查元年以來，各省荒地報墾無幾，豈戢兵雖久，尚難生聚耶？聞河南一省，熟地頗多，不知從前除荒未確，抑或年來以次漸開。請勅撫按自今年爲始，通行各屬，履畝均丈，其餘各省亦仿而行之。使地畝一清，國賦漸裕矣。上以其言有關國計，下戶部議。(世祖一〇九、一六)

（**順治一五、七、癸亥**）戶部議覆：兵科給事中王命岳疏言，河南、山東地土熟少荒多，有勢豪以熟作荒，有興屯以荒作熟者。應如科臣所請，專差御史二員，前往二省，履畝清丈。從之。(世祖一一九、一三)

（**順治一五、一〇、壬辰**）都察院左都御史魏裔介條奏察荒事宜：一、奉差御史，宜給敕印，以重事權。一、步弓應用民間常用之弓，令御史親行比對，以杜虧短。一、御史按行州縣，宜止於推官、通判內，擇一人隨行，以備分察，不得令道府跟隨往來，以滋騷擾。一、飛詭之積弊宜清。一、儀從之繁文宜減。一、造册之費，宜止於州縣紙贖內動支，毋濫派以重民困。一、開墾新地，宜分別減其賦稅；至廢藩地畝，亦應一併清察。一、御史不能盡行履畝，宜督率州縣清丈，按圖覆核，不時抽察，庶可刻期報竣。下所司詳議。（世祖一二一、一三）

（順治一八、九、丁丑朔）工部議覆：工科給事中王曰高條奏蘆政利弊四款。一、嚴催徵以懲積欠。一、清踏勘以核實數。一、按地形以清課額。一、酌久任以專責成。俱應如所請。得旨：江南、江西、湖廣每省差滿漢司官各一員、筆帖式一員，嚴行清查。（聖祖四、一三）

（康熙二、一、辛卯）戶部議覆：兵科給事中碩穆科疏言，錢糧拖欠，皆由地土不清，地丁確册未立。請差滿漢官員，遍歷府州縣，親行確丈，查地丁錢糧。恐有紳衿富戶串通書吏，共相隱匿者，應先敕各省撫臣，查戶口之增減，田地之荒熟，務將欺隱人丁地畝，徹底查出，備造清册，於二年內題報，再行請旨，差廉幹官員清查。從之。（聖祖八、四）

（康熙四、八、甲戌）雲南巡撫袁懋功疏言：滇省地勢高下，絕少平曠，量丈地畝，雖一州一邑，經年累月難以報竣。請停止京官踏勘之差。從之。（聖祖一六、一四；東一、三二）

（康熙五、九、辛卯）貴州巡撫羅繪錦疏言：黔省開闢，今方九載，漢少苗多，人民生聚未久，請暫免其丈量。俟百姓復業，荒地開墾，再行清丈。下部議行。（聖祖二〇、三）

（康熙一七、二、丙午）戶部議覆：奉天府府尹金鼐疏言，遼東生聚未衆，且旗民錯處，今欲清丈隱地，必同盛京戶部履畝逐一查看，萬一奉行稍有不善，必致民人驚擾。伏乞軫念窮黎，不拘年限，聽民自首，令地方官每年清查，無論多寡，隨查隨報。庶幾國賦日增，人民漸集。應如所請。從之。（聖祖七一、一六；東五、二三）

（康熙二二、二、癸未）諭大學士等曰：閱朝覲布按各官條奏，……冀佳育言，江邊蘆田坍塌無常，應五年一丈量；其在內田地，原無增減，請免丈量等語，亦屬可行。（聖祖一〇七、一四）

（康熙二八、閏三、丙辰）戶部議覆：偏沅巡撫興永朝疏言，丈量湖南地畝，及豪強侵隱者，准自首免罪。應如所請。得旨：丈量地畝，地方經管各官，務須潔己奉公，實心任事，勿得藉端生事，科派擾民。如有濫派滋擾者，事發，照貪官從重治罪。（聖祖一四〇、一七）

（康熙二八、六、乙酉）戶部議覆：原任奉天府府尹金世鑑疏言，奉天等處地方，旗民田畝，互爭訐告，請將八旗莊頭餘地、荒地另行丈出給民，則錢糧可增，有裨國用。查奉天田地，康熙十九年業經原任將軍安珠護等丈明立界，今因無檔可查，欲另行丈出給民，殊爲不合，應不准行。得旨：奉天等處，旗民田地所立界限不明，著將各部賢能司官差往，會同盛京户部侍郎及該府尹，將旗民田地及牧廠逐一確察，各立界限，詳定具奏。（聖祖一四一、九）

（康熙二八、六、庚寅）奉天府府尹王國安陛辭，上曰：府尹無甚要務，但奉天爲根本重地，今聞遊民甚多，務農者少，一遇旱潦即難補救。今年亢旱，朕遣賽弼漢往奉天諸處，將糜費米糧如蒸酒等項悉行禁止。爾至任，當勸民務農，嚴察光棍游手之徒。奉天田土，旗民疆界早已丈量明白，以旗下餘地付之莊頭，俟滿洲蕃衍之時，漸次給與耕種。近金世鑑奏請將旗下餘地俱與百姓耕種，徵收錢糧，所增錢糧亦復有限，所見何淺陋也。今已另遣官前往丈量，雖係彼處户部之事，爾在地方亦須公同詳察，永定則例，毋忽。（聖祖一四一、一一）

（康熙二八、七、己亥）福建浙江總督興永朝疏言：臣自偏沅巡撫蒙皇上命臣總制閩浙，臣在湖南，尚有三事未竟。一、清丈荒熟地畝，見在舉行，恐臣赴閩之後，有司官吏，因而怠玩，乘機作弊。……得旨：所奏三事，振興士子，裨益生民，著接任巡撫督率屬員，務期實心奉行，毋得怠玩，以致擾害小民。其考校勸懲，亦必從實奉行，勿飾虛文。該部知之。（聖祖一四一、一三）

（康熙三一、四、己酉）偏沅巡撫王樑疏報：丈量田地，新增六萬六千一百六十餘項，增額賦銀二十六萬三千三百餘兩，增漕南等米九萬四千六百餘石。下部知之。（聖祖一五五、四）

（康熙三四、一、戊寅）諭大學士等：興永朝前請丈量湖南田地，有累於民否？治國之道，莫要於安民，或有不肖州縣官，將田地竟未行丈量，而輒稱餘田加賦者，亦未可定。安有加增田賦，而全不累民之理？此事著湖廣總督吳琠詳察具奏。（聖祖一六六、三）

（康熙三四、九、己丑）湖廣總督吳琠疏言：臣遵旨詳察湖南丈量田地，自康熙三十年俱聽民間自報，州縣官履畝丈勘完糧，實無累於民。下所司知之。（聖祖一六八、一八）

（康熙三七、八、己未）吏部議覆：湖廣總督李輝祖疏言，湖南田糧不均，奉旨均丈改正。偏沅巡撫楊鳳起因此案係彼藩司任内，承丈造册，出過印結，專怙己私，罔恤民隱，欲取齊各屬並無不均印結，混結此案，殊屬溺

職。應將楊鳳起照例革職。從之。（聖祖一八九、一八）

（康熙三九、二、乙酉）湖廣總督郭琇陛辭。奏曰：皇上命臣選奏丈量地畝官員，有武昌道莊搢、衡永郴道董廷恩、長沙府知府王益增三人，才堪委任。但湖南民稀地廣，所以民或不能完課，遂致逃避者有之。清丈之後，則錢糧似較前差減矣。上曰：約減幾何？郭琇奏曰：大約減十分之二。上曰：果於民有益，所減雖倍於此，亦所不惜。若不清丈，以荒田著落他人，徵收錢糧，有累窮黎，斷不可也。此事綦重，保題丈量官員，爾具疏來，照所請行。（聖祖一九七、一八）

（康熙四八、一〇、己酉）四川巡撫年羹堯陛辭。上諭之曰：四川苗民雜處，性情不一，務須殫心料理，撫綏得宜，使之相安。比年湖廣百姓多往四川開墾居住，地方漸以殷實。爲巡撫者，若一到任，即欲清丈地畝，增加錢糧，即不得民心矣。湖南因丈量地畝，反致生事擾民；當年四川巡撫噶爾圖曾奏請清丈，亦未曾清楚。爾須使百姓相安，錢糧以漸次清查可也。（聖祖二三九、一三）

（康熙五九、六、己酉）户部議覆：江蘇巡撫吳存禮疏言，吳江一邑，地濱太湖，凡傍湖臨水田地，波浪衝擊，坍漲靡常。其間或有新漲未陞，或有坍没包賠，或廢地而完重賦，或膏腴而納輕糧，若非逐一丈勘，難免苦樂不均。請專委能員，查丈確實，將坍没包賠者，照例豁除；隱匿漏賦者，咸令陞科。應如所請。從之。（聖祖二八八、八）

（雍正五、一一、庚辰）户部議覆：川陝總督岳鍾琪疏言，川省欺隱田地，請遴選賢能司官，前往查丈。應如所請。於各部司官并候補、候選州縣內，揀選引見命往。如有姦民脅衆阻撓者，按律治罪。得旨：此本內但稱姦民阻撓公事，按律治罪，而百姓實有冤抑下情，如何准其陳訴之處，未曾議及。著通行曉諭，丈量案內百姓，果有冤抑下情，准其控告，該督撫欽差官員，秉公審理。儻所控虛妄，將本人照誣告者加等律治罪。所請丈量地畝人員，著於小京堂科道內揀選。並令各部堂官將司官保送，一併帶來引見。其帶往丈量人員，著於庶吉士、現任主事、內閣中書、中行、評、博候補、候選人員內，揀選引見。（世宗六三、三一）

（雍正六、二、庚子）户部議覆：兩江總督范時繹疏言，江屬蘆洲，坍漲不常。丈勘之年，以漲補坍，致彼此混淆，收納錢糧，官民不便。請嗣後將兩江蘆洲田地，遴員清丈，分割疆界，一切錢糧案件，酌歸附近州縣管理。應如所請。從之。（世宗六六、二〇）

（雍正六、八、壬寅）户部等衙門遵旨議覆：奉差四川丈量刑科給事中高維新等條奏事宜四款：一、川省田畝肥瘠不均，影射規避，混争訐告，皆由疆界混淆。請乘此清丈之時，將各地方整理界牌，其田地在某縣者，即編入某縣納糧，令兩縣推收清楚，毋得影射規避。至山坡鄉村，各立石定名，毋得仍前混淆。一、川省按糧計地，並不合算地畝，分晰科則，以致漏脱欺隱。應俟各屬地畝清丈之後，即將各户田畝查明頃畝四至，分別上中下科則，填給印票，令業户收據，其應納錢糧，悉照科則徵收。一、從前川省差徭繁重，保甲人役，或按月支應，或按里分派，數鄉之人，夾雜一處，名爲跳甲插花，其弊無窮。今雜辦差徭，悉蒙恩免，豈可任其仍沿積習？違者叅處，以息擾累。一、建武營等處地方官莊地畝，並民間互争田地，兩造均無憑據，入官充公者，俱令首報查丈，照江海新淤地畝歸公之例，作爲官田，仍令原佃耕種，詳造地畝租額，報部查核。其每年所收籽粒，歸入常平倉交與該地方官管理，以備賑糶。俱應如所請。從之。（世宗七二、二〇）

　　（**雍正八、四、甲辰**）諭内閣：據署理川陝總督印務查郎阿摺奏，川省墊江、忠州等屬姦徒楊成勳、王可久等捏造妖謡，吹角嘯聚。匪謀敗露，楊成勳自縊身死。今拏獲黨犯陳文魁、楊成禄等，搜出訴狀、怨白等稿，言詞雖鄙俚不經，而其中指稱忠州地方，丈量田地，科派需索，騷擾累民等事，則曰，禍冤起於戊申年，奉旨清丈民田；又曰，上憲愛民如子，察冤如神等語。查四川清丈之舉，始於馬會伯之奏，朕惟恐不便於民，諭令憲德悉心酌議，以定行止。隨據憲德奏稱，蜀省昔年兵火以來，人民稀少，田地在在荒蕪，及至底定，歸復祖業者，從來未經勘丈，是以多所隱匿。迨歷年既久，人丁繁衍，姦猾之徒欺其界畔無據，遂相争搆訟。今應明白曉諭，令將所管田畝，分立地界，各報本名立户，載入版籍，每年納糧，俱以串票爲據。如此，則欺隱、侵奪之患，可以悉除矣。又川省詞訟，爲田土者十居七八，大率爲界址不清，亦非勘丈，無以判其曲直、清其田畝等語。憲德之奏如此，朕又詢問岳鍾琪。據岳鍾琪所奏，與憲德之言相同。隨將諸人前後所奏，發與九卿會議。九卿亦以應當舉行，合詞覆奏。朕於是慎選科臣高維新等，前往辦理，而於伊等陛辭之時，諄切訓誨，務期剔除積弊，安插善良，俾閭閻共享寧静之福，並非爲加增賦税起見。又復頒發諭旨，若丈量案内百姓果有冤抑下情，准其十數人同到督撫、或欽差官員衙門控告，但不許聚衆喧嚣，其呈狀著督撫欽差接受，秉公審理。此從前遣官清丈之始末也。其勘丈造册等費，俱令動支帑金，各官供應等項，俱令從公支給。無非體恤閭閻，不使幾微煩擾之意。上年冬月，丈量之事將竣，朕又念川省各屬，徵糧科則，輕重懸殊，其田土肥瘠不等，則賦税自難畫一。又復降旨，凡隱瞞科則等處，止據實按則更定,至於額糧稍重之州縣,即比照就近適中地方之科則,令其核減,以紓民力。今年正月,憲德以清丈事竣,具本代達川民謝恩之詞,通省士民咸稱川省數十年輕徭薄賦,近日荒蕪漸闢,而土著流民各居其半,邊界不清,總由田土未丈,以致豪強占爭,捏告無已,今蒙清理疆界,使強無兼併,弱無屈抑。又荷鴻慈,將田不敷糧之戶,悉予開除。疆界既已分明,額賦尤爲公溥,下符民志,上契天心等語。朕亦以爲經理得宜,於民生、風俗大有裨益矣。豈意姦民嘯聚爲匪,竟引清丈苛虐以爲言。雖冥頑兇暴之人,本不足信,然彼怨白中公然寫爲奉旨清丈者,豈非該撫憲德等,但以清丈之事稱爲奉旨,至於己身奏請之處,並未曉諭於眾耶?陳文魁訴狀內稱,上憲愛民如子,察冤如神等語。伊既稱頌川省上司,是必憲德等有沽譽於民之道,何不將朕之德意,廣爲宣播,而乃朦混含糊,使姦民得以藉口耶?又怨白中所言需索、騷擾等弊,朕之差委人員,俱令給與夫馬、食用之資,而一應勘丈造冊等項,又悉令從公支給,絲毫不以擾民。朕之諭旨既詳且備,如果奉行不善,經理失宜,則封疆大臣之責,安得以此歸怨於上耶?憲德既稱通省士民,懽呼感戴,異口同聲,何以尚有陳文魁、楊成祿此等匪類,暗結邪黨,肆行誹謗?可見平日地方大吏,化導之未周,董戒之不力,則深山窮谷之中,安保無似此憸邪之小人,惑於妖言,而妄爲私議者乎?凡督撫所施行於地方之事,自然皆係奉旨之事,然其發端之始,各有不同;有由於內外諸臣條奏者,有由於本省督撫題請者,有朕特旨施行者。朕屢屢訓諭督撫等,即朕特旨令行之事,該督撫等身在地方,若果有不便於民之處,即據實密奏,朕即降旨改易。如鄂爾泰、田文鏡、李衛於朕降旨施行之事,復行陳奏,而朕即爲中止者甚多,憲德獨不聞之乎?四川清丈一事,既曾奉旨,朕豈肯推卸於臣工?但其舉行之緣由,始於該撫之陳奏,而非朕本意。君臣之間同辦政務,是非得失,不容歧視;朕尚不肯推卸於臣工,則臣工又安可轉推卸於朕耶?數年以來,朕以清丈之事,時爲厪念,但有誡訓之言,從無獎許之旨。昨據合省謝恩之奏而論,似於地方有益,其功亦憲德之功,果如姦民所言,有需索、擾累之事,則該撫失於覺察,咎有攸歸,朕在九重之上,萬里之外,安能代爲之謀耶?著憲德將朕此旨通行刊布,曉諭川省士民,務令遠鄉僻壤共知之。(世宗九三、四;東八、八)

(雍正八、一〇、甲寅) 又諭:向因四川地畝,隱匿甚多,以致姦猾之徒,欺其疆界不清、契券無據,侵陵攘奪,告訐不休。數年來內外諸臣奏請清丈者,不下數十人。蓋以田畝隱匿,不但無益於國課,亦且有害於民風。朕再四思維,始遣科臣高維新等前往川省,會同道府州縣官,料理清丈之事。近聞該省州縣中有地少糧多之處，乃歷來地方官勉強加增者，此番清丈，並未核減。即如成都、華陽、郫縣、溫江等處皆然，其他州縣，或尚有與此相類者。著巡撫憲德轉飭布政使高維新等再加確查。若有糧賦稍重之處，即據實奏請核減，以副朕均賦恤民之至意。（世宗九九、二〇；東八、二二）

（**雍正一三、一〇、庚午**）戶部議覆：蘇州巡撫高其倬疏請，清釐坍漲蘆洲田地，以除積弊。應如所請，限六個月，將各屬現長蘆葦之地，據實查丈，歸足課額，餘地照則起科。併將已經墾熟之蘆洲，接連漕田之新漲，照例轉科報陞。其實在坍缺地畝，查取冊結，保題豁除。此後續有坍漲，隨時勘丈，毋致久延滋弊。至屆五年丈量之期，仍照例委員確勘，不實者指叅。如有從前隱漲捏坍并以漕報蘆等弊，許於查丈之前，一一指首，免追從前糧賦。其公佔田地，如開河、築堤、營房及水衝沙積荒廢山田，從前或有未經開除及捏報之處，均令照例自行首報，俟勘丈竣後，即行改正。仍嚴飭各員依限辦理，報部查核。從之。（高宗四、一六）

（**雍正一三、一〇、癸酉**）又諭：江南、江西、湖廣等省正供錢糧款內，有蘆課一項。凡蘆洲俱係沿江沙灘，坍漲靡定，是以定例五年一丈量，令地方官踏勘新舊坍漲沙地，據實報聞。而不肖官吏，往往借此納賄行私，已坍之地，不得豁除正賦；新漲之區，反可脫漏陞科。此種積弊，甚為民害。嗣後屆期丈量，著該督撫於通省道員內選廉能夙著者，率同該州縣官，履畝清查。凡有贏縮，俱按現在實數陞除，毋使漏課，亦毋使賠糧；其不肖官吏或尚有借端需索等弊，即行指名叅處。不得姑容徇庇，自干咎戾。（高宗四、二七）

（**雍正一三、一〇、辛巳**）總理事務王大臣議准：大學士朱軾奏言，民間田地之丈量首報，宜一併永遠停止。所貴乎開墾者，原為人無恆業，而地有遺利，督令耕畲，為足民計，非為增賦起見。且區區報墾之糧，於國課無加毫末。不但丈量不可行，即責令首報之條，嚇詐攤派，大吏名為急公，小吏兼以牟利。請飭督撫將現在報墾田地，詳確查明，如係虛捏，據實題請開除，若護短文飾，察出嚴治。所奏甚為剴切，應如所請。得旨：依議速行。（高宗五、七；東一、一四）

（**乾隆一、五、癸亥**）福建巡撫盧焯奏清丈建陽地畝。得旨：細觀汝所陳奏，總是一篇虛詞。若云查丈無累於民而且有益，則民之願查丈，吾從未之聞也；若云查丈非為加賦，則官賠公費之用，何為而有此舉？即云民有勻加，必待查丈之豁除，則民何以反畏查丈如水火哉？總之，汝始初欲為加賦

起見，今又以豁除掩非。一存觀望之心，所謂無一而可。此案朕不必批如何辦理，其與郝玉麟秉公同辦可也。(高宗一九、三三)

（**乾隆一、一二、乙丑**）户部議覆：湖北巡撫鍾保疏言，沔陽州清丈田畝，較原額共增出一萬一千五百五十一項五十四畝有奇，請免增賦，按照上中下則，將通屬額徵攤派起科。又沔陽衛實丈田畝，亦照各則均攤起科。應如所請。從之。(高宗三二、七)

（**乾隆四、三、戊甲**）户部等部議覆：署廣西巡撫安圖疏稱，蘆洲坍漲靡常，向例五年一丈，爲期已久，恐狡猾之徒，或移地換段，或匿册改名，及捏造洲地名目，互報成淤。請嗣後遇業主具報，地方官隨赴報所親勘。將坐落四至長闊弓口，並報户的實花名注册，五年清丈之期，委員覆勘，據實升除。應如所請。從之。(高宗八八、一)

（**乾隆五、四、乙亥**）户部議准：署廣東巡撫王謩疏稱，循例勘丈沿海坍缺河田，應豁稅畝内，南海、順德、香山、海陽、饒平、鶴山、徐聞、恩平等縣額内虛缺民屯，番禺、東莞、新會、香山、普寧、高要、鶴山等縣額外虛缺民稅，共五百九十三項八十二畝有奇，應徵銀一千二百四兩有奇，均應於奏銷乾隆四年地丁册内，造報開除。又東莞縣沙灘溢額民稅，新會縣民塘溢額熟稅，共二十項五十九畝有奇，應徵糧差銀九兩八錢有奇，請照例分別起科。從之。(高宗一一四、一二)

（**乾隆五、六、甲戌**）[户部]又議覆：總漕托時題，各省屯田徹底清查，無論在軍在民，定限一年盡行清出，將原額並實在數目，造具清册，並將現運減歇各丁作何歸田執業之處，聲明具題，到日再議。倘有士民隱佔屯田，抗違不報，或清查之員受賄徇隱，不能實力奉行者，該督撫查明，一併題叅。從之。(高宗一一八、九)

（**乾隆五、一〇、己未**）大學士等議覆：綏遠城將軍補熙奏，綏遠城已墾、未墾地畝，前後查報數目不等，積年弊竇多端，必須地方文職大員，重重稽察。因思雁平道每年出口盤查倉儲，請令就近協理開墾事務等語。查向來該將軍衙門所派旗員，不諳錢穀，亦且呼應不靈；而六路通判，係承辦之員，自多迴護隱匿，同知一員，又難徧查六路。應如所請，嗣後開墾事務，令雁平道協理稽察，會同該將軍各於所屬内派委能員查辦，務將地畝核明確數，並各通判管内所有民欠各項，如查有挪移侵蝕等弊，即行叅奏。至平時稽察之法，今六路通判，由朔平府申詳雁平道查核，轉行該將軍題達。亦應如所奏辦理。從之。(高宗一二九、一一)

（**乾隆五、一一、己卯**）户部議覆：河南巡撫雅爾圖奏，豫省沿河灘地，漲漫靡常，請停止畫區，以免紛擾等語。查此項灘地，前因奸民乘機影射，經前任巡撫富德題准畫爲區號，栽植桑柳，以爲經界。今該撫以該處時常被水，土地虛鬆，即栽植桑柳，不能存活，以致歲歲畫區，迄無成局。自應准其停止。惟地畝漲漫後界址不清，其作何經理之處，仍令該撫妥議。從之。（高宗一三〇、二九）

（乾隆六、九、丙寅） 户部議准：漕運總督常安奏稱，各衛屯田，雖有老册開載，而原額頃畝，積久混淆。現在清查之際，請行八省督撫嚴飭委員，務將諸弊查禁。至清查舟車、紙筆之費，仍照查荒造册例，於藩庫耗羨銀内動支。從之。（高宗一五〇、四）

（乾隆一六、一、庚戌） 户部議准：原任湖廣總督永興奏稱，蘆州地畝，濱臨江湖，坍漲靡常。定例五年遴選道員，督州縣大丈一次。但未定丈竣限期，往往逾年始經題報。無論應升應豁，賠漏不均，即業户久稽，亦妨民事。請嗣後届期，令州縣於十月水涸後確查，歲内册報委道。開印日督同履丈，限四月内丈竣移司，於六月内彙題，違限分别條處。再查坍没地畝，印官竟有從未履丈，即據報請豁，委道亦衹按册抽查，恐有坍少豁多之弊。應責令州縣官清查入册。仍前草率，委道查叅，扶同，一併議處。從之。（高宗三八〇、一八）

（乾隆三四、一〇、乙亥） [户部]又議覆：直隸總督楊廷璋奏稱，直屬入官地畝，嗣後請交督臣等飭屬清查，毋庸更委旗員查丈等語。應如所請。得旨：此後入官地畝停止旗員查丈定租之例，著照所議行。至於舊案，令地方官於一年限内自行詳查，酌復原租，由府道藩司轉詳該督覆覈咨部之處，尚未妥協。此等入官旗地，歷年久遠，地方官原定租額時，大率不能詳覈者多。若仍令伊等自行查改，難保無迴護徇情、朦混草率諸弊。或僅將不能掩飾者，舉出更正一二，仍屬有名無實。自應特派幹員，通行履畝會勘確覈，方爲徹底清釐之道。著户、刑二部揀選明幹滿漢司官各四員，其餘各部揀選滿漢司官各二員，交户部帶領引見，候朕簡派前往，會同府尹及各該府秉公悉心查辦。（高宗八四五、四五）

（乾隆三六、九、丁卯） 湖廣總督富明安奏：楚省湖地，港汊交錯，居民爭訟，多因湖地牽混，或執前明舊帖，或稱新淤，在官册籍，悉不足憑。請於冬月，令各州縣履地清理，造册通報，舊帖掣燬，換給新帖。嗣後買賣，報官更册，以息訟端。……奏俱悉。（高宗八九三、二七）

（乾隆四一、二、庚午） 署湖廣總督陳輝祖奏：前任督臣富明安，以湖北大冶等縣沿湖居民，間有爭訟，奏請將全省湖地，通加勘量，更正舊册，此後推收,隨時換給新帖。查民間藉湖爲業,或族姓公同,或村衆共占,或一姓兼收,或數姓各管。守業有券,輸課有額,均非無稽。間有影射爭控,即調湖隣及官册互相比覈,無難立辨。若徧歷勘丈,追換書帖,事涉紛更,輿情未便,並恐奸弊叢生。所有楚省湖地,應請停止通勘。得旨:此奏是。依議。(高宗一〇〇三、四三)

(乾隆五五、一〇、己巳) 諭軍機大臣曰:穆和藺奏勘丈沙壓地畝,請賞限一年,以便詳細清釐一摺。豫省臨河地畝,果有沙壓難耕,糧賦無出,自應勘丈明確,題請豁免。但黃河沙性,坍漲無常,既有從前本係可耕之地,現在被沙漲壓者,豈無從前本係沙壓之地,現在業經坍卸可以開墾者?小民惟利是圖,難保無以新灘地畝,私自耕種,希圖影射免科;或更有歷年報明沙壓,此時尚可挑復之地。若臨河沙壓地畝,俱係有漲無坍,則年復一年,祇有豁免而無升科,亦非政體。不可不逐一詳細履勘,分晰查明,以歸覈實。今即照穆和藺所請,予限一年。爲期既寬,該撫務須率同藩司,將以上指出各情形,分委幹員,協同各地方官,攜帶實徵糧册,開明四至,按畝勘丈。將應豁、應減、應徵之處,仍即親身履勘,分別覈實辦理。毋使胥役里地人等,朦混滋弊。將此傳諭知之。(一三六五、一五)

四、賦額釐定

(順治四、五、丙辰) 江西巡按吳贊元奏言:江右南、瑞、袁三府,先因陳友諒割據倍徵,故明因循未改,兼以水漂沙塞,虛糧逋欠甚多,亟請釐定。令照他郡額賦徵輸,更行清丈,各官履畝親查。現在荒蕪,盡與豁免;其有近山易旱、近水易潦者,雖係上田,亦當改與輕則。庶賦役均平,而殘黎可生矣。章下部議。(世祖三二、七)

(順治八、一、己巳) 免直隸安州芝棉額解錢糧。(世祖五二、一八)

(康熙二、一、戊戌) 江寧巡撫韓世琦疏言:崇明縣大糧田九千六十頃五十畝零,除正賦外,復徵蘆課銀八千三百八十餘兩,實係一田兩賦,亟請蠲豁。部議如所請。從之。(聖祖八、六)

(康熙二、六、戊申) 除山東長清縣藩產加增額賦。(聖祖九、一五)

(康熙九、四、壬子) 户部議覆:貴州巡撫佟鳳彩疏言,黔省府、州、縣、衛所全書由單所載,與百姓實徵數目不符,又田地名色甚多,所徵錢糧輕重不一,請詳細清查,逐一更正。應如該撫所請,責令司府各官詳查改正。從之。(聖祖三三、七)

(康熙三〇、一二、辛巳) 諭大學士等曰:各省輓運京師糧米,除一歲所需，每年存餘幾何？著查明具奏。又諭曰：治道以愛民爲要，而利益民生，務在均沾實惠。朕屢蠲免地丁銀兩，思完納漕糧一項，小民艮苦，亦欲特賜蠲徵，此念已久，每歲餘米，若足供一二年之需，則漕糧亦可酌量免徵。其荊州、江寧、杭州等大兵駐防處所，亦酌量截留，以爲儲備，民既現沾實惠，或遇水旱之年，更有裨益。至於運丁賴運資生，若停輓運，須使運丁不至困窮。著一并議奏。（聖祖一五三、二二）

（**雍正七、一一、庚子**）諭內閣：奉天地畝，向來多有隱匿，每有三四畝，止報一畝者。是以概以上則徵科，民力輸將，甚爲寬裕。後因有隱匿積弊，民間互相爭競，紛紛訐訟，官民不便。前歲朕遣大臣官員清丈，漸次釐正，田畝皆得實數，今若按畝俱照舊則徵糧，恐小民輸將無力。著盛京戶部侍郎，會同奉天府府尹，確查田畝之肥瘠，分別上、中、下三則起科，酌定成額，永著爲令。（世宗八八、二七；東七、五九）

（**乾隆一、五、壬寅**）諭總理事務王大臣：朕聞河南彰德一府七縣，共漕米三萬餘石，而臨漳縣辦米三分之一，他邑每畝徵米四五合或七八合不等，獨臨漳每畝徵米一升三合有奇。從前兌糧水次，在臨漳境內回隆鎮，是以額徵本色獨多。今水次移在湯陰縣五陵鎮，臨漳運米，必越安陽、湯陰地方，始到五陵，且本地產米無多，漳民辦運維艱等語。朕思臨漳所辦漕米，果多於他邑。小民不無苦累。若欲減運，又有關於額賦。其可否照附近水次之安陽、湯陰等縣則例，按畝徵米起運？其餘改徵折色之處，著傳諭巡撫富德，查明酌議具奏。（高宗一八、一六）

（**乾隆一、八、己巳**）減江南崑山、新陽浮糧。諭：任土作貢，按則科徵，賦稅之重輕，惟視地畝之肥瘠。朕聞江南崑山、新陽二縣，有沿江濱湖地畝，雖不類於板荒坍沒，而蘆葦蓁蕪，不堪樹藝，或地處低窪，十載九荒，乃原編科則時，分晰未清，竟有以下產而供上賦者，以致小民輸納維艱，終歸逋欠。曾經前任撫臣委員察勘，未曾上聞。著巡撫顧琮確查詳核，將如何釐正科則，裁減浮糧，以紓民困，副朕愛養黎元之意，悉心妥議具奏。（高宗二四、六）

（**乾隆一、八、己巳**）命減臺灣丁銀。諭：朕愛養元元，凡內地百姓，與海外番民，皆一視同仁，輕徭薄賦，使之各得其所。聞福建臺灣丁銀一項，每丁徵銀四錢七分，再加火耗，則至五錢有零矣。查內地每丁徵銀一錢至二錢、三錢不等，而台灣則加倍有餘，民間未免竭蹶。著將臺灣四縣丁銀，悉照內地之例，酌中減則，每丁徵銀二錢，以紓民力。從乾隆元年爲始，永著爲例。該督撫可速行曉諭，實力奉行。若因地隔海洋，官吏等有多

索濫徵等弊，著該督撫不時訪察，嚴条治罪。（高宗二四、七；東一、五一）

（**乾隆二、二、丁卯**）［户部］又議准：山東巡撫岳濬疏報，蒲臺縣清丈地畝，丈明成熟各則大糧等項田地，共五千三百六十四頃五十三畝有奇，應徵銀二萬七千三百兩有奇，米三千二百三十一石三斗七升零。其丈明瘠薄並荒田地，共四百四十二頃四十畝有奇，內除下下則內增出地畝糧額，扣算折抵外，所有實在缺額銀一千九百兩有奇、米二百一十六石二斗五升零，均請豁免。從之。（高宗三六、一三）

（**乾隆二、二、丙子**）户部議覆：廣東巡撫楊永斌疏請，合浦縣、欽州並各屬未復額內難墾稅畝，照合鋪縣下則稅額減半，每畝編徵銀一分二釐；額外難墾稅畝，照香山等縣斥鹵田稅，每畝科米四合二勺八抄，徵銀四釐六毫四絲。應如所請。從之。（高宗三七、二）

（**乾隆二、四、辛巳**）户部議准：山東巡撫法敏疏請，將清查地畝案內德州、臨淄、高唐、郯城沙鹻地畝除科，寧陽、臨清沙瘠地畝減等起科。從之。（高宗四一、一九）

（**乾隆二、五、戊子朔**）户部議覆：山西巡撫覺羅石麟疏稱，太谷、祁縣、徐溝、清源、交城、朔州、馬邑、左雲、右玉、偏關等十州縣，民田糧額，上、中、下三則，每畝徵糧自六合四勺至六升四合不等；其屯田糧額，亦上中下三則，每畝徵糧自三升五合至一斗九升不等，較之民田，實爲過重。今按各則酌減，每畝減徵本色糧，自一升至一斗五升不等，共減糧二千八百九十七石有奇。至清源縣更名地一十五項三十五畝，原額徵銀一百七十二兩有奇，今每畝酌減銀二分至四分不等，共減銀四十兩七錢有奇。臣部按冊計畝核算，酌減之數均屬相符。屯田糧額，較之民田，實爲至重，該撫既稱輕重得宜，輸納自易，應如所請，自乾隆二年爲始，照減定之額徵收。從之。（高宗四二、三）

（**乾隆二、一〇、乙巳**）户部議覆：江西巡撫岳濬疏稱，遵旨密議南昌府屬南昌、新建、豐城、進賢、寧州、奉新、靖安等七州縣應減浮糧一項，先經雍正元年減免一半，尚存浮糧銀七萬五千五百四十九兩零，再請酌減一半銀三萬七千七百七十四兩零，於乾隆三年爲始，按則逐一扣除。應如所請。從之。（高宗五五、七）

（**乾隆二、一一、庚申**）户部議覆：兩江總督、署蘇州巡撫慶復疏稱，乾隆二年四月恩詔內開，蘇松浮糧，前已蒙世宗憲皇帝特降諭旨，裁免四十五萬兩，以紓民力，但江省糧額，尚有浮多之處，著再加恩免額徵銀二十萬兩。欽此。欽遵相應均勻攤蠲，每兩應減銀一錢三分三釐，計蘇州屬，減免銀八萬六千九百九兩一錢七分零；江府屬，減免銀六萬九千五百一十兩四錢七分八釐；太倉州屬，減免銀四萬三千三百八十七兩二錢一分零；崇明縣歸通沙地，減免銀一百五十七兩四錢一分四釐零；昭文縣歸通沙地，減免銀三十五兩七錢二分一釐零，共符二十萬兩之數。應如所請。從之。（高宗五六、七）

（乾隆二、一七、辛未）戶部等部議覆：大學士管浙江總督嵇曾筠等，遵旨會議浙江額徵南秋等米。各屬徵輸不一，杭、嘉、湖三府屬南米，向係春徵四分，請照江省之例，將南米隨同漕米，於十月起，一併統徵分解。應如所請。從之。（高宗五七、一）

（乾隆二、一二、壬寅）命議減湖南湘鄉等三縣糧額。諭曰：朕聞湖南長沙府之湘鄉、瀏陽二縣，較附近之長沙、醴陵、湘潭、寧鄉等縣，每田一畝，所完錢糧俱重二三分不等，小民輸納，未免拮据。查長沙為省城首邑，與湘、瀏毗連，其糧額舊為適中，似應將湘、瀏二縣錢糧，比照長沙則例，則小民力量寬舒。又聞湘陰縣糧銀，較之湘、瀏二縣尤重，亦當酌量變通者，著督撫將此三縣錢糧作何確查減免之處，悉心妥議請旨。（高宗五九、六）

（乾隆三、二、庚戌）戶部議准廣西巡撫楊超曾疏稱：太平府屬之恩城土州改流、歸併崇善縣管轄；其田畝准給照管業，應升科銀八十兩有奇，自乾隆二年為始，由該縣徵收。從之。（高宗六三、一五）

（乾隆三、六、丁卯）河南巡撫尹會一疏言：豫省折中之法，始自明朝，至我朝復經丈量定則，民間承業完糧，百有餘年，相安已久。今欲釐定科則，非履畝丈量，實難憑信。設一丈量，必致妨廢農業，紛擾閭閻。若舍此而令里書開報，業戶自陳，則飛灑捏飾，請弊叢生。是除弊適以增弊，於民更多未便。請將洧川等二十四州縣，並延津收併之胙城縣地畝錢糧，仍各照舊制，折中行糧，停其釐定科則，以免滋擾。從之。（高宗七〇、一四）

（乾隆三、九、庚申）定湖南湘鄉、瀏陽、湘陰等三縣額賦，比照長沙縣則例徵收，歲減額徵銀二萬一千九百六十四兩有奇。（高宗七六、一二）

（乾隆三、一一、乙亥）戶部議准：調任福建巡撫盧焯疏言，遵旨查明田少丁多之平和、永安、清流等三縣，額徵丁銀共一萬一千四百八十兩有奇。應照乾隆二年該省南平縣勻徵之例，每田糧一兩，勻徵二錢，共減免銀七千三兩有奇。從之。（高宗八一、二二）

（乾隆四、一、丁丑）浙江巡撫盧焯奏：嘉興七縣錢糧，每畝一錢一分七釐至八分三釐不等，漕米每畝自一斗三升八合至一斗一合七勺不等，加以

漕截耗羨並地蕩等銀，賦重與湖屬同。今湖屬既蒙酌減十分之二，請將嘉屬一體酌減。奏入，報聞。（高宗八五、一三）

（**乾隆四、二、丙午**）［戶部］又議准：河南巡撫尹會一疏稱，祥符、陳留、杞縣、鄭州四州縣漕糧，向無每畝額徵確數，遇有升除，易滋書吏飛灑之弊。請將熟地、新升一例派徵，核明某則每畝應徵銀米若幹，載入賦役全書。從之。（高宗八七、一七）

（**乾隆四、六、乙酉**）除陝西醴泉縣加算糧。諭：朕愛養黎元，有應行減免之賦稅，無不查明豁除，以紓民力。今聞陝西醴泉縣，舊額實徵糧二萬四十二石九斗零。順治十三年清丈時，因弓口窄小，積有餘地，加算糧二百五十六石二斗一升零，後遂造入全書，著為定額。其實有糧無地小民輸納維艱。著該督撫出示曉諭，從乾隆四年為始，將此項永遠寬免，俾百姓均霑實惠。（高宗九四、一九）

（**乾隆四、一一、癸丑**）戶部議覆：浙江巡撫盧焯疏稱，浙省錢塘江兩壅沙地，節年俱有坍廢。今徹底清釐，所有減則升科以及新漲升科，各地畝租銀，逐一查明確數，請分別某地應升，某地應除，劃定款項切實辦理等語。查從前仁和、錢塘二縣所有應徵赤腳光丁銀兩，久為無著虛額。每當徵解之際，將隔屬之山陰、海寧兩處沙地租銀抵補，款項原屬未清，應如所請豁除。其沙地之界山陰、界海寧者各歸所屬，定址分辨，以免牽混。至所稱另立官租，儘收儘解之處，查地畝租銀，既歸各縣經徵，若令儘收儘解，歲無定額，易致侵漁。應令照原定科則，按額實徵，除歸還新升竈課銀兩外，餘俱解司充餉。如有坍缺，照例開除。其新漲之沙，在山陰界者歸錢清場，在海寧界者歸許村場。再前項沙地，乾隆三年續有坍沒地租，業經題准豁免，應令照數扣除。從之。（高宗一〇四、一二）

（**乾隆九、八、丁未**）諭：臺灣雍正七年以後，升墾田園，欽奉皇考諭旨，照同安則例升科。後經部議以同安科則過輕，應將臺地新墾之田園，按照臺灣舊額輸納。朕念臺民遠隔海洋，應加薄賦之恩，以昭優恤，除從前開闢田園，照依舊額毋庸減則外，其雍正七年以後報墾之地，仍遵雍正九年奉旨之案辦理，其已照同安下則徵收者，亦不必再議加賦。至嗣後墾闢田園，令地方官確勘肥瘠，酌量實在科則，照同安則例，分別上、中、下定額徵收，俾臺民輸納寬舒，以昭朕加惠邊方之至意。（高宗二二二、六）

（**乾隆一〇、二、乙酉**）戶部議覆：漕運總督顧琮疏稱，各省截漕，仍徵漕耗，其折徵之年，除山東、湖北二省照舊徵收外，浙江、江西、河南、湖南四省，俱令免徵，而湖南一省養廉等項，在二耗米變價內動支。查漕糧雖經截留，尚有各需款項，自應徵收漕耗。至折徵年分，浙江、江西、河南漕銀起解，在在需費，若令免徵漕耗，勢必借別項開銷；再，湖南二耗米，亦非漕耗銀米可比，未便抵作養廉等項，應令該督因時調劑，妥議具題。從之。（高宗二三四、七）

（乾隆一八、一一、己未）減江蘇寶山縣、蘇州衛瘠田則賦。（高宗四五〇、一二）

（乾隆一九、九、己亥）減除直隸武清、寶坻、寧河、天津等四縣額賦銀九千四百十一兩有奇。（高宗四七三、九）

（乾隆二一、七、辛巳）戶部議准：河南巡撫圖勒炳阿疏稱，封邱縣十八年分被淤糧地二百六十三頃有奇，應徵額糧，仍照舊額徵收，免其加則。從之。（高宗五一六、二四）

（乾隆二六、二、己亥）又議覆：侍郎錢汝誠條陳高、寶、甘泉、西鄉一帶低窪地畝，豁免錢糧，改輸蘆課一摺。查江南各州縣下游地方，頻遭水患，低窪田畝，積潦難消，徒有賦課之名，而無徵糧之實。與其常年報災，致啟無知業佃望賑之端，不若豁減糧賦，使民各知久遠謀生之計。但查錢汝誠所奏，僅指高、寶、甘泉三州縣，係在運河西岸，其東岸極窪之地，及淮、徐、海各屬濱臨湖河，逼近海蕩之田，亦復不少，現在確勘情形，詳察累年報災輕重，或應減則，或應豁糧，指示各地方官分別辦理。其雖經涸出，祇可栽植蘆葦者，即照該處科則折算。安省之鳳、泗等屬，亦一律飭查勘辦。得旨：好！詳籌妥辦為之。（高宗六三一、二四）

（乾隆三八、一、己酉）軍機大臣等議奏：江蘇通州、崇明二處沙地，新歸移駐海門同知管理，詢之巡撫薩載，現在錢糧，仍照原例通州加一、崇明五分徵收，並未將崇明舊額照通賦加增。請嗣後仍歸廳官管理，將來遇有新漲，再照通州、崇明二處賦額酌中定例。從之。（高宗九二五、五）

（乾隆三八、三、庚戌）諭：文安大窪，運絡四淀，向來積水難消。前此曾命協辦大學士公兆惠往勘，設法疏治，水即退涸。三十二年，經行閱視，業已遍種春麥，彌望青蔥，省覽實深忻慰。迨三十五年，巡閱所經，又多積水。此次所見，仍復汪洋一片。若久遠難以涸出，恐妨民業，致完無田之糧，朕心深為軫念，特命周元理查明水占頃畝錢糧數目，並交軍機大臣將作何籌辦之處，會同該督覈議。茲據奏稱，此項窪地，每遇積水未消時，村民捕魚為業，水涸後普種稻粱，即成沃壤。是以從前康熙年間，甫經題豁錢糧，旋即陸續報墾請復。蓋小民既資為恆產，不肯輕棄其業，即水占未涸，尚可收魚蝦之利。若將糧額概行豁除，則水涸人思報墾，轉無定界，易啟爭端等語。所奏雖屬近理，但念各業户等所有地畝，本藉耕藝資生，若積水占田，糧從何出？雖該處賦則本輕，水小時尚可佃漁覓利，究不若力田收穫之多。倘令照常輸將，民力仍不免拮据。自應查明，分別酌辦，以衂民艱。嗣後著將此窪地，視積水之多寡以定賦糧等差，水大則全行蠲除，水小則量爲減賦，若水涸耕種有收，仍按額徵輸。如此，則恆業不致有失，而民力並得常舒，俾瀕窪黎庶，永沐恩膏，共臻安阜，以示觀民行慶至意。其如何查覈地畝納糧確數，酌定章程，仍著周元理派委明幹大員。實力詳查，妥議覆奏。（高宗九二九、一〇；東續二九、一一）

（**乾隆五〇、四、乙酉**）又諭：昨據伊星阿奏，江西屯田應徵餘租酌減額數，郝碩原奏以加徵兵米折色價銀抵補，於事理尚未允協，應請於糧道存貯庫項內，每年動撥銀一萬五千餘兩，抵補餘租減數，仍屬以漕濟漕，兩有裨益等語，已批交該部速議具奏矣。但思各省漕糧，僉丁辦運向有成規，辦理俱未聞竭蹷，何獨江西省屯田餘租一項，忽增忽減，丁力屢形疲乏。從前郝碩原奏欲加徵兵米折色價銀，抵補餘租減數，事屬加賦，且以通省百姓所輸，供六縣軍丁之用，尤於事理未協。户部率行議覆，並未奏駁，亦屬非是。今伊星阿請於糧道庫項內撥銀抵補，雖屬通融調劑，但此等要件，伊星阿自去冬來京，屢經召見，詢以地方有無應辦事件，該撫總稱無事可奏。何以並不當面陳奏，直待回任後，屬員詳報，始行入告耶？伊星阿著傳旨申飭。至此項餘租酌減銀數，似應仍於旗丁屯糧內籌款抵補，若以糧道庫項餘存每年動撥，將來必至不敷備用，又將如何籌辦耶？著傳諭伊星阿再行徹底詳查，熟籌妥議具奏。將此由四百里傳諭知之。（高宗一二二八、一二）

（**乾隆五〇、四、己丑**）諭軍機大臣等：前據伊星阿奏，江西省屯田應徵餘租酌減額數，郝碩原奏以加徵兵米折色價銀抵補，於事理未協，請於糧道庫項內，每年動撥銀一萬五千餘兩，抵補餘租減數等語，已批交該部議奏，並以糧道餘存庫項每年動撥，將來必至不敷，諭令伊星阿再行詳查妥議矣。本日據户部議覆具奏，並令軍機大臣詢問原任江西藩司馮應榴，據稱從前辦理屯田餘租，因地土瘠薄，疲丁不能完納，積欠甚多，勢原不能不爲減額。但非籌款抵補，又恐有礙濟運濟造之費，若動支糧道庫項，則年復一年，費帑無所底止。是以再四籌酌，惟查有兵米折色一項，從前原係徵收本色，後改折色，每米一石，僅折收銀六錢，合之每月糧價，實屬過輕，今議加增二錢，較之竟徵本色，百姓尚多便宜。從前寧都州兵米改徵折色，定價每石銀一兩三錢，經部議覆准行，則現合以加增二錢之數，尚止八錢，較寧都州所辦，尚屬減少。又所徵二錢之數，係合數千百畝分攤，每畝不過徵銀自五絲八忽至一釐七絲不等。且以兵米折色之有餘，抵補餘租減額之不足，事屬以公濟公，毋庸另費帑項，而於民無擾，於丁有益等語。兵米徵收折色，既止每石六錢，定價本輕，即增加二錢合算，每畝不過在釐毫絲忽之間，是尚非加賦可比。若如伊星阿所奏，雖屬通融調劑，但以糧道庫項抵補，雖現在存項儘足敷用，而年復一年，將來必形支絀，又將作何籌辦？即屯糧亦係正項，是不可以動支抵補。著傳諭薩載、伊星阿會同毓奇，將兵米折色加增二錢，是否價值尚輕，於民無礙，及此外有無款項可以抵補之處，再行熟籌妥議具奏。朕閱郝碩原奏，疑有加賦之失，今觀部議，似伊星阿又有沽名之舉，而馮應榴又或不免心存迴護，總在薩載、毓奇秉公查辦，朕原無成見也。所有戶部議覆原摺，著暫存。俟該督等覆奏到日，再降諭旨。將此由四百各傳諭知之。尋奏：江西省屯田餘租，因南昌、九江二衛屯田，坐落德安、德化、瑞昌、彭澤、星子等五縣，濱臨江湖，田均瘠薄，且疲丁積欠纍纍，信豐所屯田，租額過重，經前撫臣郝碩奏，請將德安縣每畝減銀八分，德化、星子、信豐三縣每畝減銀六分，瑞昌、彭澤二縣，每畝減銀四分，通計各縣共減徵餘租銀一萬五千三百二十五兩零。將現徵兵米原額每石徵銀六錢，酌加價銀二錢，計可加銀一萬五千八百九十兩零，以補餘租減數，此外別無款項可抵。且其數甚微，民均樂從，實無妨累。其每年餘銀五百六十餘兩，貯道庫以充漕費。得旨：下部議。（高宗一二二八、一七）

（乾隆五〇、七、辛酉）戶部議覆：兩江總督薩載、漕運總督毓奇，會同署江西巡撫舒常奏稱，南昌、九江二衛屯田，坐落德安、德化、瑞昌、彭澤、星子等五縣，瀕近江湖，旱澇均礙，疲丁積欠纍纍，應酌減餘租銀一萬五千三百二十餘兩。仍於兵米折色項內，每石增價二錢，計可加銀一萬五千八百九十餘兩。以兵折有餘，補減租不足，自屬以公濟公。其每年餘銀五百六十餘兩，解貯道庫，充漕務公用。得旨：此事以該處兵米折色之有餘，即抵補餘租減額之不足，並非加賦，而於丁有益，於民無累，事屬可行。依議。其中餘出銀五百六十餘兩，不可解貯道庫充公，仍著按畝除去。此以加增之折色，抵補減額之軍費，閭閻益覺寬紓，用示朕惠愛黎元之至意。（高宗一二三四、二〇）

（乾隆五六、四、甲戌）山東巡撫惠齡奏：登、萊、青三府屬，海洋島嶼甚多，有地畝錢糧應查辦者，計三十處。請照內地例，編排保甲，造冊報覈。每年於三府中，委同知一員，前往巡查，並勸農桑。得旨：行之在人，妥實為之。（高宗一三七七、三〇）

（乾隆五七、四、乙丑）減徵江蘇江寧縣乾隆五十六年分低窪田畝額銀

五十二兩有奇、米一百八十石有奇。(高宗一四〇一、二三)

五、改徵折徵

（順治二、一、癸卯）保定巡撫王文奎疏言：畿內兵火之後，民力困竭，每歲解京芝、綿、絲䌷等物，俱購之別省，既難猝得，且物貴民貧，運解不易。請改爲折色，以甦民命。下戶部議。(世祖一三、八)

（順治二、三、癸卯）允工部議山東省額解甲、冑、弓、矢、弓弦、刀、天鵞、鹿皮、狐皮俱徵折色。(世祖一五、八)

（順治二、五、癸巳）改折泰安州額解綿布一年，以木綿價湧，累民故也。(世祖一六、一一；東二、八)

（順治二、六、甲戌）戶部奏請：直省俵馬，通行永折，每匹徵銀三十兩。從之。(世祖一七、一三；東二、一一)

（順治八、一二、戊辰）准江南高淳縣歲輸漕糧一萬六千八百五十石，改徵折色，著爲例。(世祖六一、一四；東三、四八)

（順治一〇、六、辛亥）戶、兵、工三部遵諭改折各直省本色錢糧，歸於一條鞭法，總收分解。請永爲例。從之。(世祖七六、六；東四、三一)

（順治一二、一二、癸亥）初，河南巡按祖永杰奏言：衛輝、彰德二府，旱魃爲災，粒米未收。其本年分漕糧，請以麥代輸。事下部議。部議以麥代米，未便支給口糧，不允所請。上以二府旱災可憫，著照按臣所請行。(世祖九六、六)

（順治一八、一、癸酉）戶部議覆：福建道御史胡文學疏言，江南、浙江、江西三省漕糧，改折收銀，恐有雜派。乞嚴飭撫按痛除積弊，止許照價徵收，不得仍借兌漕爲名，恣行科索，以致輸納稽遲，有悞兵餉。應如所請。從之。(聖祖一、一五)

（順治一八、一、癸酉）巡按蘇松六府御史張鳳起疏言：蘇、松、常、鎮四府，差繁賦重，漕米折價，請仍照原議，每石折銀一兩。下部知之。(聖祖一、一五)

（順治一八、一〇、庚申）戶部議覆：陝西巡撫張琯疏言，各府應解藩司兵餉銀兩，請貯府庫，就近兌支各境內營路官兵月餉。又鳳翔運至漢中米豆，經過雲棧，車道不通，應准改折，令於漢中道府就近召買。均屬兵馬兩便。應如所請。從之。(聖祖五、四)

（康熙四、三、戊戌）刑科給事中楊雍建疏言：戶部議將康熙四年江浙二省運解三年分白糧正耗，盡行改折，以充兵餉，每石照例折徵銀二兩。夫米價隨時高下，比年江浙之米，每石價值七八錢而止，今改折二兩，加以火耗勒索之費，非本色三石，不足以完折色之一石。且正米之外，又有耗辦等米、夫船等銀。臣愚以爲有本色則有耗辦，既已改折矣，不應并耗辦而亦折之也；有本色則有夫船等銀，既已改折矣，不應并夫船而又徵之也。乞敕該撫轉行所屬，照時價減徵；其溢收者，或盡還民間，或抵算別項正賦。毋使吏胥因緣爲奸。并令該部嗣後勿議改折，以累百姓。下部確議。（聖祖一四、二四；東一、二九）

（康熙五、一〇、戊辰） 户部議覆：漕運總督林起龍疏言，江南蘇、松、常三府，浙江嘉、湖二府，白糧折徵，每石二兩，今民間穀價止七八錢，民力不堪，請改徵本色。應不准行。得旨：白糧改折，既稱苦民，俱著徵本色。（聖祖二〇、八）

（康熙六、一〇、乙酉） 户部議覆：江寧巡撫韓世琦疏言，蘇、松、常、鎮四府屬，南糧項下放給行月等米，係就地支領，不須兌運。所有餘耗，請折銀充餉。應如所請，每石折銀一兩二錢。得旨：耗米非正項錢糧，且米價隨時貴賤不同，著照時價改折。（聖祖二四、一一）

（康熙七、九、辛丑） 河南巡撫張自德疏奏折解布花價值、數目。得旨：改折布花，價值太過，恐致累民。應否減折，核議具奏。尋户部議：布花價值，照每年時價折解，庶不累民；如有冒徵侵蝕之弊，該撫指名題參。從之。（聖祖二七、二）

（康熙九、九、庚午） 户部議覆：浙江巡撫範承謨等疏言，嘉、湖二府水災，本年漕糧二十二萬四千餘石，請每石折銀一兩徵解。糧既停運，則耗潤米八萬九千六百餘石，幫貼銀十萬五千餘兩，俱可免徵。應如所請。從之。（聖祖三四、五）

（康熙一一、七、辛丑） 命陝西富平、蒲城二縣糧米永行改折。（聖祖三九、二三）

（康熙一四、一二、丙寅） 户部議覆：湖廣道御史郝浴疏言，京通各倉共計新舊積貯，不下七百萬石。當兹米多銀少之時，可將山東、河南額徵正耗米，停其買運，每石折銀八錢；並節省行月潤耗等銀，可得銀六十萬兩，以濟軍需。應如所請，於康熙十五年分折徵充餉。從之。（聖祖五八、二〇）

（康熙一五、九、庚子） 准江南宿遷縣康熙十五漕糧改徵粟米，以宿邑地不產稻，鄰境復有蝗災，採買爲難，從漕臣奏請也。（聖祖六三、八）

（康熙一七、一〇、丙申） 河道總督靳輔疏言：江南、淮北各州縣漕糧，例徵紅米，今自黃流汎濫之後，原產紅米之區，有田土被淹難耕者，有被沙淤而民改種白稻者，則應徵漕糧，亦當各隨土產之便。伏乞敕部，將江南省漕糧例徵紅米之各州縣，嗣後不必拘定米色，紅白兼收，永爲定例。在國儲無損，而永便農民矣。下部議行。（聖祖七七、二三）

（**康熙一八、一、戊午**）戶部議覆：河南道御史孫必振疏言，河南、山東水旱頻仍，粟價騰貴，請將兩省歲輸粟米五十餘萬石，暫徵折色一半。應如所請。俟年歲稍登，仍全徵本色。從之。（聖祖七九、七）

（**康熙一八、八、丙子**）戶部議覆：廣東、廣西總督金光祖疏言，粵西土瘠民貧，地丁額銀，請折徵米穀。應如所請。每銀一兩，折收米一石，支給官兵。俟事平之後，照舊徵銀。其逆賊加派之項，通行禁止。從之。（聖祖八三、一二）

（**康熙一八、一〇、乙丑**）戶部議覆：安徽巡撫徐國相疏言，鳳陽、廬州、安慶三府屬，連年罹災。請將康熙十八年漕糧正米，並行月糧，俱照見折漕米之例，折銀解部。所有耗贈米銀，概予豁免。應如所請。從之。（聖祖八五、四）

（**康熙一八、一〇、己卯**）戶部議覆：河道總督靳輔疏言，江南宿遷、沭陽、贛榆三縣漕糧，舊徵粳米，近年爲黃河漫溢，田地皆成沙土，止產粟米，請嗣後漕糧，改徵粟米，以從民便。應如所請。從之。（聖祖八五、一四）

（**康熙一八、一二、甲戌**）戶部議覆：總督河道帶管漕務靳輔疏言，江南、山東二省，旱蝗爲災，應充漕米，勢必遠處採買。請不拘米色充運，以恤災黎。應如所請。報可。（聖祖八七、一〇）

（**康熙一九、六、庚辰**）戶部題：前以大兵徵剿逆賊，將湖廣漕糧一十六萬三千餘石，俱留供應，又將江南、浙江二省漕糧五十四萬餘石，改折充餉。今京城支放數多，各省運米數少，相應將康熙十九年分湖廣漕糧起運，及江南、浙江二省改折，仍徵本色，亦照舊起運。從之。（聖祖九〇、一八）

（**康熙二一、一、己巳**）戶部議覆：廣西巡撫郝浴疏言，粵西地丁錢糧，每銀一兩，折收米一石，原係一時權宜之計。今二省之運既停，八旗之兵又撤，康熙二十一年分折徵米石，請照舊徵銀。應如所請。從之。（聖祖一〇〇、一四）

（**康熙二一、二、丙戌**）戶部議覆：湖廣巡撫王新命疏言，從前楚省漕糧，留充兵餉，其里民交納盤運腳米，亦令折銀，以濟兵需。今大兵盡撤，漕米已經起運，其里民交納盤運腳米，仍請復給。應如所請。從之。（聖祖一〇一、六）

（**康熙二二、二、乙酉**）户部議覆：河南巡撫王日藻疏言，豫省漕糧二十五萬餘石，歷來各州縣僉差官役，前赴大名府小灘地方，買米交兌。越境採辦，囤户、牙行任意騰貴，官民交困，請行改折。查豫省漕米，原係徵銀買米起運，康熙十五年緣需用兵餉改折，後因各省漕米截留，京城米穀不敷，仍令買米起運。今既苦累小民，應仍令改折解部；其通省漕糧，既不運京，糧道亦相應裁去。從之。（聖祖一〇七、一七）

（**康熙二二、三、丁未**）命改折河南應解德州、臨清二倉米石。（聖祖一〇八、一）

（**康熙二九、一〇、壬戌**）户部議覆：漕運總督董訥疏言，廬、鳳、淮、揚等各府州屬，見被災祲，米色不一，本年漕運，請照豫省之例，惟取乾潔之米，紅白兼收，永爲定例。應如所請。從之。（聖祖一四九、六）

（**康熙三二、六、庚寅**）九卿議覆：河南巡撫顧汧疏言，河南漕米，俱向直隸小灘採買，於民未便，請改折停運。應毋庸議。得旨：覽該撫奏，河南漕糧不出於本省，百姓遠至直隸大名府小灘採買，將漕米改折，有益民生。嗣後停止百姓採買。但解京米石，所關匪輕，令該撫將改折銀兩，至大名府所屬地方，照數採辦驗看起運；倘有遲誤，將該撫從重治罪。（聖祖一五九、一三；東一二、五）

（**康熙三二、八、丁酉**）户部議覆：漕運總督興永朝疏言，江北廬、鳳、淮、揚等處，漕糧請紅白兼收。應不准行。得旨：米取圓净，各隨其地所出，不論紅白，令兼收，勿累百姓。（聖祖一六〇、六）

（**康熙三三、一〇、戊戌**）户部議覆：漕運總督王樑疏言，各省兌運漕糧，每石另徵耗米，給與運丁，以備到通盤剝等項之需。嗣後各州縣衛所，徵收漕糧耗米，務徵本色，給與運丁；如有徵銀折給者，請照私自改折漕糧例議處。應如所請。得旨：各省漕糧耗米，該督撫嚴飭所屬官員，務照定例徵收本色，給與運丁，如有不徵本色，徵銀折給者，漕運總督察參治罪。（聖祖一六五、九）

（**康熙三七、七、辛卯**）户部議覆：漕運總督桑額疏言，江南建平縣漕糧正耗粳米四千餘石，本縣不産粳米，每於他郡採買。請嗣後停其採買，將該邑土産秈米交兌。應無庸議。得旨：建平縣改徵秈米，於民有益，著照該督所請行。（聖祖一八九、六）

（**康熙三七、一二、丙午**）户部議覆：山西巡撫倭倫疏言，大同府屬地丁糧米，原徵折色，自康熙三十三年因駐防右衛官兵，應支一半本色，將糧米改徵本色。查蔚州、靈邱、廣靈、廣昌四州縣，距右衛四五百餘里，俱在

萬山之中，嶺高路狹，運糧甚難。請將蔚州等四州縣糧米，仍改徵折色。應如所請。從之。(聖祖一九一、一六)

（**康熙三八、一一、丙午**）戶部議覆：湖廣總督郭琇疏言，黃州府屬黃梅、麻城、黃安三縣，武昌府屬通山、大冶二縣，每年解荊州、鄖陽等汛兵米二萬七千二百二十二石，腳價倍於米價，請改徵折色。應無庸議。得旨：著照該督所請行。(聖祖一九六、七)

（**康熙四二、八、甲申**）河南巡撫徐潮疏言：豫省辦買漕米，原定每石六錢五分，今歲值荒歉，米價騰貴，購買不敷。且小民正藉米餬口，請將康熙四十二年購買漕米，暫徵折價起解。下部議行。(聖祖二一三、四)

（**康熙五五、七、丙戌**）戶部議覆：署理奉天將軍事前鋒統領伯唐保住疏言，奉天承德等九州縣地畝人丁，仍照舊例，徵收米豆。應如所請。得旨：依議。承德等九州縣地畝人丁，原徵收米豆，因府尹董弘毅題請，方將舊例更改。今該將軍奏稱，存倉米豆，漸致缺乏。著將董弘毅交與該部察議具奏。(聖祖二六九、九)

（**康熙五七、二、甲午**）戶部議覆：雲南巡撫甘國璧疏言，鶴慶、永北二處，皆通西邊要路，今奉旨備兵看守，則糧米甚需多儲。查滇省之蒙化、麗江、安寧、普寧等府、州、縣，應徵糧米，例係四年折徵一次，今康熙五十七年又屆折徵。請將本年分蒙化等府州縣應徵糧米，仍徵本色。應如所請，將糧米徵收，酌量要路備貯。從之。(聖祖二七七、二七)

（**康熙五八、一一、癸巳**）戶部議覆：刑部尚書張廷樞疏言，河南漕米，自康熙十四年改折起，每石折徵銀八錢解部。後因御史孫必振奏，豫省連年粟米甚賤，部議遂將八錢數內，一錢五分解部，餘銀六錢五分，令巡撫買米起運。巡撫分委各州縣，而州縣復派委小民，令其買米輸納，不無繁費苦累。請照舊例，每石折銀八錢，仍將銀一錢五分解部，其餘銀六錢五分，行令該撫交與糧道，採辦米石，親自料理。如仍有分委州縣及苦累小民之處，該撫不時查参；該撫通同容隱，一併從重治罪。應如所請。從之。(聖祖二八六、一三)

（**康熙五九、五、戊寅**）議政大臣等議覆：四川總督年羹堯疏言，定例，蜀省兵丁月米，皆折銀給發，聽其自行採買。今成都駐防滿洲兵丁，需米甚多，年歲豐歉不齊，恐一時採買長價，兵丁艱食。臣請將成都附近州縣中有水路通行者，其應徵糧米，停止折銀，改收本色，量給運費，交送成都，支給滿洲兵丁，則軍需有益。應如所請。從之。(聖祖二八八、二)

（**雍正一、三、丙申**）戶部議覆：貴州巡撫金世揚奏稱，清鎮等十四州縣，折徵各營兵米，共二萬一千七百五十石餘，各準地價，應徵銀一萬五千四百十五兩餘，均勻配搭，徵支俱無偏累。應如所請。從之。（世宗五、一六）

（雍正一、一一、丁亥）諭户部：浙省偶值秋旱，被災地方已經蠲免錢糧，令有司加意撫綏。舊額杭嘉湖所屬十四州縣，應徵漕米三十二萬石，今荒歉之歲，民間納米爲艱。著令徵收一半，改折一半，既可以濟民之食，又可以紓民之力。其改折之價，著照康熙九年例，每石折銀一兩完交。其應徵漕米十六萬，米色或未能純一，著令紅白兼收，以示朕軫恤地方，格外施仁之至意。（世宗一三、九）

（雍正二、二、丁卯）户部議覆：雲貴總督高其倬疏奏，滇省兵多米少之處，除祿豐十二府州縣已經永遠折徵外，其安寧等三十二府州縣，亦以遠運爲艱。請仍照舊例四年一折，其米價酌豐儉之中，每石定價八錢。再，撥運之處，以兩站至三站爲限，庶使民力不勞。均應如所請。從之。（世宗一六、二八）

（雍正五、一二、戊戌）户部議覆：雲貴總督鄂爾泰疏言，祿豐、新興、蒙化等一十二府州縣額徵糧米，每屆四年，折徵一次。後經督撫題定永遠折徵。查開化府接壤交趾鉛廠河，添設汛防。大理、臨安二府，有提鎮駐劄。併省城重地，兵米均宜多貯。請將附近開化之蒙自、寧州、路南三州縣，附近臨安之石屏州，附近大理之蒙化府，附近省城之新興、宜良二州縣額米，俱改徵本色，以裕兵食。如遇四年一折，仍照例折徵。應如所請，以雍正六年爲始。從之。（世宗六四、一九）

（雍正六、一〇、辛巳）諭户部：向來江浙收兑漕糧，俱用本地粳米，擇其乾圓潔淨者，方准交納。遇收成稍薄之年，該督撫每以紅白兼收爲請，朕皆允行。夫米糧乾潔，皆可久貯，原不在色之紅白。江浙二省，户口繁多，每年應納漕糧將及四百萬石，若必拘定本地粳米，恐米價昂貴，民間難於輸將。嗣後江浙徵收漕水，但擇乾圓潔淨，不必較論米色，准令紅白兼收，秈粳並納。著爲例。（世宗七四、四；東六、二七）

（雍正六、一一、己酉）户部議覆：雲貴廣西總督鄂爾泰疏言，滇省蒙化、寧州、宜良等七府州縣額徵糧米，運至兵多之州縣，山路崎嶇，艱於輸輓。請照從前永折之價，每石折銀九錢，解赴兵多之處，採賣交倉，名曰輕齎，民實稱便。其米多兵少各屬，並請照例折價。應如所請。從之。（世宗七五、二；東六、三〇）

（雍正八、一、己亥）諭内閣：向因鋪墊倉廒，需用松板，令各省糧船隨帶，到倉交納。續經該部定議，產木之省，如江西、湖廣及江安糧道所屬地方，則全解十分本色；其不產木之浙江、蘇松等屬，則解三分本色，七分折色；此便民利用之意也。今聞該地方所交三分本色，亦於抵通之時，始行採辦，以致通州木商與胥役勾通包攬，每板一片，較折色之數，用銀多至四五倍，運丁不免苦累。查京通各倉，一年支放俸米、甲米空出廒座，應鋪墊一百五十座，其湖廣、江西、安徽三處所解松板，已足備用，即有應需採辦者，諒亦無多。所有不產木之浙江蘇松等屬應解三分本色松板，著俱改徵折色，令各該糧道彙解通濟庫，以備採辦之用。其湖廣、江西、安徽等處全解十分本色者，著倉場侍郎嚴行稽查，不許收板官吏勒索使費。俟各倉廒鋪墊完日，將應徵本色若干之處，具奏請旨。（世宗九○、一六）

（**雍正一○、一二、癸酉**）户部議覆：雲南巡撫張允隨疏言，滇省各府州縣，或兵多米少或兵少米多，米少則輓運維艱，米多則紅朽足慮。請將廣西、廣南、鶴慶、永昌、永北、曲靖、尋甸、羅平、南寧、太和、南安、鎮雄、保山、新平、支山、會澤等處額徵條銀，每兩折收米一石；阿迷、寧州、路南、雲龍、雲州、鎮南、通海、蒙自、永平、姚州、元謀等處額徵秋米，每石折收銀一兩；其普洱、攸樂、威遠、鎮沅等處，以一兩折給兵丁，不敷買食，請酌量增給，並於癸丑年為始，停止採買。均應如所請。從之。（世宗一二六、一九）

（**雍正一二、一、辛未**）大學士等議覆：河東總督王士俊奏言，德州、臨清二處，地臨水次，舟楫可通，向經奏准，截留南漕二十萬石，易穀四十萬石，存貯備用。但東省民情，鮮食大米，截留之米，易穀甚難。請於附近臨、德二州等處，應徵漕米十萬石，改徵穀二十萬石。既省運費，兼益民生。應如所請。至該督奏稱，東省歷年截存倉穀，甚為充裕，現存之米，請以酌給兵丁，將兵丁應支折色，扣存買穀等語。恐離倉遙遠之兵，概行改給，未免跋涉艱難。應將沿河標營各兵，應支折色，就近酌給一半米石，即以餉銀買穀還倉；盈餘銀兩，准作運費，殊為便益。從之。（世宗一四○、一二）

（**雍正一三、閏四、癸未**）户部議覆：直隸總督李衛疏言，廣昌縣浮圖峪等村，業經改隸易州，其屯地額徵米豆，交納州城，必由紫荊關經過。徑路崎嶇，馱載維艱。請照宣化輓運之例，改折徵收。應如所請。從之。（世宗一五五、八）

（**雍正一三、一二、己卯**）[户部]又議准：奉天府府尹宋筠疏稱，復州屬復盛、復寧、復古等三社，並海寧縣之積金一社，附別社完糧地畝，均請

照銀地額數，改徵銀兩。從之。(高宗八、三四)

(乾隆一、一二、甲戌) 戶部議覆：倉場侍郎、宗室塞爾赫等疏言：口外東西兩河旗地，舊照現定科則徵糧，旗人未免不敷養贍，又居住遠近不一，每屆完糧之期，馱載維艱。此項旗人地畝，原以口內熟地，退換開荒，應請分別等次，酌減糧則，並照察哈爾西四旗之例，改徵銀兩，上則每畝納銀一分四釐，中則以二畝折上地一畝，下則以二畝折中地一畝，庶旗人於輸納之外，養贍寬裕。並即歸該同知、通判按地編徵，解交藩庫，無庸熱河總管經理。應如所請。又蒙古達拉圖等地畝，亦應一體輸銀，但與熟地退換荒地者有別，應令照察哈爾例，每畝徵銀一分四釐。從之。(高宗三二、二六)

(乾隆二、四、甲子) 命改減江南、浙江白糧。諭：聞得江浙兩省，民間輸納白糧，較漕糧費用繁重，甚屬艱難，朕心深為軫念，諭令該部詳查。據奏，兩省歲運白糧二十二萬餘石，太常寺、光祿寺各賓館需用二千餘石，王公官員俸米約需十五六萬石，內務府禁城兵丁及太監食用等項，需一萬石，尚餘五萬石存倉等語。朕思光祿寺等處所支，原以供祭祀及賓館之用，在所必需。其王公百官俸米，應用白糧者，可酌量減半，以粳米抵給；至賞給禁城兵丁及太監米石，亦可將白糧裁減，給以粳米。如此，則每年所需白糧，不過十萬石，仍照常徵收起運。其餘十二萬石，著漕運總督會同該督撫，酌行改徵漕糧。其經費銀米，俱照漕例徵收，以紓民力。至減除白糧數內，應作何添放粳米之處，戶部詳議具奏。(高宗四〇、二〇；東二、五)

(乾隆二、七、丁酉) 戶部議復：署鑲紅旗蒙古都統布蘭泰奏，直隸、山西邊外地畝，向皆折徵銀兩，但農民必將米運至口內，然後易銀輸將，不若改徵本色為便，況歸化城現在駐兵，若積貯充盈，實為有益。但遠在百里外者，輓運稍艱，應如何量給腳費，並改徵科，請交直隸總督李衛、山西巡撫石麟妥議。又熱河地方亦添駐滿兵一千二百名，本地穀不敷，若將該處地畝，亦折本色糧石，均於兵食有益。應如所請。從之。(高宗四六、一五；東二、一三)

(乾隆二、八、乙丑) 戶部議覆：署河南巡撫尹會一疏言：豫省漕運，前經原任巡撫富德以杞縣等四十州縣遠離水次，請將額徵米豆，改徵折色。但今昔情形不同，請將祥符等三十一州縣離水次在四百里以內者，增給腳價，仍徵本色。其永城等十九州縣離水次較遠者，既難徵收本色，應照採買之例，折徵銀兩，飭令該州縣前赴水次採買，遴選通判數員，專司其事。其價查豫省向來每米一石，徵銀八錢，所有從前節省銀一錢五分，留為地方官添補米價之用，免其解部充餉。如果歲歉價昂，仍於臨時酌辦。應如所請。

從之。(高宗四八、一四；東二、一五)

(乾隆二、九、戊子)[戶部]又議覆：漕運總督補熙疏稱，江南松江府屬地土不宜種糯，請將向來額徵白糯，改徵漕糧，經部以減徵白糯，於江浙二省應運白糧之五府州內，酌量攤減，行令會議。續據議稱將松江、太倉二府州屬額徵白糯，改徵漕糧，即在派運白糧十萬石數內通融盈縮，以均應減應運之數等語。應如所請。與各該督撫會議，酌定章程，另行題覆。得旨：依議速行。(高宗五〇、五)

(乾隆二、九、辛卯)以大挑運河改徵淮、揚五屬折色。諭總理事務王大臣：江南淮、揚一帶，於今冬大挑運河，自運口以至瓜州計程三百餘里，分隸淮安府之山陽，揚州府之寶應、高郵、甘泉、江都五州縣管轄。將來築壩開工之後，舟楫難通，民間輸納漕糧，須用車驢陸運，未免竭蹷。又淮安府之鹽城、阜寧二縣，與山陽接壤，向於淮城內外交倉兌運，則納漕與山陽等五州縣無異。朕心為此深切軫念。查雍正八年、十一年，江南所屬漕糧，有改徵折色，每石納銀一兩之例。著將今歲山陽等七州縣應納漕糧，照此例改徵折色，以紓小民運送之力。再查此七州縣，有上年緩徵漕糧二萬餘石，原議於今年完納，今河道如此，亦應一體加恩，著寬至明年，再行酌量，或徵本色，或徵折色，看收成光景定議交官。著該遵諭速行江南督撫等知之。(高宗五〇、一一；東二、一六)

(乾隆二、九、己酉)[戶部]又覆：兩江總督慶復疏稱，揚、通等六府州屬額徵夏麥，例係先漕徵納。查各屬產麥稀少，民間每多購買交倉，且按畝驗派，僅止升合，州縣亦難分款催徵。請改徵米石，隨漕交納。應如所請。從之。(高宗五一、一四；東二、一七)

(乾隆二、一〇、庚寅)總理事務和碩莊親王允祿等議准河東河道總督白鍾山疏請：山東兩次被災之濟陽、禹城、臨邑、長清、陵縣、德州、平原、德平、高唐、恩縣、聊城、清平、莘縣、陽穀、壽張、朝城等十六州縣，照例改徵折色，並緩徵豆石。得旨允行。(高宗五四、八)

(乾隆二、一二、庚寅)戶部議准：江西巡撫岳濬疏稱，江西建昌府屬之瀘溪縣，山路崎嶇，輓運維艱。請將額徵檀米，改徵折色。從之。(高宗五八、九；東二、二二)

(乾隆二、一二、己亥)戶部議准：兩江總督慶復疏稱，江南海州、贛榆縣二屬，濱海之區，土性不宜米穀，情形實難辦運，請將漕米改徵折色。從之。(高宗五九、一；東二、二二)

(乾隆二、一二、辛丑)戶部議准：原任漕運總督補熙疏稱，遵旨應減浙江嘉、湖二府屬白糧米三萬五千六百四十六石，改徵粳米，實徵白糧米三萬五百三十三石，照常徵收。又減徵白糧項下，應減原編耗米一萬七千二百八十六石有奇。從之。（高宗五九、四）

（乾隆三、一、辛巳）户部議覆：福建布政使王士任奏稱，閩省秋屯兵糧米石，例於每年二月開徵。查現在米價昂貴，民力維艱。請將乾隆三年秋屯兵糧十二萬八千餘石，聽民完納一半本色，一半折色，定價以一兩一石徵收；至不敷兵米，應在臺穀及監穀內動碾支給。其折價銀解司庫，買補還項。均應如所請。得旨：依議速行。（高宗六一、一〇）

（乾隆三、二、壬辰）户部議覆：湖廣總督宗室德沛等奏稱，湖南岳州府屬之平江縣，四面環山，距水次五百餘里，納斗石之糧，非數人數日之力，不能運到水口。請改折色，以甦民困。應如所請，將平江縣應徵漕糧九千四百五十六石八斗一升零，照該縣南秋米折定價，每石徵銀六錢五分八釐八毫。其每石應徵濟運之里，納腳米六升及漕費銀七分四釐九毫六絲，併歸正價一條徵收。計每漕米一石，全折銀七錢七分三釐三毫，按期徵足，分發衡陽、湘潭二屬各半，代買兌運。從之。（高宗六二、一三；東二、二五）

（乾隆三、三、甲戌）户部議覆：福建巡撫盧焯疏言，閩清、上杭、武平三縣，解省兵米，請照福州之例，每石折銀九錢，徵收給兵。應如所請。從之。（高宗六五、一四）

（乾隆三、四、甲午）户部議覆：直隸總督李衛疏稱，張家口及熱河等處地糧，馱載艱難，請仍徵折色，以從民便。至關外積貯，亦可照內地買購。應如所請。從之。（高宗六六、一五）

（乾隆三、九、乙卯）諭：今年江南地方，雨澤愆期，田禾被旱，朕已多方籌畫，諭旨屢頒，該督撫自仰體朕心，竭力經理。今朕聞得下江地方，凡屬高阜之處受傷實多，而平土低窪之處收成尚好。朕思此等有收之田畝，在未經得雨以前，小民並力車戽。工本倍於往日，勞費加於平時，亦當酌量加恩，以示撫卹。用是再頒諭旨，除被災州縣、衛本年漕糧，查照分數蠲免停徵外，其成熟地畝，亦著分別折徵。蘇州府屬三處，折徵十分之三；江、常、鎮、淮、揚、通、海七府州屬四十三處，折徵十分之五。如此，則辛苦有收之民，亦邀國家格外恩澤，而該省又可多存米糧，以濟閭閻之匱乏，於歉年大有裨益。該部可遵諭速行。（高宗七六、六）

（乾隆三、九、庚申）户部議准：雲南巡撫張允隨奏稱，滇省安寧等二十三州縣，兵多米少，向例四年折徵。請仍行改徵本色，撥抵各屬應買穀石，所有應折銀兩，即於司庫扣撥充餉。從之。（高宗七六、一二）

(乾隆三、一二、辛巳) 浙江巡撫盧焯奏：安吉、烏程、歸安、長興等四州縣被災田畝，除按分扣蠲外，所有應徵南米漕米，請緩至次年麥熟，每石折徵銀一兩。僅有南米之孝豐、東陽二縣，雖勘不成災，究非成熟，一例折徵。得旨：著照盧焯所請行。該部知道。（高宗八二、五）

(乾隆四、九、丙午) 諭：江南淮安、揚州、徐州、海州等屬，上年被災獨重，今年又復被水歉收，朕已諭令該督撫加意撫恤，所有應徵錢糧，該督撫自分別蠲、緩，具奏請旨。但聞海州、贛榆二州縣，本地素不產米，漕糧俱採辦於鄰郡，今年二州縣被水稍廣，民力未免艱難。其成災地畝，應徵漕糧，聽該督撫查勘，照例題請蠲、緩外，至被水而勘不成災之處，民力亦覺艱難，著將本年應納之漕糧，並上年緩徵之漕糧，俱准其折色。每米一石，折銀一兩，按數交官起解，免其購運，以紓民力。該部可即行文江蘇督撫知之。（高宗一〇〇、二）

(乾隆四、一〇、乙酉) 諭：前因江南海州、贛榆二州縣，素不產米，其應納漕糧，俱採辦於鄰郡，今年二州縣被水稍廣，民力未免艱難，除成災地畝，聽該督撫照例辦理外，至被水而勘不成災之處，著將本年應納之漕糧，並上年緩徵之漕糧，俱准折色，免其購運，以紓民力，已降諭旨矣。今聞贛榆一邑，地瘠民貧，又值連年被災歉收，即本年熟田所產之米，亦不足以供本地小民之食，所當酌量變通辦理者。著將贛邑未被水之熟田應徵漕糧，照本地交納粟米例，一併改徵折色，俾多留米穀於瘠邑，庶民食不至匱乏。該部可即行文江南督撫知之。（高宗一〇二、一三）

(乾隆五、五、戊午) 戶部議准：河南巡撫雅爾圖奏稱，豫省上年被災州縣，蠲剩錢糧，今屆麥熟，自應各按被災分數，照例分別兩年三年帶徵完納。查民戶大小不同，欠項多寡不一。如小戶因數目零星，大戶有志急公全完，或完至一半以上，及情願以錢作銀，以麥抵穀者，每麥七斗，照例抵穀一石，錢按照時價科算。令各州縣分限催徵之中，仍寓聽從民便之道。其積年舊欠借穀，分作三年帶徵者，亦請一體通融辦理。從之。（高宗一一七、五）

(乾隆五、閏六、甲辰) 戶部議覆：河南巡撫雅爾圖奏稱，豫省漕糧，本折屢更，經前撫臣尹會一題定，除祥符等五十五州縣徵運本色外，其離水次四百里以外之永城等十九州縣，折徵銀兩，赴水次採買兌運，計採辦米二萬九千餘石。每至冬間，十九州縣齊赴衛輝水次購買。衛輝近河一帶，民間多種麥豆，少種粟米，購買本屬艱難，況漕糧係刻不容緩之事，各州縣爭先採辦，一時蜂擁，市集爲空，以致商儈居奇擡價，小民深以爲苦，而十九州縣因價不敷，每致賠墊，官民均困。查豫省雍正十年以後，兩次奉文，將漕米改徵黑豆七萬石，從前於通省辦漕州縣，均勻派撥，徵收兌運。惟是黑豆一項，多種於近河之區，是以衛輝一帶，出產頗廣，價值亦平；而離河稍遠之州縣，所種無幾，小民米豆兼納，頗覺未便。請將永城等州縣採辦之米，歸於祥符等州縣徵解，而以祥符等州縣徵收之豆，歸於永城等州縣採買。在祥符等處小民，原係納米，今仍其舊制，並非苦難，且該處米多豆少，完米更覺便易。而永城等處，將折徵之銀，赴豆多價平之地方採買起運，不但官免賠墊之虞，而衛輝米價，不致每年騰貴。既於民食大有裨益，又於漕運米豆毫無增損，官民兩利。應如所請。從之。（高宗一二〇、一七）

（乾隆五、閏六、丁未）户部議：查安徽省不通水路之徽寧等二十七州縣，徵解兵糧，原因輓運維艱，是以康熙二十八年，經前任督臣傅臘塔題請每石折徵八錢。嗣於雍正十二年，又經前督臣趙宏恩以各州縣折徵米石，恐時價貴賤不同，兵民各有偏枯，議令坐支兵糧，改徵本色。所有池州營分防石埭縣馬步戰守兵丁六十一名，額需米二百十九石六斗，該縣徵收本色，就近坐支，餘米仍照例折徵解司。今原署江督臣郝玉麟奏稱，該縣田戶畸零，又散處四鄉，每至開徵，踰山涉嶺，以完納合勻之兵米，盤纏飯食，不下數十倍；且該縣防兵眷口存營，俱在貴池居住，支領兵米，不能輓運，仍需變價。請將石埭縣撥徵前項兵米，仍於貴池縣南米項下撥給，其石埭縣原撥兵米，仍隨地丁折徵解司。應如所請，將石埭縣撥徵前項兵米二百十九石六斗，改於貴池縣南米項下撥給，其石埭縣撥徵兵米，遵照定例價值，折徵解司。從之。（高宗一二〇、二六）

（乾隆五、閏六、壬戌）户部議准：直隸總督孫嘉淦疏稱，廣宗縣屬南寺郭、北寺郭、楊家莊等三村莊，地一百六十七頃三十四畝有奇，舊屬山東冠縣，因坐落廣邑境內，於乾隆三年經山東撫臣法敏奏准，改屬直隸管轄。除徵地糧外，有應徵正兌改兌本色漕米二百一十石有奇。查直屬通省，並無應徵漕項，獨此三村仍收漕米，章程既不畫一，小民奔走交納，亦多不便。請照豫省磁州地畝改歸直省之例，將應徵漕米，改徵折色。從之。（高宗一二一、一三）

（乾隆五、九、戊寅）户部議准：河南巡撫雅爾圖奏，豫省上年被水州縣內，有勘不成災地畝，未完漕米七萬八千八百一石有奇。前經題准，緩至乾隆五年麥熟後，或折徵銀兩，或折收麥石，臨時酌定。今各屬二麥俱已收穫，似應即行催納。但折徵銀兩，恐於漕運有虧，折收麥石，向無成例，請俟秋成後徵米兌運。從之。（高宗一二六、一五）

（乾隆五、九、乙未）諭：江南徐州府、海州所屬州縣，地濱河海，年來頻遭水旱，幸今歲收成豐稔，而所屬州縣內，又間有蟲災，獨傷粟米一種。現屆徵收漕糧之期，所有應納粟米之戶，若仍徵收本色，則購買未免艱難。著將應徵粟米之數，照部定價值，准交折色，俾小民易於輸將，無貴價買米之苦。著該部即行文江南督撫遵旨辦理。（高宗一二七、一六）

（乾隆五、一一、辛巳）戶部議覆：前任湖廣總督班第奏稱，通山、當陽二邑漕糧，自康熙年間因無水次可通，違例折徵，現在驟難改易等語。查漕糧向不折徵，今該二縣以日久相沿，幾同成例。應如所請，准其折徵買兌。至酌中定價之處，仍令妥議具題。從之。（高宗一三〇、三二）

（乾隆五、一一、丙申）吏部尚書署兩江總督楊超曾奏：今秋徐、海偏災，特旨將應納粟米改徵折色。惟查贛榆一縣，向係民折官辦，本年定價每石徵銀一兩，自九月開徵，民間已陸續完納，較現奉部價，每石多完銀二錢五分。請將各該戶多完銀兩，如本年尚有未完，即抵作未完之數；如無未完，即抵作次年應完之數。再徐、海二屬，乾隆三四年折漕、緩漕，於未奉旨緩徵時，多有完納者，亦請作次年分徵之數。得旨：著照所請行，該部知道。（高宗一三一、一六）

（乾隆六、九、己卯）[戶部]又議准：山西巡撫喀爾吉善奏稱，晉省徵收錢糧，零星小戶以及大戶尾欠，俱以納錢為便。現今錢價昂貴，應飭各屬遵照原議，完正銀一錢，加入定耗及易銀平色、傾銷、解費，定以一百文之數。從之。（高宗一五一、三）

（乾隆七、一、丁卯）閩浙總督兼管浙江巡撫宗室德沛奏：漕糧例應乾圓潔淨，米色不純，自干詰糾。蒙俯鑒江蘇省秋雨連綿，米色定減，特諭有漕地方，不必照常較論，地方官酌量可收，即日收兌。浙省收穫時，亦苦雨多，秋禾碾出，間有青腰白臍，與江省事同一體，即飭州縣紅白兼收，秈粳並納，俾小民易於輸將。請飭下倉場、漕運兩督臣，浙漕過淮抵通，免其駁換。下部知之。（高宗一五八、三）

（乾隆七、四、辛卯）戶部議准：貴州總督兼管巡撫張廣泗奏稱，黃平一州，前因苗疆新設，多需兵糧，是以將額徵地銀，改收米石。今該州於每年額徵秋糧，除撥供支，尚有餘米六百六十餘石。請仍照每石七錢五分之數，改徵銀解庫，以省撥運。從之。（高宗一六四、一一）

（乾隆七、六、甲辰）戶部議准：甘肅巡撫黃廷桂疏稱，寧州、環縣、合水、安化四州縣接管之慶陽一衛，地界甘省極東，天氣視各府差暖，民間種粟者多，是以向徵粟米一色，原為便民起見。查該衛地畝，多在高山坡坎之間，可種粟者止十之一二，餘僅堪樹藝麥豆，屯民易米完賦，不無虧折。且甘屬河東、河西各衛屯糧，均係麥豆雜糧兼收，今應照例將該衛額徵粟米，自乾隆癸亥年為始，改為米麥豆三色兼收。從之。（高宗一六九、一）

（乾隆七、九、乙亥） 户部議准：兩江總督宗室德沛疏稱，江寧省倉南豆一項，各縣編載全書，徵收黃豆，而黃豆非馬料所宜，且多不產黃豆之處，應請因地制宜，改徵折色。當塗、蕪湖二縣，每石徵銀一兩一錢；宣城、涇縣、貴池、銅陵、東流、上元、江寧、句容、溧水、高淳等十縣，每石徵銀一兩二錢；溧陽縣每石徵銀一兩一錢七分；徵價解司，每年於秋成時，委員齎價赴產豆地方，照數購買，運省收倉。一調劑間，馬政倉儲，均有裨益。從之。（高宗一七五、六）

（乾隆七、九、乙酉） 漕運總督顧琮奏：上下兩江，災祲頻仍，將來公私賑糶，需米甚迫，價必踴貴。竊計二省地丁，約五百餘萬兩，請頒諭旨，將來歲額徵，悉輸本色。每米一石，準銀一兩一錢。除被災州縣外，尚可得米四百餘萬石，以半留之本地，以半分貯被災地方，各於青黃不接時，官為平糶，其價解京。則國帑無虧，而災黎普濟。且江南民俗，貧者每因納銀而賤糶，富者常恃囤積以居奇，今全輸本色，在貧者初非責其所無，而富者亦不能私其所有。既無隣近採買之稽遲，更異生監收捐之難必，囤積之弊，不禁自除，官米既多，市價必減。目前預籌江省救災之良法，似無過於此者。得旨：此奏固有所見，但從來無如此之功令。且恐江南亦安得有許多米穀也？若果有許多米穀，則不為災矣。然既有是言，待朕再為籌量。（高宗一七五、二七）

（乾隆七、一一、乙亥） 户部議准：盛京户部侍郎雙喜奏稱，明歲秋間，皇上恭奉皇太后往謁祖陵，所有隨從人員經過地方，應需口糧、馬駝草料，宜豫為備辦。但現在各城倉，雖有存貯粟米，並無草豆。應請將寧遠等城乾隆七年地畝，暫停徵收米石，改徵黑豆備用。從之。（高宗一七九、九）

（乾隆七、一一、乙亥） 户部又議准：江西巡撫陳宏謀奏稱，瀘溪縣應輸漕米，乾隆二年改徵折色，交官代辦，實緣地處深山，舟楫不通，輓運維艱之故。第所定價值，每石止銀八錢，實屬不敷。數年來，俱令通省四十九州縣分認一半，瀘溪縣獨認一半。原屬暫時通融，未可經久。請嗣後於每年八月開徵時，糧道就近將省城米價確查，按照米數，借動藩庫存公銀，於省會水次購買，即將時價確數，應徵銀兩，發示諭民，照數完納還庫。從之。（高宗一七九、九）

（乾隆八、二、癸巳） 户部議覆：兩江總督宗室德沛疏稱，海州、贛榆二屬漕糧，前任督臣慶復，以地係濱海，土性不宜米穀，小民苦於購納，題請折徵解部。經部議仍令民折官辦。請嗣後於海州漕糧粳米，每石徵銀一兩二錢，贛榆粟米，每石徵銀一兩，遇時價過昂，另題請旨；或年豐價賤，徵有贏餘，核抵下年徵額。耗米一項，亦應照數徵收等語。所奏紛繁，恐官吏捏報滋弊。應照議定江西瀘溪縣漕糧之例，各依時價採買，先動藩庫銀，及時購辦兌運，隨示諭里民，如數歸款。從之。（高宗一八四、九）

（**乾隆八、二、己亥**）户部議准：山東巡撫晏斯盛疏稱，青州府新設滿營，添兵二千餘名，大小男婦，不下萬餘口，歲需米一萬七千六十石有奇。原於府貯穀内，按月碾米支給，扣價存庫，秋收買還。惟是青州僻處偏隅，產米無多，買補未便。請於附近青州之有漕州縣内，改徵運京黑豆一項，量撥一萬七千餘石，仍徵粟米，運為青州兵糈。青州為產豆之鄉，即將青州穀價，於本境買豆補數，依限隨漕起運。從之。（高宗一八四、一五）

（**乾隆八、二、癸丑**）户部議准：浙江巡撫常安疏稱，江山縣額徵南米一千九百二十三石零，坐撥楓嶺營及衢州鎮標兵糈。嗣因關支路遠，前督臣郝玉麟題請每石折銀一兩，至今分款輸將，民以為病。請自乾隆八年為始，將南米折徵銀併入地糧徵收，其楓嶺等營，仍照例給發兵糧。從之。（高宗一八五、二二）

（**乾隆八、閏四、癸亥**）鴻臚寺卿梅瑴成奏：近奉聖諭，停止採買收捐，以足民食。而常平倉貯，額不可缺，請於每年起運漕糧，暫行酌截十分之一二，以補緊要倉貯。又查各省州縣，離水次太遠，將漕糧改徵折色者，令其仍徵本色，即存貯本州縣作常平之穀，俟倉額已足，仍徵折色。得旨：奏内所稱將起運漕糧，每年酌截十分之一二，以補各省倉貯，殊不可行。且有漕之省分，得以接濟，無漕省分，又將如之何？其所云離水次太遠，改徵折色之州縣，仍徵本色之處，或屬可行。著大學士會同該部議奏。尋議：查徵漕之地，不過江浙數省，其西北各省，大半俱不產米，豈能悉轉東南額運之歲漕，用充各省常平之儲蓄？誠如聖諭，殊不可行。至所奏各省州縣漕糧改徵折色者，令其仍徵本色存貯。查漕運議單開載，山東、河南、江南、湖廣等省，折米石數，大概非地不產米，即離水窵遠，因而改徵折色。自明至今，數百年來，納户相安已久，一旦議令仍徵本色，非特輸納維艱，且恐地不產米，及產米無多之州縣，往他處採買，必致穀貴傷民，殊非軫念民食之意。況折漕價值，每石自五錢至八錢不等，現在各省米價昂貴，民間豈能以五錢至八錢之價，採辦本色一石之漕米？是欲充倉貯，而民已先受其累。應將該寺卿所請，毋庸議。從之。（高宗一九○、一一）

（乾隆八、九、己酉）［甘肅巡撫黃廷桂］又奏：甘省地處邊徼，豐歉不常。查自乾隆元年至八年止，通省舊欠額徵，尚有未完糧六十九萬餘石，此內逋賦過多及苦寒薄收處所，均已蒙恩分年帶徵；至民欠籽種口糧，亦尚有六十餘萬石。今值豐稔之歲，正小民急公完賦之時，但地方出產不齊，細糧有限，惟青稞大豆，處處兼種，雖色樣少遜小麥，實本地食用所需，且堪久貯，自應通融收貯，立定章程，應將本年額徵新糧，仍照奏准往例，每一石收大麥二斗；其額徵舊欠，除原係豆糧一色徵收及兼收青稞之處，毋庸變通外，其餘各屬舊欠，請每一石於大麥二斗外，以豆稞四斗兼收。再，累年民欠籽種口糧，例應照原借色樣交倉，可否乘此豐年，併令不拘色樣兼收，後不爲例。得旨：甚妥甚善，應如此辦理者。（高宗二〇一、四〇）

（乾隆八、一一、甲午）户部議覆：江蘇巡撫陳大受疏稱，嘉定、寶山二縣，海濱沙瘠，不宜禾稻，民間應輸漕白，每年照時價折徵銀兩，官爲採辦。第米價貴賤，早晚不同，設折徵後不敷採買，勢必累官，若豫存長價地步，勢又累民。請照江西瀘溪縣例，每年開徵時先動藩庫存公銀兩，確訪時價，購買兌運，再行按數出示徵完。應如所請。從之。（高宗二〇四、二一）

（乾隆八、一一、己酉）江蘇巡撫陳大受奏：徐州府屬漕糧，例徵粟米。第民間種粟甚少，有願將二麥交倉抵算者，查於積貯、平糶俱便，應照以麥抵米例徵收。得旨：知道了。（高宗二〇五、二三）

（乾隆九、八、壬子）户部議覆：河南巡撫碩色疏稱，豫省漕糧內，先經部議改徵黑豆七萬石以供京師飼馬之用，現據兵部侍郎雅爾圖奏稱，京師豆價稍昂，豫省產豆甚多，請將該省額米一十五萬餘石，悉改黑豆起運。第該省產豆之地，仍不若產穀之廣，若盡改徵豆，價值必昂。伏查祥符等五十州縣，從前原徵額豆二萬九千餘石，嗣於乾隆五年改徵米石，今請仍改徵豆起運。應如所請。從之。（高宗二二二、一二）

（乾隆一〇、三、甲戌）户部議准：河南巡撫碩色疏稱，豫省永城等縣應解德州倉米，今既改徵黑豆，請將原議祥符等州縣協辦漕米，統徵本色，與黑豆一併起運。至解臨清倉米，應飭各州縣照例改折，每石價銀八錢徵解。從之。（高宗二三六、二）

（乾隆一〇、一〇、乙卯）户部議准：甘肅巡撫黃廷桂奏稱，徽縣大門、江洛等鎮，額徵屯糧一千九百二十六石有奇，每年搭支文縣營兵糧一百二十餘石，於大門鎮建倉收貯。嗣因廒座不敷，屯民情願賃房，官收民守。乾隆六年，以文營兵關領不便，部准免其在徽搭支本色，屯糧益增。現屆徵期，無房可賃，若令赴城交納，盤費數倍額輸。請照秦安縣屯糧折徵例，每石改

徵銀六錢五分。從之。(高宗二五一、一)

（**乾隆一一、五、己未**）諭軍機大臣等：據廣東高廉道甘士琇奏，貴州貴陽府所轄白納、中曹、養龍、虎墜四土司額田一萬一千二百餘畝，應徵條銀內改徵本色米一千二百四十餘石。查此項米石，原係徵銀，乾隆三四年間苗疆添設兵丁，口糧不敷，因議改徵米石。但貴陽所管各土司地方，山路崎嶇，每一人止可負米三斗有餘，上納殊爲艱辛。今新疆台拱與湖南沅州接壤，古州與廣西慶遠接壤，茆年採買米石，俱足支放兵糧，而貴陽議改之米，但貯府倉，不須撥用，若將此項米石，仍照舊例改徵銀兩，則窮民易於完納等語。貴陽所屬白納等土司額田，向係徵納條銀，今改徵米石，輓運艱難，甘士琇如此陳奏，爾等可傳諭詢問張廣泗果否如此情形，此項米石，應否仍照舊例改徵銀兩之處，令其確查，據實奏聞。(高宗二六七、一五)

（**乾隆一一、一○、己丑**）諭軍機大臣等：向來內務府所用麥石，俱臨期購買，朕思與其在京城購辦，不若運自產麥之地爲便。可傳諭河南巡撫碩色，可否於應徵漕糧內，照黑豆之例，每年改徵小麥一萬石，運送來京？其輸將妥便與否，令其斟酌辦理；如何改徵，即令酌定價值，具摺奏聞。(高宗二七七、二三)

（**乾隆一二、六、己卯**）[大學士等]又議覆：喀爾吉善等奏稱，閩省積儲，每歲出陳易新，原屬良法，惟是邇年米穀價昂，平糶銀不敷採買，虛懸倉額。查閩省原額徵本色米一十二萬六千餘石，例於春夏二季將存倉穀碾米給兵，秋成徵收色米，又買穀貯倉，殊多周折。請嗣後按各府、州、縣徵收色米之數，統於倉內全行碾米，放給兵糧，秋收後以一米改徵二穀還倉，其所需碾費，向例不准開銷等語。碾米既無所費，徵穀又無弊端，官民兩便，應如所議行。又稱延、建等府，運省兵米二萬五千餘石，又兵米改折將本色解省項下米四千四百餘石，如令以穀解省，則運費倍多，仍令徵米，則米穀叅錯。亦應如所奏，令原徵州縣一體徵穀，即於本地碾米解省。得旨：依議速行。(高宗二九三、八)

（**乾隆一六、三、甲寅**）户部議准：原任雲南巡撫圖爾炳阿疏稱，順寧、楚雄、恩樂、雲南等四府縣，額徵本色，每年除放兵米外，存米有餘。請自乾隆十五年始，居四年折徵一次，價每石銀一兩。從之。(高宗三八五、一)

（**乾隆一六、四、丙子**）户部議准：河南巡撫鄂容安疏稱，乾隆十六年分德州倉應徵米石，除祥符等州縣統徵本色，永城等州縣改辦黑豆運通，其臨清倉米石，應令各州縣每石折銀八錢，徵解支給。從之。(高宗三八六、一一)

（乾隆一六、五、癸亥）又諭：京師官員兵丁，餒養馬匹，需用黑豆甚多。豫東二省向爲出產黑豆之地，自雍正十年以來，已於該二省漕糧粟米内，節次改徵，每年合計額解黑豆二十萬九千餘石，以供支放八旗馬駝之用。該省小民樂於輸將，至今稱便。但現在豫東二省額徵運通粟米，尚有三十七萬餘石，計支放官兵俸餉外，每歲多有餘剩，似可再爲酌量改徵，以裨實用。著傳諭鄂容安、準泰等，令其於額徵粟米内，各按地方情形，視其出產之多寡，分別定數，每省再爲改徵黑豆一二萬石，同從前改徵豆石，一併兌運。在二省多留此數萬石之粟米，既又以資民間口食，而京師豆石價值，亦可不致昂貴。倘加增改徵豆石，於閭閻完納漕糧，實有未便之處，亦即據實查奏，不必勉強從事。（高宗三八九、二六）

（乾隆一六、六、壬子）大學士等議准：河南巡撫鄂容安奏覆，豫省地方粟豆兼產，以賤價之豆抵貴價之米，樂於輸將，改徵一二萬石，民情並無未便。應請自本年爲始，於應徵粟米内改徵黑豆二萬石。除永城等十九州縣，相離水次窵遠，向係折徵毋庸改派外，所有祥符等三十一州縣，均勻攤派，將額徵粟米，照數除抵。仍通行曉示，不得以粟貴豆賤多少滋弊。得旨：如所議行。（高宗三九三、一）

（乾隆一六、六、壬子）［大學士等］又議准：山東巡撫準泰奏覆，東省閘內原改徵黑豆，後停泰安、萊蕪等二十一州縣，就產豆多寡，區別定數，曉諭完漕五升以上之花户，米豆兼輸，共改徵黑豆二萬石，以乾隆十六年爲始，於閘內民情稱便。得旨：如所議行。（高宗三九三、二）

（乾隆一六、九、癸巳）山東巡撫原任河南巡撫鄂容安覆奏：豫省每年額徵漕糧二十二萬石，自雍正十年、乾隆九年兩次改徵黑豆九萬九千三百餘石，本年閏五月遵旨體察情形，又改徵豆二萬石。嗣接部咨，除此次改徵外，尚餘漕米十萬餘石，或全行改徵，或再酌分數改徵之處議奏。查續改豆石，爲數較前已多，雖粟價昂於豆價，以豆抵穀，民所樂從，但各屬情形不一，產豆究不若產粟之多，收穫亦遲，若再改徵豆石，不惟恐誤漕限，且致價值昂貴，請如前議辦理較爲妥便。下部知之。（高宗三九九、二六）

（乾隆一八、七、壬午）户部議覆：倉場侍郎鶴年奏稱，豫、東二省額徵運通粟米五十七萬餘石。自雍正十年起至乾隆十七年止，以京師餒養馬駝，需豆甚多。而東豫二省向爲產豆之區，即於運通粟米内，節次改徵黑豆二十五萬九千三百餘石，足資餒養。但二省原徵粟米，除運薊截留津、易等處，及改徵之數，運京已不及一半。而京倉支放兵餉零檔，每年應需四十萬餘石，不敷所放之數，往往以穀代粟，倉無存積，而價值日昂。至京倉現存黑豆六十萬石六千有零，足供三年支放，若將來仍照舊運通，則黑豆日盈，而粟米日絀。且農民多喜食粟，而黑豆又難久貯。請自十九年爲始，豫、東二省應運黑豆，酌半改徵粟米，分貯京通各倉，則豆無潮點，而粟不昂貴。應如該侍郎所請，酌半改徵，至黑豆久存，既係易於霉變，自不應陳積三年。應令該侍郎等將本年秋季及來年春季俸米，以豆抵粟，按色搭放。得旨：依議速行。（高宗四四三、三一）

（**乾隆二〇、六、壬申**）江蘇巡撫莊有恭奏：現清查積欠，南鳳兵糧等米，多係零星尾欠，每戶數在升斗，若徵收本色，易滋弊竇。請將欠在一斗以上者，仍徵本色，在一斗以下，願折交錢者聽。既免倉書、斗級，高下其手，亦於畸零小戶稱便。從之。（高宗四九一、二九）

（**乾隆二〇、九、辛卯**）諭：今年江蘇所屬州縣，夏間雨水過多，窪地田禾被淹，秋後又間有蟲災，已屢經降旨，令該督撫加意撫綏賑卹，並截留漕糧，撥運粟麥，以資接濟。但該處現有災傷，民力未免拮据。現在漕糧將次開徵，除遵旨截留外，著將災地應徵處所，加恩改收折色，以紓民力。該督撫查明，分別被災輕重，一面奏聞，一面辦理，以示軫卹災黎之意。該部遵諭速行。（高宗四九七、一三）

（**乾隆二一、三、丁酉**）〔江蘇巡撫莊有恭〕又奏：遵旨，江蘇歉收，應納漕糧除截留外，改收折色，以紓民力。現在青黃不接，所有應於去冬徵收本色，未能照額完納，懇恩緩至今冬。其今冬應交折色，移前麥秋完交。一爲轉移，民間較便。報聞。（高宗五〇九、二四）

（**乾隆二一、五、壬辰**）戶部議覆：甘肅巡撫吳達善疏稱，成縣倉貯屯糧，積六萬二千餘石，如再徵本色，貯多不免黴變。應如所請，照秦、徽二縣例，自本年始，改收折色。從之。（高宗五一三、一二）

（**乾隆二四、一〇、癸未**）諭曰：內務府議駁，得祿奏請該處莊頭等應交旗倉米石折銀交納一案，辦理甚屬錯謬。盛京莊頭應交米石，在本處尚有准其折銀交納之例，而錦州相隔三百餘里，反不准其折銀交納，情理俱爲倒置。（高宗五九八、一〇）

（**乾隆二四、一〇、甲辰**）諭：浙省杭、嘉、湖、溫等屬，秋禾偶被偏災，業經降旨，令照江蘇之例，將本年漕糧，不拘一律，紅白兼收，以紓民力。但念該省杭屬之仁和、錢塘，湖屬之烏程、歸安、長興、德清、武康等處，有應徵乾隆二十年及二十三年緩漕正耗米七萬一千餘石，例應照數徵收本色。若於完納本年糟糧，並輸舊漕，地方米石不能寬裕，民食未免拮据。著該撫查明，此項應徵舊漕，加恩准其改徵折色，用示軫恤民艱至意。該部

遵諭速行。(高宗五九九、四六)

（**乾隆二五、五、甲辰**）諭：豫省上年被災，各屬漕項業經加恩蠲免，其勘不成災地畝，所有應徵漕項米麥豆石，亦俱緩至今年麥熟後徵收。現在二麥雖已登場，而米豆秋成尚須數月，若以本色辦納，民力未免拮据；且該省連年積歉，多留糧石，於民間閭閻口食，亦屬有益。著再加恩將乾隆二十二年緩徵漕項米麥豆石，均予折徵，以示體卹。(高宗五六三、五)

（**乾隆二五、九、辛未**）陝甘總督楊應琚、陝西巡撫鍾音奏：延安、榆林、綏德三府州屬，原貯額糧俱係粟穀，近因偏災借糶，倉穀空虛，本年豐稔，例應徵收還倉。但沿邊一帶地氣早寒，糜子、莜麥、黑豆等項雜糧，收穫倍於粟穀，若必收穀還倉，則小民輾轉虧折，勢必完納不前。應請將延安等三府州屬，節年民欠穀石，准其雜糧兼收。得旨：災歉之後，自應如所請行，然不可為例也。(高宗六二一、一九)

（**乾隆二六、八、乙亥**）戶部議覆：雲南巡撫劉藻疏稱，雲南府、昆明縣兩倉，徵收昆明及近省之安寧、晉寧、昆陽、嵩明、宜良、呈貢、富民、河陽、新興、江川等十州縣稅秋糧米，現定半徵本色，半徵折色。但該府、縣兩倉，濱臨昆池，地氣潮濕。請將安寧等十州縣每年應徵本色，以兩年運穀，一年運米。應如所請。從之。(高宗六四二、二一)

（**乾隆二七、一二、己亥**）戶部議准：調任江蘇巡撫陳宏謀奏稱，清河、桃源、宿遷、沭陽四縣，地不產米，民間完納漕糧不便。請嗣後照海、贛二處例，折價官辦，於每年秋成時，赴司領銀採買，令產米各州縣及該管道府加結轉詳，覈實徵收，如有浮冒，照例查參。從之。(高宗六七六、二〇)

（**乾隆四三、九、戊申**）戶部議覆：河南巡撫鄭大進奏，請於豫省不被水之州縣內應徵粟米，改徵麥豆。得旨：依議速行。(高宗一〇六七、二六)

（**乾隆五一、一、甲戌**）又諭：據毓奇覆奏，本年應運通漕數目一摺，尚未明晰。各省起運正供，本年因災蠲緩，雖比較每年定額共短少一百八十二萬八千餘石，而例應起運之正耗漕白米，尚有二百七十九萬七千石零。若今歲雨暘時若，河水充足，自當全數趲挽抵通。但閱該督摺內奏稱，現督飭各省糧道，慎選乾潔好米，受兌來淮盤驗等語。上年江浙等省，俱被有偏災，其所收米色，自不能如向年之乾潔，毓奇寧不知之？前據福崧奏，浙江海寧等州縣漕糧，請紅白兼收，秈粳並納。朕以該撫所奏，自係實在情形，當即批允。豈毓奇亦未接准福崧咨會，而尚有此慎選好米之奏，殊未明晰。著傳諭該督，於各省漕糧受兌，及抵淮盤驗時，如果有攙雜潮濕等弊，自應查明辦理，其米色稍減，及顆粒未能純淨，尚可備供支放者，即當兌收盤

放,不必過事苛求,以示朕體恤災區至意。(高宗一二四九、二二)(高宗一二四七、二二)

(嘉慶五、一一、丙申;東丁酉)諭軍機大臣等:大學士九卿議駁費淳等奏,請將江蘇、浙江應徵輕齎折色銀兩改徵本色一摺,已依議行矣。此事前經蔣兆奎奏請,嗣又有浙江旗丁儀洪遠等,在户部具呈,俱經户部議駁。昨復據費淳、鐵保、岳起、阮元聯銜具奏,仍請將輕齎之項,以六成改徵本色,四成竟予豁免。費淳等四人,平日辦事尚屬認真,所奏原係為公起見,但先經户部議駁,而大學士九卿又以為事屬難行,朕豈肯違衆臣之公議,獨准伊四人之奏乎。況此項輕齎,每石原定折銀五錢,本係國家薄斂愛民之意,行之百有餘年,相安已久,豈容輕議更張?若如該督撫等所議,改徵六成本色,豁免四成,亦似不欲累民;殊不知以六成本色所值而論,較之原定十成折價,已不啻多至一倍有餘。是小民虛受四成豁免之恩,轉受六成本色之累,與加賦何異?朕聞近日各省漕務,名為肅清,其實浮收之弊,未能盡除。該督撫等雖潔己自愛,而於州縣收漕種種弊竇,不能實力糾察嚴參,大法而小不廉,有清漕之名,仍無清漕之實,實為近來通病。比之六部京堂,皆知奉公守法,而司官書吏,任意行私,朕安用此等尚書侍郎為耶?直省大吏,比古諸侯,豈可不以用人為先務乎?司事者不思正本清源,漸除積重難返之弊,動以辦理清漕,旗丁運費即有不敷,嘵嘵瀆請。此非真為調劑漕務起見,不過聽不肖屬員慫慂,仍欲顯蹈從前浮收惡習耳。況本年各省漕船,屆期抵通,並無遲誤,其運丁之辦理並無竭蹶,即此可見。乃該督等或以本年漕運係多方設法,始能無誤;竟似明年漕運,若不另加籌畫,恐致輓運維艱,豫為站腳地步。此事惟在費淳、鐵保、岳起、阮元等悉心籌畫,認真經理,總期於運務有益,而不至苦累小民,方為正辦。若明年漕運稍有稽遲,惟伊等四人是問。將此諭令知之。(仁宗七六、二二;東三、三三)

(嘉慶八、四、戊寅)諭軍機大臣等:鐵保奏,酌議州縣收納錢糧一摺。據稱,州縣收納錢糧,有不得不因地變通者。向來交銀在一錢以上,定例已久,自不可輕易更張。除通都大邑及商旅輻輳之所,有銀可易,仍遵定例辦理外,閒有山僻小邑,向無銀鋪地方,准聽民便。仍飭該州縣按照旬報銀價,如數完納等語。地方官收納錢糧,原應使官民兩便,若山僻小邑,向無銀鋪地方,必欲小民按照定例,以錢易銀始准交納,未免強以所難。鐵保所請山僻小邑,向無銀鋪地方聽民自便之處,係屬通融辦理,但奉行不善,則州縣仍可多取於民。即州縣所開旬報銀價之數,亦何嘗可信?該撫當督飭司道,隨時認真查察,惟按照錢文時價,酌定數目。設州縣等有因此多取於

民，及必欲强民以錢文交納者，即著嚴条示懲，於便民之中仍防滋弊爲要。（仁宗一一一、二一）

（嘉慶八、九、丁未）以山東東阿、平陰、東平、陽穀、菏澤、鄆城、濮、觀城、朝城、聊城、博平、茌平、清平、泰安、萊蕪、肥城、寧陽、齊河、齊東、濟陽、禹城、臨邑、陵、德平、惠民、青城、陽信、樂陵、商河二十九州縣，豆收歉薄，改徵粟米。（仁宗一二〇、二九）

（嘉慶九、一二、甲子）諭内閣：和寧、伊斯堪違爾奏，調劑喀什噶爾、英吉沙爾兩屬倉貯餘糧一摺。據稱該處倉貯三色糧八千四百餘石，並備貯小麥一萬石，足敷支放官兵口食，請將從前減運伊犁布匹改收之糧四千石，照烏什糶糧之例，於明春青黃不接之時，按市價酌減錢文出糶；並請將此項糧石，自嘉慶十年秋季爲始，改收錢文，小麥每石交錢一百四十文，大麥、高梁每石交錢一百文，以免各小回子馱運，以平回莊市價等語。著照所請行。仍將每年折收糧價錢文，搭放官兵鹽菜，報部覈銷。（仁宗一三八、六）

六、錢糧虧欠及其清厘

（順治九、一〇、戊辰）大學士范文程等奏言：各直省錢糧，每年缺額至四百餘萬。賦虧餉詘，急宜籌畫。……得旨：此所奏甚是，著議政諸王及大臣等會議具奏。（世祖六九、一九）

（順治一五、一〇、辛卯）江西道御史許之漸疏言：財賦之大害，莫如蠹役，有蠹在收者，有蠹在解者，有蠹在提比者，有蠹在那移支放者，所侵累萬盈千。有司恐此蠹一斃，無從追補，至本官以条罰去，而此蠹歷久尚存。前無所懲，後無所戒。請敕該撫按，將從前侵蠹姓名、數目，逐一清查，籍其家產。將侵多者立斬市曹，侵少者即時流徙。捐此所侵之數，以清積蠹之源，未必無小補也。得旨：所奏深切時弊，該部詳議具奏。（世祖一二一、一三）

（康熙七、八、甲申）陝西合水縣休致知縣龔蓀，以欠民糧四分以上，罰追銀八百兩。產絶，至鬻子以償，仍未完納，甘肅巡撫劉斗以聞。得旨：龔蓀因未完錢糧，罰追銀兩，產絶窮迫，以致鬻子，殊爲可憫。令該地方官贖還之。其未完銀兩，悉與豁免。（聖祖二六、二三）

（康熙二四、四、乙未）先是，寧夏靈州民吳仲良等，隱匿地萬一千餘畝。甘肅巡撫葉穆濟咨報户部，部議按畝徵糧，仍追地價入官。至是，葉穆濟以吳仲良等貧苦，地價久未輸納，題条經徵同知邵逢春等。部議各官如例處分，仍徵糧追價。得旨：寧夏邊方，地瘠民貧，吳仲良等隱匿地畝價值及

賠補錢糧，悉行免徵；所条各官，亦從寬免議。(聖祖一二〇、一六；東九、五)

（康熙四八、一一、丙子）上諭大學士等曰：適科臣郝林條奏各省錢糧虧空。郝林但知州縣錢糧有虧空之弊，而所以虧空之根原，未之知也。凡言虧空者，或謂官吏侵蝕，或謂餽送上官，此固事所時有，然地方有清正之督撫，而所屬官員虧空更多，則又何説？朕聽政日久，歷事甚多，於各州縣虧空根原，知之最悉。從前各省錢糧，除地丁正項外，雜項錢糧不解京者尚多。自三逆變亂以後，軍需浩繁，遂將一切存留款項，盡數解部，其留地方者，惟俸工等項；必不可省之經費，又經節次裁減，爲數甚少。此外則一絲一粒無不陸續解送京師，雖有尾欠，部中亦必令起解。州縣有司，無纖毫餘剩可以動支，因而有那移正項之事，此乃虧空之大根原也。再如正項錢糧二千兩，徵收未完五百兩者，按分數議處，其例甚輕；若因公那用五百兩，則處分甚重。今但責令賠償足額，其罪似乎可寬，不必深究。凡事不可深究者極多，即如州縣一分火耗，亦法所不應取；尋常交際一二十金，亦法所不應受。若盡以此法，一概繩人，則人皆獲罪無所措手足矣。且如户部庫中錢糧，歷年存積，數極難清，前此庫貯一二千萬時，曾令部中逐案盤查，轉多二十餘萬。即各倉糧米，亦歷年堆積，陳陳相因，贏餘不少。不肖官役侵盜銀米，未嘗無人，若行盤查，數仍不缺。總之定例所在，有犯必懲，其中細微，不必深究。諸事大抵如此。現在户部庫銀，存貯五千餘萬兩，時當承平，無軍旅之費，又無土木工程，朕每年經費，極其節省，此存庫銀兩，並無別用。去年蠲免錢糧至八百餘萬兩，而所存尚多。因思從前恐内帑不足，故將外省錢糧，盡收入户部。以今觀之，未爲盡善。天下財賦，止有此數，在内既贏，則在外必絀，凡事須預爲之備。若各省庫中酌留帑銀，似於地方有濟。倘在外各省，一旦倉猝需用，反從京師解出，得無有緩不及事之慮。此亦當於無事之時，從長商榷者也。爾等可將朕此旨，一一傳諭九卿。(聖祖二四〇、三)

（康熙六一、一〇、甲寅）諭領侍衞内大臣、侍衞等、八旗都統、前鋒統領、護軍統領、副都統、参領等、大學士、九卿、詹事、科道、直隸巡撫、守道等：朕臨御天下六十餘載，年至古稀，太祖高皇帝時大臣官員，幼時及見三分之一；太宗文皇帝時大臣官員，猶見其半；世祖章皇帝時大臣官員，俱曾全見；明萬曆、泰昌、天啟、崇禎時大臣官員及舊太監，亦曾有及見者。朕凡事留心詢問，故於前朝諸事，知之甚悉。御極以來，嘗思事多變易，皆難預定，惟寬平公正，因時制宜，一切未嘗豫執己見。孔子云，寬則得衆，信則人任焉。朕宵旰憂勤，無刻不以民生爲念。凡政事利弊，必推求其故。近見天下錢糧，各省皆有虧空，陝西尤甚。其所以致此者，皆有根源。蓋自用兵以來，大兵經行之處，督撫及地方官，惟期過伊地方，便可畢事。因資助馬匹、盤費、衣服、食物甚多。倉卒間無可設法，勢必那用庫帑；及撤兵時，又給各兵丁馬匹、銀兩。即如自藏回來之將軍以及兵丁，沿途所得，反多於正項。是以各官費用，動輒萬金，人但知取用而已，此等銀兩出自何項，並無一人問及。官之虧空錢糧者，俱已題參離任；其虧空銀兩，追比不能即得，新任官又不代完，此項銀兩，終無著落。故用兵之地，歷年錢糧奏銷，朕悉從寬緩，正爲此也。前蕩平三逆，原任湖廣布政使徐惺，所用兵餉，至四十餘年，尚不能清完。朕念皆係軍需那用，將未完銀兩，俱從寬免。蓋寬緩則州縣力舒，上可不悞國帑，下可不病民力。去年陝西督撫題參虧空各官，奏請將此虧空銀兩追出以充兵餉。後追比不得，伊等無可奈何，巡撫噶什圖密奏，欲加通省火耗，以完虧空。此摺朕若批發，便謂朕令加徵；若不批發，又謂此事已曾奏明，竟自私派。定例，私派之罪甚重。火耗一項，特以州縣官供應甚多，故於正項之外，略加些徵以助常俸所不足。原屬私事，若公然如其所請，聽其加添，則必致與正項一例催徵，將肆無忌憚矣。所以將噶什圖奏摺申飭批發，第陝西督撫，既不能追比虧空，又不敢請撥錢糧，儻有緊要軍機，焉能不致遲悞？朕因交與議政大臣，動戶部庫帑解送矣。又如賑饑一事，自應於夏麥無收之後散賑，方於百姓有益。今各省每於三四月間，或遇有冰雹、或雨澤愆期，即借此以爲青黃不接，具題請賑，冒銷倉穀；及五六月時，民間乏食，而倉中已顆粒無存矣。且今年陝省地震，因言倉糧朽爛，奏請蠲免。夫地震何至糧朽？此皆州縣官借端開銷耳。今各省雖有虧空，而陝省尤屬緊要，特傳集爾等面諭。其噶什圖所奏虧空錢糧一摺，交與九卿、詹事、科道，確議具奏。（聖祖二九九、九）

　　（康熙六一、一二、甲子） 諭戶部：自古惟正之供，所以儲軍國之需，當治平無事之日，必使倉庫充足，斯可有備無患。皇考躬行節儉，裕國愛民，六十餘年以來，蠲租賜復，殆無虛日，休養生息之恩至矣。而近日道府州縣虧空錢糧者，正復不少。揆厥所由，或係上司勒索，或係自己侵漁，豈皆因公那用？皇考好生如天，不忍即正典刑，故伊等每恃寬容，毫無畏懼，恣意虧空，動輒盈千累萬。督撫明知其弊，曲相容隱，及至萬難掩飾，往往改侵欺爲那移，勒限追補，視爲故事。而全完者絕少，遷延數載，但存追比虛名，究竟全無著落。新任之人，上司逼受前任交盤，彼既畏大吏之勢，雖有虧空，不得不受；又因以啟效尤之心，遂藉此挾制上司，不得不爲之隱諱。任意侵蝕，輾轉相因，虧空愈甚；一旦地方或有急需，不能支應，關係匪淺。朕深悉此弊，本應即行徹底清查，重加懲治，但念已成積習，姑從寬典。除陝西省外，限以三年，各省督撫，將所屬錢糧，嚴行稽查。凡有虧空，無論已經糸出及未經糸出者，三年之內，務期如數補足，毋得苛派民間，毋得借端遮飾；如限滿不完，定行從重治罪；三年補完之後，若再有虧空者，決不寬貸。至於署印之官，更爲緊要，必須愼重簡擇。蓋署印之人，始而百計鑽營，既而視如傳舍，肆意貪婪，圖飽欲壑；或取媚上官，供其索取，貽害小民，尤非淺鮮。其於前任虧空，視作泛常，接受交盤，復轉授新任，苟且因循，虧空之弊終不得清。嗣後如察出此等情弊，必將委署之上司與署印之員，一併嚴加治罪。爾部可即傳諭各省督撫。（世宗二、二四）

（**雍正二、一一、癸丑**）諭内閣、九卿、詹事、科道等：歷年户部庫帑，虧空數百萬兩，朕在藩邸，知之甚悉。此乃國家經費所關，甚爲重大，故朕特令怡親王管理清查。朕思康熙年間之虧空，此時不能清楚，儻雍正年間，又有虧空，將來亦復不便稽查。積弊相因，何以經國用而垂法紀乎？後經怡親王查出實在虧空二百五十餘萬兩，深以追補爲難，請以户部所有雜費，逐年代完，約計十年可以清楚。此怡親王欲善爲歸結之意。朕思歷年經手，俱有堂司官員，當時任意侵漁，此時置之不問，令其脫然事外，國法安在？諭令交與户部尚書孫渣齊辦理。孫渣齊職司户部，以致虧空如此之多，朕曲加寬宥，並未革職，只令伊查明經手官員，量力派令完補。乃孫渣齊徇情庇護私人，又有曾瞎子一案，揆厥情罪，實不容逭。朕又念先帝舊臣，不忍正法。將孫渣齊革職，其各員名下應追銀兩，照所派數目，作速追完。其餘一百餘萬兩，照怡親王所請，在户部逐年彌補。若各員應行追完之項，將來仍不全完，則按律治罪，朕亦不能再寬矣。至於怡親王欲上補國課，下全衆員，多方籌畫，辦理此事，甚屬可嘉，而無知嫉妒小人，反謂王過於苛刻。不但昧於天理，即人情公好之一念何在乎？特諭爾等知之。（世宗二六、一三）

（**雍正四、八、癸亥**）諭直省督撫等：數十年來，各省錢糧，虧空甚多。朕曾降諭旨寬限三年，令督撫催追完項，至今未見有奏報料理就緒者。惟原任直隸總督李維鈞曾於去年奏稱，各屬地丁銀兩，俱已彌補，惟倉穀尚略有缺欠，冬春之間，即可補足。及去秋畿輔水潦歉收，須用穀石賑濟，而倉穀存者甚少。今夏遣官訪查，各屬虧欠，一一顯露。倉穀如此，則庫帑之虧缺可知矣。李維鈞之罪，誠無所逃。據此，則他省之錢糧，不能清楚，顯然可見。該督撫等，特遲緩不行奏報耳。又如各省虧空，動稱無著之項。夫錢糧未經徵收，則欠在民；已經徵收，而有虧空，則欠在官。州縣力不能完，則上司有分賠之例；本人雖已病故，而子孫有應追之條。何得藉口無著，以虛國帑？從前彌補虧空，皆指俸工銀兩。及朕有旨，不許捐輸俸工，則皆稱以耗羨抵補。夫耗羨亦出於民，乃不問當日督撫等所以致此虧空之由，而動稱耗羨彌補，以百姓之脂膏，飽有司之谿壑，豈朕憫惜元元之至意乎？今特沛寬恩，凡各省虧空未經補完者，再限三年，務須一一清楚。如屆期再不全完，定將該督撫從重治罪。如有實在不能依限之處，著該督撫奏聞請旨。又如前年原任浙閩總督滿保，曾具摺奏稱，梁鼐任內虧空銀六萬兩，係聖祖仁皇帝南巡時所用，臣不便露此事情。彼時朕即批示云，當年皇考南巡，屢降諭旨，絲毫不取給於地方，凡行在所需，悉由內府預備，食用等物，俱發官價採買，賞齎銀兩，皆從司庫支給，嚴禁地方有司不許與扈從人員交結往來，私相餽送，違者以軍法從事。立法甚為嚴切。即或修理一二處行宮，亦皆本地方情願豫備，而所費亦屬有限，何至虧空多金，歷二十年之久，不能清結？我皇考及朕所行之事，無不可告天下臣民。其當年南巡時，如何費用之處，爾可據實直陳。而滿保理屈詞窮，不能回奏。蓋此等銀兩，皆當日地方官結交匪類，餽送知交，暮夜鑽營，恣意花費。及至虧空敗露，則動稱因南巡時用去。伊等違背皇考聖旨，擅動公帑以結私交，目無國法，其罪已不容誅，而又敢藉口南巡，將虧空之故，推卸於君上，以寬己罪，此尚得謂有人心者乎？又如山西、河南兩省，昔年虧空甚多，俱稱應辦軍需所致。凡軍需所用，皆有正項錢糧，何至累及地方有司。此皆平日地方官不能大法小廉，下吏侵漁，上司需索，以致國帑久虧，反借支應公事之名，以掩其侵盜之實，深可痛恨。嗣後直省督撫等，當祗遵朕訓，仰體朕心，共矢公忠，盡除舊習，以副朕委任封疆之重。（世宗四七、三）

（**雍正五、閏三、丙寅**）諭內閣：凡州縣錢糧之虧空，總不出侵欺、那移二項。當其侵那之時，官固主之，而經手之經承，自無不知也。乃不行稟阻，且從而慫恿之，以便作姦分肥。迨至本官監追，而經承且優遊於事外。本官問重罪，而經承僅得不行稟阻之處分。故凡虧空纍纍，多由於官吏之相成也。朕以為經承庫吏，經管倉庫之人，亦宜重其處分之例，更定勸懲之法。凡州縣官到任，先揀選殷實老成胥吏二人，充錢糧總吏，通詳報部。凡徵收錢糧，即令隨徵報解，不得存留內署。承辦五年，該縣無虧空者，即將總吏咨部，以九品雜職即用。本官少有虧空，該總吏力行稟阻，如不聽從，許徑赴司院呈明免罪。若該吏不行稟阻，致本官以虧空糾參，即將經承一同監追，減本官一等治罪。如此，則經承有所勸懲，不敢順從本官，擅動國

帑，亦杜絶虧空之一法也。（世宗五五、九）

（**雍正六、二、丙申**）諭直省督撫、布政使等：任土作貢，天地之常經；守法奉公，生民之恆性。斷無有食地之利而不願輸納正供，以甘蹈罪戾者。何以錢糧虧空拖欠之弊，積習相沿，難於整理如此？一則胥吏中飽之患未除也。或由包攬入己，或由洗改串票，或將投櫃之銀鈞封竊取，或將應比之户匿名免追，種種弊端，不可枚舉。其故皆由於錢糧完欠細數，官未嘗顯示於民。在官則以爲民欠，在民則以爲已完。故吏胥得以作奸，而官民並受蒙蔽。應飭州縣官，每年令各鄉各里書手，將所管欠户各名下已完錢糧若干，尚欠若干，逐一開明，呈送州縣官，查對無差，即用印出示，各貼本里，使欠糧之民家喻户曉。如有中飽等弊，許執串票具控。則吏胥不得肆其奸盜矣。再則不肖有司，借端侵漁那新掩舊之弊，不可不察也。朕因各省舊欠甚多，恐民力難於輸納，格外開恩，准其分年帶徵。其應徵之數，有在十年以上者，亦有寬至十年以外者，酌其多寡，分別遠近。此朕愛養黎元之至意，期於民欠易完而民力可紓也。乃聞有不肖州縣官，另立私册，於每年應徵分數之外，溢額多收，及至報解之時，止照分數起解，該管上司因其已經照數起解，不復再行稽查，而此多徵之數，遂得任其侵那，又成虧空之項。且民間見已經完納者，徒供官吏之侵漁，亦遂怠其急公之念，而抗延拖欠之事，由此而起。朕意分年帶徵之項，亦應將花户名下每年應完若干之處，詳細開明，出榜曉示，令其按數完納。以上二條，乃據朕所聞書示。其作何因地制宜與斟酌立法之處，總在地方大臣詳查弊端，權衡損益，督率有司，實心經理。果有忠誠廉幹之人，自無不可清釐之事。信乎治賦在乎得人，除弊方能立政。任地方之重寄者，其慎思之。（世宗六六、一六；東六、五）

（**雍正六、一一、丙子**）諭户部：蘇州巡撫所屬七府五州，自康熙五十一年起至雍正四年，未完地丁錢糧，積至八百一十三萬八千餘兩。其中蘇、松、常三府，太倉一州，積欠最多，自一百四十餘萬兩至一百八十餘萬兩不等。朕念切民瘼，凡閭閻疾苦，周知洞悉。此未完錢糧，或有産去糧存而不能完納者；或有人産已盡而無可催追者；又或有從前遇歉收之歲，而地方官匿荒未報，小民無力輸將，致成拖欠者。累積十餘年之久，其數至千百萬兩。但其中或有本係該地方官虧空，而希圖卸脱，捏作民欠者；或糧户已經交納，而奸胥蠹役侵蝕入己，仍作民欠者。是此項未完，大約官虧空者十之一二，吏侵蝕者十之有三四，其實係民欠不過四五而已。在貧窶之民，固不能爲無米之炊，而官吏因緣作弊，蠹國害民，情罪可惡。若非徹底清釐，即欲加惠於百姓，其道無由。是以從前令張楷將江蘇民欠，清查分晰。張楷並不清查，奏稱俱係民欠，請分年帶徵。朕雖姑允其請，意甚未愜。鄂爾泰於蘇州布政使任內，實力稽查，將有頭緒，時以雲南巡撫職任綦重，將鄂爾泰補授，而清查之案，又未竟其事。後陳時夏到任之後，一味怠忽疲玩，毫無整理釐剔之心，將從前分年帶徵之項，一併催追，以致小民艱於輸納。地方官又奉行不善，日事敲扑嚴比，七府五州之黎庶，不得沾被恩澤，朕心深爲軫念。乃陳時夏又奏稱，蘇松積欠，難於清結，從前既蒙聖恩蠲免浮糧，今請以舊欠之糧均派於新糧户內，分年徵收，以抵補積欠。夫蘇松浮糧，朕仰承皇考聖心，每歲額免四十五萬兩。煌煌明旨，布告億兆。豈有既蠲正額，而復借此抵補積欠之理。朕以誠信待天下臣民，寧肯爲巧詐之術乎？且舊欠自有本人，即非本人，亦自另有著落。若舍此不追而均派新糧，是刁民因積欠而得利，良民因先輸而倍徵，從此人人效尤，誰復輸供正賦？況以舊欠派入新糧，舊欠未必全完，而新糧又致欠缺。此種狂悖之論，不過因朕留伊在蘇州清理未完，一時不能脫身，藉此草率完結耳。今尹繼善現在清查。尹繼善初任封疆，茲事煩重，非一人心力所能辦理。蘇松等七府、太倉等五州，歷年帶徵地丁錢糧，著一概暫停徵比。俟朕派員前往，與該地方官協理清查。將各州縣官侵若干、吏蝕若干、實在民欠若干，一一釐剔清楚，朕當再降諭旨。户部即遵諭行令該督撫，遍行出示曉諭。其派員分查之處，著户部詳悉定議具奏。（世宗七五、二七；東六、三三）

（**雍正七、二、癸未**）諭內閣：江南蘇松等處錢糧，歷年積欠，至一千六百餘萬兩之多。朕已加恩，將康熙五十年以前未完，概行豁免；其自五十一年以後應徵之項，又復寬限，分爲十年至十五年帶徵。原冀民力寬紓，易於輸納也。乃數年以來，仍不能依限全完。因思此等逋賦，其實欠在民者固多，而爲官員侵漁及吏胥、土棍中飽者，亦復不少，若不確查詳核，明白分晰，則此事難以辦理。今特差大臣，會同巡撫、藩司及清查虧空之御史，總理其事，又遴選大員，專畀以分查各府之任，再揀擇州縣，分派各處，務令徹底清釐。但念錢糧爲數繁多，而積弊歷年已久，侵蝕之官吏人等甚衆，其中情節，亦有不同。在官者，或因奏銷之時原有民欠，而顧惜考成，那移報完，及徵收民欠之後，隨手花費，未曾還項，遂捏稱尚欠在民；或交代之際，有已徵未解之項，乘機隱匿，而接任之員不及查明，遂仍作民欠收受。其在吏胥、土棍者，或舞弊作奸，暗行偷盜；或廣爲包攬，私入己囊；又或鄉居窵遠之民，難於入城，託其代爲納課，而一時用去，遂成逋欠。此皆情事之所有者。今既徹底清查，則水落石出，從前玩法隱匿之案，勢必盡行敗露，均有難逃之重罪。然朕心實不忍伊等之盡罹國典，是以特降諭旨，凡侵蝕錢糧之官吏人等，准其自行出首。有能據實自首毫無隱匿者，從寬免其治罪，其所欠錢糧，仍照從前帶徵之限，分年交納；若官吏本身已故，其妻子嫡屬等，自必悉知情由，亦令自首免罪。一體寬限帶徵。此朕法外之仁，所以保全伊等之身家性命。儻仍怙惡營私，執迷罔悟，不行自首，或首而不實，則天譴國法，均難脫漏，尚可倖免乎？定將伊等照律科斷，所有侵蝕之項，於一年限內，監禁嚴追，如逾限不完，即依擬治罪。著欽差大臣、巡撫等，刊布朕諭，務令所屬官吏、軍民人等及遠鄉僻壤共知之。（世宗七八、九；東七、五）

（雍正七、閏七、辛丑）諭户部：直隸地方有寄莊、寄糧之弊，往往地寄此處，糧寄他處，相隔百餘里或數百餘里之遠。即如宣化府懷安一縣，有人地俱在懷安，而寄糧於宣化萬全者，有人地俱在宣化萬全而寄糧於懷安者，更有現在懷安納糧，而寄地於順天府之寶坻、豐潤、三河，相隔五百餘里者。在徵糧者，則鞭長莫及，而寄地者，則彼此無關，脫漏欺隱之弊，勢所不免，地方有司實難稽察催徵。著直隸總督詳查妥議，更正改隸。再各省有似此寄莊、寄糧者，著該督撫斟酌辦理。（高宗八四、二五；東七、三七）

（雍正七、一〇、甲子）諭內閣：朕夙夜孜孜，以吏治民風爲念。惟蘇松所屬，糧賦浩繁，民欠累積，官吏借此侵漁，姦徒肆其包攬，若不徹底清查，則吏治難以整肅，民風無由淳厚。是以特命大臣總理清查之事，又遴選大員分查，州縣協理，令將官侵、吏蝕、民欠三項，明晰清釐，不得絲毫朦混。又屢次降旨，將蘇松等七府、太倉等五州，歷年帶徵地丁漕項錢糧，一概暫停徵比，俟釐剔清楚之後，再降諭旨，並令該督撫遍行出示曉諭。是朕於清查一案，已申示再四，可謂明白詳備矣。乃承命之員，奉行不善，其始以爲官侵無幾，遂將紳衿所欠帶徵之項，指爲官侵，以致姦胥蠹吏，藉端挾詐。如松江候選州同朱榮椿者，積欠錢糧九百餘兩，而爲蠹書訛詐，亦至九百餘兩，此其明驗也。又聞不肖州縣，有以里圖、櫃書侵蝕之項，將來難於歸著，議令官戶、富戶，分派攤賠者，又有將帶徵錢糧，加增火耗以補官虧者。其說雖未足盡信，然人言籍籍，總理其事者，寧未聞之耶。此皆由於承命之員，不能深體朕心，而以徵比爲清查之誤也。設朕欲藉此爲催征錢糧之計，從前又何以降旨停徵乎？其有自願完納，仍令地方官收受者。緣浙江總督李衛來京陛見時，奏稱江南舊欠錢糧，自奉諭停徵之後，凡有願完者，州縣官恐涉先侵後吐之嫌，概不收受，於民情頗有未便等語。朕以民間凡有隱匿錢糧，尚准其自首，豈有願完舊欠而不准其輸納之理？是以諭令戶部，行文該總理清查大員知之。乃不意奉行者遂借此爲由，將停徵之項，概行催徵,名曰勸輸,差役追呼,甚於嚴比。近見各員所奏,有稱已完一百餘萬者,有稱旬餘之內,州縣完三萬餘兩者;而溫而遜奏云,此番清查,首在勸其完納,不徒在於造册;又聞朱鴻緒告人云,鎮江一府舊欠,二年內必令其全完。是各員俱以完納錢糧爲重,而以清查官侵、吏蝕、民欠置之度外矣。與朕旨不大相逕庭乎?著將未完積欠,概行停徵;其中或有官吏侵蝕,今自首完納贖罪者,聽其交庫外,其餘民欠,即有情願交納者,亦不准收受。該總理之員,務令分查協理各員,恪遵前旨,將官侵、吏蝕、民欠,分別清釐,無得絲毫朦混。儻仍有私行徵納,及將民欠內之官户、富户掩蓋官吏侵蝕者,該督撫及總理大臣,即行指奏,從重治罪。儻隱徇不舉,或失於覺察,經朕訪聞,定將該督撫等一併交部嚴加議處。又聞分查之員,令各欠户自行首報。夫前旨之准令自首者,乃侵蝕錢糧之官吏。此等侵蝕之人,本有應得之罪,朕不忍其盡罹國典,是以令其據實自首,則從寬免其治罪。至於歷年積欠,前已分年帶徵,今又一概停徵,伊等又有何罪而令其自首乎?總之各員不知朕澄清吏治、惠養小民之心,而惟以錢糧爲重,朝廷之德意不能宣究於下,司其事者寧無愧乎?諭到,著督撫、布政使即刊刻頒發所屬,凡遠鄉僻壤,悉行張掛,使官吏、紳衿、軍民人等,咸知朕意。(世宗八七、二二;東七、五三)

(雍正八、二、己未)諭户部:從前歷年户部虧空庫銀至二百五十餘萬之多,怡親王曾奏請將本部餘平飯銀,陸續代爲完補。朕思歷年該管之堂官、庫官,所司何事?若不責令賠補,無以示儆,因令孫渣齊秉公開報著追。乃孫渣齊開報時,高下其手,甚屬不公,以致追完之數甚少,拖欠之項甚多,累年不能清結。今朕念孫渣齊之祖舊日忠勳,已將伊免罪釋放,並免伊名下應追銀兩,其餘應追未完人員,亦一體施恩,悉行免追。仍照怡親王所請,將所存餘平飯銀,代爲完結。(世宗九一、一七)

(雍正八、八、癸丑)諭户部:據湖廣總督邁柱奏稱,沔陽州錢糧,自康熙五十五年至雍正四年,積欠銀八萬九千二百餘兩,里民一聞清查,爭先完納,今已完銀二萬二千四十餘兩。其官侵、役蝕、包攬之項,仰請暫緩究治,一年追完,如逾限不完,照例治罪。其餘實在民欠,並懇與以一年之限,分作三限徵收,則民力寬紓等語。朕之降旨清查積欠者,原以地方貪官污吏及不法衿棍,借民欠之名,恣意侵蝕。蠹國累民,爲害甚鉅,不得不清釐懲治,以儆將來。今於沔陽州連賦之內,果查出侵蝕、包攬銀三萬餘兩,而里民一聞清查,即爭先完納,可見民心本屬善良,而從前之間有拖欠者,則官吏衿棍,導之爲非;又或因該州近水,常有澇溢之事,力量未免不敷,并非有心頑抗，輕視國課也。其見在未完之民欠三萬餘兩，朕意欲開恩，酌量豁免，俟督撫造具清册到日，再降諭旨。目今著停止催徵，並將此旨出示，曉諭百姓知之。其侵蝕、包攬之項，著照邁柱所請，寬限一年，令其完納，如逾限不完，照例治罪。(世宗九七、八)

（雍正九、五、癸酉）諭內閣：朕以江南蘇松等處積欠錢糧甚多，弊端百出，官民並受其害，特令大臣等率領多員，前往清查；分別官侵、吏蝕、民欠，務期至確至當，以清積弊，以除民累。前聞各員奉行不善，轉至閭閻有追呼之擾，大負朕之初意，已降旨嚴行申飭，禁止催徵。後又聞有司以民欠逼令認爲侵蝕，如父子兄弟異户，即爲包侵，又因別名立户，即加以包侵之罪。又昨據清查太倉州錢糧之溫而遜奏稱，愚民每將自欠錢糧，混開被吏侵蝕，及經逐户覆核，實係自田自欠，因出示通曉，已皆據實稟改。是民欠之中竟有捏稱侵蝕者，著差往各員，詳細確查，有應行更改之處，即行更改，務使分晰清楚，毫無疑竇，以副朕釐姦剔弊，嘉惠元元至意。(世宗一〇六、一〇)

（雍正一〇、二、庚寅）諭內閣：我朝撫有方夏，列聖相承，惟以愛養黎元爲本。聖祖仁皇帝臨御六十餘年，恩施累洽於九州，蠲賑動逾乎千萬，深仁厚澤，浹髓淪肌。朕登大寶，仰體皇考仁愛之聖心，勤恤閭閻疾苦之民隱，宵旰孜孜，凡可以厚民生，布膏澤者，至周至渥。歷年以來，蠲免、賑恤之條，疊沛頻施，海內亦既共知而共見矣。惟是任土作貢者，治世之常經；勸善懲惡者，馭民之大法。禹貢以三壤成賦，周官以九式經邦。國家經費，皆取給於正供，聖人恤民之心無窮，而取民有制，亦不能頻施逾格之恩，以絀國用也。至於遊民惰農，王政所禁，姦胥墨吏，國法不容。使蠲租免賦，而姦黠頑惰之屬，皆得濫沐恩膏，良善急公者，轉未能均霑惠澤，又豈爲政之道哉？朕以爲蠲除歷年之逋賦，而使頑户偏蒙其澤，不若減免新歲之額徵，而使眾民普受其惠。數年來曉諭中外者屢矣。是以清查帶徵錢糧，如直隸、河南、山東、山西、浙江等省，民間完納者最多，朕皆特沛殊恩，於該省豐稔之年，將額徵正賦蠲免四十萬兩，無非欲將帶徵完納之數，仍散於良善之氓，使比户均被恩施，並未收之府庫。此亦天下所共知共見者。江南蘇松等處，財賦甲於天下，而歷年積欠，亦較他省爲最多。朕既豁免康熙五十年以前之未完者，其五十一年以後應徵之項，復寬限十年、十五年帶徵，以紓民力。又思此等逋賦，實在民欠者固多，而官吏侵蝕者正復不少，特遣大臣官員等會同撫藩及地方有司，逐一徹底清查，分晰官侵、吏蝕、民欠三項，以除混朦之弊。又恐承命之員，以徵納清釐，致滋紛擾，悉將帶徵各項停其輸納，嚴諭各員實力奉行，務使分晰清明，毫無疑竇。今據侍郎彭維新、巡撫尹繼善等奏報，清查告竣，自康熙五十一年起至雍正四年，通計各屬積欠共一千一十一萬六千三百兩零。其中侵蝕包攬者，共四百七十二萬六千三百兩零，實在民欠者共五百三十九萬零。俱核對明白，無有混淆。朕因江蘇逋賦，積弊叢生，籌畫多年，而為此清查之舉，所以經國計、清吏治，實欲厚民生而除民累也。苟有益於群黎百姓，朕即樂沛浩蕩之恩。況朕敬承皇考寬賦恤民之鴻慈，於蘇松額徵浮糧，豁免四十五萬兩，積歲計之，其數何啻幾千百萬，豈於區區之積逋，有所靳惜哉？但念官役之侵蝕、姦徒之包攬，蠹國害民，固為法所不宥。而民欠累累，亦皆抗玩疲頑之習，日積月累，以至於斯也。今欲概行豁免，不惟墨吏姦胥罔知懲戒，且積久欠糧之頑戶，無不霑恩被澤，自以為得計，而急公之善良不與焉。洵非阜民善俗之道也。則與其蠲除歷年之逋賦，孰若免新歲之額徵，為大有益於斯民乎？再四斟酌，欲將侵蝕包攬之項，分作十年帶徵，實在民欠之項，更加寬緩，分作二十年帶徵。嗣後從壬子年為始，本年帶徵之項，完納若干，朕即照所完之數，蠲免次年額徵之糧若干；若官吏百姓等果知悔過急公，於每年帶徵額數外，多完若干，朕即將次年錢糧，照多完之數豁免。如此，則朕之清釐積欠，並無絲毫入官，實皆沛為萬民普被之澤，而貪墨奸蠹之徒，無所儆倖，抗玩疲頑之習，知所儆惕。庶幾吏治肅清，而民風淳厚，共成比戶可封之俗矣。著該督撫督率地方官實心奉行。其官吏侵蝕之項，務於本人名下著追，毋得株連，以滋擾累。其民欠之項，俱按各戶花名完納，毋得波及兄弟親戚，致令蠹役藉端苛索。儻有奉行不善、生事擾民者，該督撫即行題參，嚴加議處。至於侵蝕錢糧之官吏，皆係應加重罪之人，第以歷年既久，人數繁多，不忍概行執法；施恩法外，寬為分年帶徵。若廢員中有能悔過自新，不拘年限，先行完納者，應分別准其開復，以示獎勵；其依限完納者，寬免其罪。胥吏中有先期及依限完納者，亦酌量加恩，寬免其罪。（世宗一一五、一；東一〇、一）

（**雍正一一、二、癸酉**）戶部議覆：江蘇巡撫喬世臣疏言，江蘇等屬地丁項下額徵本色米豆，各屬因漕白二糧考成較嚴，先儘起運，而其餘米豆，向係彙入地丁內奏報合算，並未另有處分，是以每多逋欠。應將江省本色米豆，停其彙入地丁折色之內，按額核作十分，每年十月初一日開徵，至次年三月，計算六個月，將已未完解數目另冊題銷。其經徵未完各官，均照漕白糧定例處分，督催之巡撫、司府仍照地丁錢糧例查議。如原欠三四千石以上，為數既多，催徵不易，應請一年內，能將原欠三千石以上徵完者，紀錄三次；原欠四千石以上徵完者，紀錄四次。如不通完三千石以及四千石者，其未完初条二条三条處分，仍照浙省未完二千石以上之例議處。應如所請。從之。（世宗一二八、九）

（**乾隆一、四、庚辰**）命王士俊傳諭山東巡撫岳濬：山東地方，錢糧逋欠甚多，自康熙五十八年至雍正十二年，帶徵未完積欠，通計三百餘萬兩。先經王士俊會同岳濬，奏請委員清查，將歷年積欠諸弊，逐一設法清釐。內有納戶已完、被書役侵蝕者，竟至八萬餘兩；而豪紳劣衿力能全完、有心抗欠者，亦正復不少。且各州縣流水、串根、紅簿等項，大都缺略不全，甚至書役舞弊，乘機燒毀滅迹；又開徵之時，並不刊發實徵由單，民間不知完欠數目。科則混淆，頑良莫辨，錮習已久。自委員實力清查，良民始知應完額數，益加踴躍奉公，而頑戶豪強咸知斂手奉法，不敢拖延，一載之間，完至一百七十餘萬兩。夫任土作貢，國家之常經，先公後私，氓庶之分誼。若果遇水旱不齊，租賦無出，自應邀免；如其屢豐之年，故為抗欠，殊非良善之輩。即如豫省與山東接壤，民風淳厚，皆知早完國課，每年歲底全完者，有五六十州縣，及至奏銷屆期，尾欠無幾。朕上年御極之初，特沛新恩，將直省雍正十二年以前民欠，悉行豁免，山東積欠未完之一百二十餘萬兩，亦概予蠲除。而豫省所豁免者，惟祥符、鄭州、陳留、考城四州縣民欠七千餘兩，其餘通省悉皆無欠。則兩省風俗之淳漓，官吏董率之勤惰，亦大概可見矣。朕聞山東有不欠錢糧，不成好漢之惡諺。倘見朕屢布寬大之詔，誤謂從前清查為多事，負朕逾格之殊恩，仍蹈頑抗之故智，豪紳劣衿、蠹書奸役，恣意拖欠、罔顧正供者，朕當加以重懲，必不姑貸。地方大吏有司，不思善於催科，玩縱廢弛，復致積逋纍纍，察出亦必嚴加處分。至從前清查人員，曾經王士俊、岳濬奏明告竣之日，分別議敘；仍著岳濬查明，將此等人員內，實在清查得法，完納最多者，酌量題請議叙，以示鼓勵。嗣後岳濬必須一守王士俊成規，催科撫字，並行不悖，方為盡職；若聽劣衿蠹役之拖欠，而於國課有虧，則朕惟岳濬是問。（高宗一七、一）

（**乾隆一、六、庚寅**）禮部議覆：順天學政崔紀奏：一、生員無抗糧包訟等事，歲底五生互結，應停。一、生員告切己呈詞，先令教官掛號用戳，應停。一、誤課三次詳革，未免太苛，應改正。季考、月課託故三次不到者，教官嚴飭。無事故終年不到者，褫革。一、生員牽訟，先革後審，應停。一、交納錢糧，嚴立三限，今士子欠糧者漸少，應改正。上戶富生，歲底全完，中下貧生，開歲二月、四月全完，逾期始行詳革；革後全完，仍准開復。委係赤貧，暫免詳革。一、生員加等擬罪之處，停止。一、完糧後方

准收考，應停。一、被褫後不許出境，應停。從之。(高宗二一、二一)

（**乾隆二、一一、己丑**）豁免應追軍需案內，原任布政使彭振翼等無力完帑官二十八員，銀五萬八千一百三十三兩有奇；又各項未完錢糧案內，官員民人二十六員名，銀五千一十七兩有奇；又軍需案內，著賠未完官五員，銀一千七兩有奇；又拖欠各項錢糧案內，官員舉人六十八員名，銀四百一十四兩有奇。(高宗五八、八)

（**乾隆一〇、七、己亥**）[福建巡撫周學健]又奏：閩省額徵地丁銀，每年拖欠甚多，非盡由民戶頑抗所致。現行令未完各縣，徹底清查，分別有無役蝕，抑實在民欠，設法催徵，剔除錮弊。得旨：此事固應實力爲之者，但不宜於旱災之時。徐徐料理，何愁不辦耶？(高宗二四五、二六)

（**乾隆一一、一、乙酉**）諭軍機大臣等：據江蘇布政使安寧奏稱，江蘇各屬，自乾隆元年至乾隆九年，未完錢糧，不下二百餘萬。今丙寅年錢糧全行蠲免，趁此餘閒，可以料理，請委員徹底清釐等因。經大學士會同該部議以丙寅年係與民休息之期，若逐一清查，不無滋擾，非休養萬民之意，應俟開徵之年查辦。朕已降旨依議。但江蘇錢糧，從前舊欠最多，自雍正年間清查之後，積弊已除，此後即當隨時查察，節年清楚，何以復有拖欠？即如安寧奏稱，若不及早設法清理，恐年分愈久，弊竇愈深，役故官更，莫從究治，斷非徹底清查不可。又奏稱，及早清理，猶可設法追償，即使役蝕無幾，亦可儆惕將來。並請定清查之法，酌委總協查辦人員等語。此項舊欠，或係役蝕，或係民欠，在安寧且不能明悉，是以奏請清查。夫清查徒致滋擾耳。若果能隨時留心辦理，何至拖欠如此之多？與其事後清查，何不於徵收錢糧時隨年清楚？乃於休息之年，始請清釐，不特非除弊之法，亦非爲治之體。況尹繼善、陳大受歷任督撫已久，安寧在布政使任，亦已多年，竟將地方要務，置若罔聞，皆伊等因循玩忽，全不實心查辦之所致。而等寄信與尹繼善等，俟開徵之年，即行設法清釐，按年查察，毋使積習相沿，逋欠愈重。更須妥商辦理，使閭閻不致滋擾。(高宗二五七、二)

（**乾隆一一、二、丙寅**）江蘇巡撫陳大受奏：前據布政使安寧奏稱，江蘇各屬，自乾隆元年至九年未完錢糧，積二百餘萬，今丙寅年錢糧蒙恩蠲免，趁此餘閒可以料理，請委員徹底清釐。續奉諭旨，清查錢糧，徒致滋擾，俟開徵之年，妥商辦理。竊思未完錢糧，如俱實欠在民，惟應設法催徵，毋庸滋擾。但其內役蝕之數，非按戶查對，不能明晰。本年蠲免錢糧，印官閒暇，宜令從容查辦。擬飭州縣設局內署，將節年簿串，彙齊查覈，如有積弊，即將經手胥役究問，不得擾及糧戶。得旨：總在汝等平時實力稽察

耳。今欲趁此官有餘閒，而爲清釐之舉，亦可。但不可使百姓知有此事而滋擾，則善矣。(高宗二五九、三六)

（**乾隆一二、四、戊辰**）大學士等議奏：據兩江總督尹繼善、江蘇巡撫安寧奏稱，江蘇錢糧，自乾隆元年至九年，拖欠至二百餘萬兩，此中吏役侵蝕，或恐不免。是以臣安寧於藩司任內，奏請清理。廷議令俟丁卯開徵之年，再行清理。今已屆期。臣等酌定自首減免之條，令各屬於散單前出示曉諭，准其將所侵何都、何圖、何户、何年、銀兩若干，據實首出，於三個月內全數通完，免其治罪；否則，按其侵蝕之數，照知人欲告而自首律減本罪二等定擬。其自首不實不盡，致被查出，即以不實不盡之數，通計所首之數減一等治罪。應追銀，犯該徒罪以上者，概行監追，勒限一年全完免罪，逾限不完，即照原擬治罪；未完銀，搜查家產變抵，再有不敷，著落的屬嚴追完項。倘書役希圖幸免，不行自首者，查出照侵盜錢糧例從重定擬，遇赦不准援免。至失察各官，有舊任現任之不同。如現查出舊任役侵，依限追完者，胥役既得免罪，舊任亦請免議；如不能依限全完，仍應治罪者，舊任亦仍照失察例、現任照承追例分別議處。其查出本任役侵，依限追完者，功過相抵，免議；如不能查出，後經發覺，及查出而不能依限追完者，亦照例分別条處等語。查此與雍正十二年前撫臣高其倬侵蝕官役一摺，部議相符，應准其查照辦理。至所稱地方官失察在前，查出在後，應寬處分之處，地方官處分過嚴，恐轉致迴護掩飾，所議亦屬妥協，均應如所奏行。再此番清查，專爲役侵起見，不得絲毫擾民，應令該撫等妥協辦理。從之。(高宗二八八、二〇；東一二、四)

（**乾隆一二、七、辛亥**）又諭：據安徽布政使陳德榮奏稱，上江民欠，自乾隆二年起至十年止，共未完銀六十四萬餘兩。現在倣照江蘇之例，設法清查，以完陳欠等語。朕已批令竭力妥爲辦理。布政司雖屬錢糧總滙，然巡撫爲一方之統率，須善爲助理，方得有濟。譬如臂指之相連，然後脈絡相貫。著傳諭潘思榘令其同心協力，與布政使陳德榮實力查核。商酌妥協，務令從前積弊清除，亦勿得有所滋擾。(高宗二九五、一一)

（**乾隆一二、一〇、丙戌**）署江蘇巡撫安寧覆奏：江省積欠案內，除查出書役侵蝕者另行辦理外，其餘民欠，仍恐不實。現飭屬細開清單，派妥協佐貳，發交花户，是否實欠，令各於單內填明。如填係已完，或單內欠數多，而花户認欠少者，則仍係役侵，書役至此乃無從掩飾。自查辦以來，實無勒派花户認欠及糧户重完等事。惟其中或有狡點花户，知民欠尚可拖延，暗受賄賂，挺身爲書役代認者；或有花户轉託相熟之人，如銀匠、總甲之類，並非在官書役，被其侵蝕，今既查出，自願先行完納；又或有花戶與書役狼狽爲奸，改匿弊混，通同漏課，一旦破露，該戶不得不認爲實欠者。以上情弊，實所不免。止綠江省州縣，視役侵爲常事，書役視花戶爲利藪，且希冀將來舊欠必有恩旨寬免。此時若不及早查辦，拖欠既深，無可徵比。若豁民欠，即役侵得免，是教之使侵，將來益無底止。臣所以不得已有清理之舉，惟有益加謹凜，體察屬員，以無擾閭閻爲主。得旨：所奏已悉。此番經理，實汝不得已之舉，亦既殫竭心思矣。然與其經營於事後，孰若綢繆於事先？且十年、二十年之間，必清查一次，亦豈政體？汝等若平時留心，何致有此哉？既往不咎，此後宜加之意耳。（高宗三〇一、二四）

（乾隆一二、一二、乙酉）調任湖北巡撫陳宏謀奏：湖北詞訟較多，地方官能於民間告案，細心審斷，早爲歸結，雖有刁健，無從施其伎倆。臣清理積案，經今一年，各屬稍知上緊辦案，咨題事件，漸能限內完結。至通省額徵地丁錢糧，乾隆十年以前，並無積欠，惟十年、十一年潛江等八州、縣、衛，有未完一萬九千兩零，乃因被水緩徵、帶徵之項。現在按限帶完，且有透完分限者。本年通省錢糧，歲底約計已完十分之七，來年奏銷之前，可以全完。……得旨：覽奏俱悉。（高宗三〇五、三六）

（乾隆一三、閏七、丁卯）又諭：據巡撫安寧，將江蘇節年未完錢糧，及本年經徵已未完各數，分晰開單摺奏。內稱，乾隆十二年分，現屆奏銷之新錢糧，扣至本年奏銷止，除徵完緩帶，實未完銀三十二萬七千有零等語。該省從前奏請稽查舊欠，朕意即以爲舊欠固應立法催徵，即或查辦，亦未嘗不可，不若現年錢糧，使其勿致拖欠，則以後年清年款，不復更有積逋，全在該督撫平日留心經理。所謂杜弊於事先，以免清釐於事後也。今江蘇清查之案，尚未辦竣，而本年錢糧，又欠至三十餘萬。是一面清查，一面拖欠，前案未畢，後案復生，清查一事，徒自滋擾耳。於將來錢糧之完欠，究有何益？轉不若以清查之力，用之於本年之催徵，尚爲扼要之法。安寧辦理此案，多未盡善。著即傳諭，令將本年所欠之數，何以又有三十餘萬之多，清查之法，何以不能使後此錢糧之無欠，一併詳悉查明，具摺奏聞。（高宗三二〇、二六）

（乾隆一三、八、癸未朔）又諭：江蘇清查積欠一案，就安寧辦理此事而論，尚屬認真。……乃安寧日前奏稱，本年錢糧，又欠至三十餘萬之多。……（高宗三二二、六）

（乾隆一三、八、乙巳）又諭曰：舒輅奏稱，安徽歷年積欠，至六十餘萬兩，現在清查，原奏自乾隆六年至十年止，嗣經詳請督撫，將十一年積欠歸併清查，務使民欠役侵，分查確切等語。舒輅辦理此事，已有就緒，但納敏爲人，忠厚有餘，恐不能獨力清理。新授布政使李渭，已經赴任，錢糧乃其專責，可資効助。著傳諭納敏、李渭，令其協同實力清釐。凡官吏侵蝕，及頑戶欠項，逐一徹底澄清，速行查辦。至現年錢糧，尤當設法催徵，使其勿至拖欠。現年既清，則以後不復更有積逋矣。（高宗三二三、一六）

（乾隆一四、二、丁未）又諭：據準泰奏，將山東連年逋欠，開列清單附奏，統計已二百四十四萬餘兩。雖該省積欠之餘，所有應行催追錢糧，均經朕特頒恩旨，分年緩帶，但山東民情，習慣抗糧。即此而觀，則朕前命抄寄世宗憲皇帝硃批諭旨內，所指諸弊，恐不能免。除從前積逋按照緩帶年分，遵旨辦理外，向後應徵之項，務須督率有司，年清年款，毋令頑戶奸胥，因循錮習，肆其抗延。著傳諭準泰知之。（高宗三三五、二六）

（乾隆一五、二、壬辰）諭軍機大臣等：前曾降旨各省督撫，將該省積欠，平日留心經理，於每年歲底，將已完未完數目，分晰奏聞。此乃爲歷年所有官侵吏蝕應追各款，及頑戶抗糧催徵不完者而言。今據各省奏到，多將因災緩徵等項，一併開入未完數內，當屬誤會前旨。夫官侵吏蝕，本應按限嚴追，頑戶抗糧，雖在豐收，有心拖欠，實乃莠民蠹政，而地方官往往因循瞻徇，以致逋負累累，愈積愈重。此向來錮習，該督撫所當留心督率各該地方官，設法清釐，無令任其懸積。至因偏災緩帶之項，自有年限，其未完乃分所當然，地方官亦無經徵之責。今一併開入未完數內，轉爲牽混，而催科不力之員，因得藉以藏拙，非剔除宿弊之道。著將此旨通行傳諭，於各督撫奏事之便，寄令知之。（高宗三五九、九）

（乾隆一六、閏五、乙未）江蘇巡撫王師議覆：御史陸秩條奏清釐積欠一摺。查江蘇積欠錢糧，弊竇多端，清釐匪易。如該御史所奏，每圖設立一人，持單催令糧戶自封投櫃。今江南有名無實，率皆圖書串通算房，代納代投，拖延挪移等語。查包攬侵蝕，未必盡係圖書；而圖書爲一圖之總，作弊尤易。揆厥由來，俱不能力行自封投櫃之法。應如所奏，嚴飭地方官，明白曉諭，令糧戶自封投櫃，毋得私相授受，違者照例治罪。又奏稱，江南州縣徵比錢糧，止論銀數，不問姓名，統計某圖共該若干，若至八分九分，圖書便可塞責；至某戶有欠無欠，官實不知。欲除此弊，必須按時將各圖花戶，內摘內銷等語。查江省徵比錢糧，誠有此弊。庸懦牧令，止顧一時考成，如地丁漕項等款，某項限急，即先徵解；或徵至多半，計其處分甚輕，即謂不妨寬至下年。如此遞欠，徒責之圖書何益。至於內摘內銷，實爲切要，應如所奏，嚴飭各屬，實力奉行，違者以惰徵糾治。又奏稱，管徵幕賓，串通算房,多少有無之中,高下其手等語。查徵比幕賓,舞弊得賄,雖未必盡人皆然,亦所不免。應如所奏,自督撫以及州縣,時時防察,毋得疏懈。得旨:如所議行。(高宗三九一、二三)

(乾隆一六、七、癸巳)江蘇巡撫王師條奏江蘇錢糧之弊。一、江省錢糧,有地丁、漕項、河工、驛站、俸工等款,州縣每以某款限期急迫,先儘徵解,或徵至八九分者,處分較輕,遂致寬緩,名曰尾欠,積年漸多。請定全完與否,議敘處分。一、徵比幕賓,間有串通經承、得賄捺擱,應飭州縣,時時查察。一、州縣催糧,皆先摘大戶,次及中戶,而小戶每不及摘催。遂有奸頑大戶,將本身額賦花分數十戶者。戶愈碎則徵愈難。請開忙後,將小戶另造一冊,限歲內全完,勿任積欠。一、都圖戶名,櫃書或無心錯寫,或舞弊誤填,銷照與徵冊不符,不能注完,名曰宕票,每致重摘,日久或遣印照,鄉愚隱忍重完,為吏胥侵蝕。請將該戶都圖銀數,隨時示諭。一、經胥包納,愚民每被侵吞。請飭州縣明切曉諭,令糧戶自封投櫃。一、頑戶希圖延欠,賄囑經承,終年不摘。請飭州縣將徵冊存內署,行內摘內銷之法,不得假手胥役。一、胥蠹侵隱,由覈造冊籍,官不稽查,任其增損。請飭州縣將每戶應完銀數之易知單,與上屆原冊,逐一查對。他如紳衿恃有護符,兵丁恃非州縣管轄,書役恃在衙門應差,任意頑抗,一體嚴催。再開徵停忙,總視該處收成早晚,毋任民間隨手花銷;其坍沒版荒公占絶塚之糧,隨時請豁。得旨:有治人無治法,惟在汝不姑息好名,示惟正之供,即化民之義而已。若夫科條催督,乃其末耳,且朕有所不曉矣。(高宗三九五、三一)

(乾隆一九、七、丙戌)又諭:據貝勒允祁等,以永濟庫地租,拖欠不完,將經徵之該州縣官等參奏一摺。此項地租,從前屢經拖欠,及定議分別徵收,又不實力奉行,以致仍前逋欠,自應按例參奏。但摺內云,內帑攸關,措詞甚屬非體。此等租銀,徵解貯庫,原不過以備該處賞需之用,焉得指為內帑。允祁等特欲張大其説,以見經徵官員之必應從嚴辦理,而不自覺其言之錯誤。將此傳諭知之。(高宗四六八、九)

(乾隆二〇、七、己亥)又諭:據莊有恭奏報乾隆十九年分,徵收錢糧數目一摺,內開該年未完銀三十六萬餘兩等語。江蘇糧額,本視他省較多,但此項內積年因災蠲緩帶徵之數,已據該撫於摺內開除,則皆徵正供,自當按年清完,何以未完至如許之多?即較之該省十八年未完銀一十三萬餘兩之數,亦相去懸殊。著傳諭莊有恭,令其督飭屬員,實力查辦,無致愈積愈重,啟官吏侵挪、頑戶抗延諸弊。並將因何未完之處,查明具奏。(高宗四

九三、一一)

（**乾隆二四、閏六、丙申**）諭軍機大臣等：高晉所奏安省錢糧完欠一摺，內稱該省乾隆二十三年分，額徵一百六十七萬，本年已完一百六十一萬餘兩，尚有未完五萬餘兩。此未完之數，是否因災地緩徵，抑係尋常民欠，摺內並未聲明。果屬被災之地，固例所應緩，若其實欠在民，而零星尾數，次年即可補徵完款，尚屬情理所有。但摺內所開，自乾隆元年起至二十二年，所有遞年未完之項，何以積至四十五萬餘兩？不特地方有司任意催徵不力，且其中必有官侵吏蝕，上下因循，希冀一遇南巡恩旨，或可概行豁免，則吏治民風，皆不可問矣。兩江所屬，比年以來，歲收最爲豐稔，民力充裕。地方官果能實心及時清理，無難年清年款。如再積習相沿，不加振刷，弊端何所底止？至陳宏謀前奏江蘇積欠錢糧，爲數浩繁，更非安徽可比。著傳諭各該撫及早分別詳查，嚴飭所屬，實力清釐。其中遇有官吏舞弊中飽者，即當盡法糹處，以懲積玩，毋得稍有遲迴瞻徇，意存邀譽之見也。所有積年舊欠，實係在官在民之處，著該督等詳悉查明具奏。尋尹繼善、陳宏謀會奏：乾隆十一年至二十一年，江蘇積欠地丁，已蒙蠲免，惟地丁內編徵之河驛等項，及蘆課各款，例不全蠲，至今尚欠銀一百二十八萬之多。二十二、三兩年，除因災緩徵外，尚欠銀六十四萬餘兩。臣等悉心體察，實在貧乏拖欠者，如蘆墓荒地、及產典糧存，年久無著，又家多事故，力有難支，如此者不過十之二三。此外則衿監書役，恃符抗延詐僞之徒甘心出費，營求緩比，希冀豁免，或將田糧分立多戶，或一人而屢易其名，使催比紛繁，易於躲閃。又或業戶住於外縣，即藉此規避，完納愆期。此弊在民欠者也。其在役蝕者，鄉民圖省入城盤費，每將錢糧輕付包攬之人。從前清查，如有私收白票，即准向收侵之人追完，致鄉民視白票即同印串都不赴城親完。即有索取印串者，既不赴櫃製串，則聯串雖有中縫填數之例，而櫃書另紙對串填寫，以大改小，弊仍不免。更有竊取稿簿印紙，刷作串票，並竟描刻假印，誆騙收侵。從前清查，役蝕自首者，認完即得免罪，以致奸徒事過，即故智復萌。且又攬收新糧，以完舊欠。是舊欠甫清，而新欠旋積，所以錢糧無不欠之年，清查無底止之日。臣等再四籌畫，必須酌改從前清查舊規，方可絕弊。(高宗五九一、三)

（**乾隆三二、九、辛丑**）又諭：前內務府大臣奏，請將雍和宮香燈地畝新舊租銀，交與直隸總督辦理。朕因地方官民社之事甚多，恐其無暇兼顧，是以降旨交內務府另行查辦。州縣既可省催科之事，且免經徵不力處分，已屬朕體卹加恩。今內務府派員查辦，若地方官仍視爲與己無涉，則無此情理矣。再據內務府查奏，大興、宛平等八州縣，自乾隆十五年以來，積欠至二萬三千餘兩。是前次經徵各官，奉行不力，已可概見。著傳諭方觀承，專派妥員，會同內務府司官，將積欠各州縣悉心體察，實力查催，以完塵款，而裨公務。並令該督將作何酌定章程幫辦之處，據實奏聞。內務府摺并鈔寄。尋奏：臣遵諭遴委幹員，會同內務府委員及地方官履畝查勘，將新欠限歲內全完，舊欠分別催追。將來內務府收租，應照錢糧莊頭地租委員收取之例，先將應完租數，知照地方官傳催，於麥秋後委員到境，傳令各佃親交；如無故欠租，地方官查實追比；或佃戶貧頑無力，即由地方官另召頂種。則塵款易清，章程可定。得旨：如所議行。（高宗七九四、一〇）

（**乾隆三六、六、丁亥**）諭軍機大臣等：據吳達善奏到，湖南省地丁錢糧完欠數目清單，有乾隆三十五年，帶徵三十二年水災案內，緩徵地丁銀，已完一千二百五十九兩零，未完五百八十三兩零，現在嚴催飭繳等語。此等因災緩徵銀兩，本應分年帶完之項，但常時新舊並納，延欠尚屬有因。若輪當蠲免之年，正供既不復輸將，民力甚為饒裕，所有緩徵帶徵之項，正宜於此際徵收，且為數無多，完納並非難事，小民業邀普蠲之惠，稍有天良者，自當踴躍爭先，不宜再有逋負。今年明年均有輪蠲省分，著傳諭督撫等，嗣後如值輪免之年，即將該省舊有緩帶款項，按數催徵完繳，毋令再有拖延，致下年復有新舊同徵之累。著於各督撫奏事之便，傳諭知之。（高宗八八七、八）

（**乾隆三七、二、乙酉**）又諭：江南積欠錢糧一案，前歲經該督撫清查奏到，業經加恩展限分徵，俾小民得以從容輸納。並令每年將新舊應徵之數，於年終彙奏，以重責成。茲據吳壇奏報，蘇州等屬，乾隆三十六年地丁應徵雜辦等項新賦，已於歲內全完。至十一年至三十三年積欠，并三十二、三、四年災緩帶徵銀兩，統計五十四萬四千七百餘兩，截至三十六年年底，已完銀四十九萬一千五百一十餘兩，惟尾欠漕項銀五萬三千一百九十餘兩等語。上年江蘇，係輪屆普蠲正賦之年，又值秋成豐稔，小民因力量寬裕，即將歷年舊欠緩帶等項，不待分限屆滿，俱各乘時輸納，尾欠尚不及十分之一，頗知踴躍急公，情甚可嘉，自應特沛殊恩，以示獎勸。所有蘇松等屬，未完尾欠漕項銀五萬三千一百九十餘兩，均著加恩寬免。該地方有司，務宜宣示恩綸，詳悉曉諭，令此後毋再積有拖欠，致煩催科之擾，以期長享安恬，副朕體恤施惠至意。該部即遵諭行。（高宗九〇三、八）

（**乾隆三七、二、乙酉**）又諭：昨已降旨，將增福調任江蘇布政使。該省為財賦重地，向來積欠甚多。吳壇任內，查辦督催，頗為妥善。近據奏报，舊欠緩帶等項五十餘萬，已完四十九萬餘兩，僅餘漕項尾欠銀五萬餘兩，不及十分之一。現已降旨加恩寬免，俾小民知所激勸。增福到彼，一切事宜務當實心辦理，悉照吳壇所定章程，不可稍有更易。至舊欠既已全蠲，民力更爲寬裕，此後額賦，務令年清年款，毋致再有拖欠。（高宗九○三、一○）

（乾隆三七、二、丁亥）又諭：……茲據閔鶚元奏，江寧等屬應徵新舊錢糧，并節年積欠各項，分限帶徵銀兩，統計七十四萬七千五百兩零，截至三十六年底，共完過銀五十四萬七千五百十二兩零，其餘未完各項，現在嚴督催徵，總期按限清完等語。江寧等府，同爲江蘇省所屬，境壤毗連，上年均係輪蠲正賦之年，又值秋成豐稔，除偏災數州縣外，民力大概從容，何以未完各項，幾有二十萬兩之多？統計新舊應徵積欠各項，尚欠十分之三，是同一省，而民情迥異，自不得如蘇州各府之格外加恩，且其未完欠數，並當依限徵追，以懲疲玩。著傳諭高晉、薩載即飭該藩司，詳晰查明，嚴督各屬，實力催徵，務期各按各限，如數清完，毋任拖欠。（高宗九○三、一六）

（乾隆三七、三、辛丑）諭軍機大臣等：御史范宜賓奏，江南藩庫清查積欠，業有成效，請令直省各藩司一體設局清查一摺，於事理殊未允當。江南財賦最爲繁重，且有因節年偏災緩帶之項，是以舊欠亦較他省爲多。前歲經該督撫等，恐其中或有官侵吏蝕，奏明設局清釐，特予加展限期，俾民間得以從容輸納。昨據蘇州藩司吳壇奏到，各年欠項未完者，已不及十分之一，復將尾欠加恩寬免，以示獎勸。是江省之清查積欠，原係該督撫自行辦理，並非特降諭旨。至各直省賦額，本與江南不同，即偶有偏災緩帶之項，積欠未清，亦不至如江南之甚，且遇收成豐稔時，原可照例徵收，自不致經久懸宕。若無端降旨，概令設局清查，成何政體乎？設或間有官侵吏蝕之弊，捏作民欠混冒，自宜隨時查辦，此又各督、撫、藩司職所當爲，亦不待勅定科條，始爲稽覈。但恐各省中，或有忽而不察，因循長奸者，亦不可不加釐剔。著傳諭各督撫，飭司確查該省實在情形，如有不肖官吏，將已完作欠，重爲民累，即行實力嚴究，勿稍姑息，否則但按常例妥辦，毋庸紛更滋擾。將此遇各督撫奏事之便，傳諭知之。（高宗九○四、一○）

（乾隆三八、七、戊午）諭軍機大臣等：今春因閔鶚元奏到江寧藩司所屬歷年積欠銀米，多至四十九萬八千零。適薩載陛見在京，諭令分別熟災二項，開單覆奏。今據奏稱，查明熟田項下欠銀二十萬六千一百七十九兩零，米麥五萬二千九百八十九石零；災田項下欠銀六萬二千七百六十七兩零，米麥十七萬六千二百四十四石零等語。熟田項下未完銀米，本屬積欠應徵，江省連歲豐收，又經朕加恩分展年限，自應及此時踴躍輸將；即係災田尾欠，而地值豐穰，亦當按限完納。惟瀕河之安東等縣，今夏偶因霖漲被災者，貧民未免拮据，若有舊時災欠未完，難更事催科之擾，自應查明蠲免，以紓民力。著傳諭薩載確查今夏被水州縣，如有節年災田被欠，即將實數覈明具奏，到日俟朕另降恩旨。將此諭令知之。（高宗九三八、二）

（乾隆三八、九、甲申）又諭：昨春吳壇奏，蘇州藩司所屬積欠五十餘萬兩，已完四十餘萬兩，惟餘尾欠漕項五萬餘兩。曾降旨加恩寬免，以示獎勸。而江寧藩司所屬，積欠尚多。去冬薩載曾經奏及，隨諭令查辦。今春閔鶚元奏，江寧各屬歷年積欠銀米，多至四十九萬八千零，因交薩載詳查。嗣經該撫分別熟田、災田二項，開單覆奏，復令其查明災田積欠實數奏聞。今已據薩載所奏，特頒恩旨，將安東等七州縣衛，未完銀三萬九千七十七兩零，米麥豆穀六萬七千二十七石零，概行蠲免矣。至於熟田項下積欠，尚復不少。該省連歲豐收，小民輸將自易，何以積年尾欠，仍積有數十萬之多？況蘇州藩司所屬各府州之財賦，較江寧所屬較重，何以蘇州等屬及早清完，而江寧等屬舊欠，尚多至如許？今災田積欠，又復特予蠲除十萬有餘，小民具有天良，感恩奮勉，尤當踴躍輸將，不宜復有懸宕。著傳諭高晉、薩載，即將江寧藩司所屬積欠銀米，飭令上緊按限催徵，毋再任其拖欠。仍將如何催辦之處，即行奏聞。（高宗九四三、三八）

（乾隆四一、六、丁巳）又諭：今日增福奏報乾隆四十年熟田錢糧奏銷全完一摺，竟似通省全無尾欠。及閱楊魁所奏清單，則上年熟田錢糧，雖已全完，而災田地丁漕項民欠，尚共有六萬餘兩。增福摺奏自應將已完未完字樣，敘入事由，方合據實敷陳之體。乃僅云奏銷全完，而於未完之款，隱而不提，未免取巧。此乃庸陋幕友，欲藉此爲見好之地。增福久任藩司，錢糧是其專責，何於入告奏銷之摺，竟不留心檢點若此。增福著傳旨申飭。（高宗一〇一一、五）

（乾隆四九、一、甲辰）諭軍機大臣曰：閔鶚元奏江蘇省各屬新舊錢糧已未徵完一摺，內稱應徵地丁屯折漕項等款，未完銀二十六萬四千九百餘兩，未完地漕等銀三萬九千一百餘兩，又未完災緩漕糧米一萬七百餘石，現在督飭催徵，務於本年奏銷以前，掃數清完等語。朕巡幸江浙，蹕路所經，宜加恩渥。所有此項未完各款銀糧，該撫既經飭屬徵催，著傳諭該撫，即飭屬查明現又徵收若干，其未完之數，並著該撫查明，酌量各該處情形，應否加恩豁免之處，即行據實速奏，俟入江南境時，再降恩旨。（高宗一一九七、四）

（**乾隆五〇、七、丙寅**）又諭：據孫士毅奏清查通省民欠銀米一摺，内稱自上年到任以後，即屆奏銷，雖據藩司申報全完，而各屬批解，必待嚴催，情形甚屬竭蹶。當與藩司悉心查究。綠粵東每年銀米二項，均有民欠，州縣自顧考成，未肯甘心墊解，直至奏銷已屆，始行設法措墊，趕上奏銷，藉免處分；及事後向民間追繳，狡黠之徒揚言奏銷已報全完，有何民欠，竟爾分毫不繳。年復一年，欠戶恃爲得計。通省積弊如此，現在出示曉諭，並委令試用知縣丞倅等官，赴民欠最多地方，逐戶查對；並令通省州縣，挨造四十年以後民欠清册，詳報覈辦。所有將來追出銀米，如係現在州縣本任内所欠，甫經墊解，尚無別項流弊，仍請給還本任等語。各省解司錢糧，例有一定奏銷之期，州縣官徵收銀米，固不許有絲毫侵掩，乃以積欠在民之項，竟甘心墊解，冀免攷成，而庸懦州縣不能於事後復向民間追取。粵省民情獷悍，竟至於斯。吏治民風，大有關係。從前李湖素稱風厲，而於民欠一事，何以竟未能辦及？孫士毅由廣西調任廣東，朕謂其人尚屬細心曉事，不料其竟能如此辦理，實屬可嘉。此事業經該撫究出底裏，自當通行查辦，實力追繳，於剔弊之中勿使稍有滋弊。孫士毅前奏飲食少減，精神恐不如前，此時想已就愈，惟當勉力爲之，不可畏難，亦不可過急，致滋擾累。至所奏追出銀米，如係在州縣本任之内所欠，仍請給還本任等語，此則不可。州縣催徵錢糧，是其分内專責，乃平時不能振作，致民間積漸拖欠，及至奏銷時冀避處分，私行墊補，報解全完。此等人員，不治以捏報之罪，已屬寬典，若將追出銀米，仍行給還私橐，則將何以示儆？所有此項錢糧，將來自應歸公充用，不得因欲杜該員等藉口虧賠，爲此以公便私之舉。再粵東一省，既查民欠纍纍，情弊亦非一日，恐各省似此者亦復不少。此事於地方關係非小，著將孫士毅摺鈔寄各省督撫閱看，並令妥密查辦，據實奏聞。但須不動聲色，持之以漸，不可使不肖官吏紛擾滋事也。將此傳諭孫士毅，並諭各省督撫知之。（高宗一二三五、八；東三九、一一）

（**乾隆五〇、八、辛巳**）戶部議奏：各省未完耗羨，總由州縣不隨正項錢糧一體申解，遂以已徵作爲民欠。應請飭各省督撫將積欠銀兩，分別年分遠近，如事隔多年，即按在任應解未完確數，勒限追賠。其現在各官吏，倘有侵那，即飭該管道府覈明節年延宕之項，分別在官在吏勒追外，仍嚴叅究治。倘其中有一二實欠在民，該州縣前徵正項時，何以不行覈入？亦著落經徵之州縣賠繳；如無可著追，即著落失察之歷任各上司，按股攤賠。並請嗣後責成藩司，照原任山東布政使陸耀奏准隨同正項報解，設不肖州縣仍有那移，一面勒追，一面叅處；該司徇隱，臣部查出，一併叅處。從之。（高宗

一二三六、一一）

（**乾隆五〇、八、壬午**）諭：户部覈議各省耗羨務令隨同正項錢糧一同報解一摺，已依議行矣。此事曾經陸耀條奏，户部議覆准行。朕惟各省耗羨，雖與正項錢糧不同，然斷無正項錢糧全完，而獨欠耗羨之理。總因不隨正項錢糧一體申解司庫，州縣遂以已徵作爲民欠，希圖從中那移，可以取攜自便。及至上司催解，或那新補舊，或借端重徵，種種情弊，俱所不免。自應著落藩司，催令各州縣隨同報解，如有官吏侵那，惟該藩司是問。再聞各省州縣官，於耗羨内，有自行動支抵算養廉者。耗羨歸公，原爲各官養廉之費，但官員自收自支，其中恐滋影射冒混情弊。此後，應一併禁止，令盡數解司後，再行由司庫動支給發，以杜弊混，並令該督撫於年終分晰報部查覈。耗羨一事，經皇考整頓清釐之後，官員各給養廉，既不致辦公竭蹷，而徵收皆有定額，閭閻又不至分外苛求，最爲法良意美。乃各省辦理不善，拖欠竟有數十年之久者，此時自不得不徹底查辦。但究念爲時已久，官非一任，恐輾轉查追，仍不免累及小民。著以乾隆四十年爲限，其乾隆四十年以前各省所欠耗羨，俱著加恩，竟予寬免，至四十一年以後拖欠耗羨，令該督撫、藩司於經徵各官名下，嚴切查催，逐一追繳全完，不得向小民重徵滋擾，以示朕惠愛黎元之至意。（高宗一二三六、一二）

（**乾隆五四、四、丁未**）又諭：昨劉峩奏直隸各州縣應徵旗租，自乾隆四十七年至五十一年，積欠未完銀兩，分別帶徵攤賠一摺，已交該部照例覈辦矣。因令户部詳查近年奏銷册案，有無續欠。據稱五十一、二兩年續欠旗租銀，共有二十四萬八千四百餘兩等語。此項租銀，若果因地方水旱災歉，實欠在民，自當分別緩帶，以紓民力。但舊欠未完，新欠又至如許之多，其中保無有官吏那移，藉詞民欠，以爲侵蝕地步。此事不值欽差大臣前往清查，劉峩身爲總督，不可不切實辦理，以杜弊端。著傳諭該督即留心密訪，有無那移侵蝕情事，據實具奏。並嚴飭各屬，實力催徵，依限完繳，以清款項。毋任地方官飾詞延宕，以致積欠久懸，釀成虧缺，致干咎戾。（高宗一三二七、一九）

（**乾隆五四、五、甲子**）又諭：前因直隸各州縣應徵旗租，舊欠未完，新欠又有二十餘萬之多，其中保無官吏那移情弊，降旨令劉峩留心察訪，據實具奏。兹據該督奏稱：綠佃種旗地之户家本貧寒，收成豐稔，尚可按期完納；一遇水旱不齊，動致拖欠不清；而地畝鹽城抛荒、佃户逃亡，亦所時有；此數年積欠之故，實由於此等語。各州縣應徵旗租或因水旱不齊，致有拖欠，自當分別緩帶，以紓民力而清款項。若果田畝鹽城抛荒，則其地已不能耕種，租從何出？至佃户逃亡，如實因地不能種逃至他所者，即應奏請豁免；如係無力承種，出外營生，亦應另行召墾，何以並不確查妥辦，惟事按年經徵？試思地已抛荒，小民何能交納？若如該督奏請，著落地方官依數賠繳，似此年復一年，伊於何底？各省應徵地丁正項錢糧如係實欠在民，朕尚加恩豁免，從不令地方官賠繳，焉有因積欠旗租，轉令代爲賠納耶？各州縣給予廉俸，尚動稱不敷辦公，借端侵缺，若復令賠繳旗租，將伊等更得有所藉口，殊屬不成事體。且朕軫念黎元，凡遇旱澇偏災，無不立予蠲賑，雖千百萬帑金，從不稍存靳惜，豈有地畝既荒，尚令小民賠納租銀？更非朕體恤閭閻之意。但地方大吏，從前何以未經奏明？恐各州縣有影射虛捏延宕侵那等弊，不可不徹底清查。著派侍郎伊齡阿、管幹珍，於朕啓鑾後，前往查辦。彼時京中無事，伊二人更可以詳細履勘。如查係實在田畝監城抛荒及佃户逃亡因而拖欠者，即據實奏明，候朕降旨，酌予豁免；如查係地方官諉詞捏飾，希圖影射侵蝕者，即當条奏治罪。此等丈量地畝之事，朕向來不肯輕易派員前往查辦，以免擾累。今直隸各州縣積欠旗租，如果實係田畝監城抛荒、佃户業已逃亡，所有應徵租銀自無從追納，並非地方官徵催不力之咎，豈有照劉峩所奏仍令常年賠繳之理！朕此次特派大員前往查辦者，係爲愛惜官民起見。朕既不忍累民，又豈肯累官？伊齡阿等務宜秉公辦理，以副朕曲加體恤、覈實清釐至意。（高宗一三二八、一三）

（乾隆五四、閏五、甲辰）諭軍機大臣曰：勒保奏錢糧完欠數目一摺，朕細閱單内所有未完各數，皆係本年特旨蠲免之款。此項未完銀糧，既經蠲免，止當於折内聲明，又何必另繕清單，牽混開列？再甘省每年所徵銀糧，爲數無多，雖按數徵收，尚入不敷出，須咨各省協撥，以供該處經費之用。乃經徵各州縣，向多虧欠，其意以爲積累有年，即可邀恩豁免。在百姓既可寬其輸納，而官吏復得藉以侵漁，遂至習以爲常，不肯認真催繳。若云甘省地方瘠薄，則從前如西涼、西夏俱在彼立國，又從何取給？朕軫念邊氓，如果實遇災荒，蠲賑從無靳惜；若收成並不歉薄，豈可一任相沿侵缺，徒飽貪墨私橐？況國家經費有常，似此逐年虧欠，惟恃蠲免，亦復何所底止？著傳諭勒保，務宜留心查察，固不必過事催徵，亦不可聽其影射爲要。（高宗一三三一、四）

（乾隆五四、六、甲申）是月，欽差侍郎伊齡阿奏：直隸省有旗租地方共七十七州縣，拖欠旗租者十一州縣。其監城抛荒、佃户逃亡，以致租銀無著者：交河、滄州、南皮、青縣四州縣。惟南皮縣四項有零荒地，實係隄占水衝，已照例開除外，其餘三處荒田並非不可耕種之地。良由包攬交租之人，豐年則完課之餘，藉爲分潤，一遇歉收，則佃户以承認有人，拋地他往，包攬之人即藉口無人頂認。年復一年，致令旗租無著。前經署總督大學士英廉通飭各州縣一體禁革，以杜逃亡隱射之弊。臣查悉前情，即面飭州縣，嗣後如有逃避之户，務即隨時招認，不得仍前顢頇滋弊；再查各屬新舊積欠簿册，均係實欠在民，尚無隱混侵蝕等弊；其未經查辦之安肅、清苑等十一州縣，及所有拖欠租銀，尚當以次查覈具奏。得旨：俟查清奏到有旨。（高宗一三三三、四三）

（**乾隆五五、一二、甲子**）諭軍機大臣等：直隸每年額徵旗地租銀，該督例應於十月内飭令藩司委員解部，以備頒賞八旗兵丁之用。今據户部奏稱，該省本年應解五十四年分旗地租銀，因逾限未解，節次行催，始據解銀二十五萬二千二百餘兩。再上年清查旗租案内，經伊齡阿奏明追完解交藩庫銀十七萬一千八百餘兩，亦應批解部庫，以備分賞，節經檄催解部，仍未報解，殊屬遲延等語。此項五十四年分旗地租銀，於本年十月間早應照例解部，乃該督遲久未解，經部屢次檄催，僅據解到銀二十五萬二千二百餘兩，不敷賞資八旗兵一月錢糧之用。本年直隸地方夏秋之間雨水過多，收成不無稍歉，該督徵收租銀，未能齊全，致所解旗租尚未足額，或屬事理所有。至上年伊齡阿清查旗租案内所有追完銀十七萬一千八百餘兩，早經存貯在庫，該督有何動用之處，以致遲延日久，屢催未解？著傳旨嚴行申飭。其不敷分賞銀兩，於部庫積存旗租内先行撥用，著傳諭梁肯堂即嚴飭藩司，查照伊齡阿原奏實數，迅速委員撥解歸款。並將因何遲延未解，及有何擅自那移之處，據實速行明白回奏。（高宗一三六九、八）

（**乾隆五六、一二、戊申**）諭軍機大臣等：昨令軍機大臣將各省積欠銀兩數目，查明開單進呈，朕詳加披閱。内直隸省未完銀二十九萬八千三百餘兩，帶徵地糧七十八萬五千八百餘兩；山東省未完銀二百一十八萬五百餘兩；河南省未完銀四十五萬八千八百餘兩；江蘇省未完銀五十萬七千一百餘兩；福建省未完銀八十一萬六千四百餘兩；湖北省未完銀六十四萬七千五百餘兩。爲數甚多。浙江省亦有未完銀九萬六千三百餘兩。此項積欠銀兩，俱係應徵正項錢糧，在小民等踴躍急公，自無不輸將恐後，其各省所報未完銀數，必非盡係實欠在民。聞總由地方官吏，藉口水旱歉收，因災帶緩，從中那前移後，官侵吏蝕，藉稱積欠在民。況連歲以來，各省秋收，多屬豐稔，間有歉收之處，亦不過一隅偏災。……乃徵收地糧款項，均欠至二百餘萬及數十萬之多，至少者亦有九萬餘兩。若非經手官吏任意侵那，何至積欠銀糧，竟有此數？從前雍正年間，曾特派大臣，往各省逐一清查。朕臨御以來，惟恐派出之員，奉行不善，或致擾累地方，是以未經派員查辦。但國家經費有常，似此懸宕無著，便於蠹吏，誣及良民，年復一年，伊於何底？著傳諭各該督撫，即將前項未完積欠銀兩，實在因何民欠若干，官吏侵蝕若干，詳晰查明，分別開單據實具奏。此項歷年積欠，在州縣等，斷不肯自行呈報。但該督撫等，俱係陞調未幾，其經徵州縣輾轉那欠，已非一日，此時自無可用其回護，惟當確切嚴查，據實陳奏，其經徵不力之咎，轉可加恩寬宥。若該督撫等心存袒護，代爲隱瞞，不過與海捕具文，視同一例，稍有不實不盡，經朕派員查出，或被百姓告發，恐該督撫等不能當此重戾也。將此傳諭知之。（高宗一三九二、一〇）

（乾隆五七、一、丁酉）諭軍機大臣等：據梁肯堂奏，查明直隸省積欠地糧已未完各數，分晰開單呈覽。内民欠未完銀二十七萬五千一百餘兩，帶徵未完銀七十四萬八千八百餘兩，現在派委道府，督同候補丞倅州縣各員，分投清查等語。直省積欠銀兩，遞壓至一百餘萬，爲數甚多。雖該省差務較多，並據稱附近山海之區，田畝率多沙城，且五十四、五兩年，霸州等各州縣，先後被災，分年帶徵之項，未能依限完納，以至遞有積壓，然斷不至如此之多。自係不肖官吏，影射帶徵名色，從中那前移後，以完作欠，必非盡實欠在民。今既經該督派委到直未久之丞倅州縣各員，調取收納紅薄，及完銀串票，逐一覈對，並派隔屬道府大員，督同查覈，自應如此辦理。此事總在該督實力妥爲，不可存庇護屬員之見，僅以一奏了事。直隸係首善之區，爲他省所效法，今積欠銀數至一百餘萬之多，若不認真上緊查辦，一任地方官吏，藉口水旱欠收，因災帶緩，任意侵那，遞年積壓，直隸一省如此，他省從而效尤。國家經費有常，似此正項錢糧，懸宕無著，年復一年，伊於何底？著傳諭梁肯堂，務須確切嚴查，實心覈辦，並著予限一年，責成該督，將積欠之項，全數歸款，毋得再有拖延。倘該督意存袒護，代屬員隱飾朦混，以致積欠久懸，不拘何時，密派大員前往抽查，一經查出弊竇，該督自問，能當此重戾耶。（高宗一三九五、一〇）

（乾隆五八、二、癸巳）山東巡撫覺羅吉慶奏：山東省積欠錢糧，上年二月奉旨飭查，經護撫藩司江蘭查明，實欠銀五十二萬三千一百兩有奇。奏限十月完解。臣抵任後督催，續完銀三十三萬一千五百餘兩，餘未完各屬，查多毗連災境，請再展限一年。仍逾限不完，將現任及降調、回籍各經徵接徵人員革職，按在任日月，分賠還款。得旨：如所議行。（高宗一四二三、二〇）

（乾隆五八、八、甲戌）諭軍機大臣曰：長麟奏浙江省每年完欠錢糧實數一摺。閱其所開單內，五十七年分未完地丁銀至五十四萬一百餘兩，未完漕白等銀至十一萬七千餘兩；五十六年分亦尚未完地丁銀十九萬三千餘兩，未完漕白等銀二萬九千餘兩。又五十五年未完漕白等銀三千餘兩，而五十七年應徵南糧等米，亦尚未完四萬五千餘石。計節年欠項銀米，共九十餘萬。此等皆係額徵正賦，何至積欠如許之多？從前浙江省倉庫虧缺，應徵款項，積壓拖延，經張若震在藩司任內，實力催繳，始能掃數清完。近年以來，又復拖欠纍纍，愈積愈多。此等地丁漕米，遇有歉歲時，或尚可藉詞延緩，今浙省連年收成，俱屬豐稔，小民自應輸將恐後，即稍有拖欠，地方官亦當按限催徵。江浙等省為財賦之區，乃似此任意積欠，正賦宕懸，日復一日，伊於何底？此皆由歷任撫藩因循廢弛，長麟在任，亦未能認真董飭，甚或地方州縣，竟有已徵未報等弊，不可不力加整頓。長麟已陛授兩廣總督，應俟吉慶到浙，方行交代，起程尚需時日，仍應督率地方官實力經徵，不可存五日京兆之見，怠玩從事。吉慶到任後，地方錢糧係其專責，尤當督率所屬，覈實查催。應徵各項，毋誤奏銷例限，方為不負委任。將此傳諭長麟，並諭吉慶知之。（高宗一四三四、一九）

（乾隆五八、一一、癸巳）諭軍機大臣等：昨令軍機大臣將各省因災緩徵、帶徵、未完各項錢糧數目具奏。朕閱所開單內，直隸省未完銀二百九十八萬四千餘兩零，糧二萬九千餘石；山東省未完銀二百八十四萬七千餘兩零，穀四十五萬三千餘石零；河南省未完銀七十五萬九千餘兩零，穀六十九萬三千餘石；江蘇省未完銀二十四萬四千餘兩零；安徽省未完銀二十八萬二千餘兩零；福建省未完銀七萬二千餘兩零；江西省亦有未完銀七千餘兩零。此內直隸、山東為最多，河南次之，江蘇、安徽又次之。此項因災緩帶銀兩，自乾隆五十二、五十四等年起，截至五十七年止，歷時已久，何以尚未徵完？況直隸、山東、安徽及江蘇省之江寧等屬，曾經加恩分別豁免，而未完銀糧，尚有如許之多。在小民踴躍輸將，經朕加恩緩帶之後，自必倍加感激，按期交納。雖直隸省之順德、廣平、大名等府，河南之河北等府，連遇歉收，屢次停緩，而其餘各處，並非積歉之區，小民等更必輸將恐後，乃經徵未完銀糧款項，為數纍纍，必非全係實欠在民，自係經徵官吏，任意侵蝕，誣我良民，年復一年，伊於何底。若此時即行豁免，適以便貪官蠹吏肥橐私圖，於小民仍無實惠。著傳諭各該督撫，即行查明，實係積歉之區，被災年分，及帶緩限期，因何未完至如許之多，實在民欠若干，官吏侵蝕若干，分晰詳查，開單據實具奏。此項歷年未完緩帶銀兩，在州縣等，斷不肯自行呈報，但該州縣等輾轉侵那，已非一日，並非全係該地方官本任之事，自可無庸規避，惟當各發天良，確切嚴查，據實具奏，再行分別覈辦。朕此時亦不加深究，祇將官吏侵蝕數目，著落賠補，其那移捏報之罪，尚可加恩寬宥。若該督撫仍復心存袒護，代爲隱瞞，稍有不實不盡，一經查出，定行重治其罪，斷不能邀寬宥也。將此各諭令知之，必於十二月中旬即行奏至，以便加恩。（高宗一四四〇、三）

（乾隆五七、二、戊午）諭軍機大臣等：本日據江蘭覆奏，山東省積欠未完銀二百一十八萬餘兩，自上年奏銷後，續完銀八十四萬三千餘兩，又除本年緩徵未屆限期銀七十四萬七千九百餘兩，現在實未完民欠銀五十八萬九千三百餘兩等語。前因直隸、江蘇、山東、河南、浙江、福建、湖北等省，歷年積欠，爲數較多，降旨令各督撫據實查奏。茲據江蘭奏稱，該省除續經徵完及緩徵未屆限期銀兩外，現止實在未完民欠銀五十八萬餘兩。是山東一省未完積欠，自上年奏銷以後，爲期未及一年，經該省實力徵收，現在已逾三分之一，豫省民欠，前據查明未完銀四十五萬八千餘兩，加以河工幫價積欠未完銀二百一十餘萬兩。是該省兩項積欠，較之山東，爲數尤多，昨據穆和蘭奏，河工幫價積欠，請分年帶徵。而於該省正項積欠，應行查辦之處，並未據該撫查明覆奏。豈豫省積欠，自上年奏銷以後，竟無續徵銀兩？況上年山東萊州、臨清等屬州縣，間有被旱被水之處，小民尚能踴躍輸將，而河南則連歲豐收，豈轉致艱於交納？著傳諭穆和蘭，即將該省各項積欠，已徵若干，實欠若干，及現在徵有幾分成數，一併查明，分晰覆奏。如一時未能查明，即於正定接駕時，詳悉開單具奏，毋得稍有隱飾。（高宗一三九七、九）

（乾隆五九、五、乙巳）又諭曰：勒保奏甘肅錢糧完欠數目一摺，內單開乾隆五十七年分，民欠未完及因災緩徵等銀三萬六千四百四十兩零，糧五萬六百十三石零。甘肅省從前王亶望諸人捏災冒賑，率以爲常，業已痛加懲治。至該省地土磽瘠，如遇被災歉收之年，自應隨時蠲緩，用資調劑。但一遇豐收年分，即可陸續帶徵，以完積欠。即如上年甘肅通省收成尚稱豐稔，何以五十八年，仍有未完銀三萬四千兩零，未完糧五萬石零？自由該督等辦理不善所致。著傳諭勒保，嗣後遇有豐收之年，即傳飭各屬催徵完解，並留心查察，毋任意遲延，藉詞懸宕，以致愈積愈多也。（高宗一四五三、六）

（乾隆五九、七、壬子）又諭：本日吉慶奏浙江省錢糧完欠一摺，內稱，乾隆五十七年分地丁漕白等銀，尚有民欠未完銀二十二萬七千三百三十餘兩，五十八年分地丁屯餉驛站漕白等項，民欠未完銀二十七萬一千五百二十餘兩，又未完額徵南米四萬八千二百六十二石零，現在嚴催完報等語。江、浙兩省，連歲以來，雨暘時若，均獲有收，非他省之偶有災歉者可比。此等錢糧，俱係正賦，在小民具有天良，得遇連年豐稔，自無不踴躍輸將，按期交納。乃浙省節年未完銀米，尚有四五十萬之多。即江蘇省前據奇豐額奏到，本年應徵新賦，雖已全完，而帶徵停緩等項，尚有應俟屆限催完者。看來此等未完銀米，其實欠在民者，不過什之二三，自係經徵官吏，任意侵蝕，居其七八，迨至奏銷期限，輒又捏稱民欠，藉詞延緩。似此年復一年，伊於何底？著傳諭該撫等，所有額徵地丁等項，並該年應徵帶緩等項銀糧，務須實力稽查，依限完繳，毋任官侵吏蝕，任意拖欠，以致正賦延宕。倘有前項情弊，一經發覺，必將經徵各員及該撫等，一併從重治罪，決不稍為寬貸也。（高宗一四五七、四五）

（乾隆五九、七、壬子）諭軍機大臣等：據內務府衙門覆奏，遵化州應交五十八年分租銀錢文，及五十六、七兩年所欠租錢三百餘串，屢催未解，該州惟以原佃潛逃，租額過重，招佃無人申覆等語。此項租銀，俱係供支陵寢，及修理行宮牆垣橋座之用，自應依限完解，不得遲延掛欠。乃遵化州應交租銀，及園租京錢，經該衙門屢次嚴催，仍拖欠未交，並以租額過重，招佃無人，藉詞搪塞，實屬玩忽。梁肯堂此時雖在查辦災務，但此項租息銀兩，亦關緊要，豈可即置不問，一任該州延宕。著該督即嚴飭該州，將應交租銀欠項，照例如數作速賠補，克期完解，以充公用。若再支吾延宕，必將該州及該督一併治罪。所有此項園地，並著委員確勘，是否實在荒蕪，及租額過重，應行酌減之處，據實具奏，毋得稍有含混，致干咎戾。……將此諭令知之。（高宗一四五七、三九）

（乾隆六〇、八、丁未）諭：戶部議駁直隸節年民欠旗租銀兩，請令該督將逃亡、遷徙各佃戶確查具奏，另行覈辦一摺，固屬覈實辦理。但此項旗租，原因偶遇偏災，加恩帶緩，一遇豐收，小民自必踴躍輸將，何至節年拖欠？即使佃戶人等間有逃亡、遷徙，無可著追，亦何至為數如是之多？其中顯有官侵吏蝕，以完作欠情事。朕惠愛閭閻，無微不至，各省節年民欠錢糧，不下數千百萬兩，業經降旨普行豁免，佃戶亦吾赤子，豈肯稍有歧視，致令復有追呼？所有通州等五十二州縣，乾隆五十三年起，節欠旗租銀六十八萬二千兩零，竟無庸向各佃戶名下徵收，俾得一體仰邀恩澤。至旗地原係旗人產業，旗人管業時，均藉租息以為養贍當差之計，若累年拖欠，旗人資何用度？今歸官辦理，何以逋欠累累？自係經徵各員辦理不善，且難免以完作欠情弊。而該管上司等，又何以漫不留心，督催不力？自應分別著賠。但此項積欠旗租，為數較多，若仍令三年賠繳，伊等辦公未免拮据。且州縣廉俸無多，亦應量爲區別。所有此項節欠旗租銀六十八萬餘兩，著歷任總督、藩司分賠十分之五，道府分賠十分之三，州縣賠十分之二，俱分作六年完繳。於懲創之中，仍寓體恤，以示朕嘉惠窮黎，整飭官方至意。（高宗一四八五、二一）

（嘉慶四、一一、癸酉）又諭：戶部覆議直隸通省虧欠攤賠各款分限完交一摺。倉庫錢糧均關國帑，豈容任意懸欠？今直隸一省，自乾隆三十二年以後，未清銀款至一百四十四萬餘兩，歷任各官至一百三十九員之多。此等虧欠帑項之員，本應按照定例，分別治罪監追。惟念歷時已久，人數過多，是以前次胡季堂奏請，將各員提集省城追繳，當經降旨，以各省官員衆多，俱行提集省會，殊非政體，因將胡季堂奏到原單，交部查辦。茲據查明分別開單呈覽，除不知存殁各員查明另辦外，所有現在虧欠各員，其銀數在一千兩以下者，限半年追完；一千兩以上至五千兩者，限一年追完；一萬兩者，限二年追完；二萬兩者，限三年追完；三萬兩者，限四年追完；三萬兩以上者，限五年追完。此內虧欠不及一萬兩之員，著革職從寬留任；已回旗籍者，革職暫留頂帶。若限內全完，准其開復。其數逾一萬兩之員，革職即令離任；已回旗籍者，亦著革職，按限著追。如限內全完，奏明請旨。此係朕格外施恩，將應行治罪各員，於無可寬貸之中，免其治罪。該員具有天良，自應將虧欠銀兩，依限措交，若再逾限不完，斷難曲宥，必當照新例，將各該員監禁嚴追矣。至攤賠各員，與本身虧欠者尚屬有間，除現存之員照戶部定例按限追交外，已故人員，著照前此恩旨，一千兩以下者，全行寬免；一千兩以上者，免十分之五；二千兩以上者，免十分之三。此皆因直隸一省，差務繁多，數倍他省，地方官平日經理不善，或有借墊等項，不能及時歸款，以致日久拖延，人數過多，故加恩特從寬典；若他省別無差務可以藉口，倉儲庫項，皆當覈實清釐，豈容稍有虧欠？如有查出虧短帑項人員，必當按例嚴懲，不得援照直隸之例，妄希寬辦也。餘著照所議行。（仁宗五五、八）

（嘉慶五、一、丙寅）諭內閣：據戶部奏，各省積欠，自嘉慶三四年以來，不下二千餘萬。此項銀兩，豈盡實欠在民，外省地方官於應徵錢糧，往往挪新掩舊，以徵作欠，每遇有協撥之項，輒以本省現有急需爲辭，其實正項虛懸，是以不得不爲挪移掩飾之計。似此年復一年，伊於何底？各省內如現在用兵省分，需用浩繁，或可暫緩查辦；其餘各省，並無緊要事件，自應將連年積欠，實力清查，歸還款項。著通諭各督撫，將各省積欠，認真查辦，分別在民在官，覈實清釐，妥爲經理，務使年清年款。將應留貯者即行留貯，應撥解者即行撥解，不得仍前懸宕。儻經此次通諭之後，再有以完作欠、挪新掩舊諸弊，一經發覺，除將經徵地方官按律治罪外，定將各督撫一併治罪，勿謂誥誡之不豫也。將此通諭知之。(仁宗五七、九)

(嘉慶五、一二、己巳) 諭內閣：戶部奏詳議徵收正賦錢糧一摺，地丁錢糧，乃國家正供，原應年清年款，豈容任意拖欠？乃近年以來，經徵各員概事因循，積欠至數千萬之多，此豈盡實欠在民？總綠州縣官以完作欠、挪新掩舊，恃有完過六分以上之例，批解過半，即可列入帶徵，藉免離任；而督撫等遇有經徵不及五分之屬員，又復輾轉調署，爲之規避處分。以致不肖官吏無所忌憚，實爲惡習。朕惠愛黎元，蠲賑動逾鉅萬，節經降旨，毋得加賦，以期藏富於民，即各省偶被偏災，無不加恩按照分數，分別減免，並將乾隆六十年以前積欠，加恩普行豁免。小民具有天良，自無不踴躍輸將之理。或偶有拖欠，亦何至遞年積壓，任催罔應？是地丁積欠，非由吏蝕，即係官侵，豈得概以民欠藉口？嗣後各督撫，務須嚴飭地方官儘收儘解，以期國課早完，閭閻無擾。即各省情形或有不同之處，亦應詳加體察，斟酌辦理，不得概以民欠列入帶徵，仍前延玩。如有錢糧處分將屆離任，輒行調署者，一經部臣查出，定將該督撫嚴議示儆。其嘉慶五年以前各省帶徵銀兩，亦著查明，督飭所屬，隨正徵解，毋任日久懸宕。(仁宗七七、二〇)

(嘉慶六、一〇、丙辰) 諭內閣：國家經費有常，惟正之供，著爲歲額。朕軫念民依，凡遇地方水旱偏災，一經疆吏封章入告，無不立沛恩施，分別蠲緩，俾閭閻生計，日漸充饒。即軍興以來，動撥餉銀不下數千萬，俱由帑項發往，從未絲毫科派，擾累民間。至錢糧漕米，均係正供，百姓等自宜踴躍輸將，早完國課。向來外省各州縣，往往將百姓已完錢糧，作爲掛欠。此等積弊，朕所深知。固應有犯必懲，以儆貪墨。然實欠在民者，亦復不少。即如閩省每年報銷錢糧，僅止六七分以上，任意抗延；並有因推收過戶糾纏不清，致將正項錢糧互相推諉。雍正年間曾將田面田根名色，概行革除，何得至今復沿陋例？總由一二刁民玩延成習，不獨福建一省爲然。似此積欠相仍，伊於胡底？著各該督撫轉飭地方官，於徵收錢糧事務，實心經理，年清年款。若不肖州縣仍敢以完作欠，一經查出，即當指名叅辦。儻係刁民抗不完交，亦應嚴辦以杜刁風，並著各州縣隨時勸導，俾共知大義，激發天良，及早輸納，免蹈罪愆，無負朕諄諄告誡至意。將此通諭知之。(仁宗八八、一九)

(嘉慶六、一〇、癸酉) 諭軍機大臣等：陳大文奏，清查旗租積欠，請展限併案查辦一摺。直隸經徵旗租，自乾隆五十八年起至嘉慶二年止，例應四次清查，現已逾四年之久，明歲又屆五次清查，總未據該督查明具奏，殊屬懈弛。從前因各州縣經徵旗租不力，並有以完作欠、任意虧挪之弊，以致每年旗租多有缺額。是以定爲五年清查一次，如有虧缺，責令上司攤賠。原欲令各上司認真督催，勿任州縣等仍前疲玩。乃歷任督藩等，轉因查出虧缺，例應攤賠，遂爾遷延不辦。四次清查，久逾例限，明歲又值五次清查之期，似此年復一年，此項應徵旗租竟無清釐之日耶。直隸各大員以及府州縣疲玩積習牢不可破，爲各省之冠，亦中外所共知。至摺內所稱本年直屬被水成災，花户外出，各項地畝租銀完欠數目，未能剋期勘訊，固屬實在情形。但數年以來，該省年歲尚屬豐稔，差徭更屬稀少，何以地方官並不將徵收旗租及早報明上司？而各上司亦任其延宕，可見直隸地方官怠玩已極。除嘉慶六年以後，經朕加恩將從前酌增租銀十三萬三千餘兩全行寬免，此後自應年清年款，毋許拖欠外，其四次、五次清查旗租，姑准俟明年二月賑務完竣，併案查辦，務當督飭司道等，並原委各員逐一查勘，將各項積欠旗租查明，或係官吏侵蝕，或係佃欠未交，分別開單據實具奏。俟奏到時另降諭旨，陳大文向於地方事務尚能認真查辦，不可因循舊習，漫無整頓也。將此諭令知之。（仁宗八九、二四）

（嘉慶八、四、丙寅）又諭：户部奏，各省未完嘉慶六年分正賦等項銀兩，請勒限完交一摺。地方各項錢糧，乃國家惟正之供，自應各按年月儘收儘解。乃嘉慶六年分尚有未完正賦、耗羨、雜稅，及歷年帶徵等項，共一千一百二十七萬六千餘兩，均係七年分應徵，及本年四月奏銷以前應完之款，豈容任意拖欠？著傳諭各督撫，即行嚴飭地方官，務將此等積欠銀兩，迅速徵解，照該部定限，於本年十月內全數徵完，以清帑項。儻仍前因循輾轉，巧爲彌縫，抑或徵不足數，藉詞延宕，即著該部將經手之員，指名嚴參，懲辦不貸。餘均著照議行。（仁宗一一一、四）

（嘉慶八、六、辛丑）又諭：伯麟奏，山西虧空，經嘉慶五年六年兩次清查，按款著追，庫項除已完銀一十七萬一千餘兩外，尚未完銀七千兩零；倉項除已完價銀七萬九千一百餘兩外，尚未完銀一萬二千八百餘兩零；現在勒限一年內全完等語。所辦尚好，現已交軍機處存記。所有未完之項，該撫即督同藩司嚴飭該州縣如限追繳，不得再有遲緩；並責令派出覆查之道府等，出具切實印結。俟實在埽數全清，該撫即據實具奏，朕不拘何時，當派員前往查看，彼時必不能稍有隱飾。至所稱倉庫在州縣之手，今日補清，焉知明日不虧等語。所論甚是，此亦必有之弊。州縣官賢愚不一，此時即彌補足數，若不隨時詳查，日後難保不再有虧缺情事。該撫既酌定章程，於每年夏季五月，冬季十一月盤查兩次，並不准後任通融接收。總須責令認真嚴查，據實結報，切不可視爲具文，顢頇塞責。設既清之後，再有虧缺挪移，必當執法嚴懲，不可姑息。儻該撫等或有瞻徇隱飾之處，經朕察出，則惟該撫等是問。將此傳諭知之。(仁宗一一六、一七)

（嘉慶九、一二、己卯）諭內閣：戶部奏，覈議顏檢查奏，應徵八項旗地租銀及各年緩帶租銀追存未解各款一摺；又清釐直隸節年積欠錢糧一摺；又查明初二兩次清查虧欠銀兩，並分晰開單呈覽一摺；朕詳加披閱，多係踰限不交，及款項牽混轇轕不清。總由該督等平素不能督率清釐，催徵怠玩，又復回護屬員，以致各款糾纏，藉詞延宕。其節欠錢糧，業經該督奏明，於本年統行清理，何以又請分限帶徵，爲屬員開脫處分？殊非慎重帑儲之道。現已降旨將裘行簡調任直隸布政使，著顏檢督同該藩司，按照部議各摺，詳細查覈，徹底清釐。將如何立限完交之處，酌量妥籌，分晰列款，開單據實具奏。至該省初次二次清查，原係該員等虧缺之款，經朕格外施恩，不即治以重罪，諭令立限完交。自應嚴行催追，分別辦理。如查明續有虧挪，即當嚴參懲辦，何得以州縣賢愚不一，恐有續虧爲詞，希圖再作清查地步？著該督等即行覈實查辦，此後毋得再請清查，徒以紙上空談，久延帑項，致干咎戾。其所請追存各款案內銀二十六萬九千餘兩，亦不准其留用。(仁宗一三八、二八)

（嘉慶一〇、六、丁卯）諭軍機大臣等：熊枚奏報到省日期，及接辦總督本任事務一摺。現在直隸清查一事，最關緊要，熊枚應即督率裘行簡，詳查妥議，酌定章程，奏明辦理。直省虧項積至三百餘萬之多，本非一朝一夕所致，此時上緊彌補，亦非能刻期促辦之事。總在檢覈周詳，劃清前後任年月，分別多寡數目，立定限期，量力籌補，期於法在必行，自不難以次清釐歸款。若不豫籌辦法，徒開列虛單，以一奏塞責，即將多人參革治罪，而帑項終於懸宕無著，仍屬有名無實。顏檢在直督任內，尚無別項大過，因其意存回護，若不令其離任，恐辦理轉多掣肘，是以將伊降黜，俾接任者得以徹底清查。今熊枚等更無所庸其粉飾瞻徇，務當盡心籌辦，實力整頓，無負委任。將此諭令知之。(仁宗一四五、一八)

（嘉慶一二、一二、辛卯）諭內閣：戶部奏申定章程，嚴催積欠一摺，據稱各省丁賦，自嘉慶元年起至十一年止，除因災緩帶徵外，仍有未完銀八百八十六萬一千八百餘兩。誠恐不肖官吏有侵蝕虧挪情弊，應將錢糧未完處分，嚴定章程，如有參限將滿例應降革者，該督撫不得代爲推卸，擅請調署等語。各省丁賦，關繫度支經費，國家生齒日繁，費用倍增，我朝取民有制，從無加賦之事，惟藉此每歲正供，量入爲出，豈容積有虧欠？乃江南等省，自嘉慶元年以來，至十一年止，尚有據報未完銀八百八十六萬餘兩。朕廑念民依，凡稍有災歉之區，無不降旨施恩，立予蠲緩。現在戶部摺內，尚有各省緩徵、帶徵銀三百八十五萬餘兩，不在此列。小民具有人心，於歲入正供，自當輸將踴躍，即間有拖欠，亦何至多至數百萬兩？總由地方官任意因循，徵催怠惰，甚或有侵挪虧蝕情弊，皆未可知。而上司護惜屬員，往往曲爲地步，凡涉條限將滿，應罹降革處分，則爲之調署別缺，俾接徵之員另行開限。州縣恃有此規避之法，又復何所儆畏？無怪乎各省積欠如此之多也。嗣後州縣遇有錢糧處分條限將滿，戶部隨時知照吏部，不准調署他處；如該上司違例調署者，將該上司一併參處。督撫等務當督飭所屬，各行激發天良，於應徵款項，按限催徵，不得任意因循，罔顧國計。將此通諭知之。（仁宗一九〇、一七）

（嘉慶一三、一一、乙亥）諭內閣：前因各省積欠爲數甚多，特經降旨勒限嚴催完報。茲據戶部奏稱，直隸等十五省，除去緩徵、帶徵，仍有未完地丁等銀八百一十七萬八千二百九十餘兩，較上年具報積欠數目，所完尚不及十分之一，而十二年分又續增未完地丁等銀三百一十九萬八千九百餘兩，連前共有一千一百三十七萬七千二百餘兩之多，請旨飭催等語。此皆由該地方官任意因循，總未實力徵催，每至條限將滿，該管上司往往曲爲庇護，將經徵之員，設法調署，俾接徵者另行起限，以致州縣各官恃有此規避之法，率皆怠惰徵催，各欠愈積愈多，關繫甚重，自應嚴定考成，以杜弊端。嗣後遇有調署人員，著將該員名下詳查，果無應徵未完錢糧，咨部覆明，方准調署，如有經徵條限屆滿違例調署者，將該督撫查參示儆。仍著各督撫將節年積欠銀兩，一體立限嚴催，並確查是否實欠在民。如各州縣有從中侵挪虧蝕情弊，立即指名參辦。務期國課得就清釐，毋得仍前延玩。將此通諭知之。（仁宗二〇三、一四）

（嘉慶一四、一、丁亥）諭軍機大臣等：董教增奏，查明安省虧空情形，請酌改彌補章程，以收實效一摺。安徽各州縣未完倉庫兩項，共銀一百八十餘萬兩，經歷任巡撫先後奏請展限彌補，至嘉慶二十二年即可全數清完。茲據董教增奏，覆明節年提解銀數，僅完銀五十餘萬兩；而自八年以後，實又虧銀三十萬九千餘兩。是名爲彌補虧缺，實則掩舊挪新，若不實力清釐，何所底止？此項倉庫未完銀兩，本係格外施恩，准其密爲籌補，必須立定章程，期收實效，方可於事有濟。該撫摺內稱衝途州縣，差務賠累，處於不能不虧之勢等語，看來該省彌補不力，總藉口於差務支應浮費繁多，以致未能節省報解，此實近年陋習。殊不知驛站支應，本有例銷之款，即稍有不敷，亦應設法調劑，何得藉此虧缺庫項盈千累萬？若不亟加整頓，杜其流弊，即年年彌補，亦不能覈實清理。嗣後該撫惟應通飭所屬，大加減省，不惟欽差過境不得任意浮糜，即本省大吏遇有查閱營伍、履勘地方等事，一應尖站供頓，亦當倍加儉約，該州縣等自不致有賠累續虧之弊。至此時新虧各員，本應查明懲辦，姑念輾轉接受，人數衆多，且致虧之由尚非侵漁入己，著照該撫所請，將新虧之項，准其自十四年爲始，分限四年完繳。如尚有拖延，即著嚴条究辦。其無著之九萬餘兩，先行彌補，於四月內勒限全完。至舊虧未完之項，准其於院、司道、府、州、縣養廉，每年酌扣五成，由司庫存貯歸款，藉資彌補。其州縣互相津貼一節，尤應妥爲籌辦，勿任本任之員心存諉卸，津貼之員得以藉口。此後不得再有挪新掩舊之事，仍於每年將實在完補數目具奏一次。該撫務須率屬實力遵行，勿仍以差務賠累爲詞，藉端延宕。將此諭令知之。（仁宗二〇六、三五）

（嘉慶一四、一二、戊申）又諭：溫承惠奏，直隸三次清查案內抵款銀兩，設法查辦一摺。直隸三次清查案內未完各款，自應趕緊催追完解，若屆限滿時，率行奏請予展，年復一年，伊於何底？是名爲清查，帑項終歸無著，仍非覈實辦公之道。除此次該省留抵什物項下應變銀九萬七千四百餘兩，著加恩姑照所請，數在五百兩至一千以上者勒限一年，二千兩以上者勒限二年，五千兩以上者勒限三年，一律變竣，其交代案內留抵什物估變不敷、及墊支墊解無著共銀二十六萬五千一百餘兩，亦照所請，將數在三千兩之霸州等六十三州縣共銀八萬一千一十三兩零，勒限二年歸補，三千兩以上之容城等三十一州縣共銀一十四萬四千七十七兩零，勒限四年歸補，一萬兩以上之寶坻等三縣共銀四萬五十三兩零，勒限六年歸補，均責成該管道府按限實力催追，提解司庫歸款，毋任稍有短絀外，嗣後不得再行奏請展限。如限內仍有未能按數完繳者，即著落各該管上司如數攤賠，以清庫款。該督此後毋許復留清查名目，儻仍有奏及清查者，除將該地方官查明究治外，必將該督一併懲處。（仁宗二二三、一六）

（嘉慶一五、一二、乙巳）又諭：鑾儀衛奏，直隸省應解恩利庫租銀，新舊共欠十萬五千四百餘兩，請飭交直隸總督嚴飭各州縣，迅速催解完款等語。此項租銀，例解恩利庫作爲滋生銀兩，係充鑾儀衛公需，該省自應如數清解，何以積年拖欠，致該衙門每年請旨飭催，該督等仍置若罔聞，既不遵旨催解，並不見有覆奏？現在新舊欠數目愈積愈多，該督等竟成約債套習，有何顏面？著該督等即嚴飭各屬，將所欠租銀迅速催徵，照數解交，以清款

項。一面先行覆奏，毋得仍前玩延。（仁宗二三七、三一）

（嘉慶一七、八、戊午）諭內閣：戶部奏，查明各省積欠錢糧，及耗羨雜稅等款銀兩數目一摺。直省丁賦錢糧，皆國家惟正之供，每歲量入爲出，以給俸餉諸大端，度支所繫。國有常經，戶部具報月摺，毫無額外支銷，此中外所共知者，且內務歲用所需，不特從不取之部庫，歷年以來，每將內務餘款，撥給戶部應用，歲不下數十萬，有將及百萬者，而覈計部中正項錢糧積欠，竟至一千九百餘萬兩之多，屢經飭催，報解寥寥，此實歷任直省大吏催徵不力所致。除單內奉天、山西、廣西、四川、貴州五省皆年清年款，並無積欠，雲南省僅有積欠五百餘兩，均無庸議外，其安徽、山東積欠各多至四百餘萬兩，江寧、江蘇積欠各多至二百餘萬兩，疲玩尤甚，該省督徵不力之督撫、藩司，均著嚴行申飭，其積欠自百餘萬、數十萬至數萬兩之福建、直隸、廣東、浙江、江西、甘肅、河南、陝西、湖北、湖南等省，各督徵不力之督撫、藩司，均著傳旨申飭，自此次奉旨之日，著督率所屬實力催徵，毋任延玩拖欠，一經徵有成數，即行報部撥解。並著戶部於每歲年終，將各該省積欠原數若干，已完若干，詳悉開單具奏，以報解之多寡，分別飭議，以重國課而昭覈實。將此通諭知之。（仁宗二六〇、一七；東續一一、九）

（嘉慶一九、六、己卯）諭軍機大臣等：那彥成奏，直隸省自嘉慶二年至十八年積欠，及大兵經由各州縣民欠地糧，並借給折色銀兩，共銀三百四十餘萬兩，米糧穀豆等項共一十四萬餘石，草六萬餘束，爲數過多。請分別蠲免十分之三四五分等語，所奏乖謬之極。直隸省前次辦理清查之後，業已嚴降諭旨。各州縣不准絲毫再有續虧，嗣後亦不得更藉清查名目，以爲掩飾虧空地步。那彥成到直未久，復爲此奏，自係該省屬員欲將虧空混入民欠之內，創爲此議，覬覦邀免，那彥成受其慫慂，大膽冒昧率行入奏。著傳旨嚴行申飭，總不准再提此事。將此諭令知之。（仁宗二九二、二〇；東續一二、一六）

七、少數民族地區稅賦

（康熙七、七、己亥）以貴州新設大定、平遠、黔西、威寧四府，均屬苗戶，暫免編丁。其地畝照衛田徵糧。（聖祖二六、一五）

（康熙九、二、己巳）雲南、貴州總督甘文焜疏報：定番州所屬崗渡等一百四十五寨苗蠻，傾心歸化，請納賦起科。下部知之。（聖祖三二、七）

（康熙五〇、二、丁卯）戶部議覆：四川陝西總督殷泰疏言，打箭爐土司及煖夛土千戶、馬喇長官司等，各願納馬輸糧，請於康熙五十年起徵。從之。（聖祖二四五、八）

（**雍正三、一、壬戌**）理藩院議覆：管理蒙古同知白石奏言，張家口外入官地畝，請照邊內例，定為三等起科，每犁一具，徵銀四兩二錢。張家口之東百里內，蒙古漢人雜居，盜賊詞訟，應嚴加管理。又德勝口、張家口之倉，應糶穀分貯，每年出舊糶新報部。其衙署倉庫，應蓋造於張家口內城郭會集之處，添派千總一員，把總一員，馬兵二十名，協同辦理看守。俱應如所請。得旨：民人交納維艱，不得催科太迫，如不能足四兩二錢之數，著再量減二錢。餘依議。（世宗二八、六；東三、一）

（**雍正六、一一、庚申**）戶部議覆：廣西巡撫金鉷疏言，苗地高椅、几馬二寨，係黔、楚、粵三省極邊之地，無所專隸。茲據該苗向化輸誠，情願歸隸廣西懷遠縣管轄。但二寨田畝半係新墾，非膏腴可比，應照懷邑下則起科。其二寨人丁，亦應照康熙五十二年續生人丁，永不加賦之例，免其編徵丁銀。均應如請。從之。（世宗七五、一一）

（**雍正六、一二、己卯**）雲貴廣西總督鄂爾泰疏報：貴州苗拜、克猛、長寨、古羊等生苗，共一百四十五寨，願附版圖，輸納糧賦。下部知之。（世宗七六、二）

（**雍正八、六、戊申**）雲貴廣西總督鄂爾泰疏報：黔省黎平、都勻等處生苗，共二百七寨，歸化供賦，下部知之。（世宗九五、一一）

（**雍正八、一二、丁巳**）又諭：朕查陝西臨洮府屬之保安堡，番民歸化多年，按照田畝起科，共額徵糧八百一十五石五斗。因該堡向日止設番兵一百二十名，即以應納之額糧，抵作應支之兵食。伊等知種地而不完賦，知充伍而不領糧，相沿已久。嗣因番兵差操未便，於是另募內地民兵二百名，以備防汛，即將額徵之番糧，充作兵丁之月餉。其舊設番兵，悉行開除。惟是保安一堡，與新附上下龍布、阿步喇等番族界址相接，新附番族，俱按戶科糧，每戶止納青稞一斗，而保安則按田起科，以不及千戶之番民，歲徵八百餘石，未免多寡懸殊，非朕一視同仁之意。著將保安堡番糧，亦照新附番民之例，每戶納糧一斗，徵收在倉，留為積貯。其現募之兵丁二百名所需糧料，俱照例給與折色，以示朕加恩番民之至意。（高宗一〇一、一四）

（**乾隆一、六、己巳**）吏部右侍郎阿山等查奏張家口外東西兩翼八旗地畝，繪圖呈覽。得旨：據阿山等查奏張家口外東四旗地畝，應照西四旗之例，每畝徵銀一分四釐，於乾隆元年起科。朕思該處地畝，甫經查明，若即令於本年起科，未免輸納維艱，著緩至乾隆三年起科。又據奏稱，西四旗地畝內，從前有徵多報少之弊，請交直督李衛，查審明確定擬等語。此項開墾地畝，今既查明，嗣後該管官自應據實徵報。其從前之隱匿朦混、有徵多報

少之處，事在恩赦以前，著從寬免其查究。餘著該部查議具奏。圖並發。（高宗二〇、一五）

（乾隆一、一二、丁卯） 定鶴峰州長樂縣糧額。諭總理事務王大臣：湖北鶴峰州長樂縣原係容美土司地方，每年徵秋糧銀九十六兩。自前年改土歸流，經該督撫題明，俟設立州縣後，確查成熟田畝，照內地科則輸糧。今鶴峰州成熟田地共六百五十四頃，應科條餉銀四百七十九兩；長樂縣成熟田地一百八十三頃，應科條餉銀一百六十七兩。朕查雍正八年湖南永順等土司改土歸流之時，蒙我皇考念其地瘠民貧，將土民承種成熟地畝應納錢糧，即照原額秋糧二百八十兩之數，分則陞科，仍寬免一年在案。今容美事同一例，且聞彼地山田犖确，土瘠水寒，物產涼薄，若照內地科則徵糧，土民不無拮据。著將鶴峰，長樂二州縣現報成熟田地，亦照容美之例，即以原徵秋糧銀九十六兩之數作為定額，於乾隆丁巳年為始，造冊徵收。嗣後若有招徠勸墾荒地，再行奏報，酌量陞科。至於裁改土司以後，未經查丈以前，雍正十二、十三年等年及乾隆元年共應徵秋糧銀二百八十八兩，悉著寬免，不必補徵，以示朕愛養土民之至意。（高宗三二、一三）

（乾隆二、四、庚辰） 戶部議准甘肅巡撫劉於義疏報，武都、西塞、真堆三族番民改土歸流，所有應徵糧銀，請自乾隆戊午年為始，入額徵解。從之。（高宗四一、一九）

（乾隆八、八、壬子） 歸化城都統噶爾璽等奏：上年十一月內，大學士議准山西巡撫喀爾吉善等所奏，將土默特蒙古典給民人地畝，年滿贖回，分給貧乏蒙古。臣等遵即曉諭眾蒙古，將牧場禁止開墾，並行令巡道曉諭民人外，揀派籴領十二員，會同該扎薩克，覆查蒙古地畝及人口數目。嗣因蒙古耕地，不計頃畝，只計牛具，一時難查。本年雖得地畝，耕種不及，請將本年辦給蒙古之地，仍暫歸各業主耕種，秋收後再行徹出。照官租例，一具令納銀三兩，給貧乏蒙古。其田地照數指給，從明年起，自行耕種。業經與將軍補熙、巡撫劉於義會議報部在案。茲據籴領等查報，土默特兩旗蒙古，共四萬三千五百五十九口，原有地畝、牧場及典出田地，共七萬五千四十八頃有奇。此內去年查出實無地畝之蒙古二千八百十二口，人多地少之蒙古二千一百五十六口，伊等耕種地畝三百三十四頃有奇。再去年各佐領未經報出、今經查出有田三二十畝以上、一頃以下不等之蒙古二萬二千一百四口，耕種地畝一萬三千四百六十五頃有奇。再典給民人地畝四千頃，除牧場地一萬四千二百六十八頃有奇外，現在田地多餘之人一萬六千四百八十七口，耕種地畝四萬二千八百頃有奇。臣請將籴領等查明之七萬五千四十八頃，除牧場及典出地畝，併現在之三二十畝以上、一頃以下者不論外，於四萬二千八百餘頃內，撥出四千六百三十三頃十二畝，分給實無地畝及人多地少之蒙古，每口以一頃爲率，以爲常業，分別造册，送户部、理藩院備查。再原議典出地畝，年滿徹回時，分給四千九百六十八口貧乏蒙古等語，臣請耕田在一頃以上者，無須重給，惟於地少之户，均匀派撥。其陸續年滿徹回者，亦照此辦理造報。又土默特耕地，向俱任意開墾，無册檔可稽。去年各佐領呈出數目，與本年參領所查，亦不相符。請自明年起，凡有地畝，俱著丈量，所丈各户地畝，較原查之數多至一頃以上者，計畝徹出分給。如所餘無幾，仍歸本主耕種，俟丈量明確時，將實數於各名下注明備查，以免隱匿。得旨：是。汝等即會同速辦。（高宗一九八、二）

（乾隆一〇、三、丙戌）議政大臣議覆：川陝總督公慶復奏，三齊等寨苗民，仍請歸籍茂州。查三齊等寨，本係生苗，自前撫臣年羹堯批隸瓦寺土司以來，連年搆釁。應如所請。准歸茂州管轄，每年納糧充賦。從之。（高宗二三六、一八）

（乾隆一五、四、甲戌）大學士等議准：陝甘總督尹繼善、甘肅巡撫鄂昌奏稱，審明洮州番民巴善策凌等聽從郭加指使叩閽一案，緣巴善策凌係郭加堂弟，郭加於乾隆九年控告土司楊汝松科斂苦累，審明後，即將應徵糧草錢文，嚴定規條。詎郭加並不安分，屢次糾衆搶奪。經楊汝松之子楊冲霄代管土司，詳報在案。郭加恐被拏獲，隨唆令巴吉小、撻木赴省誣控該土司殘虐僭妄，又令巴善策凌等撿拾舊事，捏詞叩閽。及傳訊所控各款，或得自傳聞，或係已結之案，該犯等俱供認不諱。是其挾怨刁唆，顯然可見。應請照例分別軍徒枷杖完結。……其番衆應納錢糧草束，飭令洮州撫番同知出示曉諭，遵照乾隆九年斷定數目輸納。並諭楊冲霄愛惜番民，不得仍效伊父所爲，致又滋釁。從之。（高宗三六二、一）

（乾隆一五、一一、戊辰）户部議准：四川總督策楞疏稱，寧遠府瓜别安撫司巴角等處番民，認納糧七十石，折倉斗米三十五石，例應於會鹽營完納，供支兵食。該番離城遥遠，背負艱難，會鹽營兵丁離營亦不下一二百里，關領糧石，背負回汛，往返經旬，沿途並無宿店，將糧炊煮日食，回汛所剩無幾。今據各番民請每斗折徵銀一錢二分四釐完納，於兵番兩有裨益。從之。（高宗三七七、三四）

（乾隆一七、六、戊午）貴州巡撫開泰奏：前奉旨直省墾報升科，准業户自首，以一年爲限。嗣據平越府水城廳及開州、威寧州、貴築、餘慶、開泰、畢節、綏陽、平越等州縣，册報乾隆十六、十七兩年自首田地，共二千餘畝。查黔省山多田少，以通省頃畝計之，不敵内地數大州縣，從前雖經查丈，閱年已久，兼之民苗舊俗，凡田土若干，止據穀種之多寡爲憑，不知按照弓口合算。現今頃畝，難保不浮於糧冊。第苗疆情形，既不便履畝丈量，臻滋紛擾，又不得任豪强狡黠，影射占侵。嗣請飭地方官，凡遇民苗田土之案，務親行踏勘，逐一丈量，秉公剖斷。其有隱漏，免其治罪，彙入升科。得旨：所見是。(高宗四一七、二八)

(乾隆二三、二、乙亥) 署定邊左副將軍納木扎勒奏：烏梁海舊歸順之察達克、圖布慎、車根、赤倫、哈克圖、莽噶拉克、洪和，並新歸順之博和勒、那木扎勒、特勒伯克、扎爾納克等，俱先後賞授官職有差。但領俸例應赴京，烏梁海游牧甚遠，請就車木楚克扎布赴領，便將察達克等俸並領，至烏里雅蘇台分給。又察達克、圖布慎、車根、赤倫、哈克圖、莽噶拉克、洪和等屬人内，除無牲隻並老幼廢疾户口，現堪納貢者，共七百十九户，令户納貂皮二張。博和勒、那木扎勒、特楞古特、鄂木布，共九得沁，堪納貢者一百九十二户；特勒伯克、扎爾納克等共四得沁，堪納貢者一百二十二户，俱照察達克等完納。至烏梁海事務，副都統莫尼扎布熟悉情形，請令其協同車木楚克扎布辦理。從之。(高宗五五七、八)

(乾隆二七、二、丙子) 兩廣總督蘇昌等奏：廣西太平府屬，分駐明江同知帶管之土上石西州、龍州通判帶管之土下龍州，及寧明、永康、左各州，有官租銀一千三百一十四兩七錢零，穀二百二十七石六斗，係從前土司收爲雜用之項。改流以後，邊地公用無出，仍令頭目收取支給。繼因頭目侵漁加派，始官收官辦。查沿邊設有卡隘排柵、塘房及巡防之隘目、保練人等，所需歲修工食，皆取給此項。應飭造冊報部立案，嗣後責令道府，按年查明實支實給數目，具冊申送院司覈銷。有餘，另解充公。該廳州縣濫派及浮報參處。下部知之。(高宗六五四、一六)

(乾隆三一、七、丁酉) 諭：據楊應琚奏，新定整欠孟艮地方，請仿照普洱邊外十三土司之例，酌中定賦，於丁亥年入額徵收等語。整欠孟艮，業經附入版圖，願輸糧賦，其酌定徵額之處，俱著照所請辦理。但念該處地方，連年經莽匪擾害，今雖得安耕作而元氣尚難驟復，若遽於丁亥責令輸將，恐夷民生計未免拮据。所有應徵錢糧，著加恩緩至戊子年入額徵收，以示優恤邊黎至意。(高宗七六五、一九)

(乾隆三一、一〇、戊申) 大學士管雲貴總督楊應琚奏：整賣頭目召齋約提，景線頭目吶賽，景海頭目召罕彪，各率夷民，前來孟艮投誠。並據召齋約提稱，六本頭目召猛齋隨即前來等語。查整賣舊名景邁，又名八百媳婦國，元時曾大費兵力，征之不下。其景線、景海亦外域最大部落，今俱歸誠向化，似應從優賞給。擬將召齋約提，吶賽均賞四品宣撫司職銜。其景海地方較小，擬將召罕彪同六本頭目召猛齋，均賞土守備職銜。應納賦稅，請照孟連等土司之例，每年徵收差發銀兩。得旨：著照所請行。該部知道。（高宗七七〇、一九）

（**乾隆三一、一二、丙辰**）户部議覆：四川總督阿爾泰議准調任四川按察使石禮嘉奏，夔州府屬石砫司，自改置流官後，田地徵糧，仍循土司舊習，不計畝數，隨意認納草籽、秋糧二項。並無科則，輕重不等。請嗣後該地方補首及墾荒成熟田地，令該**廳**親赴勘丈，照附近之酆都縣科則承糧。其原納秋糧及草籽糧各户，遇有爭占訐訟，即一律勘丈，按則升糧。如伊等慮執業無據，情願升糧者，准其報官查丈等語。應如該督所題。從之。（高宗七七五、一〇）

（**乾隆三七、四、癸未**）户部議覆：調任貴州巡撫李湖疏稱，先據前撫宫兆麟奏，貴陽府通判移駐下江一切裁改事宜，接准部覆，令查覈妥議。查得黎平府屬潭溪等司所管十二寨苗民，共四百五十六户，熟田六十六畝八釐，應徵本色米三石七升零，折色米三石三升零，輕齎銀一兩一錢六分，條編銀一兩七分九釐，馬館銀六分六釐，苗糧折色銀五兩四分五釐；又古州**廳**屬寨弄等一百一十七寨苗民，共四千二百二十八户，向無應徵田糧；又永從縣屬蘇洞等一十二寨苗民，共四百九十八户，熟田二百一十一畝六分零，應徵折色米二十石七斗二升零，輕齎銀七兩二錢五分，條編銀四兩一錢九分，馬舘銀一錢五分九釐；又開泰縣屬苗岑等九寨，共一百七十六户，應徵認納折色銀五兩八錢七分，俱經移交下江通判管理。飭令該**廳**於乾隆三十六年七月爲始，將應徵銀米照數徵收報解。應如所題，令該**廳**造入地丁奏銷册内開報，其黎平原額户口銀米開除。至稱古州同知屬，自丙妹至傳洞十三舖，共設舖夫三十九名，請一併撥歸下江通判管理，亦應如所請。從之。（高宗九〇七、一三）

（**乾隆五七、一二、庚午**）大學士兩廣總督公福康安等奏：查達賴喇嘛所屬前後藏番民，每年租賦，除交各項本色外，約銀十二萬七千兩零。現在噶布倫、商卓特巴等缺，議歸駐藏大臣，會同揀選，所有商上用度，應交駐藏大臣總覈，並令濟嚨呼圖克圖就近稽查。其扎什倫布番民租賦，亦應一體辦理。至前後藏邊界，被賊侵擾，已據達賴喇嘛遵奉諭旨。於濟嚨、聶拉木、絨轄三處，酌免租賦兩年。宗喀、日喀爾達、春堆等處，亦免租賦一年。其闔藏番民，從前積欠，全行蠲免。番目等欠項，減半蠲免。報聞。（高宗一四一八、一二）

第二節　鹽　稅

一、鹽稅制度與政策

（**順治八、三、乙酉**）諭刑部、户部、督察院：……朕又親覽巡鹽御史崔允弘章奏，因思及各處所報鹽課，每報餘銀若干。細思鹽課正額，自應徵解，若課餘銀，非多取諸商人，即係侵克百姓，大屬弊政。户部、都察院通行各鹽差御史及各鹽運司，止許徵解額課，不許分外勒索餘銀。有御史及運司各官貪縱者，許商民指實，赴部院首告，審問確實，奏請治罪，用布朝廷恤商裕民至意。該部院各刊刻告示，通發京城内外及各督、撫、巡按，遍傳道、府、州、縣鹽運等官，實力遵行。（世祖五五、五；東三、四〇）

（**順治九、一、己卯**）甘肅巡按何承都疏言：屯田、鹽法，從來表裏相濟，以實軍餉。昔年淮浙官商，於各邊倉口，上納本色鹽糧，給引發賣，此即鹽爲餉之法也。鹽商艱於轉運，就邊開屯，輸納國課，此即鹽爲屯之法也。自此法壞於折色，而商始不開屯，屯廢而餉乏矣。今宜勅部議，仍復各商給引開中之法，以裕軍儲，以紓民困。下所司議。（世祖六二、二）

（**康熙二七、九、丙申**）廣東巡撫朱弘祚條奏粤省鹽政：一、查從前僉商掣鹽納餉等項，上下大小衙門，皆有公費，官役分派取用。此乃正課之外，加出私派者，請嚴行禁革；一、埠商定例三年一換，倘商人内有公平交易，地方相安者，應令永遠承充；其欠課及作奸犯科者，即行驅逐，另募充補；一、各州縣銷引，設有定額。如東莞、增城等縣，逼近海洋，無地非鹽，小民就便取食，官引難銷，其餘州縣户口繁多，或有官引不敷之處，請酌量增減。又私廢埠商課餉，派徵田畝，有累居民，請仍令招商行運；一、粤省舊駐尚逆，黨棍未靖，或冒名旗下，或投托見任，謀充客商，踞地爲害。請敕查冒名旗人，及投托見任文武各官，佔奪民利者，嚴加處分。一、粤省地方遼闊，易於行私，艱於巡緝，如虎門港口、惠州浮橋等處，皆爲要津。請專委佐貳廉幹之員，駐守盤查。一、粤省行鹽原有生熟二引，熟鹽出歸德等場，生鹽產淡水等場，民間嗜好不一，有食生鹽者，有食熟鹽者，自尚逆在粤時，以生熟鹽引，限令三七配搭，派往鹽埠行銷，民間多有不便。請嗣後隨商掣運，隨民買食，不拘定額，以利商民；一、掣鹽之地，多一次盤查，即多一次冗費。如佛山距省城，不過三十一里，省城掣定之鹽，行至佛山，應免其復行枰掣；一、粤省鹽價，奸商多任意增加，今各項陋弊俱令禁絶，商人雜耗既少，鹽價自宜少減。請酌水陸運費之多寡，以定鹽價之低昂。遠者以一分二釐爲準，近者以七釐爲準，如遇陰雨，量加一二釐，商民兩便。其奸商攙和沙土等弊，一併嚴禁。得旨：本内事情，俱照該撫所題行。（聖祖一三七、七）

（康熙三二、三、乙卯） 吏部議覆：巡視兩廣鹽課太常寺少卿沙拜疏言，兩廣鹽政，向屬撫臣兼理，課餉引目，係驛鹽道提舉司經管。臣蒙皇上特恩簡用，所屬之員，自應照例改設。將驛鹽道改爲運司；潮州一府，離省窵遠，行鹽亦多，必得專員管理，應將提舉裁去，改設運同使之駐劄潮州，催徵課餉；府吏目裁去，改設鹽運司知事；提舉司廣盈庫大使，改爲運司庫大使；批驗所大使，改爲運司批驗所大使；廣州府有歸德等場，惠州府有淡水等場，爲鹽勣出產之所，課餉之源，必須設立分司催徵巡緝。均應如所請。從之。（聖祖一五八、二五；東一二、三）

（康熙五〇、八、庚辰） 兩浙巡鹽御史額圖疏言：兩浙鹽差於每年十二月交代，請改期八月。當秋水滿盈，場鹽盤運不難，則錢糧易於完納。下部議行。（聖祖二四七、一二）

（康熙五五、三、甲子） 戶部議覆：長蘆巡鹽御史田文鏡疏請將山東所裁鹽引，補足辦課。應准行。上諭大學士等曰：鹽務朕所深悉，加引雖可增課，然於商人無益。如兩廣鹽課，累年虧空至一百八十餘萬，職是故也。戶部大臣往往錙銖必較，而有關百餘萬之國帑，反置之不問，殊覺失宜。辦理鹽務，必得廉能素著、實心辦事之人，庶正課不至有虧，商人亦不受累，著問九卿見奏。（聖祖二七一、一九；東二〇、二）

（康熙六一、一二、辛酉） 諭總理事務王大臣等：往年稅差官員，公帑無虧，而羨餘又足養贍家口，兼及親族。近日則不然，率多虧帑獲罪，歸亦無顏見其族戚，公私均屬無益。皇考洞鑒其故，每將稅務交與地方官管理，各省已居其半，嗣後稅務，悉交地方官監收，歲額之外，所有羨餘，該撫奏聞起解，應賞給者，再行賞給。爾等會同戶部、工部議奏。（世宗二、一四）

（雍正一、一、庚戌） 戶部議覆：工部尚書李先復奏兩淮鹽價，督撫會同御史酌量料理，應無庸議。得旨：李先復等所奏兩淮行鹽，國課攸關。凡關鹽務之事，督撫應會同該御史，酌量料理等語，部覆定例遵行已久，應無庸議。但督撫與該御史如相和好，即長鹽價，以致病民；如不相和好，即不巡緝私鹽，以致累商。嗣後儻各有意見，著將情由達部，聽部定奪。（世宗三、五四）

（雍正七、六、戊子） 復設廣東廣州府東匯關批驗所大使一員；添設饒平縣東界場、陽江縣雙恩場大使各一員；裁新寧縣矬崗場大使一員，併歸海晏場大使兼管。從調任廣東總督孔毓珣請也。(世宗八二、一六)

（雍正八、九、庚寅）諭吏部：向來各處鹽政弊端甚多，累民蝕課，難以清釐，多由鹽場大使不得其人之所致。是以定議於候補、候選知縣等員內，揀選命往，令司大使之事。彼時該部因人員不敷，遂將監生捐納職銜之人，亦入於揀選之內。今行之二年，衆人漸啟鑽營之念，聞有央求同鄉京官出結，而私相餽送者。此風斷不可長。嗣後鹽場大使之缺，止准於候補、候選人員內揀選引見，不必用捐納職銜之人；儻或人員不敷，著將在部學習之人及留京之拔貢生，令各部堂官及國子監祭酒等，擇其爲人謹慎，有身家可以辦事者，保送吏部，以備揀選。(世宗九八、一三)

（雍正一一、七、庚辰）吏部等衙門議覆：原署兩江總督尹繼善條奏兩淮鹽政事宜。一、淮南三江營地方，舊設鹽捕同知，不足以資彈壓。請改設巡道一員，督緝揚州、通州各屬暨鹽城、阜寧、靖江等縣鹽務，以重職任。一、儀徵縣之青山頭，請立一專營，設守備一員，把總一員，外委把總一員，兵一百名；江都縣之馬家橋，甘泉縣之邵伯鎮，北壩僧道橋，各添設把總一員，兵三十名，分駐巡緝。一、淮所掣鹽重地，向屬淮安分司經營，嗣後請令督臣會同鹽政，選委賢能府佐監掣。一、揚州府之搜鹽廳，地方緊要，請於通省佐雜或試用候補人員內，揀選一員，會同揚州武弁，協力盤查。一、淮南所屬之泰壩，淮北所屬之場關、大伊關、永豐壩、烏沙河湖口，泗州、天長兩關，俱係私梟出沒隘口，請於通省佐雜內揀員管理。其淮南各員，歸新設道員管轄；淮北各員，就近歸淮揚、淮徐二道管轄。均應如所請。從之。(世宗一三三、二)

（雍正一二、一二、癸卯）諭內閣：據程元章奏稱，臣以巡撫兼司鹽政，所有緝私一事，必賴弁兵協力同心，始克整頓。請嗣後有關鹽政事宜，仍令各鎮協營照舊分辦督緝，儻有歧視怠忽，臣即據實題叅等語。大凡經理鹽政，必以緝私爲第一要務。從前惟總督李衛管理兩浙鹽務時，恤商裕課，事事妥協。程元章接任後，朕諭令倣照舊規，毋得紛更成法。乃伊管理以來，兩浙鹽務雖不至於敝壞，聞已漸不如前。程元章此奏，蓋恐將來鹽政漸弛，而預留地步，以武弁不歸統轄爲卸過之計。獨不思程元章爲總督已數年，而鹽政漸不整理，又豈武弁呼應不靈之咎耶？著照程元章所請，凡揀選將弁及一切兵馬營制，自聽督臣郝玉麟辦理外，其有關於鹽務事宜，著各鎮協營聽程元章派辦督緝。如有歧視怠忽者，則據實指叅。似此文武合爲一體，弁兵聽其督派，鹽務稍有不整，則責有攸歸矣。(世宗一五〇、二；東一二、一

八)

（乾隆一、四、癸巳）閩浙總督郝玉麟奏：禁戢奸徒私販，酌辦貧窮老少男婦負賣鹽觔。得旨：此奏在事後之調劑則善矣，若未雨之綢繆則未也。故傳云：水懦弱，民狎而玩之，則多死焉。故寬難。夫朕之本意，豈令其如是哉？天津、淮鹽等處皆有此弊，已經部議矣，卿其酌量妥辦可也。（高宗一七、二四）

（乾隆二、九、丁亥；東戊子）又諭：御史舒赫德條奏，請將各省稅務，歸併旗員管理。此奏甚無識見。……朕禦極之初，圖理琛即為此奏，總理事務王大臣亦以為可行，朕並未俞允。後此陳奏者紛紛，朕概不准行，亦未交議。今舒赫德又條奏及此，可將朕旨宣示於外，使咸知朕意，毋得以斷不可行之事，再行妄奏。（高宗五〇、三；東二、一六）

（乾隆二、一二、乙未）江南道監察御史郭石渠奏：粵東鹽務，辦理不公。得旨：御史郭石渠摺奏廣東鹽務一案，查廣東鹽觔，先係水客辦運，後因課餉不清，於康熙年間，改為官收官運，遵行已久。今水客之子孫吳湘、張嵩等希冀復業，赴京控告。郭石渠不察其情事之真偽，即接受呈詞，代為陳奏，已屬不合，且並不奏請，勅下該督撫詳察顛末，與本地情形，並水客之有無資本，力能辦課與否，遽稱繼楊琳之後者，因仍貪利，久假不歸，是偏聽細人一面之訴，而輒加歷任督撫以貪污之名，甚屬悖理。著將郭石渠交部議處，以為假公濟私者之戒。（高宗五八、一七）

（乾隆四、二、戊戌）戶部議准：湖廣總督宗室德沛疏稱永順、永綏兩屬，係新闢苗疆，專綱引鹽，運遠費繁，請照江西吉安口岸之例，免其輸納引稅。從之。（高宗八七、五）

（乾隆四、五、乙丑）吏部議准：浙江巡撫兼管鹽政盧焯奏稱，杭、紹、嘉、松四所二十五場，每場額設大使一員，協辦一員，今查該員祇有稽煎緝私、代徵督課之責，一員足以辦理，協辦之員俱令裁掣，以省冗濫。從之。（高宗九三、六）

（乾隆一一、五、甲子）署兩淮鹽政吉慶奏：兩淮鹽法志一書，自雍正六年纂輯後，已閱十八年，所有引目、場竈各事宜增損興革不同，應請急為編纂。得旨：知道了。（高宗二六七、二四）

（乾隆一一、一一、乙巳）刑部議准：署理兩淮鹽政吉慶奏稱，場員專理鹽務，凡商竈事涉鹽法者，許場員自行審理；至命盜等事，例歸地方官查辦，場員不得干預。但商竈作奸犯科，勢所不免，而場員又未敢違例查挐。或明知故縱，釀成重案，或奸犯遠颺，案懸莫結。請嗣後凡遇場竈命盜、賭博、姦拐、匪竊、鬬毆、私宰、私鑄及海洋商漁透漏米鹽一應事件，除已經告發者，應准場員先行申禁約束，一有干犯，立即訪拏，仍移解地方官審理，並報明鹽法上司查核。其地方官失察者，照文武官拏獲私鑄賭具互免失察例，免其處分。從之。（高宗二七八、一四）

（**乾隆一六、一〇、乙巳**）巡視北城御史鎖柱等奏：天津鹽商差人押護應交內務府銀到京。令銀號傾銷，各錢鋪紛紛借取，恐致虧欠。請敕下該鹽政高恆，飭役速交。並請嗣後一應起解正雜課銀，俱由各該處傾鎔足色，按限投交。得旨允行。（高宗四〇〇、二〇）

（**乾隆二一、九、丙寅**）吏部議覆：兩廣總督楊應琚等奏稱，粵鹽行銷六省，需鹽甚多，向設大使十三員，專司發帑、收配、催課、緝私等事。其間有場地遼闊，地坵繁多，大使一員，難以兼顧者，則又分柵督收，委員管理。請將歸善縣之淡水場，分出大洲、墩白二柵，海豐縣之石橋場，分出小靖一柵，俱改爲鹽場實缺，各設大使一員，照例以五年報滿，頒給鈐記。陽江縣之雙恩場，香山縣之香山場，新安縣之歸靖場，俱改爲委缺，所有原頒鈐記，送部查銷。其裁缺大使三員，即請改補新設之大洲等三場。至大洲等三場，應徵丁課，按照所轄丁田，覈計分徵。其雙恩等三場原設丁課，仍歸陽江等縣場徵收，均應如所請行。從之。（高宗五二〇、一）

（**乾隆二六、五、乙丑**）諭軍機大臣等：據吳達善審擬豫省收受蘆鹽公費一案。……昨因此案無端科派，事不近情，恐前此河東辦運時，或原有相沿陋規，亦未可定。已傳諭該撫，令其詳悉查明，有無此等情節，分別情罪，秉公辦理。想吳達善具奏時，尚未奉到。朕於辦理此等案件，從無成見，惟期毋枉毋縱，務得實情，一歸平允。著傳諭吳達善，將此一并詳悉研究。如僅係相沿陋規，則河東長蘆，不過異名同實，尚可稍從末減。若竟係伊等憑空科派，有意侵牟，自當俟各犯到案，質訊明確，按律重治其罪，以示炯戒。吳達善固不可因原条已重，意在稍存回護，更不可以業經陞任，視同五日京兆，急圖草率完案，以釋怨解紛，則非大臣所爲，大不是矣，亦豈朕所望於該撫者？此摺案犯供看不全，未成信讞，難以交部，仍著發回，并詳諭該撫知之。尋奏：查豫省鹽商，舊有規禮，雍正四年經田文鏡奏請歸公。至乾隆五年，前撫臣雅爾圖復查出來盡陋規，概行歸公。現在各商照舊致送。至乾隆二十年，因河東缺鹽，奏准於長蘆存鹽內通融撥借。晉商赴天津運鹽，從未致送規禮。嗣因天津買運維艱，就近在衛廠蘆商餘鹽內借運。衛輝通判張任莘索取蘆商公費銀，每包一錢一分。張任莘又向蘆商等議給鹽道、衛輝府、汲縣各衙門，每包二錢，此並非舊有之陋規，實因改食蘆鹽新

派。得旨：覽。（高宗六三七、一四）

（**乾隆二八、八、丁亥**）兵部議覆：兩淮鹽政高恆奏稱，兩淮鹽課銀兩，不論解京以及協撥各省，俱動用腳費。委員帶領人役，自雇驟頭船隻，管解前進，近者一、二千里，遠者八九千里，餉銀自十餘萬兩至二、三十萬，每不能按站行走，以致地方接護巡訪，時有歧誤遲延及疏忽等事。應請照各關解送關稅之例，填給擡夫船隻勘合，由驛遞送，實爲迅速慎重等語。應如所請。至餉銀既由驛遞，其節省腳費，應於綱竣奏明，解交內庫，報部查覈。從之。（高宗六九二、四）

（**乾隆二八、一〇、壬辰**）吏部議准：兩淮鹽政高恆等奏稱，淮安分司已移駐板浦，在海州地方請改稱海州分司，換給印信。再板浦關前經奏明，委員盤查夾帶私鹽，今分司移駐，盡可兼辦，請停委員。又永豐壩壩官，向無關防，請鑄給淮北永豐壩官關防。從之。（高宗六九六、一一）

（**乾隆三三、一〇**）户部議覆：給事中劉秉恬奏稱，兩江總督例並管鹽政，而鹽政奏事，如提引等案，皆不列銜，於政體未協。應如所請，嗣後除尋常等事，聽鹽政自行陳奏，其有關錢糧，如提引等案，無論題奏，俱令總督會銜。長蘆、河東等處鹽政，一體令該省撫會銜題奏。從之。（高宗八二一、三〇）

（**乾隆三三、一二、辛巳**）軍機大臣等議准：江蘇巡撫彰寶、兩淮鹽政尤拔世會奏鹽務章程。一、雜項加勛項內，有員役公務等銀；火足卒工項內，有商繳鋪墊銀，均應酌除。計一萬七千四百餘兩，併入外支項，合六萬五千四百餘兩。統爲備貢交辦等用。一、向遇購辦物件，不由運使經手，致價值無從稽考。嗣後由鹽政行知運使估計，給商領辦，無庸鹽政提銀，與商交涉。一、選商辦貢，即陳設公署，鹽政、運使驗看合式，即行起解，不得另派家人幫辦。一、水路起運貢物等項，均按道里及物價成規造冊報銷。一、每歲常貢及交辦器件，統於現定外支項內動支，彙總冊送造辦處查辦。一、現定外支銀六萬五千四百餘兩，計通歲所需定有餘剩，應照外支不敷銀例。鹽政每屆綱竣，奏解造辦處充公。從之。（高宗八二五、一八）

（**乾隆五八、一、庚子**）諭：浙江鹽務，向係巡撫兼管，遇有出納之事，無人稽察，巡撫得以任意動支，易致滋弊。嗣後應將杭州織造改爲鹽政，兼管織造事務。其鹽道本無分巡地方之責，著改爲運司。巡撫既不兼管鹽務，則鹽政運使於錢糧出入，如有侵那等弊，該撫即可隨時糾察，據實劾奏。該省織造現改鹽政，所有南北二關稅務，難以兼顧，著歸巡撫管理，呼應較靈。全德於柴楨那移課銀一事，雖經糾奏，但柴楨所那銀兩，訊係分作四次，運往浙省，已非一日。全德並不及早查条，若非該書吏陳浩稟知，伊竟全無聞見，亦難辭咎。全德著降為郎中職銜，調補浙江鹽政，兼管織造事務。此時浙省鹽務，正當清釐整飭，另立章程，全德接奉此旨，即馳赴杭州任事。其兩淮鹽政，著穆騰額調補；穆騰額未到之先，著奇豐額暫行兼署，如奇豐額已回蘇州，即著速赴揚州，兼署鹽政事務。穆騰額接奉此旨，亦不必來京請訓。兩淮課額，雖比長蘆較多，而辦理磋運事宜則一，穆騰額即先將天津鹽政事務，交運司護理，迅速前赴新任，妥協經理，毋負委任。所有長蘆鹽政，著徵瑞補授，徵瑞現署江寧織造，其長蘆鹽政事務，著巴寧阿速往接署，徵瑞俟同德百日服滿後，前抵江寧，即行交卸織造事務，速赴長蘆新任，亦不必請訓。至基厚之父西寧，年逾九十，基厚在外，久缺定省，著回京，仍以內務府員外用，俾得就近待養，以示體恤。（高宗一四二○、八）

（嘉慶一三、六、庚子）又諭：戶部議覆，山西省奏將鄂爾多斯蘇尼特鹽斤比照老少鹽之例，准令在口內行銷，並聲明可否免稅請旨一摺。向來附近場竈孤獨殘疾貧民，報明註冊後，始准每人每日挑負鹽四十斤，售賣易食，並於經過各關，例皆免其納稅，用示體恤。今鄂爾多斯蘇尼特無引蒙古鹽斤，亦比照老少鹽之例進口銷售，該處人數眾多，非場竈貧民之向有限制、易於驗查者可比，若聽其自行販賣，漫無稽覈，以一人肩挑背負而計，為數固屬有限，而每日之內影射謀利，紛至沓來，正復不少，勢必至鹽斤充斥，於課引不無阻滯，亦有關繫。至此項挑負之鹽，經過殺虎口地方，每人應完稅銀雖止一分五釐，而積少成多，亦不可不統為覈計。著該撫將鄂爾多斯蘇尼特行銷口內鹽斤每日挑負者，如何酌定人數，設法稽查，其有違犯者，應如何懲處，妥議章程，並將酌定人數後殺虎口應免鹽斤稅銀，統計一日共有若干，著一併具奏，再降諭旨。（仁宗一九七、五）

（嘉慶一九、九、癸丑）又諭：戶部議駁兩浙鹽政常顯請加免課鹽斤一摺。鹽課為國帑攸關，自應按引計課，覈實辦理。浙江仁和等三縣，戶挑引鹽，每票行鹽八百斤，歷久遵行在案。該販等惟知牟利營私，即額鹽八百斤之外，已不免有夾帶私銷之弊。若如該鹽政所請，每票加免課鹽八十斤，則是明令違例販私，該販等更藉此多行夾帶，必至正課滯銷，殊多流弊。所請不准行。常顯受人慫惠，冒昧陳奏，實屬不合。著交內務府議處。（仁宗二九七、三○）

（嘉慶二三、一一、戊戌）諭內閣：湖口撈存吉蘭泰鹽斤，正課早經全完墊解，辛工撙節銀兩，亦無庸歸還，餘存鹽斤，現據查明陸運實難銷售。所有未完充公銀二萬二千四百七十四兩零，俱著加恩豁免。即將存鹽賞給貧

苦蒙古挑販，俾資生計。（仁宗三四九、五）

二、鹽稅科派陋規

（乾隆一、七、丙申）諭：兩淮鹽務内有從前江廣口岸匿費，收受人員數目，及甲乙兩綱，上下兩江各官收受規禮銀兩，歷年既久，人多物故。前據督臣趙宏恩等題請免追，比經户部議令造册送部核奪。朕思此項陋規餽送，皆在昔年未定養廉之前，今事隔多年，授受之人又多陞遷事故，不但銀兩難追，即造册亦無確據，不足憑信，徒滋地方之紛擾。著加恩悉行寬免，並免其造册送部。該部可即行文兩淮鹽政衙門知之。（高宗二二、五）

（乾隆七、八、甲寅；東丙辰）諭：閩省爲濱海之區，百姓多藉魚鹽之利，以爲生計。朕聞該省鹽課内，頗有苦累商民之處，蓋有司於應徵銀兩外，輒以雜費無出，借端加派，習以爲常。如每鹽百觔，加增錢二十文，至七八十文不等，名之曰長價；又各場肩魚客販買鹽，請領道印給票執照，或每單徵錢三文，或每石徵錢三文，名之曰單錢；又正額，每鹽百觔收銀一錢五分，各場員實收錢一百五十文，該合銀一錢六分六釐，每百觔申銀一分六釐，亦令入官。名之曰錢水。以上各項，皆巧取陋規，不便於商民者，著該督撫一一確查，通行禁革。如有必不可少之雜費，即於項内存留若干，減去若干，不得仍前多索。永著爲例。務期實力奉行，俾商民得以寬裕辦課。且使肩挑背負之民，均霑餘利，以餬其口。該部即遵諭行。（高宗一七三、二四；東五、一六）

（乾隆八、三、甲子）户部議准：閩浙總督那蘇圖疏稱，閩省鹽課，有徵收長價、水單名目，前奉旨禁革。其雜費於項内酌留，不得多索，永著爲例。今查長價等項，原爲各場並在省雜費之用，應請照舊存留。惟歷年册報徵收銀内，除支給外均有餘剩銀一二萬兩不等，歸入贏餘奏報。今請遵旨將福清、莆田、潯美、汭州、惠安、浯州、漳浦、詔安各場，並福清、海壇、莆田縣、石碼館各長價及莆田、晉江漁販額銀，均分別減徵。從之。（高宗一八六、一○）

（乾隆八、九、戊戌）諭軍機大臣等：山東鹽、當二商每年解司銀兩，除賞捕公用外，剩至三四萬兩之數，即著該撫交與長蘆鹽政，令其奏聞請旨，可寄信與喀爾吉善知之。（高宗二○一、五）

（乾隆一三、一二、己酉）漕運總督宗室蘊著奏：兩淮鹽政吉慶聲名狼籍，列款呈覽。得旨：吉慶係一小聰明人，不料其竟敢如此。若如所稱科派婪贓，則其家私當至巨萬矣。今伊城中所有家產，不過數萬，則汝所云，或

者亦有未實之處。若知其確有所置私產，據實速奏。(高宗三三一、六二)

（**乾隆一四、五、丙子**）諭：前蘊著列款糸奏吉慶贓私纍纍，朕意吉慶家道素豐，且係一聰明伶俐內府之人，或於鹽政衙門相沿之陋規，無關輕重者，不能不取。若婪贓至於數萬，則非意料所及。因令吉慶解任。一面密諭黃廷桂，秉公查察。嗣據奏覆各款，多屬子虛，復令蘊著、吉慶面質，蘊著之結交商人，受其餽遺，并藉端報復，矯旨妄行之處，俱經供認不諱。其所糸吉慶各款，則茫然不能舉其辭。而吉慶之進京，濫用外支銀二千四百兩一款，實亦莫能致辨，此王大臣屢次詳審之確情。運庫外支一項，前任如三保、準泰輩，亦皆提用，未被糸劾，則幸可免罪，吉慶因循支取，既被糸發，則咎無可辭，但究係外支閑款。此與向來外省各衙門陋規相同，不敗露則苟免，既敗露則應問，較之婪贓，究爲有間。是此案緊要情節，歷經研鞫明白，吉慶罪不至於褫職，例應回任。祇因阮學濬尚未到案，王大臣議俟解到之日，即行訊供完結。今據納敏奏稱，阮學濬自徽回揚，業已潛逃，則該犯就獲無期，鹽政事繁，未便懸缺久待，且現在山東臬司事務，亦需人料理。高晉，著仍回按察使之任，吉慶，著仍回兩淮鹽政之任。其蘊著、吉慶等各有應得處分，俟阮學濬獲日，王大臣分別擬議請旨。至阮學濬向列詞垣，雖曾考居劣等，休致回籍，究係誦讀詩書之人，亦何至畏罪潛逃，與匪徒無異？似此行徑，則其平日之與蘊著交結者，殆不可問。阮學濬，著該督撫嚴緝務獲，毋得任其遠颺。(高宗三四一、三一)

（**乾隆四三、一一、甲寅**）諭軍機大臣等：昨據福隆安奏，查訊錦州科派一案，協領富伸保、知縣雅爾善俱已供認。而天津道明興覆奏，傳喚自錦州來津各船，訊得大小船隻出銀之數尤爲確鑿，已諭令福隆安等，詳悉查訊矣。至船戶等所供，尚有江南、山東、福建、廣東各省貨船等語，此等客船，自皆往他處運販，未必尚在錦州，而馬頭俱有開行之人，一經拘喚，無難得實。著福隆安等即速喚齊，確切查訊，務得實情。仍覈計所派之數，與富伸保所稱奏銀一萬餘兩原供，是否相符，悉心覈實，勿令稍有支飾。又富伸保等供，並有向鋪戶湊銀之事，因思鹽當商及大小鋪戶，各處皆有，錦州如此，他處可知。並著福隆安等將各處逐一確查，毋使遁飾漏網。至所派之數，務令經手承辦之員，逐條開出，何項公事，用銀若干，不許絲毫欺罔，其無項可開者，即該員藉端中飽無疑。各城派項，俱令如此畫一開明，其爲辦公入己，更屬截然不紊，自不能稍有牽混。又如所供送盛京銀六千兩，仍應訊之富伸保等，其銀如係交總局查收，即應嚴訊總局協領托恩多、七十一，將此項銀兩辦何公事，動用若干，據實開出，其用有餘剩者，或仍存總局，或交將軍弘晌查收，弘晌曾否與伊等，將所用銀數覈算。至錦州一城，已有六千兩，其餘各城，交盛京者，各有若干，並著托恩多等一例開明，則弘晌之有無染指，底裏畢露，更不能稍爲諉卸矣。又近據弘晌、富察善等會奏，開原等十四城修道旗夫呈稱，伊等世受撫育之恩，非民夫可比，且自十九年東巡後，迄今已逾二十餘年，略盡微忱，效力道路，分所當爲。茲又蒙恩免地糧一半，何敢以分所當盡之差，冒領工價。茲據承德等十二州縣修道民夫呈稱，身等雖係民藉，安居奉省，霑沐皇恩，今逾二十餘載，駕臨一次，修理道路，均係樂効，況既蒙恩蠲免賦課，今復蒙格外仁慈，降旨給價，情難自安，亦不敢領夫價各等語。修理道路，所費本屬無多，而該處旗民，以相隔二十餘年，辦差一次，分所當然，且又蒙恩蠲免，不敢復領夫價，其急公奉上，均出誠心，深有合於執役子來之義，自可俯如所請，已交部議奏矣。此項夫價，既經弘晌等奏明，旗夫民夫，均不敢支領，則伊等科派銀兩，自不便復指此項開銷，而除此一項，又更有何煩費，必須斂銀貼辦，其故殊不可解。福隆安等即當就此情節，確切嚴訊，務得實情，先行具奏。仍將應查各處之事，詳細確查，毋稍疏漏。將此由六百里加緊傳諭知之，仍即將訊得實情，迅行由驛加緊覆奏。（高宗一〇七一、三二）

（乾隆四三、一二、己丑）諭軍機大臣曰：福隆安等奏續經審明情節一摺，覽奏已悉。據弘晌供稱，總局銀錢出入，我雖未親自經手，至某事應用若干，應發若干，俱係辦事官員開單，向我告知，方始收發。此項幫銀，送到總局後，原覈算各處須用款項，儘數率勻酌撥，並令撙節辦理，即稍有不敷，亦屬無多等語。此項銀兩，收存分發，以及請領承辦，既各有人，弘晌自不能從中染指，所供或非捏卸。至七十一等三員，專司總局出入，而七十一專辦車輛，托恩多修理教場，又均有領銀承辦之事，實難信其一無浮冒。況朕今年至盛京，並不閱兵，昨歲即諭知弘晌，是教場並無應修之工，衆所共知。且伊等按例操演常至教場，即有損舊之處，原當隨時黏補，不應至此時藉詞修飾，費至四百餘兩之多，則此項之浮冒開銷，已可概見。著福隆安等即行嚴切訊究，毋任絲毫狡賴。又據弘晌供稱，富伸保所幫之銀，實不知有斂收情事，如果知道，必不可聽其如此辦理。至蓋州、牛莊二處，該協領等，堅稱實係出自己貲，並無科派等語，其情節均不足信，尚須逐一研訊，使其水落石出。至弘晌於各協領幫銀來歷，或果不知情，但辦理差務，因三處缺分較好，授意幫貼，及朕再三詢問，又不據實奏明，此一節，弘晌之罪，實無可諉。應俟審明後，通覈案情，定擬具奏。又據蓋州正任協領烏占圖、署任協領明保供稱，實止幫銀八百兩，俱係自出己貲，其銀數既較弘晌原供計少一千兩,則所稱自出己貲,亦不足據。又牛莊協領常寧供稱,春間將軍諭令幫貼差費,五月回家,先將現銀五百兩送局,後聞錦州幫銀較多,將住房兩所,暫向四處錢店押借銀一千六百兩,契載八釐行息,又將己銀四百兩,湊成二千兩,續送總局等語,其說甚屬荒唐,弘晌因此數處缺分較好,令其幫銀,該協領等,止須自度囊資,多爲幫助,何至指房押借湊銀如許之多?伊等既非總辦大員,幫後又不能列名入告,即係誠心急公,豈肯於暗中獨累?況協領所住之屋,自係官房,即與廨署無異,各錢店如何敢允其指押借銀,種種供詞皆非情理所應有。據福隆安等奏稱,蓋州、牛莊均有海口店户,安知非向客船派斂,故爲掩飾,現提皆二處店户及錢店人等,到案質審等語,自應如辦理。但錢店近在一城,尚防其串供開脱,而店户各分海口專管,如果協領等亦有似錦州科斂之事,斷難掩飾。著福隆安等即行嚴訊確實,務使稍有遁情,並將此二事,明察暗訪務得實據,以成信讞。茲復據福康安本月初二日具奏,俟副都統克星額至吉林,即起程馳赴新任,約計本月望前可至盛京,福隆安仍遵前旨,俟福康安到盛京,即將案內緊要關鍵告知福康安,令其同金簡詳悉審訊結案。……此旨著由六百里加緊發往,仍令將續訊緊要情節,迅速覆奏。(高宗一〇七二、二五)

(**乾隆四八、一一、癸卯**)又諭曰:軍機大臣會同户部議覆浙省沿海及山僻等處,緝私武員,所有歲支盤費薪水准其照舊留支一摺,已依議行矣。武職緝私,分所應爲,既已酌給養廉,自不應再得鹽規銀兩,業經部駁,概行刪除,歸入運庫造報撥用。惟與本汛相距遥遠地方,所派千把外委,仍准於鹽規項下酌給盤費,爲數亦屬無多。但恐各省武職内,或有不肖員弁,奉委緝私,藉巡查往來盤費薪水爲辭,仍向商人索取銀兩,是鹽規一項,名裁而實留。且於歸公之外,復有私給款項,是該弁等影射重支,轉爲商人之累,不可不防其漸。著傳諭有鹽務之各省督撫,所有前項鹽規議裁之後是否不復私給,有無需索重支情弊,並將如何設法查禁緣由,據實覆奏。(高宗一一九三、二)

(**乾隆四八、一二、丁丑**)又諭:前因各省武職既已酌給養廉,不應再得鹽規銀兩,諭令各督撫設法查禁。現據該督撫等陸續奏覆,均稱並無藉詞需索等弊。惟劉峩奏,直棣天津鎮標向有巡鹽盤費銀兩,因兵丁每日所得餉銀無幾,而天津一帶又係私鹽出没之所,派委巡查盤費一項,似所必需,仍請留給,以恤兵艱等語。覈其所奏,自屬實在情形。至武職員,改給養廉,亦以藉紓商力。該員等派委巡查,本屬分内之事,自不得以盤費薪水爲詞,復向商人索取銀兩,致滋擾累。著再傳諭有鹽務之各省督撫,務須嚴加訪察，實力查禁，毋使不肖員弁，影射重支。並曉諭眾商，亦不得另行私給。如有仍前藉端需索者，一經查出，即行據實奏。其兵丁等得餉無多，有此鹽規，以為往來盤費，得以實力緝私，於商眾亦屬有益，但仍應一體查禁，毋任額外藉端多索。將此遇奏事之便，各諭令知之。(高宗一一九五、一〇)

(乾隆四八、一二、丁丑) 山東巡撫明興遵旨覆奏：東省武弁，巡緝私鹽，向有薪水銀兩，費用有資，實無藉巡查往來盤費為名，仍向商人需索鹽規，並商人復行私給情弊。得旨：覽。(高宗一一九五、一一)

(乾隆五八、五、辛丑) 又諭：內務府議處全德在兩淮鹽政任內，率將辛亥等綱積滯引鹽，奏銷全完，請照溺職例革任一摺。全德在兩淮鹽政任內，屢獲愆尤，節經降旨從寬留任。至此次辛亥等綱鹽課，係屬墊解，款項虛懸，而竟奏銷全完，心存掩飾，其過尤大。本應照依革任，祇以一時未得其人，而浙省鹽務，正當清釐整頓之際。全德平日辦理鹽務，尚為熟習，著再從寬免其革任。實屬格外施恩，全德具有天良，似此罪重罰輕，疊邀寬宥，捫心何以自安？著自行議罪。(高宗一四二八、一三)

(嘉慶五、二、甲辰) 諭軍機大臣等：御史鄭宗彝奏，請飭查鹽務岸費一摺。湖廣、江西運鹽口岸，尚有匪費，自經裁革後，商人成本減輕，於辦運實多裨益。乃日久懈弛，其弊復生，竟至有每引用至一兩數錢以上之事。其運鹽江船，復不遵奉官價，任意高昂。而自場竈至各口岸，無益之費，有增無減。似此種種糜費，商本日虧，於國課民生，所關匪細。著傳諭姜晟、張誠基、書魯，嚴飭各該岸商人，務將浮費盡行裁汰，不得復有加增。即有必不能省者，亦應令該商等酌定數目，費歸實用，毋許絲毫浮冒。儻此後裁革各款，仍屬有名無實，惟該督撫、鹽政是問。(仁宗六〇、一一)

三、各區課額及徵收情況

(一) 兩淮

(順治二、六、辛巳朔) 戶部議覆：兩淮巡鹽御史李發元疏言，兩淮鹽引，舊例於南京戶部關領。今南直規制未定，鹽臣請於臣部急頒鹽引，以疏鹽利。應先給二十萬引，濟目前急用。其邊商納粟，原為邊計，今中外一統，防兵無多，應令運司召商納銀。依額解部。從之。(世祖一八、二)

(順治二、閏六、癸巳) 鳳陽巡撫趙福星疏言：鹽課為軍需所關，今各商所行，皆前朝舊引，其中不無混冒。請速給新引，以裕國課。得旨：戶部即與給發。(世祖一八、一六；東二、一二)

（順治一八、一二、庚戌）户部議覆：江南總督郎廷佐疏言，崇明縣地丁錢糧雖已蠲免，其鹽課仍應完解。得旨：崇明孤懸海外，逆賊來犯，皆賴兵民同心協力，固守全城。所欠鹽課，著與蠲免。（聖祖五、一六）

（康熙二一、九、己酉）兩淮巡鹽御史堪泰疏言：鹽商故意遲延納稅，請每引加課銀三錢。上諭大學士等曰：此乃堪泰因欠課甚多，恐任内不能追徵足額，故作此急迫之狀，若依其言，必致商民交困。不准行。（聖祖一〇四、二〇）

（康熙三八、四、辛丑）諭户部、禮部：朕子育黎元，勤求治理，日孜孜以施德澤，厚民生為急務。而江浙二省，尤東南要地，朕時切軫念。比歲以來，蠲豁田賦，賑濟凶荒，有請必行，無災不恤。雖漕項錢糧向未蠲免者，亦曾特旨蠲免。愛養之道，備極周詳，庶幾民生日益康阜。用是乘輿時邁，於視河事竣，巡歷江浙，咨訪民間情形，見淮揚一路既困潦災，而他所過州縣，察其耕穫之盈虛，市廛之贏絀，視十年以前，實為不及。此皆由地方有司，奉行不善，不能使實惠及民，所以小民雖懷愛戴之誠，而朝廷恩澤，卒未下究。朕目擊廑懷，亟思拯恤。截留漕糧，寬免積欠，另有諭旨。惟各鹽差、關差，向因軍需繁費，於正額外，令在差官員，以所私得贏餘，交納充用。今思各官孰肯自捐私橐，必仍行苛取。商瘠民困，職此之由。著將加增銀兩，一概停罷，以紓商民之累。其兩淮鹽課，康熙十六年曾加增四十萬兩，今恐商人辦課維艱，有漸致匱乏者，著減去二十萬兩。此外有應行應革事宜，朕還都以後，仍加商確，次第舉行。該督撫藩臬，皆地方大吏，亦著悉心體訪，凡有可為民興利除害者，作速勘實陳奏。嚴革雜派，禁止刁訟，俾胥吏不能作奸，良民得以安業。倘官吏有悖旨妄行者，許商民首告，該督撫察出，即行糾奏。朕視民如傷，惟恐一夫不獲其所。茲值海宇昇平，兵革不事，正當與民休息之時，故特渙沛德音，減徵寬稅，以為閭閻留有餘之力。至於江南、浙江人文稱盛，入學名數前已酌定增額，今著於府學、大學、中學、小學，各增五名，舉行一次，以示獎勵人才至意。爾部即遵諭行。（聖祖一九三、一；東一四、一五）

（康熙五三、八、辛巳）都察院題：兩淮鹽差將原任管理江寧織造事通政使曹寅之子曹顒職名開列具奏。得旨：兩淮鹽課，先欠一百八十餘萬兩，自將李陳常補授運使，所欠銀兩，俱已清完。李陳常實能效力鹽務，將伊授為御史，巡視兩淮鹽課一年。李陳常原係九卿保舉之員，此運使員缺，著九卿必如李陳常之人，揀選保舉具奏。（聖祖二六〇、三）

（雍正一、一、乙未）諭户部：原任兩江總督常鼐，劾奏兩淮巡鹽御史張應詔科派加勅銀兩。經工部尚書李先復等審明覆奏，爾部駁詰，以爲加勅銀兩，去年衆商既已供爲張應詔所派，今常鼐身故，衆商遂改前供。所審未爲允協。朕聞常鼐居官，本無令名，皇考亦曾向朕言之，其所奏豈可爲準？皇考當日不肯據常鼐所奏定案，故遣大臣前往察審，今既已審明，不必再行駁詰。況張應詔本無科派之事，衆商安得不改易前供乎？至於商人欲以此項銀兩充餉，朕豈需此？其已交十三萬餘兩，准其抵算往年商欠；其未完銀二十餘萬兩，盡行豁免。我皇考恤商愛民，若辦理此事，亦必如此歸結也。至於衆商歷年所欠正項，關係國帑，著該部悉心確議，定限徵收。（世宗三、三六；東一、一五）

（**雍正一三、一〇、乙未**）諭總理事務王大臣：兩淮商人向蒙皇考深仁體恤，有加無已。十餘年來，商力寬裕，伊等咸知感激，新舊正額帶徵各項，俱能急公完納。朕臨御以來，時時仰體皇考深求民瘼之盛心，早夜諮詢，凡有關於民生日用者，竭慮殫思，務期至當。商衆即吾民也，朕心豈有歧視？淮南鹽政課額甲於天下，兩江、三楚延袤七八千里，皆仰給於淮鹽，課源用以饒裕。近聞湖北早禾收成稍歉，鹽未暢銷；楚地素爲魚米之鄉，湖魚旺產，亦號豐收，商得資其醃切，藉以完課，今年漢水漲發，魚市稀少；又湖南因經理貴州苗疆軍務，未暇轉運，以致漢口鹽壅未銷，積至七八百萬包。是乙卯綱正額未能當年報銷，而明年乾隆元年丙辰綱又應按年起運。兩年並納，商力維艱，朕心深爲軫念。用是詳爲區畫，籌度變通，將乙卯綱未完正額提出，分年帶徵，自乾隆元年丙辰綱起，按年按運。則商力既紓，完納自無違誤。其帶徵之處，俟現在各項帶徵完納之後，分年起限。其乙卯綱內應帶運口岸之鹽，免其帶運，俾得易於疏銷。至丙辰綱課額，既將乙卯綱提出之後，若仍於九月奏銷，則新頒引鹽甫到口岸，課源尚難接濟，著展限至乾隆二年二月奏銷。從此年清年額，可永無遞壓之虞。著該督趙宏恩，該鹽政高斌實力奉行，務令諸弊盡革，實惠均沾，以示朕優恤商民之至意。（高宗五、四六）

（**乾隆五、四、己亥**）兩淮鹽政三保密奏：兩淮引繁課重，湖廣一省額銷最多。今湖北巡撫崔紀，固執己見，更改舊章，致多掣肘。得旨：已有旨命汝來京陛見，亦有旨命崔紀來京。汝等同部臣面議，是非立見矣。（高宗一一五、三四）

（**乾隆七、八、丁亥**）緩兩淮泰州分司所屬廟灣場被水竈戶新舊額徵，並分別賑恤。（高宗一七二、四）

（**乾隆一〇、一〇、己酉**）諭：淮揚之串場等河，於今年冬底築壩挑濬，鹽舟不能行走。其丙寅新綱引鹽，應豫先趕運四十萬引，以資分發接濟。第各商既有額辦之引，又有趕運之鹽，一時完課，未免竭蹷。著加恩將豫運新鹽，其請單呈綱，兩次應納錢糧，俱緩至加勒時，一併完納。再該商等豫運鹽勒，堆積垣所，不無滷耗。著照乾隆二年之例，凡本年十二月三十日以前到所新鹽，每引加耗二十勒，俾商力得以紓徐。該部即行文該鹽政知之。(高宗二五〇、二〇)

（**乾隆一五、二、癸卯**）署理兩淮鹽政吉慶奏：運鹽屯船，自裁橋壩微員規費之後，令商於船價內照數扣出充公，名曰屯船充公，爲各隘口緝私之用。查舊設巡費，已屬敷用，是以前項屯船充公，及商人關壩驗引撲戥規費，各該員不敢私肥己橐，俱已舉報。查屯費、規費二項，均不在正雜錢糧及節省款項之內，無須報部，可否解交海望，以充公用？至屯費一項，目前自可存積，或將來必須設巡增費，應請仍准酌支。再屯費、規費，係視運鹽多寡，原無一定。請嗣後於每年奏銷時，清查一次，儘數奏解。即將此辦法，錄存鹽政衙門，并轉行運司存案照辦。報聞。(高宗三五九、二三)

（**乾隆二七、二、戊寅**）又諭：兩淮商衆，現已加恩優敍。更念該商等銷引辦課，歲額通完，而於承辦差務，尤能踴躍急公，深堪嘉予。著再加恩自壬午綱爲始，綱鹽、食鹽每引加賞十勒，不在原定成本之內，以二年爲限，庶民食既足，而商力亦紓，用示恤商愛民之意。(高宗六五四、一八)

（**乾隆三九、九、己巳**）諭：據李質穎奏，今歲黃河漫堤，淮安一帶鹽堆被浸，該商等成本虧缺，商力未免竭蹷。請將甲午綱，除已完正課外，其未運引鹽，應完正課銀兩，分限徵收等語。著照所請，將淮北未運綱食引鹽，應完正課銀二十七萬五千餘兩，加恩准其自乙未綱起，分限五年帶完，以紓商力。該部即遵諭行。(高宗九六七、一四)

（**乾隆四〇、一二、己未**）諭：兩淮鹽課，例限次年二月奏銷，前以丁亥、己丑兩綱，因該處鹽場歉收，是以准展至八月。今乙未綱奏銷，復請展限，該部議駁，自屬照例辦理。但念該處場竈，偏被旱災，歉產滯運，商情不無拮据。著加恩將乙未綱奏銷，准其展至明年八月造報。至稱淮北各商，上年被水，辦鹽實多竭蹷，請將丙申以後四綱，帶完銀二十二萬餘兩，並著加恩准其展限四年，分作八年完納，以紓商力。(高宗九九九、一)

（**乾隆四五、二、戊午**）諭：朕巡幸江浙，取道維（淮）揚，因念兩淮竈戶，生計勞苦，業經降旨，將節年未完應徵積欠銀三萬五千餘兩，全行豁免，以示惠恤。其兩淮商衆，踴躍抒忱，並應一體加恩，俾霑慶澤。所有應還川餉項內，尚有未繳銀一百二十萬兩，著加恩全行豁免。又兩淮商人歷綱提引餘利項內，庚子年限應完銀二十七萬六千餘兩，並著展限遞緩一年，俾淮揚商衆，益資饒裕。該部即遵諭行。（高宗一一〇〇、九）

（乾隆五一、一、丁未）諭：戶部議覆兩淮鹽政全德奏請展限帶徵一摺內，准將淮南乙巳綱展限半年奏銷之處，著依議行。其淮北丙午綱引目，提出統銷，將課項分作十年帶徵一節，部議祇准其三年帶徵，固屬酌覈辦理。但念淮北一帶近年以來，河湖淺阻，運艱銷滯，以致綱引遞年積壓，尚屬實在情形。所有丙午綱引目，准其提出統銷，以疏積引。其該年應徵鹽課，著加恩分作五年帶徵，俾轉輸益資充裕，以示朕體恤商力至意。該部即遵諭行。（高宗五一、一）（高宗一二四六、一）

（乾隆五八、一、癸亥）是月，調任兩淮鹽政全德奏：淮商上納錢糧，但憑商夥家人赴庫兌交，致柴楨私那銀兩。經臣奏明奉旨，令揚州本商親身交庫，其藉隸外省各商，照舊商夥代交。但在揚各商，亦偶有因事故不能親到者。請嗣後無論揚商及外省各商，屆完課之期，輪派總商二名，眼同本商商夥兌交，稟報鹽政衙門覈對。得旨：交新任。（高宗一四二一、二五）

（乾隆五八、六、丁卯）諭軍機大臣曰：巴寧阿奏，官賠商課，有名無實，請嚴定督銷處分一摺。此奏似有所見，已交該部詳議速奏矣。此事係乾隆五十五年，經全德奏請，按各州縣銷鹽數目，年滿通算，如商鹽充足而口岸不銷，則將所缺之課，著落地方官賠出。乃五十六年即缺銷七萬八千五百餘引。該鹽政全德，復稱商人情願代官賠繳，並未令各州縣著賠。是本身奉行伊始，已不能遵行。在商人行鹽謀利，豈有情願代賠之理？而課項多至累萬，地方官豈能悉數賠交？自必致派累商民。全德從前不過以一奏塞責，及自知隔礙難行，遂不得不仍令商人賠出，以清課項。所辦殊屬非是。著將巴寧阿奏摺鈔錄發交全德閱看，所有摺內折角處所，著全德逐一明白覆奏。（高宗一四三〇、四）

（乾隆五八、一〇、乙丑）又諭：據巴寧阿奏，淮南通河綱食衆商，歷年以來，因帶課稍多，貲本較重，現又增運提引，商力未免轉輸不及等語。淮南商衆，向來辦運引鹽，完納課項，尚屬奮勉急公。茲因節次銑銷，及公捐等項，分年完納，商力未免稍形竭蹙。且帶徵各款，尚非正項錢糧可比。所有淮南不入成本之銑銷食引，及銑銷壬子綱引，並節次公捐借撥庫項等款，共銀三百六十九萬餘兩，著自甲寅年起，分作十年帶完，以紓商力。此係朕格外加恩，嗣後不得援以爲例。該部知道。（高宗一四三八、七）

（嘉慶一〇、五、壬子）兩江總督鐵保奏：總督兼管鹽務，向有永豐壩、泰壩二處。稽查鹽包夾帶，每引提公費銀二分，歸總督衙門因公動用，每年約得銀二萬兩有奇。歷任督臣，或於偶被偏災時，捐辦煮賑，於此內提用。批：應積存些須，辦理急賑爲是。又奏：前項引費，係屬外銷之項，並無定款，與其日久混淆，不若酌定章程，以收實用。請以八千兩給三省兵丁差費，禁止扣餉；五千兩貯備海口緝匪添給口糧，並免扣武職養廉；三千兩酌添各府書院膏火，並地方緊要公用。餘項仍留爲總督衙門閱兵、防汛、辦公之用。批：固係好事，若有不肖營弁，仍扣兵餉，斷不可恕，從嚴辦理。江寧、蘇州耳目較近，易於查覈；安徽、江西鞭長莫及，恐中飽不肖營弁之私囊，仍屬無益耳。又批：且莫定數，試行二三年後再定。營伍固宜體恤，汝之費用頗多，不止此一項。寬餘最妙，勿太拘謹，朕不罰大吏養廉，不令自行議罪之故，非惜大吏也。保全大吏之清操，保全小民之性命，汝當知此意。勿忽。（仁宗一四四、三二）

（嘉慶一二、六、丙子）又諭：朕聞額勒布在兩淮鹽政任內，實能力崇節儉，自甘淡泊，殊屬可嘉。但該鹽政一人狷潔自矢，而鹽務大小各官未必能同心合意。從前兩淮鹽務浮費，每年不下數百萬兩，近年雖節次裁禁，若鹽務各官不能潔己自奉，則浮費仍屬不少，於商力未免有虧。現因商力疲乏，成本不敷，與其例外加增，曷若節省糜費，以濟公用？著額勒布將兩淮鹽務無益閒費確切查明，一律禁革。將每年節省銀兩，即以貼補成本，豈不於商民較有裨益？該鹽政務須斟酌妥辦，先將該處浮費情形，據實具奏。將此諭令知之。（仁宗一八一、一一）

（嘉慶二一、四、癸丑）准兩淮引鹽加斤，再展三年。（仁宗三一八、二）

（嘉慶二五、一、己巳）諭內閣：延豐奏，商鹽加斤限滿，懇恩再予展限一摺。兩淮綱引，前於嘉慶十年間因場竈被水，商力拮据，每引准其加鹽十斤，以補虧折，限以三年停止。節次限滿，經該鹽政奏請展限，現又年限屆滿，應於己卯綱停止。第念上年夏秋缺雨，蕩草歉收，鹽價增昂，據該鹽政查明，係屬實在情形。著加恩准其將淮南、淮北綱食，每引加鹽十斤，再予展限三年，自己卯綱起，扣至辛巳綱停止，以資調劑。（仁宗三六六、八）

（二）長蘆、山東

（順治一、八、丁巳）遣山西道監察御史吳邦臣巡視長蘆鹽政。（世祖七、五）

（順治二、一、壬辰）戶部議覆：長蘆巡鹽御史吳邦臣疏言，山東地方荒殘，商人星散，其額稅應先徵一半，餘緩至來歲帶徵。從之。（世祖一三、

四)

（順治一八、六、辛丑）户部議覆：巡視長蘆鹽政御史張沖翼疏言，長蘆舊例，引存户部，先課後引。順治十五年，户部發引到司，皆爭先求售，減價而沽，以致鹽賤引壅，逋課甚多。請仍循舊例，將引歸部，庶引不虛發，課無逋欠。應如所請。從之。(聖祖三、一〇)

（康熙二八、一二、丙寅）户部議覆：直隸巡撫于成龍疏言，長蘆新增鹽引，原因軍興需餉，暫議加增。數年以來，積引難銷，請賜豁免。查康熙十四年，因軍需按引加增五分，已於康熙二十五年停止。今所增新引，乃康熙十七年按人丁加徵，並非因軍需所增，應不准行。得旨：長蘆新增引課，著照該撫所題豁免。(聖祖一四三、一〇)

（康熙二九、三、壬辰）户部議覆：直隸巡撫于成龍，會同巡鹽御史江蘩，疏請蠲新增天津鹽引課餉。查康熙十七年，御史傅延俊條奏增加，遵行已久，應無庸議。得旨：新增天津鹽引，可如該撫等所題蠲免。(聖祖一四五、一)

（康熙二九、七、庚寅）户部議覆：直隸巡撫于成龍、長蘆巡鹽御史江蘩疏言，長蘆行鹽地方，惟宣屬最苦，請將額引除去，聽民自煎食鹽，仍照舊額納課。應如所請。從之。(聖祖一四七、一)

（雍正六、八、乙巳）諭户部：據繆沅等奏稱，山東商人將舊引護新，重複影射一案。查自康熙五十二年起，應追賠銀一百零五萬餘兩。商人劉衮等已經自認，桑園設關之後，官引疏通，新舊接護，原有陋弊，情願將影射銀兩，於雍正六年內，上課四十萬兩，其六十五萬餘兩，在明年一年內，分限全完。又稱自順治八年以後，應追重複影射銀四百餘萬兩，應否分年著追等語。夫鹽務積弊，雖始於順治八年，然自順治八年至康熙五十一年，歷歲已久，承辦之商，屢易其人，此時難於究問，其應賠之四百餘萬兩，免其著追。至於康熙五十二年以後商人認賠銀兩，稱於今年、明年內，分限全完。此乃商人目前畏懼刑罰，勉強承認，而將來力不能完，仍至歸於無著，於國課無益。似此積弊種種，歷來東省之巡撫及巡鹽御史等官，安得推爲不知？其中必有通同作弊之處。應再確詢商人，令其一一供出。有應賠者，派令分賠，其在商者，稍寬其限。則受賄作弊之官員，不至脱然事外，而商力亦紓，實有裨益。著該部另議具奏。(世宗七二、二二)

（雍正八、一一、甲午）户部議覆：原任長蘆鹽政鄭禪寶條奏，山東行運散鹽地方，逐一確查，除可以整包行運者，照舊每包額重二百二十五觔外，其道路崎嶇，車輛難行之處，許分作四包，每包重五十六觔四兩。著爲定例。永利場之趙家坨，請委令富國場大使，房家坨，委令久山鎮巡檢，各就近管理。再移駐外委一員，撥兵九名，協同巡役緝查。其汀河、辛莊二處，亦移駐外委一員，撥兵九名協緝。東省十場二縣，存貯竈穀八千三百石零，舊無倉厫收貯，又從無動用之處。請歸併附近倉厫存貯，其有相隔州縣稍遠之處，於明春青黃不接時，減價糶賣，所賣銀兩，俟秋成後，照數買交附近州縣倉厫收貯，遇有應行賑恤之處，同民戶一體賑恤。請裁海倉場大使缺，歸併西由場管理。復設官臺場大使一員，將壽光、濰縣兼管之固堤場，歸併官臺場管理。嗣後經徵全完之場大使並州縣等官，請照地丁錢糧經徵五萬兩以下全完之例，督催分司運同、運判，照直隸知州、知府督催十萬兩以下全完之例，鹽運使照布政使督催五十萬兩全完之例，俱給與紀錄一次，以示鼓勵。均應如所請。從之。（世宗一〇〇、二〇）

（乾隆二、二、甲戌）諭總理事務王大臣：率土商民，均吾赤子，朕加恩惠養，務令力量寬餘，得以從容辦課。其狡猾頑劣，虧欠近年國課者，自有國法，不容寬貸。若係遠年帶徵之項，責令新舊並完，則商力未免竭蹶，所當酌量變通者。查長蘆眾商，有舊欠未完銀十六萬有零；又商人王至德，有舊欠內務府帑銀十萬兩有零，俱係從前積累，現在帶徵之項，非現年額課可比。著將眾商所欠之數，從乾隆元年為始，分作十二年徵收，王至德所欠內務府之數，從乾隆元年七月為始，分限十三年完交。以昭朕優恤商民之至意。（高宗三七、一）

（乾隆四、二、丁亥）緩徵長蘆商人乾隆二年、三年冬季未完鹽課。（高宗八六、一二）

（乾隆四、七、辛未）戶部議覆：長蘆鹽政安寧疏稱，產鹽之天津等處，為各商配運總匯，即未被水災之州縣，亦多運銷失時，脚費倍重。請將未被災之州縣，比照乾隆三年被水緩徵之例，一體寬緩，分年帶徵。所請與例不符，應令安寧逐一查明，到日再議。得旨：如該鹽政所請行。（高宗九七、一六）

（乾隆六、一一、癸亥）[戶部]又議覆：長蘆鹽政三保奏稱，長蘆引鹽每包加五十觔，遵部議折中覈算，每引應徵銀四錢四分五釐八毫零，共應增課銀八萬六千一百四十二兩九錢八分六釐四毫，均攤於額引。此項增課，自應本年入額徵收，但各商現有應完帶徵銀兩，恐商力拮据。請俟帶完緩徵課銀後，於壬戌年起，將乾隆二年至六年應追之課，均攤完納，毋庸加引。應如所請。至所稱請分十二年帶徵，未免過緩，應令分限八年，均勻帶銷。至長蘆引課，薊、永、懷引有輕重之分，應令該鹽政分別薊、永併懷數目，按

引攤算，永爲定額。從之。（高宗一五四、一）

（乾隆七、五、戊辰）緩山東濟陽、長清二縣乾隆六年旱災額徵鹽課。（高宗一六六、一七）

（乾隆八、一一、辛卯）戶部議覆：長蘆鹽政伊拉齊奏稱，上年河南偶值偏災，鹽勔不無壅滯，今歲直屬天津、河間二府，深、冀二州，又復夏秋被旱，車腳輓運，盤費倍加，商力未免艱難。請將本年秋冬二季正課、加課等銀二十六萬八千餘兩，分限四年完納。尚有倒追積年加勔課銀，請展至前項帶徵完後接徵。查直屬今歲被旱，止係偏災，如有難銷之引，可酌撥於未經被災州縣運行，何致鹽勔壅積，遽請將數十餘萬帑課緩輸，所奏應毋庸議。得旨：乾隆二年至六年加勔課銀，原係從前按年應徵正課，除乾隆七年一年課銀已經完納外，尚應作七年帶徵。但朕優恤衆商，特格外加恩，著分爲十四年完交。餘依議。（高宗二○四、一八）

（乾隆一五、一○、丁亥）諭：今歲夏秋雨水過多，長蘆鹽價昂貴，收貯之處，又多被水耗損，各商辦運，未免艱難。所有本年應徵鹽課銀兩，除春夏二季仍照例催徵外，其本年秋冬二季正課、加課等銀，著加恩分作二年帶徵，以恤商力。該部即遵諭行。（高宗三七五、六）

（乾隆一六、閏五、辛巳）又諭：據署長蘆鹽政高恆摺奏東省永阜等場，今年海潮漫溢，灘鹽被淹，況值奏銷屆期，正雜課項，均應催徵全完，實難措辦等語。著將山東乾隆十六年春夏二季正課，緩至壬申起，分限二年帶徵，以紓商力。該部遵諭速行。（高宗三九一、二）

（乾隆一六、八、甲辰）諭：今年長蘆竈地既有被災之處，著將長蘆十五年分帶徵課稅，所有本年應交一半之項，著加恩分作三年，自明年爲始次第徵收，以紓商力。（高宗三九六、一七）

（乾隆一七、五、丙子）諭軍機大臣等：前因長蘆鹺務廢弛，是以將吉慶調往天津。伊自蒞任以來，已及數月，並未見有實力整頓之處，惟昨所奏地方官督銷鹽引考成一摺，爲鹽政應辦之事耳。即如上年，高恆曾奏長蘆商力窘乏，告運艱難，請將十六年分秋冬二季引課，及帶徵十五年分緩徵引課，分作十年帶徵；以爲不如是，則下年必致誤課。此事必不可行，經部議駁。朕特加恩准，將十五年緩徵引課，分作三年徵收，以紓商力。不知今年何以不致誤課，抑高恆原係過甚之詞耶？否則近日各商應益難辦理矣。此處皆朕所以用吉慶代高恆之本意。亦曾屢次面諭，而伊均未奏及。看來吉慶自調任天津，頗不如在兩淮時之勇往任事。伊係內府世僕，隨地皆可出力報効，若稍存意見，甚屬卑鄙，非所以承受朕恩也。可傳諭吉慶知之。嗣後諸事務宜留心經理，並將長蘆近日實在情形，逐一詳悉奏聞。尋奏：蒙恩調任以來，見長蘆鹽法廢弛，商力窮困，竈戶艱難，無日不以整飭爲念。如課運以場竈爲本，現緊督曬煎，毋誤商運。秤則照部頒更置。緝私爲疏引要務，嚴定賞罰，鼓勵兵丁，大夥梟販，法有必懲，情罪輕者，酌定章程，俾有司得所遵守，至商力既乏，凡可節省，雖絲粟之微，亦必嚴禁。其長蘆歲課五十餘萬，現設法督勸，尚未全完，大約本年奏限，可以無誤。嗣應作何調劑，已飭運司查案籌奏。得旨：恐汝仍屬口是而心非。有則改之，無則加勉，以觀後效。（高宗四一五、一）

（乾隆一七、八、辛卯）諭：從前因長蘆各商積欠甚多，令於每引加鹽五十觔，分派行銷。續經部覆，每年應增課銀八萬九千餘兩。但蘆商積困之餘，舊欠甫清，若按觔加課，商力未免拮据。著將所加鹽觔減半納課，永爲定額。其乾隆二年至六年應追未完加觔課銀一十四萬餘兩，著一併加恩豁免，以示恤商之意。（高宗四二〇、四）

（乾隆一七、一一、丙戌）又諭曰：吉慶回奏，商人沈朝安等豁免加觔課銀一摺，甚屬非是。加觔課銀，准其分別減免，原係體恤商力之意。沈朝安、查奕茂所辦鹽務，乃內府引地，伊等不過代爲辦理，與衆商之自備成本者不同。所有減免課項，雖不必仍解戶部，自應照數繳之內府，何得遽入己橐。至原奏雖照兩淮吉安之例，三年一換，不過改易姓名，原係本人承辦。即果屬輪流更替，亦不必更於減免之外，留此一項，以取悅於衆商也。吉慶所奏，意在掩其不照舊案辦理之誤，而不覺其言之過於支離，甚非實心辦事之道。著傳旨嚴行申飭。（高宗四二七、一五）

（乾隆一八、五、癸未）又諭：吉慶所奏蘆東額餘引票，及商竈正雜錢糧，全數通完一摺。看來吉慶於辦理鹽務，頗屬諳練。即如餘引一事，從前悉皆不能銷完，今則於五萬道之外，又增銷三萬道。鹽政一官，以裕課恤商爲職，果其實心辦事，不避勞怨，而外間或生浮議，即有糾劾之者，自不能逃朕洞鑒，必不因此而遂加以處分。若於經理公務，雖屬妥協，而其中仍不免有借以營私之處。朕亦必不因其能出力辦事而遂稍爲回護。朕於臣下是非，一秉大公，毫無成見。現命策楞、方觀承前往天津，查辦御史陸秩所奏老少牌鹽一案。可將吉慶此摺鈔寄伊二人閱看，并不妨令陸秩知之。（高宗四三九、一四）

（乾隆一八、六、辛卯）又諭：策楞會同方觀承，查辦御史陸秩条奏長蘆鹽務一案回京。據策楞摺奏稱，津巴向食牌鹽，沿河額引壅滯，今停止鹽牌，積引俱銷。是杜一邑之私，已裕各邑之課。請將此項鹽引，免其納課，於四鄉分設子店，毋庸限時定數，聽民就便買食。其詳細條款，聽督鹽二臣酌議等語。此雖策楞一人之奏，想在彼已有成議，伊等所見，是專爲牟利計矣，甚屬非是。鹺政原以通商便民，如鹽臣辦理不善，即善，而挾行其私弊，均當從重議處，若能實力擔當，致招浮議，則當爲之主持。今因地方衿棍，散布流言，希圖挾制，遽議蠲課減價，是國家之恩澤，直爲若輩聳動挾要而得。不特無此政體，亦且易長刁風。且如灤州等八州縣，自高斌等，奏停鹽牌之後，不聞別有減彼處鹽課之事。均一直省鹺務，自應畫一辦理。南省產鹽之地，如淮安等處，豈盡食無引私鹽乎？吉慶向管淮鹽，自知成例，策楞所奏不可行。著傳諭方觀承等，遵旨妥議辦理。（高宗四四〇、一一）

（**乾隆一八、六、壬辰**）諭軍機大臣等：策楞所奏將津鹽免納引課一摺，昨已降旨諭其非是。誠以爲政當知大體，若因浮言挾制，輕議更張，則莠民之刁風，漸不可長。但思天津向食賤鹽，今令官商，一如私價發賣，則病商，若因輸課，而令與他處官價同，則病民。吉慶所辦，壓派商人，則不便於商；限時限勒，則亦不便於民。皆非經久可行之道。著傳旨詢問方觀承，令將津邑現在鹺務，如何善爲調劑，使商無虧成本，而民間亦不致貴食之處，與吉慶妥商覆奏。再灤州從前如何亦食牌鹽？因何禁革牌鹽？舊價幾何？現定官價幾何？又吉慶向任兩淮鹽政，如淮安等濱海地方產鹽之地，閭閻係食牌鹽，抑食引鹽？著一併詳悉查明具奏。（高宗四四〇、一四）

（**乾隆一八、六、己酉**）又議奏：天津老少牌鹽一案，臣等請調吉慶來京面議。據稱牌鹽爲侵引蠹課之由，必應停止。老少養贍，日給大制錢二十四文，官鹽每勒小制錢五文，閭閻自可相安。惟商運成本不敷，請將所銷餘引，免其輸課等語。查天津額引七百道，業經照例輸課，其餘引，應如該鹽政所議，無庸增納。至作爲公共口岸，一切章程，仍交該鹽政會同直督，酌定咨部存案。從之。（四四一、一三）

（**乾隆一八、六、癸丑**）是月，直隸總督方觀承奏：裁掣老少鹽牌，改給養贍錢文，原爲靖私疏引起見。天津士民，恐改行引鹽，商人王志德得以壟斷，遂創爲浮議。有云鹽臣吉慶與王志德同宗者，有云運使盧見曾與王志德親厚者。經臣曉諭，鹽價照牌鹽之舊，定以每勒小制錢五文，民間仍可食賤，眾情乃知此舉鹽政非爲瞻顧商人王志德而設。而蘆商中又多與王志德不睦者，有素不安分之武舉金國英等，斂錢欲將鹽價刊碑，並稱不許查拏越境私銷，經天津府詳斥監禁，照棍徒例辦理。目今私鹽已除十之七八，老少貧民，每月朔支領錢文，咸稱得所。得旨：如此則吉慶不但無私，尚屬擔當辦理，豈可信浮議而啟愚民挾制官長之漸乎？（高宗四四一、一八）

（**乾隆二二、七、己酉**）諭：今年豫省之衛廠及直隸之大名等廠，驟因水漲，鹽觔漂沒，已降旨該鹽政，飭商照數補運，接濟民食。但念秋運現已屆期，與補運同時共辦，重費工本。目下正值催徵引課之時，若令依期交納，商力未免拮据。著加恩將鹽觔被水各商，交該鹽政查明本年應徵課銀確數，分限三年帶徵，俾得從容完繳。朕此番加恩，原爲軫念災黎，該商等既蒙優恤，毋得藉口被災，加價牟利。該鹽政其隨時稽察，用副朕恤商惠民至意。此旨並令該撫知之。（高宗五四三、二三）

（**乾隆二六、一〇、丙寅**）諭：户部議駁長蘆鹽政金輝鹽課緩徵一摺，自屬按例定議。但念該處鹽場，今秋雨水過多，商力未免稍艱。著加恩將長蘆本年未完鹽課四十二萬兩，准其緩至明年奏銷後，分作五年帶徵。以示體恤。（高宗六四六、二）

（**乾隆二六、一〇、丙寅**）諭軍機大臣等：金輝奏直、豫二省，鹽包被淹，請將本年及下年引課，概請分作五年帶徵一摺，甚屬非是。現經部臣按例議駁，已降旨將本年未完課銀，加恩作五年帶徵矣。金輝身任鹽政，於榷課恤商，均當慎持成例，方爲稱職。此等因災緩帶之項，本因一時商力不足，國家格外體恤之仁，況下年正課，尤非本年可比，該鹽政何得因目下被水，而豫將明歲豐收之鹽課，一概並請緩帶。看來金輝不免爲商人慫恿，竟墮其術中而不覺！此在初任時尚可從寬，免其深究，倘將來不知省改，或致有意市惠，以博虛譽，朕斷斷不能稍貸也。金輝著傳旨申飭，並將此傳諭知之。（高宗六四六、二）

（**乾隆三二、三、己巳**）又諭：朕此次臨幸天津，該商等趨事辦公，頗稱踴躍。因念長蘆通綱引課，每年十月內奏銷，正屆銷售菜鹽之時，鹽價未及收齊，而奏銀已屆，商力未能舒徐。著將長蘆通綱鹽課，嗣後改至十一月底奏銷，俾得從容完納，以示體恤。（高宗七八〇、一八）

（**乾隆三五、一二、甲戌**）又諭：據西寧奏，本年長蘆應徵額餘引課，遵照部議，已追完銀五十五萬一千八百八十三兩零，未完銀一萬二千六百四十八兩零，仍一面勒追完報等語。前據西寧奏請展限，經户部議，以長蘆引課五十六萬有餘，僅完銀三千餘兩，不及百分之一，駁令速飭該商依限完納。計該鹽政接奉部覆以來，爲期未久，已追完銀五十五萬餘兩，未完僅止一萬二千餘兩。各商交課難易情形，不應前後迴判，何以一經部駁，催追輸納竟能迅速若此？則西寧前此冒昧奏請展限，尤不可解。著傳諭西寧，令其據實明白回奏。尋奏：本年六七月，坨鹽被淹，鹽穰蓆繩腳價倍昂，商等另措貲本，恐誤奏期，故請展限。及奉到部駁，傳齊各商，將部文曉諭，設法嚴限追比，各商多方措辦，重利借貸，故得交課四十萬餘兩。臣庸愚無能，輕信商衆，冒昧奏請展限，懇交部嚴處。得旨：該部察議具奏。（高宗八七四、六）

（乾隆三六、二、丙申）又諭：山東引票各商，自乾隆十六年至三十一年，尚有積滯未銷之鹽六十餘萬包，課項俱已隨引清完，而鹽包仍須陸續運售，加以按年輪納正課，商力未免拮据。著加恩，將乾隆三十五年應徵款額，除雜項錢糧照舊交納外，所有正課銀十八萬三千八百五十兩零，分作八年帶徵，俾各商益資寬裕。該部即遵諭行。（高宗八七九、一九）

（乾隆三八、三、乙巳）又諭：長蘆商衆贄業素徵，前兩次巡莅天津，閱視鹺務，深悉其情，是以節次加恩增價，俾不致有墊累。並將乾隆三十六年引課，分作三年帶徵，以紓商力。翠華臨幸，各商無不踴躍歡呼，但念伊等第一限錢兩，業已完交，而第二限帶徵之銀，與本年正課，同時並納，仍不免稍形竭蹶。著再加恩將三十七年正餘課項，自三十八年奏銷後起，分限六年帶徵，俾商力益臻寬裕，以示格外體恤。該部即遵諭行。（高宗九二九、一）

（乾隆三九、三、乙亥）諭：戶部議，西寧奏長蘆商人應完銀兩，請分限十年帶徵一摺。部臣自應照例駮駁。但念長蘆商本較薄，每年應交正課尚多，若將此兩項，同時並徵，商力未免拮据。所有乾隆三十六、七年兩限應完銀兩，俱著加恩，准其於本年奏銷後，分作十年帶徵。（高宗九五五、六）

（乾隆四一、四、庚申）諭：朕因平定兩金川，集勳奏凱，恭奉皇太后安輿，巡幸山東，告功闕里。茲迴程駐蹕天津，長蘆商衆祇候迎鑾，懽欣踴躍，具見悃誠，用宜優恤特加，俾霑慶澤。著加恩，將長蘆商人本年應完乾隆四十年分引課銀四十九萬八千五百餘兩，及未完前年借項銀四十三萬二千兩，自本年奏銷後起限，分作八年帶徵，俾商力益資饒裕。該部即遵諭行。（高宗一〇〇七、四）

（乾隆四三、八、戊寅）諭軍機大臣等：戶部議駁，西寧奏請將本年應完引課銀四十萬兩，分限五年完交之處毋庸議一摺。據稱，乾隆四十二年鹽引，已據該鹽政於本年五月內奏銷全完。引藉鹽銷，課從鹽出，既無未銷之引，安得有未銷之鹽？計該年應完引課，應俟本年十一月內始行奏銷，鹽引已銷完半年之久，不應藉詞請緩。況該處現有帶徵節年舊欠，若復議停緩，將來新舊並納，必更形竭蹶等語。所駁殊為近理。長蘆上年之引，既已於本年五月奏銷全完，則該年應完之課，自應於今年十一月奏銷時，全行完納，西寧何以如此奏請？著傳旨詢問西寧，令其將實在情形，明白覆奏。（高宗

一〇六五、一〇）

（**乾隆四三、一〇、丙寅**）諭：户部議駁，長蘆鹽政西寧奏請將本年應徵引課銀四十萬兩，分限五年完交一摺，固屬照例議駁。但據該鹽政奏稱，上年額課全賴本年醬菜二季鹽價，收齊完課，春夏運河淺阻，又兼儀封一帶被水，以至銷運遲滯等語。自屬實在情形。所有長蘆應完四十二年正餘引課銀四十萬兩，著加恩准其展限，分作五年完交，以紓商力。（高宗一〇六八、二九）

（**乾隆四五、一、乙未**）諭：朕巡幸江浙，道經畿輔，長蘆商眾，踴躍抒忱，用宜一體加恩，俾霑慶澤。著加恩將長蘆商人應徵乾隆四十四年分鹽課銀五十餘萬兩內十分之一，分作五年帶徵，俾商力益資饒裕。該部即遵諭行。（高宗一〇九九、一）

（**乾隆四五、四、壬申**）諭：朕此次巡幸江浙，蹕途經過直隸、山東地方，其長蘆商人，業經加恩緩徵課項，所有山東商人，並著加恩將乾隆四十五年應徵引票鹽課銀十八萬餘兩，自本年奏銷後起限，分作六年帶徵，以示優恤。該部即遵諭行。（高宗一一〇五、一三）

（**乾隆四九、閏三、己未**）諭：朕鑾輅時巡，普施慶惠，前長蘆山東商眾，踴躍抒忱，自應一體加恩，俾沾渥澤。所有長蘆應徵引課銀四十九萬餘兩，山東應徵兩年引課銀三十六萬餘兩，俱加恩分作八年帶徵，俾商力益資饒裕。該部即遵諭行。（高宗一二〇二、七）

（**乾隆五〇、六、己亥**）諭軍機大臣等：據徵瑞奏，本年長蘆鹽引，因災滯銷，請將應完正餘引課，除宣化府包課照舊徵完外，共銀五十五萬餘兩，暫為緩徵，於奏銷後分作五年帶完等語。長蘆商人行辦直隸、河南各州縣鹽引，豫省本年雨澤愆期，麥收歉薄，或致鹽引不能暢銷，尚為情理所有。至直隸雨水調勻，麥收尚屬豐稔，何得亦云因災滯銷，將長蘆應完正餘鹽課，概行奏請緩徵？辦理殊未允協，現已交行在户部議駁。但究念長蘆商人向非充裕，轉輸未免拮据，俟部議上時，朕欲酌量加恩，令分作三年帶完，以紓商力。至另片所奏，長蘆商人應交帑利銀二十餘萬兩，與山東帑利銀五萬兩，均請分作三年帶完。此等應交內務府利銀，非正課可比，尚屬可行。著照所請，准其分年帶交。並諭內務府知之。（高宗一二三三、二五）

（**乾隆五一、五、己巳**）諭：户部議駁徵瑞奏山東商鹽滯銷，應完課項，請分作三年帶徵一摺，固屬照例辦理，但念東省商人貲本較微，且上年引地歉收，而行銷地方，亦因旱成災，商鹽不能照常售賣，鹽滯課缺，尚屬有因。所有山東商人本年應完課項，著加恩照該鹽政所請，分作三年帶徵，以

紓商力。(高宗一二五五、一二)

（乾隆五一、閏七、癸巳）又諭：戶部議駁徵瑞奏請長蘆商人，應完正餘引課，展限八年一摺，固屬照例辦理，但念該商等應完課項，爲數較多，若同時並徵，未免竭蹶。所有長蘆應完正餘引課，原分三年帶徵者，著加恩分作六年帶徵，以紓商力。(高宗一二六一、二三)

（乾隆五二、五、庚午）諭：據穆騰額奏，東省近來雨澤愆期，海水不能上潮，產鹽缺少。請將本年及上年應完課銀，並節年帶徵課項，一體分限緩徵等語。前歲東省雨澤愆期，本年春夏，雨水又復稀少，以致各灘場產鹽日少，行銷停滯。若同時並徵，商力不無拮据。所有應徵本年課銀，及五十一年正接引課，帶徵五十年初限正接引課、票價、餘票課銀，共四十二萬八百餘兩，著加恩准其緩至五十三年秋後起徵，分限四年帶完，以紓商力。該部即遵諭行。(高宗一二八〇、七)

（乾隆五三、二、壬子）諭：長蘆鹽務，商本素非饒裕，節經加恩調劑，以紓商力。今翠華臨涖，各商等情殷瞻就，踴躍歡忭，具見悃忱，宜特沛恩膏，以普春澤。所有乾隆四十八、九兩年未完五限、四限緩徵正餘課銀六十七萬八千五百餘兩，著再加恩於前限滿後，再展限三年帶徵，俾商力益臻充裕，以示朕行慶施惠，有加無已至意。該部即遵諭行。(高宗一二九九、三)

（乾隆五四、五、癸酉）諭：戶部議覆長蘆鹽政穆騰額奏：東商本年應徵緩帶課銀懇請展限一摺，該部照例議駁，並聲請可否准其展限帶完，恭候欽定等語。商人輸納引課，自應按限完交，以清款項，不得藉詞延宕。但念該省商課前因歲歉滯銷，業經分年緩帶，今若將正雜課笯同時新舊並徵，商力仍未免拮据。所有四十八年起至五十二年止本年應交帶徵課項銀二十萬三千六百三十餘兩，並五十三年應交引課銀一十七萬六千八百五十餘兩，著加恩於五十五年秋後起徵，分限三年帶完。俾商力益資寬裕，以示朕格外軫恤至意。(高宗一三二九、三)

（乾隆五四、八、癸未）諭：戶部議駁長蘆鹽政穆騰額奏請將五十三年正餘引課，分作三年帶完一摺，固屬照例辦理。但本年長蘆一帶，雨水較多，以致海潮漫溢，灘坨淹浸，鹽觔折耗，尚屬實在情形。況該商等每年應完引課之外，尚有笯利及雜款等項九十餘萬兩，一時併力完繳，未免拮据。所有五十三年正餘引課銀五十三萬五千餘兩，著加恩准其自五十五年奏銷後爲始，分限三年帶完，以紓商力。此後不得援以爲例。(高宗一三三七、三二)

（乾隆五五、三、己丑）諭：朕此次巡幸山左，於回鑾時駐蹕天津，所有東省、長蘆兩處商人情殷瞻就、踴躍欣忭、具見悃誠。因念蘆東鹽務，節經恩施調劑，以紓商力，今翠華臨涖，允宜再沛恩膏。著將山東五十四、五兩年應完引票課銀三十六萬八千四百餘兩，長蘆五十四年應完課銀五十七萬二千九百餘兩，自本年奏銷後，加恩分作八年帶徵，俾商力益資饒裕，以示朕行慶施惠，有加無已之至意。該部即遵諭行。（高宗一三五〇、一三）

（乾隆五五、三、己酉）蠲免直隸長蘆嚴鎮、興國、富國、豐財、蘆臺等五場乾隆五十四年分水災竈課有差。（高宗一三五一、三八）

（乾隆五七、四、庚戌）諭：前據户部議駁穆騰額奏蘆東商人節年緩帶各項，不准再行展限一摺，原屬照例辦理，已依議行矣。但念該商等貲本微薄，從前原定七年限內，前數限應交緩帶銀兩較多，若令按限照數完納，商力究未免拮据。所有長蘆商人，乾隆四十八至五十四等年緩徵引課，未完銀一百五十三萬六千餘兩，山東商人乾隆四十八至五十五年緩徵引課，未完銀七十二萬六千六百餘兩，著加恩於本年奏銷後，仍按原限分作七年，將銀數均勻帶徵，以紓商力。（高宗一四〇〇、三一）

（乾隆五七、一二、甲戌）蠲緩長蘆興國、富國、豐財、蘆臺、嚴鎮等五場，並滄州、南皮、鹽山、慶雲、青縣、交河、東光等七州縣本年旱災竈地額賦有差。（高宗一四一八、一九）

（乾隆五八、二、乙丑）蠲緩長蘆興國、富國、豐財、蘆臺、嚴鎮等五場，並滄州、南皮、鹽山、慶雲、青縣、交河、東光等七州縣，乾隆五十七年旱災竈地額賦有差。（高宗一四二二、二）

（乾隆五八、八、壬午）蠲免長蘆官臺、王家岡二場，潮災竈地四百二十二頃二十五畝有奇額賦，併予緩徵。（高宗一四三五、二六）

（乾隆五八、九、壬子）諭：户部議覆長蘆鹽政徵瑞奏蘆東各屬本年應徵商課，請緩至五十九年分限五年帶徵一摺，所駁甚是。第念上年該處雨澤愆期，收成稍歉，鹽引不能暢銷。今歲雖收成豐稔，商力轉輸不及，情形究屬拮据。但從前節年緩帶課項，已展至七年帶徵，此次若如該鹽政所請，再將本年商課分作五年帶徵，爲期未免太緩。所有本年長蘆應徵正餘引課銀五十餘萬兩，山東應徵引票課銀十八萬餘兩，著加恩自五十九年起，分限三年帶徵，以紓商力。（高宗一四三七、五）

（乾隆五九、四、丁巳）諭：長蘆山東鹽務商本素非饒裕，節經加恩調劑，以紓商力。今翠華臨涖天津，蘆東各商，俱情殷瞻就、踴躍歡忭，具見悃忱，自宜特沛恩膏，以敷愷澤。所有長蘆山東未完六限、三限緩徵，及帶徵五限川餉，並本年應完正餘引票課銀三百八十八萬餘兩，著再加恩於各原限屆滿奏銷後起限，統行接展三年，分年帶徵。俾商力益臻饒裕，以示朕行慶施惠，有加無已至意。該部即遵諭行。（高宗一四五〇、一）

（乾隆六〇、九、庚戌）諭：戶部議駁，長蘆鹽政方維甸奏請將本年應徵課銀分年帶徵一摺。蘆東商力疲乏，經朕節次加恩，停利展本，已爲至優極渥，若再行緩徵，年限過寬，勢必層層積壓。戶部照例議駁，自屬覈實辦理。第念該商人等貲本徵薄，上年行鹽各地，間有雨多歉收，銷鹽未暢，應交款項尚多，若一律徵輸，未免稍形竭蹷。著再加恩准其將本年應徵課銀七十餘萬兩，緩至明年起分作二年帶徵。其節年緩徵銀三百三十餘萬兩，俟本年緩徵銀兩於二年限內交完時，再行起限，仍照從前奏定年分次第按限帶徵。該商人等經此次加恩之後，貲本愈臻饒裕。該鹽政惟當督率妥辦，按限輸將，勿得再任延宕，以副朕格外體恤，恩施無已至意。（高宗一四八六、三）

（嘉慶一、九、丁未）勅諭：戶部議駁，長蘆鹽政方維甸奏請將本年應徵引課，緩至明年奏銷後起限，分作三年帶徵等因一摺。蘆東商力疲乏，經朕節次加恩，停利展本，已爲優渥，若再行緩徵，難免層層積壓。戶部照例議駁，自屬覈實辦理。第念商人貲本微薄，各處錢價過賤，易銀交課，不免虧折，尚屬實在情形。著加恩准其將長蘆應徵正餘引課銀五十三萬四千九百餘兩，山東應徵正餘引票課銀十七萬七千七百餘兩，緩至明年奏銷後起限，分作二年帶徵歸款，以紓商力。該鹽政惟當督率妥辦，毋得再任延宕，以副朕格外體恤，恩施無已至意。（高宗一四九五、八）

（嘉慶六、八、癸丑）緩徵長蘆水衡坨鹽正引課銀，直隸、河南各引地課銀十分之五。（仁宗八六、一三）

（嘉慶八、閏二、丁卯）諭內閣：賽尚阿奏，陳明蘆商實在情形一摺。據稱，長蘆自前歲被災後，諸物昂貴，繩席、水腳、薪火各項加增，其中灘鹽歉收，工價增至數倍，以致各商成本有虧。現在除額徵正雜等款一百一十萬餘兩外，尚有本年起限應徵銀五十五萬餘兩，實難同時完納，懇請展限調劑等語。蘆商應行帶交各項銀五十五萬餘兩，現在均已屆限應徵，此事若發交部議，自必照例奏駁。第念長蘆商力本疲，又因前年灘鹽歉收，諸物昂貴，若將應行帶交各款同時並徵，該商等不無拮据。著加恩照賽尚阿所請，除本年應交課帑及淮本銀兩，仍令按照限期交納外，其本年起限之嘉慶五年緩徵引課，分四年帶完者，緩至本年奏銷後起限，改爲分二年完交。其分十五年帶完舊欠課餉帑本，於本年起限者，俟前項改分二年引課全完後，再行起限，按原分之限完交，以示體恤。（仁宗一〇九、一）

(三) 河東、陝甘

(**順治二、五、甲辰**) 户部議覆：河東巡鹽御史劉今尹疏言，河東鹽額課銀一十二萬四千九百餘兩，故明給宣、大、山西三鎮宗祿、軍餉，今應解京庫。其給引之法，河東地遠，勢不能先納銀而後領引。應先解紙價，後按引納課，舊例可循。至河東地方，去年十月方出湯火，祈於順治二年春，定期徵解，以蘇商力。其撈採之法，均宜仍舊。惟是山西太原府、汾、遼、沁州欲行票鹽，似非畫一。當如山東例，革票行引，以信令甲，而除私販之弊。從之。(世祖一六、一八)

(**康熙七、一〇、庚寅**) 户部議覆：吏科給事中王承祖疏言，各省鹽勅，應令商人自行銷運。今陝西州縣官勒令百姓銷引，轉向商人買引，按畝攤派，每引費銀一兩，甚為民困。應敕撫臣并巡鹽御史嚴行禁革。從之。(聖祖二七、一二)

(**康熙三二、一、甲寅**) 户部議覆：四川陝西總督佛倫疏言，西、鳳二府歲遇荒歉，額銷鹽引，暫減一半，俟年豐照額行銷。應如所請。從之。(聖祖一五八、三)

(**雍正二、一一、乙丑**) 吏部議覆：川陝總督年羹堯等疏言，延安府屬三十營堡，綿亙千餘里，除神木廳所轄東路黃甫川等十營堡應照舊分管外，查榆林城堡廳所轄中路十堡內，雙山、常樂、保寧、歸德、魚河五堡，俱環繞榆林鎮城。今榆林衛守備、千總既裁，應將鄜州州同移駐鎮城，改爲分駐榆林州同，將榆林衛並雙山等五堡地方民事，俱交該州同經管。其響水、波羅、懷遠三堡，以波羅爲適中之地。今西安都司經歷既裁，應將該經歷改爲葭州州同，駐劄波羅，爲分駐波羅州同，兼管響水、懷遠二堡。又清平、威武二堡，壤地相接，應於威武添設威武巡檢司一員，兼管清平堡。所有榆林稅課大使應行裁去，其稅務歸榆林道兼攝。至靖邊廳所轄西路十堡，惟靖邊所與定邊爲扼要重地，而定邊離鹽場堡二十里，鹽販由此出入，應設專員巡緝。查定邊東有磚井堡，西有鹽場宜川，邑非繁劇，應將宜川縣縣丞移駐定邊，爲分駐定邊縣丞，兼管磚井、鹽場二堡。且鹽場堡原係延屬地方，舊設管理鹽務之寧州州同及鹽場大使，俱係慶陽府屬寧州管轄，以致呼應不靈。應將州同掣回寧州，鹽務改歸靖邊廳，就近經管，而令定邊縣丞稽查私販，其鹽場大使亦歸靖邊廳管轄。又靖邊東爲鎮羅堡，西爲寧塞堡。靖邊事繁民衆，今靖邊廳千總既裁，請將延安府經歷司移駐靖邊，兼管鎮羅、寧塞二堡。再，鎮靖一堡，路當孔道，應添設巡檢司一員，爲鎮靖巡檢司，兼管龍州一堡。將榆林驛丞事務裁歸城堡廳兼管。其安邊、柳樹澗二堡，幅幀遼闊，必得彈壓之員。應將寧州州同改爲綏德州州同，移駐安邊，兼管柳樹澗堡，爲分駐安邊州同，歸延安管轄。均應如所請。從之。(世宗二六、二二)

（乾隆二、七、丙申）吏部議覆：河東鹽政定柱疏稱，河東運司衙門，向因徵收課銀僅十七萬餘兩，是以未設庫官。今加增鹽引十萬道，徵銀四十餘萬兩之多，請添設庫大使一員。其原設鹽運使知事，移駐鹽池內淡泉。從之。(高宗四六、一三)

（乾隆八、三、乙亥）〔戶部〕又議：撥河東鹽課銀二十萬兩，解往甘肅，爲準噶爾夷使進藏熬茶等項之用。從甘肅巡撫黃廷桂請也。(高宗一八七、一〇)

（乾隆一一、二、癸亥）戶部議覆：甘肅巡撫黃廷桂疏稱，平、慶、寧各府承辦花馬池鹽觔，向係商給脚販圖記，令其行銷，恐難爲據。請嗣後令鹽捕通判，按引給發印票等語。查通判給票作引，將來各處行鹽，俱可給票，無需部頒引目，於定制有違，應毋庸議。又稱，寧夏有口外夷鹽，以及各池土鹽，請於平、慶、寧三府屬要地，設四廠抽收夷鹽、土鹽稅課，以抵補官課之不足。查設廠收稅，於官鹽舊制，並未更張，似屬可行。惟商辦官鹽向係按引完課，積年無缺，今增收夷鹽、土鹽之稅，自宜另報充餉。應令該撫將官課仍照舊辦理，其新收之稅，儘數造報，另款具題。至徵收之數，即照官鹽例，俟試辦一年，再定章程。又稱渭源縣素不產鹽，從未設有鹽引，本處係食狄道州民人負販土鹽，向不收稅，額銀俱官爲墊解。今請於販鹽，每斗收銀三釐完額。應如所議。又稱，狄道徵收稅銀，向係吏目赴熬鹽處所收解，除交正課外，尚餘錢八九十千不等，其按丁加引銀二十六兩零，請即於此項贏餘內充抵，免里民攤徵，此外贏餘，並留爲添補該員養廉之處。應如所議。又稱，武威縣食鹽，向係拽運永昌、鎮番二縣土鹽來武，聽民購買，商引俱無，每歲武威縣於永、鎮二屬徵收額稅，殊多未便。請嗣後令各該地方官，就近徵解，以免隔屬差催之擾，應如所議。從之。(高宗二五九、二二)

（乾隆一六、一〇、丙申）諭軍機大臣等：西寧奏稱，河東池鹽，因今年歉收，場價倍增。據閹場運商具呈，懇將乾隆十六年餘課暫行緩徵，以紓商力。因帑項所關，未敢冒昧具奏等語。西寧已經更換來京，著傳諭阿思哈令其將河東池鹽近來是否較前倍價，該商輸課是否較前拮据，詳悉確查。如果歉收倍價，完納維艱，或酌量加恩，緩徵一半，以紓商力。若不過尋常價值偶爾低昂，即可不必。著查明據實奏聞請旨。(高宗四〇〇、四)

(乾隆一八、二、癸丑) 户部議覆：陝甘總督黃廷桂疏請更定鹽務章程。平、慶、寧三府州縣，各於要地設廠，抽收土鹽稅課，應令司稅各員，設立串根流水，豫送該道鈐印給發，慎選妥役抽收，該道仍不時稽察。又渭源縣未設鹽引，其原設稅額，應按鹽徵收完課。請將每年稅銀六兩四錢零，在販賣鹽內每斗收稅三氂，完納額解之數。如額外多收，指名報参。又狄道州徵收稅銀，向係吏目赴熬鹽處所收解，除交正課銀十二兩外，尚餘錢八九十千不等，請抵解按丁加引銀二十六兩六錢零，免令里名地丁項下攤徵，其餘錢仍留補該員養廉。又涼莊道屬，素不產鹽，所食皆係永昌、鎮番二縣土鹽，並無商引。而每年鎮番縣屬蔡旗、野豬灣六堡稅銀九十八兩一錢零。永昌縣屬新城各堡稅銀四十三兩一錢零。又隸武威縣收解，越境徵收未便，請嗣後令各該地方官，就近按數收解。均應如所請。從之。(高宗四三三、一七)

(乾隆二二、一〇、甲子) 諭：河東鹽池積年歉收，本年雨水過多，所收鹽觔不敷配運，現在籌酌買運，以資接濟民食。但各商資本既經虧壓，而買運價腳成本較重，所有乾隆二十二年應封額餘課項，著加恩分作三年帶徵，以紓商力。(高宗五四八、九)

(乾隆二三、一二、辛未) 又諭曰：河東鹽政薩哈岱請將乾隆二十三年引課分作五年帶徵帶銷一摺，該部議駁亦是。上年該處鹽池被淹，已將二十二年分額餘引課分作三年帶徵，今年該處並未被災，自非上年可比。但念各商現在力量不能充裕，著加恩將河東乾隆二十三年額餘課引官務等項，照上年之例分作三年帶徵帶銷，以紓商力。(高宗五七七、一二)

(乾隆二五、四、庚辰) 諭曰：薩哈岱所奏，河東乾隆二十四五兩年餘引餘課，於二十七年起限，分作八年帶銷帶徵一摺，經戶部照例議駁。但念河東鹺務當積歉之餘，商力未免拮据。著格外加恩，准照該鹽政所請，分年帶銷帶徵，以紓商力。(高宗六一〇、六)

(乾隆二五、八、戊子) 諭：河東夏間雨水稍多，池鹽出產減薄，本年新商配運，已屬拮据，所有舊時額引，更難如期配銷。著再加恩，將二十四年額引，展至來年六月清繳。至二十二、三兩年帶徵課項，業經叠次加恩，寬作三年分限徵銷，例不應再為寬緩。但念鹽池產薄，購運維艱，商力未免竭蹙。著將二十二年帶徵之項，於來年十二月奏銷；二十三年兩限帶徵之項，於二十七、八兩年十二月奏銷；其二十三年帶銷之引，仍隨二十五、六兩年額引一併清銷，以紓商力。該部即遵諭行。(高宗六一九、一)

(乾隆五六、六、庚申) 諭：現因河東商力疲乏，亟須調劑，已令軍機大臣會同山西巡撫馮光熊詳悉酌議，可否將鹽課改歸地丁，於富户貧民，均有裨益。但經理一切章程，尚需勘辦，馮光熊究係新任，於該處鹽務，尚未能熟悉。蔣兆奎曾任河東運使，鹽務素所熟諳，且該布政使上年在京，亦有課歸地丁爲便之語。蔣兆奎著調補山西布政使，幫同馮光熊妥爲辦理，所有甘肅布政使員缺，即著景安調補。萬寧著調補山西按察使，其貴州按察使員缺，即著顧長綬調補。尋軍機大臣議：臣等與馮光熊酌議，鹽課歸入地丁，計畝攤徵，富户既免簽商，貧民得食賤鹽，生計益裕。至鹽池雖係民產，亦須地方官經理，庶免爭端，每年計所出鹽，抽稅若干，於歸入地丁之鹽課内扣除。批：此語或一辦法。又奏：俟馮光熊抵任後，會同蔣兆奎詳勘商辦。從之。（高宗一三八一、三）

（乾隆五六、七、乙酉）諭軍機大臣曰：鄭源璹奏，晉省鹽課歸入地丁之議，雖意在恤商，轉與民食諸多未便。惟有將現在報乏之商，酌量抽换，另募殷實富户承充。至從前所定行銷地方，均屬因地搭配，並無應行改易之處等語。所奏非實心實語。晉省簽商一事，向爲該省富户之累，地方官藉此訛詐，而富户畏懼充當，罄貲圖免。輾轉更派，百弊叢生。前經書麟面奏簽商，朕即以爲不便，令軍機大臣會同新任山西巡撫馮光熊詳悉籌議，並將蔣兆奎調任晉省，俟馮光熊抵任後，督同蔣兆奎親履其地，通盤籌畫，再行酌議具奏。但恐地方官向來得受鹽規，今聞改歸地丁，必有紛紛禀阻者。今鄭源璹所奏，果以改歸地丁爲不便，仍應另募富户充當，顯爲晉省官吏，留需索富户地步。該藩司在晉八年，即係該省地方官，於簽商一事，想亦均霑餘潤，今已調任河南，所有調劑晉省鹽務，專交馮光熊等辦理，與伊無涉，既往不咎，朕亦不加深究矣。但河南亦有行銷河東引鹽地方，將來馮光熊酌議晉省鹽課攤入地丁，咨商豫省，一體查辦。彼時鄭源璹倘復從中阻撓掣肘，必將伊一併治罪，決不寬貸。此時馮光熊想已抵任，俟蔣兆奎到晉後，即督同妥辦。務使商民交便，利歸於下，方爲盡善。將此傳諭鄭源璹，並諭馮光熊知之。（高宗一三八二、一九）

（乾隆五六、八、丙午）諭軍機大臣曰：勒保奏，蔣兆奎現在調任山西藩司，自應速令該司交卸篆務，赴闕請訓等語。晉省商力疲乏，官引滯銷，亟須設法調劑。前因蔣兆奎有將鹽課歸入地丁，與商民均有裨益之說，於該省地方鹽務情形，較爲熟悉，是以將該藩司調任山西。此時業經由甘起程。著傳諭蔣兆奎，不必前來請訓，即先赴山西接印任事，幫同馮光熊酌議章程，妥爲籌辦。俟此事辦理完竣後，再行來京陛見，亦不爲遲。昨召見河東道和明，詢問鹽務情形，據稱晉省鹽池，係該處百姓所置產業。若鹽課攤入地丁後，該業户自行刮曬，仍可賣與民人肩挑步販，照舊獲利等語。鹽池所產鹽觔苦黑，向來官商經理，該處百姓尚不願買食商鹽，今既歸業主自行交易，若不減價售賣，則民人豈肯買食苦黑貴鹽？是擡價居奇之弊，更可不禁自止。而鹽價日賤，於閭閻生計，更爲有益。所有昨令軍機大臣詢問和明奏片，即發交馮光熊閱看。蔣兆奎到任後，並著該撫即率同詳悉履勘，妥協籌辦，總使利歸於下，商民交便，方爲盡美。將此傳諭馮光熊，並諭蔣兆奎知之。（高宗一三八四、九）

（**乾隆五六、八、己巳**）山西巡撫馮光熊奏：河東鹽務，商力積疲，換商增價，實屬無濟。查河東鹽價，前已每觔加增四釐，正課雜項，歲納銀兩，加價之數已浮於額，今若再加一二釐，積成八十餘萬兩，數載之後，商力又疲，有加無已，迄無底止。若課歸地丁，聽其自爲販運，既無官課雜費，又無兵役盤詰，關津阻留，更爲便益。至歸課之法，查山西省領引行鹽共四十四州縣，有引多而地丁少者，有引少而地丁多者。更有向食土鹽、蒙古鹽僅領河東引張交納稅銀之陽曲等四十四州縣，及陝西鳳翔一府、長武一縣，本屬參差不齊。且以河南、陝西、山西三省比較，河南引多而地丁少，陝西、山西地丁多而引少。或將三省應納正課雜項，共四十八萬餘兩，在三省引鹽完課納稅之一百七十二廳州縣地丁項下，通計均攤。再池稅一項，聽令各原畦主，照舊澆曬發販，仍官爲彈壓稽查，以杜偸竊争攘。得旨：大學士九卿議奏。尋議：均應如所請行。惟河南引多地方，較現擬地丁每兩均攤九分有餘之數，應由該省酌量增攤。在河南所加無多，而山西、陝西行鹽州縣，不致奢重。請交該撫等會同籌酌，定擬具奏。至河南、陝西二省，民運池鹽，路程較遠，其作何辦理較爲妥協之處，一併行令陝西、河南巡撫，詳晰查明，咨覆晉省，統入善後事宜案內覈辦。從之。（高宗一三八五、二一）

（**乾隆五七、一、己卯**）軍機大臣議覆：河南巡撫穆和蘭等奏稱，河東鹽課，改歸河南、山西、陝西三省地方地丁款內攤徵。查河南於正賦之外，尚有攤徵河工歲料幫價等項，較他省稍多。所有鹽課，應照原議均攤九分有餘之數，量增三分有餘，每地丁一兩，攤銀一錢三分。其山西、陝西應徵本省鹽課，并代攤河南幫課，每地丁一兩，仍應照議一律攤銀九分九釐，已無缺額。應如所請。從之。（高宗一三九四、一四）

（**乾隆五七、二、甲辰**）軍機大臣議覆：山西巡撫馮光熊奏稱河東鹽課改歸地丁各事宜。一、課銀應年清年款，各解本省藩庫，雖遇蠲免地丁之年，不在應蠲之列。一、寧夏等處將軍副都統養廉銀，請於山、陝二省藩庫內分解。一、行鹽部引，毋庸再領，紙硃銀兩，應免交納。至內閣等衙門飯食銀兩，仍在山西藩庫鹽課項下按年撥解。一、池鹽既歸民運，應聽從民便，毋許地方官禁止及私收稅錢。一、鹽政、運使、運同、經歷、知事、庫大使並三場大使，俱請裁。一、運城地方，請移駐河東道彈壓。一、鹽池週圍一百二十里，未便乏員經理。請將鹽池司、長樂司、聖惠司巡檢三員，分管三場，稽查巡緝。一、運學本爲坐商而設，今運商酌裁，坐商仍在，運學請照舊存留。一、鹽池供三省民食，請照舊歲修，在於藩庫徵收鹽課項下支領。一、河東向設立官秤，抽掣商鹽。今聽人運販，若毫無憑準，易起爭端。請准舊式製官秤三，給發三場，通行遵用。又河東舊有鹽牙，請照舊設立，由河東道點充。一、運鹽道路，過渡船隻，應仍其舊，並飭地方官實力稽查，毋許攔阻。一、商完課項內，有積餘、併餘等銀，應分別攤免。一、鹽池南岸蘆葦變價銀兩，請裁革。一、運阜、運儲二倉穀麥，應分別歸併存借。均應如所請。至河南省之唐縣、裕州歸公銀兩，及山西省之潞州、澤州節省等銀，應令各該撫轉飭徵解本省藩庫，毋庸仍解內務府。其安邑等縣向解運庫之麥租蘆價等銀，自應一體改解藩庫。運司、經歷徵收麥租，亦應改歸安邑縣就近徵解。至鹽務公用項內，酌留銀兩，應俟該撫造冊報部到日，再行覈議。從之。（高宗一三九六、九）

（**嘉慶一四、一、壬申**）免陝西洋縣十一年未完額賦鹽課。（仁宗二〇六、一八）

（四）福建、兩浙

（**順治七、四、庚戌**）免福建四五兩年東路逋欠鹽課，以賊據其地故也。（世祖四八、二二）

（**康熙四、三、乙未**）免福建省順治三年至十七年鹽課積欠銀一十二萬七千九百八十三兩。（聖祖一四、二四）

（**康熙三八、四、戊午**）命減浙江鹽課加徵銀三萬一千三百兩。（一九三、七）

（**乾隆八、三、辛未**）户部議覆：閩浙總督那蘇圖疏覆部咨行查閩省鹺政情形。一、臺灣鹽課餉銀，及雲澳認課菜銀，向俱不隨額引徵收。原因彼處或遠隔重洋，或孤懸海島，從前商人完課，均不行引。應如所題，仍舊辦理。一、閩省西東南三路行銷鹽觔，除西路引目照舊頒給，其東南路並各縣澳引張鹽觔，請叅酌覈減。查閩省奏定按引計觔，按觔合擔，未便驟更。應令該督分別官運商辦，並鹽課細數，另造清冊，報部查覈。一、辦理奏銷，應如所題，將正課入正額具題，其餘引及額外餘引，令各路通融辦理，不必註定州縣。餘引繳部查銷，徵銀入贏餘冊內彙報。至不敷行運之處，仍令另題請增。

一、閩鹽收曬收貯，發售接濟及枰掣驗查各事宜，舊制周密。應如所題，照舊辦理。至何處查驗，何處截角，應造冊報部。一、閩省有不入引額之坵折銀，請照例留撥本省兵餉。查此項先經該督奏明解部，未便更張，應仍令按年搭解。一、永春、德化、大田三屬滯銷餘引，已撥惠安、光澤二縣分銷，即依西路課則徵銀。查閩省向無餘引，今始頒發，應令另報。一、臺灣所貯乾隆二、三、四年未銷鹽十四萬擔，曾於乾隆五年撥運內地銷售，業於是年冊報。查造報數目，先後不符，應仍令分晰另題。從之。（高宗一八七、三）

（乾隆五二、一二、庚戌）又諭：據李侍堯奏，閩省本年溢額鹽課，及認辦額外課銀，請分年帶徵等語。福建自臺灣勦捕逆匪以來，辦理軍需，運送米餉，差務殷繁，行銷口岸，挽運維艱，以致鹽引滯銷，商力不無拮据，自係實在情形。所有該商等應完溢課銀七萬六千九百餘兩，及認辦額外課銀一萬二千四百餘兩，著加恩分作三年帶徵，以紓商力。（高宗一二九五、一〇）

（嘉慶二、九、戊辰）戶部議覆：閩浙總督魁倫奏調劑閩省鹽務一疏。……一、商運溢引，請展限帶徵。查閩省溢課請停徵三年，至次年分次帶徵，臣等接續算計，竟展至十年之久，懸宕已極，應毋庸議。得旨：閩省商運溢課，既據該督奏稱，從前場鹽絀產，及海潮衝失等事，以致誤運積欠，急應量為調劑，以紓積困。所奏自係實在情形。著加恩准將該省商運各幫年行溢引，自嘉慶三年起，應辦元年溢額，停徵二年，再展至嘉慶五年起，將應溢課項下，分作三年帶徵，共限五年全行完款，庶商力益臻充裕。此係朕格外施恩，該督等務須飭令依限全完，不得再有懸宕，致干咎戾。（仁宗二二、二）

（五）兩廣

（康熙三、五、壬午）免廣東康熙元年分逋欠鹽課銀七萬一千一百一十五兩。（聖祖一二、六）

（康熙五六、三、丁卯）諭大學士等：朕以兩廣鹽差錢糧問總督楊琳，曾奏過數年來，虧空錢糧數目甚多。此皆由部內不嚴行清查所致。著派賢能官一員，會同該撫，將所欠錢糧，作何完結之處，明白議奏。派出官員，留至三四年方妥。令九卿會議具奏。（聖祖二七一、二二）

（康熙五九、一、壬辰）戶部等衙門議覆：廣東廣西巡鹽御史昌保疏言，兩廣鹽課，有歷年積欠九十一萬餘兩。康熙五十七年十月，經督臣楊琳題請，先完新餉，舊欠五年帶銷。奉旨督臣兼理，各屬凜遵。臣於康熙五十八年三月到任，查舊欠全未清完，因截住舊鹽，飭完新餉。不但舊欠屢催罔應，新餉又復拖欠，且場鹽缺少，私鹽橫行，臣力不能任，請將臣撤回，交督撫管理。庶新舊課餉，得按年清完。應如所奏，將兩廣鹽務並新舊錢糧，交與廣東廣西總督楊琳專理。從之。(聖祖二八七、七；東二一、九)

(雍正二、一、癸巳) 諭內閣：廣東總督楊琳辦理鹽務以來，聞將窮民生理，盡行霸佔，百姓怨憤。夫錢糧雖屬緊要，當爲百姓存留微利養生。若既爲錢糧起見，又圖自己取利，絲毫不與百姓，使窮民失所，成群竊盜，其害較缺欠錢糧，爲更大矣。務須謹慎廉潔，從公辦理，方屬稱職，不可祇爲錢糧起見，不顧百姓。(世宗一五、七；東二、一)

(乾隆一、八、癸亥) 戶部議覆：兩廣總督鄂彌達酌議鹽務。查粵東十府，除南雄、韶州二府地不產鹽，瓊州孤懸海島，遍地生鹽，向未立埠招商銷引，惟就竈丁徵課，其居民皆就地買食，毋庸置議外，其廣、肇等七府屬，鄉村離州縣甚遠，貧難老少，報驗非易。應如該督等所題，將貼近竈場之貧難老少男婦，於境內負賣者，照例免其禁捕，毋庸報驗給賣。其各州縣小販，亦聽民自便。如有借稱貧難，私販窩囤等弊，即行查拏，按律究治。至巡鹽船役一項，亦應免裁革，仍飭各州縣嚴查。令各商遴選守法之人充當。並將各巡丁姓名、年貌、籍貫，造冊呈縣，遇有更換，報明註冊。其粵西一省，向行東鹽，銷鹽各埠，既向設汛捕巡丁，稽查私鹽，應一體准照舊存留。從之。(高宗二四、一)

(乾隆七、八、乙未) 吏部議覆：署理兩廣總督慶復疏稱，西省鹽法，從前官運官銷，由東省配兌省河鹽包，運至梧州府總口，一切收發，委梧州府同知辦理。嗣於乾隆元年，經前督臣鄂彌達奏准，添設廣西運同一員，駐劄梧州，專管西省各埠餉稅催徵收解。但查未設運司之前，督催官係東西兩道，經徵官係各州縣，責任攸分，不必再設催徵之員。至令該員收餉專解，又有不便於商者。平樂等二十八埠商人，俱住廣東省城，其告拆鹽包，原係先完餉而後拆引，伊等自赴運司庫，或數百兩，或一千兩，就近繳納，當即拆引，最爲便易。今前赴梧州完納，逆流窵遠。其西稅一項，商埠咸隸西省，而餘鹽羨利，例係商人自赴西鹽道庫完納。則西稅銀兩，照羨餘納西鹽道庫，均屬便易，若令解運同衙門轉解，未免多一周折。又運同之下，添設知事一員，亦屬冗曠。請將梧州鹽務運同并知事二缺俱裁，所有收發鹽包，給發水腳，盤驗鹽船事宜，仍委梧州府同知就近辦理等語。應如所請。從之。(高宗一七二、二七)

(乾隆九、一二、壬申) 兩廣總督那蘇圖奏：請廣西應加秤頭鹽觔一項，酌定配入正鹽餘鹽之內，發埠銷賣，以充公用。得旨：以朕之意，只可清其

此後,不必問其已往。妥協爲之可也。(高宗二三一、二二)

(乾隆一〇、四、癸亥)戶部等部議覆:前任兩廣總督那蘇圖奏,定兩廣鹽務章程。一、積年商欠宜立法查追也。兩廣埠商,領銷正餘鹽包,應完之鹽價羨餘等銀,查現在掛欠,幾五十萬兩,其中有著無著,或虛或實,均難懸定。應飭令各該州縣,傳提本商,訊明欠數,押取認狀;多者分五年帶徵,其次三年,又其次二年。倘商民頂替,久已無著,或官吏侵漁,捏造欠項,著落頂替捏造之人,及扶同出結之州縣,按數完補,照例治罪。應如所請。一、催追商欠,宜酌定勸懲也。兩廣埠商,善於逢迎州縣,向與交好,若不豫定勸懲,必致有名無實。嗣後帶徵商欠,按限全完者,題請議敘;屆限不完,及完不足數者,照承追虧空錢糧例條處。應如所請。一、現在埠商,宜秉公甄別也。兩廣埠商,殷實者少,慣與運司聯手,以一人而獨霸數埠,名曰商棍。宜責令道府州縣,凡商棍欠帑者,悉行革除;其埠業抵還欠項不敷者,令詳保官商分賠。應如所請。一、收買場鹽,宜另撥帑本也。粵省帑本,約計挪移銀三十萬兩,宜核數咨部,在餘包商欠內,陸續歸款。請再撥銀十萬兩,作爲帑本,令開倉時,先收價而後賣鹽,賣畢,即催繳羨銀。均由州縣用聯批掛驗報解,並令道府直隸州查。如埠商拖欠,一併條處。即鹽場大旺,亦俟疏請續撥,毋許擅挪等語。查粵省帑本,共三十三萬兩,今所稱挪移三十萬兩,是否即係帑本?再所請另撥十萬兩,是否在原帑之外另撥,抑或止須十萬,將原帑徹回?未經聲明,不便遽議。一、新舊鹽包,宜均勻配運也。粵鹽歲銷約一百二十萬包,而未配鹽包,較此數尚多,若盡配舊鹽,則新發帑本,不能轉運。應新舊各本,均勻酌消。應如所請。一、鹽羨名色,宜歸并畫一也。粵省正鹽外,有正額餘鹽、額外餘鹽、子鹽、耗鹽、花紅餘鹽等項課餉外,又有正場鹽、羨餘鹽、場羨、埠羨、額外餘鹽、場鹽八折、埠羨三封掛一、鹽價、子鹽、京羨、花紅、額溢、羨餘等項,名目既多,弊混自易。應將以上名目,一概革除。正鹽外悉稱餘鹽,課餉外悉稱羨餘。先運正鹽,再用餘羨。每年應銷應交之數,令鹽法衙門,會同地方,分別酌定。總期得敷乾隆八年徵收題報之數等語。查每年題報之數,略有多寡,何以僅照乾隆八年?應令該督再行妥議。一、加增鹽包,宜盡行革除也。江西龍南等埠,及各省正額餘鹽,按加二五及加一貼贈,統計私贈鹽二萬四千五百包,共免餉羨銀一萬一千八百兩。既未題明,又未報部,應盡行革除。應如所請。一、緝捕私鹽,宜頒發賞格也。粵東三面皆海,梟棍出洋,沿途搶劫,不但阻撓鹽法,抑且擾害地方。宜在運司庫內,撥充公銀二千兩,立爲賞格,另議規條,庶文武兵役,齊心緝捕。應如所請。一、各省向有鹽規，宜責令首報也。鹽務陋規，取者視同舊例，與者亦爲常額。現在行查各屬，其收受鹽規者，不過十之二三，應懇准各省文武，自行首報，統俟查報到日，確核議奏。應如所請。一、運司分司鹽庫，宜徹底清查也。運司龐嶼巧詐婪贓，現題条在案。應令接任運司、分司及西鹽道，將所管庫項，無論正雜錢糧，悉行盤核開報，以杜侵冒。應如所請。從之。（高宗二三九、一九）

（乾隆一一、四、癸未）大學士等會議：兩廣總督策楞疏議，前任總督那蘇圖條奏兩廣鹽務章程，户部行查各款。一、原奏積年商欠，宜立法查追。據稱，各商挂欠鹽價埠羨等項，截至乾隆九年，共銀三十八萬三千六百三十七兩零，經前督臣奏明按照欠數多寡，分別年限帶徵。但各商本有急公怠惰之別，故欠項亦有多寡之分，如按現欠之數，以分帶徵年限，是急公而欠少者，轉不若怠惰而欠多者，得以多展年限。請於乾隆十一年爲始，分限四年，覈定分數，分年帶徵。查此項舊欠銀兩，原因商力不能一時清繳，是以分別寬限完納，若不分欠多欠少，一例四年帶徵，是本易完者，反致遲延。應請將此內欠項多者，照該督所定，自乾隆十一年爲始，分限四年帶徵；其少者，令該督按數另定年限，並分別帶徵數目，報部覈議。一、原奏催追商欠，宜酌定勸懲。前督臣奏准，州縣承追商欠，令道、府、直隸州督催。今查兩粵商人，多住廣州，潮橋商人，多住潮州，商人承領餘鹽，上納價羨，均以運使、運同爲職掌，一切發鹽、收銀、承追、督催等事，該道、府全未與聞。議敘固屬濫邀，處分亦屬冤抑。似不必舍專辦之運使、運同，別有所屬。應如該督所請，嗣後帶徵商欠，本管直隸州、州、縣，照承追例議敘議處。省河各埠，即以運使督催；廣西各埠，即以西鹽道督催。潮州各埠，即以潮州運同督催；高州茂名埠，即以本管知府督催。如催徵不力，即將運使等官，照道府例分別議處。一、原奏現在埠商，宜秉公甄別。據稱，粵東鹽務，自招商以來，應辦正餉無誤。即乾隆九年分正餉，業於奏銷前全完，其舊欠亦立限分年帶完，次第清楚。倘有未完者，即行革去商名，分別追究。查各埠商人，除乾隆九年正餉，業經全完外，其各商舊欠，是否即係前款內欠項，抑或另有舊欠之處，應令該督查明報部。一、原奏誠實埠商，宜量加矜恤。據稱，粵東產鹽日盛，前督臣那蘇圖就省河潮橋等處，册報未配鹽勷，分委道府盤查，並無虧缺。至存倉陳鹽，如何撥銷之處，現在商人配兌生鹽時，議將易銷之埠，每封搭銷二百包，難銷之埠，每封搭銷一百包。如各商中有願領寄貯者，亦准領運，每封搭過黑色陳鹽，仍准九折繳價，以符加一折耗之數。大概兩年後，陳鹽可清。應如所奏辦理。一、原奏收買場鹽，宜另撥帑本。據稱，粵省鹽場，現存帑本銀三十三萬兩，邇年鹽漏日闢，存鹽愈廣，需項愈多。設遇帑本不敷，即須通融墊發。應請於現存帑本及續收商欠銀內，通融轉輸，毋庸另撥餉銀。查粵省現存帑本，數已充裕，如再於續收商欠內通融，殊屬未協。應令該督將粵省收買鹽觔、竈價等項，統在現存帑本內，轆轤轉運，毋得於別項挪移。一、原奏鹽羨名色，宜歸併畫一。據稱，兩廣正引餉銀，本有經徵督銷定額，至於陸續所報羨餘，按其完納銀數，有各項多寡不等，入冊造報，亦有年分先後不齊，若欲合而為一，必致牽混不清。且領銷正額、額外餘鹽兩項，係聽各商自便，若如前督臣所奏，總照八年徵收數目，定為額數，恐易銷之埠，有缺鹽之虞，難銷之埠，啟派領之弊。是兩廣各項鹽羨名目，歸併畫一辦理之處，均有未便。應如該督所議，仍循舊例，按款徵收。其領銷正額、額外餘鹽兩項，凡殷實之商，易銷之埠，准儘力領運。如疲乏之商，難銷之埠，毋得濫給，致滋拖欠。一、原奏加贈鹽包，宜盡行革除。據稱，江西省之贛縣等埠，楚省之郴州等埠，配運粵鹽至江楚，盤山過嶺，必須改捆小包，拋撒走滷，在所不免。江省小包，加贈耗鹽四觔，楚省加贈二觔，留為腳夫折耗之需。前督臣原奏，龍南等埠，按加二五私贈鹽包，係屬傳聞之誤。惟廣西之博白等埠，因乾隆元年減去鹽價二釐，詳准加二五配給。至商人承領正額額外餘鹽，又緣從前初定場羨埠羨之時，皆浮於正額，商人賠累，是以節經督臣折中酌辦，按價羨浮多之數，定以加一加二配兌；其離省最遠之鬱林等埠，加二五配兌。又廉州府屬合浦等三埠，加三配兌。今若將前項加包等項全革，商人勢難賠本領運。餘鹽不領，又難繩之以法。可否照舊加給，抑或將餘鹽應納價羨，均照正引餉價，一律上納，鹽觔亦照正引一樣配兌，贈包悉行革除。查前項加贈鹽觔，究係額外增添，並非向來定制，是否與鹽法有礙，及各商有無藉加包名色，任意多運，以及如何稽察不致滋弊之處，戶部難以懸擬，應令該督確查，定擬具題。一、原奏緝捕私鹽，宜頒賞格。據稱，潮橋餘鹽項下，除場埠二羨之外，另有充公銀兩，節經奏明，為地方辦公之用。應即於此款內，每年撥銀二千，為緝私賞需。至文武兵役，尋常拏獲私鹽既有賞鹽之例，若於常賞外再行議加，誠恐巡役兵丁，貪賞滋事。除將尋常拏獲私鹽照例賞給外，其有拏獲水陸巨販大梟，場竈積私囤戶，以及出力受傷等項，按實在功績，分別給賞。並總督衙門差委武弁兵丁，緝私盤費，亦在此內動支。應如所議辦理。一、原奏各屬向有鹽規，宜責令首報。據稱，南海等七十三州縣，向未收受鹽規，三水等二十七州縣，向有鹽規，均已自行禁革。尚有廣東龍州等十州縣，留存鹽規，飭司嚴行禁革。其廣西興業等二十一州縣，福建寧化等五縣，江西信豐等兩縣，該督既

稱各有鹽規，多少不等，應否酌留裁減，現在分咨各省撫臣辦理，應俟查明報部核議。從之。（高宗二六五、六）

（乾隆一五、二、甲申） 戶部議覆：調任兩廣總督碩色疏稱，庫存清出銀兩，應歸實用報竣，以免蠹漏。謹查粵東運庫，清出積存溢羨銀一萬四千五百九十兩零；潮州運同於經管商欠內，清出溢羨銀三萬四千九百兩零；粵西鹽道清出溢羨銀三萬九千六百八十五兩零。請各留充本省兵餉。應如所請，並令按年報部。從之。（高宗三五八、一五）

（乾隆四〇、二、庚寅） 戶部議准：署兩廣總督廣東巡撫德保奏，廣東省歸靖、香山、雙恩、碧甲、大洲、海甲、小靖、博茂、丹兜、白石、西海、惠來、小江等各鹽場，每年應徵場課，自乾隆四十年為始，即令委管各員，就近徵解，於奏銷冊內，開造委員職名，一體考察，分別議敘議處。從之。（高宗九七六、二八）

（乾隆五八、一、戊午） 又諭：據郭世勳奏，廣東省應行報銷五十六年鹽課，原限於次年二月題報，因產鹽場地，猝被風潮，且雨水稍多，場地多有短收之鹽，不能一律到櫃。請將五十六年鹽課，寬予兩月，至來年四月奏銷等語。粵東鹺務，經孫士毅、福康安節定章程，改埠歸綱，鹽本充裕，該商等協力轉輸，所有應徵鹽課，五十四、五兩年俱依限題銷，並無掛欠，鹽務大有起色，何以五十六年鹽課，又須展限？自係該管官員奉行不力，日久漸致廢弛。福康安等此次到粵後，務須留心查察，實力整頓，俾源源配運，疏銷暢速，應交鹽課，依限題銷，毋任官吏因循怠玩，以致甫經整頓之後，又復仍前貽誤，方為妥善。將此傳諭知之。（高宗一四二一、二一）

（六）雲南

（康熙二九、三、辛亥） 戶部議覆：雲南巡撫王繼文疏言，雲南黑井鹽課，前因官兵眾多，吳逆題請加增。今全滇恢復之後，逆屬家口盡行遣發，投誠人員安插各省，食鹽甚少，此項加增課銀，懇祈豁免。應如所請。從之。（聖祖一四五、六）

（乾隆一、一二、乙亥） 雲南總督尹繼善疏言：遵旨議減鹽課銀一萬四千三百兩有奇，及曲靖昆陽過稅。下部議行。（高宗三三、二）

（乾隆三七、一、壬子） 諭軍機大臣等：諾穆親奏鹽課完欠數目一摺，內稱應徵乾隆三十五年分，并三十一、二、三、四等年舊欠鹽課薪本盈餘等項，共未完銀三十六萬餘兩。此項鹽課，因何節年拖欠，積至如許之多，殊不可解。著傳諭彰寶、李湖，即行詳晰確查，據實覆奏。（高宗九〇一、一）

(乾隆三七、四、丁卯）又諭：戶部議覆，署雲南巡撫諾穆親奏，行鹽各屬，墮運墮銷，及盜賣無著鹽觔，請分別交該督撫查辦追賠一摺，已依議行矣。運銷鹽觔，例應年清年款，何以滇省積年墮運墮銷，欠課至五萬七千八百餘兩之多？今既查有缺少數目，不可不徹底清釐，以除積弊。著交與彰寶、李湖，將各州縣墮銷墮運緣由，逐一確查，究明實係在官若干，在民若干，分晰嚴懲追究，毋得顢頇了事。仍將如何查辦之處，即行專摺覆奏。至此項墮缺鹽課，固係承辦各員經理不善，亦由督撫等平日不實力整飭所致。鹽務爲地方要事，一有墮積，不特課項久懸，且必致閭閻有食淡之虞，於民食甚有關係。該督撫等，何竟全不以事爲事，任聽各員藉口軍需，馴致墮誤？所謂覈實辦公之道安在？諾穆親日坐省城，所司何事？乃惟一味因循，不早爲釐剔，直至將離滇省，始以一奏塞責，殊屬非是。至彰寶雖駐永昌，於此等公事，自應留心察覈，乃視鹽務爲巡撫專責，不復究心，亦難辭咎。所有此案應追銀兩，除按歷任各員名下勒限嚴追歸款外，如完不足數，即著於彰寶名下分賠四分，諾穆親名下分賠六分，以清款項。將此傳諭彰寶、李湖知之。（高宗九○六、四）

（乾隆三七、一一、癸巳）諭軍機大臣等：戶部議覆李湖等酌籌鹽井事宜一摺，已依議行矣。滇省鹽觔，行銷已久，何以近來忽有節年墮運之事？經管各員，動以承辦軍需，馬騾短少爲詞。彼時適逢其會，原不能禁伊等之有所藉口。但民間計口食鹽，與饔飧米穀相等，均爲日用所必需，斷不容少有缺乏。若墮運日久，市中無鹽售銷，閭閻豈能淡食，則買用私鹽，又屬勢所必至。但私鹽既隨地可到，何官鹽艱於運行？以上各情節，該督撫查辦鹽務時，亦曾詢究及此否？著查明據實覆奏。看來鹽觔之節次墮運，實係從前經管各員之辦理不善。所有查出虧短課項，著令各該員名下分賠，自所應得。今經此番清釐之後，斷不可任其復蹈前轍。著傳諭彰寶、李湖嚴飭管理鹽務各員，上緊妥辦，嗣後務須年清年款，不得稍致廢弛，如再有墮誤壅滯之事，惟該督撫是問。尋奏：滇省官鹽壅滯，一由竈戶煎鹽未淨，夾帶沙泥，兼藏水氣，民間利於食私，各屬恐走滷折耗，不肯依限赴領。一由行銷州縣，將按月造報之例，廢擱不行，輓輸懈弛，全無稽考。而嵩明等一十六處，任聽民販，官私莫辨，竈戶影射透漏，川粵梟販滋多。現飭各員嚴查，務令出鹽純淨，復歲會月計之法，禁止民販，官鹽行銷頗速。得旨：具見經理得要，更宜隨時整飭，毋庸復弛可也。（高宗九二○、七）

（乾隆四四、八、丁丑）又諭：據李侍堯奏，滇省墮欠鹽款一案，查係從前各屬承辦軍需，將應解鹽款，混行那借，及至領出軍需銀兩，並不歸還鹽款，以致虧缺積歲增多。但事歷多年，官非一手，其間情節輕重，殊難分晰允當，若徒以一条了事，而追賠延宕，累月經年，於課款終無實濟。因思課款虛懸，由於鹽觔無著，遂因爲勒定限期，如果於今歲奏銷之前，尚敢絲毫短缺，不問人數多寡，定即嚴叅，從重治罪。現任各員，各向井竈收買餘鹽，趕煎趕補，半年之內，鹽觔業已足數等語，所奏可嘉，已於摺內批示矣。滇省墮欠鹽款，積弊相仍，歷久未能釐剔，今李侍堯察其致弊之由，勒限趕辦，不越半年，而應存鹽數，業已顆粒無虧。可見事在人爲，果能實心查辦，積弊自即肅清。該督既屬能事，又復實心，宜其立見成效也。至所稱此案年久弊深，咎非一任，請概免其叅究，所見亦是。從前那借各員及該管上司，歷年已久，物故者多，既難查其始於何任，若徒挨查月日，責令賠償，亦屬有名無實，與其追究已往，徒諉之空言，自不若整飭將來，使不蹈覆轍。從此年清年款，不令絲毫虧欠，鹽務自日有起色，且該督既查明積弊原委，和盤托出，不敢稍存隱飾，並將難辦之故，據實陳明，不肯稍涉顢頇，更非沽名邀譽，如此方深得古大臣公正之道。李侍堯係尚書李元亮之子，本屬世家，且見其頗有才幹，遂由熱河副都統改授侍郎，旋即用爲將軍總督，並歷內部尚書，閱歷日深，在封疆中實爲傑出，遂即簡畀綸扉，原屬素所倚任之人。然不意其經理得宜，以數十年之積弊，一旦而廓清之，萬妥萬全，並非撥議之所及也。總由上蒼篤生此公正體國之賢臣，以資治理，朕覽摺嘉慰之餘，實深喜悅，特賞上用大荷包一對，小荷包兩對，用昭優獎。（高宗一〇八九、二二；東三五、一三）

（乾隆四五、四、戊辰）諭軍機大臣等：戶部奏到，查辦雲南省未完鹽課二摺。一稱，乾隆四十一年以前，未完墮欠等項銀三十一萬餘兩，現在限期雖未全行屆滿，但墮運墮銷及商民積欠，其初二兩次所完，已均不及半。因前此之藉延，不能不慮後此之懸宕。又一摺稱，乾隆四十一、二、三等年鹽課，積欠銀四十五萬餘兩，雖按年亦有補苴，究屬欠多完少，若不及早催交，恐舊欠日積，終無完結之期。請勒交新任督撫查覈妥辦各等語，已依議行矣。滇省鹽務，歷年均有墮銷墮運及商民積欠之弊，近經屢降諭旨，飭該督撫等，力加整頓，設法清釐，何以迄今未有起色？著將戶部兩摺，寄交福康安、劉秉恬閱看。伊等到滇後，即悉心查覈，務將積欠各款，實力催追完繳，掃數全完，使年清年款，毋再稍有遲逾。至滇省鹽務，歷年籌辦，終無調劑得力之處，其弊安在？和珅自滇省北來，曾否體察其弊實，福康安等於途次迎見和珅時，即行詢問明晰，以便到滇辦理。如和珅因在滇未久，未暇查察，福康安等到滇，即遵照此旨，據實妥辦。將此由五百里諭令知之。（高宗一一〇五、八）

（乾隆四六、一、丙戌）又諭：據福康安等奏，清釐積欠鹽課，設法籌辦一摺。所稱四十四年現已清完，四十五年新課分限勒催，隨銷隨解，以冀年清年款，所辦已爲妥協。惟所稱歷年舊欠，所徵無多，若責令帶徵，終歸懸宕。請將前項無著銀三十二萬餘兩，在於通省養廉內酌量銀數多寡，分作八年攤扣全清等語。此項積欠鹽課，俱係歷任之督撫、藩司經理不善所致，於現任之員無涉。若派令均攤，則從前承辦之員，轉得置身事外，而現任各官接扣著賠，於事理殊未平允，況養廉原爲辦公而設，若令攤補舊欠，用度亦未免拮据。因思裴宗錫封存家產，從前著賠減價平糶銀兩，爲數無多，若令再賠出十萬，亦不爲過。圖思德歷任督撫有年，又並無出色之處，亦應令其家屬分賠。至其餘銀兩，如李侍堯曾任雲南總督，因婪索獲罪查抄，其家產已經入官。但念鹽課積欠無著，除裴宗錫等賠項之外，爲數尚多，即著加恩將李侍堯入官估變銀兩劃抵。又錢糧係藩司專責，滇省歷任藩司中，有並無賠項者，亦豈得任其漏網？如此分別著賠，積欠儘可全清，何必又於現任各員，紛紛攤扣乎？除圖恩德家屬就近令該旗查辦，歷任藩司交軍機大臣查明另行辦理。至裴宗錫名下應賠之項，著傳諭喀寧阿即將封存財產內，分別解京，估變歸款，一面據實覆奏。將此由四百里傳諭喀寧阿並福康安等知之。（高宗一一二二、一五）

（**乾隆四六、一、戊戌**）諭：前據福康安等奏，清釐積欠鹽課，請將舊欠無著銀三十二萬餘兩，在於通省養廉內，攤扣舊款等語。此項積欠鹽課，皆係歷任之督撫、藩司等經理不善所致，於現任之員無涉，若派令均攤，則從前承辦之員，轉得置身事外，於事理殊未平允。業經降旨，令歷任督撫等分認賠補。現據圖恩德家屬認賠銀七萬兩，又裴宗錫封存家產，已諭喀寧阿查明，令其賠出十萬兩。今據喀寧阿覆奏，裴宗錫所封貲產，爲數無多，合計滇省無著銀款，不敷抵補。雲南歷任藩司，如宮兆麟、王太岳、孫士毅俱緣事降革，本身亦有應繳款項。至朱椿曾任雲南藩司，銀糧是其專責，朕不追治其罪，已屬格外之恩。且伊係現任之員，此項積欠銀兩，自應著落認賠。著姚成烈諭知朱椿，令其自行分認，使公項有著，不致久懸。朱椿經朕特加擢用，具有天良，自當感激朕恩，據實呈報。將此由四百里傳諭姚成烈知之。（高宗一一二三、七）

（七）四川

（**順治六、二、癸卯**）以四川未定，免徵商民鹽課。從巡按趙班璽請也。（世祖四二、一七）

（**順治一七、一一、甲寅**）戶部議覆：四川巡按張所志條奏，蜀省開鑿鹽井，甚屬艱難，應照開荒事例，三年後起科，以廣招徠；新鑿鹽井，仍令每年報部。武弁抽索竈丁，應嚴行申飭；違者，題參重處。貧民易食鹽斤，應令四十斤以下者准免課稅，四十斤以上者仍令納課。至蜀省鹽課則例，查明季萬曆年間額鹽九百八十六萬一千二百四十斤，歲解陝西省銀五萬二十五兩，歲留本省備用銀二萬一千四百三十九兩；其行鹽地方，係成都府、嘉定州、敘州府、潼川州、順慶府、保寧府、廣元縣、夔州府、廣安州、雅州也。其告運行鹽事宜，鍋井徵收則例，部內並無冊藉可查，應行該御史詳細諮訪，斟酌損益具題，再定則例。疏上。從之。（世祖一四三、三）

（雍正七、二、甲午）又諭：鹽茶皆民生日用所必需。查川省鹽課考成，惟責之產鹽州縣，其餘並無巡查之責，且有僻遠地方，不行官引，以致私販充塞，甚爲鹽政之弊。應將官引通行合省，約計州縣戶口之多寡，均勻頒發，令其各自招商轉運；儻有壅滯，責成各州縣定爲考成。如此，則有司等自必加意查察，使私販息而官引銷，弊端可以釐剔矣。又聞川茶皆論園論樹，以定稅額，夫茶樹有大小不同，園地有廣狹不一，若概以園樹之數爲額，未爲允當。應將茶稅照勵兩收納，方得其平。以上二項，著該督撫詳議，定爲成例，使川省鹽茶經理妥協，於民生均有裨益。（世宗七八、二三；東七、七）

（乾隆三、二、甲午）[戶部] 又議覆：湖北巡撫張楷疏稱，湖北改土歸流之鶴峰、長樂、恩施、宣恩、來鳳、咸利、利川七州縣，前未派銷官引。今若行銷淮鹽，合算成本，每觔七八分至一錢不等；若行銷川鹽，每觔價止二分。應令募商於就近鹽場領引運銷，赴川省完納額課。其應行水陸鹽引一千二百三十張，戶部照數刷行，令四川巡撫赴部請領轉發。其與淮鹽分界之水陸路，嚴查不使私鹽侵越。應如所請。從之。（高宗六二、二〇）

（乾隆一〇、六、辛亥）戶部議准：四川巡撫紀山疏稱，永寧縣商民白孔昭等，請增鹽引六百張，共徵稅銀一百六十三兩四錢四分。請自乾隆十年爲始，領引配鹽行銷。從之。（高宗二四二、二二）

（乾隆一七、四、乙卯）戶部議准：四川總督策楞疏稱，大寧、榮縣、威遠等三縣，新添榷課增引，請於發川餘引內照數給發。從之。（高宗四一三、一七）

（乾隆五〇、一二、癸未）四川總督李世傑疏報：鍵爲縣新開鹽井三十二眼，徵課如例。（高宗一二四四、一一）

（乾隆五九、二、戊寅）戶部議覆：前署四川總督惠齡疏稱，鍵爲縣竈民于長發等開淘鹽井二十一眼，每井設煎鍋一口，係竹筒小井，請照下井鍋例升科，計增三百一十六引，以乾隆五十八年爲始，納稅配運。從之。（高宗一四四七、四）

第三節　關　稅

一、稅收政策與制度

（一）常關

（順治四、一、庚申）歸併荊關、通惠河、中河、清江廠、杭關、蕪湖、龍江、蘆政等關差於戶部。（世祖三〇、九）

（順治四、二、丁丑）戶工二部十九處關差，漢官外增設滿洲官十九員、漢軍官十九員。（世祖三〇、一四））

（順治六、一、乙亥）諭戶部：設關徵稅，原寓譏察姦宄之意，非專與商賈較錙銖也。爾部行文各關滿漢官員，以後俱照原定則例起稅，如有徇情權貴，放免船隻，乃於商船增收，或希充私橐，例外多徵，以病商民者，一經查出，定行重處。（世祖四二、八；東三、一二）

（順治八、閏二、乙卯）諭吏部：榷關之設，國家藉以通商，非以苦商。關稅原有定額，差一司官已足，何故濫差多人？忽而三員，忽而二員。每官一出，必市馬數十匹，招募書吏數十人。紹興棍徒謀充書吏，爭競鑽營。未出都門，先行納賄。戶部又填給糧單，沿途騷擾，鞭打驛官，奴使村民，惡跡不可枚舉。包攬經紀，任意需索，量船盤貨，假公行私。沿河一帶，公然與劫奪無異。商賈恐懼不前，百物騰貴。天下通行河道，何以至此？朕灼知今日商民之苦，著仍舊每關設官一員，其添設者悉行裁去，以後不得濫差。其裁缺撤回之員，既不利於商賈，又何利於州縣之民？戶部不得妄咨勤勞，吏部不得更與銓補。國家愛惜牧民之官，豈得仍前朦混？爾部謹識朕諭，實心遵守，毋負朕通商愛民之意。（世祖五四、四；東三、三五）

（順治一一、四、庚申）戶科都給事中杜篤祜條奏清釐關弊四事：一、裁吏役。一、查稅票。一、關差回避原籍。一、批文核對限期。下所司議。（世祖八三、一）

（康熙四、一、己亥）諭戶部、工部：各省設立關稅，原期通商以裕國用。向因錢糧不敷，故定例將抽稅溢額者，加級紀錄，以示鼓勵，遂致各差冀邀恩典，因而騷擾地方，困苦商民，殊屬不合。嗣後稅課俱照定額徵收，缺額者處分。溢額者加級紀錄之例，永行停止。其輪流差遣部員，亦應停罷。并稅課作何徵收，著議政王、貝勒、大臣、九卿、科道會議具奏。（聖祖一四、五；東一、二八）

（康熙六、一〇、戊子）命杭州北新關、南新關事務歸杭州府同知管理。（聖祖二四、一一）

（康熙六、九、乙卯）户部議覆：河南道御史徐誥武疏言，江南淮海道專管海防，地方事務，俱停其兼管，其淮安關稅等項，亦宜委員管理。應如所請，并行文直隸各省，將各關事務俱委專員管理。從之。（聖祖二四、五）

（康熙六、七、癸卯）户部題：嗣後各關監督應仍差滿漢賢能官員，庶使惡棍無漏稅之弊，而額課亦不致缺少。得旨：前各關抽稅，因差部員、筆帖式等擾民，故爾停止。今布政司道官未嘗盡裁，且各省有知府、同知、通判等官，豈不可令其管理，何又請差滿漢官員？各關稅仍交地方官徵收。（聖祖二三、一）

（康熙七、五、乙丑）命浙江北新關事務歸并鹽運使管理。（聖祖二六、七）

（康熙八、一、丙辰）户部議覆：户科給事中蘇拜疏言，關稅一差歸於外府佐貳官管理，但各官俱有專掌，又兼理關稅，事務煩多。且身爲地方官，畏懼上司，希圖足額，必致增派商民。請仍差部員。應如所奏，將滿漢司官兼差收稅。得旨：關稅多者，將各部院賢能滿漢官員差遣；關稅少者，仍交地方官徵收。其應差部院官與應交地方官之處，分別議奏。（聖祖二八、五）

（康熙八、五、辛亥）户部議覆：御史黃敬璣疏言，各省關差缺出，於部曹中選用賢能，止可爲一時破格之舉。行之既久，恐有營求之弊。請如舊例，挨資俸掣籤。應如所請，凡關差缺出，將六部官員論俸咨送掣籤，其差過之員不准重差。從之。（聖祖二九、五）

（康熙一九、五、己酉）户部題：山海關往來貿易者頗多，應設官抽分，以佐軍餉。其收稅官，應令滿洲部員輪差。從之。（聖祖九〇、九；東六、三二）

（康熙一九、九、庚申）户部題：尚之信等有私行收稅之項，已令督撫嚴查，題明豁免。今耿精忠在福建恐亦有私行收稅之處，應行文督撫，查明報部，一體豁免。從之。（聖祖九二、二；東六、三六）

（康熙二〇、六、庚寅）工科給事中雅齊納疏言：鳳陽倉抽稅，應照潼關、山海關例，將六部賢能滿官差遣。從之。（聖祖九六、一五）

（康熙二一、二、壬辰）九卿議覆：給事中雅齊納條奏，請將九江榷關移於湖口地方。一議不准行，一議准行。上命畫一議奏。尋九卿議：暫移九江關於湖口收稅，以一年所得爲定額，若有不便，具題另議。從之。（聖祖

一〇一、九)

（康熙二五、二、丙申）先是，上以各關採買銅觔，價值不敷，恐累商人，令大學士等傳集舊任關差各員，逐一問明，并問四季造册送部，果否有益。至是，大學士等奏曰：臣等遵旨，問舊任關差各官。據稱，部定銅觔價值六分，採買不敷；其各差造册，四季報部，不如改令差滿之日，一并彙送。上曰：國家設關榷稅，原以阜財利用，恤商裕民，必徵輸無弊，出入有經，庶百物流通，民生饒裕。近來各關差官，不恪遵定例，任意徵收，官役通同，恣行苛虐。託言辦銅價值浮多，四季解册需費，將商人親填部册，改換塗飾，既已充肥私橐，更圖溢額議敘，重困商民，無裨國計。種種情弊，莫可究詰。朕思商民皆我赤子，何忍使之苦累？今欲除害去弊，必須易轍改弦。所有見行例，收稅溢額即陞、加級、紀錄，應行停止。其採辦銅觔定價既已不敷，作何酌議增加？其四季達部册籍，應俟差滿，一次彙報。嗣後務令各差，潔己奉公，實心釐剔，以副朕體下恤商至意。如或仍前濫徵侵隱，藐玩不悛，作何加等治罪？至銅價既議加給，稅額應否量增？俱著九卿、詹事、科道，詳議具奏。（聖祖一二四、一三）

（康熙二五、四、戊子）戶部等衙門遵旨議覆：皇上軫念商民，近因出差各官希圖議敘，託言銅價浮多，不遵定例，任意苛徵。令臣等酌議加增銅價，停其議敘。臣等查直隸各省關差，採買銅觔，原價六分五釐，今酌議加增三分五釐，每觔計算一錢。通共戶工二部解銅三百六十四萬二千七百五十八觔零，共加增銅價銀一十二萬七千四百八十八兩零。即於各關差部定則例原額外，酌量派增，著爲定額，以爲採買之費。以康熙二十四年出差監督爲始，如有例外苛索，徵多報少，將商人親填簿單，捏造改易，被叅察出，從重治罪。至見在出差各官，雖有溢額，俱不准議敘；并停其四季所報部科簿單，總俟任滿彙題。從之。（聖祖一二五、一三）

（康熙二五、五、丙午）御史敦拜條奏：關差缺額，處分例輕，以致拖欠日重，應嚴定處分則例，并賠補限期。上曰：關差缺額處分，自有定例，若法令太嚴，必致苦累商賈。所奏無益，不准行。（聖祖一二六、一九；東九、二四）

（康熙三八、五、丙戌）又諭大學士伊桑阿等曰：朕兹南巡，見地方官員誠心爲民者甚寡，一切務虛名而無實效，甚無取焉。朕觀河工亦非難事，任事者果皆竭誠效力、加意奉公，何難告厥成功耶？若刷河底極深，徑趨入海，諸水仍出清口歸海，則高郵等處不告水災，而下河亦可無虞矣。又見沿途鈔關，已極頽弊，皆由關差監督未經簡選，但較俸差往，其中貧窮卑猥者，或將親戚家僕，或傭雇人役，挈之而往，任此輩恣意妄行，自有害於商賈。且盤詰關津，亦有害於百姓。嗣後關差，俱令本衙門堂官保舉，始行差遣。（聖祖一九三、一四；東一四、一七）

（雍正一、八、乙酉） 諭各省關差官員：國家之設關稅，所以通商，而非以累商；所以便民，而非以病民也。朕撫御寰區，加惠黎庶，惟恐民隱不能上達。近聞權關者，往往寄耳目於胥役，不實驗客貨之多寡，而止憑胥役之報單。胥役於中未免高下其手，任意勒索。飽其欲者，雖貨多稅重，而蒙蔽不報者有之，或以重報輕者亦有之；不遂其欲，雖貨少稅輕，而停滯關口，候至數日，尚不得過。是以國家之額稅，聽猾吏之侵漁；以小民之脂膏，飽奸胥之谿壑。司其事者，竟若罔聞知乎。又聞放關，或有一日止一次者。江濤險急，河路窄隘，停舟候關，於商民亦甚不便。嗣後權關者，務須秉公實心查驗，過關船隻，隨到隨查，應報稅者，納稅即放，不得任胥役作弊，勒索阻滯，以副朕通商便民之意。至於崇文門收稅及分派各處查稅之人，亦有多方勒索，分外苛求之弊。京師爲四方輻輳之地，行李絡繹，豈宜苛刻滋擾！監收者尤當不時稽查，杜絕弊端。爾等若不遵諭旨，經朕訪聞，定行重治其罪。（世宗一〇、四）

（雍正二、二、丙午） 諭各省關差、鹽差等官：從來關權、鹽稅之設，所以通商裕國。或用欽差專轄，或令督撫兼理，無非因地制宜，利商便民之至意也。朕前於關、鹽兩差，各下諭旨，誥誠諄切。但旗員向來相沿成習，陽奉陰違，任意侈靡，不知撙節，額外加派，苦累商民。差滿之日，惟恐回京有當差效力之事，每以缺額懇求寬限，希圖掩飾。是以不憚叮嚀，再加申飭。大抵關差之弊，皆惟知目前小利，恣意侵漁；聽信家丁，從容胥吏，開關分別遲早，肆無厭之誅求；報單任意重輕，爲納課之多寡。飽谿壑者，則任其漏稅，代爲朦朧；不遂欲者，則倒篋傾箱，不遺纖細。致商賈畏懼，裹足不前，行旅彷徨，越關迂道，則困商實所以自困也。鹽差之弊，尤合重懲。飛渡重照，貴賣夾帶，弊之在商者猶小；加派陋規，弊之在官者更大。若不徹底澄清，勢必致商人失業，國帑常虧。夫以一引之課，漸添至數倍有餘，官無論大小，職無論文武，皆視爲利藪，照引分肥，商家安得不重困？賠累日深，則配引日少；配引日少，則官鹽不得不貴，而私鹽得以橫行。故逐年之課，難以奏銷，連歲之引，盡皆壅滯，非加派之所致與？故關差惟在嚴禁苛求，使舟車絡繹，貨物流通，則稅自足額；鹽差惟在力除加派，使商困少蘇，盡復舊業，則課自贏餘。至於督撫，係封疆大吏，更當仰體朝廷歸併之意。關政不得視爲帶理，漫不經心，誤任屬員，聽其剝削；鹽政不得罔恤窮商，獨專厚利，硬派州縣，計口徵錢。夫權關部屬尚有顧忌，恐督撫持其短長，今歸督撫，則何所瞻顧？巡鹽御史、地方官或不奉約束，今歸督撫，則孰敢抗違？況欽差猶每年更換，而督撫兼理，則無限期，若不實心奉行，使風清弊絕，則大負歸併之本意矣。至將耗羨充課，固屬急公，但恐以耗羨歸正額，而正額之外復加耗羨，商民重輸疊出，何以堪此？朕深悉關鹽擾累之害，垂念商民營逐之苦，特諭爾等經理權稅者，務期奉公守法，遴委得人。知商旅之艱辛，絕箕斂之弊寶。通商即所以理財，足民即所以裕國。如自利自便，罔上行私，責有攸歸。其悉遵朕旨。（世宗一六、六；東二、一二）

（**雍正二、三、庚辰**）移江西湖口關於九江，分設口岸於大姑塘。從江西巡撫裴㧑度請也。（世宗一七、八）

（**雍正二、一一、甲辰**）諭各省巡撫等：朕念商賈貿易之人，往來關津，宜加恩恤，故將關差歸併巡撫兼管。以巡撫為封疆大吏，必能仰承德意，加惠商旅也。但各關俱有遠處口岸，所委看管之家人，賢愚不一，難免額外苛求及勒取飯錢等弊。稍不如意，則執送有司，有司礙巡撫之面，徇情枉法，則商民無所控訴矣。嗣後將上稅課之貨物，遵照則例，逐項開明，刊刷詳單，分發各貨店，徧行曉示，使眾皆知悉。其關前所有刊刻則例之木榜，務令豎立街市，人人共見；不得藏匿屋內，或用油紙掩蓋，以便高下其手，任意苛索。立法如此，自能剔除弊端。但爾等受朕委任之重，尤當仰體朕心，遴選誠實可信之人，以任稽查之責。必期商民有益，方為稱職。（世祖二六、三；東二、三五）

（**雍正一二、二、壬子**）諭內閣：直省關稅監督，於地方官原不相統轄，一切呼應不靈；且大小口岸甚多，監督一人，勢難分身兼顧，地方文武各員，以為無與己事，並不協力稽查，則姦商之隱漏，地棍之把持，俱所不免。嗣後凡有監督各關，著該督撫兼管所屬口岸，飭令該地方官不時巡查，如有縱容、滋擾情弊，聽該督撫參處。至監督徵收稅課，及一切應行事宜，仍照舊例遵行，不必聽督撫節制。（世宗一四〇、二；東一二、一一）

（**雍正一三、一二、乙未**）漕運總督顧琮奏：請將各關銳務所有盈餘銀兩，據實歸公。得旨：關稅之弊，朕所素知，近日條奏者亦多。現交廷議，當徐徐經理之，一時不得良法，奈何。即如稅差一事，有謂宜交地方大吏者，有謂宜遵舊制差旗員者，朕意尚在未定，而姑舍是。汝若有意見，可密奏聞。年希堯參後，淮關向後光景若何，確察具奏可也。（高宗九、三八）

（**乾隆一、三、甲子**）〔安徽巡撫趙國麟〕又奏請：改蕪湖關飯食、解費二項名色爲火耗，止收加一，爲管關養廉工食等用。從前飯、解不足，加一及無飯解者，均不加增；如不敷用，應於盈餘銀內動支。正陽一關，向無火耗，今仍照舊例行。得旨：關稅一項，朕旨原令去其巧立名色及吏胥之苛索耳，若飯費與火耗何別，爲一名色而改，仍不能禁吏胥之苛索，是於國帑有虧，而於民生無益，何庸其改乎？將此諭與同省大員共觀之。趙宏恩等，亦令知之。（高宗一五、三〇）

（**乾隆四、三、壬申**）戶部議覆：兩江總督那蘇圖疏稱，滸墅關未經報部各口岸，請暫爲存留，不作報部經制，亦不許各口擅立稅房，私自徵收。至本地土貨，載赴遠方，爲數多者，方行徵稅；若交租完糧米麥，及船載米麥不及十石者，概免納課。查榷關分設口岸，以報部爲準，若將未經報部之口岸，仍存留不作報部經制，則去存究屬無定。應令該督那蘇圖，會同巡撫張渠，將應留應裁之處，并土貨載赴遠方，數少者有無收稅，米麥十石以上者作何徵收，一併詳查具題。得旨：著照總督那蘇圖所請行。此事部議過刻，蓋由織造海保來京，陳奏部中書辦需索等弊，伊等心懷嫌怨，將應准之事，吹求駁詰。該部堂官，何以不查察糾奏？著交部察議。（高宗八九、一三）

（**乾隆六、二、乙巳**）諭：近見居官者，家計多覺艱難，而旗員爲甚。朕思百姓尚欲其盈寧，而況居官者乎？因欲措一久遠利益之道，而先思其所以致此之由。細推其故，蓋由於查辦虧空時，其囊橐不足抵補，則將房產入官，以致資生無策，棲身無所；且不獨本身爲然，旁及弟兄親戚，平日霑其餘潤者，亦皆牽帶於中。以補公項，而仕宦之家，遂多致貧乏矣。又思當日所以如此辦理者，蓋以其先各省火耗聽其自取，漫無稽查，而關稅正額之外，贏餘盡皆入己，以致官員縱欲敗度，恣意奢靡，親族分肥於一時，而不計後日之波累。若不加意整飭，則官箴不恪，國法漸弛，大爲人心風俗之害。是以我皇考旋乾轉坤，密籌默運，然後定有章程，世風丕變。雖滿漢官員等用度不能充餘，然無甚貧甚富之別，且不貽後日身家之患。此我皇考仁至義盡之舉，非言利也。若云言利，則未解火耗之前，地方一切公務，皆係官民承辦，今則動用公項，公項猶前之火耗也。然以公項不足而請動正帑者，不知其凡幾矣。衆所共知，國家亦豈利此而爲之乎？又如關差一項，從前司稅之人，歸之私囊者，後令報出，即爲贏餘耳。並非現徵之外，有所增加也。雖管關之人，賢愚不一，或有奉行不善，欲增課以見長，因而需索累民者，然此十之二三耳，較之未經澄清以前，已覺減少者蓋多矣。朕臨御以來，又復核減稅課不下數十萬兩，且不時嚴飭該管諸臣，剔除諸弊，至再至三。今條奏關稅者，尚屬紛紛。如海望係皇考及朕簡用之大臣，豈不知國體而但知言利者比？其管理崇文門稅務，不過儘收儘解，盡行報官，不似先前之入私櫜，因而見其獨多耳。朕即另派大臣管理，想亦如其數也。若如御史胡定所奏苛索種種，朕可以信其必無，何爲加此過甚之詞耶。崇文門稅務，不必另議。至外省關榷皆久經該督撫就近稽查，除現設口岸報部有案者，照舊設立外，其有私行增添之口岸，逐一詳查題報，應留者留，應革者革。此番清查之後，司榷之員，若再有違例苛索者，胥役嚴處，官吏嚴參；該督撫不行查察，經朕訪聞，必於該督撫是問。至滸墅、北新二處，係江浙大關，尤爲緊要，交與楊超曾、德沛照此稽查辦理。楊超曾、德沛皆係國家公忠大臣，必不肯徇庇管關之員而貽累小民，亦斷不肯似腐儒妄生議論，違道以干譽也。此番定議之後，各官風聞不實之言，不得再行瀆陳。總之天下之事，盈虛消長，相爲倚伏。從前官員取盈以圖快意，未幾而有缺正帑，國法具在，清查著追，而家計蕩然，不但取盈者不爲已有，且並失其祖父所留之業，子孫並受其困，比比皆然，莫之或爽。近觀臣工之意，頗有以現在所行之例爲不便者，意欲將耗羨盡與本官，司榷悉從内遣，謂可多得養廉，食用豐裕。不知豪奢之習，起於有餘。目下多獲貨財，不過三數年間，俯仰從容，欣欣得意，未幾而匱乏隨之；且必致仍前之虧缺公帑，而清查著追之事隨之。朕縱不能措之得當，使受目前之惠，又何忍縱之敗度，以隱貽日後之憂乎。況古云，王者之國富民，霸者之國富士，僅存之國富大夫。如果百姓家給人足，即居官者不甚豐饒，猶不失輕重之權衡也。且言居官貧乏者，仍出於居官者之口，而入於朕耳，朕亦不過疑信各半。究之思所以富之之心，未如思所以富萬民之心之切也。朕仰承皇考詒謀遠略，一切章程，惟有守而不失，間或法久弊生，隨時酌量調劑則可，若欲輕議更張，不獨勢有不可，亦朕之薄德，力有所不能。可將此曉諭内外大小臣工並八旗知之。(高宗一三六、一三；東四、三)

（**乾隆七、五、庚申**）戶部議覆：安徽巡撫張楷奏稱，蕪湖大關、和州屬雍家鎮地方，設立裕溪一口，附近有泰寧橋、雙橋港、兩汊河，凡進出船隻，皆可越關出港，因去本口下十里另設裕工口，以防逸漏，並不收稅。又浮橋口岸之南北，實另有二關，以杜水陸盤漏，並不駐守浮橋。該兩處口岸，從前題報總名，止係一處，俱屬巡查要地，應照舊存留。再蕪湖縣百家甸地方，設立東河一口，從前題明止係巡查口岸。嗣以該口距大關十五里，小販憚於遠涉納稅，經管關官員詳准貨物不及兩數之零星稅課，即在就近徵收，今應仍復舊制，以便商民。均應如所請。從之。(高宗一六六、三)

（乾隆七、五、丁亥）浙江巡撫常安奏報徵收關稅盈溢銀兩。得旨：看汝頗有以錢糧爲重之意。夫貪婪無恥者，因朕所不容，而爲大臣者，亦不可僅僅以慎重錢糧爲稱職也。若因朕此旨而一切不問，即汝雖潔清，而或被屬員欺隱，亦不可耳。（高宗一六七、二三）

（乾隆七、八、丙午）户部議覆：御史李清芳、沈廷芳等奏米糧過關數目，停止造册一摺。查各關徵收米糧稅銀，送部稽考簿內，有將米糧字樣指出者，亦有籠統開造，並無米數者，而各關年滿報部，例係將上年所收之數，比較覈題，今若不將免過數目造報，恐管關之員，或借免稅之名，任意虧缺，無從查覈。是以議令將免過數目，年滿造册報部，原爲稽考核題起見。且權關職司稽察，若云米船到關，任其所之，不必稽查，恐有藉稱米船，暗帶違禁等物，希圖影射偷越者。在商人或自愛貨本，不必盡出於此，而舵工、水手人等，奸良不一，惟利是圖，勢所必至。則過關查驗放行，正以便商，非以累商。而查驗時即可將米糧數目，彙册報部，亦無累商之處。今該御史復請停止造册，應俟一年造報後，各關免過米糧稅銀，已有成數，嗣後皆可約略而知，再行停其造報。從之。（高宗一七三、九）

（乾隆七、一一、甲申）户部議准：倉場侍郎宗室塞爾赫等奏稱，新河稅口，迤西五里，有水南地方，從前因商貨不由新河正道行走，俱由水南遶道避稅，以致課額有虧。前任廳員，派人役在水南稽查，不致偷漏，其稅課仍係新河報納，由來已久，似應循舊稽查。如有官役巡攔人等借端需索，及違例苛徵等弊，即查叅究治。再晏公廟一處，專爲糧稅而設，今雜稅糧課既奉恩旨永行寬免，此稅自應裁汰，所有免過銀數，應即令就近口岸人役稽查。從之。（高宗一七九、一七）

（乾隆九、四、丁丑）督理淮關稅務倭赫奏報稽查官民船隻，徵收貨課，驗放餉銀、硝、銅，并河工料物各情形。得旨：所奏俱悉，酌中爲之。（高宗二一五、二三）

（乾隆二〇、一二、戊午）户部又議准：蘇州巡撫莊有恭奏稱：淮安關流均口，地低水衝，請移駐涇口地方，照例收稅。從之。（高宗五〇三、九）

（乾隆二九、一二、甲申）諭曰：御史汪新奏，崇文門胥役借端需索，苦累行旅，請於查稅處各派户部司員彈壓一摺。御史職在風聞，言事固屬分所當然，第所聞雖與目擊不同，而其事必有端倪，其人必有指實，始可交部逐節推求，辨其真偽。若祇虛懸約略，即以爲可以釐奸剔弊，誰則不能？且無論該御史糾彈無據，不足服人，即朕亦難執其說而概行窮治也。若不過頒一申飭嚴禁之旨，則仍是空言，何補實政？且朕向因崇文門稅務殷繁，不無滋弊，恐胥役從中需索，有累商民，是以歷來俱特派親信大臣經理，目今即係阿里袞，上任則係舒赫德，溯此而上，則爲大學士傅恆。若果有此等弊端，朕不獨將胥役嚴加懲創，即司榷之大臣，亦必當治其罪，斷不肯稍爲曲貸。若如該御史所請，多派部員彈壓，於事理尤屬難通。司員皆有本衙門承辦事件，安有閒曹，可供分道稽查？且司員亦斷無不用胥役之理，今以一、二大臣尚不可信，而令信如許司員，是欲杜一弊而適開衆弊也。朕於大小臣工，一切並無成見，該御史既有此奏，著交現在管理崇文門稅務大臣明白覆奏。其摺內所稱諸弊，仍著交與汪新，令其將所聞勒索者何吏，受累者何人，且計其歲月，係在何時。雖不能一一詳記，必能摘取一、二事確切奏聞，以便交部嚴審究治。若含糊覆奏，則是虛言邀譽塞責，自取罪戾矣。（高宗七二四、九）

（乾隆三一、一〇、丁酉）軍機大臣等議覆：三姓副都統福珠禮奏稱，三姓地方，生齒日繁，各處往來貿易者，較前尤衆，請設立稅務。其馬匹牲畜，悉照拉林、阿勒楚喀等處辦理抽分。再三姓向未設立監禁，俱於堆舖店房看守人犯，亦請照例設立，派驍騎校一員，兵二十名查管。應如所請。從之。（高宗七七〇、五）

（乾隆三八、一〇、乙未）戶部議准：江蘇巡撫薩載奏稱，瓜州南壩稅房，係由閘鈔關分設徵收，近因南河外江潮衝刷，商船不聚，稅課日虛。而迤東沿江大橋口，中閘地方，水道寬深，南北貨船悉由該口出入，請將南壩稅房移設中閘。即令管關巡道督飭員役，於該處查驗。其南壩所徵瓜州零星稅貨，歸併由閘辦理，原設南壩一口，應裁。從之。（高宗九四四、三二）

（乾隆四一、一一、丁丑）戶部議駁貴州巡撫裴宗錫奏請於鎭遠府添設稅口，並請旨將裴宗錫交部嚴議。得旨：所駁甚是。依議。鎭遠府關稅，因蘇墧每年徵多報少，將餘銀四五千兩，侵肥入己，按律治罪，是以該部奏交督撫，委員試收一年，據實奏報。該撫自應董飭管稅之員，實力妥辦，以定章程。乃徵收甫經九月，輒以稅額不敷，咨部請添稅口，殊屬非是。此項稅務，蘇墧管理兩年，皆有多餘，何以一經歸官，即形不足，必無是理。至添設稅口，尤爲滋擾。即貪黷如蘇墧，亦非收自正口之外，顧可藉詞創增，以累商民乎？裴宗錫平日辦事，尚屬認真，不應荒唐如此。裴宗錫著交部嚴加議處。（高宗一〇二〇、九）

（乾隆四五、五、乙酉）諭軍機大臣曰：和珅奏，雲南永昌府屬潞江地方，設立隘口，禁止攜帶絲紙針綢等項。但潞江以外，尚有騰越一州、龍陵一廳。以上貨物，在所必需。兩處地方遼闊，人民繁庶，難免偷漏之弊，是屬有名無實，應於騰越、龍陵之外，擇緊要處所，改設隘口，以收實效。又普洱府屬磨黑地方，經裴宗錫於該處續添稅口，亦不准絲紙針綢等物偷漏。查此外尚有思茅一廳，與潞江情形相同，亦屬有名無實，均應查辦酌改等語。永昌、普洱所屬地方，均與外夷接壤，前因綢絲針紙諸物，為夷人所必需，是以議設關隘，嚴禁諸貨物出口。自應於駐兵處所以外，扼要之處，嚴立隘口，派委專員，實力稽查，方為妥協。若關口設在內地，而關外尚有所屬駐兵及廳州，如實力嚴禁，豈彼處官兵人民，竟能置絲綢針紙於不用？如禁之不嚴，又何必設此關隘？所謂有名無實。著傳諭福康安，即查明騰越、龍陵及磨黑等地方以外，銅壁、鐵壁等關以內，擇沿途扼要處所，設立關口，派委妥幹員弁，實力查察，務使應禁之物，毫無透漏。其應於何處設關之處，著即繪圖貼說，詳晰具奏。（高宗一一〇六、一三）

（**乾隆四五、一二、丙午**）諭：向來荊關、打箭鑪兩處徵收稅務，俱派部院司員前往管理，一年報滿更換。但派往之員，人地生疏，又或經理不善，往往易致缺少。按例既不可不令其賠補，而該員等因一二年小差以致折變房產，賠繳官項，非所以示體恤。雖該員等賠項每加恩豁免，而於帑項公務，究屬無濟。所有此兩處稅務，由京派員前往之處，竟可不必。其業經派往者，俱著掣回。嗣後著交該督撫，照臨清等關之例，派委妥員，奏明管理。其應行裁改各事宜，著交督撫妥議具奏。（高宗一一二〇、一）

（二）海關

（**康熙二三、七、甲子朔**）諭大學士等：向令開海貿易，謂於閩粵邊海民生有益，若此二省民用充阜，財貨流通，各省俱有裨益。且出海貿易非貧民所能，富商大賈，懋遷有無，薄徵其稅，不致累民，可充閩粵兵餉，以免腹裏省分轉輸協濟之勞。腹裏省分錢糧有餘，小民又獲安養，故令開海貿易。今若照奉差郎中伊爾格圖所奏，給與各關定例款項，於橋道、渡口等處概行徵稅，何以異於原無稅課之地，反增設一關科斂乎？此事恐致擾害民生，爾等傳諭九卿、詹事、科道，會議具奏。（聖祖一一六、一八）

（**康熙二三、七、丁丑**）戶部等衙門遵諭議覆：福建、廣東新設關差，止將海上出入船載貿易貨物徵稅，其海口內橋津地方，貿易船車等物，停其抽分。並將各關徵稅則例，給發監督，酌量增減定例。從之。（聖祖一一六、二四）

（**康熙二五、六、丁巳**）督理閩海稅務戶部郎中胡什巴疏言：閩省商賈貿易，向無土著之人，亦無丈船抽稅之例，請照粵關一例丈船抽稅。至貿易船隻，原在某關印烙給照，准出海口者，別關不得覊留，仍令各回本關，庶人數軍器各有稽查，而奸宄不敢影射。得旨：凡收海稅官員，因係創行設課，希圖盈溢，將出入商民船隻任意加徵，以致病商累民，亦未可定。著嚴加申飭，務令恪遵定例，從公徵收，無濫無苛，以副朕軫恤商民至意。所請不准行。（聖祖一二六、二三）

（**康熙二八、閏三、丁未**）諭戶部：國家設關權稅，原以通商裕課，利益民生。非務取盈，致滋紛擾。朕巡行地方，軫恤民隱，咨諏利弊，有應興革者，即見諸施行。近聞江、浙、閩、廣四省海關，於大洋興販商船，遵照則例，徵取稅課，原未累民；但將沿海地方採捕魚蝦，及貿易小船，概行徵稅，小民不便。今應作何徵收，俾商民均益，著九卿、詹事、科道會同確議以聞。（聖祖一四〇、一六）

（**康熙二八、四、戊辰**）九卿遵旨議覆海關抽稅事。一議錢糧無多，應交地方官徵收；又一議交與地方官，則無專管之員，應仍差官收稅。至海中船隻，何者應免收稅，惟候聖裁。得旨：採捕魚蝦船隻，及民間日用之物，並餬口貿易，俱免其收稅。嗣後海關，著各差一員。（聖祖一四〇、一九）

（**康熙二九、六、庚午**）戶部議覆：福建巡撫張仲舉疏言，據閩海關監督殷達禮詳稱，民間採捕魚蝦，並貿易餬口之物，奉旨俱免收稅。今逐一確查分晰，應免稅銀共六千四百九十四兩有奇。著爲則例，永遠遵行。應如所請。從之。（聖祖一四六、一一）

（**康熙三七、四、癸亥；東壬戌**）上諭大學士等：廣東海關收稅人員，搜檢商船貨物，概行徵稅，以致商船稀少，關稅缺額。且海船亦有自外國來者，如此瑣屑，甚覺非體。著減額稅銀三萬二百八十五兩。著爲令。（聖祖一八八、四；東一四、三）

（**康熙五七、七、乙丑**）戶部議覆：福建浙江總督覺羅滿保疏言，各省往來臺灣船隻，經臣題明，必令到廈門盤驗護送。但查從前自臺灣往各省貿易船隻，俱從外洋直至停泊之處，赴本處海關輸稅，至於中途經過之所，不便一貨兩徵。嗣後各省商船，遵例來廈就驗，除收泊廈港貿易者，照舊報稅，如收泊江南、浙江各省貿易者，仍聽其彼處海關報稅，其中途經過之廈門關稅，免其增添。應如所請。從之。（聖祖二八〇、六）

（**乾隆一、一〇、甲子**）除外夷貨船額外銀稅。諭總理事務王大臣曰：朕聞外洋紅毛夾板船到廣時，泊於黃埔地方，起其所帶礮位，然後交易，俟交易事竣，再行給還。至輸稅之法，每船按樑頭徵銀二千兩左右，再照則抽其貨物之稅，此向來之例也。乃近來夷人所帶礮位，聽其安放船中，而於額税之外，將伊所攜置貨現銀，另抽加一之稅，名曰繳送。亦與舊例不符。朕思從前洋船到廣，既有起礆之例，此時仍當遵行，何得改易？至於加添繳送銀兩，尤非朕嘉惠遠人之意。著該督查照舊例，按數裁減。並將朕旨宣諭各夷人知之。（高宗二八、六；東一、五四）

（乾隆五、四、己亥）［閩浙總督宗室德沛］又奏辦理海關事宜。一、貨稅不許折收錢文。一、加補稅銀改歸正額。一、商、漁船隻照定例丈量，分別歸關、歸縣徵稅。一、客商漏稅，照舊定章程，歸結成例辦理。一、嚴查各口岸書役、差弁舞弊。得旨：所見已當，更有何訓，但須實力行之。（高宗一一五、三五）

（乾隆八、二、甲辰）户部議准：調任福建巡撫劉於義疏稱，前撫臣王恕遵旨查革私添口岸有館頭等一十八處小口，部議再行確查。今查閩海一關，延袤二千餘里，港汊繁多，皆可灣泊偷越，其館頭等口，原係專司稽查，於商民無累，請照舊存留。從之。（高宗一八五、九）

（乾隆八、閏四、壬午）［署雲南總督張允隨］又奏：……再查馬白隘口商稅，歷係開化府同知經收徵解，應責成該同知設立腰牌，鈐烙火印。凡遇客商出口貿易，查無違禁貨物，填給腰牌，於進口時，繳驗查銷。至交趾難民，如有流入内地者，該地方官查明，給與口糧路費，押送出口。得旨：有治人無治法，以此意善行之可耳。（高宗一九一、二一）

（乾隆九、七、戊戌）户部議覆：廣州將軍兼管粵海關稅務策楞奏支銷經費各事宜。一、通關經制書吏共十一名，應留七名，裁四名。其各書吏原定火食銀三千九百兩，裁一千三百二十兩。改爲各總口七處，派委稽收稅項，各旗員養廉，餘仍報解。一、修理稅館、巡船及各口神誕戲供三項，乾隆六年以前，該撫册報多者至二千六百餘兩，經部行令核減。第粵省濱海，風信靡常，稅館、巡船，年内兩三次修理；倘因部駁，任其倒壞，日久需費轉多。請嗣後每項以二百兩爲率，每年共核定銀六百兩。一、該關需用心紅紙張等項，向來每年支銀自一千九百至七百餘兩不等，請嗣後心紅紙張，以三百兩爲率，修理衙署，以二百兩爲率，洋船神戲，以二百兩爲率，每年共核定銀七百兩。一、齎摺公用，各關本無開支之例，請永行停止外，至丈量夷船，往來船隻飯銀及季報領册路費，原屬必不可少，請丈量盤費，每次給銀三兩，季報領册，一年酌定銀三百兩。一、凡遇被風難商，由地方官通詳海關，動支給發，未免無可稽查。請將給過數目，先行報部，年滿彙册送核。至賞給夷船牛酒麥麩等銀，每船以三十兩爲率。一、各口徵收擔規，銀色高低不一。請嗣後傾銷色銀番錢，俱照實在所收平色，扣除折耗，彙爲一冊報銷。一、併封平餘、漏稅罰科、員役截曠三項，請照閩海關之例，另款收貯充公，餘銀另列報解。以上各條均應如所請辦理。至奏稱粵海關所轄口岸大小七十處，其差委書吏、家人、巡役等，盤費頗繁，每年支銀一千兩爲定額。查前任廣撫王安國疏稱，瓊州等六大口，又有小口四十三處，此外並無私行新添。今該將軍又稱係七十處，數目不符。又奏稱，船貨到口，凡則例不載者，即屬應免之項，不得比照則例，概徵規銀，以爲商民苦累。但各口設立比例清冊，該商自可按則輸稅，其如何苦累商民處，合行詳細聲明。至請各小口一如正稅口岸，給發商民親填印簿，以杜官吏侵漁需索等弊，統俟口岸數目確報後，再行定議辦理。從之。（高宗二二一、六）

（**乾隆一〇、一二、丙寅**）諭軍機大臣等：粵關岸口，向係委派地方官員稽查，未能妥協，自改用旗人之後，積弊漸次剔除。今準泰管理關務，各口仍用旗人辦理。但旗員甲兵，均非巡撫所轄，選派差弁，容有呼應不靈之處。可寄信將軍錫特庫等，令其於旗員內，慎重選派稽查，分別勸懲，仍不得干預権政。（高宗二五五、二四）

（**乾隆一二、五、壬寅**）又諭：廣東巡撫所管之粵海關，著總督策楞永遠兼管，不必再交巡撫。（高宗二九〇、二五）

（**乾隆一五、二、甲午**）戶部議覆：福建巡撫潘思榘疏稱，閩海關寧德稅口，向非商船往來齊集之所，請移建酒嶼地方，以便商民。館屋仍如寧德租用。應如所請。從之。（高宗三五九、一四）

（**乾隆一五、八、己亥**）陳大受又奏：廣東撫臣蘇昌，請於商船進口時，令虎門副將查明貨物，加貼封條，以杜侵漏。應如所議辦理。至所稱即在該處將貨物填單，到關核對之處，事屬難行，應毋庸議。報聞。（高宗三七一、一八）

乾隆一五、一二、戊戌）兩廣總督陳大受奏：臣奉命協理粵海關事務，查大關、虤門、甲子、潮州、梅菉、海安、海口七處爲尤要。大關、虤門附近廣城，耳目易周，餘五處距省甚遠，派委標弁及司事家人、書役等收稅，侵課累民，不一而足。請遴委佐雜，分口徵收。瓊州口二員，其餘四處各一員，令其約束書役，以專責成。報可。（高宗三七九、二四）

（**乾隆三一、二、己巳**）福州將軍兼管粵海關事明福奏：查閩南臺涵江、泉州、廈門等處口岸，皆居形勢要隘，左右控制得宜，船隻出入易查，商賈輸將甚便。惟寧德口稅館，舊設縣城東門外，自乾隆十三年間，該縣居民鳩貲議築東湖海隄，自縣城至酒嶼門十里，築堤攔截潮水，隄內盡成民田。商船牙行，俱遷集酒嶼門之近口處，故稅館亦移駐於此。但隄工於十七年告竣，而十八年秋汛大潮，佛塔隄隨即坍缺，上年猴毛嶼隄亦坍，以致民田俱廢，商船俱可直達縣城。請將稅館仍移舊地，以扼津要。報聞。（高宗七五五、三一）

（**乾隆四六、一九、辛未**）諭軍機大臣等：據戶部奏駁，李湖查辦粵海關餉，報解遲延，復請展限一摺，已依議行矣。粵海關餉，前經戶部奏准，期滿六個月奏解，較之各省關稅報解，爲期已覺甚寬，又何至遞年仍有積壓，商欠纍纍。該撫查辦時，既悉前後監督經理未善，乃以原限難以遵循，復請加展奏解，殊非覈實辦公之道。李湖平日諸事尚能認真持正，何辦理此案，似有瞻徇，殊不類其所爲。著傳諭該撫，即行據實明白覆奏。尋奏：粵海關稅餉，期滿六月奏解之例，始於乾隆四十三年。查四十三年以前，報解俱在十數月之外，屢經部催，監督等總以番舶應納稅餉銀兩，均由內地保商照額代報，易貨變輸，九個月、十個月始能彙齊起解、咨覆在案。自四十三年定限後，四十四、五兩年，仍復遲逾，綠關期每逢閏月，即行扣趲向前，稅餉總在秋後開徵，並不隨閏加趲。計自乾隆十五年，部議定限十二個月，扣足一年報滿。迄今三十餘載，前後遞壓相仍，漸成積重之勢，實因前後監督經理未協所致。但業經部臣隨案条處議結，是以再未根究。至限外請展，實因連年遞壓，雖由遇閏積延，而番舶應納稅餉，由內地保商易貨代繳，必需九個月、十個月始能彙解。報聞。（高宗一一四二、三）

（**乾隆五一、六、辛丑**）兩廣總督孫士毅、粵海關監督穆騰額奏：粵海關管理總口七處，以省城大關爲總滙，以澳門爲聚集重地，向設防禦二員分駐。其一切關稅事務，於大關、澳門兩總口，又分爲附省十小口，向由監督及兼管稅務之督撫，分派家人，帶同書役管理。此外惠州、潮州、高州、瓊州，及雷、廉五總口，並分隸五總口之各小口四十餘處，鹽督亦分派家丁書役查察，仍每一總口委佐雜官一員約束。查附省之總口、小口夷船貨物，在在經由，一切出入點驗，及防範走私短報各弊，必需家丁驅遣往來，應仍照舊派遣。其餘五總口，及分隸之小口，係內地本港船隻出入，距省自數百里至二千餘里不等，所有每年詳委之佐雜，本非熟習關務，且家丁書吏，未能遵其約束，應概行停止。請改令就近之丞倅督率經理，其本任廉俸，足資辦公，毋庸議給飯食銀兩。再查監督庫內，從前貯餉不過二、三十萬至四、五十萬，近年增至七、八十萬，向例止設庫書二名經理其事，殊非慎重錢糧之道。請照藩運兩司庫例，添設庫大使一員。得旨：如所議行。（高宗一二五七、三一）

（**嘉慶一四、六、乙巳**）諭內閣：粵海關稅務，自乾隆十五年以後，均係監督徵收，會同總督題報，迨五十七年欽奉特旨，改令監督專管，仍責成該督撫查明，按月造冊，密行咨部，俟期滿覈對。原以防弊竇而嚴鉤稽，乃近來該督撫以事不關己，漫不留心，而吳熊光等於該關徵收稅務情形，竟不過問，是稽覈之例，竟係有名無實。嗣後粵海關稅務，應仍著該督撫一體稽查，儻有情弊，即當隨時糹奏。並著按月造冊，密行咨報戶部，俟一年期滿，該部將該督撫與該監督所報清冊覈對，如查有弊端，即行糹劾。該督撫不得以並無兼管之責，視爲具文，甚或通同弊混，致干咎戾。（仁宗二一四、一）

（嘉慶二二、九、戊辰） 諭內閣：朕因㵑墅關近年關稅短絀，昨於阿爾邦阿來京召對時，詢以歷年關稅致絀之由。據奏，內河關稅，向比海關例課爲重，近年海洋平靜，各商船多由海運經行，既圖船身寬大，多載貨物，兼可少納稅課，以致內河例課多不能足額等語。商船出海販運，其所帶貨物應准出洋與不准出洋者，本有定例。如茶葉米石等項，皆干嚴禁，原不能悉聽商船之便，不行查察，逕自放行。著通諭海關省分各督撫，嚴飭管理關稅之員，於商船到口時，驗其所帶貨物，除例准出洋者，令其納課放行外，其例不准出洋貨物，一概截留，不許出口。如管關之員貪得稅餘，私行賣放者，一經查出，即行糹處。庶內河外洋各守章程，不致此盈彼絀，以平榷務，以杜弊端。（仁宗三三四、一九）

（三）關稅則例

1. 常關

（順治二、五、乙巳） 免皇店租及崇文門米麥稅。（世祖一六、一九）

（順治一八、六、庚辰） 定張家口額稅每年一萬兩，殺虎口額稅每年一萬三千兩，兩翼額稅每翼一年六千兩。（聖祖三、二）

（康熙二、一一、乙丑） 戶部遵旨議覆：凡外國進貢之人帶來貿易物件，應令崇文門監督止記冊報部，不必收稅。從之。（聖祖一〇、一〇）

（康熙五、四、庚申） 戶部議覆：直隸巡撫王登聯疏言，直隸各省徵收關稅，條例甚屬繁多，請刊刻木榜，豎立關口並商賈往來之孔道，遍行曉諭。或例內有加增之數，亦明白注出，以杜吏役濫徵之弊。應如所請。嗣後直隸各省設立關稅之處，應多刊木榜，昭示商民，照額徵收。如有不肖官吏於定額之外私行濫收者，令該督撫不時查察，據實題糹，依律治罪。從之。（聖祖一八、一九）

（康熙五、五、丙申）定居庸關稅額銀三千兩。（聖祖一九、五）

（康熙五、六、辛未）停崇文門監督出京貨物稅。（聖祖一九、一〇）

（康熙八、二、己巳）户部遵旨再議户科給事中蘇拜條陳關稅一疏：查崇文門稅差，已奉旨設官收稅。其通州坐糧廳、京城左右二翼倉、寶泉局、大通橋、通州西倉、中南倉、張家口、殺虎口，此九差，原係臣部官員差遣，應仍舊例外，滸墅關，額稅銀一十四萬兩零；蕪湖關，額稅銀一十二萬兩零；北新關，額稅銀九萬兩零；九江關，額稅銀九萬兩零；淮安關，額稅銀五萬兩零；太平橋，額稅並鹽利銀共四萬兩零；揚州關，額稅銀三萬兩零；贛關橋，額稅銀三萬兩零；天津關，額稅銀三萬兩零；西新關，額稅銀二萬兩零；淮安倉，徵收稅銀二萬兩零；臨清關，額稅銀二萬兩零；鳳陽倉，徵收稅銀二萬兩零；臨清倉無徵收稅銀，止有米折銀，本色米麥又在臨清關一處，應并爲一差；江寧倉原歸并西新關，今應仍舊。此一十三差，稅額既多，應擇各部院賢能滿漢官員差遣。其㲼運聽，額稅銀六千兩零；居庸關，額稅銀三千兩零；徐州倉，徵收稅銀三千兩零；德州倉，徵收稅銀七百兩零。此四差稅額俱少，應交與地方官徵收。從之。（聖祖二八、七）

（康熙一三、一、辛巳）諭户部：邇者京師需用駝馬，凡蒙古駝馬，進張家口、殺虎口貿易者，自今至九月免其稅課。（聖祖四五、八）

（康熙二一、八、辛巳）先是潼關額稅七千餘兩，有司徵收，康熙十九年始遣郎中敦多禮督徵，得稅四萬餘兩。至是，奉上諭曰：數年以來，秦省兵民苦於輓運，潼關收稅仍照舊額。著停止差遣部員。（聖祖一〇四、三）

（康熙二一、一一、丙午）户部議覆：廣東巡撫李士正疏言，渡口鹽埠等項，較舊額增銀六萬五千餘兩，又尚之信別項私徵，均請豁免。應如所請。從之。（聖祖一〇六、一）

（康熙二三、一一、甲戌）户部等衙門會議左僉都御史趙之鼎疏言：通惠河一差，每年帶徵稅銀溢額，有議敘之例。應歸入各關內，將部院衙門官員，照例掣籤，三年更差。應如所請。從之。（聖祖一一七、二三）

（康熙三四、九、甲子）定山海關稅額每年二萬五千兩。（聖祖一六八、一二）

（康熙四一、二、甲寅）命居庸關稅務歸併張家口監督兼理。（聖祖二〇七、九）

（康熙五三、六、壬午）工部議覆：盛京工部侍郎貝和諾疏言，呼努呼河等處，商人所販木植，於十五根之內，抽取一根。其抽分之處，請派盛京各部才能司官一員，抽分一年，差滿更換。應如所請。從之。（聖祖二五九、

九)

（康熙五五、七、壬午）戶部題請更換鳳陽等關監督。上諭大學士等曰：各關監督，所欠錢糧甚多。未派之先，俱願前往，及到任之後，額稅必缺。此皆多帶人役，徵收過刻之故。昔南新關有一監督，問巡撫王度昭錢糧如何不致缺額，王度昭告以從寬徵收，斷不欠缺。後果如其所言。鳳陽關額稅，著交與該巡撫徵收，餘缺俟朕另派。（聖祖二六九、八）

（康熙五五、八、甲寅）戶部題：定例，各關監督，一年限滿更替。邇來捏造錢糧虧空，題請展限者甚多。嗣後如有捏稱虧空題請者，請照溺職例革職。從之。（聖祖二六九、一三）

（康熙六〇、七、戊申）四川陝西總督年羹堯疏言：川省榆關木稅，原定歲額四千七百餘兩，比年產木甚少，不能足額。嗣後請委川東道監收，儘收儘解，不拘定數。得旨：著照該督所請行。（聖祖二九三、二〇）

（康熙六〇、一二、丁丑）戶部議覆：署理河道總督事陳鵬年疏言，淮安關稅，經河臣趙世顯於康熙五十八年題請歸并總河衙門，令裏外河同知一員管理。臣思裏河外河兩同知，河工職守緊要，不可暫離，勢難兼管榷務，請別差部員，或歸并附近別衙門帶管。應如所請，將淮安關稅交與江蘇巡撫管理。從之。（聖祖二九五、二一）

（雍正三、一、辛酉）諭理藩院：邊關城門，祇令來往之商人納稅，其請安、進貢之蒙古等，並無收稅之例。今聞將伊等餘帶馬匹，及裝載口糧之車輛，與買用之茶茗，俱勒令停止，私行收稅，並索取零星物件。又有姦商希圖匿稅，專雇蒙古車輛，偷載商貨出入。此皆守口旗員及收稅官，不嚴束胥役之故也。著行文該管官員，嚴行禁止。（世宗二八、五）

（雍正八、三、乙未）諭內閣：昔年聖祖仁皇帝駐蹕熱河時，凡商民貨物往來，俱不輸稅。嗣後，著嚴行稽查，無論滿洲、綠旗兵弁，儻有需索商民者，即指名題叅治罪。（世宗九二、一八）

（雍正一三、六、壬申）戶部議覆：直隸總督李衛遵旨議奏，稽查張家口兵科給事中尚德條陳門稅事宜。一、宣化府為南北通衢，凡有貨物已經張家口、居庸關上稅，過府之時，張家口監督復委家人、書吏，照數重收，以致小民肩挑、背負、手持日用笤箒、鍋刷瑣碎之物，進城無不邀攔收稅，民情甚為不便。且家人、書吏，徵多報少，究非實裕國課。嗣後南北商貨，若已在張家口、居庸關上稅者，請敕部定例，宣府不許重徵。刊刻木榜，豎立各門，如有違禁橫徵者，嚴加叅處。一、居庸關收稅之所，離張家口三百餘里，監督勢難躬親，每差親信家人，協同吏役，攜帶印單收稅。而家人識見卑鄙，輒爲關役利誘，私用小票，隱漏偷肥。嗣後請委附近州縣，不時查考。但昌平、延慶二州，離關稍遠，難於查考，請設立稅課大使一員，給以鈐記，令收商稅銀兩，按月轉解監督，仍令霸昌道就近稽查。照宣府之例，民間零星食用之物，免其抽稅。如有苛勒商民，侵漁滋事者，亦嚴加㕘處。均應如所請。從之。（世宗一五七、二）

（雍正一三、一二、丙寅）工部議准：山西巡撫覺羅石麟疏報，交城縣武元城木稅銀兩，請照雍正十一年，實解銀一千二百三十一兩零爲定額。從之。（高宗八、三）

（乾隆一、二、庚午）户部又議復：張家口監督塞爾登疏稱，宣化府門稅，原恐張家口、居庸關或有走漏而設，所收稅課，多係小民零星日用。請將口鹽歸張家口徵收，其餘肩挑背負，概予豁免。應如所請。從之。（高宗一二、一〇；東一、三一）

（乾隆一、二、癸巳）大學士管浙江總督嵇曾筠奏：查革鈔關陋弊。一、查量木植，不許以大蓋小。一、收納關稅，應照部法彈兌。一、從前濫設各口，一概禁止。一、兩關蠹役，嚴行驅逐。得旨：卿所辦自然寬嚴得宜，無過偏之弊。甚屬妥協，一如卿奏行。（高宗一三、三一）

（乾隆三、二、庚戌）諭：上年畿輔之地，收成歉薄，目下雨澤又未均霑，以致米價日漸昂貴。朕心憂慮，籌畫多端，已屢降諭旨矣。今聞近省商賈米船，亦陸續漸至，若販運日多，則閭閻可無乏食之虞，而商民亦收貿易之利。所當格外加恩，俾其踴躍從事者。著將臨清、天津二關米豆之船，免其納稅。至通州、張灣、馬頭等登陸處所，舊有米豆、雜糧落地稅銀，亦著免徵。俟二麥收成之後，米價平減，再照舊例徵收。該督撫及司権官員，可即出示通行曉諭，俾遠近商賈，咸知朕免稅之恩旨。並嚴禁不肖官吏，暗中需索等弊，以副朕通商惠民之至意。（高宗六三、一四；東二、二六）

（乾隆三、六、戊子）直隸總督李衛奏：直屬二麥俱收，所有免徵臨清、天津二關米豆船稅，並通州張灣、馬頭登陸處所米石雜糧，落地稅銀，應請復徵，下部知之。（高宗七〇、一五）

（乾隆四、四、乙丑）［户部］又議覆：殺虎口監督蘊著疏稱，歸化城抽分木稅，前准部咨，三年後具題定額。查歷年造報稅項，自六百以至三百餘兩，盈縮不齊，請酌中以四百四十六兩定額。從之。（高宗九〇、二二）

（乾隆四、九、辛酉）諭：據江蘇巡撫張渠奏稱，揚州鈔關，及瓜洲由閘稅務，自歸併巡撫以來，例於道府內遴員代管。今年五月內，揚州知府高士鑰一年報滿，因不得更換之人，曾題請復令再管一年，已經部復議准。但揚州上年被旱，本年甘泉、高郵、寶應三州縣，沿河低鄉田地，又被水淹，一切查災辦賑，該府往來督察，拮据不遑，今又帶管榷務，未免顧此失彼。查鹽政三保近在同城，稽查便易，可否照織造管關之例，就近令其帶管，於榷務實有裨益等語。張渠既稱鹽政就近管關稽查便易，著照所請，揚州鈔關及瓜洲由閘稅務，交與三保帶管。（高宗一〇一、三）

（乾隆四、一〇、癸卯）〔兩廣總督馬爾泰〕又奏：廣西桂林、梧州、潯州、平樂四府，俱有關稅，除潯關，另是柳江一路，其梧州入境，五六日可抵平樂，平樂至桂林亦止三四日水程，此三府俱有關，凡客貨往來，計期未及半月，連輸三稅，似覺太密。請將平樂一關免納。得旨：該部密議具奏。（高宗一〇三、三〇）

（乾隆四、一一、乙巳）工部會議：兩江總督那蘇圖等覆奏龍江關收稅章程。一、徵稅應用市平，節經行查，法馬因何条差。據前代辦關務安徽布政使晏斯盛稱，係舊法接用年久，微有条差，業照部式改製等語。查各關收稅法戥，由工部製造，戶部較準，今雖改制，仍令送部較準領用。一、丈量簿筏，向用水平、扒嘴及飛量之法，易致虛加丈尺，請分別革除留半等語。查木植自川楚經由蕪湖，各關有無似前名色，未據聲明，遽准革除，恐滋奸商私漏。應行該督會同簿筏經由各關，悉心另議。一、川楚木簿，判開青柳若干，多寡滋弊，請定畫一等語。查木植大小不同，故稅額有杉木、青柳之別。例內開廣木稅在十五六兩以下者，不判青柳；百兩以內者，判青柳三分；百兩以上至數百兩者，判青柳四分。向以稅銀多寡，定青柳之分數。應如所奏，按則遵行，如關役不遵例丈判，查出重治。一、招木、槁木、零木三項名色，原當點明根數，照則實徵。今龍江關相沿外加收稅，請革除等語。查招槁等木，係行簿必需，應如所奏，照實徵收，禁革虛加增派。一、筏木應計數，分別上、次科納。每簿筏木，以防淺擱，其稅五倍於杉木，向恐奸商於近關私拆裝簿，是以量行加算，立法究屬未妥。請止就實數點算，照上次科則，計根徵收等語。應如所奏，將量加之處禁革，仍刊曉諭，如私拆裝簿，避重就輕，該商治罪。一、城門進出貨物，稅在五分以下者酌免。請將應免稅物，分別貴賤，勅部議覆遵行等語。查西新戶關稅例，題定五百餘條，亦有貧民日用所需，而實商賈大總興販者，若五分以下概免，恐分帶滋弊。應令該督會同監督，體察風土情形，何項應免，分款冊報另議。一、徵收零星貨物便票，難入大單，無從稽考，請酌設小親填簿數十本，以便登填等語。應如所請，令該監督酌定若干本，俟領正項親填等簿時，一併僉差赴部請領。一、釐定飯銀款項。據晏斯盛以革除加一飯銀請，該督又以耗羨已併入正項徵收，不應另有飯銀，請飭部再加詳議。又監督四格以該關耗羨儘收儘解，即係正項，至於吏胥及大使員役，原有加一加二飯食菜果陋規，照驗單票銀錢，從前曾奏留加一飯食，係於加一加二內酌減存留，去多存寡，並非另立復增，未可革應留之飯食，而動虧正項之盈餘等語。應如四格所奏，照舊辦理，但不許加一之外，稍有索擾。一、負販營生之物，每早進城納稅，及晚貨賣未完，出城免其重收；大商整販，隔日出城，不在此例。又零油小簍，與磁罈相等，牛馬尾稅與冰片不同，聚寶、朝陽、龍江各司水旱路各別，成例相安已久，未便更張等語。應如該督所奏，照舊辦理，其晏斯盛請釐正之處，毋庸議。一、地畝錢糧，應有司承辦，從前五城地租，亦歸關督催徵，晏斯盛請令劃交上元、江寧二縣，照民賦徵收，應從其議等語。應如所請查辦。一、該關盈餘，歲約十餘萬兩，今議革除各條，則盈餘不及前數，併陳明等語。應令該監督據實收報，毋啟胥吏侵漁、以多報少之弊。從之。(高宗一〇四、三)

(乾隆四、一二、丁丑)[戶部]又議：原任安徽巡撫孫國璽奏，蕪湖、鳳陽兩關稅務，請專差監督管理。應如所請。其臨清、太平、贛州、荊州、浙海、江海六關，應否一體專差？得旨：鳳陽關差著蘇赫納去，蕪湖關及臨清等六關，仍交該撫兼管。(高宗一〇六、一〇)

(乾隆五、七、壬辰)戶部議准御史陸尹耀奏：京外官員眷口船隻過關，除無貨物照常驗放，毋任胥吏需索外，倘有奸牙地棍，假捏京員科道名帖討關，該管關員，即行查拏究治；或有京員子弟，執持父兄名帖討關，夾帶貨物，希圖免稅者，照例查条。如該管關員，不行詳察，及明知瞻徇，或被旁人首告，科道督撫糾叅，一併照例議處。從之。(高宗一二三、一九)

(乾隆六、一、癸酉)兩淮鹽政兼管揚州關稅準泰奏請內地各關，官辦銅觔鉛錫經過，查驗數目相符，免其輸稅，有額外夾帶，即將夾帶之貨，照例徵收。運載船隻，係給水腳，應仍納船料，則司庫免致開銷，解員亦不至延滯。至商人領帑辦銅，與官辦無異，應否一體免稅？得旨：該部議奏。尋議：官辦止納船料，商民領辦，既經徵課，未便更張。從之。(高宗一三四、三)

(乾隆六、七、壬午)工部等部議覆：吏部尚書署兩江總督楊超曾奏稱，龍江關丈量木植之法，如木簿深一丈以外者，照扒嘴所虛二尺八寸計算；深一丈以內及六尺以外者，照扒嘴尺寸除還一半，以一尺四寸計稅；深六尺以內者，只用平扒鉤量，不得概用扒嘴。其水平衡量簿面，務令以高補低，折實科算，毋得虛加滋弊。至飛量一項，永行革除。應如所請。仍令該監督刊

刻曉諭，該督撫不時稽察。從之。（高宗一四七、九）

（**乾隆七、一、庚寅**）山東巡撫朱定元奏：臨清關徵收名色，有宅用一條，捐項一款，既非正額，又不併解，浮費累商，現已全革。得旨：知道了。（高宗一五九、一四）

（**乾隆七、二、甲辰**）四川巡撫碩色奏：重慶府渝關木稅，與雜稅不同，大木伐自深山，水溢順流而下，水涸則積於深溝淺溪，未能抵渝，木筏多寡既懸，稅銀盈虛亦異。乾隆三年四年，短稅銀三百兩有奇，五年額外餘銀三千八百餘兩之多。管關知府不敢匿報，稟請扣盈補乏。臣恐涉扶同徇隱，許其全解請豁，格於部議，現已准咨轉飭補解。但恐臣言不足取信於屬員，無以責其潔己奉公，仍懇免賠解。得旨：如所請行。（高宗一六〇、一〇）

（**乾隆七、四、辛卯**）定永免直省關口米豆額稅例。諭：國家設關榷稅，定其則例，詳其考核，凡以崇本抑末，載諸會典，著爲常經，由來已久。其米豆各項，向因商人販賤鬻貴，是以照則徵輸。第思小民朝饔夕飧，惟穀是賴，非他貨物可比，關口徵納米稅，雖每石所收無幾，商人藉口額課，勢必高擡價值，是取之商者，仍出之民也。朕御極以來，直省關稅，屢次加恩減免，又恐榷吏額外浮收，刊立科條，多方訓飭；每遇地方歉收，天津、臨清、滸墅、蕪湖等關口商販米船，概給票放行，免其上課。皆以爲民食計也。但係特恩，間一舉行，未能普徧。夫以養民之物而榷之稅，轉以病民，非朕己飢己溺之懷也。今特降諭旨，將直省各關口所有經過米豆應輸額稅，悉行寬免，永著爲例。俾米穀流通，民食充裕，懋遷有無者，不得藉以居奇，小民升斗之給，不至有食貴之虞，以示朕惠恤黎元之至意。至各關口徵收則例不一，有徵商稅者，有徵船料者，有商稅船料並徵者。今既蠲免米稅，其船料一項，若不分晰明確，著爲規條，恐致混淆滋弊。應如何辦理之處，著交該部詳查妥議具奏。尋議：查徵收船料之關，向不收納貨稅，即空船過關，亦計船身丈尺納料。今若概將船料豁免，恐船戶串通奸商，將一船米糧，分船裝載，以致應納料之空船，混淆偷漏。應令該關監督將向例徵收空船料銀者，遇有裝載米船過關，其應納料銀，自照空船料銀之數納料；如本屬空船，及按年抽單納課者，仍照舊例徵收。但船隻料銀，各關俱係收納，何計石徵收之關，獨不收納料稅？或係料稅即在計石徵收之內，則例未經開載。查各關空船，既係徵料，是船料自應一體輸納，應令該關監督詳議報部，臣部再行議奏。再查寬免米糧等稅，原以充裕民食，管關官員不得借免米稅之名，將所徵貨稅銀兩，侵蝕肥己。如有徵多報少情弊，即將該關員嚴加議處，並令將免過米稅數目，年滿報部查核。從之。（高宗一六四、八；

東五、六）

（**乾隆七、四、戊午**）管理淮關事務郎中伊拉齊奏：淮關向有籤量等費，綠附近無籍之輩，居停客商，專攬代納，客販利其便己，相沿樂從，今若淨盡革除，胥役無以利己，轉致籤量遲滯，更啟偷運之端。是以適中調劑，於每石酌留三釐，中以二釐充辦公之用，實爲便商安民起見。現密札督撫，仍留此項以爲辦公用度。得旨：是。告之督撫可也。（高宗一六五、二六）

（**乾隆七、六、甲寅**）戶部議准：原任福建巡撫王恕疏稱，粵海關運貨到閩，經過銅山口，既經徵稅，其有不實不盡之貨，又於南山邊補稅，至船抵石碼，復令加補，不無重徵累商。請嗣後將南山邊一口，只留巡哨稽查，免其徵稅。至閩安、竹崎、崇安、浦城、杉關、上杭、稅課七關等口岸，並無私添累商，應照舊設。從之。（高宗一六九、一九）

（**乾隆七、八、壬辰**）諭：朕愛養黎元，特沛殊恩，將關榷米豆等稅，悉行蠲免，以爲充裕民食之計。但船料一項，議論不一，現發九卿會議，尚未覆奏。朕思此事並無難辦之處，向徵船料者，應照例徵收；向不徵船料者，豈可因免米豆之稅而轉加徵船料？著該部即速行文各關知之。（高宗一七二、一八；東五、一五）

（**乾隆七、一〇、乙卯**）［山東巡撫晏斯盛］又奏：臨清關所徵之銅補、商補二項，係於正補外加增，並非原額則例所有，亦無題准增收之案。請長遠革除，以甦商困。得旨：俟汝至京時與部臣面議。（高宗一七七、二七）

（**乾隆七、一一、乙酉**）鳳陽關監督普福奏：酌籌稅務，共應核減經費銀九千四百四十餘兩。其現用各款，仍於盈餘項下動支；倘不敷，再動正項。謹據實陳奏，可否照此辦理，抑或稅務減少，無煩專差監督，仍照舊例，交與該撫派地方官就近經理之處，均候欽定。得旨：照所奏，汝且辦一二年看。（高宗一七九、二五）

（**乾隆八、三、庚辰**）諭軍機大臣等：前巡撫晏斯盛奏稱，臨清關有銅補、商補一項，係雍正六年已經革除，因免徵米糧石頭，委管關員照舊徵收，奏請豁免。而戶部以銅補、商補二料，乃雍正六年以前，向有徵收，歸額起解，即六年以後，亦名革實存，並非今日始徵之項，議以毋庸請免。彼此駁詰，至於再三。朕復命大學士會同該部議奏，亦復申前議。朕因部中查係應徵之項，而晏斯盛平日又不免沽名之習，是以允照部議。但朕之蠲免米稅，原以加惠商民，此項究竟應徵應免，必有確實情形。可密傳諭喀爾吉善，令其虛公悉心詳查議奏。（高宗一八七、一三）

（**乾隆八、三、乙丑**）［戶部］又議覆：淮關監督伊拉齊疏稱，酒麴絹粉等稅，應照前監督唐英所奏免徵；自乾隆元年至七年未徵額銀，並請豁免等語。查酒麴等稅，係例內應徵，未便議裁。其唐英歷年私免額銀，應著落賠補。得旨：依議。其從前私自免徵銀兩，著從寬免其賠補。（高宗一八六、一四）

（乾隆八、四、庚子）户部議准：貴州總督兼管巡撫事務張廣泗疏稱，新設鴨池河稅，計一年收銀一千二百四十八兩零，飭令清鎮縣每年照此數徵解。從之。（高宗一八九、五）

（乾隆八、五、乙亥）諭：山東臨清關，向徵銅補商補，相沿已久，報部則統名之爲船料。前撫臣岳濬改爲計石上稅，而將銅補商補，歸入石頭徵解，是名革而實存也。今朕既降旨蠲免各省米糧之稅，此項亦應一體邀恩，概行豁免。著該部即行文山東巡撫知之。（高宗一九三、三）

（乾隆八、一二、己未）户部又議覆：雲南總督兼管巡撫事張允隨疏稱，開化府馬白地方，路通交阯都竜廠，舊設稅口，抽收商稅，近因該國有沙匪之亂，經臣調撥官兵，前往沿邊各隘，稽查堵禦，嚴禁客商出口。所有額稅，無從徵解，請暫停抽收。應如所請。從之。（高宗二〇六、一三）

（乾隆一〇、九、戊戌）署陝西布政使慧中奏：各關抽稅，俱有部頒則例，以昭信守，獨陝屬大慶關一處，向照日收成例抽稅，與部頒則例，互有參差，吏胥易爲朦混。嗣後請照部頒則例，畫一徵收，並勒石關前，不許額外加增。得旨：告撫臣，聽其議行。（高宗二四九、三二）

（乾隆一一、閏三、乙丑）陝西巡撫陳宏謀奏：據布政使慧中奏稱，各關抽稅，俱有定則刊示，獨陝省同州府屬大慶關，向來收稅，另有照部則減少者，亦有照部則浮多者。迨至奏銷，始將一年所收之銀，按照部則造報。現雖查無以多報少情弊，但則例既不畫一，奏冊尤非實在，考核竟成虛設。請嗣後大慶關商稅，務遵部頒則例徵收等語。應如該布政使所奏辦理，並將部則勒石收稅之所。得旨：如所議行。（高宗二六三、二三）

（乾隆一三、八、己丑）户部議覆：廣東巡撫岳濬疏陳，太平、遇仙、洛光三關廠，現徵稅則與部例未符。酌徵貨稅七十三條，木稅二十二條。按冊較對，比照粵贛兩關，及該關稅則，增者四十一，減者二十九，照舊者二十五。均屬平允。應准其刊載遵循。從之。（高宗三二二、一六）

（乾隆一三、一一、癸酉）大學士等議覆：江蘇織造圖拉奏稱，金川軍需緊要，請將直省各關米豆稅仍舊徵。查米豆稅，原係應徵之項，乾隆七年，奉旨蠲免，期裕民食。乃近年米價未平，徒爲奸商射利，應如所奏復舊。得旨：依議。朕降旨蠲免各關米豆稅銀，本以食爲民天，關稅優免，則市價可減，是以不惜千萬正課，爲小民謀饔飧寬裕計。當時內外臣工，屢有以但利商賈，無益民生爲言者，概未允准。朕意欲試行數年，果否於民食有裨，再行酌量。乃數年來，稅免而米豆之價，不惟不減，而昂貴時或有加。明係奸商不知免稅之恩，專利自封，轉以有限之帑項，肥三倍之囊橐，無裨閭閻，允宜仍復原額。且地方偶有偏災，即將該處關口應徵米豆稅額，加恩寬免，則舳舫聞風雲集，市值自平，駔儈不得居奇，窮黎均霑實惠，轉得操權自上。朕意不專爲軍需起見也。如既復之後，奸商籍端長價，弋利妨民，該地方官，即應嚴行查察究處。至淮關因寬免米稅後，倭赫奏准，加增船料，今既仍徵米稅，著循舊例行。各該監督及地方官，明悉出示曉諭，毋令胥役陽奉陰違，致滋弊竇。（高宗三二九、二六；東九、五一）

（**乾隆二一、一、庚午**）諭：上年江浙二省歉收，屢經降旨截漕賑卹，令該督撫等多方撫綏。惟是該省收成既歉，米糧市價自必昂貴。全賴商販流通，源源輓運，以資接濟。所有江、浙二省各關口，應徵米豆額稅，俱著加恩暫行免徵，以廣招徠。至秋收後照例輸納，務期賈販輻輳，市價平減，俾小民無食貴之慮。該部遵諭速行。（高宗五〇四、二）

（**乾隆二三、三、乙巳**）戶部奏：江西、湖南、四川運濟豫省米石，請照湖北一體免徵船料。得旨：著豁免。（高宗五五九、三）

（**乾隆二七、一二、戊午**）江蘇布政使兼管織造關務彰寶奏：龍江關徵收商稅，經前督臣將衙規、茶果照驗單票，各陋規革除，只收加一飯銀一萬七、八千兩，派給家人書役，以充養贍。其原定添平水腳銀一萬五千兩，爲歲給解費之需，於贏餘項下開銷。在從前徵收稅銀十餘萬兩，原屬敷用。遞年以來，正贏稅銀收至二十餘萬兩，解部需用各項增添，每年尚不敷銀數千兩，即於飯銀內通融辦理。原屬以公辦公，請照舊存留。下部知之。（高宗六七七、二二）

（**乾隆二八、二、庚寅**）戶部議奏：多倫諾爾稅銀，應照八溝定額例，以管稅官所報兩年徵數，均勻覈算，嗣後每年請以一萬六千八百五十八兩八錢爲定額，有餘儘解。從之。（高宗六八〇、五）

（**乾隆二八、一一、乙卯**）戶部議奏：湖南巡撫喬光烈奏稱，乾隆二十四年，碾運京倉改撥浙江米石，經過九江關，應納料稅銀二千兩零，該藩司府縣並不扣存，請分別追賠。得旨：此項料稅銀兩，湖北行之，既有成例，該撫何難於支給水腳之先，仿照辦理？乃因給發草率，回護前非，屢次請寬，玩延歲月，以致無憑著追，其遲誤之咎，實在該撫。所有應追之項，照部議令許松佶分賠一半外，其餘一半，即著馮鈐賠補，不必令承辦各員分

賠。(高宗六九八、二)

(乾隆二八、一二、丁酉)戶部議准：直隸總督方觀承奏稱，樂亭縣新橋海口稅銀，春夏秋由榛子鎮巡檢徵收，冬季由典史徵收，實不畫一，請改歸該縣徵收。又出入捕魚船隻，向係巡檢稽查，榛子鎮距新橋二百里，縣治距新橋二十里，請即責成該縣稽查。從之。(高宗七〇〇、一七)

(乾隆二八、一二、戊戌)諭軍機大臣等：戶部議覆薩哈岱奏請起解滸墅關稅添平一摺。薩哈岱則以加平二十七兩五錢之項，係久定章程，如同正項，必於此外每兩添平一分，方與庫平相準。部議則以銀庫原定加平二十七兩五錢，即係按市平加至庫平之數，已敷添辦，不便於例外議增。各執一說，其中委曲尚未甚明晰。銀庫原定添平之項，即係按市平加算，起解時如果足數彈兌，何至尚有不敷？但該關向來行用市平，究與庫平輕重若干，其於徵收稅銀秤兌，是否毫釐不爽，俱難懸定。其餘雜項飯食，概請加平之處，果否實在情形，著傳諭尹繼善逐一確查，據實詳悉具奏。(高宗七〇一、二)

(乾隆三二、八、辛卯)廣西布政使淑寶奏：查粵西額徵關稅，除桂林首府一廠外，餘多距省窵遠，稽察難周，該道、府、州，向無考成，亦恐日就因循。請將平樂、梧州、潯州、南寧、慶遠五府廠，責成該管道員；富川、賀縣、昭平、懷集、懷遠、博白、北流、陸川等八縣小稅，責成該管府州。惟土田州稅，係土司經管，為滇粵要道，密邇百色，請責成百色同知各就近稽察，耳目易周。如無苛剝商民，隱漏侵欺情事，即按季各具印文，申送撫臣及臣衙門備案。仍將各屬徵存稅銀，據旬報收單，覈有成數，隨時委員監拆解送，以杜虧那。該道、府、州徇縱失察，發覺一併揭參。報聞。(高宗七九三、二一)

(乾隆三三、七、丙午)戶部議覆：淮安關監督方體浴奏稱，向例貢物及官辦銅錫紙張竹木等項，過關俱不報稅。今貢物定報稅新例，此項官物是否照舊辦理？再銅船過關，將餘銅填給印花，歸崇文門統報，貢物可否仿照此例等語。貢物報稅，係杜借貢品名色夾帶私貸之弊。若官辦物件，動項採辦，自無庸納稅。至餘銅，必俟銅赴局交足後，始有確數，是以各關填給印花，歸崇文門統報。若貢物應逐件查驗，未便照銅觔過關之例。從之。(高宗八一五、二九)

(乾隆三三、一〇、壬午)戶部等衙門遵旨議奏：各處尋常稅口，由各衙門揀員引見派往，專司榷務，並無專員兼管稽覈，非所以重責成。請嗣後各司員所管稅口，如張家口、山海關雖距直隸省會稍遠，第道府各官，均為總督屬員，該二處稅務，應令該督兼管；殺虎口係晉省地方，前經戶部覆准，該處稅銀，按月造報山西巡撫查覈，應令該撫兼管；至盛京牛馬稅、中江稅二處稅務，向例由盛京戶部侍郎覈轉；通州坐糧廳稅務，由總督倉場侍郎覈轉；四川打箭爐稅務，由四川總督保題。俱應交該處侍郎及該督兼管。又由工部揀選派往之荊關監督，該處係湖廣總督所轄，應即令該督兼管。又由理藩院保送派往各差，除殺虎口驛站向隸綏遠城將軍，張家口、賽爾烏蘇驛站隸察哈爾都統，獨石口、古北口驛站隸直隸提督，喜峰口驛站隸熱河副都統，應仍照舊例兼管；如稅務有虧短，即著落各處大員分賠。其八溝、塔子溝、三座塔、烏蘭哈達、多倫諾爾等處，俱係直隸總督所轄。所有稅務，自應交該督兼管。各該關稅務，按月造報，兼管大員按冊詳加稽覈。該監督倘有侵蝕那移情事，即據實奏奏，嚴行辦理。如兼管大員不實力稽查及扶同徇隱，或別經發覺，一併交部議處，虧短銀兩，著落代賠。從之。（高宗八二一、二八）

（乾隆三四、二、辛酉）又諭：歸化城關務，向因商人往口外貿易，並有蒙古入口交稅，是以派理藩院官員經管。但聞該處每年所收額稅之外，竟有多至數倍者。歷來管關之員，惟期正額無虧，而在關之家人胥役等，不無中飽及有心賣稅之事。既於關確未能覈實，且空有暗中多索商人，漫無稽考，於公私均有未便。雖該處有都統駐劄，但不相統轄，即令兼管，亦恐有名無實。因思各省關務，多有巡撫兼管者，而巡撫所轄之關，多委道府大員承辦，責成既專，且臨以巡撫，董率稽察，耳目亦易於周到，行之較爲無弊。今歸化城關口，自可即歸巡撫經管。且歸綏道即駐歸化城內，或即委該道就近代管，或另派賢能道府前往承辦，俱無不可。所有理藩院司員，即可停其派往，於關務更爲慎重。著傳諭鄂寶，即速按該處情形，妥議覆奏。尋奏：該處關稅，應歸巡撫兼管，派委道府監督，以專責成。該處雖有歸綏道駐劄，但令一人長川經理，不無日久弊生，應於通省道府內，揀選奏派，扣一年更換，俾每歲交代，皆可清釐。至從前所收銀數，難爲定額，亦應俟試收一年後，再行酌定。下軍機大臣議行。（高宗八二八、一七）

（乾隆三六、四、庚子）［直隸總督楊廷璋］又奏：潘桃口木稅，其蒙古木植零星細小者，免其徵稅；至大件木植，應由官商砍運，按照尺寸報明，分別徵收。原無蒙古自行砍運大木，亦准商民收買免稅之例，請嗣後蒙古自行砍運木植，除細小者例免徵稅外，凡有應行納稅之大木，不論商民舖戶，或用銀錢價買，或用茶布等物兌換，均令買主按例報稅。得旨：如所議行。（高宗八八三、二一）

（乾隆三八、九、乙亥）諭：據大學士舒赫德奏，蒙恩派管崇文門稅務，自應遵旨實力辦理，但自顧精神不能周察，且家中又無得力家人可以信用，恐一時稽覈未到，有負聖恩，懇請另行簡派等語。所奏情詞懇切，著照所請，其崇文門稅務，仍著福隆安管理。（高宗九四三、一三）

（乾隆三八、一一、甲申）是月，福州將軍薩哈岱奏：巡查閩海關口，凡商船進出，按照則例徵收，不許分毫加派。稅館坐落，亦適當客貨聚集要地。各設哨船，盡夜巡遊，並委精明強幹之員，嚴行約束，不致通同偷漏。如將來有關利弊應行興舉之處，自當隨時奏聞。得旨：知道了。法在人為，期以實力可也。（高宗九四七、二七）

（乾隆四五、一、戊子）户部議准：杭州織造徵瑞奏，北新關收稅舊例，煙百觔，稅銀四錢六分；酒十罈，約計二百觔，稅銀二分。今部頒則例，刪併兩項，並每百觔稅銀四錢，均有窒礙，請照舊例辦理。從之。（高宗一〇九八、一五）

（乾隆六〇、五、丙寅）諭軍機大臣等：據管幹貞奏，自盛住到淮關後，每船上銀，隨喜怒增減，或上銀一百六十兩，或上銀八十兩，又有未發單者等語。各省糧船，例准帶貨一百二十六石，盛住即為稅課起見，亦應查明各該幫船，例外多帶若干，收稅若干，何得任意增減？因命軍機大臣傳詢盛住，據稱幫船過關查驗時，其在一百二十六石以內者，仍照例免稅，惟例外多帶貨物，按則徵收。綠所帶貨物，有多寡不同，而輸稅則例，又有輕重不等，是以收銀多少不能畫一；收銀之後，俱發有連根印票，一存關署，一給旗丁收執等語。其言又與管幹貞所奏互異。前已有旨令蘇凌阿、劉樸將盛住所徵糧船稅銀，是否儘收儘解，抑或少報入己，嚴查具奏。著將本日管幹貞所奏，並盛住所稱各情節，一併發交該督等，就近秉公嚴查，其收稅時有無任意增減之處，據實查覈具奏，毋得稍為迴護。將此諭令知之。（高宗一四七九、一）

（嘉慶四、三、丙子）定户關、工關盈餘額數。諭內閣：向來各關徵稅，於正額之外，將盈餘一項，比較上三屆徵收最多年分，如有不敷，即著經徵之員賠補。以致司榷各員，藉端苛斂，而賠繳之項，仍未能如數完交，徒屬有名無實。因思各關情形不同，所有盈餘數目，自應酌中定制，以歸覈實，而示體恤。已於户部所奏各關盈餘銀數清單內，經朕查照往年加多之數，分別覈減。自此次定額之後，儻各關每年盈餘，於新定之數再有短少，即行著落賠補。如於定數或有多餘，亦即儘收儘解。其三年比較之例，著永行停止。至工部船料竹木等稅，除渝關盈餘向無定額，及由閘等關並無盈餘外，

其餘亦經分別減定。嗣後即一律辦理，毋庸再行比較。(仁宗四一、六)

（**嘉慶六、一二、癸丑**）定四川打箭爐關稅，嗣後每年徵銀二萬兩，作爲定額。(仁宗九二、一二；東四、二四)

（**嘉慶七、一〇、丙辰**）除古北口抽分歲額。諭內閣：據顏檢奏，密雲縣徵解木稅不敷定額，懇請覈實辦理一摺。該縣管理古北口抽分事宜，每年應解木稅，原以一千一十二兩零定爲歲額。今據稱該處商販寥寥，無人領票辦課。山場砍伐既久，近年以來，祇有小民在附近各山採取柴薪，照例輸課，每歲不過三四十兩至五六十兩等語。自係實在情形。除嘉慶二年至六年止，應解稅銀，仍在歷任之知縣名下照數勒完外，嗣後此項木稅，自嘉慶七年爲始，著即照徵收雜稅之例，盡收盡解，不必定以額數。仍著該督責成該道府等，隨時稽查，毋得以多報少，致滋弊混。密雲距京甚近，儻一經查出，必將該令等懲處不貸。其該縣原領監督關防，即著繳銷。(仁宗一〇四、一一)

（**嘉慶九、六、戊辰**）減各關盈餘額稅。定浙海關四萬四千兩，揚州關七萬一千兩，鳳陽關一萬七千兩，西新關三萬三千兩，九江關三十六萬七千兩，滸墅關二十五萬兩，淮安關十二萬一千兩。(仁宗一三〇、一六)

2. 海關

（**康熙二三、四、辛亥**）九卿等議覆：工部侍郎金世鑑疏言，皇上德威遐布，海外悉寧。浙江沿海地方，請照山東諸處見行之例，聽百姓以裝載五百石以下船隻往海上貿易、捕魚，預行稟明該地方官登記名姓，取具保結，給發印票，船頭烙號。其出入，令防守海口官員驗明印票，點明人數。至收稅之處，交與該道，計貸之貴賤，定稅之輕重，按季造冊報部。至海口官兵，請於溫、台二府戰船內各撥二十隻，平定臺灣所獲哨船撥八十隻，令其分泊防守巡邏。俱應如所請。從之。(聖祖一一五、六)

（**康熙二三、六、己亥**）九卿等議覆：戶科給事中孫蕙疏言，海洋貿易宜設立專官收稅。應如所請。得旨：海洋貿易，實有益於生民。但創收稅課，若不定例，恐爲商賈累。當照關差例，差部院賢能司官前往，酌定則例。(聖祖一一五、二一)

（**康熙二四、四、戊申**）禮部議覆：福建總督王國安疏言，外國進貢船隻，請抽稅令其貿易，應如所請。上諭大學士等曰：外國進貢船隻，若行抽稅，殊失大體，且非朕柔遠之意。王熙等奏曰：大哉，王言，非臣等所能見及也。(聖祖一二〇、二四；東九六)

（康熙二五、二、甲午；東癸巳）減廣東海關徵收洋船額稅十之二。（聖祖一二四、一二；東九、一八）

（雍正一、一、辛卯）户部等衙門遵旨議覆：滸墅、揚州、龍江、蕪湖、湖口、贛關、太平橋、粵海、閩海等九關稅務，應照淮安、天津等關例，交與各該撫令地方官兼管。從之。（世宗三、三一）

（乾隆八、七、庚戌）福州將軍兼管閩海關事務新柱奏：海關每年額徵正課六萬六千餘兩，係按季解交藩庫收存。其銅觔、脚價及盈餘正耗，約計每年一十七八萬餘兩，係年底解赴户部。而海關衙門，從未設庫，又無專管官吏，前監督準泰曾將兩月一解之稅，交藩庫寄貯，至年底委員給批，由司庫解部，請照此辦理。得旨：覽。（高宗一九七、二四）

（乾隆一一、四、乙未）福州將軍兼管閩海關事務新柱，奏報乾隆十年分收過正稅銀二十六萬六千五百七十兩零，比乾隆八九兩年俱有增溢。得旨：所奏殊未清。既云多餘，不知多幾何耶？朕非必欲知其多餘之數，但汝辦事之人，反事不清楚明白，即行奏聞，甚不可也。（高宗二六五、二八）

（乾隆一四、三、乙丑）諭軍機大臣等：鄧廷相接管閩海關稅務一百八十一日，較上屆少收銀一萬三千四十兩零，已交該部核議。關稅徵收，自有定額，縱或稍有盈絀，不應大相懸殊。且伊接管甫及半載，即短少若此，倘以歲計，更不知伊於胡底矣。向來關稅錢糧報部，該部照例駁查，該督撫等，草率具覆，已成故套。此案缺額過多，務須徹底清釐。在鄧廷相即不敢有徵多報少、侵蝕透漏情弊，亦必係伊辦理未善，各口岸委員，及家人、胥吏，因其署任之員，不諳關務，欺矇中飽，而鄧廷相不能察出。總督喀爾吉善、將軍馬爾拜，同在省城，就近查察甚易，可傳諭伊等，留心確訪，據實奏聞，不得稍有瞻徇。（高宗三三七、三）

（乾隆一四、四、乙巳）諭軍機大臣等：户部議奏，福州左翼副都統鄧廷相，虧缺閩海關稅銀一案，已降旨令鄧廷相來京，其虧缺情由，交馬爾拜、喀爾吉善會同查奏。關稅久經定額，即盈絀不齊，亦何至大相懸殊？今鄧廷相接管關務，僅一百八十一日，遂缺額一萬三千餘兩，其中必有情弊，豈可但以行查登答故套，含糊了事？著傳諭馬爾拜、喀爾吉善，令其遵照前旨，嚴行確查。如鄧廷相因暫管關務，有意侵漁，徵多報少，其營私作弊之處，自難掩人耳目，馬爾拜等，務須徹底窮究，據實奏聞。即或鄧廷相不諳關務，爲屬員、書役所欺矇，串同侵蝕，以致短缺，抑或該年果因少雨歉收，貨物稀至，亦自有確實情形可據，不容絲毫假借。馬爾拜等辦理此案，各宜一秉大公，固不得因有此旨，而有心從嚴，坐鄧廷相以侵欺，亦不得因

循故習，依違瞻徇，希圖草率完結。即能倖免一時，終亦難逃洞鑒也。（高宗三三九、二五）

（**乾隆一四、一一、庚申**）定關稅贏餘，照雍正十三年額。諭：戶部所奏各關徵收贏餘銀兩，比較上屆短少者，按分數加以處分一摺，所見雖是。但贏餘究在正額之外，然非額外別徵贏餘，綠照額徵收，儘收儘解，其溢於成額者，即謂之贏餘。是名雖贏餘，實課帑也，亦即正供也。豈有居官食俸，受國家豢養之恩，至侵虧課帑，而可置之不問之理？然該部定議，亦有未協之處，如議而行，則好論之徒，必將謂計臣習於言利，故不得不爲詳悉開示。當康熙年間，關差各有專員，恣意侵蝕，不但無贏餘，並不敷正額。然至任滿之時，未嘗不量其所入，派工派差，無得飽其私橐者。而當時風氣，俱視缺額爲分所當然，是以有雍正年間一番清理，凡官侵吏蝕、僕役中飽，舉燭照而數計焉。於是各關之以贏餘報者相屬，而缺額者從未之聞矣。可見歲額本敷，贏餘本有，向之有缺無贏，其弊自在漏卮耳。自朕御極，而中外人心，舉知政尚寬大，希圖欺隱，時則贏餘歲減一歲，又將漸開虧損正額之端。用是曾降諭旨，所有較前減少之員，交部嚴行察議，令其稍知法紀。而朕意又恐查覆過嚴，則各關自顧考成，必求溢羨，或致藉端橫索。因令數目相仿者，該部即行覆題，如其大相懸殊，令各該督就地方實在情形，據實聲覆。非不知督撫查核，不過據監督之所申報，代爲奏聞，並無另行查辦之處。自以贏餘非庫帑可比，論潔己奉公之道，固不當染指，但尚與侵盜錢糧有間，故爲伊等稍留餘地，開一解免之門，亦可知朕意之所在矣。迄今年復一年，較前有減無增，部臣以督撫核題，雖稱並無侵隱，亦綠該員辦理不善，請比較上屆短少至一分以上者，各按數定以處分。此雖爲慎司國計起見，然所稱與上屆比較，不無流弊。有如甲贏一萬，則下屆之乙，必思贏及萬有五千，再下屆之丙，又將增加二萬，至丁而三萬。似此相競不已，又將無所底止，必致病商斂怨，非理財之正道也。夫贏餘無額，不妨權爲之額，朕意當一以雍正十三年徵收贏餘數目爲定，其時正諸弊肅清之時，而亦豐約適中之會也。乾隆元年以後，則諸臣幸朕初政之寬，而漸起弊端之時也，概不可準。自雍正十三年，而上下二三十年之中，歲時之殷歉相若也，賈舶之往來相若也，民風之奢儉相若也，則司權之徵收，又何至大相懸殊哉？嗣後正額有缺者，仍照定例處分，其各關贏餘成數，視雍正十三年短少者，該部按所定分數議處，永著爲例。既可杜徵多報少、侵肥己橐之漸，亦不至長競勝增加之端，庶爲得中。如此而仍有以言利興眥者，是爲罔知大計，而直欲飽其慾壑者耳。其詳諭中外知之。（高宗三五二、二二）

（**乾隆二二、一〇、戊子**）閩浙總督楊應琚奏：臣奉諭旨赴浙，查辦海關貿易事宜。伏查粵省現有洋行二十六家，遇有番人貿易，無不力圖招致，辦理維謹，並無嫌隙。惟番商希圖避重就輕，收泊寧波就近交易，便益良多，若不設法限制，勢必漸皆舍粵趨浙，再四籌度，不便聽其兩省貿易。現議浙關稅則，照粵關酌增，該番商無利可圖，必歸粵省，庶稽查較爲嚴密。得旨：所見甚是。本意原在令其不來浙省而已，非爲加錢糧起見也；且來浙者多，則廣東洋商失利，而百姓生計亦屬有礙也。（高宗五四九、三七）

（**乾隆二二、一二、癸亥**）諭軍機大臣等：兩廣總督鶴年病故員缺，已降旨令陳宏謀補授，伊未到之前，總督印務仍著李侍堯署理。其海關稅務，漢大臣向未熟諳，俟陳宏謀到任後，該署督將此傳諭知悉，不必交代，即著李侍堯會同李永標辦理。可將此傳諭知之。（高宗五五二、一五）

（**乾隆二四、九、辛亥**）又諭曰：新柱等奏，請免番船出口食物稅銀及洋貨官價一摺，所奏非是。番商食物，應徵釐稅，向來定例所有，即謂進口已徵，出口量行酌免，以示體恤。此在他時奏請尚可，今當該商等甫經控告審理之時，而一切加意噢咻，惟恐不當其意，勢必益長刁風，豈示以節制之道？至所稱每年官辦洋貨，較市價減少，詢之行商書吏，僉稱由來已久，此語更屬含糊。伊等意欲加增官價耶？抑爲李永標聲明情節耶？如因李永標官辦之物，原循向日舊規，並無違例短剋之處，不妨據實奏明，候朕量加寬典，何必隱躍其詞。且此等番商，自願向內地貿易，原非要之使來。若專爲官價起見，則定價由來已久，並不起自李永標，何以從前俱相沿辦理，今番案一定，即議紛更舊章，意存曲徇。轉若受其挾制，尤爲不知大體。著傳諭新柱等，令其將實在情由明晰具奏。新柱可即回福建，朝銓亦來京，不必等候矣。尋新柱等奏：番船出口食物稅銀，即欲懇恩酌免，亦不應於番商甫經控告之時陳請，致長刁風。至官辦洋貨，定價已久，臣等照供列敘，並不敢欲增官價，亦非爲李永標聲明起見。得旨：覽。（高宗五九六、七）

（**乾隆二四、一〇、丙午**）粵海關監督尤拔世奏：粵關大小口岸六十餘處，相距甚遠，委有微員，不可倚信。請照淮安關例，揀發內府筆帖一員來粵協查，養廉於關督養廉內撥給五百兩。得旨：好。（高宗五九九、五四）

（**乾隆二五、七、乙卯**）又諭曰：楊廷璋等覆奏閩海關少收稅課一摺，內有歲收歉薄、船隻稀少，以致課項比上屆較絀之語。閩省乾隆二十四年歲收豐稔，且將穀石協濟鄰封，該督撫等奏報甚明，其並非歉收可知。且是年收稅扣至八月，即接連二十三年，計算已過九月以後，爲時不及三分之一，何得藉口飾詞，轉便吏胥作奸之計？況其時當新柱奉差離省，明福接任司權，在伊身爲副都統，或未必即有肥橐欺公之事，而家人書役等因本管官交代，不無乘機侵蝕情弊。看來近日各關稅比較歲額，大率以部臣一駁，督撫一覆，即爲奉行故事，殊非覈實之道。此案已諭部明切指駁，著傳諭楊廷璋，令其逐一確查詳悉，據實奏聞，慎勿以前奏自護。尋奏：臣委員分往各關口，提集底簿行單，細查詳報。臣逐條查閱，將少收盈餘數目覈對，均與奏報銀數相符。其較上屆缺少緣由，實因二十三年雨澤愆期，糖蔗花生收成歉薄。而江浙所產棉花豆麥等物，亦偶值歉收，運販稀疏，以致稅絀。蓋閩省土產收成，俱在秋後，商人於年底及次春陸續裝運。二十四年八月以前，新貨未出，所收關稅尚屬二十三年之貨。臣前奏歲歉船稀等語，聲敘實未明白。至各關口現有委員監督，層層查覈，丁役人等委無侵隱弊混。報聞。（高宗六一六、二一）

（**乾隆**三三、六、丙子）諭：據管理三庫大臣奏，驗兌粵海關委解關稅一項，共短少銀六千四百餘兩，請令德魁明白回奏一摺。關稅解部，自應按數兌准，即偶有短缺，何至數千餘兩之多？且每錠竟有不按十兩定例，短少數錢至一兩者，更不得藉口於彈兌時之手輕手重；並不得以備帶添平之數，改解水腳正項爲詞，妄行牽混。著傳諭李侍堯，將此項關稅因何致有短平之故，詳悉查明，據實覆奏。關務原係督臣兼管，見聞尤爲親切，斷不可稍有瞻徇，思欲顢頇了事。至德魁前次差人進京，即有私帶稅物銀兩之事，今起解關稅，復短少如許，看來德魁在任，一切不甚妥協。著李侍堯將伊平日辦事若何，居官聲名若何，是否能勝監督之任，一併據實奏聞，候朕另降諭旨。原摺併鈔寄閱看。尋奏：查粵海關起解稅銀，舊例於水腳項下，備帶添平銀，嗣因水腳歸公，德魁起解乾隆三十一年稅銀，因將水腳內扣除添平銀，仍歸本款解交，遂致無項可支，兌收短少。查德魁爲人小心謹慎，經理權政，並屬妥協。至前次進貢帶有銀物，查伊在任二年，或係積存廉俸，帶往京中，至侵公營私，尚無其事。報聞。（高宗八一三、六）

（**乾隆**三三、九、癸丑）又諭：本日戶部議覆李侍堯回奏，粵海關稅餉彈兌短少緣由一摺，已降旨依議行矣。但其中原委，殊難明晰。該關起解課稅，如果照依部頒法馬，足數彈兌，自不至解京時，兌收或有短少，即有虧缺，亦何至六千四百八十餘兩之多。且添平一項，每千兩覈准十五兩，各關俱畫一定例，何該關獨有不敷，尚須另備添平銀兩，以致歷年牽混開銷。又各鞘所短少之數，多寡大相懸絕，更不得藉口於一時之手重手輕所致。據銀庫詢之解員，領解時從數百餘鞘中抽兌十餘封，已有短少，則其未經抽兌各封短少之數，均可例推。此或該關恃有鞘外添平一項，於入鞘之銀，並未彈兑足数，亦未可知。否则各关同此部颁法马，内外自应同此兑收，粤海一关税饷起解，岂自今日始乎？何以该关饷鞘，兑收独多亏缺。今虽经该部定议，将该关节次短平银两觐追，行令嗣后照各关之例，画一删除鞘外加平名目。而该关从前究系如何办理，致屡有短少；何以同一水脚归公，各关俱已遵行，而该关独致办理周章；该督覆奏时，因何转诿之解员；并请嗣后徵收税银，照依解部法马足兑。种种情节，俱不可解。著传谕李侍尧，再行详悉确查，据实明晰覆奏。寻奏：兑银装鞘，实无别情，惟添平一项，近因水脚归公，以致逐年解银短少。而此次所解正饷，较前几倍，是以短平之数尤多。至前次覆奏，言及解员，诚恐其中途有弊。今既经部查明，所有兑少银，自应令该关补解。其鞘外加平，久奉部行删除，独粤海关办理未能画一，请嗣后起解时，照部定章程，逐一兑足，毋许临期抽兑。报闻。（高宗八一九、三〇）

（乾隆三三、一二、丁卯）谕军机大臣等：鄂宁奏，查出闽海关税银那新掩旧一摺，已传谕令明福由驿来京，先行询问。关税尽收尽报，原属一定之例，如有徵收偶遇短少，不能足额之年，经部驳令督抚等查觐，覆奏属实，亦无责令赔完之理，何得将下年税银提补前额？其中若非侵蚀舞弊，何至自甘那移掩饰若此。况下年之税补入上年，下年再有不足，辗转提补，无论后任之人难以接受，且由此日就亏缺，势又何所底止。又所短止有一万二千馀两之数，而提补乃至一万七千有馀。虽委员供系拨补石玛等口缺额，此等各口课项，何以又不归入闽海关正数之内？种种殊不可解。著传谕鄂宁，即将那掩情由彻底清查，务使水落石出，毋任稍有隐匿。所有委员彭誉，即一面革职，并关口书吏人等，严行究讯。此摺暂停交部，俟审有大端，具奏到日，再降谕旨。先将此传谕鄂宁，速查奏闻。（高宗八二四、二八）

（乾隆三四、五、戊子）又谕：户部议，粤海关盈馀短少，请交该抚确查覆奏一摺，固属循例驳查。但关税比较盈馀，惟期觐实。粤海关此次盈馀银数，虽较三十一年短少，而觐之三十年，则尚多银四万馀两。并据该督声明，是年风信稍迟，洋船少到，自属实在情形。与其如闽海关之提后补前，致徵收年款不清，又何若据实奏报之不致欺饰乎？且使各关盈馀之数，竟至节年递短，及声说情节支离，自当切实觐查，以杜侵隐之弊。今粤海关洋船迟到之故，既有可凭，又较再上一届有盈无绌，即令按例行查，不过照常奏覆，仍属具文无益。所有此案短少银两，著准其觐销，毋庸再行驳查。（高宗八三四、一三）

（乾隆三七、七、己未）谕：据弘晌奏，闽海关各口岸，委员徵收税课，請咨部分記功過一摺，所辦非是。各關口分派委員稽察，就其勤惰，分記功過，以示勸懲。乃該管關衙門，自應酌辦之事，本非可由部議敘議處，是以前歲弘㫰條奏時，即批不必交部，令與鐘音詳酌辦理。嗣據鐘音議覆，此款應聽該衙門自行辦理，而文員考覈功過，毋庸另辦。因爲允行，今弘㫰奏到，竟按分數盈絀，開列清單，請咨部稽覈，殊屬瑣屑不成事體。國家設立権關，原以稽查姦宄，巡緝地方，即定額抽徵，亦恐逐末過多，藉以遏禁限制。至各口岸商船出入，每月多寡不同，稅額即因之盈絀，豈能豫爲定數？且委員等如果有多徵少報，及勒索賄放等情弊，查出即應治罪。若因此繁設科條，按月額爲殿最，非惟事涉紛繁，不成政體，並恐委員等畏過貪功，違例浮徵，苛刻商賈，其流弊將無底止。即如昨歲淮關監督方體浴，因上年過關船少，額數不足，遂爾多方煩擾，轉致商販裹足不前，經朕察其辦理不善，將伊交部嚴加議處，即寓防微杜漸之意。朕辦理庶政，務崇大體，從不肯爲繁碎難行之事。至徵権一事，惟嚴稽官吏之侵剝，不使絲毫累及商民。弘㫰所奏不可行，并着傳旨申飭。仍通諭中外知之。（高宗九一三、一七）

　　（**乾隆三八、一一、甲申**）是月，福州將軍薩哈岱奏：巡查閩海關口，凡商船進出，按照則例徵收，不許分毫加派。稅館坐落，亦適當客貨聚集要地。各設哨船，盡夜巡遊，並委精明强幹之員，嚴行約束，不致通同偷漏。如將來有關利弊應行興舉之處，自當隨時奏聞。得旨：知道了。法在人爲，期以實力可也。（高宗九四七、二七）

　　（**乾隆四三、一、壬午**）又諭曰：楊景素奏，准戶部咨駁，粵海關徵收盈餘稅銀，乾隆四十年分比較前三年銀數短少，請旨交臣嚴行覈勘。隨經選委道員，前赴該關，詳確查明。實因是年洋船較上屆少到八隻，貨物又粗多細少，以致短絀。其所少銀兩，仍責令前任監督德魁賠補等語。海關稅項之盈絀，自應視洋船之多寡，若此次洋船，較上三屆果俱少到，則稅課自無從多收，並當加恩免其賠補。若到關洋船數目相同，僅言貨物粗多細少，究係辦理不善，托詞迴護，自應按數著賠。著交戶部，會同總管內務府大臣，查明據實具奏。（高宗一〇四九、一二）

　　（**乾隆四三、二、丙申**）諭軍機大臣等：前據楊景素查奏，粵海關徵收盈餘稅銀數目，比較前三年短少二萬餘兩，應責令前任監督德魁賠補一摺，現交戶部，內務府會同覈議。據奏稱，前此洋船少到之年，亦有與此次相同者，而稅項較多。此項虧絀，自係辦理不善，不得以貨物粗多細少爲詞。應請在德魁名下追賠等語，固屬照例覈議。第念德魁兩任粵海關監督，其平日辦事，較之他人，尚爲奮勉，人亦頗有良心，所有短少盈餘數目，朕信其斷無侵蝕情弊。況德魁現已身故，是以加恩免其賠補。但洋船少到數目，上屆亦有相同，何以稅課盈虧頓異？或因德魁查察未周，其家人長隨與該關胥役通同作弊，侵漁中飽，亦未可定。朕所欲加恩者，惟在德魁，若果有此等情弊，不可不切實究追，從重處治。李質穎本係兼管關務，圖明阿現係接任之員，如伊家人胥役輩果有情弊，無難察訪。況該關存有經徵底簿，更易覈查。著傳諭李質穎等即行詳細稽覈，嚴密察訪。若查出弊端，即一面具奏，一面查拏究審，務使水落石出，不可顧頇了事。若實無情弊，及因何盈餘缺少之故，亦即據實奏聞。將此由四百里諭令知之。尋奏：該關乾隆四十年分洋船及本港經徵底簿，並原報底單，覈對相符。至洋船到口，向由行商將貨物開單呈報，本官遣書役家人與夷商通事等查驗。且稅銀總以船之大小，貨之粗細爲差，德魁胥役家人等實無侵漁情弊。報聞。(高宗一〇五〇、七)

（乾隆四五、一二、乙丑）諭：粵海關經徵課稅，向來原視洋船之多少，貨物之粗細，以定盈絀，非滸墅等關徵收內地貨物者可比。所有圖明阿短少銀三萬二千二百餘兩，據稱係船小貨粗，尚屬有因，著加恩免其賠補。嗣後該部查覈粵海關徵收課稅，即以該年之船隻貨物覈實考察，毋庸照各關例，將上三屆比較。(高宗一一二一、五)

（乾隆四八、二、乙亥）又諭曰：戶部議駁，永德徵收閩海關稅銀短少，例應賠補，不准分限完繳。自屬照例辦理。但永德摺內所稱，前歲江浙兩省，秋間遇有風潮，及上年四月臺灣地方猝遇颶風，各該處商船稀少，以致徵收虧短。查覈情形，尚非捏飾。所有比較短少銀三萬一千三百九十六兩有零，著永德賠補一半，按限完繳，其餘一半，著加恩寬免。(高宗一一七四、二五)

（乾隆四八、三、戊午）諭軍機大臣等：據戶部議駁，粵海關監督李質穎所收本年稅銀，較乾隆四十一、二兩年各缺少銀六萬七千餘兩，請著落照數分別賠補等語。該關徵收贏餘，屢形短絀，該監督自應實力稽徵。乃年復一年，逐漸虧絀，本年竟短少贏餘至六萬七千餘兩之多。即云船隻稀少，亦斷無每年俱係船少貨粗之理，恐不無以多報少，借端侵蝕情弊。巴延三兼管關務，自不便責令查覈。著傳諭尚安，即提齊該關徵收號簿與該年所到船隻貨物數目，逐一秉公切實嚴查，有無侵隱情弊，據實覆奏，候朕再降諭旨。戶部摺著鈔寄閱看。(高宗一一七七、二九)

（乾隆四八、六、辛酉）又諭曰：戶部議奏，粵海關徵收贏餘，比較短少銀六萬七千三百餘兩，仍著落該監督及該管關督撫照數賠補一摺。此項虧短銀兩，部議著令該監督等賠補，自係照例辦理。第念該關短少綠由，究因到關洋船較少所致，且據該撫查明，尚無以多報少藉端侵蝕情弊。但似此年復一年逐漸短絀，於權政大有關係。所有此項應賠銀六萬七千三百餘兩，著加恩寬免一半，其餘一半，著照部議令該監督及該管關督撫，各按經徵管理月日久暫，照數分別賠補。（高宗一一八二、三）

（乾隆四九、三、甲寅）又諭曰：留京辦事王大臣議覆福康安、舒常等籌酌粵省洋行事宜一摺。內稱該督撫及監督等土貢內，購買洋貨鐘表等物，務令洋行各商公同定價。又洋貨內珍珠寶石等項，抽稅易於偷漏，應令新任總督監督等，悉心籌酌，以期永久無弊等語。國家撫卹外洋，不貴異物。每歲番民與內地洋行交易貨物，摔霑利益，原所以體卹商夷。至洋貨內鐘表等物，不過備驗時刻，向來粵海關原有官買之例，而廣東督撫監督等往往於土貢內亦有呈進者。今內務府造辦處皆所優爲，更無事外洋購覓，既經查明，自應嚴諭裁禁。嗣後督撫等於鐘表一項，永遠不准再行呈進。至珍珠寶石等項，原無需用之處，向來海關抽稅，亦屬無多。況此等物件，本難定價，易至居奇，且便於攜帶藏匿，勢難保無偷漏分肥，否則過於吹求，若設法嚴禁，逐項搜查，實屬不成事體。現在京師及各處關隘商稅則例內，本無此項稅課，不如聽商人等自行交易，免其收稅，則諸弊悉清，更無庸多爲防範。嗣後粵海關珍珠寶石，概不准徵收稅課。著爲令。（高宗一二〇一、三二）

（乾隆五〇、二、壬寅）諭：粵海關短少盈餘銀兩，本應著落經徵各員照數分賠，但念上年洋船到關較少，以致稅課短絀，然較之四十四五等年，已多收銀十餘萬兩至八九萬不等。所有此次短少贏餘銀四萬九千餘兩，尚因短到船隻所致，著加恩免其賠補。（高宗一二二五、八）

（乾隆五二、一二、辛亥）諭：據徐嗣曾奏，閩海關本年徵收稅銀，比較上年短少至九萬一千九百餘兩，常青、恆瑞俱身在軍營，未便照向例分任攤賠。懇將本年應賠銀兩，統在徐嗣曾名下養廉內坐扣歸款等語。本年臺灣逆匪滋事，前後派調官兵，陸續配渡，並節次運送軍餉，商販船隻較稀，以致稅額短少，其事尚屬有因。所有本年閩海關徵收稅銀短少九萬一千九百餘兩，著加恩寬免。（高宗一二九五、一二）

（乾隆五三、一二、丙午）戶部議覆：閩海關徵收盈餘銀兩，較前屆短少，請著落管關各員賠補。得旨：戶部議覆閩海關一年期滿，徵收盈餘，比較上兩屆短少銀五萬三千七百二十餘兩，請著落管關各員，按經徵月日，照數賠補等語，固屬照例辦理，第念上年冬間商船裝載赴臺糧餉，今春又復配載凱旋官兵，兼之臺郡所產貨物較少，以致客稅無多、盈餘短絀，尚屬有因。所有此次閩海關短少盈餘銀五萬三千七百二十餘兩，著魁倫、徐嗣曾、

伍拉納各按經徵月日，賠補一半，其餘一半，著加恩寬免。（高宗一三一九、九）

（**乾隆五四、一一、戊戌**）又諭曰：魁倫奏，閩海關徵收稅課，一年期滿，比較五十一年分，少徵銀四萬五千七十七兩零，請照數賠補，分限完繳等語。該省本年漳泉一帶雨澤稍缺、商民販運較稀，以致稅課短少，尚屬有因。所有短缺銀四萬五千七十七兩零，著加恩寬免一半，餘著分限完繳。（高宗一三四三、三）

（**乾隆五七、六、丙子**）諭：戶部具題起解粵海關雜項銀兩一本，內稱，該關徵收關稅贏餘銀兩，自乾隆五十五年九月起，至五十六年九月止，比較上屆短收銀十三萬有零，議令該監督等，各按經徵月日，照數賠補等語。因思向來關稅贏餘短少銀兩，如係該監督等辦理不善，自當照數著賠。但粵海關稅課之盈絀，總視洋船之多寡。上年該處徵收短絀，係洋船到少，貨物較稀所致，尚非該監督等辦理不善。所有此次短少贏餘銀十三萬零，著令郭世勳、額爾登布各賠銀一萬兩，其餘著加恩寬免。（高宗一四〇六、一八）

（**乾隆五七、一〇、己丑**）諭曰：戶部議覆，閩海關徵收稅課，一年期滿，比較贏餘，短少銀三萬二千三百一十兩零，請著落該將軍魁倫照數賠補一摺。固屬照例辦理，第念該關上年冬令，進口稅貨無多，本年夏秋，又值洋面颶風時發，船隻到關稀少。盈餘短絀，尚屬有因。所有此次短少銀三萬二千三百一十兩零，著魁倫賠補一半，令其分限完繳，其餘一半，著加恩寬免。（高宗一四一五、一八）

（**乾隆五七、一一、乙巳**）諭：戶部奏，粵海關徵收贏餘銀兩，短少十一萬六千一百三十八兩零。本應著落該督撫及該監督照數賠補，但念爲數較多，現在另降諭旨，酌定章程，查覈辦理。所有此次短少贏餘銀兩，姑著郭世勳、盛住各賠銀一萬兩，餘著加恩寬免。（高宗一四一六、一一）

（**乾隆五八、一一、辛卯**）諭軍機大臣等：據蘇楞額奏，粵海關此次徵收銀兩短少盈餘一摺。內稱，盛住任內徵收十個月零二十三日，福昌署理一個月零七日，共收銀八十八萬五千餘兩，與上屆比較，少收銀一十二萬五千餘兩等語。向來關稅短缺盈餘銀兩，雖例按經徵月日分賠，但何人任內短缺若干，摺內自應分晰具奏。今該監督摺內，祇係籠統聲敘，殊欠明晰。著傳諭蘇楞額，即將盛住、福昌任內，各短若干，是否福昌因暫時署事，所派駐防人員，經理未能妥協，以致稅課缺少之處，據實具奏，以便交部覈議。（高宗一四四〇、二）

（**乾隆五九、六、丁卯**）諭：戶部議覆長麟奏，粵海關五十八年分徵收短少贏餘確數，比較五十五年分，短少銀二十四萬餘兩，請著令前任監督盛住、署監督福昌分別賠補一摺，固屬照例辦理。第此次到關洋船，比較五十五年分，少至十五隻，徵收短絀，尚屬有因。所有此項短少贏餘銀二十四萬餘兩，著盛住、福昌各按經徵月日，共分賠銀二萬餘兩，其餘二十二萬兩，著加恩寬免，以示體卹。（高宗一四五四、二一）

（嘉慶四、六、甲寅）諭内閣：御史德新奏請酌增山海關稅口盈餘一摺。據稱山海關新奉減定盈餘四萬九千四百餘兩，較歷年所解，短至二萬五千餘兩，恐盈餘既有定制，未必儘收儘解，徒捐國帑而肥吏胥。請將山海關盈餘，再增二萬，其餘各處，仿此酌增，餘者儘收儘解等語。所奏殊屬非是。朕於本年降旨將各處關稅盈餘，量為酌減，原以加惠商民，俾資寬裕，並非使收稅官吏，藉爲沾潤侵蝕地步。況山海關稅務，每年全視海船所到多寡，爲徵收贏縮，若遇海船少到年分，即不能多有盈餘。此等情形，朕在藩邸時，即知之甚悉。該御史前任山海關監督時，徵解盈餘七萬五千八百餘兩，亦係適值收稅豐旺年分，豈得援爲常例？如司榷務者，果有不肖劣員，因盈餘減有定額，任意多徵少報，藉肥私橐者，科道得有風聞，原可指名劾奏。而朕一經察出，必將此等貪黷之人，按入己多少之例治罪。然亦不肯因一人一處，有此弊端，即將各處盈餘仍行概增數目。且朝廷政令所出，原示人以公信，今盈餘既已減定通行，豈有行之未久，輒因該御史一言，又復紛更之理？德新所奏，近於言利，殊非朕體恤商民之意，著將原摺擲還。但該御史既有此奏，恐該省關稅因更制較寬，不行儘數報解者，亦所不免。著通諭各省管理關務各員，自盈餘減定不行比較之後，固不得稍事苛收，儻遇徵收豐旺之時，當覈實辦理，儘收儘解，亦不得以盈餘業經減額，將多收稅銀隱匿不報，徒飽官吏私囊，有損國帑。儻有前項情弊，一經科道劾奏及朕有所訪聞，必當從重治罪，決不輕恕。（仁宗四七、二五）

二、稅收概況

（一）常關

（康熙三七、一二、庚申）革通政使司通政使達爾漢職，以前任淮安關監督虧空稅銀故也。（聖祖一九一、二六）

（康熙五八、八、壬寅）戶部議覆：蕪湖關監督赫昌疏言，蕪湖關缺欠錢糧，因江西、湖廣糧船二千餘隻，每年過關，旗丁任意將貨物滿載，船尾拴扎木筏，不令查驗。請諭總漕，令兩省糧道於本處糧船載米起運後，親身先行到關查驗放行。如有裝載貨物木筏，盡行入官，庶於糧船無惧，而關課亦不致多缺。應如所請，令總漕於湖廣、江西二省漕船載米起運後，令各該糧道至上流漢口吳城馬頭，親身稽查。仍嚴飭押運官弁，每船照定例除六十擔土宜外，不許多載私貨。如有違例多載及拴扎木筏過關者，將貨物入官，該管糧道、押運官弁一併題叅治罪。從之。（聖祖二八五、五）

（雍正二、三、壬寅）江西巡撫裴𢓺度摺奏：湖口關稅贏餘，應悉解部。奉上諭：今歲贏餘，是爾等清釐所致，但數覺過多，儻額外剝削商民，則斷然不可。關稅多少，係於年歲之豐歉，難可預定，或遇不及之年，不可勉強必求足數，不然，是又增加稅額矣。當嚴飭胥吏，毋致苦累商民。（世宗一七、二七）

（雍正六、五、己未）戶部議覆：原任蘇州織造兼理滸墅關稅務高斌疏言，滸墅關稅務，向經監督高璘題請部頒則例，刊榜懸掛。但歷來商稅，實未照例抽納，浮溢居多。查現在該關所行則例，亦甚平當，商民稱便。應將所有詳悉數目，據實開報，請下部查核，刊定成例，永遠遵行。應如所請。並行令各省經理關務之處，有似此陽奉陰違者，悉行奏請查核，以昭畫一。從之。（世宗六九、三）

（雍正六、一一、庚午）諭戶部：廣西梧、潯二廠稅課，每年贏餘銀三萬一千四百餘兩，著交與該撫，賞給府州縣及佐貳官，以爲養廉。其雍正四年四月以前，各官所收贏餘銀兩，俱從寬免其追賠。（世宗七五、二〇）

（乾隆一、三、甲子）兩廣總督鄂彌達、廣東巡撫楊永斌奏：近年稅羨，較之七年分數目不足，係各官侵蝕。今查尚屬因公用去，應邀豁免。並鄉鎮村落稅口，全行裁革。得旨：奏內所稱稅羨，既有可諒之情，且係已往之事，著從寬免追。若因朕此旨，而後來收稅之員徒飽私囊，肆無忌憚，而於國課有虧，商民無補，則不但有司之著追如前，而汝等督撫之治罪，必較前仍加倍，決不姑寬。將此旨令通省官員知之，仍行咨部可也。（高宗一五、三五）

（乾隆二、一、庚子）諭總理事務王大臣：據原任江西巡撫俞兆岳奏報，乾隆元年，九江、贛州兩關稅課贏餘銀兩，較前任共減收九萬有餘。此事現已交與該部及新任巡撫岳濬，查覈奏聞。朕前因各省關稅於正額之外，每多無名之費，恣意科索，苦累商民，是以降旨釐剔弊端，將應行減除者，概令禁止。全在督撫大臣等，督率司榷之員，潔己奉公，實力遵行，以副朕輕徭薄賦，加惠商民之至意。今就江西一省言之，已少收銀十萬兩，推之各省，則約計百有餘萬矣。如果商民得沾實惠，即更逾此數，亦朕所樂聞，有何吝惜？但從來關榷稅務，與百物價值，原係相爲表裏。如果關稅減輕，則物價亦必平賤；若稅輕而價仍不減，群情亦不能帖服，此一定之理也。今京師貨物價值，日見騰貴，而外省亦復不減於前。是各關所減課銀，商民並未沾被恩澤，徒飽吏胥之囊橐耳。……（高宗三四、五；東二、一）

（**乾隆三、二、壬子**）蘇州織造郎中海保奏報滸墅關稅缺額。得旨：覽。但能潔己奉公，絲毫不染，則稅額之盈縮，原屬無定，何必以缺課爲慮耶？（高宗六三、一九）

（**乾隆六、二、戊申**）大學士等議覆監察御史金溶條奏。一、督撫保舉州縣，務開惠民實蹟，不得泛填撫字浮文。應如所請通行。一、關稅贏餘請免報解。查乾隆元年以來，贏餘較前減少，而商民仍不免苦累，則榷關吏，借贏餘以恣勒索所致。應敕督撫查各關私設口岸，禁革違例多方巧取各色。一、請豁免直省帶徵錢糧。查此項完納分數不等，概予蠲除，是被災無輕重之分，受恩有厚薄之異。且此例一行，將來必至並帶徵之例，亦有難行之時，則利民轉以病民。應毋庸議。從之。（高宗一三六、二七）

（**乾隆六、三、癸未**）戶部議奏：坐糧廳納拉善等奏銷乾隆四年稅務，缺少贏餘銀兩，恐有徵多報少情弊，應令倉場侍郎再查。得旨：此事又何必交倉場大臣查核？即查核，諒伊等必仍照從前辦理。將內務府郎中恩特補授坐糧廳，令其辦理一年試看。一經比照，有無弊端，即可得知。至奏銷時，將此摺一併具奏。（高宗一三九、四）

（**乾隆六、一二、甲午**）定考核關稅贏餘例。諭：各省關稅，定有正額，而儘收儘解，自有贏餘，此不過杜司榷侵蝕之弊，並無有累於商民也。但各省年歲之豐歉不同，貨物之多寡亦異，其贏餘原不能每年畫一。近見各關報滿之時，其贏餘浮於上年，則部中不復置議；如減於上年之數，則部中即行駁查。司榷者惟恐部駁，必致逐歲加增，年復一年，將何所底止？苦累商民，事有必然之勢。朕思關稅贏縮，相去本不致懸殊，若乙年所報贏餘之數，稍不及甲年，原可不必駁查；若過於短少，亦必有情由，惟應令督撫確查，則地方實在情形，自難逃於公論。總之查核過嚴，則額數日增，其害在於衆庶；查核稍寬，則司榷侵蝕，其損在於國帑。此中輕重，固有權衡，況清廉之吏，斷不肯侵帑肥家；而不顧行止者，終必敗露，亦斷無安享無事之理。海保輩豈非其明驗耶？其如何定例之處，著大學士會同該部詳議具奏。尋議：凡各關贏餘，如與上年數目相仿者，戶部即行考核具題，如本年所報贏餘，與上年數目大相懸殊，令各該督撫就地方實在情形，詳細確查，有無侵隱等弊，據實覆奏；倘該督撫查奏不實，與該監督及委管關員等扶同徇隱，別經發覺，將該督撫等一併交部議處。著爲定例。從之。(高宗一五六、三；東四、二四)

（**乾隆九、二、戊寅**）[湖北巡撫晏斯盛]又奏：關稅銀多官吏染指，胥役侵漁。今確查荆關盈餘，乾隆八年五月至十月，計四個月，盈餘銀八千四十一兩有奇。查該關盈餘，遞年盈縮難齊，乾隆五年，一萬三千四十九兩有奇，乾隆六年，一萬四千七百五十五兩有奇，乾隆七年，二萬七千五百七十一兩有奇。本屆盈餘，較之七年雖不足，較之五、六年則有餘，再以原少日期計扣，不甚相懸。得旨：如此錙銖較量，竟似一篇言利章奏，奏於朕前，不知汝出何心耶？果汝稽察嚴密，或者自不染指，雖少何妨？若有如上所指之弊，即費詞掩飾，亦無久而不露者。且如此居心，亦不過內府微員，只司關稅者尚可，汝爲一省巡撫，亦國家方面之寄矣，如此居心行事，尚可問耶？此奏亦不交部，縱交部議駁，不過如是登答而已。汝等伎倆，朕實洞悉，批諭使知愧耳。(高宗二一一、二七)

（**乾隆九、二、戊寅**）監督荆關稅務內務府郎中富貴奏報，徵收數目，送部考核。現在嚴飭遵行，不許奸民地棍，把持包攬，致虧課額。得旨：覽。勉力爲之。但自不存貪利無恥之心則可，不必過求稅銀增盛之鄙見也。(高宗二一一、二八)

（**乾隆九、四、庚午**）户部議覆：奉天中江稅銀，每年定額四千八兩零，自雍正八年、十一年、十二年，乾隆元年俱不缺額外，其餘年分皆缺額，自一百餘兩至一千數百兩不等。節經条奏追賠，而缺額如故。實由貿易人等，較前稀少。今既據該侍郎雙喜等查明確實情形，自應如所請，派各部司員試收定額。倘朝鮮有謝恩等事，與商人貿易者多，於定額外儘收儘解。至稅務監督，臣部既議於京員派往，則五部毋庸揀選，俟京員徵收定額後，再照舊例揀員接徵。再中江去奉天百餘里，京員初到，用度浩繁，盤費應較奉天城內之牛馬稅差員，量爲加增。即於該年所收火耗內，歲支銀三百六十兩。從之。(高宗二一五、一三)

（**乾隆九、七、辛丑**）諭：近來外省吏治，率多欺蔽，即如江南滸墅關，乾隆六年十一月至七年十一月，稅銀缺少一案，經户部駁查去後，今巡撫陳大受、署布政使愛必達查奏覆稱，實係按月計算，未經減少，並無絲毫侵隱等語。朕之裁減各關稅課，並免米麥稅銀，無非普惠商民之至意。從前有旨，盈餘減少，户部不必過於苛察，惟令督撫就近查奏。乃自有此旨之後，各處所報盈餘，無不減少者，而督撫之查奏，亦不過虛應故事。該管官員，未必不無染指，或委用不得其人，旁有透漏，該員以正課不虧，遂爾疏忽，究之非實在徵收之數目。其奏報短少緣由，則皆以年歲不齊爲詞。豈有各省之殊，數年之久，歲收盡皆不齊乎？至督撫之查核，亦祗據屬員回覆，並無實力查出略有異同者。近來部中竟有以此等爲刊板稿案之語，此豈成政體哉？故自減免稅課以來，米豆價值仍然昂貴，而於商民未見有益，於稅課日見有虧，轉使官吏得以高下其手也。朕頗覺其弊，用頒此旨，通行訓飭。朕既寬免稅課數百萬兩之多，豈較量此些小盈餘之數？各督撫及司稅官員，毋得錯會朕意，以報增盈餘爲念。但嗣後務須核實辦理，無欺無隱，不得視爲具文。朕從前降旨時，會計之臣有以此旨若下，各關稅必至一年少於一年者。朕謂之曰，此弊朕豈不知，但得商民獲一分利益，則雖稅額缺數分亦可；不顧行止者，終必敗露，海保輩即明驗也。以今觀之，商民並未得一分利益，則大非朕從前降旨之本意矣。而必令符朕前旨，則又非朕所厚望於各督撫及司稅者也。（高宗二二一、一九；東六、二六）

（**乾隆一〇、三、戊戌**）諭軍機大臣等：朕前降旨。寬免各關米麥稅銀，所以紓商力而平糧價，實普惠民生之至意也。又恐盈餘減少，户部稽覈過嚴，是以降旨，惟令該撫就近查奏，無非欲得其實情耳。乃歷年以來，朕留心體察，自降旨免稅以後，所報盈餘，無不短少者。故上年又復降旨，訓諭各督撫等，務期覈實辦理，不得視爲具文。近日以來，各省所報米糧過關之數，日見其多，而稅課交官之數，日見其少。即如臨清關，七年免過米麥稅一萬七千二百九十餘兩，八年即免過米麥稅四萬七千三百餘兩；淮安關，七年免過米豆稅十九萬三千四百餘兩，八年即免過米豆稅二十五萬六千八百餘兩；滸墅關，乾隆七年，一年免過米豆稅二十一萬二千餘兩，八年分四個月，即免過米豆稅九萬六百九十餘兩；再臨清關，六年缺額八千四百餘兩，七年即缺額一萬五千二百六十餘兩；由閘，七年缺額一萬一百五十餘兩；其他關口，大率類此。夫年歲即有不齊，而每年過關米糧，其多寡之數，大約不甚懸殊。若果過關米豆，遞年有加，則彼處米豆價，即應大平，何以各督撫所奏糧價摺中，又未有較往年大平之處？況米豆免稅之條，並非先免何項，續又增免何項；又非於米豆之外，添免別項，稅銀何以逐年遞減如此？其中委曲，實有可疑。該管官員，即無染指，其所委吏胥人等，未必一無透漏。以致米稅雖蠲，米價未減，而商民未受其益，稅課日見有虧。朕特恩蠲免，不惜百萬之多，豈惜此區區盈餘，加之計較？特以惠不及商與民，則政爲徒善，且恐漸啟侵隱之端，轉使臣工罹於罪譴，則甚非朕恤商惠民之本意矣。各該督撫等，其善體朕心，毋錯會朕意，務遵前旨，覈實辦理。仍將所

以遞年減少之故，明白奏聞，勿事隱飾。(高宗二三七、一〇)

（**乾隆一一、閏三、戊午**）諭軍機大臣等：前因鳳陽關監督普福，誤免銅觔水腳等銀，部議著令賠補，經朕傳諭寬限，令伊於養廉內節省還項。今據普福奏稱，今歲徵收盈餘數目，比較七年以前，更多十數萬兩，通融彌補著賠之項，不需三年，可以清完等語，甚屬乖謬。伊不知感朕寬宥之恩，而尚敢爲是謬妄之語，是自取罪也。況查伊管關以來，盈餘並未加多，且有缺額之年，伊不過藉免過米豆之稅，以充數而已。即此可見其餘關稅，未必全無隱匿。伊若如此設心，必至辦理不妥，重獲罪譴，將來亦斷不能逃朕之洞鑒也。著傳諭嚴行申飭之。(高宗二六三、八)

（**乾隆一一、五、甲子**）浙江巡撫常安奏：准戶部咨查北新關應徵乾隆十年盈餘銀四萬六千八百九十餘兩，因何較上年短少一萬三千八百五十餘兩之處。臣查嚴衢一帶，上年秋冬久晴，溪水淺涸，商販阻滯，稅虧並無別情。得旨：此等竟成鐵板公案矣。另行詳查具奏。(高宗二六七、二四)

（**乾隆一一、七、戊午**）又諭軍機大臣等：著寄信與阿忒依，以中江稅課，往往虧缺，始令伊前往試收，今觀所報二年稅銀數目，較前歲所收轉少。此或因伊辦理人參事務，以致疏忽；或係伊不認真辦理。阿忒依係朕簡用試收之人，如果難辦，必至虧缺，亦當據實奏聞，或札知訥親，令其代奏。乃二年皆如此苟且辦理，殊屬不合。著申飭行，並令伊將如何少收情節，據實陳奏。(二七一、一六)

（**乾隆一二、一一、丙申**）諭軍機大臣等：四川巡撫紀山查奏渝關缺額情形，據稱乾隆十一年，商販悉赴深山，砍運木植，抵關希少，於定額尚不敷銀一十二兩零，該撫捐補足額報解等語。榷關徵稅，祇應盡收盡解，如果經理不善，以致缺額，即應照例題明，議處賠補，自有定例。若因爲數無多，聽其私自捐補，無此政體。且此端一開，不肖之員，反得以藉口，必將盈餘藏匿不報，以官帑飽其私橐，而指零星小數，爲捐俸墊解，流弊何可究詰？渝關缺額之處，本不應捐補，即實係捐解，亦不當見之章奏。紀山據查報之語代爲奏聞，所見甚屬瑣屑。著傳諭知之。(高宗三〇二、一四)

（**乾隆一四、一二、壬午**）又諭軍機大臣等：山海關監督高恆所奏，此次盈餘銀五萬三千餘兩，著將三萬五千兩，解交海望，其餘一萬八千餘兩，俱著賞給高恆。伊初管稅務，能實心經理，是以從重賞給，以示獎勵。且伊父高斌，應賠官項甚多，令其於此內留銀四五千兩，以供用度外，餘俱著代伊父交納帑項。下次如能似此實力辦理，朕仍加以重賞，俾伊父所欠官項，得以陸續清還，亦伊分內之事。幷令伊於家信中，寄與伊父高斌知之。(高

宗三五四、一〇）

（**乾隆一五、一、癸酉**）諭曰：原任安徽道武忱，前衛哲治請調補別省簡缺。今該部帶領引見，朕觀其人，尚非不能辦事之員。衛哲治之奏，必因武忱經管蕪關稅務，該年所收盈餘過於短少，恐於己有累，不敢留委管關。又未查出情弊，無可指糸，遂以改調陳奏，巧爲卸責。因令軍機大臣查覈情節。今據武忱稱，所收十三年分盈餘，雖短至四萬三千餘兩，而十一、十二年分盈餘，則爲數較多，統計三年所收，比之前任，有多無少。並稱衛哲治赴江寧省城，路過蕪湖，曾將奏聞情節告知，以致款曲。是衛哲治並不詳查前後情形，據實聲說，朦朧奏請改調，有意取巧，殊失封疆大臣之體。凡屬員管理關務，如其營私舞弊，以致虧缺，自當徹底清釐，嚴糸究處。如其實收實報，本無弊竇，則商旅往來，時贏時絀，亦情理所有。若較上年短少，即爲不稱委任，將致年增一年，取盈爭勝，何所底止？不肖官吏，勢必刻剝行旅，以圖免咎，豈國家通商惠民本意？況督撫甄別屬員，惟當秉公持正，無徇無苛。督撫原係親信大員，果其舉劾明當，朕自能洞鑒，如但沾沾自爲，不顧屬員之屈抑，將何以使人心允服？衛哲治著該部察議，武忱著仍以道員用。各省督撫，皆有造就人材之責，并將此通行傳諭知之。（高宗三五七、一三）

（**乾隆一六、二、己巳**）軍機大臣等議准：原任湖廣總督永興奏稱，武昌關廠稅羨盈餘，向因湖北公費養廉，每年藩庫徵貯銀不敷支放，議將此銀統入充公項下。今查節年以來，藩庫積存充公耗羨等銀至三十九萬餘兩，遇水旱之年，亦敷支放，此項盈餘，請自乾隆十五年始，於起解正稅時，一併解部。從之。（高宗三八二、二）

（**乾隆一七、六、戊午**）又諭：據麗柱奏稱，荊關徵收稅課，自乾隆十六年六月至本年六月，除正額外，實盈餘銀三萬一千二百餘兩。因今春船隻往來無幾，比較上年，雖多收盈餘銀一萬九百餘兩，究不能十分充足等語。殊屬不知大體。關稅盈餘銀兩，該部定以比較之例，原以杜監督侵蝕之弊。今於額稅之外，既有盈餘三萬一千餘兩，比較上年，計多一萬餘兩，則據實奏報可也，何得又云究不能十分充足？必如何而後謂之充足乎？此不過以求益爲見好之地，而不顧立言之謬。所見甚爲卑鄙，著傳旨申飭。（高宗四一七、二三）

（**乾隆一七、一一、辛酉**）諭軍機大臣等：安寧奏報滸墅關乾隆十六年七月至十七年七月，一年徵收稅銀，較上屆多銀一十一萬有餘。據稱，因上年浙省歉收米貴，江廣各省販運赴浙者眾，是以較多等語。此言非是。從前關稅偶有缺少，督撫查覈，往往稱鄰省歉收，商販不前；若如安寧奏，情形正屬相反，豈足信耶。此蓋因上春朕巡幸江南，地方官豫行肅清河道，船多停泊未進，回鑾後，始各連檣直下。是以滸關之稅春夏較少，而秋冬以後較多也。安寧不知實在情形，漫稱鄰省米貴所致，殊屬未當。此摺已交軍機處節去此數語，交部覈議，可傳諭安寧知之。(高宗四二六、二)

(乾隆一八、一二、己亥)諭：各省奏報關稅盈餘數目較上屆短少，部議俱交督撫查明情由。該督撫不過據監督及管關委員所報，取結聲明具覆，從未有察出侵蝕情節，據實查糸者。章奏往返，竟成故套，甚屬無謂。朕思關稅時贏時絀，勢所不免。若該監督等無故短少，或任意侵肥，該督撫自應隨時查察，奏聞治罪；如其果無情弊，何必重復聲明，徒滋案牘。嗣後各省奏報關稅盈餘數目，該部覈覆時，無庸復交督撫查奏。(高宗四五三、五)

(乾隆二二、五、癸丑)諭軍機大臣等：工部覆奏，龍江關徵收盈餘銀數較上屆短少太多，議令詳查一摺，部駁甚是。二十年江浙被災稍重，客販稀少，較十九年盈餘數目已屬短絀；今二十一年盈餘，何至比被災年分更短至三萬二千餘兩？若僅照常行文駁查，該監督等仍以具結聲覆了事，則逐年短少，何所底止？此事在該監督等，即未必有徵多報少侵蝕情弊，其所委用家人胥吏，營私賣放，隱匿中飽之處，恐不能免。著交尹繼善、愛必達、高晉等將實在短少緣由，詳加體訪，查取經徵底簿，細細覈對，據實奏聞，不得稍爲徇隱。前因各省督撫，核奏關稅，不過據監督所報，重復陳奏，從未有查出實在情形據實糸奏者，何必徒滋案牘？是諭令停止。今特交尹繼善等查察，不得仍如前此之奉行故事也。不獨龍江一處，各關稅務俱應一體留心，隨時稽查。可一併傳諭知之。(高宗五三九、一七)

(乾隆二六、一、庚申)諭軍機大臣等：尹繼善覆奏乾隆二十四年蕪湖關稅贏餘短少摺內，稱是年江、浙兩省，各有被災之處，江楚油豆等貨，過關者少，是以贏餘較上屆短少等語。江、浙被災，以乾隆二十年爲甚，統計兩省災地共一百十一州縣，而是年該關贏餘尚有六萬七千餘兩。今乾隆二十四年江、浙災地，僅九十三州縣，且被災分數較輕，而該關贏餘何轉不及二十年之數？所奏未免仍屬故套。著傳諭尹繼善，令其再行嚴加查覈，據實覆奏。(高宗六二九、四)

(乾隆二六、八、丁丑)又諭：工部糸奏殺虎口監督期成額應徵大青山木稅額銀，並無絲毫報部一摺。此事殊不可解。該處稅項七千六百餘兩，係歷年常額，各監督相治承辦無異，何獨期成額一人竟無絲毫報部？即云可採之木甚少，亦應俟承辦經時，始有成規，又何以於甫經到任時，即將木無可採，請繳原領部票，尤情理所必無者。看來其中非係監督自圖中飽，豫爲先聲動人，即係胥吏等有心侵隱，慾恩期成額爲此咨報，均未可定。著傳諭鄂弼，令其密訪嚴查，並將該監督期成格各項木稅底簿，調齊確覈，一有弊端，即行據實覆奏。尋奏：詳覈底簿，詰訊胥吏，實因山木砍盡，積年相沿，以戶稅贏餘抵解工部木稅，並無徵多報少情弊。但前任監督按季抵解，期成額於前三季並未申解，經部嚴催，始將四季木稅於二十六年八月任滿時，支戶關贏餘解部。至其呈繳部票，因到任之初，適前任監督福勒寶以山木已盡，將原領部票呈繳請銷，節經部駁，仍行發領。期成額見部票無人肯領，稅額必致懸缺，是以於到任後呈部請示，係承前任達部之案繳票。報聞。(高宗六四二、三〇)

（乾隆二六、一〇、戊子）諭軍機大臣等：陳宏謀覆奏乾隆二十五年分滸墅關徵收額盈餘短少一摺，稱該年各處豐收，商販無利，以致米麥豆貨等船稀少等語。該關爲南北商船流通總滙之區，乃歲歉既易致短少，而歲豐又以商販無利，過船稀少爲辭，然則必如何始當足額耶？向來比較，總視雍正十三年爲準，著傳諭尹繼善，令其密提該關雍正十三年親填底簿，查明是年所過米麥豆雜貨船隻數目，實在若干，即速據實奏聞，毋任關員稍有含混。尋奏：飭員密提該關印簿，年遠無存，覈對底冊，實較雍正十三年徵額短絀。訪因過船稀少，並無徵多報少情弊。報聞。(高宗六四七、九)

（乾隆三〇、九、庚寅）又諭：穆什霞砍運木植一事，既據查明，戴保住並無短發逼勒等情，無庸再行查辦。至潘桃口監督五岱及前任監督赫達色，向多倫諾爾地方，違例重複抽收稅銀一節，如果全無確據，該商等何以控告紛紛，其中情節，尚須徹底根究。閻循琦、邁拉遜與五岱均係司員，不免官官相護，難得實情，著派禮部侍郎鄂寧，署理藩院侍郎伍勒穆集馳驛前往，會同秉公詳悉查明具奏。(高宗七四五、三)

（乾隆三〇、一一、壬申）軍機大臣會同工部議覆：欽差侍郎鄂寧、伍勒穆集等奏稱，潘桃口商人，例由該關監督給票，砍伐克什克騰山木，將大木趕運下河，抵關納稅，其餘細小木植，聽在本地售賣，或由張家口商人採買，併蒙古砍賣小木，概不徵稅。自赫達色等濫行徵稅，章程已紊，應請照舊辦理。至潘桃口監督，原不准擅至多倫諾爾地方搜查木植，但不肖官吏藉口水貨由旱運透漏，濫徵滋擾。查張家口監督但收該處商人旱運木稅，潘桃口所收係下河大木之稅，辦理殊屬兩歧。請嗣後統歸張家口監督管理，將潘桃口監督裁汰。每年春秋木植採運時，該監督親赴大河口稽查，將下河大木，烙印斧記，抵關報稅，旱運進口者，照張家口則例納稅，既易分晰，自

免滋擾。再潘桃口監督所管，尚有六小口，坐落永平府地方，離張家口遼遠，應歸通永道管理。從之。（高宗七四八、二）

（乾隆三二、六、己未）諭軍機大臣等：戶部查議，明山題覆潼關廳盤驗茶引，酌留書役紙劄藍紅銀兩一案，該撫從前奏請裁革，今復題請仍聽商衆供給，輾轉變更，漫無定見，應令查明覆奏等語。已降旨如議行矣。此案前此既經該撫奏請裁汰，並將歷任各員分別降革，所得陋規，按數追繳，繼復咨部令官爲捐辦。今又稱必須之項，照舊仍令商人出給。事關題定章程，何以前後遊移，自相矛盾若此？著傳諭明山，即將辦理互異情由，明白回奏。（高宗七八七、一四）

（乾隆三三、五、丙申）諭軍機大臣等：戶部覈覆九江關短少稅銀一摺，已降旨令曝善前往查覈矣。關稅贏餘銀數，例將上屆比較，即偶有短少，亦不應大相懸殊。今九江關稅，何以遞年短少竟至四萬五千之多？況舒善去歲奏報平餘銀兩，情節支離，經造辦處屢次駁飭，是其經理關務，恐亦未能妥協，不無聽信在關胥役從中舞弊情事，豈得藉口過關船少，不爲徹底清查？但此事若仍交督撫查覆，仍不免虛應故事，苟且塞責。看來曝善尚屬能事，是以特派查辦。著傳諭曝善迅速赴關，將因何短少緣由，確實稽查分析考覈，並其平日操守聲名如何之處，俱著悉心嚴查，毋得稍存扶同瞻顧之見，自干咎戾，查明即行摺奏，尋奏：查舒善操守聲名，尚無狼藉之處，惟不能精察，致在關弓手人等不免串通家人書役，暗地得銀隱漏課稅之弊。報聞。（高宗八一〇、一四）

（乾隆三三、一一、癸丑）諭曰：御史成德奏，請將關稅盈餘歸入正額一摺，殊屬不知事理。國家稅課，本有常經。各關商販日盛，貨物流通，稅項歲有盈餘，亦勢所必至。各監督每年按數報解，交部確覈，如該監督稍有侵漁，一經察出，即當按律治罪。是弊寔不因盈餘而生，豈因歸併正額而遂可杜耶？若如該御史所奏，既無當於剔弊之道，轉似於正稅外加額徵取，更與政體未協。況盈餘一項，各關商貨多寡不等，每年稅銀亦贏縮不齊，又當以何年之數爲準？若就現在盈餘若干定作正額，將來設遇課銀稍絀，即指爲正額虧缺乎？抑別爲隨時酌改乎？所奏甚屬卑鄙而不知事理，成德著飭行。（高宗八二三、二三）

（乾隆三七、三、戊申）諭曰：高晉等奏，查辦淮關稅銀短少情由，請將方體浴交部嚴加議處，缺項著落賠還一摺。據稱，淮關稅務，因上年江南豐稔，糧價平減，客販過關者稀。方體浴見春夏二季稅銀短少，急圖補苴，輒將麥豆船隻，扦驗過嚴，苛求懲罰，反致各商聞風裹足，錢糧日益短少，自屬實在情形。方體浴不能妥協經理，咎無可辭，著交部嚴加議處。至所缺銀兩，如果方體浴有侵隱情弊，即當重治其罪，並不止著落賠還。今既查明缺額之故，實係辦理不善所致，議處已足示懲，若復責令賠償，恐司榷者一遇關稅不足，勢必加意苛刻，累及商民，且致商賈不前，仍係短少稅額，其流弊更無底止。此所短銀九萬五千餘兩，亦係贏餘之項，並非正額，著加恩免其賠補。（高宗九〇四、三一）

（**乾隆三七、一二、戊寅**）諭軍機大臣等：據户部議奏，乾隆三十七年，鳳陽關徵收贏餘銀兩，較上屆短少七萬一千三百餘兩，又淮安關贏餘銀兩，短少九萬八千五百餘兩，均請交高晉派員確查，據實具奏各摺，俱依議行矣。贏餘非關稅額徵，每年贏縮，原不能盡一，然亦當約計不相上下，豈宜竟至多寡懸殊，自不可不徹底清釐，以期覈實防弊。但歷年以來，俱視上屆爲比較，非特少者易於見絀，即多者亦恐歲月加增，伊於何底。從前曾經降旨，贏餘悉以雍正十三年爲準。因其時正當諸弊肅清，豐約適得其平，是以用爲成則。如果較覈相仿，尚在情理之中。今鳳陽關短少數目，雖照上年驟減七萬餘兩，而較之雍正十三年，計多銀二萬六千餘兩，今數尚勝於前。至淮關短少數目，比上年短少之年，又短至九萬餘兩，即較之雍正十三年，亦尚短六萬餘兩之多，其間必有別故。該監督等每以過關船隻稀少爲詞，不知估舶流通，往來不絕，即或間有短少，亦斷無一年之內，商販裹足不前，至於此極。其間必因監督屢更，乘機收多報少，及影射侵漁情弊，因希圖藉詞朦混，尤當切實嚴查，使之水落石出。著傳諭高晉，即將淮關、鳳陽關二處，究係因何虧缺各情由，派委明幹大員，嚴密訪查。務得實在真情，據實具奏，毋得任其少有欺飾。（高宗九二三、一一）

（**乾隆三七、一二、戊寅**）又諭：據户部議奏，淮安關稅務，乾隆三十七年分徵收稅銀，除額徵贏餘銀兩外，較上屆計少收銀九萬八千五百餘兩，請交高晉詳加覆覈一摺，已依議行，並諭高晉嚴密訪查矣。贏餘雖非正額，亦豈可多寡懸殊。上年因方體浴贏餘較少，經高晉查係該員辦理不善，因其尚無侵冒之弊，遂交部嚴加議處。今淮關本年徵收贏餘較之上年又短銀九萬八千五百餘兩，是該關贏餘之項，竟至遞年短少，必因監督屢更，乘機作弊。即云本年糧食雜貨等船，過關稀少，亦何至短缺如許？實出情理之外。伊齡阿係接任監督，聞見有無真切，此項短少銀兩，又非伊任內之事，更不宜稍有迴護。著伊齡阿將該關贏餘因何日益短少緣由，并前任監督及在關書役人等有無侵隱弊混之處，即行詳審確查，據實覆奏，毋稍徇隱干咎。將此傳輸知之。尋伊齡阿奏：淮安關稅短缺，因彼時河南、山東二省歉收，商販日少，又值關署被竊，員弁捕役人等盤詰過關船隻，商民畏懼不前；前監督方體浴辦理不善，實無侵隱弊混之處。現在曉諭商船，俾無疑畏，庶漸復舊規。得旨：覽奏俱悉。（高宗九二三、一二）

（乾隆三八、二、乙丑）諭軍機大臣等：前因淮安關短少贏餘銀兩，經戶部議交該督查覈，曾降旨令高晉派委大員，嚴密訪查，尚未見覆奏。今據工部議奏，宿遷關乾隆三十七年僅收銀四萬二千四百餘兩，不敷正項銀六千四百餘兩，並請交該督一併確查等語，已依議行矣。關稅正額，定有常例，豈容任意虧缺。且查該關贏餘或間有贏縮，而正項則從無不足之時。即云去年糧食雜貨等船，過關稀少，何至正額亦短至六千餘兩，殊出情理之外。恐該監督等有徵多報少，及影射侵隱情弊。著傳諭高晉即將宿遷關正額短少緣由，派委明幹大員，一併詳細訪查，據實具奏，毋稍隱飾。（高宗九二六、一三）

（乾隆三八、三、己亥）又諭曰：方體浴任內，缺少正額銀七千四百餘兩，自應照例賠補。其所少贏餘，及國棟、陶易兩任少收贏餘銀兩，尚非正項可比，俱著從寬免其追賠。（高宗九二八、一七）

（乾隆三八、一〇、壬子）諭軍機大臣等：戶部議，李湖具題永昌、騰越、大理三府州稅課缺額銀兩，聲請豁除一摺。所駁甚是，已依議行矣。年來邊務未靖，永昌、騰越以外各關口，原應嚴禁偷漏，不許緬匪私通貿易。但永昌等處均在關內，其內地商販，仍可照舊貿遷往來，並不專藉夷貨。第恐承辦各員，因有從前豁免之例，遂借閉關爲詞，隱遂其徵多報少之弊，亦屬事所必有，不可不覈實妥辦。彰寶現駐永昌，無難就近徹底確查。著傳諭該督照戶部指駁情節，及各該處稅課，實在因何虧短緣由，確切嚴查，據實具奏。仍將此後應如何調劑妥辦，使邊禁稅額兩無妨礙之處，會同該撫逐一詳細籌議奏覆。尋奏：永昌、騰越各稅口，商賈販運貨物，均係內外互易。從前足額時，外地則棉花最多，內地則綾綢錦緞黃絲布衣等類。現今邊務未竣，通夷之各關口，嚴行封禁，間有來者，不及十之一二，以致課額虧短。該司道等按冊清查，俱屬儘收儘解，並無朦混不符，應請仍准豁免。至大理一府，缺額二百六兩零，雖附近永昌，微有短少，但路通鶴、麗、西藏，商賈去路尚多，並不專藉夷貨，應令該知府賠補。至現在關禁正嚴，稅額短缺，細籌兩不相礙之處，實無調劑良法，惟有將府州應收之稅，責成迤西道按季查察，不使胥役滋弊，如有捏飾，查出嚴叅。其大理一府照舊抽解，缺則賠補。下部議行。（高宗九四五、二四）

（乾隆三九、一一、丙寅）戶部議駁：淮安關稅贏餘短少，請旨行查。

得旨：本年淮安關贏餘短少，户部議駁行查，原屬照例辦理。但此次淮關稅銀短絀，實因八月間，外河老壩口黃水漫溢堤工，沖淹板閘一帶，以致商貨船隻，過關稀少，係屬實在情形；朕所深知。且伊齡阿平日辦事，亦尚小心妥協。即著准其覈銷，毋庸再爲行查。（高宗九七一、五）

（乾隆四〇、五、丁未）諭軍機大臣等：户部奏，鳳陽關乾隆三十九年分徵收贏餘，比較上年短少七千八百餘兩，請交該督撫委員徹底清查一摺，已依議行矣。該關歲收銀兩，向俱有盈無絀。乃自乾隆三十七年以後，短收銀七萬餘兩；三十八年，較常仍有短缺；今三十九年，較之七年復短收七千八百餘兩。是該關自三十七年缺少過多以來，不但不能少復，且有年虧一年之勢，又將何所底止。至查上年所少銀數，棟文任内，尚止缺銀八百十兩零。而狄咏箎署任不過三十八日，竟短少至七千餘兩之多。雖稱因上游水淺，重載難行，何以狄咏箎署任時，適逢其會，所言殊難深信。況狄咏箎之爲人，顢頇而滑，向在直，屢經方觀承保薦，及用爲知府以後，細察其人，頗無足取。恐其在直，心有所恃，於吏治無益，是以調任安徽。前歲、昨歲俸滿卓異，兩次引見，朕留心察看，並未見其少有出息。今伊署任内，虧缺如許，恐其中或有別項情弊，亦未可定。著傳諭高晉，派委誠幹大員，前赴該關，密行查訪。如狄咏箎有徵多報少，及捏稱缺短情節，即據實条奏，毋稍徇飾。（高宗九八二、一）

（乾隆四〇、閏一〇、己未）諭：據户部議鳳陽關監督棟文短少税銀一摺，請交高晉派委明幹大員，赴關查覈之處，自屬照例辦理。但該關實在短少情形，是否因光州、固始一帶，秋收偶歉，致過關船隻無多；或係上年辦理不善，是以商販裹足不前，遂致遞形短絀；抑或棟文不能實力經理所致。李質穎向曾經管鳳陽關務，自所熟悉，前曾諭令幇同棟文妥辦。即著該撫親往該關，詳細確查，務將實在短少綠由，據實覆奏。至棟文已請將缺少銀兩，自認賠補，所有自請交部議處之處，著加恩寬免。（高宗九九四、二二）

（乾隆四〇、一二、己酉）又諭：據李質穎奏，查察鳳陽關稅短少綠由，因棟文辦理過嚴，以致商販人等，裹足不前，遞形短絀等語。棟文因徵稅缺額，嚴諭竭力趕辦，以致員役等專事刻覈，商販聞風退阻，自屬辦理不善，與從前方體浴淮關覆轍，正復相似。第念其究因急公起見，並非侵蝕，所有缺少稅銀，該員已自請按數賠繳，自可毋庸置議。著傳諭李質穎再行留心察看。如此番查辦之後，棟文料理關稅，漸有起色，原可仍令接管。倘仍不能善爲經理，著李質穎於明歲將換時，據實奏聞，不可稍涉瞻徇迴護，致滋貽誤。將此諭令知之。（高宗九九八、一一）

（乾隆四一、三、辛丑）諭：淮安、宿遷兩關，短少盈餘九萬二千五十五兩零，經戶、工二部議，照薩載所查，請令伊齡阿、寅著按數分賠二摺，交軍機大臣查取戶、工二部該關歷年盈餘之數，較雍正十三年多寡若何，逐一詳晰覈奏。今閱單內所開各年盈餘數目，較雍正十三年，短少者居多。可見歷任監督，不及從前之妥協，難保無任憑胥役肆意侵肥，或竟徵多報少，自行染指，俱未可定。若云盈餘短少，由於上游各省米豆歉收之故，則自雍正十三年至今，已歷四十餘年，收成豈皆歉薄？而雍正年間，豈皆豐收乎？前因各關盈餘，參差不齊，恐每年逐漸加增，無所底止，曾經降旨以雍正十三年成數爲準，示以折衷之制，俾不致多寡懸殊，其法最爲妥善。乃行之未久，部臣復因各關奏報盈餘，大概較多於前，奏請仍以上屆數目爲比較，遂無成式可循，以致遞行短少。此則部臣辦理之未善也。第歷年既久，已往姑免深究，嗣後各關考核，務照雍正十三年之數比較，毋得復事更張。至關稅盈餘，尚非正額可比，向俱不令著賠。此次淮安、宿遷兩關缺數，雖屬過多，朕初意本欲寬免，乃召見監督寅著，詢以短少緣由，據稱該關四十年分盈餘之短少，實因豫東二省及安徽廬鳳等府，豆收歉薄所致。今年各處雖可望豐收，盈餘仍恐不能如數。殊屬非理。若云秋收豐稔之後，次年仍復短少，設或又遇歉收，更當何如乎？寅著此奏，顯係爲下年奏報數絀，豫占地步，其言更不足信。朕本欲從寬，因寅著此奏，轉不可不示以懲儆。部議令其全數追賠，著加恩，免其一半，其餘一半，著伊齡阿、寅著按股分賠。既已示儆，著免其交部議處。（高宗一〇〇五、三七）

（乾隆四一、一〇、丙午）諭軍機大臣等：據寅著奏，本年徵收淮、宿、海三關稅務，計收正額盈餘銀四十二萬六千九百兩零，比較上屆，多收盈餘銀四萬三千九百餘兩，但較之雍正十三年盈餘之數，仍不敷銀六萬九千餘兩。請於應得養廉內，分年賠繳，並請交部議處。已批該部議奏矣。關稅盈餘短少，自應照數賠繳。但淮關監督，養廉有限，伊從前已有應賠之項，今復應賠六萬餘兩，爲數稍多，恐分年扣賠，力量未免拮据。念其平日辦事，尚屬謹慎，已降旨調補兩淮鹽政。至伊齡阿辦理鹽務，尚無不妥，但伊今春至山東接駕時，見其進貢獨多，伊一人養廉，斷不能辦。且諸事頗露高興，與鹽政不甚相宜。伊曾任淮關，徵收稅務，尚係熟手，因將伊調管淮關。著傳諭寅著、伊齡阿等，務當各知感激，益加奮勉，一切實心經理，毋致稍有貽誤干咎。（高宗一〇一八、一二）

（乾隆四二、八、丙申）諭：戶部奏，查覈揚關徵收稅銀，較雍正十三年短少至三萬二千六百餘兩，請著落經管之道員孫梧賠補一摺，因命軍機大臣交户部查該關歷年盈餘之數，較雍正十三年多寡若何。今閱單開各年盈餘數目，惟乾隆十四、十七兩年，較雍正十三年有贏無絀，其餘各年，則節次短少，並非始自近年。各關稅課盈餘，例與上屆相比較，朕臨御之初，本不知各處所收關稅多寡之數，因諭部臣：即從雍正十三年爲準，使胥吏不敢例外苛求，監督不能徵多報少。且使每年比較，不致歲漸加增加減，無所底止，實於體恤商民之中，寓司關稅不致作弊剋減之意，並非因雍正十三年關稅獨多，使各關稅必足其數也。乃行之未久，部臣因各關奏報盈餘，較雍正十三年有贏者居多，若置上屆於不聞，恐監督以比舊已多，即可從中侵隱，易滋流弊，請仍與上屆相比較。又復通行日久，昨歲考覈淮關、鳳陽關較上屆屢形短絀，因令復照雍正十三年比較，則所短之數更多，自係辦理不善。今揚關亦復節年短少，且通計短少最甚者，惟此三關，若因此而遍及諸關，未免窒礙，且恐無識之徒，疑朕於關稅必欲從其多者相覈，實不知朕體恤商民之本意矣。若朕有意於帑項增多，則不三次通免天下錢糧，其所增益，不較此百倍乎？又思乾隆二十八年臨清關徵收盈餘，較二十七年短少，朕曾諭户部令與二十五、六兩年再行比較。嗣經部臣奏稱，該關盈餘之數，雖較上屆少銀三萬餘兩，而較之二十五、六兩年，尚多銀一萬五千餘兩。即予免議。蓋稅課盈縮，率由於年歲豐歉，固難免參差不齊，而通計三年，即可得其大概。若多寡不甚懸殊，原可無庸過於拘泥，此法最爲平允。嗣後各關徵收盈餘數目，較上屆短少者，俱著與再上兩年復行比較，如能較前無缺，即可覈准。若比上三年均有短少，再責令管關之員賠補，彼亦無辭。夫朕以雍正十三年爲準者，本屬美意，今既有此求全之毁，嗣後此例不必行。所有揚關本年比較盈餘，交該部照比例另行覈擬具奏。並將此通諭知之。（高宗一〇三八、二）

（乾隆四二、一〇、己酉）又諭：據户部奏查覈淮安關本年徵收贏餘銀數一摺，已依議行矣。淮關贏餘，近年屢有短少，自伊齡阿復任監督以來，所收數目，較之上三屆爲多，自屬伊齡阿認真辦理。但據户部夾片聲明，自乾隆二十五年以來，其不及二十萬兩僅有三年，而多至二十四、五萬至三十二萬兩者，共有十年。今年所收之數，雖較上三屆爲多，究不得作爲贏餘較多之準。請令該監督悉心經理，實力稽查，勿使吏役徵多報少，不得以此次即爲定額等語。該部亦因愼重課項起見，該監督亦不可不知。著傳諭伊齡阿，嗣後更當實心妥辦，毋以此次贏餘較上屆爲多，稍生懈忽。（高宗一〇四三、四）

（乾隆四三、一〇、乙酉）諭：户部奏，查覈鳳陽、淮安、滸墅三關，徵收贏餘稅銀，照例以上三年比較，各短少十餘萬兩及九萬餘兩不等，應令各該監督照三年中所短最多之數賠補三摺，固屬照例辦理，但各關贏餘短少之故，實由豫省被災，收成歉薄，今夏二麥俱復歉收。及夏末秋初，又值黃河漫溢，阻滯行商，朕屢經加恩賑卹，其所稱米豆商販，過關稀少，均屬實在情形。所有鳳陽、淮安、滸墅三關短少贏餘銀兩，俱著加恩免其賠補，嗣後不得援以爲例。倘監督等因此次恩免，將來遇有贏餘短少之年，輒稱貨少船稀，藉端侵蝕，查出，除照例賠補外，必行重治其罪。（高宗一〇六九、三八）

（乾隆四四、七、丙戌）諭曰：方體浴前在淮關監督任內，有應賠短少稅銀五萬五千兩，尚未全完。雖係應行追賠之項，但淮關稅銀，寅著、伊齡阿任內，俱有比較短少之數，因查無情弊，曾降旨寬免。所有方體浴名下，未完稅銀二萬二千二百五十餘兩，著加恩豁免。（高宗一〇八六、四）

（乾隆四四、八、庚申）又諭：戶部議打箭鑪徵收稅銀，比較上三屆均屬短少，應照虧短最多之數賠補。數年來覈辦各關應賠款項，俱係如此，何以文綬遽請酌中賠補，致啟向後遞行短絀，避多就少之弊，殊屬非是。文綬之意，不過欲令該監督少賠千餘金，以圖知感，封疆大臣，豈宜如此存心？文綬既有此奏，即著照伊酌中所定之二千七百二十二兩零，令監督滿祿賠補，其比較不足銀一千五十三兩零，著文綬五倍罰出，以爲市恩邀譽者戒。（高宗一〇八八、一五）

（乾隆四四、九、己酉）又諭：戶部奏，淮關、鳳陽關盈餘均屬短少，請查照三年中虧短最多之數，淮關計十六萬五千餘兩，著落寅著，照數賠補；鳳陽關計十三萬九千五百餘兩，著落福保、基厚名下，按照經徵日月照數賠補二摺，固屬照例辦理。但各該監督所稱，上游歉收，漫工未竣，以致貨船稀少，亦屬實在情形。著將淮關短少之十六萬五千餘兩，鳳陽短少之十三萬九千五百餘兩，加恩令各該監督賠補十分之一，以示薄懲，後不得援以爲例。（高宗一〇九一、一八）

（乾隆四四、一〇、己巳）又諭：戶部奏，滸墅關稅贏餘短少，請查照三年中虧短最多之八萬八千三百八十二兩零，著落前任監督舒文、現任監督全德，各按經徵月日，照數分賠，固屬照例辦理。但該監督所稱，因上年川廣歉收，米船稀少，以致錢糧不能旺盛，亦屬實在情形。著照前日所辦淮安、鳳陽兩關之例，將滸墅關短少贏餘之八千三百八十二兩零，加恩令前後任監督賠補十分之一，以示薄懲，後不得援以爲例。（高宗一〇九三、六）

（乾隆四五、二、丁丑）又諭：據寅著奏，尚有應賠三次未完銀二萬一千三百餘兩，並宿關應賠正項銀七千三百餘兩，囑令伊子舒明阿等上緊措變完繳等語。寅著身任關差有年，其短少銀兩，自應爲數完繳。但伊素來尚屬出力，現經病故，若將應賠銀兩令伊子如數交還，或致度日維艱，朕心有所不忍。著傳諭英廉、金簡等，將寅著產業，秉公據實查明，如無力全行完繳，即將其名下應賠銀兩，或令交還一半，或令交三分之一，仍酌留萬餘兩貲產，贍給伊子衣食，以示優卹至意。朕如此加恩體卹，若伊子舒明阿等不知倍加感激，再有欺隱情弊，則是喪心昧良，自取罪戾。並著傳諭伊子舒明阿等知之。（高宗一一〇一、一八）

（**乾隆四五、五、丁酉**）諭軍機大臣等：户部覈議九江關稅盈餘短少，請交江西巡撫秉公查訊，據實具奏一摺，已依議行矣。比較關稅，向例無論兩任三任，總以一年正額盈餘統計，從無按貨物分款覈算之例。前額爾登布原奏，聲明蘇淩阿、靈泰兩任共短收木稅、船料銀七萬六千四百餘兩，該監督計多盈餘銀三萬七千九百餘兩，以所餘抵補前任不足，尚短銀三萬二千餘兩等語。今户部按照經徵月日計算，則蘇淩阿在任三個月十二日，收銀二十三萬二千兩有奇；靈泰署二十四日，收銀三萬六千兩有奇；該監督額爾登布接任七個月二十四日，收銀三十七萬九千五百兩有奇。按日計算，該監督徵收短少顯然，乃額爾登布經徵月日定例不論，而僅以木稅船料一項，斤斤比較，以前任後任兩相牽混，界限並未分清。又稱江廣兩省，米價稍昂，木商以飯食過重，恐折成本，興販較少等情。上年江廣並未歉收，即使飯食稍重，商賈牟利，亦必於價值內取償，斷無因此而興販較少之理；且從前亦未聞有藉米價爲虧缺關稅口實者，明係藉詞支飾，有心取巧，殊屬非是。額爾登布，著傳旨嚴行申飭，並令明白回奏，户部摺並鈔寄閱看。（高宗一一〇七、五）

（**乾隆四五、九、庚辰**）又諭曰：哲成額奏，任內經徵錢糧，因連年以來，商販稀少，是以盈餘數目，比較乾隆四十三、四兩年均有短少。懇請分年寬限，陸繼措繳等語。關稅盈餘，比較虧短，自係該監督辦理不善所致。若實因商販稀少，亦不妨量寬其賠補也。哲成額所奏各情節，如果屬實，尚可酌予展限。若竟徵多報少，復以賠償無力，分年請繳，則名爲認賠，轉復因緣爲利，此風斷不可長。著傳諭舒常，即將該監督任內經徵各數，逐款秉公詳晰查覈，并將伊所奏情節，是否的確之處，據實一併具奏。尋奏：荆州關稅，全賴川省木簰絡繹到關，收稅始能充足。近因四十三、四兩年，川省歲歉糧貴，兼以汛水甚大，船載艱於往來，以致商販到關者少。虧短盈餘，該監督尚無徵多報少情弊。報聞。（高宗一一一四、七）

（乾隆四五、九、甲申）又諭曰：户部議覆，鳳陽關徵收四十五年贏餘銀兩，比較上屆短收六萬五千六百餘兩，請著落該監督照數賠補等語，自屬照例辦理。但據稱，今歲黃河漫口，過關糧載，較前短少懸殊，以致額數有虧，尚屬實情。此項虧短銀兩，令其賠繳二萬兩，其餘四萬五千六百餘兩，著加恩免其賠補。（高宗一一一四、一〇）

（乾隆四五、九、甲午）又諭曰：户部議覆，淮安關徵收本年關稅盈餘銀兩，比較乾隆四十二年分短收銀四萬五千八百餘兩，請著落該監督等前後正署四任，照數分賠等語，自屬照例辦理。但今夏郭家渡隄工漫溢，商貨較少，以致比較不敷，其虧短尚屬有因。著該監督等攤繳銀一萬兩，其餘三萬五千八百餘兩，加恩免其賠補。（高宗一一一五、九）

（乾隆四五、一〇、己酉）諭：荆關滿任監督哲成額奏，應分賠接徵前任短少贏餘銀六千三百餘兩，又本任内比較上兩屆短少贏餘銀一萬四百餘兩，請將房產盡數折變先交，並應得一切俸廉公費，儘數陸續坐扣一摺。各關缺少贏餘稅項，定例令其按數賠繳，原所以杜侵蝕之弊，但如滸墅、淮揚、長蘆等關監督，養廉本優，又多留任接管，則以其贏積，墊補缺少，尚可不至賠累。然其中有實因商販稀少，並非經徵不力者，朕尚爲加恩，令其減數酌賠。至一年報滿之小差，養廉本屬無多，所值又豐歉不一，若以贏餘短少，輒令折變房產，既非所以示體卹，將來差員，轉不免視爲畏途，甚或有豫慮賠墊，更別生病商累民之事，流弊亦不可不防。即以其經理不善，量示懲儆，亦止須將其任内養廉，按數追出，不准賞給，亦足以蔽其辜，何必令將房產交官？朕辦理庶務，無不斟酌情理，從不肯有意從苛。所有哲成額名下應賠銀兩，除將伊任内得過養廉覈明扣抵外，餘著加恩豁免。嗣後此等一年稅差，並著照此辦理。倘監督等恃有此旨，輒敢徵多報少，則督撫等具有耳目，即當據實嚴参，從重治罪。（高宗一一一六、六）

（乾隆四五、一〇、丁巳）諭軍機大臣等：據基厚奏，經徵鳳陽關乾隆四十五年稅銀，比較上屆，短少銀六萬五千餘兩，荷蒙恩旨，僅令賠繳二萬兩。但現有著賠之項，分年完解，懇將此次應繳銀二萬兩，於乾隆五十年起，分作四年解部一摺。所奏非是。西寧、基厚父子受朕深恩，俱任鹽政關差，且又年久，計其所得養廉，甚爲優厚，力量並非不能完交，何至遽請展限？前荆關監督哲成額奏，請將應賠銀兩，變產完交，朕念其一年報滿，所得養廉無多，即加恩豁免，以示體恤。若基厚父子之歷任好差，豈哲成額可比乎？此皆由於西寧平日鄙吝性成，基厚守其家教，以至如此。況基厚此奏，西寧亦不得諉爲不知，除基厚名下前兩次應賠銀兩，仍令按年完交外，

其此次應繳之二萬兩，即著西寧賠交。將此諭令知之。（高宗一一一六、一八）

（**乾隆四六、九、乙巳**）諭曰：舒常奏，荊關一年期滿，比較稅課一摺。據稱前任監督哲成額、阿彰阿短收稅銀，除將接管道員陳初哲經徵額外溢收銀兩，儘數抵補外，所有短少銀六千六百二十兩，請即令現任接管之員於養廉內分年扣繳等語。舒常此奏，所見者小。各關經徵稅課，如有短缺，自應在各監督名下按數分賠。今荊關課項短徵，實係前任監督哲成額、阿彰阿任內之事，乃請將接管之員養廉分年坐扣，殊未公允。但哲成額、阿彰阿均係部院司員，力難繳賠，著加恩免其賠交。至其經徵不力，自有應得處分，著交部照例察議。（高宗一一四〇、一五）

（**乾隆四七、八、壬午**）又諭：前據王懿德奏，情願將比較乾隆四十六年分不敷銀一萬三千七百餘兩，自認賠補。朕意該關短少盈餘止有此數，是以准其所請。今部議以四十二年作為比較，共短收銀五萬四千四百餘兩，此項虧短銀兩，係基厚等四人任內之事，其虧短緣由，究因豫省漫水未退，商運稀少所致，與上年基厚任內虧短關課，加恩止令賠補一萬兩，其餘加恩寬免，事同一例。若因王懿德自認賠補，是獨多於前任，轉使前任基厚、江恂、臧榮青置身局外，不爲平允。所有此項虧缺銀兩，著照上年例，令基厚、江恂、臧榮青、王懿德四人，各按在任月日，共分賠一萬兩。其餘四萬四千四百餘兩，著加恩免其賠補。（高宗一一六三、六）

（**乾隆四七、九、癸卯**）諭軍機大臣等：據戶部議駁淮關監督全德所收淮、宿、海三關稅銀，自乾隆四十三年以來遞年短絀。未便僅接上三屬比較，仍應比較四十二年，少收銀一十九萬八千八百餘兩，著令該監督等照數賠補等語。淮關稅銀短少，該部指駁情節，甚屬近理。但近年黃河因漫口，每有斷流之事，何以該關本年短少，過於往年，至十九萬餘兩之多？推原其故，或因向年漫口堵築後，尚有數月船隻通行，即可抽收稅銀。至本年，自上年至今，漫口久未堵築，以致商販不通，船稅短少，亦未可定。著傳諭薩載，即將該關遞年短缺及堵築月分詳悉確查，若如戶部所奏，則該監督等自難辭咎。其有無藉端侵蝕情弊，該督即應切實嚴查辦理。若果因黃河斷流，船隻不通之故，亦即將比較各上屆情形，詳晰查明據實具奏，候朕再降諭旨，戶部摺著鈔寄閱看。（高宗一一六四、二七）

（**乾隆四八、一、丙辰**）諭曰：戶部議奏，淮安關徵收贏餘短少銀十九萬八千八百餘兩，請著落徵瑞、全德照數賠補，並將該監督等交部議處一摺。此項虧短銀兩，部議著令該監督等賠補，自係照例辦理。但該關短少緣由，究因上年黃河漫口，尚未堵築，以致商運稀少。且據薩載查明，並無藉端侵隱情弊。所有此項應賠銀十九萬八千餘兩，著徵瑞、全德止共賠銀一萬兩，仍各按照經徵日月分別賠補；其餘銀十八萬八千餘兩，俱著全行豁免，並加恩免其交部議處。但經徵稅銀少至十九萬之多，究係該監督等辦理不善所致，著徵瑞、全德將上年淮關監督任內所得養廉全行繳出，以示薄懲。（高宗一一七三、一二）

（乾隆四八、七、甲寅）諭：戶部議奏鳳陽關徵收盈餘，比較短少銀十萬四千二百五十兩零，除監督王懿德請先交銀五千兩，尚短銀九萬九千二百五十餘兩，請著落該監督等照數賠補一摺。此次虧短銀兩著落該監督等分賠，固屬照例辦理。第念該關短少綠由，因上年豫省收成歉薄，商販稀少，兼之淮水異漲，販運不前，自屬實在情形，然似此年復一年，逐漸短絀，於權政大有關係。但此項銀數稍多，所有應賠銀九萬九千二百五十餘兩，著王懿德賠銀一萬五千兩，臧榮青賠銀五千兩，其餘俱著加恩寬免。（高宗一一八五、一〇）

（乾隆四八、八、丁亥）諭：此次淮安關徵收贏餘銀兩，比較乾隆四十二年短少銀十五萬九百餘兩，部議請著落該監督全德賠補，自係照例辦理。第念豫省漫工，甫經堵築，商船抵關較少，徵收贏餘短絀，尚屬有因。所有此次應賠銀兩，加恩令其賠銀一萬兩，其餘概行寬免。至此後河流順軌，商船來往必多，每年贏餘銀兩，徵收自應足額，倘再有虧短，定行如數著賠治罪。（高宗一一八七、八）

（乾隆四九、六、丁酉）諭：據鑲藍旗滿洲都統奏稱，原任打箭爐監督滿祿應賠稅銀四千六百餘兩，除將滿祿房產變價一千餘兩賠交外，尚欠三千餘兩，請於伊諸子錢內減半坐扣賠交等語。滿祿所欠銀兩，俱係伊任內所收稅銀數目不敷，著落伊身賠交之項，並非侵漁入己者可比，著加恩將滿祿所欠銀三千餘兩，悉行寬免。（高宗一二〇八、三五）

（乾隆四九、七、壬申）諭：戶部議奏，鳳陽關徵收盈餘，比較四十二年短少銀七萬七千七百餘兩，除該監督王懿德自認賠繳銀三萬七千餘兩，餘仍請著落照數賠補一摺，固屬照例辦理。第念該關錢糧盈絀，由於豫省、江蘇年成之豐歉，上年豫省各屬，因黃河漫口，甫經堵合，各處旱澇不齊，所獲籽糧，僅敷本境民食，且淮河水淺，重載難行，而江蘇連年豐稔，糧價平減，商販因無重利可覓，以致過關希少，稅課不能充餘，自係該關實在情節。所有此次鳳陽關短少盈餘銀七萬七千七百餘兩，著令王懿德賠繳銀二萬兩，其餘俱著加恩寬免。（高宗一二一一、七）

（乾隆四九、八、丁亥）諭：户工二部議奏，淮安關短少盈餘銀十四萬八千五百五十三兩零，宿遷關短少盈餘銀一萬二千三百三十一兩三錢零，請著落該監督照數賠補等語。固屬照例辦理，第念上年山東秋成稍歉，豆貨船隻，過關稀少，其西北兩河本年麥收亦薄，客販無多，以致盈餘短絀，尚屬有因。所有此次淮關短少銀十四萬八千五百五十三兩零，著全德、福海按其在任徵收日期，分賠銀一萬八千五百五十三兩零，其餘十三萬兩，著加恩寬免。宿遷關短少銀一萬二千三百三十一兩三錢零，亦著照上屆之例，令全德、福海各按徵收日期，賠補一半。（高宗一二一二、四）

（乾隆五〇、六、壬寅）諭：據王懿德奏，鳳陽關税一年期滿，共收正額盈餘銀十四萬四千六百餘兩，比較四十七年少收盈餘銀四萬一千七百餘兩，願請賠補等語。關税短少，固應照例賠補，第念該關錢糧盈絀，由於豫省年成之豐歉。豫省連年歉收，民情拮据，所獲籽糧，尚不敷本境民食，實無餘糧運販出境，以致船隻過關稀少，税課短絀，自係該關實在情形。所有此次鳳陽關短收盈餘銀四萬一千七百餘兩，俱著加恩寬免。該部知道，摺併發。（高宗一二三三、三一）

（乾隆五〇、八、壬午）又諭：户工二部議覆，淮安關短少盈餘銀十五萬七千四百七十六兩零，宿遷關短少盈餘銀一萬三千八百三十八兩零，請著落該監督照數賠補等語，固屬照例辦理。第念本年豫東二省俱被旱災，麥收歉薄，客販無多，以致船隻過關稀少，盈餘短絀，尚屬有因。所有此次淮關短少銀十五萬七千四百七十六兩零，宿遷關短少銀一萬三千八百三十八兩零，俱著加恩免其賠補。（高宗一二三六、一四）

（乾隆五〇、九、甲戌）諭軍機大臣等：據盛住奏北新關徵收盈餘短絀一摺，内稱本年浙西地方，天氣久晴，杭州、嘉興一帶河道間段消涸，商販觀望不前，即杭城貨物販運北上者，亦停消過半，以致歲課盈餘短絀等語。盛住係布政司兼管織造事務，原有奏事之責，非僅如藩司不應越分奏事者可比。浙省雨澤愆期，河道淺涸，盛住自應及早陳奏，乃至關税一年期滿，短絀盈餘，始將該處商販稀少緣由，聲叙入奏，豈伊於地方災旱，竟漠不關心，一味坐擁優厚而已耶？昨因四德等不將江南清口、無錫一帶淺阻情形據實陳奏，是以將伊等交内務府嚴加議處。至本年滸墅、淮宿等關短缺盈餘銀兩，亦因旱災，米船不通，俱即加恩免其賠繳。此次盛住關税短少一摺，將來該部照例覈議短絀若干，著落照數賠補，具奏時原可一例加恩寬免。但盛住於地方災旱，並不及早陳奏，實屬意存膜視。所有此項短絀盈餘銀兩，當依部議，令伊照數賠補，以示懲儆矣。將此傳諭知之。（高宗一二三九、二

三)

（**乾隆五一、二、癸卯**）又諭曰：戶部議覆，揚州關由閘徵收贏餘，比較上三屆短少銀五萬九千六十餘兩，請著落管關各員，按經徵月日分別賠補等語。固屬照例辦理。第念上年豫、東二省俱被旱災，豆麥歉收，兼之夏間河水乾淺，商販無多，以致船隻過關稀少。贏餘短絀，尚屬有因。所有陽州關由閘短少贏餘銀五萬九千六十餘兩，著加恩寬免一半，其餘一半，著該管各員，按經徵月日分賠。（高宗一二四九、三二）

（**乾隆五一、三、壬申**）諭曰：工部覆議臨清工關，比較上屆，短少盈餘銀二千六百餘兩，請著落該撫等，照數分賠一摺。固屬照例辦理，第念上年春夏缺雨，閘河水淺，商販稀少，以致徵收盈餘短缺，自屬實情。且該關短少戶關盈餘銀兩，業照部議著令賠補，所有此項短少工關盈餘銀兩，著加恩寬免。（高宗一二五一、二四）

（**乾隆五一、五、己未**）又諭：戶工二部議奏，龍江、西新兩關徵收盈餘，比較上三屆短少銀五萬二千三百餘兩，請著落該管監督，照數賠補，並請交部議處等語，固屬照例辦理。第念上年江寧等處，雨澤愆期，年歲荒歉，商民挽運維艱，客販無多，以致船隻到關稀少，盈餘短絀，尚屬有因。所有西新關短少戶稅盈餘銀二萬二千八百餘兩，龍江關短少工稅盈餘銀二萬九千五百餘兩，俱著加恩免其賠補，並從寬免其議處。（高宗一二五五、二）

（**乾隆五一、七、丙寅**）又諭：戶部議覆，鳳陽關徵收一年期滿，短少正額銀一萬七千六百餘兩，盈餘銀七萬二千九百餘兩，著落該監督等名下，各按經徵月日，照數追賠，並請將該監督王懿德、護理關務鳳陽府知府喬人傑交部從重議處一摺。固屬照例辦理，第念該關錢糧，全賴安徽、河南秋收豐稔，商販流通，過關報納稅銀，始能豐旺。上年該二省被旱成災，收成歉薄，實無餘糧運販出境，以致船隻過關稀少，稅課短絀，自係該關實在情形。所有此次鳳陽關短收正額盈餘銀共九萬零五百餘兩，均著加恩寬免，並免其議處。（高宗一二五九、二三）

（**乾隆五一、閏七、壬申**）又諭：據四德奏，徵收滸墅關稅額，比較上年又短少盈餘至十七萬兩之多，請旨交部議罪一摺，已批交該部議奏矣。據摺內稱，上年湖北、安徽等省收成歉薄，而豫、東二省亦因被旱失收，商販稀少，以致過關船隻無幾，稅課短絀，固屬有由。但該關得項較多，非他處可比，每年經徵稅課，自有定額，即云上年商販稀少，亦何至比上年仍短絀盈餘至十七萬之多。將來部議上時，朕自當另降諭旨，令酌量賠補，該織造不必心存惶懼。本年江、浙、安徽等處，甘澤頻霑，麥收豐稔，商販流通到關貨物自必漸多，嗣後惟當實力稽查，毋令書役人等乘機侵隱，及商販偷漏情弊，以期稅課日增，不致仍前短絀，方爲妥善。（高宗一二六〇、七）

（**乾隆五一、閏七、戊寅**）諭：戶工二部議覆，淮安關徵收一年期滿，短收正額銀一萬八千七百七十五兩零，並短少盈餘銀八萬一千三百九十四兩零；又海關短少盈餘銀二千四百二十四兩零；又宿遷關短少盈餘銀一萬二千八百七十八兩零。均請著落該監督照數賠補，並請將該監督福海交部從重議處一摺。固屬照例辦理，第念上年豫、東、安徽等省俱被旱災，收成歉薄，兼以河道淺阻，商販船隻過關稀少，以致徵收短絀，尚屬有因。所有此次淮關短少正額銀一萬八千七百七十五兩零，盈餘銀八萬一千三百九十四兩零，海關短少盈餘銀二千四百二十四兩零，宿遷關短少盈餘一萬二千八百七十八兩零，又於正額內提解內務府辦公銀一萬兩，均著加恩寬免賠補，並免其議處。（高宗一二六〇、二〇）

（**乾隆五一、閏七、癸巳**）又諭：戶部議覆，滸墅關徵收一年期滿，短少盈餘銀二十九萬四千七百七十餘兩，請令四德照數賠補，並請將該監督交部議處一摺。固屬照例辦理，第念上年湖北、安徽等省收成歉薄，而豫東二省，亦因被旱失收，商販稀少，以致過關船隻無幾。稅課短少，尚屬有由。著加恩寬免銀二十八萬，其餘銀一萬四千七百七十餘兩，著令賠補，並從寬免其議處。（高宗一二六一、二三）

（**乾隆五一、一〇、甲辰**）又諭曰：戶工二部議覆，北新關徵收稅課，比較上屆短少銀一萬二千兩零；南新關徵收稅課，比較上屆短少銀一萬七千四百四十兩零；俱請著落該監督等按經徵月日，照數賠補一摺。固屬照例辦理，第念和琳係隨欽差前往之員，署事未幾，且於經徵事宜究屬生手，祇將伊在任時，得過養廉，令其按數繳出，已足償其經徵不善之咎。所有和琳名下應賠北新關短少銀二千一百八十兩零，及應賠南新關短少銀一千五十兩零，俱加恩免其賠補，此項銀兩，即著盛住照數賠繳。（高宗一二六六、一七）

（**乾隆五二、一、辛卯**）諭曰：戶部奏，五十一年分揚關由閘收稅贏餘銀兩，比照上屆，及再上兩屆短少，請照例以短少最多之六萬七千二百五兩零，著落管理關稅前後任道員，按照經徵月日，分別賠補等語。固係照例辦理，但查上年春間，因運河築壩蓄水，夏秋以來，又因湖河漫溢，商賈稍稀，其收稅銀兩短缺尚屬有因。所有應行賠補銀六萬七千二百五兩零，著加恩寬免一半，餘仍著該管道員各按經徵月日，分別賠補。（高宗一二七三、一八）

(乾隆五二、三、庚辰)又諭：户部議覆，九江關一年期滿，短收盈餘銀三萬五千四百餘兩，請著落前任監督虔禮寶、現任監督海紹，各按經徵月日，照數賠補，並請將該監督等交部治罪一摺。固屬照例辦理，第念上年楚省歉收，以致木商簰把，過關較少，税課短絀，尚屬有因。著加恩寬免銀二萬五千四百四十二兩，其餘銀一萬兩，著令虔禮寶、海紹各按經徵月日，照數分賠，並從寬免其治罪。(高宗一二七六、一七)

(乾隆五二、一二、丙午)諭：據閔鶚元奏，本年揚關、由閘徵收税課，比較上三届共短少盈餘銀六萬五千六百八十餘兩，請著落管關之員，分别賠補等語。揚關、由閘係地方官管理，並無别樣差使，此項盈餘，比較不敷，自應著落分賠，以清帑課。但念該關由豫東二省歉收之後，商販無多，又兼上年湖河漫溢，貨船稀少，以致盈餘短絀，若令全行賠補，爲數較多。所有揚關、由閘共短少盈餘銀六萬五千六百八十餘兩，著該管道員，各按經徵月日分賠一半，其餘一半，著加恩免其賠繳。(高宗一二九四、一八)

(乾隆五三、四、辛酉)又諭：户工二部議奏，龍江、西新二關徵收盈餘，比較上三届短少銀四萬六千一百餘兩，著落該監督照數賠補，並請交部議處等語。固屬照例辦理，第念上年淮揚等處，因歲歉之後，民力未紓，竹木雜貨，銷售爲艱，以致船隻簰把，到關稀少。盈餘短絀，尚屬有因。所有此次西新關短少户税盈餘銀一萬八百餘兩，龍江關短少工税盈餘銀三萬五千三百餘兩，令該監督成善共賠補銀一萬兩，其餘銀三萬六千一百餘兩，俱著加恩寬免，並從寬免其議處。(高宗一三○三、三二)

(乾隆五三、六、辛亥)户部等部議奏：淮、海、宿三關期滿盈餘銀兩，比較乾隆四十六年徵收之數，尚少銀十萬七千六百四十六兩零，請著落該監督各按經徵月日，照數賠補。得旨：固屬照例辦理，但念各該關所收盈餘數目，比較四十六年雖少收十萬七千六百餘兩，而較之上年，已多收九萬三千六百餘兩。所有此次淮、海、宿三關，比較四十六年盈餘短少，應賠銀十萬七千六百餘兩，著落該監督等各按月日賠補銀一萬兩，餘俱加恩寬免。(高宗一三○七、一六)

(乾隆五三、一二、乙巳)户部議覆：江蘇巡撫閔鶚元奏，揚關由閘徵收盈餘銀兩，較前届短少，請著落正署人員賠補。得旨：户部議覆閔鶚元奏揚關由閘一年期滿，徵收盈餘，比較再上三届短少銀三萬二千五百四十餘兩，請著落正署之員，各按經徵月日，照數賠補等語，固屬覈實辦理，第念該關比較再上三届盈餘，雖有短絀，而比較上三届所收，尚屬有盈無絀。所有此次揚關由閘短少盈餘銀三萬二千五百四十餘兩，著管關各員按照經徵月

日，分賠一半，其餘一半，著加恩免其賠繳。(高宗一三一九、五)

（**乾隆五四、二、丙辰**）諭：户部議覆，九江關一年期滿，徵收盈餘比較上屆短少銀十一萬三千九百餘兩，請著落該監督等各按經徵月日，照數賠補，並請交部照例議處等語。固屬照例辦理，第念上年江水漲泛、船筏簰把、過關稀少、稅課短絀，尚屬有因。所有該關此次短少盈餘銀十一萬三千九百餘兩，著該監督海紹、護理監督恆寧共賠補銀三萬兩，其餘銀兩，著加恩免其賠補，並從寬免其議處。(高宗一三二三、四三)

（**乾隆五四、四、甲寅**）諭：户工二部議覆：龍江、西新二關一年期滿，徵收盈餘，户關比較歷屆俱有贏無絀；工關比較五十年短少盈餘銀三萬一千九百餘兩；工部議令該監督照數賠補，固屬覈實辦理。第念上年該處商運木植銷售維艱，竹木簰把到關稀少，盈餘短絀尚屬有因。所有此次龍江關短少工稅盈餘銀三萬一千九百餘兩，著該監督成善賠補銀一萬兩，其餘銀二萬一千九百餘兩著加恩寬免。(高宗一三二七、三二)

（**乾隆五六、五、辛巳**）諭軍機大臣曰：董椿奏，淮宿兩關徵收盈餘銀兩，較之上屆，少收銀六萬九千八百餘兩，懇請照數分年賠繳等語。淮宿兩關，近年徵收稅課盈餘，並無短少，何以董椿此次徵收銀兩，少至六萬九千八百餘兩之多？董椿人尚謹慎小心，諒不敢以多報少，其管關之家人、書役等，董椿亦自當稽查約束，不至任其從中舞弊，致有短絀。即云去秋王平莊民埝衝塌，亦係即時補築完竣，且距豫省較遠，貨船自應照舊流通，不致阻滯。其因何少收稅課盈餘之處，著董椿將該處實在情形，據實速奏，再降諭旨。毋得稍有隱飾，致干咎戾。將此諭令知之。(高宗一三七八、六)

（**乾隆五六、五、壬午**）諭軍機大臣等：昨據董椿奏，淮宿兩關，徵收稅課盈餘銀兩，因豆船過關稀少，較之上屆均有短絀。降旨令將因何少收情形，據實覆奏。茲朱珪奏，鳳陽關徵收稅課，一年期滿，比較上三屆短少盈餘銀四萬一千九百餘兩，請在各員名下，勻攤賠補等語。鳳陽關徵收稅課盈餘銀兩，上三屆均有十七萬四五千兩不等，何以此次短少四萬餘兩？昨淮關短絀稅課，或因去秋王平莊民埝衝塌，貨船稍有阻滯。但該處民埝，即時補築完竣，且距豫省較遠，商販自應照舊流通，其稅課短少之故，未必因此。今鳳陽關在淮關上游，距王平莊尤遠，商販更不應有阻滯，該關短少盈餘，自必另有他故。是否實係米豆船隻，過關稀少？抑該監督等屢經更換，在關員役，從中弊混，徵多報少，致有短絀之處？著傳諭朱珪詳悉查明，據實速奏，再降諭旨，毋任稍有隱飾迴護。尋奏：去歲江南、河南兩省糧價相同，商販無利，到關者少；夏秋湖河泛漲，冬令水淺冰凍，貨船稽遲，以致短

絀。報聞。（高宗一三七八、七）

（**乾隆五六、五、丁酉**）淮關監督董椿覆奏：王平莊隄埝漫缺八十餘日，山東、安徽二省，亦因被水，貨物昂貴，商販不前，盈餘銀遂致短絀。得旨：有旨諭部，諭曰：戶工二部議覆淮安等關，徵收稅課，一年期滿，淮安關短少盈餘銀六萬六千六百餘兩，宿遷關短少盈餘銀四千九百餘兩，著落該監督照數賠補等語，固屬照例辦理，第念上年山東、安徽二省被水較廣，兼之王平莊民埝衝塌，豆貨重船，阻滯難行，商販稀少，以致盈餘比較不敷，尚係實在情形。所有此次淮安關短少盈餘銀六萬六千六百餘兩，宿遷關短少盈餘銀四千九百餘兩，共短少銀七萬一千五百餘兩，著落該監督賠補銀一萬兩，其餘銀六萬一千五百餘兩，俱著加恩寬免，並免其議處。餘依議。（高宗一三七九、八）

（**乾隆五六、六、己未**）諭曰：戶部議覆鳳陽關徵收稅課，一年期滿，短少盈餘銀四萬一千九百餘兩，著落管關之員，各按經徵月日，分別攤賠一摺，固屬照例辦理，第念該關稅務，全賴上游豫省米豆船隻，赴江販運。上年因豫省、江南年歲收成，俱各豐稔，米豆價值相等，商販無利可圖，是以船隻關稀少，盈餘短缺，尚屬有因。所有此次鳳陽關短少盈餘銀四萬一千九百餘兩，著落該監督等各按經徵月日，攤賠銀一萬兩，其餘三萬一千九百餘兩，俱著加恩寬免。（高宗一三八一、一）

（**乾隆五六、一二、癸丑**）又諭：年滿張家口稅務監督刑部郎中瑭瑞所收一年稅額，覈計前任監督所收數目盈餘項下，較上年缺少銀九千四百四十餘兩等語。自恰克圖禁閉以來，商販貨物較少，然歷任監督，悉遵額定數目，徵收交納，從無缺少。今該監督瑭瑞所收盈餘項下，較上年缺少銀九千四百餘兩。或伊家人、書吏，有從中侵蝕、徵多報少之弊，亦未可定。著傳諭烏爾圖納遜將瑭瑞少收稅銀，或伊家人、書吏等從中侵蝕入己，抑或實係張家口外附近地方荒歉，收成歉薄，商販運售貨物無多，始至比原額缺少之處，查明據實奏聞，毋得瞻徇。（高宗一三九二、二三）

（**乾隆五七、一、丁酉**）諭：前據張家口監督瑭瑞奏報，五十六年經徵稅務，短絀盈餘銀九千餘兩等語。當經降旨，令該都統烏爾圖納遜，詳查該監督任內，有無侵蝕捏報情弊。茲據軍機大臣及該都統查奏，瑭瑞任內所徵關稅銀兩，與該年到關貨物，各項覈對，均屬相符，採辦官物，添用銀兩，及變價馬駝，亦有賠墊，委係辦理不善，尚無侵蝕情弊。但盈餘短絀銀兩，究係該監督不能妥為籌辦所致，倘概予寬免，竟不示以薄懲，則人皆效尤，此風漸不可長。瑭瑞著降一級，以員外郎補用。所有短絀盈餘銀九千四百四

十餘兩，著加恩寬免。（高宗一三九五、九）

　　（**乾隆五七、閏四、己巳**）諭：戶部議奏，鳳陽關一年期滿，徵收盈餘，比較上三屆短少銀四萬九千七百三十兩零，應著落管關之員，照數賠補一摺。固屬照例辦理，第念該關稅課，全憑豫省糧食販運下江，經過該處，源源銷售，始能豐旺。上年豫、江兩省，年歲收成相仿，糧價不甚低昂，商販無利可圖，以致豫省糧食米豆，到關稀少。盈餘短絀，尚屬有因。所有此次鳳陽關短少盈餘銀四萬九千七百三十兩零，著加恩寬免一半，其餘一半，著該監督等，各按正署任內經徵月日，分別賠補。（高宗一四〇二、一）

　　（**乾隆五七、閏四、戊子**）又諭：戶工二部議覆，淮、宿等關徵收稅課一年期滿，比較五十五年，短少盈餘銀四萬五千九百七十三兩零，應著落該監督照數賠繳等語。固係照例辦理，第念該關稅課，全仗山東、河南等處豆貨販運南來，錢糧始能豐旺。上年南北各省收成，俱屬豐稔，商販無利可圖，以致豆貨船隻，到關稀少。盈餘短絀，尚屬有因。所有此次淮、宿二關短少盈餘銀四萬五千九百七十三兩零，著該監督賠補四分之一，餘著加恩寬免。（高宗一四〇三、一三）

　　（**乾隆五七、九、己酉**）又諭曰：畢沅奏，荊關徵收錢糧比較一摺，內稱，近年因下游之江南、安徽、江西、浙江等處，年歲屢豐，糧價平減，與川省相仿，兼之水腳盤費，販運每多虧本，是以往來船隻稀少，以致不能比較最多之年等語。各省年歲豐登，糧價平減，商販自然絡繹，關稅正當增贏。湖廣近年亦慶屢豐，斷無因稔收轉致稅額短絀之理。前次淮、揚等關短少盈餘，即以豫東等省因旱薄收，豆麥南下者少為詞，今荊關盈餘短少，又藉詞於糧價平減，船隻短少。則歲歉固絀，歲豐亦缺，必如何而後可？豈司權務者，因關稅短少，而轉望歉收，有是理乎？各督撫於辦理地方事件，欲為屬員地步，往往不顧事理之是非，意為軒輊，託詞陳奏。即如常平等倉，州縣等欲詳採買，即云歲豐糧賤，宜趁此買補；或不欲採買，則又云收成雖好，糧價尚未平減。而該上司亦任其朦混稟報，不加稽覈，以致各省倉儲，不免虧缺。若果如畢沅所奏，則如湖廣、四川、江南、安徽、江西、浙江等處，糧價平減，即應趁此豐收採買，使倉貯充足。而此數省內常平等倉，該督撫又能保其一一無缺耶？各省督撫皆受朕厚恩，簡任封圻，遇有關係錢糧重務，自應各矢天良，平日嚴密稽察，勿任胥吏舞弊，以致虧短。或因水旱不齊，稍有短絀之處，原不妨據實直陳，何必藉詞年歲，轉成虛飾，殊非事君以誠之道。嗣後該督撫等，於糧價關稅等務，務宜詳慎確覈，俱以實入告，勿任屬員等朦混稟報，率行轉奏。除將畢沅摺交部覈議外，將此通諭知

之。(高宗一四一二、三三)

（乾隆五八、四、辛巳）又諭：戶部議覆鳳陽關一年期滿，徵收稅課，比較盈餘短少銀五萬六千五百五十餘兩，著落管關之員，照數賠補一摺，固屬照例辦理。第念該關稅課，全憑豫省糧食販運江蘇，經過該處，源源銷售，始能豐旺。上年豫省河北、懷慶等屬，收成稍歉，糧價較昂，商販無利可圖，以致糧石米豆，到關稀少，盈餘短絀，尚屬實在情形。所有此次鳳陽關短少盈餘銀五萬六千五百五十餘兩，著刁玉成賠補一萬兩，其餘俱著加恩寬免。(高宗一四二七、九)

（乾隆五八、五、癸巳）諭：戶、工二部議覆，淮、宿等關徵收稅課，一年期滿，比較五十五年，共短少盈餘銀十二萬九千五百餘兩零，著落該監督照數賠補等語。固屬照例辦理，第念該關稅課，全賴山東、河南等處豆貨販運南來，錢糧始能豐旺。上年河南、山東均有少雨之處，豆收不能豐稔，又半為本地民食所需，以致豆貨船隻，到關稀少。盈餘短絀，尚屬實在情形。所有此次淮、宿二關短少盈餘銀十二萬九千五百餘兩零，著該監督賠補四分之一，餘著加恩寬免，並免其議處。(高宗一四二八、二)

（乾隆五八、五、辛丑）諭：戶部議覆，滸墅關徵收稅課，一年期滿，比較上三屆最多之年，短少盈餘銀七萬七千七百餘兩，著落前後正署各監督，按照經徵月日，照數賠補等語，固屬照例辦理。第念該關稅課，以米、豆為重，上年川、湖米船到蘇，不及前數年之絡繹，豫、東二省歉收，豆船來蘇亦少，以致盈餘短絀，尚屬實在情形。所有此次短少盈餘銀七萬七千七百餘兩，著該監督等賠補一半，餘著加恩寬免。其應賠一半之數內，除徵瑞仍按在任月日分賠外，至五德到任未久，所有應賠銀兩，著與奇豐額應賠銀數通行牽算，各半賠繳。(高宗一四二八、一一)

（乾隆五八、九、己卯）又諭曰：奇豐額奏揚州、由閘等關稅課比較短少一摺。江省稅務，如淮、宿、滸墅、龍江等關，俱由京簡員前往管理，各該關稅額本多，且有別項差使，用度較繁。尚屬無故不應短絀。至揚、由二關，係巡撫兼管，派委道員監收，稅額既輕，費用亦省，該管之員，尚可從中沾潤，是以各省道員，有兼管榷務者，向來俱視為美缺，何至轉有虧絀之事？即如蕪湖、上海等關，皆係道員兼管，並不聞盈餘常有短少，何以揚、由二關短少盈餘，至四萬餘兩之多？其中必有別情。著傳諭書麟、奇豐額務須詳細查明，據實具奏，勿稍迴護干咎。所有此次短少銀兩，自應按照經徵月日，著落各該員名下，分別追賠，以完公項。(高宗一四三七、一四)

（乾隆五九、一、丁巳）諭：前據福英奏九江關稅一年期滿，盈餘比較不敷一摺，所短銀數，至八萬六千餘兩，比較從前，從未似此短缺過甚。因降旨令陳淮確切查明，有無情弊，據實具奏。茲據陳淮奏稱，弔查該關日收流水紅薄及各口岸經過船筏數目，逐一覈對，並傳集家人、櫃書、木商、船户詳加詢問，實係上年七八月以後，因簰筏船隻，到關稀少，致有虧短，尚無侵蝕捏報情弊。惟福英究屬辦理不善，現據自請照數賠補，並請將該員交部嚴加議處語。該關盈餘短少情由，既據陳淮查明，實因上年秋後，簰筏到關稀少，並無情弊。是致短之由，尚屬有因。所有該關短少盈餘銀八萬六千餘兩，著加恩寬免十分之六，所請交部嚴議之處，亦著加恩寬免。該道嗣後經徵稅課，務須覈實妥辦，倘再仍前虧短，必當從重治罪，斷難更邀寬貸。（高宗一四四五、一三）

（**乾隆五九、二、丁亥**）諭：户、工二部議覆，龍江、西新等關徵收稅課，一年期滿，短少盈餘銀五萬二千餘兩，著落該監督等賠補，並交部議處等語，固屬照例辦理。第念該處上年春夏陰雨連綿，商販稀疏，江潮水寬溜急，到關簰筏稀少，以致盈餘比較不敷，尚係實在情形。所有此次西新關短少户稅盈餘銀二萬二千二百餘兩，龍江關短少工稅盈餘銀二萬九千七百餘兩，共覈計銀五萬二千餘兩，著落該監督等賠補銀二萬兩，其餘銀三萬二千餘兩，俱著加恩寬免，並從寬免其議處。（高宗一四四七、二二）

（**乾隆五九、四、丙寅**）諭：户部議覆鳳陽關一年期滿，徵收稅課，比較贏餘，短少銀五萬三千八百八十餘兩，著落管關之員照數賠補一摺，固屬照例辦理。第念五十七年豫省河北歉收，河南糧食運赴河北，不由該關經過，安徽省鳳陽、潁州、泗州等處，秋收亦未能十分豐稔，且淮河冬令水淺，剝費較重，商船到關稀少，尚屬實在情形。所有此次鳳陽關短少贏餘銀五萬三千八百八十兩零，著刁玉成賠補二萬兩，其餘俱著加恩寬免。（高宗一四五〇、九）

（**乾隆五九、五、甲午**）諭：户部議覆滸墅關徵收稅課一年期滿，比較上三屆最多之年，短少贏餘銀三萬九千四百五十三兩，應著落該監督照數賠補等語。奇豐額兼署兩月，均屬有贏無絀，五德接徵後，始形短絀，自係該監督經理不善所致。著落按數賠補，本所應得。第念五十八年江西一帶被水歉收，川湖米販，多往該處運賣，到蘇較少，以致贏餘短絀，尚屬實在情形。所有此次短少贏餘銀三萬九千四百五十三兩，著該監督五德賠銀二萬兩，餘著加恩寬免。嗣後該監督務宜悉心妥協經理，毋任再有短絀，致干咎戾。（高宗一四五二、一〇）

（**乾隆五九、五、甲辰**）又諭：户工二部議覆淮、宿、海等關徵收稅課一年期滿，除宿、海二關，比較上三屆，均屬有贏無絀，惟淮安關比較五十七年，計短少贏餘銀二萬一千五百四十六兩零，著落該監督照數賠補等語。固屬照例辦理，第念上年山東、河南與江蘇年歲均屬豐稔，豆價相等，商販未能多獲餘利，豆貨船隻過關稀少，以致贏餘短絀，尚屬實在情形。所有此次淮安關短少贏餘銀二萬一千五百四十六兩零，著董椿、盛住各按照經徵月日，賠補十分之六，共銀一萬二千九百兩零，餘著加恩寬免，並免其議處。（高宗一四五三、四）

（**乾隆五九、一二、壬申**）諭軍機大臣曰：福英奏九江關稅一年期滿，盈餘比較不敷一摺。內稱，上年湖廣、安徽、淮、徐一帶雨多歉收，雜貨滯銷，以致船隻稀少，川楚糧食及簰把等項，販運寥寥。本年稅課，比最旺之五十七年，竟短少銀一十五萬八千二百餘兩，懇請治罪，全數賠補等語。湖廣、江西、安徽等省，本年收成，俱屬豐稔，商販往來船隻，自應較往年爲多，所收稅課，亦應較旺。乃九江關商稅，上年比較，已屬不敷，而本年所收數目，短少愈多。若非該監督辦理不善，即係書役、家人，有私行透漏等弊。必須嚴密訪查，以杜侵隱。蘇凌阿曾任九江道，於該關稅課情形，素所諳悉，且現署兩江總督，江西即其所屬，亦應順便前往巡察。……著傳諭蘇凌阿即行前往九江，將本年關稅盈餘銀兩，因何短絀，有無捏飾之處，據實查明具奏，勿稍迴護，俟奏到日，再降諭旨。（高宗一四六七、六）

（**乾隆六〇、二、乙卯**）又諭曰：蘇凌阿奏查明九江關稅短少緣由一摺。據稱，查驗各口岸印簿，並上下游各關經過木簰船隻數目，均屬相符，實無徵多報少，私行透漏情弊。惟該道福英，但知一味從嚴，日坐關口，凡遇簰把船隻到關，限其立投稅銀，轉致商販觀望不前，實屬辦理不善。並察看該員語言蹇澁，步履蹣跚，已類痰氣病症，難望振作有爲，聲請另簡等語。九江關稅務，攸關榷課，該監督自應妥立章程，於嚴加稽覈之中，寓體恤招徠之意，使商旅聞風踴躍，源源販運，方於榷務有裨。今福英一味從嚴，凡遇簰把船隻到關，限其立投稅銀，以致商販聞風裹足。且抱病若真，即應早奏換人。是該關短少稅銀，雖無別項弊寶，實由福英戀棧，而又辦理不善所致。所有五十九年分，九江關短少贏餘銀十五萬八千二百三十七兩零，寬其一半，其一半著福英賠補。至該道病近痰症，難以即時就痊，未便再留關任，致滋貽誤。福英著即革職回旗。全德從前曾任九江關監督，於該處稅務情形，尚爲熟悉。所有江西廣饒九南道員缺，著全德調補，以資整飭。即由浙江速赴新任，不必來京請訓。其浙江鹽政兼杭州織造，著岳謙去。（高宗一四七〇、一〇）

（乾隆六〇、三、辛酉）諭軍機大臣曰：全德奏，九江關庫項接收清楚一摺。九江關稅課盈餘，福英在任時，於乾隆五十八年，虧短銀八萬餘兩，五十九年則短至一十五萬餘兩。今據全德所奏，自上年十一月起至本年閏二月止，爲期僅四個月，已徵銀十四萬九千餘兩，爲數已不爲少。且據全德另摺所奏，有九江、大姑兩關，來往商船亦多，似此源源而來，稅課可冀豐盈之語。以現在徵收數目及商船到關情形而論，稅課不爲不旺，且係冬月，到關船隻已有如此之多，則春夏商船自更輻輳。何以福英在任，連年俱形虧短，至有十餘萬之多？是否係福英在任時，辦理不善，抑或家人、胥吏滋弊、侵漁之處，自應查明，於摺內聲敘具奏，何得僅以照例接收清楚，一奏塞責，謂可含糊混過，作爲寬厚無事之人耶？全德著傳旨申飭，仍著將該關從前徵收何以屢行虧短，是否實係辦理不善，有無侵隱之處，查明覆奏。不可以與福英同係內務府人員，稍存瞻徇迴護之見，自干咎戾也。（高宗一四七四、二五）

（乾隆六〇、七、乙卯）諭軍機大臣等：昨內務府大臣等奏，將五德之子永泰定擬枷號鞭責，實屬輕縱，已改發伊犁當差矣。永泰前在蘇州，代五德經管關務，以致關稅短缺，陷伊父身獲罪戾。此而僅擬枷責，仍得安坐家居，不足以示懲創。永琅人本老實，縕布甫經簡用，俱不足深責。伊齡阿久任關差鹽政，又管理內務府多年，所辦何事？五德家產業經查抄，所有伊名下短缺關稅銀九萬八千六百六十餘兩，即著落伊齡阿按數賠繳，以爲瞻徇寬縱者戒。本日召見軍機大臣降旨時，和珅等叩頭請罪，以此事京中曾經寄商，伊二人意存姑息，未經改正，亦有應得之咎。但永泰原定枷號鞭責，永琅、伊齡阿、縕布究係何人主見如此定擬之處，必有一先言之人。朕之辦理諸事，他或不知，伊齡阿不得謂不知。仍著據實明白回奏，毋再支飾干咎。（高宗一四八二、一五）

（乾隆六〇、一〇、庚子）諭軍機大臣曰：江蘭奏，新設稅口，試抽定額，並查辦小錢等事，覽奏俱悉。……至所稱試抽稅口，儘收儘解，如有盈餘，歸入每年稅餘項下報部等語，外省稅口盈餘，地方官稍有沾潤，自所不免，但不可如山西潞安府之鐵稅，每歲出息，多至數萬兩，徒供地方官牟利剝削。該撫尤當實力稽查，毋得視爲具文，以一奏塞責也。（高宗一四八九、二三）

（乾隆六〇、一二、己卯）諭：戶部議覆，九江關稅盈餘銀兩，比較五十七年計少銀十四萬七千三百餘兩，請令全德照數賠繳一摺，固屬照例辦理。第念該關稅銀，向以木稅、船料爲重，本年苗匪滋事，湖南、貴州木簰稀少，而湖廣米販，又因江浙等省年歲豐稔，運米船隻較稀，短絀尚屬有因。著從寬免其一半，全德自請交部嚴議之處，亦著加恩寬免。（高宗一四九二、二）

（嘉慶三、一一、癸未）諭內閣：戶部議覆夔關短少盈餘銀兩，請著落管關之員照數賠補一摺，固屬照例辦理。第念上年教匪滋擾，正在開、萬、雲陽一帶，來往商販較稀，徵收稅銀短少，自係實在情形，尚非捏飾。所有嘉慶二年分短少盈餘銀六萬八千二百餘兩，著加恩寬免一半，以示體恤。（仁宗三六、六）

（嘉慶四、五、乙丑）諭內閣：工部奏，四川夔州府渝關短少木稅銀三千三百餘兩，請著落前任知府張至軨家屬名下照數賠繳。固屬照例辦理。但夔州府所屬地方，前因賊匪滋擾，商民等未免聞風不前，關稅短缺，尚屬有因。若令賠交一半，於家屬名下追繳，不過一千餘兩，為數雖屬無多，惟念張至軨在軍營積勞身故，情殊可憫。所有張至軨短缺渝關稅銀三千三百餘兩，著加恩全行寬免。（仁宗四四、二〇）

（嘉慶一四、一一、丁巳）又諭：戶部奏各關稅短少盈餘銀兩，請旨分別辦理一摺，各關稅盈餘銀兩，自嘉慶四年減定額數之後，不得再有短少，該監督等辦理不善，以致缺額，自應按數賠補，及早完交，以清關課。乃滸墅關監督舒明阿、九江關監督廣惠，短少盈餘銀兩，俱至二十餘萬之多，經該部節次行催，並未完繳，玩延已極。本應照例治罪，惟是銀數較多，即將伊二人革職監追，於課項仍宕懸無著，亦屬有名無實。但不加以懲處，則伊等漠不關心，仍前玩延，何以示儆？舒明阿，著降為筆帖式，仍留蘇州織造之任，兼管關務；廣惠，著降為主事，仍留廣南饒九道之任，兼管關務，所有應賠銀兩，予限十年，分年完繳。嗣後該監督等，除官交採辦物件外，其餘貢物不許呈進，惟應盡數籌交欠項。儻再逾限不完，必當重治其罪，不稍寬貸。（仁宗二二〇、二）

（嘉慶二〇、九、癸卯）諭軍機大臣等：各省關稅正額、盈餘，皆係久經酌定數目，相沿徵解。各關每屆期滿奏報徵收銀兩，大約不甚相懸。聞有缺額，次年得有羨餘，仍可補足原額，即江南之西新、海關、揚關、鳳陽、蕪湖等關，亦莫不然。惟淮關、滸墅兩關，十餘年以來，歷報短缺為數甚多，竟有積重難返之勢。歲豐歲歉，皆不足額，殊不可解。該兩關監督已非一任，或因缺額降革，或因賠項不能完繳，呈報家產盡絕，欠項纍纍，年復一年，殊屬不成事體。淮揚、蘇州為著名繁富之區，從前司榷稅者皆有盈無絀，若謂米船客貨近年皆裹足不前，揆之情理，必無此事；如謂兩關歷任監督悉皆昧良侵蝕，亦未必盡然。關稅爲國用攸關，該兩關如此疲敝，不可不設法整頓。著百齡、張師誠就近確查淮關、滸墅兩關近年短缺情形，其受病之由實在何處？應如何量爲調劑？會同悉心妥議具奏。若有侵蝕弊端，由驛嚴參具奏，勿稍欺飾。將此諭令知之。（仁宗三一〇、一七）

（二）海關

（**乾隆二五、一〇、壬辰**）諭軍機大臣等：據楊廷璋奏覆，閩海關二十四年分盈餘項內，比上屆缺少之處，確因二十三年歉收所致，並無徵多報少，及丁役人等侵蝕情弊等語。此項短少緣由，前因明福甫經接任司榷，恐新舊交代之時，家人胥隸不無乘機舞弊，是以諭部指駁，並降旨著楊廷璋據實查奏。今據奏到，業經徹底清查，委無此等弊竇。該督自應照例具題咨部，所有前奉諭旨，不必敍入本內。可將此傳諭知之。（高宗六二三、六）

（**乾隆三三、一〇、戊午**）諭軍機大臣等：前日戶部奏，閩海關盈餘短少，請交該督撫查奏一摺，已降旨令鄂寧查奏矣。向來內地關稅短少，尚可云年歲豐歉不齊所致，而粵海關則視洋船進口之多寡爲準，至閩海關每年過關船隻，向有定數，外洋估舶，每歲常通，其稅課自不應大相懸絕，何以此次短少至一萬數千餘兩之多？看來係明福來京陛見，副都統達色接管時辦理不善之故。今春將軍常在，請訓赴任，雖曾命令密加察訪，但常在由旗員出身，此等事非伊所能查辦，其覆奏委無情弊之處，殊不足憑。崔應階現赴浙省巡查，且令兼署巡撫事務，不能即時回閩，是以交鄂寧查辦。鄂寧前爲雲貴總督，辦事貽誤，經朕格外加恩，用爲福建巡撫，自應痛加改悔，實心報効。此事非伊力不能辦者，務須徹底清釐，據實覆奏。若稍存瞻徇之見，思欲顢頇了事，則是自取罪戾，朕不能復爲原宥矣。著將此傳諭知之。（高宗八二〇、六）

（**乾隆五四、一一、己亥**）又諭：山海關監督德綸奏，一年任滿，該處所到海船，僅一千七百餘隻，較上二年短少十分之六；其大關及各邊陸路各口，經徵錢糧，不甚懸殊。通盤覈計，短少比較盈餘銀四萬九千八百八十餘兩等語。山海關徵收稅銀，正額盈餘，歷年並無短缺，今德綸一年期滿，共少徵盈餘銀四萬九千八百餘兩，自應令其按數賠交。但既據稱，該處徵收錢糧口岸，全賴奉省南來海船貨物，因連年被水，收成歉薄，商船到口較少。是否實情，無難查詢得實。著傳諭嵩椿、宜興、穆和藺即將該處運販海船貨物，是否因年歲歉收，舊貨未經銷售，商本一時不能轉輸，觀望不前，赴口上稅者較少，以致徵收短缺，其書役人等有無從中賣放偷漏之處，逐一詳細

查明，據實覆奏，毋得稍有瞻徇。（高宗一三四三、六）

（**乾隆五四、一二、庚子**）又諭：山海關監督德綸一年任滿，短少比較盈餘銀四萬九千八百餘兩，因降旨令盛京將軍等將奉省南來海船貨物，是否因連年被水、收成歉薄、商船到口較少，以致稅銀短絀之處，查明具奏。茲據嵩椿等委員分往錦州等處各海口，調取上稅底薄、覈詳到口貨船，比較上二年，實係短少十分之六等語。此項盈餘銀兩，既因年歲歉收，商本一時不能轉輸，以致貨船到口稀少，其短絀尚屬實情。德綸著罰俸四年，以示薄懲，所有短少比較盈餘銀四萬九千八百餘兩，著加恩免其賠繳。（高宗一三四五、五）

（**乾隆五五、一一、丁酉**）又諭：山海關監督百福保奏，一年任滿，比較盈餘，短少銀四萬八千八百七十餘兩，請從重治罪，並將房屋變抵，其餘銀兩，將應得俸銀全行坐扣完款等語。關稅盈餘比較短少，該監督自有應得之咎。但念該處連歲歉收，商本不能轉輸，況今歲九關台等處雨水較多，河流漲發，間被淹衡，以致貨船到關稀少，盈餘短絀自屬實在情形。且較之五十四年德綸任內微有多餘，尚非辦理不善。百福保著罰俸四年，以示懲儆。所有短少盈餘銀四萬八千八百七十餘兩，著加恩免其賠繳。其所請治罪並變抵房屋之處，俱著一體寬免。（高宗一三六七、一一）

（**乾隆五五、一一、乙巳**）諭軍機大臣曰：福康安等奏報徵收關稅期滿一摺，覈計五十六年徵收數目，比照四十一、二兩年，均多收銀五十三萬九千一百餘兩。因思粵海關收納洋貨稅課，每年徵收盈絀，不在洋船之多寡，惟視貨物之粗細。到關細貨較多，則徵收自裕。但若鐘表、羽呢等件，究非民間常用之物，銷售未能迅速，即商船販運稍多所致，稅銀亦不應比較盈餘多至五十三萬九千餘兩。朕聞外洋夷地，與俄羅斯相連，近年俄羅斯因未通貿易，北邊一帶，稽查嚴緊，私將海龍、黑狐等項皮張貨物，由洋船販至廣東售賣，恐該關稅課充盈，或由於此。俄羅斯需用內地大黃、茶葉等物，刻不可離，若私販皮貨至粵，自必易換該國必需之物，透漏出洋，是名爲閉關，仍不能全行禁絕。著傳諭福康安等於粵海關洋船進口時，嚴密稽查有無前項情弊。如販有海龍等物，務須嚴行查禁，毋任稍有偷越。亦不得因稽查違禁貨物，遂將稅銀短少也。至此次該關洋貨，究係何項貨物，以致稅課增多，即著查明開列清單呈覽。（高宗一三六七、二七）

（**乾隆五六、一一、癸未**）又諭：山海關監督常福奏，一年任滿，比較盈餘短少銀四萬二千餘兩，請從重治罪，並將房屋衣物等項變抵，其餘銀兩，將應得俸銀坐扣完款等語。關稅盈餘，比較短少，該監督自有應得之咎。但念該處連歲歉收，商貨未能銷售，到口空重船隻，未免稀少。盈餘短絀，自屬實在情形。且較之五十四、五兩年德綸、百福保任內，微有多餘，尚非辦理不善。常福著照前例罰俸四年，以示懲儆。所有短少盈餘銀四萬二千餘兩，著加恩免其賠繳，其所請治罪並變抵房屋等項之處，俱著一體寬免。（高宗一三九〇、二八）

（乾隆五七、一〇、壬辰）諭曰：山海關監督多善奏，一年任滿，比較贏餘，短少銀三萬四千餘兩，請從重治罪，並將房屋衣物等項變抵，其餘銀兩，將應得俸銀，坐扣完款等語。關稅贏餘，比較短少，該監督自有應得之咎。但念該處連歲商船貨物，到口稀少，未能暢銷，贏餘短絀，尚屬有因。且較之五十五、六兩年所收贏餘銀兩，微有多餘，尚非辦理不善。多善著照前例，罰俸四年，以示懲儆。所有短少贏餘三萬四千餘兩，著加恩寬免。（高宗一四一五、二五）

（嘉慶一、一二、戊子）免閩浙總督魁倫賠繳稅銀三萬兩。先是，魁倫短稅銀十三萬六千兩有奇，以數多免半，至是復免，嘉其緝捕洋盜有功也。（仁宗一二、一〇）

（嘉慶四、三、乙丑）又諭：據前任閩浙總督魁倫，因在福州將軍任內，應賠短少關稅盈餘銀兩，請將住屋呈繳入官，餘在應得養廉內，分半坐扣等語具奏。……又近年以來，洋面不靖，商賈往往裹足不前，海船到關者較少，盈餘短絀，亦尚有因。著將應賠銀十八萬六千兩零，加恩寬免九萬六千兩零，餘著照所請，於應得養廉內，分半坐扣。其請將住屋入官，祇留小房一所，計十二間，為侍奉伊母居住之處，其情殊屬可憫。且魁倫現署吏部尚書，今使僅住小屋數間，於體制亦為未協。著將所呈出房契賞還，以示體恤。（仁宗四〇、一三）

（嘉慶一二、二、戊戌）諭內閣：溫承惠奏，查明天津縣海稅盈餘案內，應行分賠、獨賠員名、銀數，懇請將獨賠各員暫緩離任，勒限追賠一摺，並分繕清單進呈。朕詳加披閱，此項徵收盈餘銀兩，前已奏准，自乾隆四十三年正月起，至嘉慶十一年十一月止，按照每年動用之數，查明自行挪用與上司提用者，分別著賠；其自行動用全數著賠銀兩，即照挪移庫銀之例，離任分別問擬，統限一年全完免罪；其未至二萬兩者，仍准其開復。本屬按例辦理，姑念此項海稅，向未定有盈餘額數，該員等遂沿為落地稅陋規，隨時動用，覈其所開津貼款目，尚屬以公濟公，究與挪移庫項者有別，且事閱二十餘年，歷任人數較多。所有應行分賠、獨賠銀兩，著加恩將乾隆四十三年至五十二年應賠之數全行豁免，仍於五十三年起，分別著落賠繳。其獨賠銀兩，該署督奏請勒限二年之處，並著加恩再展二年，勒限四年全數完交，仍加恩暫行留任。儻逾限不完，方治以應得之罪。以示逾格矜全、曲加體卹至意。（仁宗一七五、一二）

（嘉慶一三、一二、戊午）諭內閣：温承惠奏，天津海稅一年期滿，徵收盈餘，現據司道等公同酌商，請將此項餘銀，留爲本省公用等語。本年天津海稅，除徵收正額、餘額外，尚餘銀一萬三千餘兩，本應一併解交部庫，惟念該省差務較重，公用多需，既據温承惠奏稱，經司道等公同商請留省備用，事尚可行。著加恩將此次海稅溢餘銀一萬三千餘兩，准其留於直省，充公備用，以示體恤。（仁宗二○五、一四）

（嘉慶二二、三、己未）諭內閣：户部將著賠天津海稅盈餘銀兩，逾限未完各員，開單具奏。此項追賠銀兩，已閱九年，尚有未完銀三十六萬九千餘兩。除已完及寬免各員外，所有單開全未完繳並完不足數各員，著再格外施恩。銀數在五萬兩以上者，予限五年；三萬兩以上者，予限三年；二萬兩以上者，予限二年；一萬兩以下及不及一萬兩者，俱予限一年。著該旗籍都統督撫等實力追繳。如逾限不完，本員尚在者，即奏參監追；若本員已故，奏明請旨。其准扣廉俸並攤賠歸款者，並著查明，覈實辦理。儻該旗籍不認真查催，均各懲處不貸。（仁宗三二八、一○）

第四節　商業稅及其它雜稅

一、商業稅

（一）商稅則例

（順治四、一一、辛亥）裁山東明季添設牙、雜二稅，從巡撫丁文盛請也。（世祖三五、三）

（順治七、一一、己亥）户部議覆：巡視茶馬御史吳達疏言，陝西茶引，明季係茶馬御史自行印發，故引有大小之分；又有大引官商平分，小引納稅三分入官，七分給商之例。今引從部發，應俱照大引例，官商平分，以爲中馬之用。報可。（世祖五○、一一；東三、二八）

（順治九、五、己卯）户部奏言：江陰、青浦二縣，有坐派養牛之稅，實屬病民。請嚴飭督、撫、按臣，行府、州、縣官，將牛、牙雜稅等項，止許於買賣市集照例抽收，若有橫派鄉民者，指名參處。報可。（世祖六五、四）

（康熙一二、一二、乙巳）禁直隸各省官吏毋得私稅市貨。（聖祖四四、一〇）

（康熙二三、九、丙寅）九卿等議覆：管理錢法侍郎陳廷敬等疏言……再查產鉛、銅地方，因地方官收稅種種作弊，小民無利，不行開採。此後停其收稅，任民採取，則銅日多，而價自平。相應俱照所請，通行各省遵行。得旨：依議。開採銅觔，聽民自便，地方官仍不時稽察，毋致爭關搶奪，藉端生事，致滋擾害。（聖祖一一六、一九；東八、二五）

（雍正七、一二、癸卯）又諭：朕即位以來，屢有臣工條奏，各處地方官徵收落地稅銀，交公者甚少，所有贏餘，皆入私橐。雍正三年，又有人條奏，廣西梧州一年收稅銀四五萬兩不等，止解正項銀一萬一千八百兩；潯州一年收稅銀二萬兩，止解正項銀四千六百兩。應令該撫查核，據實奏聞。并令各省抽收稅銀之處，俱據實奏報等語。隨經九卿議令各省督撫，遴委幹員監收一年之後，視其贏餘若干，奏聞候旨。朕思孟子言治國之道，首稱取於民有制。所謂有制者，即一定額徵之數也。若稅課之屬，無顯然額徵之數，則官吏得以高下其手，而閭閻無所遵循。即如從前各處稅課，經地方官徵收，有於解額之外，多數倍者，且有多至數十倍者。既無一定之章程，則多寡可以任意，其弊不可勝言。屬員既已貪取，上司必致苛求；官員既已營私，胥役必至橫索。日積月累，漸有增加之勢，而難於稽查，豈非民生之隱患乎？朕是以允從條奏所請。及九卿所議，令各省督撫委員監收，以定科則，其徵收不及舊額者，亦令奏聞，降旨裁減。年來報出贏餘之處，朕皆令留於本地，或作各官養廉之需，或為百姓公事之用。使官員用度有賴，自不妄取民財；使地方公用有資，即可寬恤民力。無非以小民之財物，仍用之於民間，不令飽貪官污吏之慾壑而已。若該督撫等，果能督率有司，奉行盡善，將一年所收者，悉行奏聞，不及額數者，請旨減免，則賦有常經，萬民共受其福矣。乃聞外省中多有奉行不善者，以朕愛民除弊之善政，而庸劣有司，借歸公之名，或肥身養家，或爭多鬥勝，以致肩挑背負之微物，皆徵收稅課，而該督撫等又不悉心稽查，民間苦於擾累，或起朝廷加稅之疑。獨不思朕愛養斯民，如江南、浙江、江西三省，額徵錢糧，則永遠豁免六十餘萬，各省每年蠲免之正賦，又一二百萬不等，而發帑為地方興修工程者，又不下數百萬。豈有於數千百萬之帑金，並不吝惜，而轉於小民爭此蠅頭之利乎？至於提解火耗，乃均平通便之道。官員有養廉之資，民間無苛派之擾；上司無得受饋遺、徇情瞻顧之私，下屬無請託鑽營、暗通賄賂之弊。屢頒諭旨甚明。從前督撫中有請將耗羨歸公者，朕切加訓飭。蓋此項乃民間之物，惟有用之本地，若將絲毫歸公，是朕利其所有矣。朕必不爲也。著各直省督撫將朕此旨，刊刻頒布。自諭到通行之後，倘仍有加添重耗者，一經發覺，將經徵之員，於本地方即行正法，其該管各上司失於覺察者，亦必從重治罪，決不寬貸。(世宗八九、七；東七、六〇)

（**雍正八、一一、乙亥**）諭戶部：向來各處落地稅銀，大半爲地方官吏侵漁入己，是以定例，報出稅銀四百兩者，准其加一級。後因查報漸多，吏部定議，報出稅銀八百兩者，准其加一級，多者以此計算。年來地方官員皆知守法奉公，凡有稅課，皆隨收隨報，不敢侵隱。其報出之數，每倍於舊額。祇恐將來不無冀倖功名之人，希圖優敘，以致恣意苛索，擾累小民。且落地稅銀，非正項錢糧有一定之數者可比，侵蝕隱匿者，固當加以處分；而爭多鬭勝者，不但不當議敘，亦當與以處分。其如何定議，並如何議敘加級、處分之處，著吏部、戶部悉心妥議具奏。尋議：嗣後各省落地稅及稅契銀兩，如搜求需索，以致盈餘之數倍於正額，或將十數年以前置買產業，苛索擾累者，令該督題叅革職；上司失察徇庇者，查出照例議處；其於正額外實在盈餘者，以八百兩爲率，准加一級，多者不得過三級。永著爲例。從之。(世宗一〇〇、五；東八、三三)

（**雍正一二、六、己巳**）雲貴廣西總督尹繼善等疏奏：黔省遵義府，除遵義、仁懷兩大稅之外，又有遵義縣小板山場，綏陽縣永興山場，桐梓縣新街山場，共小稅銀四百十九兩零，到場之物皆係遵義、仁懷兩大稅處已經征稅者。查黔省原有各山場小稅，久經豁免，遵義向隸川省，是以仍循舊規。今既改隸黔省，應請一例邀免，以除民累。得旨：遵義等縣山場小稅，已經征收大稅，若分販小場，又復抽取，重疊征歛，催頭衙役，更得藉端需索，侵食中飽，甚爲不便。著照黔省通例，一併加恩豁免。(世宗一四四、一〇)

（**乾隆一、四、丁丑**）免湖北太和山香稅。諭：山東泰安州香稅，朕已降旨豁免。近聞湖北太和山，凡遠近進香者，亦有香稅一項。小民虔禮神明，止應聽其自便，不宜征收香稅，以滋擾累。所有太和山香稅，著照泰安州之例，永行豁免。該督撫即飭令地方官，實力奉行，毋使奸胥土棍，巧取滋弊。(高宗一六、二一)

（**乾隆一、七、丁酉**）吏部等衙門議准署寧古塔將軍都賫議覆副都統巴爾岱條奏，請裁白都訥地方新設長寧縣，所募民人，附近歸永吉州安插，其牛羊雜稅等項，交副都統徵收。從之。(高宗二二、七)

（**乾隆一、一二、丁卯**）戶部議覆：大學士管浙江總督巡撫事嵇曾筠疏言，嘉興府之用里街、柴場灣，台州府之關嶺、青溪，溫州府之雙溪，處州府之青田、碧湖、太平、均溪、安仁、小梅、住溪、皂口等處，皆地非市鎮，稽察難周，所有落地稅請概予豁除。應如所請。從之。（高宗三二、一四）

（乾隆二、三、戊戌；東丙申）[戶部]又議覆：廣西巡撫金鉷疏請，革桂林廠雜稅項下食物草蒜、灰麴併牛隻等一十四條；北流縣臨江廠地豆、西瓜、茭筍、菱角、冬瓜、筆、墨、硯、石灰等九條。應如所請。從之。（高宗三八、一八；東二、三）

（乾隆二、四、丁亥）戶部又議覆：廣東巡撫楊永斌疏報遵旨裁革粵東冗稅。一、海陽縣杉餉、廣州府通橋稅口、潮州府留隍一口、高州府梅菉墟期等小稅口，肇慶府黃江廠、恩平縣牛河稅，揭陽縣雜稅內，糞麵、牛骨、皮碎、農具、棉條等項，請悉行裁革。一、揭陽縣並肇慶等四府州比例加徵稅三百八十二條，俱係額外加徵，均請裁革。一、潮州府廣濟橋稅，例有帶徵大埔稅銀，各則均有零尾，吏胥易滋弊端。請將各則零尾，概行截除。均應如所請。從之。（高宗四一、三一；東二、九）

（乾隆二、四、丁亥）戶部又覆：雲南巡撫張允隨疏報，遵旨革除冗稅。查雲南、曲靖、元江、大理、楚雄、永昌六府，正稅新稅之外，復有落地稅之名，原屬重徵巧取，而凡檿鋤、箕帚、薪炭、魚蝦、蔬果之屬，所值無幾，請全行裁革。普洱、武定、麗江三府，係偏僻府分，一切雜貨，俱係落地土稅，並貧民肩挑背負，土產零星細物，概請停止抽收。再查鹽觔一項，業有正課，而曲靖等府於商稅內復有報解鹽課一項；又昭通、鎮雄一帶地方，係食川鹽，而鎮雄則例，開載稅鹽，較永昌等處更重，應一并裁革。均應如所請。從之。（高宗四一、三二；東二、九）

（乾隆二、五、乙卯）戶部議准：湖南巡撫高其倬疏報，遵旨酌裁永州府帶徵商稅及常德府報增贏餘鹽鈔、昌平熟鐵等稅，武岡州報增贏餘門攤酒醋等稅、岳州府巴陵縣報出贏餘雜稅，並係零星商販，額外加增之項，應請革除。從之。（高宗四三、一七；東二、一一）

（乾隆二、六、壬戌）戶部議准：廣西巡撫楊超曾疏報，遵旨裁革雜稅，申造清冊。桂林府廠魚稅、臨桂縣墟稅、靈川縣及永寧州小稅，平樂府廠糖、油、魚苗、鸕鷀等稅，永安州陸路峽口塘鹽、木商稅，梧州府廠魚課、魚苗、灰餉、渡餉、地租各稅，懷集縣各墟生牛、猪苗小稅，直隸鬱林州屬博白縣沙河蕉蔴及陰橋、鴉山、詹村各墟小稅，柳州府屬來賓縣小稅，慶遠府廠南關雜稅，思恩府屬武綠縣各墟小稅，並係鄉鎮村落，離城窵遠，難於稽查；又賀縣額徵花蔴地稅並認增雜稅，有額無徵；概請全行裁革。從之。

(高宗四四、八；東二、一二)

（乾隆二、六、己巳）户部議准：湖北巡撫鍾保疏報，安陸府屬之何家集等十六處，襄陽府屬之雙溝等十集，鄖陽府屬之安陽、龍門、江峪三處，耰鋤、箕帚、薪炭、魚鰕雜稅，向不入正項，請全行裁革。從之。(高宗四四、一七；東二、一二)

（乾隆二、閏九、乙亥；東壬申）户部議覆：江西巡撫岳濬疏請豁除袁、饒二府屬落地稅銀九百九十兩零，減停南昌等三十二縣茶引七百一十二道，免茶課銀一百兩零。應如所請。將袁州、饒州二府所屬之落地稅銀，南昌等縣茶引及茶課銀兩，俱如數豁除減免。得旨允行。(高宗五三、四；東二、一九)

（乾隆二、一一、癸未）户部議覆：山東巡撫法敏疏稱，遵旨禁革雜稅。查濟南等府屬並德州、濟寧二處，應徵各項稅銀内，其耰鋤、箕帚等項細小物件，共應收稅銀三千九十六兩零；又蓬萊，日照等州縣衛，魚筏抽收稅銀五百三十八兩九錢一分。請免徵收。均應如所請。從之。(高宗五七、一六)

（乾隆三、九、己卯）[户部]又議覆：奉天副都統哲庫諾議奏，奉天等處徵收各項商稅，所有民間賣馬、牛、騾落地稅銀，係照定額徵收，並無科派，請仍照舊收納。惟牛、馬監督徵收飯鋪、票錢，並倒斃馬騾稅錢，請行禁革。應如所請。至猪稅一項，有一猪四稅之弊，官吏指名巧取，事所不免，應令酌定規條，不得多立名色。得旨允行。(高宗七七、一八)

（乾隆三、一〇、壬午）户部議覆：貴州總督兼管巡撫事張廣泗疏報黔省各稅所情形，斟酌應去應留款項。一、稅所雖係鄉鎮，實係販賣成群，歸關納稅，並非重徵者，請仍照舊存留。應如所請。貴陽、安順二府屬之雞場等稅所，准其仍舊徵收。一、本地零星土産，如貴陽等府州縣，鐵鋤、鐵耙各稅，應請一併革除。查册開土産，應裁稅八十二條，内如耰鋤、箕帚、魚蝦、蔬菓等三十餘條，係小民日用零星，自應裁革；其煙、茶等項，數至百斤，並非零土産可比，久經例載，未便一概議裁。一、清鎮隔境之六歸、猓結兩河鹽稅所，相隔一岸，兩河抽稅，應請裁革。查黔省鹽稅奏銷案内，並無六歸、猓結兩河鹽稅，其設自何年，額徵稅銀若干，於何案内報銷，應令該督查明具題到日再議。一、遵義昔年隸川，修文隸黔，是以對河彼此盤查收稅。今遵義改歸黔省，不應對河仍前抽稅。應如所請。嗣後遵義抽稅，修文驗票放行；修文抽稅，遵義驗票放行。至遵義稅額，雖係川省舊定，既經改屬黔省，應令該督酌定畫一徵收。一、南籠、安南等處鹽稅，並非取自商販，不過各里頭人，向民苗等零星攤收，彙總交官，恐滋弊竇，應請革除。

查南籠等處鹽稅，彙入鹽法誌書，遵行已久，且此項向爲該省驛站經費，應將該督所請裁革之處，無庸議。從之。（高宗七八、六）

（**乾隆三、一〇、丁亥**）户部議准：河南巡撫尹會一疏覆，豫省各屬，並無落地稅銀，惟帖稅老稅款内，有市集衰廢及麯行麯舖，現奉禁止，共應開除稅銀七百六十兩有奇。從之。（高宗七八、二二）

（**乾隆三、一一、甲寅**）户部議覆：四川巡撫碩色疏言，查明四川各稅，俱係照例徵收，惟廣元縣豬行屠户，兩起收稅；夔關米糧，在本地進城糶賣，部文未載徵收字樣，似屬額外加徵。請予裁革。應如所請。從之。（高宗八〇、一一）

（**乾隆四、四、己丑**）户部議覆：直隸總督孫嘉淦疏稱，正定府同知衙門，額徵木稅，向因山木已盡，抽取零星山貨，以補正額。前督臣李衛遵裁落地稅銀案内，免徵零星山貨，所收木稅，爲數無多，而設立稅口，派撥書吏，從滋浮費。請以乾隆四年開始，免其徵收，並將原設稅口全裁。從之。（高宗九〇、二二；東三、六）

（**乾隆四、九、丙辰**）兵科給事中邵錦濤奏：京城前三門外，大小居民舖户，向來俱有門面稅一項，係大興、宛平二縣徵收，共銀四千五百兩有零。居民舖面，非係己産，即係租房，其舖中貨物，各由地頭進京，水陸關津，俱已上稅，門面一項，似可無庸再行輸納。況查兩縣給發舖户印照，内開毋許差役包攬代交，該舖户亦毋許倩人代納。及臣細訪，各舖户並非親身赴縣交納，俱係該縣吏役到舖徵收，分別填寫上中下户及銀兩數目，給發印照，其間難免吏胥浮冒侵蝕。得旨：交軍機大臣議。尋議：兩縣門面稅銀，業經屢次減免，爲數無多，徵收已久，且存爲經費墊道等需，與出夫者無異，似不必概行蠲免。惟所稱吏胥浮冒侵蝕一節，應交直隸總督查明辦理。從之。（高宗一〇〇、一九）

（**乾隆四、一二、辛卯**）户部議覆：貴州總督張廣泗疏稱，查議黔省各稅口地方鄉鎮落地稅暨土産等物稅款。一、貴陽等屬所産茶、菸、黑香、木耳、花椒、藤、篾等物，不過零星數觔者，請免徵稅；外省興販及本地土産數及百觔者，仍照額徵收。查與例符，應如所請。一、大定、銅仁等六處，所屬城市牙行，包納豬羊稅，屠户幫納雜稅，概請裁革。查該省賦役全書，舊載有雜稅牙帖等銀，並非額外加稅；至遵義等處係城市稅，非鄉村可比，應令照舊徵收。一、銅仁府城南門地租，因城圮，民自造屋，認納地租。現議清出基址建城，此項地稅，請汰。查該處地租，起自何年，現在前項民居曾否拆毀，應令查覆另議。一、遵義府桑木關靛稅，每年不論出靛多寡，照額納稅，實爲民累，請裁革。查該處靛稅，定額何年，因何不能照舊輸納，應令查覆另議。一、遵義府黃灘、羊巖等渡鹽稅，凡川來鹽觔，已經納稅本城，運至各渡，又復徵稅，請裁革。再遵義既歸黔轄，稅則請歸畫一。查黔省鹽法誌書內，該府並無額徵鹽稅銀兩；又遵義則例每鹽一駄重約一百四五十觔，徵課一錢，黔省則例每鹽百觔徵課二錢四分，與鹽法誌內開載不同，應令詳查另議。一、大定府屬之六歸河，黔西州屬之猓結河，販賣川鹽，相沿收納半稅，原非額設，以致兩岸重徵，請裁革。查此項稅銀，奏明入於通省稅羨，充各官養廉公費之用，今經請裁，於廉費有無不敷，應令一併查明，分案題覆另議。從之。（高宗一〇七、九）

（乾隆五、三、庚午）［河南巡撫雅爾圖］又奏：府廳州縣衙門，有鹽當商規禮一項，各屬多寡不均，有地僻事簡而多至一千五六百金者，養廉又不因此減少，竟爲額外多得之項。……又祥符縣之朱仙鎮，凡行戶頂換牙帖，先赴縣納銀呈認，以杜爭端，名曰定帖銀兩，每年幾及五千金。……（高宗一一三、一八）

（乾隆五、一一、壬申）戶部議：雲南巡撫張允隨題覆，滇省議裁落地土稅案內，除原未奉裁之雲南、曲靖等府州縣，仍照舊額徵收外，其試抽商稅、牲稅並仍徵課款之臨安等府廳州縣，現在一年期滿，請將試抽之數爲定額等語。查此項稅課共銀二萬八千四百七十九兩零，又閏月抽銀一千八百二十七兩零，既查無侵隱情弊，應如所請，作爲定額。從之。（高宗一三〇、一二）

（乾隆五、一二、丁巳）［戶部］又議覆：盛京戶部侍郎雙喜奏，奉天府屬開原等處城守尉，徵收雜稅，請派司員稽查，以防侵隱等語。查奉屬各城，現在貿易人等較前旣增，稅銀自必益裕。應如所請，照雍正四年之例，揀選五部司員，於西錦州、寧遠州、中後所、中前所四處，義州、廣寧二處，遼陽、牛莊、蓋州、熊岳四處，復州、南金州、岫巖、鳳凰城四處，共派四員，會同城守尉等徵收一年，著爲定額。從之。（高宗一三三、八）

（乾隆六、二、癸丑）戶部議准：安徽巡撫陳大受疏稱，桐城縣商稅損銀六錢二分有奇，遇閏加銀五分有奇；又協濟昌平州損銀五分有奇；又京庫魚課損銀十六兩七錢八分有奇，遇閏加銀一兩七錢九分有奇；向於耗羨銀內提解，巡撫衙門，作役食之用，並不造入奏銷。嗣因耗羨歸公，此項未經聲明扣除，相沿俱係官捐。應請豁除。從之。（高宗一三七、三）

（乾隆六、四、壬戌）戶部議覆：署理貴州總督兼管巡撫事務張允隨奏稱，貴州遵義府牲畜一稅，重徵累民，銅仁府之永安場、威州之蛇街等處，並非有名市鎮，徵收無多，又安順府屬之清鎮縣，於鴨池河渡口設立稅所，每年額徵鹽雜稅銀七百餘兩；又大定府之六歸，黔西州之猓結、兩河，各於渡口重徵稅銀，請行裁革。又銅仁府南門，前因城垣傾圮，民間造屋棲處，收納地租，現議修城，即需拆毀，請免納稅。又遵義府桑木關靛稅，緣該處種植不常，請照每年收成分數輸納。均應如所請。從之。（高宗一四一、一〇；東四、一〇）

（乾隆七、四、乙未）免甘肅寧夏乾隆二年分震災被焚茶課銀一千五十兩有奇。（高宗一六四、二一）

（乾隆七、四、戊申）户部議准：署雲南總督張允隨疏稱，永北府金沙江金廠，近來產金漸少。若按數徵收，固累淘户，如邊議豁免，永禁私淘，又恐農民失資生之計，自應仍聽民淘，每歲額徵金課，自乾隆六年爲始，減半完納。遇閏免徵。從之。（高宗一六五、一一）

（乾隆七、一二、辛卯）户部議覆：奉天將軍額爾圖等奏稱，每年放票刨參，俱派員嚴查，並設卡座，勢難偷越私採。從前侍郎留保所稱奉天設行店榷稅，以防透漏，雖似可行，但領票人夫，多屬奉天、船廠、寧古塔三處土著旗民，所得參，或在寧古塔賣充盤費，或隨護牌至奉天售賣。若奉天設行店榷稅，不無土豪奸商，紛擾滋弊。應請別籌納稅之法。查偷採条勸，自應嚴密稽察，以清山禁，倘有私帶米糧接濟者，查出一并治罪。至官商資本条勸，並人夫餘剩条勸，既不便於奉天設行店榷稅，又不便令土著人夫一并入關納稅，其收納稅銀，必有一定之所，始免透漏。今官条餘条，俱於寧古塔地方會核，應即令該副都統照山海關榷稅之例，查明收納。令該商解繳監督，仍知照奉天將軍奏聞，并知會户部及山海關監督查覈。其官商及人夫進關貿易条勸，俱鈐印票封，交本人收執，移交山海關監督。已稅之条，免其再稅。如影射夾帶，較原報之數多出者，將条入官，照例治罪，并將查驗不實之員条處。從之。（高宗一八〇、七）

（乾隆八、二、庚戌）暫停江南牛稅。諭大學士等：上下兩江上年被水地方，已經漸次涸出，此時東作方興，正有資於牛力。查雜稅款內，有牛稅一項，雖爲數無多，然以農民被災之餘，即減省雜費分毫，亦未嘗無益。著該督撫即飭被災地方官，將牛稅暫免一年。凡民間買賣牛隻者，但聽其自相論價交易，不許牙行從中需索，有司亦不得視爲細事，一任胥吏侵蝕中飽。該部即速行文傳諭知之。（高宗一八五、一八；東六、二）

（乾隆八、三、壬午）倉場侍郎覺羅吳拜奏：通州雜稅，有曾經革除者，多係部册開載之款，且從前未經題奏，應奏明請旨。得旨：既已寬免多年，

即著永免。該部知道。(高宗一八七、一七)

（乾隆八、五、己亥）諭：下江淮、揚、徐、海四府州屬，上年被災甚重，其地漕錢糧，朕已降旨停緩，所有應完雜稅，向無因災停緩之例，自應照常催徵。惟是各處既被水災，貿易稀少，行商完納稅銀，未免拮据；且本年又有應徵之項，若令新舊並徵，民力更覺艱難。朕思積歉之餘，元氣未復，全在商販流通，地方庶有起色。著將山陽、阜寧、安東、清河、桃源、鹽城、高郵、泰州、江都、甘泉、興化、寶應、銅山、豐縣、沛縣、蕭縣、碭山、邳州、宿遷、睢寧、海州、沭陽、贛榆等二十三州縣，應徵乾隆七年未完牙行各項雜稅，概予寬免，以示朕體恤商民之至意。該部即遵諭行。(高宗一九三、二；東六、五)

（乾隆八、一二、壬子）除浙江溫、台海洋魚船塗稅（高宗二〇六、四；東六、一六）

（乾隆八、一二、戊午）諭：前因川省松潘引多茶壅，故將天全州之積引，改撥成都、彭、灌等縣行銷。每年空繳引張，賠納稅課，官商交累。乾隆六年，朕降旨開除成都、彭、灌三縣積引四千四十九張，併課稅銀二千四百一十七兩二錢，從乾隆七年為始，官商均受其益。惟是乾隆七年以前之羨餘截角，尚屬拖欠。成都有未完銀五百六十五兩二錢，彭縣有未完銀四百三十兩九錢六分零，灌縣有未完銀一千二百九十七兩九錢三分零。川省茶商資本微薄，無力復完舊項，朕心軫念。著將所有三縣舊欠悉行豁免，以示朕優卹商民之意。該部即遵諭行。(高宗二〇六、一〇；東六、一七)

（乾隆九、六、辛未）[戶部] 又議覆：雲南總督張允隨疏稱，臨安等六十三屬，并雲南等十四府、廳、州、縣試抽一年商、牲稅餘銀，共二萬七千九百九十五兩零，遇閏加銀二千二百七十七兩五錢零。應如所題，著為定例。從之。(高宗二一九、一〇)

（乾隆一五、一二、戊戌）湖南巡撫開泰奏：寶慶府有帶徵商稅一項，每年額銀三千七百三十兩一錢，節年照額徵解，從無贏短。臣因商稅，非如地丁等有一定之數者可比，何以並無盈絀，行令儘收儘解。今屆限滿，計收銀四千三百三十六兩二錢九分，除正額外，盈餘銀六百六兩一錢九分。再每稅一兩，向徵耗銀一錢，以作添補平色，及司事家丁、夫役飯食之用。請將盈餘另行報部，留充地方公用，其加一耗銀，行之已久，商民相安，應仍其舊。報聞。(高宗三七九、二〇)

（乾隆二三、五、己酉）戶部議准：兼管順天府尹劉綸疏稱，順天府通判所屬牙行，額設一千七十二名，徵銀一千八百兩零。除節次裁去一百五十

八名外，實存八百九十一名，徵銀一千五百三十一兩。著爲定額。從之。（高宗五六三、一三）

（**乾隆二五、三、癸丑**）户部議准：湖廣總督蘇昌奏稱，……漢鎮等市上行酌定完納稅銀二兩，中行一兩，下行五錢；其僻邑上行一兩，中行五錢，下行三錢。從之。（高宗六〇八、一二）

（**乾隆二五、六、己丑**）[軍機大臣]又議奏：盛京將軍薩拉善奏稱，拉林阿勒楚喀地方，駐劄滿洲日多，居民日密，商販牲畜不期而集。請照寧古塔、伯都訥之例，設立稅局，並派協領、佐領、防禦各員管理，按年將徵收實數報部，即充本處俸餉。俟二、三年後，再定稅額。應如所請。從之。（高宗六一五、五）

（**乾隆二五、一一、庚戌**）廣西巡撫鄂寶覆奏：廣西布政使葉存仁條奏馬政一摺，內稱廣東、福建各標鎮協營馬匹，向係口外購買。乾隆十八年停，每年赴粵西購買，多寡無定。委買營員率額外夾帶漁利，請照京城左右翼收稅例徵稅，以便覈察。查福建、廣東赴粵西購買營馬，數目俱係呈報該省督提覈明，豫咨臣衙門，轉飭產馬地方官照數購辦。本係以公辦公，與民買不同，況馬價係按地方給發，各有定數。若令輸稅，原定既不能增，稅亦無出。應請嗣後隣省採買營馬，令地方官將數目驗明給照，關會前途察驗，並將數目造冊送臣衙門，轉咨該省覈對。並咨閩粵督提，遇買補馬匹，嚴飭委員向地方官報驗，違者究治。至所稱柳州府、慶遠府、思恩府屬，素稱產馬之區，兵民買賣，向無額稅，與定例殊不畫一，應定稅查察。查柳州等府屬向無馬稅，但地處邊徼，養馬之家恃爲生計所關，非官爲稽察，勢必盜買盜賣，滋弊無窮。應如該布政使所奏，嗣後俱令報明地方官存案，照例輸稅，以便查覈。得旨：如所議行。（高宗六二四、一四）

（**乾隆二六、一、乙巳**）直錄總督方觀承議覆：御史七十五奏稱，多倫諾爾糧米，皆資遠販，貿易貨物，較前雖增，而情形與八溝迥別。內地茶布，俱自張家口販往，毋庸重徵。惟庫掄、恰克圖各處，貿易貨物，及克什克騰木植，其在多倫諾爾售賣者，應如所請，一律增收課稅，以杜私販。下軍機大臣等議行。（高宗六二九、一六）

（**乾隆二六、二、辛巳**）軍機大臣等議准：御史七十五奏稱，多倫諾爾商賈日衆，其由張家口來者，已經納稅，定議不復重徵。其由古北口來者，原來納稅，恐商販故避納稅，繞行古北口。請將出古北口及自庫掄、恰克圖、盛京運至多倫諾爾貨物，一體均納落地稅。再克什克騰等處木植，運至多倫諾爾者，該處山近價廉，未便照內地例辦理。請按大木每根四分、小木

二分徵納。得旨：販至多倫諾爾木植，均係蒙古等砍運，無庸徵稅。餘依議。（高宗六三〇、一六）

（乾隆三〇、三、乙酉）户部議准：直隸總督方觀承疏稱，喀喇河屯廳屬之化育溝，向因有駐防兵，附近旗民開設舖面，額徵斗稅。今駐防兵已盡發伊犂補額，京兵又改駐熱河，舖面關閉，原設斗稅，應裁豁。從之。（高宗七三二、一四）

（乾隆三八、九、甲戌）諭：向來多倫諾爾同知專管水旱木稅，另設監督一員，管理該處一切落地雜稅。今思該同知既管木稅，則雜稅亦當歸其兼管，何必另設專員。現在監督將屆期滿，著自明年正月爲始，將多倫諾爾監督之缺，即行裁汰。其所管一切雜稅，俱著多倫諾爾同知管理，以歸畫一。（高宗九四三、八）

（嘉慶六、一一、壬午）免陝西商、隴二州節年商稅缺額銀。（仁宗九〇、一三）

（嘉慶六、一二、癸丑）定四川打箭爐關稅（仁宗九二、一二；東四、二四）

（嘉慶七、六、甲辰）又諭：給事中汪鏞奏，清查關口，俾商運糧載流通一摺。向來京師糧石，全藉俸米甲米輾轉流通，其資於商販者本少。至奉天、豫、東商運雜糧，在京外各處售賣，例不徵稅，本年該三省麥收豐稔，水陸運載，自必源源而來，所有近京一帶經過關津隘口，毋許留難需索。該管官尤當隨時查察，務令商運流通，京畿糧石日增，以平市價而裕民食。（仁宗九九、七）

（二）稅收情況

（順治九、七、庚辰）免淮安牙行六七兩年分逋欠稅銀。（世祖六六、六；東四、八）

（康熙六、六、丁酉）廣東巡撫王來任請免粵東無徵雜稅四千有奇，以甦民困。部議不准，上特允之。（聖祖二二、二〇）

（康熙七、八、戊子）户部議覆：廣西巡撫金光祖疏言，桂林等府，康熙六年分雜稅，較康熙五年分所收數少，恐有侵隱，駁令嚴核。得旨：地方雜稅，原無定額，豈可因康熙六年所收之數，少於康熙五年，遂稱有侵隱，懸揣駁查，致令累民？其即如該撫所題，核銷完結。（聖祖二六、二四）

（康熙四六、一〇、己亥）户部議覆：雲南貴州總督貝和諾等疏言，雲南金銀銅錫等礦廠，自康熙四十四年冬季起至四十五年秋季止，一年之內，共收稅額銀八萬一百五十二兩零、金八十四兩零。應駁回,令該督據實嚴查加增。上諭大學士等曰:雲南礦稅,一年徵銀八萬兩零,用撥兵餉,數亦不少。若又令增加,有不致累民乎?此所得錢糧,即敷所用矣。本發還,著照原題議結。(聖祖二三一、八;東一六、二九)

(**雍正五、二、丁丑**)江西巡撫汪漋疏言:江西地方,舊有落地稅。白潢為巡撫時,將稅銀裁革,不令商民完納,而以巡撫、司道公捐銀兩代完,每年假造花名冊籍報部。其舊有收稅大使等官,仍設立如前。接任巡撫王企埥、裴㣥度皆照白潢之例行,應請批示遵行。得旨:國家經制錢糧,豈臣子可以意為增減?若江西此項稅銀不應徵收,則白潢應奏請於聖祖仁皇帝,施恩豁免。若係地方應徵之項,則自應令商民完納,何得將公捐銀兩代商完課?曲市私恩,以博無知小人之稱頌,並不計及將來之可永行與否。且此端一開,他省督撫何以催辦國賦?似此飾詐沽名,豈人臣事君之道?且江西近日奏出虧空甚多,皆由白潢當日徇情市恩,苟且姑容所致。至於汪漋,身為巡撫,凡事不能據理而行,乃將白潢所行悖理之事奏聞,冀朕批示。朕若批令將稅銀豁免,則是國家之經費,聖祖仁皇帝六十餘年所未免者,而朕安能任意輕免之耶?若批令仍向商民徵收,則是白潢已免之項,而朕復行徵收,無知愚民,豈不歸怨於朕?若批令照白潢之例,以公捐銀兩代商完課,則國體何在,有此治天下之道乎?(世宗五三、二六;東、五、一〇)

(**雍正八、一、丙申**)衍聖公孔傳鐸疏言:兗州府屬屯莊集稅銀兩,舊充尼山書院及林墓歲修之用,今各省清查稅課,請將此項報明歸公充餉。得旨:目今他省有清查稅務之事,蓋因稅課一項,向無定額,地方官吏,每多侵蝕欺隱,高下其手,刻剝小民,是以今將實數查出,凡舊額之外,所有贏餘,即留為本地官民之用,並未將絲毫歸入公項也。兗州屯莊集稅銀兩,向充書院、林墓歲修之費,正是闕里之公用,而孔傳鐸忽請解部充餉,是將此項稅銀視為私橐也。朕於文廟工程,敬謹辦理,一切動用帑金,所費不下數十萬,孔傳鐸寧不知之?而為此卑鄙之陳奏,甚屬不合。嗣後著將此項集稅銀兩,核實支給為書院、林墓之用。(世宗九〇、一三)

(**雍正一〇、二、丁未**)諭內閣:朕聞西寧北川口外白塔地方出產石煤,係附近漢土番回民人刨取販賣,以為生計。每馱納稅錢三十文,西寧府委員收解充餉,約計每年收銀一千九百餘兩。近因西陲用兵之際,西寧移駐兵弁較前為多,率皆用煤以供炊爨,煤價漸至昂貴,若仍照例徵收稅銀,恐價值不能平減,於兵民均有未便,著將應收稅銀寬免。該督撫轉飭有司,實心稽查,儻胥吏人等有照舊私收或借端需索者,務令察出治罪。(世宗一一五、

二二)

　　(乾隆一四、九、己酉)軍機大臣等議覆：署直隸總督陳大受奏，酌復八溝地方稅額。得旨：依議。八溝東街斗秤之稅，從前曾經地方官徵收，後仍令蒙古自行料理。嗣將西街稅務停止，其東街各稅，亦經停止。今因牙儈擾累商民，該署督奏請復行抽收西街商稅，其東街稅務，軍機大臣等議歸地方官抽收。於試收二年之後，所有斗秤一項，給予蒙古。所議固屬妥協，然於朕惠養蒙古之心，猶有未愜。著將東西街稅，一例俱令地方官抽收，亦不必待二年以後，即將東街所收各項稅銀，無論斗秤，按其多寡，每歲全行賞給扎薩克等，以資伊等養贍所屬。伊等既得餘息，自必均霑惠澤，以副朕優賚外藩之意。(高宗三四八、三；東一〇、二三)

　　(乾隆二九、六、乙酉)諭軍機大臣等：額爾景額等奏稱，從前因葉爾羌貿易回人離散，所有交官稅額，俱未計算。現在有二百二十人，投回葉爾羌，各立產業，請酌量定擬，每年令交錢二千騰格。今年已過四月，請自五月起至十二月，令交錢一千三百騰格等語。從前霍集占肆逆，回眾散亂，全部蕩平，數年內始投回立業，此時若即照所定額數，令其交官，尚恐拮据。著加恩，將所定今所應交錢一千三百騰格，酌免五百。嗣後每年俱令交一千五百騰格，以示體卹。(高宗七一二、五)

　　(乾隆二九、八、丙戌)葉爾羌參贊大臣額爾景額等奏：近因阿奇木伯克鄂對查出葉爾羌貿易回人二百餘名，照舊例交二千騰格錢文，其和闐亦飭和成詳查。據報伊什罕伯克古爾班和卓等呈，編查六城貿易回人共八十五名，除上年派往屯田外，所餘五十六各亦願照葉爾羌例，酌交五百騰格錢文。但伊等因從前辦理和闐田賦時，已有應交正項錢糧，且俱以耕織為生，不似葉爾羌回人之專於貿易，自不便重徵其稅。若將應交錢文，攤派各城回眾，雖屬無多，亦覺稍有擾累，似應豁免，仍令專交正項錢糧，以裕回人生計。報聞。(高宗七一六、一一)

　　(嘉慶一九、五、乙未)又諭：松筠等奏，吐魯番回眾交糧當差，頗覺苦累，必須量為調劑。該處地方，宜種木棉，近來種植甚廣；再有南路皮張，商販雲集，每因自相交易，時滋訐訟，莫若官為經紀，按則徵稅，在於城鄉適中之區，設立經紀數名，給與官稱，稅票評價，每兩徵收三分，仍招股實良民詳請給貼。責成該同知經理，試收一年，得有成規，再行定額。所有抽收稅銀，每年撥出十分之三，由該同知分給四佐領回子，並軍臺當差回子，以濟困乏。其餘稅項，解歸道庫，以充經費等語。吐魯番種植棉花，均係回子地畝出租招種。若即在產花之區抽收稅銀，恐滋紛擾，如於商販經由處所，如嘉峪關等處，酌量抽稅，事或可行。高杞係烏嚕木齊都統，現署陝甘總督，著詳細查明此項棉花，與南路商販皮張，從前嘉裕關等處曾否定有稅額，並體察吐魯番回衆如何苦累情形，驟增此項花稅有無紛擾之處，不妨寬以時日，務計議周妥，據實具奏。將此諭令知之。(仁宗二九〇、一一)

二、雜稅

（一）房號稅、廠房稅、買賣房產稅、房價銀

（**順治一八、一〇、辛亥；東己酉**）户部題：山東省臨街房屋徵收銀兩，乃明末加增之積弊。本朝錢糧，俱照從前則例徵收，並未有房號銀兩，且各省俱未開徵，東省亦當一體豁免。從之。(聖祖五、二；東一、九)

（**康熙二〇、五、甲子**）諭户部：宣府、太原、大同等處，近罹災傷，人民困苦，所徵房號銀兩，著悉與除免。(聖祖九六、五；東七、五)

（**康熙二〇、六、戊子**）户科給事中孫蕙疏言：陝西遭賊踐躪，又運入川兵餉，民生艱若。請將通省房號銀兩蠲免。部議不准。得旨：秦省連歲運糧，民生苦累，其應徵房號銀兩，著通行蠲免。(聖祖九六、一三)

（**康熙二〇、六、庚戌；東丙午**）免偏沅平溪、清浪、偏橋、鎮遠四衛房號稅。(聖祖九六、一九；東七、七)

（**康熙五七、三、癸丑**）命減徵大興、宛平二縣各門廠房稅。(聖祖二七八、三)

（**雍正七、三、己酉**）工部議覆：原任河道總督齊蘇勒疏言，黃運兩河隄工，保守宜加詳慎，向來隄頂之上，民間私蓋房屋，既恐傷隄，而搶護亦多礙手。今淮安府及寶應縣佔住之隄，已經諭民移徙，惟遙月等堤，與運河縴道，道里綿長，鄉民居住日久，驟令折毁，恐致失所。請嗣後隄頂民房，如遇傾圮，禁止重修，令移蓋於隄旁隙地。再隄頂之屋，有輸納房租者，計自徐邳以至江口，每歲徵銀不過百餘兩，有益於國課者甚小，并請一併豁免，以杜藉名私占之弊。均應如所請。從之。(世宗七九、九)

（**雍正一三、一二、辛未；東庚子**）禁契紙契根之法。諭曰：民間買賣田房，例應買主輸稅交官，官用印信鈐蓋契紙，所以杜奸民捏造文券之弊，原非爲增國課而牟其利也。後經田文鏡創爲契紙契根之法，預用布政司印信發給州縣。行之既久，書吏夤緣爲奸，需索之費，數十倍於從前。徒飽吏役之壑，甚爲閭閻之累，不可不嚴行禁止。嗣後民間買賣田房，著仍照舊例，自行立契，按則納稅，地方官不得額外多取絲毫，將契紙契根之法，永行禁

止。至於活契典業者，乃民間一時借貸銀錢，原不在買賣納稅之例，嗣後聽其自便，不必投契用印，收取稅銀。其地方官徵收稅課多者，亦停其議敘。仍著各該督撫嚴飭藩司，時加訪察。倘有吏書索詐、侵蝕等弊，立即嚴行究處，無得稍爲寬縱。再在京兩翼收稅之處，亦照此例行。（高宗八、一三；東一、二四）

（乾隆一、一、壬子）免甘肅蘭州新關地方民欠房價銀三千三百兩有奇。從甘肅巡撫許容請也。（高宗一一、五）

（乾隆二、閏九、丙辰）免河隄屋租，並禁增建。諭內閣：江南黃運兩河堤工之上，向有民人蓋房居住者，曾經河臣等議令拆毀遷移以防作踐，旋以小民安土種遷，止令移去險要工所之房屋，其餘仍舊存留，此國家體恤貧民之恩澤也。查各隄所有民房，俱無額徵稅，惟高郵、寶應、江都、甘泉、山陽五州縣，每年有應徵租銀三百八十餘兩，其間拖欠不完者往往有之。朕念此等蔀屋茅簷，非有力之家可比，若留此輸公之項，雖爲數無多，而追呼不免；且恐有胥役藉端苛索之弊。用是特頒諭旨，將此項租銀永行停止，並將歷年拖欠未清之數，悉予豁除。惟是上下隄工，乃河渠之保障，理宜加意慎重，以固河防，現除在已成房屋，無礙隄工者，免其遷移外，將來不許再有添增。如有違禁增蓋者，即行驅逐治罪，並將徇縱容隱之官弁，分別議處。（高宗五二、一）

（乾隆三、一、壬午）［兩江總督那蘇圖］又奏：戶部議覆福建巡撫盧焯奏，請將閩省各府屬並各營私徵房舍、池地等項，概行禁革一摺，行令詳查明確，定以應徵額數，照廈門地租之例奏銷，特旨交臣辦理。查此項地租，實係沿河傍市、以及倉場、學宮之旁，並附城濠溝隙地，貧民或搭蓋小屋棲身，種蔬、養魚餬口，所收租銀，向撥書院及祠廟公用。至城邊搭棚賣物之處，因恐豪強橫占，徵收浮租，以息爭競，其數更爲有限，與廈門衝繁之地不同。年收租息，多至拖欠，若經入額徵解，必多滋累。應仍令營縣徵收，留爲公用。如有坍塌，即行扣除。得旨：此奏甚妥，即照此議行。將奉旨處咨部可也。（高宗六一、一二）

（乾隆一二、四、庚申朔）諭軍機大臣等：聞得四川省辦理田房稅契一事，地方有司往往分別銀數多寡，少者即行侵蝕，不給契尾。向來民間買賣，例由布政司頒發契尾與業戶收執爲據，不惟杜隱漏之弊，亦所以息爭訟之端。豈可任不肖之員，侵欺舞弊？可傳諭紀山，令其查辦。（高宗二八八、一）

（乾隆二〇、一二、戊午）盛京戶部侍郎赫赫奏：盛京等處買房產田畝，均請上稅。得旨：盛京等處買房產有上稅者，亦有不上稅者，自應一體上稅。至買田畝，從無上稅之例，遽令上稅，於民不便。但不與以執照，日久不免爭端。嗣後買田畝著不必上稅，但至稅務處遞呈領照。其如何給照，並查覈定擬之處，著交部議奏。（高宗五○三、一○）

（**乾隆二四、二、壬申**）戶部議准：江西布政使常亮奏，民間活契典當田房，概免納稅，賣契仍照例投納。先典後賣者，照賣契銀數納稅。隱漏者治罪。並照徵收地丁例，於大堂設櫃，聽民自行投納，即時印給契尾，不得留難。包攬私收者拏究，該管官以失察故縱。分別條處。從之。（高宗五八一、一七）

（**乾隆二八、九、丙寅**）諭：據蘇昌奏，粵東田房稅契銀兩一項，原係另款存貯，以備本省建造工程等項動支。今積至一百二十餘萬之多，現在京外各處或有需用，請即酌撥八十萬兩，解交收用。……殊不知圓明園工程，一切皆仍舊貫，需費無多，奚致遂煩督撫經營籌畫。況天子不言有無，外府內府，均屬一體，又何必事此挹注之勞耶？蘇昌等既爲此奏，恐各省督撫，尚有未能盡喻者，著將此通行傳諭知之。蘇昌摺，並交部議奏。（高宗六九四、一二；東二○、三二）

（**乾隆三八、七、癸酉**）戶部議准：給事中耀泰奏稱，旗民白契房地，准令報明稅契，本係定限三年，但恐民人等或綠曉諭未周，或以地居僻壤，不能盡知例禁，應請再展限一年。其從前白契私買房地，未經上稅者，准其於一年限內首明補稅。從之。（高宗九三九、八）

（**乾隆二八、一二、甲午**）豁除甘肅安定縣坍沒房租額徵銀六十兩五錢有奇。（高宗七○○、一二）

（**乾隆三一、七、丙子**）又諭：前據湖北按察使雷暢條奏，民間田房稅契，不黏連司印契尾者，立限一年，令業戶首明補稅，以杜侵隱而稽假冒。經戶部覆准，並令各督撫分別定限，報部查覈。夫隱匿漏稅，若在民，自應查明，令其補交；若係州縣官辦理稅契，於契紙內鈐印，並不黏用司印契尾，是係不肖有司，意圖侵肥入己所致。其實小民應投稅銀，業已照數輸納，今乃令業戶首明補稅，而不於原稅之州縣名下追還，是百姓受重稅之累，而侵隱之官吏，轉得安享其利，於情理殊未得平。著各該督撫詳悉出示曉諭，凡民間有已經投稅並無司頒契尾者，令其據實首明，即行補給契尾，其稅銀毋庸重復補納，以卹民力。並查係何員任內經手，除事在五年以前，及該員已經身故者，查明免其勒追外，其現任及陞調各員，均著照原稅銀數，於各員名下定限追還。此次立法以後，如再有止鈐契紙不運用契尾者，各督撫即行查叅治罪。如此，則閭閻既免重科，州縣共知儆惕，將來小契之弊，亦可不禁自止。可將此通諭知之。（高宗七六四、一二）

（二）漁課

（順治九、一二、乙巳）命江陰縣歲解子鱭魚，通行折色，著爲令。（世祖七〇、一六）

（乾隆一、三、乙卯）免廣東歸善、海豐、惠來、潮陽四縣加增漁稅及通省埠租。諭：廣東山海奧區，貧民多以捕魚爲業，各縣俱有額徵漁課，爲數無多，相沿已久。後因歸善縣不肖知縣，私取陋規，加於額徵十數倍，遂經撫臣定議，加增魚稅一千餘兩，作爲贏餘；而海豐、惠來、潮陽三縣，亦仿照加增。海豐縣則增至四千餘兩，惠來縣增至五百餘，潮陽縣增至七百餘兩。朕思粵東山多田少，小民生計艱辛，故以捕魚爲養贍之計。今他縣漁租，皆仍舊額，而歸善等四縣獨徵收加重，恐漁民輸納維艱，非國家愛養黎元之意。著將四縣加增之數，悉予豁免，仍照原額徵收。其捕魚小船，尤不應在輸稅之內。再查粵東有埠租一項，亦民間自收之微利，前經地方官通查歸公，爲湊修圍基之費。夫圍基既動公項銀兩修築，則埠租一項，亦著一體免徵，以免閭閻之煩擾。該督撫轉飭有司，實力奉行，毋使奸胥、地棍，借端私取，致窮民不得均霑實恩。（高宗一五、九；東一、三七）

（乾隆二、四、癸未）除澎湖漁艇陋規。諭總理事務王大臣：朕查閩省澎湖地方，係海中孤島，並無田地可耕，附島居民，咸置小艇，捕魚以餬其口。昔年提臣施烺倚勢霸佔，立爲獨行，每年得規禮一千二百兩。及許良彬到任後，遂將此項奏請歸公，以爲提督衙門公事之用。每年交納，率以爲常，行家任意苛求，漁人多受剝削，頗爲沿海窮民之累。著總督郝玉麟宣朕諭旨，永行禁革。其現在捕魚船隻，飭令該地方官照例編號，稽查辦理。此項陋規。既經裁除，若水師提督衙門，有公用必不可少之處，著郝玉麟將他項銀兩酌撥數百金補之。（高宗四一、二五）

（乾隆八、一二、壬子）除浙東溫、台海洋魚船塗稅。諭：朕聞浙省溫、台二洋，爲魚船採捕之所，從前玉環未經展復以前，凡魚船在洋採捕者，汛兵需索陋規，無異私稅。後因展復玉環，該地方官惟恐經費無出，遂將陋規改收塗稅，以資經費之不足，此一時權宜之計也。而每年所委微末員弁及丁役人等，往往借端苛索，上司查察難周，不無苦累。朕思濱海編氓，以海爲田，每歲出沒於風濤之中，捕魚以餬其口,生計淡薄,應加軫恤。況自玉環展復以來,地方所有錢糧,已敷公事之用,無庸更收塗稅。著將此項永遠革除,免致不肖官弁丁役,苛刻需索,擾累貧民。該部即行文該督撫知之。(高宗二〇六、四;東六、一六)

(**乾隆一〇、一〇、甲子**)[戶部]又議准:兩廣總督策楞疏稱,……東莞、香山……等三十二州縣,額徵漁課,共銀五千八百九十八兩有奇。或按埠勻攤,或按船攤徵,難免豪強勒抽。請自丙寅年始,照歸善、海豐……等五州縣例,將額徵銀數,按漁船大中二號勻派,給與司照,如數交納,小船免徵。從之。(高宗二五一、一四)

(三)船稅

(**乾隆八、四、丙午**)江蘇巡撫陳大受奏:起運賑糶米穀,官給腳價,原未包算船料在內。若令船戶輸納,未免賠累。請免徵收。得旨允行。(高宗一八九、一三)

(**乾隆一〇、八、己巳**)兩廣總督策楞奏:粵東廣、惠、潮、肇、高等府及羅定一州,例有渡船稅銀,前任督臣那蘇圖奏請豁除,經部議駁,令御史趙肇洙復請查照原奏免徵,奉旨令臣議奏。臣查各屬濱河地方,義渡官渡,原無索錢之事,而前項稅銀,乃出於銀貨往來之大河船。蓋緣此等船隻充當之時,例取身家殷實甘結,凡各鎮小本鋪家,用銀置貨,類皆托其代買;孤身客販,無力雇船者,亦附搭行走,伊等停泊開趁之處,皆有一定馬頭,官為稽查,以免船戶偷竊之慮。故按戶給帖,令輸稅銀。若一經議革,恐船隻散漫無稽,沿途偷竊疏虞,轉非行旅之便,請仍照戶部原議遵行。得旨:著照所議行。該部知道。(高宗二四七、二二)

(**乾隆二二、一二、壬戌**)諭:湖北撥運豫省米石,抵豫交卸後,原船回過各關,例應輸納船料。但各船戶回棹時,如已攬載客貨,其船料自當徵收;若僅原船回空,船戶未免拮据,著加恩免其徵收船料,以示優卹。該部即遵諭行。(高宗五五二、八)

(四)蘆課

(**康熙三、一〇、乙亥**)清察湖廣蘆地員外郎王秉仁報增湖廣省蘆課銀三千五百兩。下部知之。(聖祖一三、一〇)

(**康熙三、一〇、丙戌**)清察江西、江南蘆地員外郎阿金太報增江西省

蘆課銀一千一百一十七兩、江南省蘆課銀五千五百兩。下部知之。(聖祖一三、一二)

（康熙一〇、四、己丑）戶部題：江南、江西、湖廣蘆課錢糧，每年差部員監督管理。查蘆課一項，原係地方官按畝徵收，轉解監督衙門，與各關差監督親收商稅者有別。請嗣後停止差遣部員，將蘆課錢糧歸并地方官管理。從之。(聖祖三五、二一)

（五）其它

（順治二、一、壬寅）以災荒，免上林苑監額稅三之一。(世祖一三、八)

（乾隆一、一一、壬寅）河南山東河道總督白鍾山議覆：調任山東巡撫岳濬疏言，磚板閘稅口，與臨清相距甚近，其稅務請歸併臨清關徵收。應如所請辦理。下部議行。(高宗三〇、一四)

（乾隆一、一一、乙卯）戶部議准：原署四川巡撫王士俊疏言，寧遠府知府事務較繁，請將南門外落地一稅，並寧番、會川、九道溝三稅口，改歸續設之通判經理。從之。(高宗三一、八)

（乾隆二〇、六、辛酉）戶部議准直隸總督方觀承疏稱：多倫諾爾同知地方試收牲稅，已滿三年，議以一千兩為正額。從之。(高宗四九一、一〇)

（乾隆五〇、一、己未）軍機大臣議覆：據烏嚕木齊都統長清奏稱，烏嚕木齊各廳州縣牲稅、房租銀兩，經前任都統海祿奏請，額定每歲收銀二萬八千餘兩，以抵經費。今查迪化州及迤西迤南等處，俱能徵收足額，唯迤東之阜康、濟木薩、奇台、宜禾等處不敷定額。因從前海祿查辦時，俱係庫貯錢文，而各屬市價，係制錢八百文合銀一兩，惟吐魯番、宜禾等處係制錢七百文合銀一兩，該處易銀解庫，必須加平補色，名為個頭錢。每銀一兩，實須錢九百文。其吐魯番地方，業經迤西委員，將個頭錢分晰扣算，照依九百文合銀一兩，是以足敷原額。而迤東委員，並未扣算個頭錢文，照依八百文即合銀一兩，覈數具稟，是以於定額多有未敷。應如所請，嗣後交納牲稅、房租銀兩，如以銀完納者，聽其自便，若以錢完納，均按照制錢九百文作銀一兩扣算呈繳，不得仍留個頭錢名目。並令該都統督飭所屬實力稽查，不必拘定海祿所定額數，仍照臣等原議，儘收儘報，毋許額外多索。從之。(高宗一二二二、一三)

（嘉慶二二、七、辛酉）諭軍機大臣等：陳預奏，長山縣知縣譚之遂，因縣民置產匿稅，經該縣開單分交約正挨戶催追，有鄉民朱可輅等多人聚至大堂，求請免催，該縣當堂開導，該鄉民等不服，喧嚷砸破暖閣，復至典史陳爾寧署中抄打，請將譚之遂解任，並將陳爾寧徹回，嚴拏朱可輅等，質究確情，從嚴懲辦等語。民間匿漏契稅，本干例禁，此案長山縣知縣譚之遂，無論有無需索滋擾並違例多收情弊，典史陳爾寧有無慫慂干與情事，該民人等總不應將知縣大堂暖閣砸破，並至典史衙署抄打，若先將知縣解任，典史徹回，該民人等聞知，豈不愈長刁風？此時知縣譚之遂，著無庸解任，典史陳爾寧亦無庸徹回，若慮該二員查拏各犯或有不妥，該撫可遴派明幹文武員弁，速往長山，協同譚之遂等，將朱可輅並朱元霈等一干人犯按名全行拏獲，並將譚之遂、陳爾寧傳至省城，秉公質訊。一面委員將長山縣知縣及典史印務暫行署理，如審明譚之遂並無藉端需索及違例多收，典史亦無慫慂干與情事，即將朱可輅等加倍治罪，該縣、該典史均無庸糾處，即飭令回任。儻訊明譚之遂、陳爾寧實有肇釁情弊，除將朱可輅等照例治罪外，再將該縣、該典史一併糾處。將此諭令知之。（仁宗三三二、一四）

第五節　捐輸報效

一、捐監製度

（康熙二、三、甲戌）吏部遵旨議覆：嗣後由吏員例監准貢出身者，俱准陞正印。得旨：納銀授官，於理不合。以後吏員年滿，果勤勞無過，准其考職，免納銀兩。其納銀例監准貢，以後亦著停止。（聖祖八、一八；東一、一七）

（康熙二〇、六、丙午）吏部議覆：湖廣道御史房廷禎疏言，捐納歲貢，終非正途，不應考選科道。應如所請。又督撫子弟，應照在京三品京堂子弟例，亦不與考選。應不准行。得旨：漢軍、漢人捐納歲貢，俱不准作正途考選。京官三品以上子弟，既不與考選，總督、巡撫子弟，亦不准考選。（聖祖九六、一八；東七、七）

（雍正一一、五、己丑）諭內閣：朕於直省地方偶遇災祲，即爲之寢食不寧，蠲租發粟，截漕平糶，多方撫恤，務使貧民無一不得其所。又念各該地方，雖或收成歉薄，豈無蓋藏豐裕之家，伊等誼篤桑梓，休戚相關，若各人量力樂輸，既可以展其睦婣任恤之情，亦可以爲恤災扶困之助，是以曾經降旨，通行勸導，然亦聽紳衿士庶自爲之，不相強也。近聞直省地方，捐資周急，好善樂施，頗不乏人，此誠鄉鄰風俗之美，亦人心古處之一驗也。此等良善之人，應加恩澤，以示褒嘉。著各該督撫留心體察，秉公確訪，其捐助多者，著具題議敘；少者，亦著地方大吏給與匾額，並登記檔册，免其差徭，以昭朕與人同善之至意。（世宗一三一、四）

（**乾隆三、一、庚午**）命督撫議常平捐監事例。諭：國家昇平休養，户口繁滋，生聚日多，蓋藏未裕，儲蓄之方，不可不豫爲籌畫。從來積貯以常平爲善，但地方有司，每以歲久黴變，易罹糸處，折耗補數，貽累身家，一見積穀稍多，即爲憂慮。而無識之上司，亦遂被其搖惑，而不爲緩急可恃之計。獨不思民間既鮮蓋藏，而倉庾又無儲備，天時旱潦，豈能保其必無？一旦年穀不登，其何賴以無恐乎？向有常平捐監之例，後因浮費太多，捐者甚少，遂漸次停止，歸於户部。乾隆元年，朕將捐款盡停，而獨留捐監一條者，蓋以士子讀書向上者日多，留此以爲進身之路，而所捐之費，仍爲各省買穀散賑之用。所降諭旨甚明。今再四思維，積穀原以備賑，與其折銀交部，至需用之時動帑採辦，展轉後期，不能應時給發，曷若在各省捐納本色，就近貯倉，爲先事之備，足濟小民之緩急乎？去冬侍郎孫國璽從晉省回京，請將捐監事例移回本省。朕降旨詢問該撫，並諭他省不得援以爲例。今思貯粟養民，乃國家第一要務，果於民生有益，則當因時變通，不必固執前議。著各該督撫確查所屬，現存倉穀若干，足敷本地之用與否；若將捐監之例移於本省，令捐本色，於地方有無裨益？各據本省情形，悉心妥議。若事屬應行，即將如何定例定數之處，詳議具奏。至於在外收捐，則有包攬、苛索種種弊端，而積穀既多，則存七糶三出陳易新之際，其弊更難悉數。此皆該督撫所當隨時稽查，盡心釐剔，俾閭閻實受常平之益，而官民無賠累之苦，方不負愛養斯民之重寄也。（高宗六一、一；東二、二四）

（**乾隆三、七、甲寅**）户部議覆：雲南總督慶復遵旨議奏，滇省納粟捐監事宜，請將納捐穀石，分貯各府、**廳**、州、縣倉廠，以備賑糶之用。至滇省半屬夷猓，若止令本省人捐納，勢必寥寥無幾；請將在滇各官員子弟，有願報捐者，准一體收捐。應如所請。從之。（高宗七二、三）

（**乾隆三、七、丙辰**）[户部]又議覆：兩江總督那蘇圖遵旨議奏，江省納粟捐監各款，江南地氣潮濕，米難久貯，請令各屬報捐生俊，俱交本色穀石，毋庸粟麥兼收。至上江之歙縣、休寧等六縣，地處山僻，穀價獨昂，應照捐例減二收捐；如倉廠不敷應用，酌量添建，應如所請。從之。（高宗七二、七）

（**乾隆三、七、戊午**）户部議覆：大學士管理浙江總督事務嵇曾筠遵旨議奏，浙省納粟捐監事宜，請照各屬穀值貴賤，分別捐穀多少之數，定爲三

則收捐；並令各生俊，隨穀輸銀，以爲建倉之費。應如所請。從之。（高宗七二、九）

（乾隆三、七、庚午）［户部］又議覆：署廣東巡撫王謩遵旨議奏，粤東納粟捐監事宜，請交納本色，以實倉貯；惟是瓊州府屬澄邁等十州縣，增貯穀石，將來出陳易新，本處產穀無多，須在別府買補，涉洋輓運，風信靡常，如有疏失，請據實題豁。至各營應增穀石，俟各屬捐竣之後，就近分撥貯存。從之。（高宗七三、五）

（乾隆三、八、甲午）户部議覆：福建巡撫盧焯遵旨議奏，閩省納粟捐監事宜，請就各府、廳、州、縣大小酌定穀石，分別捐貯，惟臺灣一府，素稱產穀之區，倉貯充裕，毋庸議捐。所有臺灣生俊，情願報捐者，令取本籍供結送司，轉飭泉防廳收納；其駐防旗人及在閩年久已經入籍者，亦准一體捐納。應如所請。從之。（高宗七四、二九）

（乾隆三、一二、戊戌）户部遵旨議：御史陳其凝奏，安徽被災州縣，所有本省捐納穀石，請照現在江蘇之例，一體減三收捐。未被災州縣生俊，向被災處所納穀者聽。又江蘇減三收捐，原議來年四月麥熟停止。東南麥收，非西北可比，來年四月，穀價恐未平減，請寬期兩月，以新穀登場爲止。安徽如蒙俞允減捐，亦請一律遵行。應如所請。令該督作速會同各該撫，酌量地方情形，妥議奏明辦理。得旨：依議速行。（高宗八三、一四）

（乾隆四、六、辛卯）户部議准福建巡撫王士任疏稱：閩省府廳州縣，定捐監穀一百萬石，加以舊貯，緩急似可敷用。若於不通舟楫之地，再爲買貯，恐本省產穀不敷，轉妨民食。請於不通水次州縣，俟原定足額之後，按大中小治，增捐監穀，以五千、四千、三千石爲定。應如所請。從之。（高宗九五、二）

（乾隆四、八、癸巳）陝西道監察御史程鐘彥奏：捐納貢監，本省給有實收，赴部換照，原無定限。雍正十三年，户部以直省捐納貢監人員，竟有遲至一二十年，始將實收換照，日久恐滋頂替，題定限期。康熙六十一年以前者，定限三年；雍正十三年以前者，定限四年；乾隆元年後者，定限五年。過期不准換照。伏查康熙年間捐納者，久經乏人換照，原無庸議；惟雍正十三年以前者，陸續赴部換照，月以爲常。今限期已滿，聞在部具呈請換者紛紛。竊思此等人員，或係遠省因循，或係羈身游學，及知限期將屆，急赴投換。似此概不准換，將來鄉試屆期，或有意觀光，阻其進身之階。況地方官奉文以後，原未必徧爲示諭，窮鄉僻壤，見聞未周，迄今不知限期已屆者，尚有其人。應請勅部，近省再寬限一年，遠省二年。乞勅下直省督撫，

轉飭各地方官，多方曉示，俾知依限投換。得旨：著照所請行，該部知道。（高宗九九、八）

（乾隆五、四、乙亥）廣西布政使楊錫紱奏：廣西地處極邊，桂、平、梧、潯等府，捐監者甚少。請令外省民人，一體報捐，捐足停止。得旨：著照所請行，該部知道。（高宗一一四、一二）

（乾隆五、四、庚辰）諭：據奉天府尹吳應枚奏稱，奉天自開例捐監積穀以來，報捐者寥寥無幾。蓋緣直隸、山東各省，水陸俱通，商販絡繹，有穀之家，俱各貪圖貴糶，瞻望不前。請照江西、安徽二省奏准之例，凡外省來瀋行商過客，暫時流寓之輩，並作宦之生俊人等，皆許其照例報捐，俾所積益多，則所濟益廣，似可無拘年限等語。各省捐監積穀一事，原以備民間之緩急。先據福建巡撫王士任以本省捐穀無多，請准行商、過客及暫時流寓之輩，一體報捐，以資積貯，朕降旨允行。續據江西巡撫岳濬援例以請，朕亦允行。又據安徽巡撫陳大受援例奏請，並添入作宦之生俊字樣，朕因安徽等屬，連歲歉收，從廣儲米穀起見，且有福建江西爲例，故亦批照所請行。是朕一時疏略處。乃吳應枚遂援引爲例，具摺陳奏。今細思之，作宦之生俊，在該地方一體報捐，其中大有弊竇。或多收民人穀石，以填補子弟捐監之數；或少交入倉穀石，以致有虧捐款之額；或那移常平、社倉官穀，以充捐項之用；或礙上官情面，代爲騰那，而開虧空之端。此皆事之所不免者。此事若准行，將來何省不援此例請行乎？況奉天地方，非江南等省可比。行商過客，亦屬無多，有何益處？且朕從前爲閩省所降諭旨，原限一年期滿，將外籍報捐之人停止。今吳應枚摺內並未定有年限，但稱俟缺額穀石捐足之日，奏請停止，是停捐遙遙無期矣。從前之收穀，原欲濟民之食。今如此辦理，是又巧開一捐納之途矣。吳應枚奏稱有穀之家，貪圖貴糶，此彼地情形也。今又准作宦之生俊，一體報捐，則交官之穀愈多，穀價豈不愈貴乎？所奏甚屬錯謬。其作宦生俊報捐之處，不但奉天不可行，即安徽亦不可行，著該部即行文停止。至於奉天地方，應否准行商過客報捐，著該部定議具奏。（高宗一一四、一四）

（乾隆五、閏六、辛丑）戶部議准：山東布政使魏定國疏稱，前經撫臣碩色奏，東省連歉，民力未紓，倉貯亦多未足。請令外省在東貿易者，聽其納穀捐監。俟乾隆五年十一月，一年限滿停止。今自奉文以來，並未報捐一人，請再寬限一年。從之。（高宗一二〇、一四）

（乾隆五、九、己巳）河南巡撫雅爾圖奏：豫省現屆秋成，雜糧較多。捐監一事，請不論米麥穀石，及各種雜糧，概准交收。得旨：如所請行，該

部知道。（高宗一二六、二）

（**乾隆六、二、癸卯**）令捐監在內在外，悉聽士民之便。諭：從前停止各項捐納之時，在廷諸大臣及翰、詹、科、道等官，議留捐監一條，俾各處積穀，以備民間荒歉之需；且使士子廣其應試之路，洵爲兩便，並非捐官可比。朕已允行。昨據御史趙青藜復請停止捐監，又經大學士九卿會議，以爲事屬難行，應仍其舊。朕已降依議之旨矣。今據海望奏稱，外省收捐繁難，赴捐之人甚少，原議各省捐貯穀數，共應三千餘萬石，今報部者僅二百五十餘石，合計尚不足十分之一。不若停止各省之捐穀，仍照九卿原議，在部交銀，將所收之銀，扣抵各省買穀銀款，俟倉儲充盈之後，將應否停止之處，再行請旨等語。朕思納粟貯倉，原爲備荒發賑，豫爲籌畫之計。外省捐穀繁難，且有弊竇，不若在部投捐之易，誠如海望所奏，朕亦知之。嗣後仍准在部收捐折色，至於外省收捐本色之例，亦不必停，在內在外悉聽士民之便。地方積穀，不厭其多，賑恤加恩，亦所時有，正未易言倉貯充盈。既係士民兩便之舉，將來亦不必奏請停止。朕看州縣有司，往往慮及霉變賠補，以多積穀石爲憂。其如何酌量定例，俾其從容不至賠補之處，交與該部另議具奏。如此，則有司不以積穀爲苦，而倉廩漸次可實，不至虧缺，於民食大有裨益矣。（高宗一三六、八；東四、二）

（**乾隆六、六、丙申**）戶部議准：兩江總督楊超曾奏稱，各省捐納監生，原因儲備倉糧，以供賑糶之用。乃開捐已屆三年，而仍不足額者，由於拘定必在本邑報捐，不許彼此通融，以致盈絀不一。請一省之內，各就士民之便，隨地報捐。從之。（高宗一四四、五）

（**乾隆六、九、丙子**）原署福建巡撫王恕奏：閩省常平倉收捐監穀，已經捐足之州縣，請於原派捐額之外，再加一倍續捐。其穀少人貧州縣，或有應需平糶賑恤之處，即於捐穀內撥運接濟。如所請行。（高宗一五〇、一八）

（**乾隆九、二、癸酉**）復各省捐監以實倉穀。諭：積貯爲備荒之要務，不可不爲豫籌。從前因採買過多，市價昂貴，是以降旨停止。今停止已及一年，各處米價總未能平減如常。揆厥所由，米價之貴，原非一歲驟長，自不能一時驟平，蓋奸商狡獪之故智猶存，而百姓圖獲厚利之積習未改也。夫採買既有妨於市價，而倉儲又不可以虛懸，雖令各督撫按地方情形，應買則買，應停則停，相機籌畫，不得膠執定見。但年歲豐歉不齊，即隨時零買，恐所入不抵所出，終非經久之計。朕思欲停採買而使廩積仍不至有虧，惟有復開外省本色捐監之例。蓋米價之貴，貴於官買，不貴於捐監。官買則商民聞風增長，或吏胥作奸舞弊，往往至於累民；若捐監則各出其有餘以輸之官，於市價原無關礙。是外省多收監穀，採買即可以久停，於倉儲民食，兩有裨益。若在户部收捐，發銀各省糴穀，仍是未停採買也。著將户部捐銀之例停止，其各省捐監生俊，俱令於本地交納本色。至捐監穀數，從前所定不無過多之處，今照各省時值酌定其穀數。如江南每監生一名捐穀二百二十石，今江南米價時值一兩七八錢不等，若照例收穀二百二十石，則值銀一百六七十兩，捐者仍必觀望不前。今應照數減二，每穀一石酌以六錢計算，每名收穀一百八十石。如將來穀價平減，該督撫具奏到日，仍照舊例收捐。其各省如何照此酌減，並官吏需索勒揹等弊，如何嚴行查禁之處，著該部即速妥議具奏。（高宗二一一、一六；東六、二一）

（乾隆一〇、三、辛丑）户部議准：湖南巡撫蔣溥疏稱，各省捐監穀額，業經奉旨酌減。請將湖南省各項捐監穀石，悉減一五收納。從之。（高宗二三七、一五）

（乾隆一〇、一〇、戊申；東己酉）大學士等議奏：各省捐監收納本色，行之既久，半屬有名無實，應請停止，仍歸部收捐折色。得旨：依議。朕從前本欲將各項捐納盡行停止，後經廷議，請酌留捐監一條，以爲士子進身之階，尚屬可行，是以允其所請。嗣因倉儲爲民食攸關，復諭令本省收捐本色，以備糴賑之用。今鄂彌達等又請收捐折色，經該部將捐監之例，分別議覆。蓋因各省生監以捐穀爲難，觀望不前者多，於積貯之數，無甚裨補，究非便民之策，不得不因地變通。但朕意究以積貯爲要圖，各省收捐本色之例，亦不必停，其有願在部捐折色者，亦聽。如是，則既無州縣胥吏之滋弊，亦不阻士子上進之階矣。至直隸捐款，原係一時權宜之計。上年因河間、天津等處旱象已成，一切賑濟諸事，需費浩繁，兼之興修水利工程，亦須濟用，乃准廷臣之議，照好善樂施之例，暫開捐款，以濟經費之不足。今該處賑務俱已完竣，水利工程辦理亦有頭緒，所有捐款，自應停止；或外省尚有赴京投捐者，遽令中阻，恐有未便。其如何定限停止之處，著大學士會同該部定議具奏。（高宗二五〇、一七；東七、一一）

（乾隆一一、五、甲子）四川布政使李如蘭奏：軍務告竣在即，節次動用軍糧，計碾運各屬倉穀七萬石，爲數頗多。川省本年收成豐稔，捐監民人，亦甚踴躍。請將前項穀，仍收捐監穀補額，毋庸動項買補。得旨：所見亦是。與撫臣議行。（高宗二六七、二九）

（乾隆一四、三、丁丑）又諭：年來因山東賑卹，支撥浩穰，金川軍糧，輓運繁重，陸續酌開事例，俾急公人員，得展報效之忱。今山東連歲有收，金川大兵凱旋，經費而外，並無急切需用之處，所有現行各事例，應即停

止。至捐納貢監、封典兩項，於銓法原無妨礙。著照舊行。（高宗三三七、二三）

（乾隆一八、一二、乙巳）又諭曰：喀爾吉善、雅爾哈善奏浙省捐監一項，藩庫收捐折色，接准部咨停止。其各屬倉儲皆不足額，除折色赴部捐納外，所有願捐本色者，仍在本地方收捐，以實倉儲等語。已允准所請，於摺內批示矣。但思浙省各屬應補倉貯，為數不少。所有報捐本色生俊，是否踴躍輻輳，足敷補額之用？著傳諭該督撫等，令其於明年冬底將該省歲內各屬，通共收捐本色若干，彙數奏聞。（高宗四五三、一七）

（乾隆二六、一一、戊戌）吏部議覆：御史王啟緒奏稱，例內生監捐免保舉，始准加捐京外正印官。捐貢無異生監，向與恩拔等貢，同列正途，並不捐免保舉，殊不畫一等語。應請於豫工例內，凡捐貢加捐京外正印者，一體捐免保舉，其捐分部分發，及前經得缺，離任赴補者，均令捐免保舉，始准選補。不願加捐者，停選正印，以佐貳改補。並嗣後現任人員內之捐貢出身，俟捐免保舉後，准陞正印。現任道府，尤不便未經保舉，即膺方面，應令補捐。再監生捐貢，銀數較多，應視監生酌減。從之。（高宗六四八、四）

（乾隆三一、一〇、丁未）諭：向來外省捐監事例，原令其捐輸本色，以補倉儲。乃行之有年，漸至多捐折色，遇有需用之時，仍屬不敷支給。且州縣官承辦此事，收捐時難保其不多收勒索，或從中侵蝕那移。種種弊端，皆所不免。自不若在部援納，額數既有成規，不致浮收滋弊。況各省所捐折色，仍須採買還倉，則撥用部帑，較之動用州縣存貯之項，尤為妥協。是以前經降旨，將陝甘捐例停止，仍令願捐貢監者，赴部報捐，以歸畫一。現在除福建、廣東、湖南、湖北、雲南等五省或在邊遠，或為出米之鄉，著各該督撫查明實在情形，應行應止，詳悉具奏，再降諭旨外，所有直隸、安徽、山西、河南等省，事同甘肅，捐例即著一體停止，均令赴部投捐。至各該省倉穀積貯，務須籌備充裕，倘有缺額穀石，俱即動項如數買補。嗣後如有本省庫項不敷，應行請撥之處，該督撫等確覈情形，隨時據實奏聞，聽候酌量撥給。該部知道。（高宗七七〇、一六）

（乾隆三一、一〇、丁未）諭軍機大臣等：外省常平捐監事例，原令其捐輸本色，以備倉儲。乃行之年久，漸至多收折色，承辦官吏，不無浮收需索及那移侵蝕等弊，自不若在部報捐者，轉屬簡便妥協。前已降旨，將陝甘捐例停止，仍令赴部報捐。復經查明，各省捐監事例未經停止者，尚有九省。所有安徽、直隸、山西、河南等省，現在降旨，並著一體停止外，其雲南一省，產米本少，商販又難於接濟；福建、廣東本地米糧，亦屬不敷，或取資於臺地外洋，或藉給於船舶販運。則常平倉穀，果能多捐本色，自於積貯有益。至湖廣一省，向稱產米充裕，若平時寬餘儲偫，不特本省有備無患，設遇鄰省需糧，亦可酌量協撥，然祇可多存本色，不可言及折色。且各該省向設常平事例，是否實在收貯本色，現今或已足額，無需再捐，或尚須仍留本省收納，並果否裨益倉儲，不致有名無實，及啟官吏私徵折色、藉端滋弊之處，著傳諭各該督撫，將實在情形及此事應行應止，逐一查議，據實奏聞，候朕另降諭旨。（高宗七七〇、一七；東二二、二三）

（**乾隆三七、三、乙卯**）諭軍機大臣等：軍機大臣會同户部議覆文綬奏請新疆各處捐收監糧一摺，將比照向例減三收捐米石，及不拘色樣交納之處議駁，所辦甚是，已依議行矣。從前減數收捐，原因彼時正值軍興，糧價昂貴。今新疆屯政日廣，連歲豐收，米糧價值甚賤，何以仍照前例，減數收捐，並且不拘色樣，必致弊竇漸滋，於倉儲亦無裨益。此次請收監糧，在部臣之意，以從前屢經議駁，尚不欲准行，朕以新疆屯糧既廣，價值又賤，何妨乘時儲積，留其有餘，即以備賞賚厄魯特人等之用，亦無不可，故特諭令議允。如文綬果能實心經理，於新疆有益，自屬該督之功。倘不能嚴密稽查，辦理妥協，或致如前折色包捐，以及地方官那移虧缺諸弊，一經發覺，亦惟於該督是問。將此並諭文綬知之。（高宗九〇五、八）

（**乾隆三七、四、癸未**）軍機大臣等議覆：陝甘總督文綬疏請，烏嚕木齊、巴里坤、哈密等處及安西、肅州二屬，准令各省商賈士民報捐監糧，以裕兵食。查乾隆三十一年，奉旨以甘肅收捐，折色多於積貯，無裨實政，敕將捐例停止。嗣經臣工條奏舉行，復經軍機處及户部議駁在案。至於新疆烏嚕木齊一帶，幅隕廣濶，屯政日興，比歲產糧既多，販運絕少，若非廣為收貯，不免有穀賤傷農之患。茲據奏稱，烏嚕木齊、巴里坤各屬兵糈民食，皆應設立常平，又安西、肅州二屬，亦宜積貯以資撥運，請照從前內地之例，准各省商賈士民報捐監糧。烏嚕木齊、巴里坤、哈密三處，各額收監糧十萬石，濟木薩、奇臺、穆壘、昌吉等處，各額收監糧五萬石，安西、肅州二屬，各額監糧二十萬石，糧色隨本地所產變納。查西陲底定以來，添設官兵，廣招民户，收捐監糧，不特有益倉儲，並可多資屯墾，與內地監糧多弊者，情形各殊，自應如該督所奏。惟是此次收捐本色，原屬養兵卹農之舉，該督應飭屬妥辦，據實册報，仍於歲底專摺奏聞。其內地肅州以東各州縣，不得援以為例。至所奏收捐石數，查原定捐額，安西每名粟米四十石，續減爲二十八石，肅州、奇臺每名五十石，續減爲三十五石，緣當日軍興糧貴，減數收捐，今屯廣糧賤，若捐數太少，無益倉儲，亦易啟需索包攬之弊，未爲允協。再甘省糧石色樣，米、麥、豌豆、粟穀爲上，麻子、黃豆、青稞、雜糧爲下，今該督既請不拘色樣收捐，恐商民樂捐下色，不耐久貯，仍於倉儲無裨。其倉廒應如何分設經理，並作何出陳易新各事宜，俟奏報到日，再行定議。從之。（高宗九〇七、一二）

（乾隆三七、六、丙子）户部議覆：陝甘總督文綬疏稱，遵旨酌議收捐監糧條例。每俊秀一名，肅州二屬，照原定捐額，收糧五十石，安西府屬及哈密、巴里坤等處，收糧四十石，其中有由廩增附生，捐數照例遞減。至應收糧色，安西定以米麥，哈密等處定以小麥、豌豆，均令各半收捐。所有應給生俊實收，由司豫頒，加鈐本官印信，隨捐隨給。臣部查所定收捐糧數，與從前額穀相符，糧石亦係上色堪貯。至由廩增附生報捐者，糧數遞減，及印信實收各事宜，均係向定章程，應如所奏辦理。至每捐監一名，收公費銀四兩，監糧一石，收倉費銀四分，現在各處，如舊無倉廒，及有而不敷存貯者，照例估建，所需銀兩，先於司庫借動，以所收倉費歸款，臣部查亦係向例，准其照數收借。又臣等原駁監糧出易一款，據奏安西、肅州，照內地之例，於春月借作農民籽種，巴里坤、烏嚕木齊等處，或借放籽種，或支發兵糧，以額收屯糧還款，查監糧增多，自應酌籌出易，以免紅朽，應如所奏，嗣後借作籽種者，照例秋後免息徵還，若抵支兵糧，即以額徵屯糧還款。至臣等原議收捐時，如何冊報稽察，及責成該督歲底奏報一款，據稱嗣後收捐，應令商賈將所交糧色數目具結，令經收各官，隨時報明捐監幾名，收糧若干，聽候各上司親查，仍於月報單內，聲明共計若干，聽候該上司歲底通查具結，由督臣覈實入奏。臣部查新疆收捐監糧，計垂長久，稽查之法，不厭周詳，該督所定各事宜，均屬慎重周密，應如所奏辦理。至哈密、巴里坤等處，距省較遠，若無大員稽查，尚恐疏漏，應請將現在安西道移駐巴里坤，改爲屯田糧務兵備道，即將所收監糧，責成該道經管。再捐生赴部換照，例按該省造到捐冊覈對，前此內地造冊遲延，致彼守候，此次新疆捐冊，應令該督嚴飭各員，按季送部，毋致叅處。從之。（高宗九一〇、一七）

（乾隆四六、九、癸卯）欽差大學士公阿桂、署理陝甘總督李侍堯奏：監糧捐例章程內，烏嚕木齊、巴里坤、哈密三處額收糧十萬石，濟木薩、奇台、穆壘、昌吉等處收五萬石。現在甘肅捏冒等弊，俱經查辦。烏嚕木齊等處亦恐有那移虧缺之處，請飭交新任都統明亮徹底清查。報聞。（高宗一一四〇、一二）

（嘉慶三、六、甲午）湖廣道御史汪鏞奏：查向例長隨及家奴門子等，概不准捐，惟長隨一項，人尤紛雜，每厠優伶，其中倚官致富者，不無倖進之心；改籍換名，濫竽冒捐，在所不免。以僕隸之賤，一旦榮膺章服，既於體統有礙，或竟與服役本官共事一方，主僕雜居齊齒，更開夤緣徇庇之端。且此輩平日惟利是圖，於爲國爲民之道，全未諳悉，倖登仕版，不惟有玷官方，且必大爲民害，不可不杜其漸。查向例，報捐者惟憑京官印結及地方官文結，原所以杜假冒，第恐奉行日久，視爲具文，一遇情託賄囑，即不免濫行出結，遂致長隨亦得朦混上捐。請勅下各部堂官，及各省督撫悉心查覈，嚴諭出結人員，不得冒濫及賄囑勒索等情；儻有濫行出結及藉端勒索者，一經查出，即行叅奏。如此庶足杜宵小倖進之心，而名器益昭愼重矣。得旨：該部議奏。尋議：該御史所奏，均屬捐納現行之例。將來報捐人員給照後，臣部仍行文原籍地方官逐細查明，如有前項違礙假冒等弊，地方官徇隱不報，即從重叅辦；濫行出結之同鄉京官，一併嚴加議處，辦理益爲嚴密。從之。(仁宗三一、四)

（嘉慶四、一一、庚申）戶部奏：籌備各省封貯，請於報捐監生普收折色，經赴藩庫交納。從之。(仁宗五四、一五)

（嘉慶一〇、七、甲子）諭內閣：保寧等議奏，江西布政使先福請將有漕省分捐納監生，改收本色米石，灑帶運京，並將職銜在外一體報捐各款，皆不可行。外省捐納監生，原爲籌補封貯銀兩而設，一經補足，即應停止。上年因蠲緩過多，降旨採買以裕支放，此後每年正供，源源輓運，通倉歲入，自有常經，何必另籌接濟？且即如先福所言，每年一省所收捐米，至多不過十餘萬石，亦復何裨倉儲？而外省米價增昂，徒形紛擾。況旗丁於兌米之外，原准攜帶貨物，俾資津貼，前曾特降恩旨，量予增添。若責令灑帶米石，焉能再攜貨物？殊非體卹旗丁之道。且如該藩司所奏，於米石例價之外，意欲倍增，並議加水腳飯食等項，較之折色銀數，多寡懸殊。地方胥吏，抑勒浮收，日滋弊竇，必致釀成大案。至請將職銜改爲外捐一事，從前降旨駁飭甚明，且因外省瀆奏紛紛，通諭各省有再以此爲請者，即交吏部議處。先福豈漫無所聞，率爲此奏？今經廷議指出，先福著交部議處。(仁宗一四七、一一；東七、八)

（嘉慶一一、九、壬申）諭內閣：戶部奏，請將現行常例內捐請封典、捐納職銜、捐納貢生，及因捐封報捐虛級四項，照外捐監生之例暫准於各該省藩庫報捐一摺。從前辦理川楚善後事宜，一切需費多係由部撥解，是以該督撫等曾有請將捐貢、捐銜、捐封三項在外省報捐之奏，均經駁飭。數年以來，部庫帑項充盈，而外省遇有急需，轉須輾轉協撥，未免緩不濟急。今據該部請將捐請封典等四項就近於各該省藩庫報捐，係爲外省支撥較便起見，尚屬可行。惟外省錢糧出納，往往假手吏胥，易滋弊混，即如直隸省司書舞弊，竟敢私雕假印，勾通州縣，將報解正雜錢糧虛收冒抵，釀成大案。可見劣員蠹役等作奸犯科，無所不至。今此項捐款，准歸各藩庫報捐，該督撫等當督率藩司，妥立章程，嚴密稽覈，務須杜絕諸弊，以歸實貯。若滋流弊，國有常刑，不可見利忘害，以身試法也。仍將所收銀兩，及報捐人數，按月報部查覈；每湊足十萬兩，亦照報捐監生之例，附便奏聞，聽候指撥。如無動撥之處，仍行解京，不得藉詞公用，徑行開支。（仁宗一六七、一五）

二、捐監事例

（康熙四、六、戊午）[戶部] 又議覆：禮科給事中黏本盛條奏山東賑荒事宜。一、臨、德二倉附近州縣，發米賑給，其離倉遠者，用庫銀賑給。一、酌定生監准貢條例，令生員俊秀富民等捐米備賑。一、州縣禁糶，以致衙役土棍，借端詐害。請敕地方官通糶便民，嚴禁蠹棍詐害。俱應如所請。得旨：生員等捐助銀米，著停止，餘依議。（聖祖一五、一七）

（雍正五、三、壬子）戶部議覆：署湖廣總督福敏等疏稱，大江以南，皆係財賦重地，獨至米穀，則江浙等省每賴湖廣接濟。苟倉庾所積，充足有餘，不但本省無憂乏食，即江浙等省或有歉收，可以撥運平糶，順流直下，誠甚便也。今湖北、湖南現存常平倉穀麥及截留漕米等項，統計止有五十餘萬石，視他省積貯較少。臣等公同籌畫，須每年買穀數十萬石，分貯各倉，以備不時之需。查楚省向有各衙門鹽規銀十六萬兩，經前督臣楊宗仁裁革，迨楊宗仁故後，各衙門仍復明裁暗收。臣蒙皇上高厚隆恩，萬無收受絲毫之理。而觀感之下，各衙門自不敢收受。以此項銀兩買貯穀石，自可備用。再查江浙二省，現開事例，捐納貢監，以裕積貯。請令湖廣照例開捐。著各府知府收捐本色，實貯在府倉廠，以便盤查。則湖廣積貯充裕，不惟本省足食，且東南各省便於撥運平糶，賑恤黎民，大有裨益。均應如所請。從之。（世宗五四、二七；東五、一六）

（雍正五、八、甲午）戶部議覆：山東巡撫塞楞額疏言，請將捐監存價未買倉穀之各州縣，查明題叅。應如所請。得旨：山東捐監之穀，每石折銀三錢，係當時經手官員之弊，接任官因價少難於購買，輾轉遲延，以致穀石久虛。今若責令現任官添銀購買，殊非公平之道。當日經手之員多收銀兩，現在查明著追。若三錢之數不敷，應於此項著追銀兩內，准其酌撥添補，即行購買，以實倉儲。其價值數目，令該撫照實在時價酌定。（世宗六〇、九）

（乾隆二、一二、辛丑）[戶部] 又議駁：兵部侍郎孫國璽奏請將山西捐監事例，移歸本省，交納本色，以實倉儲。查晉省所產之米，既不足供民間日用之需，而外省糧石，又復艱於輓運，今若將捐監事例，移本省交納本色，以通省之生俊，争買該省之穀石，米價必致一時湧貴，貧民更覺艱難。常平社倉所貯不足，已議令各該督撫俟豐收價賤之年，動帑買穀貯倉，該侍郎所奏無庸議。得旨：該部所議固是，但晉省民人，素善蓄積，或本地有米之家，不肯輕易糶賣，而願交官以爲捐監之資，亦可以補倉儲之不足，於民生似有裨益。若照孫國璽所奏，將山西捐監事例，移回本省，令交本色，暫行一二年。此乃爲晉省積貯起見，事屬權宜，他省亦不得援以爲例也。其應行與否，及酌量如何定例之處，著該撫將本省情形，悉心妥議具奏。（高宗五九、四）

（乾隆三、二、甲午）户部議覆：直隷總督李衛奏稱，常平捐監，以實倉廩，積貯之計，莫便於此。但米糧價值，各處不同，若任其隨便報捐，則必擇賤處購買交收，而米貴之處，無人上納，倉囷仍虛，勢必撥運協濟，於官又增腳費。且聚捐既衆，争買長價，亦有未便。請照州縣大小，酌定每處收捐米穀幾萬石，約計地方，賤價捐穀二百石，中價捐穀一百八十石，貴價捐穀一百六十石，米各減半，並先在本籍捐納，捐滿後方許向附近鄰邑報捐，庶無此盈彼絀之虞。得旨：依議速行。（高宗六二、一八）

（乾隆三、五、己巳）户部議准：直隷總督李衛疏奏直屬常平捐監七事。一、酌量州縣之大小，別積穀之多寡，按照部庫捐監之例，計銀入穀，並區別各屬穀價貴賤，以定廩、增、附生、青衣之等差。一、捐納原爲地方積穀起見，毋使擇價賤之區，報捐者多，倉廩驟爲充裕；而價昂之地，報捐者少，儲積未免空虛。應令各屬生俊，不得越省，即寄籍人民，如果已入版圖，置有室廬田產，亦與土著無異，准就地報捐。旗人近京五百里，亦照此例。一、輸納穀數及各項條規，宜豫爲曉諭，毋使棍徒包攬，書役指索。一、倉廒宜先蓋造。即以每年出陳易新盈餘銀兩，作爲費用。一、收捐穀照豫省例，每石收銀五分。四分爲州縣鋪墊及院司紙筆之費，一分解部爲飯食之需，不得苛索浮收。一、倉穀年久，必有虧折，收捐時每穀一石，收耗三升。一、直屬上年秋成歉薄，穀石無多，若止令輸米，報捐必少，於積貯無益。目下麥熟可望，如輸小麥者，亦准一體收捐，秋收後仍以一麥二穀易換存倉。報可。（高宗六九、六）

（乾隆三、六、丁丑）河南巡撫尹會一遵旨議覆：豫屬常平捐監穀石，視州縣之大小，定積貯之多寡，爲舊貯不敷，准其收捐補足，從前應買應補穀石，亦俱一體收捐增補，毋庸動帑購糴。至生監納穀，請照户部現行捐例銀數，視各該府州縣市穀時價，酌中裁定。止許在本省捐納，不許越境，其鹽典商人子弟，准於經營之州縣報捐。下部議行。(高宗六九、二七)

(**乾隆三、六、辛丑**) 户部議奏：山東巡撫法敏遵旨議覆收穀捐監各事宜。一、常平倉穀，應酌量原貯多寡，定捐增之穀數。一、納穀計穀價低昂，抵部例之銀數。一、應照湖北納穀例，定倉廠鋪盖、户部、藩司、飯食、紙張之費。一、應專委道員，各於所屬盤查，毋致浮收包攬。一、捐足一百一十萬石，即行停止。應如所請。從之。(高宗七一、一一)

(**乾隆三、八、丁酉**) 户部議覆：甘肅巡撫元展成遵旨議奏甘省納粟捐監事宜，請照各屬地方之大小，酌定分貯穀石之數。惟是甘屬山地居多，不宜粟穀，勢難盡收本色。請以米、麥、豆三色通融交納，如有願交穀者，各從其便。應如所請。至所稱外省商賈子弟，亦准一例報捐，查捐納移歸本省，原爲本處倉貯起見，自應各歸本籍赴捐。況甘省產穀無幾，恐因此採買人衆，穀價遂昂，於民食未便，應毋庸議。得旨：甘省本籍人捐監者少，與各省不同，該撫所請外省商賈子弟准其一體捐納之處，著照所請行。餘依議。(高宗七五、二)

(**乾隆三、一〇、丙午**) [户部] 又議：四川巡撫碩色疏言，四川捐貯倉穀事例，謹就本省情形，遵旨詳議。一、各屬地方大小不同，宜酌定數目捐貯。應如所請，大縣捐穀一萬五千石，中縣一萬二千石，小縣一萬石。其直隸州、府屬各州，如大縣之數；松潘、敘永二廳，如中縣之數；衛所，如小縣之數。一、各處產穀多寡不齊，宜酌量變通交納。查成都等十三府州所屬地方，俱係產穀之區，自應如該撫所請，每穀一石，抵銀六錢，照部捐銀數，令各生俊交穀。保寧等府州廳縣衛所，地既不產米穀，積貯尤爲緊要，若令折交銀兩，與移捐本色原旨不符，不便准行，應令該撫另行妥議，具題到日再覆。一、各屬貯穀，既定額數，宜先盡本處報捐。應如所請。令各生俊如本州縣額數尚未捐足，無許赴未足之鄰近州縣報捐。一、各屬倉廠，不敷積貯，宜酌請添建。應如所請，即令查明應建之處。確估造報工部，其工料銀兩，准於司庫存公銀內動支。一、捐收穀石，費用繁多，宜酌量收給。應如所請，捐銀百兩，加納銀三兩，以爲造冊紙筆及書役工食等項公用。從之。(高宗七九、一四)

(**乾隆三、一一、辛酉**) 户部議覆：奉天府府尹吳應枚疏言，遵旨詳議奉天捐貯穀石事例。一、奉天州縣，現存米數，缺額二十三萬三千五百六十餘石，宜捐收足額。應如所請。令各州縣俱收納本色，以足原額，其未經題定額數之義州、寧海等州縣，各捐收米一萬石。一、奉天地方所產米粟，難於久貯，宜變動酌收。應如所請。照一米二穀之例，概收穀石。一、捐收本色，粟米價值，宜酌中核定。應如所請，每石定價三錢，照部捐銀數，折交穀石。一、各屬生俊，先在本州縣報捐。應如所請，俟本州縣捐足後，方許赴鄰近未足之州縣報捐，外省移居入籍者，於入籍處報捐。一、奉天係旗人土著，與別省不同，請照例取具該佐領印結，在現住之州縣報捐。應如所請。奉天旗人，准開明籍貫三代，具呈報捐。至取具該佐領印結之處，向例俟給發實收，赴部換照，知照到日，始取該管官印結，從無先行取結之例。應令該府尹照部現行例辦理。一、捐收本色，各項費用，宜量加收給。應如所請。捐穀一石，收耗三升，留備盤糧折耗等項使用；其造册紙張、飯食等費，照部捐例每銀百兩，另收銀三兩。一、正副倉收，宜酌定給發，應如所請，由該府尹衙門刊發州縣，加鈐印信，開明生俊履歷，將副倉收截發本生收執，正倉收各州縣按季册送該府尹咨部換照。一、各屬倉廠，宜酌量添建。應如所請。令該州縣確估詳報。至奉屬向無存公銀兩，准其捐穀一石，另收銀三分，以爲建倉之費。從之。（高宗八〇、二三）

（**乾隆三、一一、壬戌**）户部議覆；陞任廣西巡撫楊超曾疏言，遵旨詳議粵西捐貯穀石事例。一、府州縣添貯捐穀，宜分別酌定數目。應如所請。州縣之大者，貯五六萬石；中者三四萬石；小者三萬石。其平、梧、潯三府，及分駐丞倅各地方，應行增貯穀一百二十七萬四千二十石，亦准照數捐納，並令各生俊自行報捐，不必定限，足數而止。一、捐納穀石，宜照户部收捐銀數，分別地方情形，酌中核定。應如所請。將桂林等十一府州，穀一石定價四錢；泗城一府，穀一石定價五錢。一、實收應由布政司頒發，就近填給，並免各生赴部換照。查向來各省捐納事例，以副實收給本人收執，正實收隨册送部，俟該生俊副實收投部時，核對相符，換給執照。若止將副實收送部，逕行換照給發，倘有舛錯不符，無憑查對。應仍照舊例辦理。一、建倉之費，宜酌定折收。應如所請，於捐納穀內，以九分收本色，一分收折色，爲添建倉廠之用。一、本州縣生俊，宜先就本處捐納。應如所請，俟本州縣並府屬之州縣，俱已捐足，始許赴別府州縣報捐。其外省流寓商民，並准其於太平等府廳州縣，就近報捐。一、收捐公費，宜酌定數目，並量收耗穀，以免賠累。應如所請。每石加收耗穀四升，仍嚴飭各府廳州縣，照斛平量收納。一、捐收穀石，宜交該管道府，按季盤查。應如所請。責令該管道府，具結申送布政司，年底造册報部。從之。（高宗八〇、二六）

（**乾隆三、一一、丙子**）户部議覆：大學士仍管川陝總督查郎阿等疏言，陝西捐穀事例，原題未盡協宜，酌核改正。一、前撫臣崔紀，於各屬州縣議捐穀共四十三萬石，漢興、綏德等六府州縣，不議捐貯。請按計情形，定額捐收，應如所請。除分別州縣大小繁簡，並原未議貯穀之府州縣，一例酌量捐貯外，其不近水次之州縣，加倍貯積，共捐貯穀三百二十九萬二千石。一、陝西多種雜糧，崔紀止令交納穀麥，所出無多，穀價必貴。請通融收貯。應如所請，米豆麥三色均納。一、各屬糧價，貴賤不齊，崔紀議令通省每穀一石，折銀五錢，麥一石折銀一兩，殊未平允，請酌定數目。應如所請，照各屬時價，酌定捐收。一、陝西捐監，向來名數有限，請外省之人，亦准捐收。應如所請。在陝之商賈子弟，願捐者准其報捐。一、榆林、延安、綏德三府州屬，地屆極邊，徒恃捐監，恐難足額。請分別品級，加捐封典。查停止捐納，獨准捐監，原為廣育人材而設，至封典出自殊恩，非可倖邀，應無庸議。一、捐收穀石費用繁多，崔紀議捐監一名收公費銀一兩，實屬不敷，請酌量加增。應如所請。捐監一名，收公費銀四兩，二兩留本省充公，二兩隨季冊解部。一、糧石存倉，盤折鼠耗，勢所不免，陝省向無額外收耗之例，請量予開銷。應如所請。次年以後，三年之內，每石每年准其開耗一升，三年後不准再開。一、沿邊倉儲，較內地尤為緊要，崔紀因議捐貯，停止採買，現今陝屬州縣，年多豐稔，請仍及時採買。應如所請，將榆、葭所屬州縣庫貯銀兩，發給糧價平賤處採買，價昂即行停止。從之。（高宗八一、二四）

（**乾隆三、一一、戊寅**）兩江總督那蘇圖遵旨覆奏：前請開捐本色，補還上江之懷寧等州縣倉儲。原以捐納之人，係本地富戶，所捐本色，非出自現收之租，即由於素所囤積，在彼出其有餘，以圖進身，在官藉補倉儲，以備接濟。且米穀多餘之家，遇歉收年分，往往居奇，肯惠濟鄉里者甚少，即不收捐，亦與災民無甚實惠。又懷寧等屬，濱臨大江，商販輻輳，安慶府屬之運漕、廬州府屬之三河，更為江、廣米穀聚集之所，故一併奏請補捐，聽富戶陸續捐納，原非取足本年。雖地方被災，方資賑糶，而開捐補貯，亦可並行。得旨：覽此奏。朕心釋然矣。（高宗八一、三二）

（**乾隆三、一二、壬辰**）[戶部]又議覆：江西巡撫岳濬疏言，遵旨詳議江西捐貯穀石事例。一、江西七十八州縣，請分別應貯穀石多寡，酌定捐收。應如所請。南昌等二十七縣，各貯穀五萬石；萍鄉等四十一州縣，各貯穀四萬石；靖安等九縣，各貯穀三萬石；信豐一縣，照原貯穀數三萬一百四十三石有奇。一、江西各屬，米價相仿，請酌中折定，畫一捐收。應如所請。每穀一石，定價四錢，照部捐銀數折收。一、各州縣生俊，宜先就本籍捐納，外省人民，不得冒捐。應如所請。俟本州縣應貯穀數捐足，始許赴未足之州縣報捐，其外省民人，朦混冒捐者，即將本生咨明黜革。一、捐穀實收，請刊刻三聯，一給本生，一存州縣衙署，一送藩司。查直省收捐事例，州縣出具倉收，一面申報藩司，刊刻雙聯正副實收，副實收截發州縣，給本生收執，正實收隨同清冊，按季詳送督撫咨部，以便核對換給部照，該撫請刊刻三聯，事未畫一，應仍照舊辦理。一、收貯新穀，應量加折耗，內外書吏人等紙張飯食各費，均宜酌定捐收。應如所請。捐穀一石，收耗穀三升，捐監一名，收公費銀三兩。一、各生俊執有實收，例應換照。請於按季彙冊送部之時，本生願將給執實收繳司，代請換照，即每名令其交內部飯銀五錢，一同搭解，咨請換照，轉給收領，自願赴部換照者聽。查生俊捐監，無論省分遠近，統應親身赴部換照。且直隸、江南、浙江、河南、四川等省，俱經覆令照例辦理，江西自應遵行。至稱每名另交部飯銀五錢，生俊等既令赴部換照，應照部例三錢，所有另交飯銀五錢，應毋庸議。一、各屬倉廠不敷之處，請暫賃民房，收貯穀石。應如所請。俟收有成數，將應建倉廠，確估題明，動項興修。從之。（高宗八二、三二）

（乾隆四、一、癸酉）大學士等議覆：大學士仍管川陝總督事務查郎阿疏請，寧夏照甘省土方之例，增款開捐。竊思寧夏被災甚重，業已蠲賑備施，自不惜更發數百萬帑金，為善後事宜之用。若欲藉此捐項銀兩，通商聚貨，恐難遽有成效。且甘省土方，自雍正十年秋季，至乾隆元年春季止，僅收過銀十三萬三千餘兩，糧十五萬三千餘石，即使增款，為益無幾。所請似不可行。其本省、各省紳衿富民中，有情願捐貲賙濟戶口、修葺工程與有益地方等事，應令呈明該督，准其辦理，事竣題請敘用。從之。（高宗八五、七）

（乾隆四、四、丁亥）戶部議覆：湖廣總督宗室德沛疏稱，遵旨，本省捐監，湖北捐本色穀一百二十萬石，湖南捐本色穀一百五十六萬五千石，按部例銀數，分別本地時價，照數捐足，即行停止。從之。（高宗九〇、一七）

（乾隆四、四、癸卯）戶部議准貴州總督兼管巡撫事務張廣泗疏稱本省捐監穀數。查貴州府廳州縣六十八處，應捐穀二十四萬七千石，捐足後即行停止。從之。（高宗九一、一五）

（乾隆四、五、丁巳）又諭：覽戶部議覆江蘇撫臣張渠奏，請銀、米、穀兼收，將捐輸折色，赴鄰省採買，俾倉儲充裕，以為一時之權宜，照所議行。直隸上年被災，倉儲亦屬空虛，爾部可即行文直督孫嘉淦，將直屬捐監，可否照江省之例，酌量妥議，奏聞辦理。（高宗九二、一三）

（乾隆四、五、乙亥）[直隸總督孫嘉淦]又奏：直省原定捐監，本色額數過多，請酌量折減，俟秋收後，定穀價以定捐數。得旨：俟秋成再行，其見亦是。但輕減之數過多，則將來難於歸部矣。比目前略減爲是。(高宗九三、二五)

(乾隆四、六、壬午) 戶部議覆：兩江總督那蘇圖、安徽巡撫孫國璽奏稱，各屬米歉價昂，捐足州縣，如有願捐之人，仍令收捐。查州縣儲穀，俱宜均派，若足額再行收捐，則未足地方，必難充裕。應令仍照原題辦理。至孫國璽奏請安省現需米石，暫准他省商賈，一體報捐。查江、安現在本折兼收，又復減三收捐，本籍生俊，自必踴躍爭輸，應毋庸議。得旨：爾部議覆那蘇圖、孫國璽所奏生俊捐穀一摺，內稱江、安二省，報捐生俊，已有足額州縣，准於原額之外，仍聽收捐。又請外省貿易之人，亦准在安省一體報捐。爾部議駁固是，但江省上年秋收歉薄，今歲秋成尚在未定，若通融收捐，多貯穀石，亦於地方有益。著今年暫照該督撫所請行，後不爲例，餘依議。(高宗九四、一四)

(乾隆四、七、辛亥) 戶部議准陝西巡撫張楷疏稱陝省捐監事例。查陝省各州縣，米、麥、豆折中定價，既據分晰聲明，令轉飭按應捐銀數，照酌定米、麥、豆三色糧數，合算收捐，將來年豐價賤，另酌題請。但穀可久貯，米、麥、豆易致霉變。應如所請，每米一石，捐穀二石。至麥豆與米，價值不齊，應令該州縣照時價出糶，將糶銀買穀貯倉。又多產稻穀之漢中、興安、商州等三府州，并多產糜穀之榆林、綏德二屬，及延安府屬之靖邊、定邊二縣，亦准各隨地產兼收，至稻穀貴於粟穀，應准減二收捐。又延安、榆林、綏德，地鄰邊境，土瘠民貧，應准每百石酌減五石。其內地生俊，願往榆林、綏德並靖邊、定邊捐納者，應准一體報捐。其實收，應令布政使編號，分發各州縣填給，按月造冊，報司送部，聽生俊自齎赴部換照。從之。(高宗九六、八)

(乾隆四、八、壬辰) 兩江總督那蘇圖奏：江南捐監一案，先經署蘇撫許容，以江、常、鎮、淮、揚五府，海、通二州，歲歉穀貴，奏請照原捐款，減三收捐。蘇、松、徐三府被災甚輕，並未被災之處仍照原議行。經部覆准。嗣因蘇、松、徐三府，糧價昂貴，報捐無人。布政司孔傳煥詳請，並准減三。臣一面批司，一面咨部，經戶部以事關奏定成案，不便准減。臣復於五月內，以上年未被災各屬，米價均未平賤，將來或需動撥，倉貯宜先充裕，奏懇將上下兩江各州縣，毋論上年被災與否，均准暫行減三收捐。又經部駁。茲據蘇州布政使徐士林詳稱，自奉批一體減收之後，徐州府屬報生俊一百三十八名，計捐穀粟二萬一千三百七十一石；蘇州府屬報生俊四十一名，捐米二千三百六十八石、穀二千三百一十石；松江府屬報生俊一名，捐米七十七石。嗣因部覆不准，即行停止。臣查蘇、松、徐三府，雖不在原議減三之內，但究屬災區，自咨部後，報捐者已有成數。既未便將入倉米穀，復令運回，又未便照原數令其補捐。且徐屬現又被水，急需米穀，可否將徐州府屬，俯准減三收捐，統俟八月底，與江、常各屬，概行停止。其蘇、松二府，亦准其填截倉收，彙冊季報，既准部覆以後，仍照原議辦理。得旨：著照所請行，該部知道。(高宗九九、六)

（**乾隆四、一一、戊午**）諭戶部：捐監事例改歸各省，令本籍之人報捐，收納本色，原期積貯充盈，以備民間緩急之用也。今聞閩省原議定收穀一百萬石之數，自報捐以來，所收之穀，不足三萬石。而今歲該省收成，頗稱豐稔，彼地之人奢侈成風，不知撙節，甚至造麴釀酒，以供讌樂。是以僅見之豐盈，供其浮費，而以有用之顆粒，助其奢靡，習俗難移，甚為可惜。不若乘此捐監事例，准外籍民人，無論行商、過客及暫時流寓之輩，一體照例捐納，另冊報部，成衆人之功名，即以留閩人之粟米，似屬兩有裨益。俟一年期滿，將外籍之捐納停止。該部可即行文閩省，遵朕諭旨行。(高宗一〇四、一七)

（**乾隆五、三、己巳**）戶部議覆：原任川陝總督鄂彌達疏請，甘肅捐監一案，原議係純捐米穀，或米、來、豆三色兼收。現在陸續報捐糧石，共二十萬八千餘石，俱係有穀有麥之州縣。應將米少之西和、靖遠、崇信、固原、通渭、古浪等六處，不產米之隆德、莊浪、渭源、永昌、鎮番、西寧等六處，均以麥、豆二色收捐。其止種大豆之西固、漳縣、岷州等三處，亦以大豆收捐。至米價貴於麥豆，或以麥豆二色，照原議三色收捐之數，加十分之一及十分之二，或以大豆一石，抵穀一石收捐。其所加所抵糧數，與原議之糧石價值，並生俊應捐銀數，是否相符，應令該督查覈報部。從之。(清高宗一一三、九)

（**乾隆五、五、癸卯**）又諭：各省納粟准作監生，原為豫籌積貯，以裕民食起見。若地方有司，私收折色，是巧開捐納之例矣。在州縣之私意，不過目前希得餘平，將來又可免於折耗。不知年歲豐歉，難以豫定，一有緩急，倉廩空虛，何所倚賴？彼時若欲購買，價值必致昂貴，其弊不可勝言。然此猶其善者，若遇不肖州縣，收銀在庫，易致侵那。從前虧空之弊，大率由此，豈可又蹈前轍？今據廣東總督馬爾泰奏稱，捐監事例，移歸各省，交納本色貯倉。查有潮州府屬海陽縣報捐穀四萬三千八百石，現在實貯於倉者，止有三萬一千三百餘石，其餘皆收折色。又潮陽縣實貯監穀，不過什之二三，其餘亦係折色。現與王䪜商酌，暫爲寬假，嚴飭潮州知府，勒限買足本色貯倉等語。此等州縣，理應題叅，而馬爾泰、王䪜止令勒限買補，何以懲敬？甚屬錯謬。海陽縣知縣張綸炳、潮陽縣知縣吳廷翰，俱著革職，所少本色倉穀，於二人名下勒令賠補。馬爾泰、王䪜著交部議處，並諭各省督撫知之。（清高宗一一六、四）

（乾隆五、七、壬午）調任江蘇巡撫張渠奏：捐納監穀，原期積貯充盈。嗣因江省災歉頻仍，改請以銀、米、穀三項兼收。今歲江南通省豐收，穀價漸平，請自七月底，將江蘇十一府州捐例，暫收折色一條，畫一停止，仍請米穀兼收。至收銀既經停止，各生俊亦應就本邑報捐，如本邑已經足額，方許赴未足額之鄰近州縣輸納。再徐州所屬，向來不種稻穀，淮、海二府州，亦種粟米，請仍准兼收粟穀。從前各屬所收折色銀兩，應令乘時買穀還倉，以歸實貯。奏入，報聞。下部知之。（清高宗一二二、二一）

（乾隆五、七、癸未）諭：據署理四川巡撫方顯奏稱，雍正八年，川省曾准部議，捐納監穀以實倉儲。乃奉行既久，歷經三載，通省僅捐監生十七名，細加體訪，皆因州縣各官，畏穀繁多，難於照料交盤。遇有赴捐之人，多方阻抑。臣於各官進見時，極力開導，且刊刻告示，通行曉諭，嗣後各屬咸知踴躍，目下報竣者甚多等語。地方積穀備用，乃惠濟窮民第一要務。而州縣有司，惟恐貯穀過多，平時難於照料，離任難於交盤。瞻顧遷延，實爲通病。朕知之甚悉，已屢降諭旨矣。今年直隸、山東、河南、江南等省，俱獲豐收，而各省奏報年穀順成者頗多。況江西、湖廣原係產米之地，皆當乘時料理積貯之事，如捐監一項，固宜極力勸導，多方鼓舞，將勒抑阻撓、胥吏苛索等弊，悉行革除，弗致納粟之人，裹足不前。其他凡可以積之於官，藏之於民者，皆當於此時悉心籌畫。並切諭小民樽節愛惜，弗糜費於無益之地。如造酒造麴諸事，尤宜禁約，庶不有虛上天之恩賜。夫豐年不知積貯，一至歉年，束手無策，是誰之咎耶？各督撫有司，均有父母斯民之責，應視民事如己事，毋得徒奉具文，仍蹈苟且便安之習。（高宗一二二、二三）

（乾隆五、九、丁酉）署福建布政使喬學尹奏：閩省存倉穀石，歷年平糶四十二萬五千餘石，今陸續採買，歲內可以全完。至捐納監穀，已收捐二十餘萬石，現通飭盤查，並無折收情弊。得旨：如此妥協辦理，實爲可嘉也。（清高宗一二七、三一）

（乾隆五、一〇、丁巳）戶部議覆：太常寺卿朱必堦奏，直省捐監事宜。一、鄉試年分停止在部報捐，查此例原專指隨任遊學等項而言，其在籍生俊，並未概准赴部，今該寺卿以此例一開，即未必入場者，亦得借名寄捐。

自應如所奏，仍歸本省辦理。但現距明年秋試已近，一旦改令回籍，恐致耽誤場期。請自辛酉科後，永行停止。一、停止兼收外省投捐。查此例，亦因地方歉收，或本籍人少起見，本年五月，豫省業經奏停。今該寺卿以此項捐輸，皆係官員子弟、戚友等包攬代納，亦應如所奏，照河南之例，概行停止。惟甘肅一省，本籍人捐監者少，仍請暫准收捐，並令該撫等嚴查包納等弊。一、捐生赴部換照，宜酌量變通。查江西換照事例，業經議准，將部照給發該省，轉發該地方官傳喚收領在案。今該寺卿以本生親身赴部，有守候跋涉之苦，臣等酌議，自明年春季始各省捐監換照，統照江西之例行。從之。(高宗一二九、八)

（**乾隆五、一一、壬申**）吏部等部議覆：巡視臺灣御史楊二酉奏，閩省臺屬生俊，部議令赴泉防廳報捐。但以洋運爲艱，來者甚少，請酌加運耗，就近報捐等語。查臣部原議，係爲協濟內地起見。今既報捐無幾，應如所奏辦理，令臺灣府出具倉收，彙報藩司，給發實收。咨部換照，到日發府給領。從之。(高宗一三〇、一一)

（**乾隆六、二、壬寅**）諭：從前廷議捐監事例，准本籍之人納穀，以備民間荒歉緩急之需。繼因甘肅一省，爲極邊要地，民貧土瘠，非他省可比，講求積貯，更爲急切之務。該省應捐貯倉之穀，共計三百八十萬石。而年來本地報捐者甚屬寥寥，倘遇一時歉收，則民食無所資藉，甚爲棘手。是以部議暫准外省之人，在甘報捐，俟穀石充裕，再行停止。此不得已改例之意。近朕聞得該省報捐，兼無行商、過客，惟有各州縣有司以及伊等之子弟、親戚、幕客輩，希圖漁利，廣爲包攬，折收銀數，以飽私囊。及至買穀交倉，則低定價值，高收斛面，或抑勒富戶，奔走交官。種種弊端，大爲民累，是以國家豫籌養民之政，而奉行不善，重爲閭閻之擾矣。以朕所聞如此，雖未必通省州縣皆然，而不肖有司，假公濟私者則恐不免。似當酌量變通，以期無弊。可否將甘肅收受外省投捐之例停止，並如何補實該省倉儲之處，著九卿悉心妥議具奏。(高宗一三六、七)

（**乾隆六、二、戊申**）[大學士等]又議准：署貴州總督兼管巡撫事張允隨奏，黔省地瘠民貧，捐監甚少，若每百兩加三兩公費外，又每穀一石，收銀四分，恐更望而色沮。請將前項收公費銀三兩之例停止，每穀一石，止收倉費銀四分，仍以一兩五錢解部，爲飯食之需，以五錢爲本省辦事人役、紙張等費，餘銀留爲添建倉廠之用。從之。(高宗一三六、二七)

（**乾隆六、三、辛卯**）戶部遵旨議奏：捐監既內外悉聽民便，則赴甘肅投捐者必少，其例自應停止。至該省倉儲缺少之數，應派各州縣動項採買。

但甘肅自開捐以來，報部糧石，尚足接濟目前。又嗣後本地仍聽投捐，自有續收本色，則買補固不得稽遲，亦不必刻期蜂擁，至騰糧價，應令該督撫查明現存及應買糧石，如何動項分買，不致勒派，妥議具題。從之。（高宗一三九、二六）

（乾隆六、七、丁亥）大學士議准：兵部奏稱，北路軍營官生謝普等，於雍正二年遵阿爾台運米事例，赴兵部領票，自備駝隻，購米運至鄂爾翟圖郭爾城交納。不期運到日已奉停捐之文，當經管糧侍郎綽爾岱照例查收。尋議每米一石，另增加捐銀三十五兩，勒限一年，赴戶部交納，逾限不交，即行註銷。嗣經寬限三次，而謝普等終難勉力，於雍正七年，經兵部查明註銷。但念議加之銀，雖無完納，而運到之米，已交在官，應量加錄敘。除將別經出仕、告病回籍及已故者毋庸議外，其在籍並無事故之捐納即用主事成舒等二十九員，俱照所捐原官降一等分別錄用。從之。（高宗一四七、一六）

（乾隆六、七、辛卯）戶部議准：山西巡撫喀爾吉善奏稱，晉省捐監應加倉費，前准部咨，按每穀一石加收銀四分。今各屬應捐糧石，既已更定米、麥、豆兼收，三色糧石，多寡不均，倉費易致叅差，請照例計米較穀合數，仍按每穀一倉石加收倉費銀四分扣算。從之。（高宗一四七、二二）

（乾隆七、二、甲辰）戶部議覆：湖北巡撫范璨奏稱，湖北州縣常平倉穀，多寡懸殊。平糶時，此豐彼嗇，價有昂減。應於捐監項下，酌盈劑虛，以符定額。但本色報捐之例，奉文三載，捐者寥寥，實緣本色重於折色。請將原例所稱百石之數，准以九折報捐，其苗疆與不產穀處，准用雜穀。從之。（高宗一六〇、一〇）

（乾隆七、四、戊午）戶部議准：山西巡撫喀爾吉善疏請，晉省之生俊人等，捐納監生，按照應捐銀數，如有願捐米、豆、麥三色者，依春秋時估折中價值，合算收捐，願交穀者聽便。仍照乾隆三年題定捐數收。從之。（高宗一六五、二三）

（乾隆七、五、壬戌）［戶部］又議覆：調任兩江總督那蘇圖、江蘇巡撫陳大受奏稱，淮、徐、海三府州屬，上年被災後，粟穀昂貴，報捐寥寥。請將捐監事例，減三收捐，於本年歲底爲止。又奏請減三收捐，並照例粟穀兼收，他屬生俊，亦准捐納，外省人民，不准投捐，至來歲三月底爲止等語。查與乾隆三年被災州縣減三收捐，并現在安徽布政使包括奏准之例相同，應行文該督撫，將上年被災較重之淮、徐、海三府州屬捐監事例，准照原定之數，暫行減三收納，粟穀兼收。其本省未被災州縣之生俊，亦准照向例，赴淮、徐、海屬投捐。所有停止減捐日期，照安徽鳳、潁、泗三府州減三收捐之例，一體於本年歲底爲止。至稱淮北民食，慣種二麥，藝穫獨廣，應並准其大麥一石，抵穀一石；小麥一石，抵米一石收納。應如所請辦理。從之。（高宗一六六、六）

（乾隆七、八、庚戌）户部議覆：安徽巡撫張楷奏稱，上江之鳳陽、潁、泗三府州屬，與下江之淮安、徐州、海州，境壤毗連，風土大略相同。所有淮、徐、海三屬捐監糧色，業經江蘇撫臣陳大受於本年四月間奏明，酌議陳奏，淮北民間食用，俱以二麥爲重，請此次捐納本色，准其以大麥一石抵穀一石，小麥一石，抵米一石，經部議准。獨上江之鳳、潁、泗，因調任布政使包括原奏減三收捐內，止請兼收粟穀，並未議及二麥，但三府州去秋歉收，粟穀難得，惟高地二麥，尚有收成，鄰近豫省產麥之區，購買亦易，況水淹地畝涸出時，尤須二麥散借作種，自應照依淮、徐、海之例，一體收捐。再減三之例，奉行幾及四月，尚無生俊報捐，今並收二麥，若仍照部議歲底停止，恐所捐太少，無益於事，況三府州賑務，須俟次年麥熟方竣，而頻年被淹，倉廩空虛，亦急須添貯。應請再爲展限，俟次年五月麥熟，糧價平減之日停止。應如所請。從之。（高宗一七三、一六）

（乾隆七、九、乙酉）江西巡撫陳宏謀奏：江西素稱產米之鄉，近來積穀未裕，而採買又不能多，收捐監穀一項原定穀價太賤，需穀太多，生俊遠赴捐銀，不肯納穀，無裨積貯。是以臣於本年六月內，奏請將江西捐監穀石，酌中定價五錢，並請户部停收江西之捐，令其俱就本省捐監，可以陸續補倉，以省買補之擾。累經部議，以每石五錢與原題不符，均毋庸議。惟是江西常平倉穀，乾隆六年平糶增撥，及借給、賑濟而外，所存穀僅六十二萬餘石，本年通省收成止七八分，加以楚、粵、江南等省，米糧缺少，販運者多，目下米穀登場而米價仍然昂貴。各屬應買之穀，若照原存糶價採買，則不敷甚多；若照時價給買，不但難於報銷，實於國帑有損；若靜聽其緩至豐收價平之年，陸續買補，而此時常平之穀，比前已少過半，目下尚須賑濟，轉盼明春，又須平糶，來年豐歉未知如何，思患預防，不可不計。臣再四思維，惟有酌增穀價，令士民就近納穀捐監，庶可爲陸續補倉之計，伏乞皇上俯念民食所關，倉儲爲重，准將江西省捐監穀價，原定四錢者，今酌增每石五錢，俾本省之人，稍爲踴躍，就近納穀捐監。各處之捐監者多，則倉穀自可充裕。即如本年自正月起，至八月止，江西之在户部、陝西捐監者幾二千人，若移捐於本省，不及一年，便可得穀四十餘萬石。以本地之穀，即於本地捐監，貯於本地之倉，可以隨時平糶，隨時歸補。名雖輸穀於官，猶是藏富於民，以民養民之義也。至於在部捐銀，在外捐穀，原屬並行不悖，何必移彼就此，第此時穀價，已在五六七錢不等，臣不敢竟請悉照市價收捐，不得已定爲五錢酌中之價。若仍許本省生俊，赴部納銀捐監，即穀價增至五錢，尚不如户部捐銀之便宜，必仍赴部納銀，不肯於本省納穀，仍於積貯無益，故必須户部各省，暫停收江西之捐，然後本省可以多捐也。户部俊秀捐監一名，收銀一百零八兩，江西本省捐監一名，即以五錢而論，可收穀二百十六石。今以一百零八兩之銀，買二百十六石之穀，何等艱難，累官派民，勢所不免，且尚有必不能買之處。況近又欽奉恩旨平糶，多減價值，又不拘糶三之數，將來糶存之價，止有不足，難以有餘，應買之穀，亦必漸多，惟有招徠收捐之法，庶可漸次還倉。窮民永感減價平糶之皇恩，官司無賠累之虞，富民無派買之累，市價不致昂貴，窮民實受其益。所存糶三穀價，不須買補，即可充餉，於國帑實有盈無虧。得旨：著照所請行。該部知道。（高宗一七五、三〇）

（乾隆七、一〇、甲辰）户部議准：江西巡撫陳宏謀奏稱，倉穀空虛，買補甚難，請將省捐監穀價，每石加增一錢，並請本省納穀，不許赴部納銀。從之。

（乾隆八、二、丙午）諭：據閩浙總督那蘇圖奏稱，閩省幅幀遼闊，户口殷繁，積貯最爲緊要。從前議定各府廳州縣收捐監穀，共一百六萬四千石，每石價銀六錢及五錢四分。監生一名，捐穀二百石及一百八十石不等，與户部收銀一百八兩之例相符。計開捐已逾三載，而報捐之穀，僅三十九萬石零，蓋因穀價昂貴，與原定銀數，大相懸殊，是以從事者其少。查康熙五十二年，閩省捐監，每名止收穀一百二十石，未及三年，捐穀至百餘萬石，至今尚受其益。合無懇請將閩省捐監一名，收穀一百二十石，每石定價九錢以符户部一百八兩之數。其餘廩增附生捐監者，均一例分別辦理。所有福建生俊在户部各省報捐之例，停止一年，俟捐有成數，再行酌議等語。閩省地方，山海交錯，產穀無多，轉運不易，不得不於平時豫籌儲蓄之道。著照該督那蘇圖所請，捐監一名，收穀一百二十石，每石定價九錢。其廩增附生照此分別辦理。所有該省生俊在户部各省報捐之例，著停止一年，俟捐有成數，該督撫奏聞請旨。（高宗一八五、一二）

（乾隆八、四、癸卯）[户部]又議准：調任福建巡撫劉於義奏稱，捐監之例，本省捐穀，均按該處折中定價，合足一百八兩之數。今酌定臺灣一府，每石以四錢收捐計算，俊秀應捐二百七十石，廩生一百五十石三斗，增生二百石七斗，附生二百二十五石，武生二百五十石二斗，青衣生三百七十五石三斗，俱准作監生，與在部收捐銀數相符，從之。（高宗一八九、七）

（乾隆八、七、庚戌）四川巡撫碩色奏：川省年歲豐稔，糧價平賤，捐監收米之例，可否仍令報捐交糧，俟補足前項七十餘萬石之數，再行請止停捐。得旨：停止採買，原恐米貴，川省有米，自應如是辦理。可告之紀山。（高宗一九七、二七）

（乾隆九、一、己亥）大學士鄂爾泰等議：署兩江總督尹繼善等奏稱，江西捐監收穀，於乾隆七年十月奉旨，仍著一年限滿奏聞。今已限滿，現在報捐者，尚源源而至，至年底約可得穀二十萬石，則本地收捐之有益倉儲，有濟民食，已有明驗。謹覆奏請旨，查江省已捐二十萬石，現在限滿，應否將本省收捐之例暫停？得旨：該撫既稱有益倉儲，有濟民食，著再行一年請旨。（高宗二〇九、四）

（乾隆九、五、辛卯）戶部議覆江蘇巡撫陳大受條奏，捐監交納本色，減二收捐一摺。內稱，江省捐監生俊既奉旨減二收捐，倘再年歲屢豐，倉儲易足，請以原定添貯二百一十一萬一千石之數，作為定額。并均貯、添貯二項，統歸常平額，所奏事屬可行。至該省常平，易爲均貯名色，始於雍正十年，今既請仍用常平本名，應如所請改正。又收捐穀照數減二，每石以六錢計算，廩、增、附、武、青衣，其等差一准戶部銀數，亦應如所請。其給發倉收，應照乾隆五年前任太常寺卿朱必堦條奏辦理。正實收，彙同捐冊，按季送部，核明填照，給發該省。其副收，先給本生收執，俟給照後，仍於年底將副收送部查對。又收捐原應稻穀，而淮、徐、海三屬，粟、麥價值，與糙米相等，請米、穀、粟、麥一併收捐。應飭各屬一體遵行，如粟、麥價減，即隨時報部酌辦。從之。（高宗二一六、二一）

（乾隆九、六、辛未）戶部議覆：直隸總督高斌酌議直屬常平比照江南減二收捐事例。一、倉穀均貯案內議定大治一萬八千石至二萬五千石不等，中治一萬二千石至一萬四千石不等，小治三千石至一萬石不等。又於捐監事宜案內，議定大治四萬石，中治三萬石，小治二萬石。是原定均貯之數太少，若於均貯之外，再加捐監穀石，則又太多，恐將來足額無期。應如所議，令將各州縣均貯定額，大治四萬石，中治三萬石，小治二萬石。即將此次捐穀補足，其各屬應行捐補，并平糶撥賑，未經買補者，均於乙丑年爲始，概以捐穀補足，毋庸採買。補足，即行停止。一、從前捐監事例，原定納穀之數，今宜酌爲變通，但總不出通省減二之例。順天、保定、正定、順德、天津、河間六府，冀、趙、深、定、易五州，或係地土沙鹻，濱河倚海，或係地多旗圈，產穀無多，約計穀價每石七錢五分。請將俊秀一名，捐穀一百四十五石，永平、宣化、廣平、大名四府，遵化一州，或積貯豐盈，或地土膏腴，穀價平減，每石約計六錢五分，請將俊秀一名，捐穀一百七十五石。其廩、增、附、武、青衣之數照例遞減，俱准作監生，應如所議辦理。一、原議捐監案內，米麥兼收秋後，易穀存倉，但米麥不能久貯。應如所講，專收粟穀。一、建立倉廒，請動贏餘并正項銀兩。查臣部原議，每穀一石收銀四分，已足敷用，應仍照原議辦理。一、八旗聚處京城，因並無存貯穀石，是以令在部報捐，收納銀兩。應照原議辦理，毋庸再議。至旗人近京五百里以內情願報捐者，應照乾隆三年捐監案內，准在現住有產業地方報捐，其願赴部納折色者聽。一、收捐本色數目，自應豫為曉諭，願捐者親赴本州縣，具呈交倉，地方官用印烙倉斛，平面響攙，當堂填給實收。該管道、府、廳、州不時稽察盤查，虛冒、那移、虧空、棍徒包攬、吏胥勒揹、斗級踢斛淋尖，概行参處，通同徇隱者，一併題叅。一、每石收耗三升，俱照乾隆三年收捐原議行。從之。（高宗二一九、八）

（乾隆九、八、庚午）戶部議覆：山東巡撫喀爾吉善疏稱，東省捐監悉照乾隆三年定例辦理外，所有本生輸納穀石時，請令自行執攙平斛響攙，以杜官吏浮收之弊。查從前捐監案內，未經議及。應如所請，飭該管道府不時稽查，並嚴禁蠹棍包攬、胥役需索等弊。從之。（高宗二二三、二〇）

（乾隆九、九、丙申）戶部議覆：署兩江總督尹繼善、署安徽巡撫準泰奏稱上江捐監各事宜。一、安省舊額貯米九十一萬六千石，加以乾隆三年廬州府并臨淮等州縣，溢收捐米二萬六千二百二十石零，計再增五萬七千七百七十石零，共足一百萬石，派貯徽、寧、池、太、潁五府倉，以為常平定額，應如所請。其現缺額，俟收捐補足。一、所捐穀石，前奉諭旨減二收納，第徽、寧二府屬之歙、休等六縣，地處山僻，米價較昂，須照減定之數，再行減二。應如所請，俟穀價平減，仍照舊例。一、各屬生俊，止許在本邑報捐。俟本邑額穀捐足，方許外赴鄰邑。查上江米價不一，倘隨地報捐，則價昂之邑勢必無人。應如所請，以杜避貴趨賤之弊。一、收貯倉儲，惟粟穀二項，可以經久。前因鳳、潁、泗，不產稻穀，曾准兼收米麥。邇來徧植秋禾，若再捐米麥，朽變堪虞。應如所請。除鳳、潁、泗外，概收穀石。一、部定每穀一石，收耗米三升，又公費銀一分五釐，作官吏辦公之資。亦應如所請。倘有不肖官吏侵那折價、勒揹浮收等弊。即行叅究。得旨：依議行。（高宗二二五、一一）

（乾隆九、一〇、癸酉）福建巡撫周學健奏：現在閩省收捐本色，與買補倉穀，一時並舉，歸於官倉者倍多，流通民間者自減。且發糶投捐，皆出富民餘粟，兩者並行，或貪圖貴價，則投捐者少，或急於功名，則發糶者鮮，勢不能兼收其益，必當用其一，緩其一，方不致有礙民食。謹議將應行買補節年平糶穀，暫停採買，聽生俊源源上捐，俟上捐一有成數，已足額儲，即將平糶存價，解歸司庫，另候撥用。如投捐者尚不足額，或將平糶存價，乘時採買。得旨：所見甚妥，知道了。（高宗二二七、一九）

（乾隆九、一一、癸巳）戶部議覆：江南道御史李清芳奏稱，臣見撫臣周學健奏福建減數收捐監生一事，經收各員於部定倉費、飯食之外，每名索取規禮二三十兩至四五十兩不等。查每名監生統計捐費不過百十金，今公家收其二，官吏取其一，雖曰減價，其實加價。閩省如此，他省亦必不能免，請飭各省督撫，實力稽查。如有留難、勒掯及私收規禮者，嚴奏究處，不得稍存姑息。應如所奏，通飭遵行。從之。（高宗二二九、三）

（乾隆一〇、六、壬子）大學士等議奏：據署湖廣總督鄂彌達，奏籌捐監事例。捐穀不如捐銀，蓋銀有定數，穀無成價，此貴彼賤，一百八兩之數，勢不能準照無差。倘易捐穀之例捐銀，庫貯既充，既偶荒歉，原可動支購買。現在已收之穀，為平糶之用，糶後將銀貯庫，毋庸買補。復據廣東道監察御史李清芳疏稱，採買之例既停，監穀已通其變，若如湖督所奏，將監穀捐銀，糶出者不用買補。倉廩空虛，良規漸廢，勢難舉行。惟稱銀有定數，穀無成價，恐穀價多於銀數，捐者寥寥。應令各省督撫，按時價斟酌得中，奏准辦理。查採買既妨市價，而倉儲不可虛懸，是以停戶部捐銀之例，令生俊於本地出餘粟以報捐。庶倉儲漸充，而市價不昂。署湖督陳請更易，殊與停止在部捐銀之原議不符，且一概准收折色，不特倉儲難期足額，一遇歉歲，必致賑糶無貲，縱動支庫銀購買，在本地市價既騰，在鄰封亦轉運不易，均於民食有礙。況捐監已收之穀，皆屬額貯之項，若糶後不行買補，倉廩既空，小民何所倚賴？應如該御史李清芳所奏，將署湖督鄂彌連陳請易銀之處，毋庸議。至各省生俊應捐穀數，俱係督撫按各地時價之貴賤，定應捐穀數之多寡，題覆准行。嗣因各省穀價漸昂，復於原捐數內，酌中核議，減一以至減二，較原定穀數已輕，若因報捐人少遽改，倘將來復有貴賤不齊，勢必又議更張，殊多未便。所有該御史李清芳奏請令督撫斟酌時價得中，奏准辦理之處，亦毋庸議。從之。（高宗二四二、二三）

（乾隆一〇、七、辛卯）[戶部]又議准：山東巡撫喀爾吉善疏稱，濟寧、膠州、寧海、平度、鄒縣、汶上、單縣、武城、曹縣、鄆城、諸城、掖縣、濰縣、高密、即墨、蓬萊、黃縣、福山、棲霞、招遠、萊陽、文登等二十二州縣、臨清衛，前因倉儲充裕，未經議請捐收監穀，近年陸續借糶，額貯不敷，請酌定額捐穀十二萬石。令各處生俊，即在本籍投捐。其應捐銀穀數目，悉照東省減二收捐及本折兼收之例辦理。至曲阜等處，原經議有捐額，停止未行，請仍同濟寧等處，一例收捐。從之。（高宗二四五、一一）

（乾隆一〇、一〇、庚申）大學士等議覆：御史楊開鼎奏稱，直隸捐款，現在奉旨令大學士等酌定限期停止，原所以慎重名器。但貢生與監生同為士子上進之階，非捐納職銜可比，且捐貢例無銓選，不礙正途，應請酌留。至封典，孝治攸關，凡身霑一命之榮，皆思顯揚其祖父，況所給祇屬空銜，與實授官職有間，亦請酌留。應如所請，令戶部入於捐監案內，一體辦理。從之。（高宗二五一、八）

（乾隆一〇、一〇、丁卯）安徽巡撫魏定國奏：據戶部咨開，平糶米穀，買補未足者，現捐監已歸各省收捐本色，採買自可停止，其存貯糶價，應造報酌籌辦理。查安徽原題請捐米數，並賑缺、續請捐補米數，共應捐米六十二萬九千餘石。開捐一載，通屬共止報捐穀十二萬石有奇，折米六萬餘石。且本年鳳、潁、泗等屬州縣被水，今冬來春，尚須賑糶。幸本年豐稔處多，請將平糶價銀，仍留安省，乘時買補。得旨：是。自應如是辦理者。（高宗二五一、一八）

（乾隆一二、三、癸卯）大學士會同戶部議准：署江蘇巡撫安寧奏稱，江省倉儲虧缺甚多，米價昂貴，難以採買。請將江省捐監之例仍停部捐，於本省交納本色，照現在減二之例再量減五分；其捐貢一條，亦改歸本省，以本色報銷。得旨：依議速行。（高宗二八六、二三）

（乾隆一三、一、壬辰）戶部議覆：兩江總督尹繼善奏稱，鳳、潁、泗三府州屬疊災，前所收麥，賑糶無存。而各屬係產麥之區，米穀稀少，所有收捐貢監，自應因時調劑。應如所請，准以一麥抵二穀收納。但麥性難久貯，凡遇動用米穀時，將麥搭放，如有餘存，照數易穀貯倉。得旨：依議速行。（高宗三〇六、一三）

（乾隆一三、一、丁未）諭：東省被災州縣，朕經疊次加恩，截漕撥運，籌畫備至。但災地既廣，賑借需用米穀為數繁多。東省捐納貢監，著停其在部收捐，俱歸本省本折兼收。其捐本色者，准減二收捐。於該省積貯，當為有益。該部即遵諭行。（高宗三〇七、一二）

（乾隆一三、二、甲申）[川陝總督張廣泗]又奏川省捐米情形。查現在軍需米由內地雇夫運營，每石約計費僅八九兩及十餘兩而止，並無二三十兩之事。到民間販貨赴售，及軍前官員自赴成都買備食物米麵，極貴之價，每石費不過八九兩，從未有至十兩者。今紀山請開捐運米，每石作銀三十兩，猶云酌中定價，經部議亦以為數浮多，改定二十五兩。臣查部定捐款，照現在川省民間運米腳價計算，京官由貢生捐至，不論雙單月，即用之中行評博，該正項銀三千六百兩。今運米一百四十四石，所費不過一千四五百兩。外官由監生捐至，不論雙單月，即用之同知，該正項銀六千三百兩，今運米二百五十二石，所費不過二千五六百兩。且軍前辦糧之員，自聞運米捐例，數月來應支口糧，有願領折色者，皆以每石四五兩及五六兩折發。所存米俟奉文開捐之日，即可每石作二十五兩交納。如此計算，則由貢監捐一即用同知，所費不過千餘兩，捐一即用小京官，所費不過數百金。所得羨餘，數倍正項。縱云軍糧緊急，欲令官生踴躍，國家官職，亦不宜糜濫至此。況川省地處極邊，富民極少，外省攜資遠來，購米募夫，非經年累月，不能到營，何能有濟？此例一開，不過為現任川省不肖官吏子弟親友，輾轉滋弊，飽其私橐而已。……惟有照依廷議，准在司庫每米一石作價二十五兩，令官生按數交銀，可杜一切弊端。即此捐項，將官運腳價，寬裕加給，俾番漢人夫，勇於應募，庶軍糧不致遲誤，而帑項亦有儲備。得旨：此奏甚屬公正，知道了。（高宗三〇九、五七）

（**乾隆一三、六、己巳**）諭軍機大臣等：戶部議覆班第等所奏，川省官生捐納糧運價值一案。從前紀山奏請每米一石，作銀三十兩，部議因其浮多，定以二十五兩之數。嗣經張廣泗奏稱，軍營運米腳價，不過八九兩至十餘兩而止，即部定二十五兩，猶屬過多，是以朕令同班第等公同酌定辦理。今據班第等奏，現在官生運至軍營米石，照依官運腳價覈算，止十四兩七錢之數，又稱，紀山前奏三十兩，係官給腳價之外，尚有每夫幫貼銀二三兩覈算在內等語。查每米一石，用夫二名，即每夫幫貼二三兩，合之十四兩七錢之數，尚不及部定之二十五兩。紀山從前如何定價，班第等此次覆奏又如何計算，著傳諭伊等，令其據實明白回奏，毋得回護支飾。大學士訥親，亦令知之。（高宗三一七、一）

（**乾隆一三、閏七、乙亥**）諭軍機大臣等：準泰已調山東巡撫，東省上年被災較重，現在收捐，以資賑卹。但收捐一事，官生赴各州縣交納本色，胥吏之浮收勒捐、需索包攬弊端，向來有之，而各州縣官之虛出實收、侵肥已橐者，亦所不免，種種弊竇，若不嚴行禁革，雖開例收捐，小民未能普沾實惠。可傳諭準泰，令其時刻留心，於伊赴任之便，沿途密行訪察。并飭所屬各員，約束胥吏，實力奉行。倘有違犯，立即查拏糾究，務使諸弊肅清，副朕撫卹災黎之意。準泰可來京請訓後，再赴新任。一併傳諭知之。（高宗三二一、二三）

（**乾隆一六、七、己卯**）又諭軍機大世等：永貴所奏籌補常平穀石一摺，內稱浙省從前題准捐監之例，原就豐歲常價核定，今米價昂貴。若仍照定例報捐，終恐有名無實。請就地方情形，酌爲核減。外省俊秀，亦准赴浙報捐，本省之人，暫停赴部捐納折色。有情願捐米者，即照一米二穀之例收納等語。浙省今年被災較重，現在多方賑卹，需米孔殷，所有貯備接濟事宜，該撫自不得不亟爲籌畫。前此借穀協濟，採買截漕。朕已屢經降旨，令其悉心妥辦。至開捐事例，以其非可常行，雖經明切傳諭，但閱該撫摺奏，欲請設法變通，似待用孔亟，意甚拮据。該省此時實在情形若何，是否必需通融辦理，全在督撫等揆時度勢，斟酌合宜，期於民食有裨。喀爾吉善現請馳赴浙省。此時亦將次抵浙。著傳諭該撫永貴將此會商該督，無拘成見，一切和衷共濟，通盤籌算，將該處情形，實在應如何辦理之處，詳悉奏聞請旨。至永貴奏請免徵米豆稅銀，前已明降諭旨，該撫此時想已陸續奉到矣。（高宗三九四、二六）

（乾隆一六、八、癸卯）浙江巡撫永貴奏：浙東旱災數府，賑項實屬不貲，商之督臣及司道等，無不欲以開捐爲請，勢處無可如何，不得不再爲陳奏。得旨：覽奏另有旨諭。諭：今歲浙東數府，禾稼歉收，所有加賑、協濟、免稅、截漕諸事，雖次第處分，然尚慮米穀或不敷用，因思捐監一項，向來或係赴部投捐，或在本省輸納，本屬因時之制，今浙省常平缺額，亟需籌補，所有各屬俊秀，情願報捐者，應令專於本省收捐本色，以補倉儲。至附近之江南一省，士子應試者多，且於浙省一水可通，亦准令其赴浙捐輸本色。並著該督撫等，度量現在情形，比向例稍爲酌減，俾生俊踴躍從事。則士子等既可就近急公，而倉貯寬餘，民食亦得以資接濟。其兩省在部投捐之例，著暫行停止，俟將來該省米糧充裕之日，再復舊制。該部遵諭速行。（高宗三九六、一四）

（乾隆一六、九、辛卯）戶部議覆：閩浙總督喀爾吉善疏稱，浙省被旱成災，前奉諭旨，浙江、江南、江西三省生俊，准照在部收捐之數稍減，在浙報捐備賑。請按現在糧價，每穀一石，作銀一兩。俊秀捐穀一百八石，廩、增、附及武生、青衣生悉按部捐折色銀數計算。如情願捐米者，以一米作二穀。第米不及穀耐久，請准收加一耗，以敷盤量銷耗之用。其江南、江西兩省士子，請令隨地報捐。均應如所請。令士子於各該本省，備穀運往，毋得就浙購買，轉致米價高昂。並飭督撫不時稽察。以杜官吏藉端侵那、留難勒掯等弊。俟米糧充裕後，奏請照舊辦理。得旨：依議速行。（高宗三九九、二三）

（乾隆一七、一一、辛卯）戶部議覆：閩浙總督喀爾吉善奏稱，浙省因上年旱災,將内部并江南、江西捐監之例,移歸浙省報捐。今歲浙屬豐收,應請停止。至常平捐穀一款,本省倉儲,現足十分之七,即來歲青黃不接時,亦可敷糶濟,無庸亟爲捐補。應如所請,從之。(高宗四二六、四)

(乾隆一九、一、癸丑) 又諭:據衞哲治奏稱,安省現貯穀無幾,各州縣捐監生俊除在部報捐外,有願交本色者,請在本地收捐。其應交穀數,悉照乾隆十二年事例辦理等語。著照所請,安省生俊捐監,在部報捐折色外,有願交本色者,准其在本地收捐,以實倉儲。仍著該督撫於歲底將各屬共收若干之處,彙數奏聞,該部即遵諭行。(高宗四五四、五)

(乾隆三八、七、庚午) 戶部議准:本部侍郎范時紀奏稱,四川省士民報捐貢監,應准其於本省上納本色,其四川鄰近之雲南、貴州、湖廣、陝西等省,亦准其一體暫於川省報捐。其封典加級以及降職捐復者,仍在部中收納。從之。(高宗九三八、五〇)

(乾隆三八、一一、辛酉) 戶部議覆:四川總督富勒渾等奏稱,川省運送軍糧,多係本地富民,辦米雇夫,本屬近便,猶以路險站長,難於速達。若外省士民,人地生疏,辦理更爲竭蹶。請在部收捐折色,隨時解川濟用等語。開捐日期,此際遠省難以周知,統以明年二月爲始,臣部酌擬章程具奏。從之。(高宗九四六、一〇)

(乾隆三九、四、庚子) 諭軍機大臣等:勒爾謹奏報肅州、安西兩州收捐監糧一摺,已批交該部議奏矣。甘省捐監一事,上年止准令肅州以西收捐本色。昨據該督以甘省通省倉儲,一時未能全行足額,奏請仍照舊例,口内各屬一體收捐。業經部議,准令本色報捐,仍飭該管上司,覈實稽查,勿使滋弊。業已允行。第念此事,必須能事之藩司實力經理,方爲有益。尹嘉銓謹厚有餘,而整飭不足,是以改擢京職。特調王亶望前往甘省。王亶望自必來京陛見,俟其到時,朕當面爲訓示,交令妥辦。但董飭稽查,乃總督專責。著嚴切傳諭勒爾謹,於王亶望到任後,務率同實心查辦,剔除諸弊。如仍有濫收折色,致缺倉儲及濫索科派等弊,一經發覺,惟勒爾謹是問。(高宗九五七、九)

(乾隆三九、一一、戊辰) 諭軍機大臣等:據王亶望奏捐監事宜摺内,稱現在收捐之安西州、肅州及口外各屬,扣至九月底止,共捐監一萬九千十七名,收各色糧八十二萬七千五百餘石等語。固屬承辦認真,其情理多有不可解處。甘肅人民,艱窘者多,安得有二萬人捐監?若係外省商民,就彼報捐,則京城現有捐監之例,衆人何以舍近而求遠?其不可解者一也;且甘省向稱地瘠民貧,戶鮮蓋藏,是本地人民食用,尚且不敷,安得有如許餘糧,供人採買？若云商賈等從他處搬運，至邊地上捐，則沿途腳價，所費不貲，商人利析秋毫，豈肯爲此重費捐納？若收自近地，則邊戶素無儲蓄，又何以忽爾豐贏？其不可解者二也；況以半年收捐之監糧，即多至八十餘萬，若合一歲而計，應有一百六十餘萬。若年復一年，積聚日多，勢必須添設倉廒收貯，而陳陳相因，更不免滋黴浥之虞。且各處尚有常平倉穀，統計數復不少，似此經久陳紅，每年作何動用？其不可解者三也；若云每歲春間，出借籽種口糧，需費甚多，設無捐項，勢不得不藉採買，約歲需價百餘萬金，然此項究係購自民間。與其斂餘粟歸之於官，復行出借，何如多留米穀於閭閻，聽其自爲流轉乎。或以爲蓋藏之內，多係富戶，而出借種糧，皆屬貧民，貧富未必相通，不得不官爲經理，則又何如於春時多方勸諭富戶，減價平糶，以利貧民，轉需多此一層轉折乎？其不可解者四也。勒爾謹既因該省民食籌辦經費，自應將各種情形，通盤籌畫。使於民生有實濟而無流弊，方爲妥善。著傳諭勒爾謹，將所詢各條，逐一詳細查覈，據實明晰覆奏。尋奏：甘省報捐監生，多係外省商民。綠新疆開闢，商賈流通，兼路遠物稀，獲利倍厚。安西、肅州又爲邊陲門戶，商民無不經由。近年糧價平減，伊等以買貨之銀，就近買糧捐監，較赴京實爲捷便，是以倍形踴躍。甘省向稱地瘠民貧，蓋藏原少，連年收成豐稔，殷實之家，積糧日多，實係本地富戶餘糧，供捐生採買，並非運自他處。至收捐監糧，原因常平倉儲不足，開捐彌補，如果足敷貯額，即當奏明停止，無虞黴浥。再每春出借籽種口糧，原取之捐項並採買內，實皆係民粟，但勸諭富人減價平糶，勢難一律遵行。今報捐之例，在捐生出餘貲買糧上捐，固所樂從。而本地富戶，糶糧得價，亦無勉强，雖斂粟歸官，實復散之於民，均稱利便。得旨：爾等既身任其事，勉力妥爲之可也。（高宗九七一、一三）

（**乾隆三九、一二、丙午**）戶部議覆：陝西巡撫畢沅條奏捐監事宜。一、陝西省乾隆三年捐監舊例，每俊秀一名，捐穀九十五石至二百二十五石不等。乾隆九年及二十二、四、三十等年，節經該撫聲明糧價較昂，陸續奏准減數收捐，計每名僅收穀八十石零至一百九十餘石不等。今據該撫等奏稱，陝西鳳翔、漢中、興安、商州、邠州、乾州、鄜州等七府州屬糧價，與乾隆九年相等，仍請照乾隆九年奏定糧數捐納；西安府屬，照乾隆九年奏定之數，每名加穀五石二斗五升；同州府屬，照乾隆九年奏定之數，每名加穀五石三斗五升；延安府屬，照乾隆二十二、四兩年奏定之數，每名加穀一十五石；榆林、綏德二府州屬，照乾隆九年並二十四年奏定之數，每名加穀十石。應如所奏，照數收捐。一、各屬廩增附生，情願報捐者，亦令按照奏定額數，照例折算收捐。其西安、同州、鳳翔、漢中、興安、商州、邠州、乾州、鄜州各屬生俊，止准本地報捐；延安、榆林、綏德三府州屬，地處沿邊，倉儲尤關緊要，仍照舊准令外省商民一體報捐。亦應如所奏辦理。一、收捐糧色，例應穀麥兼收，陝西省捐監舊例，俱按粟穀定數，如以米麥豆三色報捐，俱照粟穀之數，減半折收。至漢中、興安、商州等屬，出產稻穀，仍照粟穀之數，減三收捐。此次收捐監糧，除豌豆一色，業據該撫聲稱難以出易，毋庸交納外，其餘糧色，均應令其照舊交納。仍令報捐人等，將交納糧色數目，出具花押甘結，以杜私收折色之弊。一、收捐監糧，向由布政司印發正副實收，令各廳州縣臨時填給該生收執。此次仍應照舊辦理，將應收捐數及倉費公費、收呈收糧日期，先出示曉諭，俾報捐人等免於守候，並隨時呈報該道府，按季盤查，該督撫統於歲底彙奏。一、收捐監糧，應收倉費公費銀兩及所收糧石，按數出陳易新，經臣部於甘肅省復開捐監事例案內，分晰核定奏准在案，應令該撫查照甘省條例，並該省向來收納銀數遵辦。至該省此次復收監糧，原為籌補倉儲，該撫等既稱俟民食流通，倉儲足用，或遇糧價增昂，即行奏明停止，毋庸拘定二年限期。亦應如所請，俟該省監糧充裕，臣部奏請簡員前往盤查，以歸實貯。從之。（高宗九七三、二〇）

（乾隆四二、七、丙子）又據王亶望另摺奏，盤查各屬收捐監糧無缺一摺，所辦甚好，已於摺內批示矣。收捐監糧，原以備賑濟糶借之用，該省自開捐以來，積存糧數，賑卹案內前後動用若干，每年節省正項銀兩若干，於災賑有無裨益，及各屬監糧是否實貯在倉，所辦有無流弊。著傳諭勒爾謹，詳悉查明，據實覆奏。……尋奏：……於秋禾大有裨益，夏禾間被偏災，較昨歲稍輕。至甘省口內各屬，收捐監糧。自乾隆三十九年冬開捐至本年六月底，共收京斗糧七百一萬五千七百石零。連年賑卹案內，動用糧二百七十四萬一千四百石零；又估支各營糧料及新疆供應等項，共糧十萬一千四百石零，較從前採買備用，每歲節省帑金一百餘萬兩。又出借籽種口糧及平糶共用糧二百二十四萬七千石零。現在應存糧，據該管道府結報，俱係實貯在倉。查捐監一事，臣與陞任布政使王亶望時刻嚴密稽查，並無虛收虧缺情弊。新任布政使王延贊樸誠幹練，事事認真，前在道員任內，稽查所屬監糧，極屬妥協。報聞（高宗一〇三六、二一）

（乾隆四三、一〇、辛酉）又諭：戶部議駁。勒爾謹請減寧夏府屬捐監糧數一摺，所駁甚是，已依議行矣。昨歲王亶望奏請將寧夏監糧減至八十石收捐，經部議駁，朕特准酌減十四石。半年以來，已報捐五百二十餘名，是各生並無裹足不前之事。若照該督所請，復行議減，必恐他屬報捐各生，見寧夏額數獨少，趨之若鶩，致生避多就少之弊。是該督此奏，止知爲寧夏籌畫，而不爲別府倉儲，通盤覈計，殊未允協。且據户部奏稱，以寧夏半年收捐穀數計之，一年約可得監糧九萬餘石，加以該府額徵糧數，每年可得糧二十四萬餘石，除供支兵糧籽種口糧等項外，尚餘五萬餘石，實屬有盈無絀，勒爾謹何必鰓鰓過計若此？著將户部摺，鈔寄閲看，令其據實覆奏，彼將何以措辭乎？設或勒爾謹以部駁過於苛刻，該府實屬有難辦情形，亦不妨據實再行陳奏。如所言果合情理，朕自有權衡也。（高宗一〇六八、一六）

（**乾隆四六、八、戊子**）又諭：甘省收捐監糧一事，地方官私收折色，任意侵欺，捏災冒賑，釀成不得不辦之大案，實非朕所喜也。且各省偶遇災歉，皆動正項賑卹，何獨於甘省賴捐監爲乎？此後甘省捐監一事，竟宜停止。將此通諭中外知之。（高宗一一三九、五）

（**乾隆四六、九、壬子**）又諭：甘肅收捐監生，業經降旨停止，所有陝西省收捐監糧，並著一併停止。（高宗一一四〇、二六）

（**乾隆四七、三、乙巳**）又諭：陳輝祖等奏，請停臺灣捐監之例一摺。據稱，臺灣前於乾隆二十一、二十二等年，先後奏請收捐監穀四十萬石，至二十八年，即已捐足，何以此次捐貯寥寥，與從前迥異？恐有官胥抑勒侵蝕，如甘省之違例折收，倉無實貯等語。所奏是，已於摺内批示。向因閩省漳泉等府屬產米不多，是以於臺灣收捐監穀，用資儲備。今該處捐貯，既屬寥寥，而臺灣及漳泉等府屬倉貯充足，所有臺灣捐監之例，自應停止。至臺灣自開捐監生以來，雖據該督等奏稱，再四查察，尚無違例折收情事。但胥吏因緣爲奸，此等弊竇，自所不免。特以未經敗露，朕亦不加深求，該督等無謂朕爲不知也。將此傳諭知之。（高宗一一五二、六）

（**嘉慶六、一、己亥**）特諭：現開大捐，原爲軍需之用，終非正道，若家人、長隨混名捐官，更不成政體矣。朕風聞安徽試用通判陳連，係大學士慶桂契買家奴，本名咸寧，雖曾將契紙給還，仍在宅管事服役。去年謀求户部掛名書吏，希圖吏滿考職，後遂加捐分發，籤掣安徽試用通判。朕所聞如此，實深駭異。慶桂受朕厚恩，豈可妄爲至於如此？或另有別情，亦未可定。此事著慶桂及吏户二部堂官先行明白回奏，再候諭旨。尋奏上：陳連係不應出仕之人，所有節次濫行出結各員，請交吏部分別議處。得旨：陳連，著革去通判，交荊道乾就近查審具奏。所有慶桂應行交議之處，俟荊道乾奏到，再降諭旨。餘依議。（仁宗七八、一六）

三、商人捐輸報效

(一) 概況

(**康熙二六、一〇、壬申**) 都察院題：商人楊國清等捐送楠木，日久未收，應將工部堂司官降調。上曰：阿蘭泰、傅拉塔在任未久，傅拉塔居外任頗優，免調用，降級留任。沙賴飲酒呼盧，陳一炳曠職無能，俱著革去侍郎。餘依議。(聖祖一三一、二一；東九、四〇)

(**雍正四、一、乙巳**) 諭戶部：據兩淮巡鹽御史噶爾泰奏稱，衆商感戴賑恤、蠲免之恩，今鹽豐課裕，商業已隆，情願公捐銀二十四萬兩，亦願報部撥解等語。從前兩淮鹽課虧欠甚多，自噶爾泰辦理以來，歷年商欠、正項、贏餘，俱一一完納。恤商裕課，鹽政肅清，甚屬可嘉。朕前曾諭江南督撫，酌議積穀備用。今衆商公捐及噶爾泰奏稱解部之項，共計三十二萬兩，著將二萬兩賞給噶爾泰，其三十萬兩可即爲江南買貯米穀、蓋造倉廠之用。所蓋倉廠，賜名鹽義倉，即著噶爾泰交與商人經理。如此，則於地方積貯甚爲有益，而衆商急公之項，亦得實濟。噶爾泰著該部從優議敘，其急公衆商，行命噶爾泰分別造册報部議敘，以示鼓勵。(世宗四〇、二一；東四、四)

(**雍正五、一、乙巳**) 諭戶部：兩淮巡鹽史噶爾泰奏稱，乙巳綱商人呈稱感戴皇恩撫恤，鹽豐課裕，家足戶盈，情願公捐銀二十四萬兩，以充公用，以達微忱等語。朕軫恤衆商，是以減除浮費，加添鹽斤。種種施恩之處，無非欲使衆商均沾利益，資本饒裕，並不計其感激報效也。伊等上年公捐銀兩，朕因其既已捐出，難於退還，故令即於本地方建立鹽義倉，以裕積貯，備地方之用。今伊等又復公捐，大非朕意。但據噶爾泰所奏，衆商情詞懇切。著將此項銀兩，令衆商各暫行存貯，將來遇有公事動用之處，再候諭旨。或將此項任伊等資生利息，亦從其便。向後不必再捐。又據噶爾泰奏稱，衆商備伊公務銀八萬兩，今一併交庫等語。此係噶爾泰應得之項，若有需用之處，聽其自行支用。伊若不接受，任其退還衆商，朕不收受……(世宗二五、一八；東五、三)

(**雍正七、一二、癸卯**) 諭內閣：從前據兩淮鹽政噶爾泰與運使何世璂奏稱，兩淮鹽商，因沐皇恩，減省匭費各項，每年省費百萬餘金，而臣等又不受其規禮，是以各商公送鹽院銀八萬兩，送鹽道銀四萬兩。但臣等蒙恩已各給養廉，實無需用之處，請解部以充公用。朕以各商年來省費已多，而鹽院、鹽道又各有養廉，因允所請，將此項解京，交與內務府，爲修理道路及各項工程之用。至次年，噶爾泰與運使張坦麟援照前例，復將銀十二萬兩奏請解部。比時適因豫備軍需，因令交與江南織造，爲製辦綿甲等項之用。今葛爾泰與運使高淳又將銀十二萬兩奏請解京。現今高淳紏案，有需索商人各款，伊若果係用度不足，何不即於此四萬兩中支用？乃捨應得之項，分外貪取於商？朕因此於從前之事，亦不能無疑矣。著將此十二萬兩交與噶爾泰或給還各商，或伊有需用之處，即將此支用。儻伊實無需用之處，各商又不願領回，噶爾泰現署安徽布政使印務，著與魏廷珍確查上江地方，有實在無著之虧空，將此銀彌補，以完本地公項。（世宗八九、五；東七、五九）

（**雍正九、二、丙辰**）戶部議覆：署兩江總督史貽直疏言，歙縣未完地丁銀共二萬六千餘兩，俱係逃丁、絕戶、老幼、癈疾無追之項。據兩淮行鹽之歙商黃光德等具呈，願爲代輸。應如所請。黃光德急公好義，應量加議敘。得旨：兩淮鹽商數年以來，屢加恩恤，並查免陋規數十萬兩，商人感激，情願捐貲以佐公事。朕再三諭旨，而該督撫等僉稱輿情踴躍，不能自已，因令其即於本地辦理鹽義倉等務，使其鄉人咸霑利賴。近聞其中富商固有餘貲，而無力商人，務捐助之名，轉於正課有未清者，已諭該督撫留心體察。今黃光德代輸一項，有無抑勒勉強情事，著高其倬、伊拉齊查明具奏。（高宗一〇三、二一）

（**乾隆一、一〇、癸未**）除兩淮鹽課外公務薪水銀。諭總理事務王大臣：朕查兩淮鹽法，從前浮費繁多，商力日困，欽奉皇考諭旨，徹底清查，革除浮費，核定應留之項，以備地方公用。乃原任鹽政臣噶爾泰，於酌定存公之外，又以商人具呈，餽送鹽政銀八萬兩，名曰公務，餽送運司銀四萬兩，名曰薪水，奏請歸公。蒙皇考批諭，此係噶爾泰等應得之項，若有需用之處聽其自行支用。伊若不用，即退還衆商，不必歸公，欽此。噶爾泰又奏稱，衆商力量寬裕，此項實出情願。又奉皇考諭旨，俟有地方公事，將此應用。是皇考聖意不肯令其歸公，諭旨實爲明切。後據噶爾泰經手辦理，雖每年按綱具奏，而其實商人未能照數完繳。丙午、丁未兩綱未完銀十二萬三千餘兩，商人具呈，分作六年帶徵，經部議准行在案。至己酉、庚戌未完銀兩，曾經鹽臣題請寬免，部議未允。朕即位以來，仰體皇考愛養商民之心，屢加優恤，務使商力寬餘，以受國家恩澤。此項公務、薪水銀兩，既在額課之外，著永行停止，以惠商民。至從前己、庚兩綱未完公務、薪水之項，歷年已久，著悉行豁免。該督該鹽政，可即宣朕諭旨，俾衆商等共知之。（高宗二九、六；東一、五五）

（乾隆二、一一、戊辰）又諭：前據兩江總督慶復奏稱，兩淮鹽義倉米穀，揚州倉存十二萬石，泰州倉存六萬石，其餘三十六萬石，分派上下江通融撥補。此項穀石，因今冬挑濬運河，民食維艱，仍運赴淮揚平糶，將糶出價銀，分撥上下兩江等語，朕已降旨允行。今據兩淮巡鹽御史三保奏稱，淮商連名具呈，復懇請減價，併將額存揚倉之十二萬石，一併發糶。儻此十二萬石之內，將來買補不敷，該商等情願公捐補足等語。朕思義倉積貯，原以惠濟貧民，今大工興舉，河道不通，時值隆冬，小民生計艱難，佣工夫役，霑體塗足，俱堪憫惜。現今平糶之米每升制錢七文，較之市價已為平減，今再格外施恩，每升減錢二文，以五文一升計算，每石僅糶銀六錢有零，於小民實有裨益。俟糶完之後，將糶出價銀，分解上下兩江。如此項穀石不敷糶賣，即將揚倉之十二萬石，一併平糶。此十二萬石之內，將來買補缺額，衆商既稱情願捐補，伊等從桑梓起見，補實倉庾，以濟民食，著照所請行，但不必過於急遽。其應如何徐徐辦理之處，著那蘇圖、三保議奏。至於平糶之事，在揚城者，著三保會同知府辦理；其山陽、高、寶、江、甘等州縣，著該地方官辦理，仍著總督那蘇圖、巡撫楊永斌，不時查察。務使小民均霑實惠。（高宗五六、一九）

（乾隆六、三、甲午）山東巡撫朱定元奏：地方陋規，自應盡革。中有鹽當商規禮，係各商願送，相沿日久。請將此項存半，為各屬添補公用，餘解司充公，為賞捕緝盜之需。得旨：此等事亦在汝等酌劑而行之耳。（高宗一三九、三七）

（乾隆二二、二、丁丑）陝西巡撫陳宏謀奏：前撫臣盧焯奏請定邊等七州縣，准外省商賈投捐本色，以實倉儲。查定邊、靖邊、榆林、懷遠、府谷、神木、葭州七州縣，近接鄂爾多斯，一片沙磧，地鮮可耕，所種穀糜，非旱即霜，且延綏鎮兵駐劄榆林東西兩協，遇災需賑，是沿邊州縣積貯，不但有裨民食，兼濟軍糈。連年軍行往來，加以二十年秋禾被災，口外亦復歉收，疊蒙恩借給蠲緩，動用既多，懸欠不少。現在七州縣額貯大半懸缺，榆林駐兵重地，存穀止六千餘石，欲採買於本地，則出穀無幾，欲藉捐監，則本境報捐甚少。惟山陝民人，每年出口租種蒙古地畝，秋收穫糧最多。請照盧焯所奏，許外省商賈於七州縣報捐。其穀買自口外種地之人，於本地民食無礙，而邊儲可以有備。且思沿邊積貯，多多益善，並請於每處定額之外，再各捐穀五萬石，粟糜米麥豆兼收，捐足即停。其捐糜分為額外儲蓄之糧，另款存貯，遇賑則作正開銷，遇糶則價解司庫。又盧焯請減定、靖二縣捐穀，與榆林等縣畫一。查從前原定穀數，係按各府糧價題定，七州縣糧價亦隨時長落，應請照舊報捐，無庸議減。倘二縣報捐者少，俟榆林等縣捐停，統歸定、靖二縣報捐，亦可先後捐足。得旨：著照所請行。（高宗五三二、二六）

（乾隆三二、一二、辛巳）又諭曰：普福奏，兩淮各商等急公念切，呈請捐銀一百萬兩，解交內務府以供賞賚，不敢仰邀議敘等語。前經該鹽政據情入告，並未允行。今復據普福面奏，該商等復環籲轉奏，情詞懇切。因念該商等感恩抒悃，既屬實情，且兩淮各商人多引裕，較他處情形不同，著准其所請。不必解交內務府，現在滇省辦理軍需，著該鹽政將此項銀兩，動支公項，解送雲南備用。該商等仍交部議敘。至此外各處物力，非兩淮可比，倘有聞風援請者，斷不准行。該鹽政等亦毋得瀆奏。（高宗八〇一、一〇）

（乾隆四九、七、癸亥）諭軍機大臣等：據全德奏，兩淮商捐銀一百萬兩，已分起解交內務府等語，現在內庫帑項充盈，並無需此項銀兩，但既已起解，亦祇可成事不說。朕今春南巡時，將該商等未完提引餘利銀一百六十餘萬兩，全行豁免，原欲使商力益臻饒裕。嗣據伊齡阿奏，該商等恭備賞賚銀一百萬兩，朕本未經賞收，因伊齡阿稱出自商眾籲請，是以允准。然此項銀兩，雖准其交納輸忱，亦當留於運庫，以備地方公用，或解交浙省海塘充款。何必又解交內務府？此皆由於伊齡阿、全德不知事體輕重。伊齡阿、全德俱著傳旨申飭。（高宗一二一〇、一八）

（嘉慶四、五、丙寅）諭內閣，徵瑞奏，兩淮商眾，懇請將前次未經賞收銀一百萬兩，仍准捐輸一摺。在該商眾等因兩淮鹽務疊荷恩施，復行呈懇，固屬出於感激悃忱，但前此請輸銀兩，業經酌量賞收，徵瑞自應遵照曉喻商眾，又何必復行瀆請，借商力以自為見好地步？況現在川陝賊匪，以次殄平，大功不日可竣，即暫開籌備川楚善後事例，現已停止，更何須重煩商力耶？所有此項減免銀一百萬兩，著仍遵前旨，毋庸交納。（仁宗四四、二一）

（嘉慶一五、九、辛巳）又諭：百齡奏，查明粵省鹺務，實係先課後鹽，並請將捐輸未完銀兩，展限二年，按包攤完一摺。粵省鹺務，前因吳熊光陳奏未明，飭交戶部查覈。經該部請旨飭查，茲據百齡查明，自乾隆五十五年改埠歸綱以後，每歲領引納課，委係先課後鹽，年清年款，是該省辦鹽，尚無變更成例，及局運各商互相揎勒情弊。至各商節次捐輸未完銀兩，原係奏明按引限年完繳之款，計至嘉慶十六年，均已滿限。現在截至十五年七月底為止，除陸續完繳外，尚未完銀三十八萬一千二百八十一兩零，距十六年之限期，僅止一載。據該督奏稱，察看各埠情形不一，恐按引勻攤，未能剋期完竣，若量爲變通，按包攤完，計至十八年冬底，可以一律全完等語。自係實在情形。著照所請，所有局運各商未完節次捐輸銀二十九萬八千九百八十九兩零，著加恩展至十八年冬底，統令按包埨數攤完。其潮商未完捐輸銀八萬二千二百九十二兩零，亦著加恩一體展限帶繳清楚，毋許再有延宕。俟依限全完後，所有各商應得議敘，著該督查明攤完銀數多寡，分別等差，造冊咨部。其完繳最多者，咨明奏請，從優議敘，儻屆期仍未埨數攤完，著將各商應得議敘，咨部注銷，並將督催不力各職名，咨叅議處，仍著落分賠。(仁宗二三四、二六)

（嘉慶一八、二二、辛酉）諭軍機大臣等：阿克當阿奏，請令各省當商捐輸銀兩，賞給職銜議敘一摺。所見鄙陋已極，不知大體。現在豫東等省，善後撫卹各事宜，及堵築要工需費未免支絀，然國家籌款之道，自有正辦，何至謀及商賈？此等市儈之徒，惟利是視，一聞捐輸之説，必先藉此增息，朘削貧民。而伊等轉可坐得議敘，將來一登仕路，其牟利之心必不能改，非攫取官帑，即苛斂百姓，成何政體！況地方官經理此等事件，何能不假手胥吏？種種弊竇，尤不可騰言，所奏斷不可行。……(仁宗二八一、三一)

（嘉慶一九、二、戊午）諭內閣：大學士會同戶部議駁，百齡、朱理奏請江蘇及各省當鋪，按照成本多寡，將息銀輸納二成，分作五年給還一摺。國家理財制用，政有常經，即權宜取濟，亦當準事理之平。若商民權子母、逐錐刀，其事至爲纖細，豈應官爲覈計？今該督等欲按當商成本，責以輸納，又恐取民非制，請分作五年如數給還。無論一出一入，甚滋繁擾，試思地方官勒借所部財物，尚干功令，況以經國之需，而謀及庶人，不已褻乎！至原摺內稱，當商等多係仕宦舊族，各有報效之心，此語尤屬虛誕。仕宦家固亦有治生營運者，然此輩大抵市儈居多，強其所不欲，而濫及名器，亦太不計利弊重輕矣。現在帑項雖未饒裕，然綜覈出入，尚不至即形支絀，何邊謀及下策若此？實屬鄙陋。日前阿克當阿曾有此奏，朕以伊係內務府人，平日歷任不過監榷諸務，未諳政治，無足深責，當祇降旨申飭。百齡雖亦係內務府人，伊由翰林出身，歷任封疆，擢至協辦大學士，朱理亦由翰林洊升侍郎巡撫，不應識見庸陋，同爲此不學無術之言。除所奏飭駁外，百齡、朱理均仍交部議處。(仁宗二八五、二三)

（二）捐輸軍餉

（乾隆二四、二、己卯）諭曰：楊廷璋奏，據浙江商衆呈稱，遠陞向化，率土歸城，情願公輸銀二十萬兩，稍佐屯餉之需，不敢仰邀議敘等語。兩浙商力素薄，而踴躍急公，情詞具見誠懇。著允所請，將所捐銀兩令楊廷璋委員解赴甘肅，交與總督吳達善，以備軍需賑卹之用。該商等仍著交部議敘。（高宗五八一、二九）

（**乾隆二四、三、辛巳**）又諭曰：官著奏，據長蘆山東商衆呈稱，屯田塞上，中外一家，情願公輸銀三十萬兩，稍備屯餉之需，不敢仰邀議敘等語。長蘆山東各商，辦課素屬急公，今復籲請捐輸，情詞肫懇。著允所請，即令官著委員解赴甘省，交與總督吳達善收備軍屯賑務之用，該商等仍著交部議敘。（高宗五八二、六）

（**乾隆三八、八、丁未**）諭：據李質穎奏，兩淮綱商江廣達、程謙德等呈稱，受恩深重，仰報無由，今值進勦金川，情願公捐銀四百萬兩，少佐軍需等語。辦理金川軍務，節次解備軍需銀二千九百餘萬兩，俱動給部庫及外省官帑。方今府藏充盈，足敷撥用，原無藉乎助捐。第念該商等以饋饟費繁，急公情切，具見愛戴懇忱，姑俯從聽請。著李質穎查明各商捐數多寡，定等呈報，交該部照好善樂施之例，從優議敘。原摺交戶部覈存。（高宗九四一、二〇）

（**乾隆三八、八、丁未**）諭軍機大臣等：據李質穎奏，兩淮綱商江廣達、程謙德等呈稱，情願公捐銀四百萬兩，少佐川省軍需一摺，已降旨准其所請。交該部照好善樂施之例，分別從優議敘矣。但此事雖係江廣達、程謙德二人出名呈請，而其中所捐銀數，自係衆商等各就貲本多寡，量力奉公，自應視其捐助之等差，以定錄敘之輕重，方為平允。著傳諭李質穎查明某商名下，捐銀若干，按其數目，定為三等，造册報部，以便分別議敘。仍將所定等次，開單具奏。（高宗九四一、二一）

（**乾隆三八、九、癸酉**）戶部議覆：四川總督富勒渾、署四川總督湖廣總督文綬奏稱，遵旨籌議赴川運糧商民，予以議敘。除晉省殷富之家，已移咨巴延三辦理外，其餘各省士民，應准其一體辦運，不必由原省領咨。其所辦之糧，軍需局查明應運何路，即指定站所，給與照票，定限運交。並令軍需局豫設連三倉收，分發各站，於收米後，裁給本人，繳局查對，換給總收。令其自齎投部，聽候議敘。均應如所請。至議敘等差，應按糧數站數，統合糧價運價，覈實辦理。川省西南路，道里運近不同。每石運赴軍營，價腳亦多寡不等，自應定以銀數，以合所交之糧。站遠價多，則交糧之數減；站近價少，則交糧之數增。其銓敘班次，應仿照十三年川運軍糧之例，從優錄用，分別條款，酌覈辦理。從之。（高宗九四三、六）

（**乾隆三八、九、丁丑**）諭軍機大臣等：前因李質穎奏，兩淮綱商呈請公捐銀四百萬兩，少佐軍需。已降旨交部照好善樂施之例，分別從優議敘，並諭李質穎查明衆商捐貲多寡，酌定等差，造册報部。今據李質穎覆奏，請俟所借庫項全完之日，再將各商實捐銀數，造報請敘等語。所奏尚未允協。該商等雖因貲本轉運在外，暫借官項，但既屬伊等奉公之忱，應即予錄敘，以昭嘉獎。若俟借項全完之日，再爲造報，則須至四年之後，爲期未免過遲。或衆商中稍有變更，沾澤未能均溥，非所以勵急公之義。至伊等所捐銀數，自不過各應引目均攤，其多少亦可約計而得。著李質穎即爲查明，按數分等，造報請敘，仍將所定等差，開單具奏。將此傳諭知之。（高宗九四三、二二）

（乾隆、三八、九、庚辰）户部議覆：浙江巡撫兼管鹽政三寶奏稱，商人何永和等情願捐助餉銀一百萬兩，於藩鹽二庫，先行借運，分作五年完繳。並稱該商等出自至誠，不敢仰邀議敘等語。均應如所請。得旨：何永和等雖稱公捐，出自至誠，不敢仰邀議敘，第念其踴躍急公，情殷報效，自應一體加恩。著三寶即查明各商捐數多寡，覈定等差報部，照例分別議敘。（高宗九四三、三一）

（乾隆三八、一〇、己丑）又諭：據西寧奏，商人楊永裕等呈稱，現在大兵進巢金川，各商志切同仇，末由自効，今長蘆商衆，情願捐銀六十萬兩；山東商衆，情願捐銀三十萬兩，稍供軍營賞貲等語。該商等踴躍急公，情詞懇切，姑允所請。並著該鹽政將各商捐銀數目，覈定等次，即行咨部，照例分別議敘。原摺併交户部存覈。（高宗九四四、一五）

（乾隆三八、一〇、庚寅）諭：據巴延三奏，太原等府州屬紳士孟瀛等呈稱，世享昇平，共安樂利，兹聞金川梗化，誼切同仇，情願各抒忱悃，共出運本銀一百一十萬兩，公議郭繼傳等三十人，各帶夥商三、四人，赴川辦運等語。辦理金川軍務以來，一切師行動用，俱係動撥部庫及外省帑項，原無藉科捐助。前因兩淮、浙江、長蘆等各商，懇請捐銀助餉，情詞殷切，特允所請降旨予以議敘。今山西省各屬紳士，又復急公呈請，具見愛戴之忱，自應一體給予議敘。但其中或有既出貲本、又赴川辦運者，固屬倍加出力，其錄敘自宜從優。其出運本雇商代往、及止出身赴川爲衆辦運者，亦當量爲區別，以示嘉獎。著該撫查明送部。（高宗九四四、一八）

（乾隆三八、一二、丁未）又諭：據李侍顏奏，現在川省辦理軍務，廣西商衆李念德等，籲請照東省之例，捐銀二十萬兩；洋商潘振承等亦請照兩省埠商，捐銀二十萬兩，稍佐軍需等語。該商等既屬踴躍急公，情詞懇切，姑允所請。著該督將各商捐銀數目，覈定等次，即行咨部，照例分別議敘。

原摺交户部覈存。(高宗九四九、一八)

（乾隆三八、一二、戊戌）諭曰：李侍堯奏，據兩廣鹽埠商人吳青岳等呈稱，近值大兵進勦金川，蕩平在邇，商等遠居嶺表，志切同仇，敬請捐銀二十萬兩，代解軍營，以抒蟻悃等語。辦理金川軍務以來，一切軍需動用，俱撥解部庫銀兩，原無藉乎助捐。前以淮浙等商情切急公，曾允所請，今兩廣商人，一例愛戴抒忱，亦姑俯從所請。著李侍堯查明各商捐數多寡，呈報該部，一體照樂善好施之例議敘。原摺交户部覈存。(高宗九四八、二七)

（乾隆五二、一一、壬辰）又諭曰：孫士毅等奏，據洋商潘文巖等呈稱，現在臺灣勦捕逆匪，粵省招募新兵，巡防海口，商船往來，藉此兵威，得免驚擾。該商等情願捐銀三十萬兩，以充軍需。又據鹽商李念德等呈稱粵省運鹽，多經洋面，今添兵巡防，鹽務益增嚴密，願備餉銀二十萬兩，用展蟻忱各等語。該洋商鹽商等請捐餉銀，係因添兵巡防海口，與伊等生計有益起見，自應俯准所請，以遂其報效之誠。但各商等於地方公務，踴躍捐輸，尚屬急公，並著該督等查明咨送吏部，照例議敘，以示獎勵。(高宗一二九三、三二)

（乾隆五三、一、己巳）諭曰：穆騰額奏，據蘆東商人王得宜等呈稱，現在大兵進勦臺灣逆匪，即日已就蕩平。海口安恬，無虞驚擾，慶成寧謐，率土同情。長蘆商人願輸銀三十五萬兩，山東商人願輸銀一十五萬兩，共銀五十萬兩，少抒報效等語。該商等因聞臺灣賊匪蕩平，同深歡慶，請捐銀兩，出自悃誠，自應俯如所請，以遂其報效之忱。至該商等踴躍捐輸，尚屬急公。並著該鹽政查明咨送吏部，照例議敘，以示獎勵。(高宗一二九六、八)

（乾隆五三、一、丁丑）諭：據琅玕奏，兩浙商人何永和等呈稱，臺灣逆匪，剋日勦除，商等志切同仇，共深歡忭。兩浙接壤閩省，海濱寧靜，引鹽得以暢銷，願捐銀四十萬兩，以爲賞犒兵丁之用等語。該商等以浙閩境壤毗連，逆匪蕩平，引鹽得以暢銷，念切輸將，自應俯准所請，以遂其報效之忱。所有商捐銀四十萬兩，即准其解閩備用。至該商等踴躍捐輸，殊屬急公。著該撫查明咨部，照例分別議敘，以示獎勵。(高宗一二九六、二八)

（乾隆五三、一、壬午）諭曰：全德奏，據兩淮商人江廣達等呈稱，臺灣逆匪梗化，現在大兵進勦，剋日蕩平。商等志切同仇，心懷報稱，情願公捐銀二百萬兩，以備犒賞等語。該商等因臺灣賊匪蕩平，同深歡慶，合詞抒悃，輸納情殷，自應俯如所請，以遂其報效之忱。至該商等踴躍捐輸，殊屬急公。著該鹽政查明咨部，照例分別議敘，以示獎勵。(高宗一二九七、九)

（乾隆五三、二、壬戌）是月浙江巡撫覺羅琅玕奏：據兩浙商人呈稱，臺匪剋日勦除，曾經奏准捐銀，以資賞兵之用。今復派員赴臺，建築城工，請再公捐銀三十萬兩，為添備城工之用。下部知之。（高宗一二九九、二七）

　　（乾隆五七、一、庚寅）又諭曰：全德奏，據兩淮商人洪箴遠等呈稱，現聞大兵進藏，勦除賊匪，情願捐銀四百萬兩，以備凱旋賞勞之需，並請於部庫先行借撥，分限十年，帶完歸款等語。此次廓爾喀賤匪滋擾後藏，不過邊徼么麼，即日當可勦滅，易於蔵事，自不致多糜軍餉。今既據全德奏稱，該商等情詞懇切，實出至誠。著准其捐銀二百萬兩，收貯運庫，聽候部撥，並准其於今年壬子綱起，分五年帶完歸款。所有商人洪箴遠等，著該鹽政查明咨部，照例議敘。（高宗一三九五、三）

　　（乾隆五七、二、壬寅）諭曰：穆騰額奏，長蘆山東商人王珮等呈稱，現聞大兵進勦廓爾喀賊匪，蘆商願捐銀三十五萬，東商願捐銀一十五萬，共五十萬兩，以備凱旋賞資之需等語。廓爾喀賊匪滋擾，計日即可蕩平，本不致多費軍餉。今既據穆騰額奏稱，該商等籲誠懇切，著准其捐銀五十萬兩。並著照所請，於運庫本年奏銷五十六年引課項下借撥，分作五年完交歸款。所有捐餉商人等，著該鹽政查明咨部，照例議敘。（高宗一三九六、二）

　　（乾隆五七、二、癸亥）諭曰：福崧奏，據兩浙商人何永和等呈稱，現聞大兵進剿廓爾喀賊匪，情願捐銀一百萬兩，以備凱旋賞勞之需等語。廓爾喀賊匪滋擾後藏，不過邊徼么麼，計日即可蕩平，本不致多費軍餉。今既據福崧奏稱，該商等再四籲請，情詞懇摯。著准其捐銀五十萬兩，並准其於本年壬子綱鹽引內，按數起捐，分作年半完納。所有捐銀商人等，著該撫查明咨部，照例議敘。（高宗一三九七、一九）

　　（乾隆五七、四、癸酉）又諭曰：郭世勳等奏，粵東洋鹽各商蔡世文、陳維屏等呈稱，現聞大兵進勦廓爾喀賊匪，情願共捐銀六十萬兩，以備凱旋賞資之需等語。廓爾喀賊匪滋擾後藏，不過邊徼么麼，指日即可殲除，自不致多糜軍餉。今既據郭世勳等奏稱，該商等再四籲懇，情詞胅切，著准其共捐銀三十萬兩。並准其於本年五月起，分作六年完款。所有捐餉之洋鹽商人，著該署督等查明，咨部照例議敘。（高宗一四〇二、七）

　　（乾隆六〇、二、丙午）諭：户部議覆，兩淮商人懇請捐銀備餉一摺。淮綱行銷口岸，向惟兩湖額引最多，今該商等以苗匪跳梁，事屬切己，籲懇捐銀二百萬兩以備應用，自係出於實情。但逆苗勾結滋擾，本屬烏合之衆。現當大兵雲集，福康安、和琳統領黔蜀勁旅進勦，即日殲除淨盡，綏靖地方軍需一切，費項無多。所有此項商捐銀兩，著准收一半，其餘一半仍行賞還。並著照部議，即於上年留撥銀內，令鹽政委員將一百萬兩，就近解交湖南藩庫兌收，仍分作三年帶完歸款，俾遂其踴躍急公之忱，以示體卹衆商之意。其捐銀各商，並著該鹽政查明報部，加恩照例議敍，用示獎勵。（高宗一四七三、一五）

（**乾隆六〇、四、丁亥**）諭：據岳謙奏，兩浙商人因湖南苗匪滋事，呈請捐輸銀六十萬兩，添備賞需等語。浙江商力本不如兩淮之充裕，現在楚省軍務連次克捷，大功即日可成，軍需等項已屬寬裕，該商等所請捐輸之處，竟可不必，以示體恤。（高宗一四七六、五）

（**乾隆六〇、一二、戊戌**）諭：據蘇楞額奏，現聞湖南首逆就擒，大功即日全竣，官兵凱旋，賞資不無所需，請將前次商人公捐項內未收銀一百萬兩，懇恩俯准收納等語。本年春間，該商等業經輸銀一百萬兩，茲又請將前此公捐未收銀一百萬兩，一併輸納。因念該商等再三籲懇，情詞真切，著即賞收候撥，並准其於前項分年帶完之後，續分三年歸款。所有急公報效之該商等，俱著交部歸併前次，一體照例議敍。（高宗一四九三、一四）

（**嘉慶四、三、丁丑**）又諭：董椿奏，蘆東商人江公源等呈稱，目下川楚教匪，指日可除，惟安撫善後事宜，尚需繁費。長蘆商人情願捐銀六十六萬兩，山東商人情願捐銀三十四萬兩，共捐銀一百萬兩，稍抒忱悃等語。蘆東鹺務，疊經豁免賞借，調劑多方，今該商衆等，因受恩深重，報效情殷，長蘆、山東兩處，請共捐銀一百萬兩，固屬踴躍急公，若卻而弗受，無以申其忱悃。但現在川楚教匪即日辦竣，其善後等事需費無多，且蘆東商力，素稱拮据，所請捐銀一百萬兩，著各交十分之六，長蘆准其捐銀三十九萬六千兩，山東准其捐銀二十萬四千兩，解交部庫。仍著交部照例分別給予議敍，以示優獎。其董椿所奏，蘆東商人前領兩淮協濟無利運本一百萬兩，請於癸亥年四月起，仍按十限解交內務府充公之處，亦著照所請行。尋據長蘆鹽政董椿，以該商等籲求全數賞收爲請。得旨：不許瀆請，朕言不再。藏富於商，國本有託。毋得再奏。（仁宗四一、一二）

（**嘉慶一二、一、己未**）諭內閣：阿林保等奏新造大同安梭船，所需篷索燂洗銀兩，酌籌生息一摺。木商王廣延等，因航海經商，曾於玉德、李殿圖任內，呈請公捐銀二萬四千兩，貼補緝匪經費。彼時即應奏明請旨，乃玉德等並不具奏，即准其呈繳捐銀，殊屬非是。現在已據該商等陸續繳存藩庫銀一萬九千八百兩，著照所請，將此項銀兩賞收，分發各鹽商承領生息，以備新造大同安船二十隻每年篷索燂洗之用。至該商等尚有未繳銀四千二百兩，著免其呈繳，以示體恤。（仁宗一七三、一四）

(嘉慶二二、一、癸酉)又諭：嵩年奏，長蘆商人因天津海口添設水師營汛，呈請捐銀二十萬兩，以十七萬兩爲建蓋衙署等項之需，以三萬兩發商生息，爲每年增給俸餉等項之用。所捐銀兩，於運庫徵存加價項下先行借撥，俟該商等前次所捐山東生息本銀四十萬兩照限完交之後，接續起限，分五年完交歸款等語。天津添設水師，經費本無須商力捐辦，今伊等請捐之項仍係借用庫銀，又懇俟前次捐款扣完之後再行起限交納，拖延年限，徒有捐輸之名，毫無實濟。所有此次請捐銀兩，概不賞收。其添設水師經費，著方受疇會同嵩年覈實估計，即於運庫徵存加價項下，酌撥銀二十萬兩以內，以爲建蓋官署、兵房、礮臺、戰船等項，及發商生息，每年增給俸餉、馬乾之用。該督等務撙節覈計，奏明辦理。將此傳諭知之。(仁宗三二六、二六)

(三) 捐輸銀資迎鑾祝嘏

　　(乾隆一五、一〇、己卯)諭：據巡撫鄂容安奏稱，恭遇駕幸河南，通省紳民感沐皇仁，無由仰報，情願捐輸，共收銀五十八萬七千餘兩，以充公用等語。朕時巡方岳，一應道路、橋梁等費，皆准開銷正項，從無絲毫累民之事。即城垣、祠廟，有應勤堊灑掃、略爲整葺者，祇宜動支帑項，即其間或有開銷不到之處，賞給該省公項銀兩，以資通融辦理之用，曾何藉於輸將？鄂容安此奏，甚屬錯誤。因其據實陳明，尚不至蹈欺隱之咎，猶可稍寬。但朕省方問俗，勤卹民隱，尚慮休助之弗周，豈容供用轉資於下？鄂容安不能仰副朕意，殊失政體，著傳旨嚴行申飭。所有紳民樂輸之項，俱著給還，摺并發。(高宗三七四、一二；東一一、二〇)

　　(乾隆一八、八、壬寅)諭：兩淮鹽政普福奏稱，兩淮商人共望翠華載莅，願捐銀二十萬兩，建造臨江等處行宮等語。此奏錯謬已極。上次南巡時，該督黃廷桂等以聖祖仁皇帝巡幸所建行宮，歷年已久，兩淮商人情願捐貲修葺。事屬可行，是以允其所請。後見其增飾過華，甚非朕本意，曾經降旨申飭。上年爲僞稿事，尹繼善來京。常同軍機大臣等入見，伊乃奏請南巡。朕面諭以甫經歷覽，無事重巡，既閱數載有展義之舉，亦必絲毫不令商捐，一椽不令增置，朕方允爾之請。如竟以商捐建置爲例事，是乃不欲朕南巡耳。此旨衆所共聞，今普福忽有是奏，殊屬不解。朕之巡幸，原以省方問俗，豈遊觀是務？此在平時尚所不可，況現在江南淮揚等處，被水成災，朕心軫念，截漕拯救，議賑議蠲，日夜焦勞，惟恐一夫失所，更何心問及懷居。所有商人捐項，即著增備淮揚賑濟之需，斯商人之忱已効，而仍以爲惠彼桑梓之用也。普福著交內務府大臣嚴行議處具奏。(高宗四四五、四；東

一三、一〇)

（乾隆二五、一二、庚子）山西巡撫鄂弼奏：明春駕臨五臺山，河東商衆敬輸銀三萬兩，以充經費。……又稱，晉省各州縣紳衿呈請樂輸經費，一邑中有二、三千兩或一萬兩不等。得旨：斷不可收受。（高宗六二七、二六）

（乾隆二六、一一、乙卯）諭曰：高恆奏，兩淮商人等呈稱，世享昇平，受恩優渥，明春恭遇省方盛典，行慶施惠，情願公捐銀一百萬兩，以備賞賚等語，明歲朕恭奉聖母安輿，巡幸江浙，一應推恩錫賚，俱經各衙門照例動用正項豫備。第該商等素稱踴躍急公，今既抒誠籲懇，情詞肫切，著於此內撥銀三十萬兩，交與尹繼善辦理差務即賞給兩淮二十萬兩，爲伊等修理行宮等項之需。酌留十萬兩以備賞賜。其餘四十萬兩，著解交河南巡撫胡寶瑔，備充工程賑恤之用。該商等並著交部議敘，以示嘉獎。（高宗六四九、一五）

（乾隆二八、四、戊戌）諭軍機大臣等：……朕巡省所至，凡行宮豫備等項，已屢經詳諭該督撫等，一切務徒簡樸。從前三次辦理，已不免踵事增華，儻將來彼此效尤，日甚一日，何所底止？且如朕在京及圓明園每日視事之所，雖細如頂格糊飾之類，不過隨時黏補，不求一律鮮華，此亦廷臣所共知。若以偶然駐頓之地，當上屆已經整葺，即小有滲剝，不過略加補苴，便已妥協，何必更增繁費？前此地方官，知朕絲毫不肯累民，動以商捐藉口，殊不知官取給於商，而商人所捐，孰非民間所給？該督撫惟應實力約省，凡有需用，只許支取例給之項，及前此賞用所餘，據實册報查覈。其商捐一節，著永行禁止。（高宗六八四、二〇）

（乾隆三〇、二、壬辰）又諭：朕此次南巡，體恤兩淮商衆，先期傳諭，不令捐輸繁費。而伊等趨事踴躍，甚屬可嘉。著加恩均照本身職銜，各加一級。（高宗七二九、二）

（乾隆三五、一、丁未）［浙江巡撫熊學鵬］又奏：浙商情殷祝嘏，請公備銀十萬兩，解交內務府，佐萬佛樓工。得旨：此不可。（高宗八五一、一七）

（乾隆三五、二、丁丑）兩廣總督李侍堯奏：各埠商人呈稱，恭逢萬壽，願供銀五萬兩，稍抒獻曝。得旨：此奏不應，汝更不合代奏。（高宗八五三、二〇）

（乾隆三五、一〇、辛丑）諭軍機大臣等：上屆皇太后七旬大慶，各督撫等，俱願臚歡祝嘏。因前屆辛未年各省所辦慶典，過於糜費，特派大臣經理其事，酌定數目，令各彙交承辦處代爲備辦。明歲恭逢聖母八旬萬壽，普天同慶，自應仍循辛巳年之例，特派大臣董事。上屆單開兩淮鹽政，交銀二十萬五千兩；長蘆鹽政，交銀十萬兩。彼時鹽務尚未徹底清釐，此項銀兩，必皆派自商眾，而以鹽政出名，殊屬無謂。今鹽政既經額定養廉，自當量其所得，酌定銀數，不應仍令多交，致得藉口公事，復開派累之漸。至兩淮商眾等，今春曾至天津，爲朕慶祝，明冬恭遇慈慶，伊等自必欲共抒忱悃，上祝鴻釐。原不妨俯從所請，但伊等各欲自効其衢歌巷舞之誠，毋庸官爲代辦，臨期可量留段落，令其來京自行陳應，俾抒愛戴。其長蘆、兩浙商人，照兩淮量加節減，並酌留段落，聽其各申忱祝。將此諭令李質穎、西寧、熊學鵬知之。其河東、兩廣距京較遠，無庸令商人跋涉，仍照上次之例，酌定數目，令其轉交董事大臣，代爲備辦。並諭李侍堯、固世衡知之。（高宗八七一、三四）

（乾隆三六、九、戊戌朔）諭：據永德奏，通省典商，情願公捐銀兩，恭祝萬壽，擬即將此項重建鐵佛寺，並請敕賜嘉名等語，殊屬非是，已於摺內批飭矣。本年恭遇聖母八旬萬壽，朕躬率寰宇臣民，臚歡抃躍，於京城敬陳慶典，衢歌巷舞，懽忭同伸。至於各省官吏紳耆，屆期第須齊集公所，拜舞呼嵩，以祝慈禧而抒忱悃，即建壇誦經，亦不宜聽其輕有舉行。若典商不過里巷逐利細民，並非淮浙鹽商，各有職銜、世受國恩者可比。鹽商等向有公捐之請，朕尚不允行，至此等微末經商，即其姓名，亦不宜輕達，今忽公請捐貲，從來無此情理。永德若稍知事體，當伊等具呈時，即應詳晰曉諭，不准所請，乃竟輕爲允納，且爲籌建寺宇，並令官爲欽助竣工，以此等斷不可行之事，轉若視爲盛舉，沾沾入告，豈伊身任巡撫，竟以典商醵金建寺爲得意，全不顧朝廷大體乎？所有伊等已繳之銀，俱著即行發還。永德識見卑鄙，著交部嚴加議處。（高宗八九二、一）

（乾隆四〇、九、甲子）諭軍機大臣等：昨召見周元理，奏稱，聞浙江巡撫三寶、兩淮鹽政伊齡阿，知平定兩金川功成奏凱在即，明春自必詣曲阜告功，江浙商人竟欲懇照前次東巡時在天津承辦排當等語，此甚無謂。辛卯歲朕巡幸東省，適恭逢聖母皇太后八旬萬壽之年，普天同慶，遐邇臚歡，是以允江浙各商所請，令其在天津辦差祝釐，以展忱悃。至於明春或舉東巡之禮，係因武功耆定，在泮告成，非前次恭辦慶典可比。若果有應令伊等辦理之處，朕必早爲傳諭，何待伊等之申請乎？況明歲臨幸東省之事，此時亦尚未定，無論行止若何，總無須商人等之承應。將此傳諭三寶、伊齡阿知之。（高宗九九一、一一）

（乾隆四一、三、乙未）諭軍機大臣等：據三寶奏，兩浙商人何永和等，呈請赴東省迎鑾，並備物以佐郊勞賞需等情，因情詞懇切，是以聽其前往等語。甚屬多事，已於摺內批示矣。朕因平定金川，集勳奏凱，特循舊典，告成闕里。一切祇候迎鑾等事，本與江浙各商無涉。昨伊齡阿率帶兩淮商衆，在泰安一帶豫備段落，當即嚴切申飭。伊齡阿未嘗不以此爲獻勤見好，朕則甚嫌其多事，即花翎亦不賞給。至浙商，則距山東更遠，乃亦備物踵至，尤屬無謂。此必因兩淮商人，有迎鑾之舉，遂聞風效尤，朕實所不取也。第該商等業已遠來，仍照例賞給，諭令即回。三寶係封疆大臣，非伊齡阿專司鹽政者可比，何亦不知大體若此。著傳諭申飭。（高宗一〇〇五、一九）

（乾隆四五、二、乙丑）諭：朕清蹕時巡，省方觀俗，供頓盡由公帑。昨伊齡阿奏，兩淮商人請捐銀一百萬兩，以効悃忱。在辦差經費，原無需此等捐輸，第衆商情詞胧懇，且昨已蠲免伊等應完銀一百二十萬兩，又緩徵銀二十七萬餘兩，其踴躍樂輸之悃，自必倍殷。却之轉阻其誠意，此項銀兩，即留爲此次各省辦公之用。（高宗一一〇一、一）

（乾隆五四、一〇、乙丑）諭軍機大臣曰：福康安等奏，據洋行商人蔡世文等、兩粵鹽商陳章元等呈稱，明歲恭遇萬壽，鼇祝殷情，請敬輸銀三十萬兩，以伸蟻悃等語。粵省洋、鹽商人，貿貨行鹺，向來獲利本不及兩淮、浙江。明年朕八旬萬壽，該商等雖懇請効悃，但粵東商務疲乏，正值清鼇調濟之際，商力未能充裕；伊等籍隸嶺海，道路遙遠，亦非兩淮、浙江距京較近，親自來京承辦段落可比。所有兩粵洋、鹽商人請輸銀兩，竟不必收；並著福康安等飭令該商，亦不必再行瀆懇也。將此諭令知之。（高宗一三四〇、二四）

（乾隆五四、一〇、戊寅）諭軍機大臣等：本日軍機大臣面奏，據海寧報稱，河東鹽商尉世隆等捐銀六萬兩，恭辦慶典，現在委員解京等語。河東商力，向來未能充裕，非兩淮、浙江可比；且該商等向無赴京承辦段落之事，尤可不必出貲捐辦。況粵東商人，前經籲請輸銀三十萬兩，以伸忱悃。據福康安等奏及，朕當經降旨，不准呈進。著傳諭海寧，即將此項銀兩，發還各該商收領，亦不必再行懇請也。（高宗一三四一、一五）

（乾隆五五、一、癸卯）又諭：本年朕八旬萬壽，中外臚歡。前據兩淮及浙省商人，籲請承辦慶典段落，以抒祝嘏悃忱，業經允其所請。但朕夏秋間駐蹕熱河，定於八月初三日啓鑾，初九日回京，所有段落點綴。毋庸早爲安設，該商等儘可從容赴京辦理。著傳諭琅玕、全德即諭知該商等，令其於八月初五日以前抵京，亦不爲遲。（高宗一三四七、一〇）

（四）其他捐輸

1. 賑濟

（乾隆六、一〇、辛酉） 兩淮鹽政準泰奏：淮南通河商人黃仁德等呈請捐貲煮賑揚州災民兩月，並稱不敢仰邀議敍。擬酌給扁額、花紅，以示鼓勵。得旨：若合議敍之例，仍與題達爲是。（高宗一五三、二五）

（乾隆二一、三、甲申） 諭：據普福奏稱，揚州七屬、淮安六屬、海州三屬粥廠所用銀米，統計約需銀三十萬兩，現據各商陸續捐輸還款，並據商稟，不敢仰邀議敍等語。商人等誼敦桑梓，濟急拯災，好義可嘉，應予加恩議敍，以示優獎。著該鹽政，覈明捐輸確數，開具姓名，造册咨部，分別議敍。（高宗五〇九、一）

（乾隆三四、五、庚戌） 是月，安徽巡撫富尼漢奏：有在揚徽商程揚宗等，樂輸銀六萬兩，以一半買穀存貯，名惠濟倉，以備賑糶，以一半交典生息。迄今十有餘年，餘息日多。商人方承緒等請建男女普濟二堂，以收窮民。其動支出納聽各商自行經理，毋庸官吏過問，惟令徽州府於所屬委佐雜一員，爲監堂官，不時稽查彈壓。得旨嘉獎。（高宗八三五、一八）

2. 工程

（乾隆二八、二、辛丑） 諭軍機大臣等：據達色奏，長蘆商人沈朝安等呈稱，張灣至京城之廣渠門，計程四十七里，係大、宛二縣引鹽車運通衢。近年疊遭坍塌，夏秋雨水積聚，車運艱難。今因各門現在修治道途，情願捐銀二萬兩，稍勷廣渠門土道工程之用等語。已於該鹽政摺內批諭，交方觀承派人即行修理矣。因思明琦近在通州，往管最爲妥便。著方觀承即將此項銀兩，派交明琦承修。但該道有地方之責，往來督率稽查，或有未能獨任之處。並令戶、工二部，內務府各派賢能司官一員，會同該道悉心妥辦。可將此傳諭方觀承知之。（高宗六八〇、二六）

（乾隆四七、八、庚辰） 諭：前據伊齡阿奏，兩淮商人呈稱，豫省蘭陽等處，開挑引河，情願公捐銀二百萬兩以助工需一摺。朕以豫省辦理河工，業經節次撥解部庫及內帑銀數百萬兩，方今府藏充盈，足敷撥用。原無藉乎助捐，是以未經允准。嗣又據伊齡阿奏稱，該商等復環籲轉奏，情詞懇切等語。因念豫省工費浩繁，該商等踴躍急公，具見忱悃，且淮揚地居黃水下遊，伊等誼切桑梓，助工捐項，亦屬實情，業經俯從所請，批交該部知道，

所有該商等急公抒悃，深屬可嘉，著交該部照例議敘。（高宗一一六三、一）

（乾隆四七、八、壬午）又諭：前據伊齡阿奏，兩淮商人，情願公捐銀二百萬兩，以助豫工，已俯從所請，批交該部知道，並將該商等交部議敘矣。（高宗一一六三、六）

（乾隆四七、一〇、乙亥）諭：據浙江鹽政奏，兩浙商人何永和等呈稱，豫省蘭陽等處開挑引河，情願公捐銀八十萬兩，以佐工用等語。前兩淮商人，據伊齡阿奏，情願捐銀二百萬兩，業經允准，令其解交東省，以備工賑之需。今浙商等呈請公捐，報効情殷，事同一例，自應准其所請。但豫省河工，節經頒發帑項五百萬兩，已足敷用。現在江南當豫省下游，各處被災較重，辦理一切賑撫事宜，需用尚多，所有此項浙商公捐銀兩，即著該督委員解赴江南，交薩載等存貯藩庫，以資賑卹之用。至該商等急公抒悃，並著該督查明咨部，照例議敘。（高宗一一六六、二三）

（乾隆四九、三、丁酉）又諭：據福崧奏，兩浙商人何永和等欣逢翠華幸浙。惠洽東南，又於范公塘改建魚鱗石塘，永資保衛，該商等情願依照老鹽倉改建鱗塘捐數，共捐輸銀六十萬兩，以効下忱等語。兩浙商人，資藉官鹽營運獲息。今因范公塘一律改建石工，閭閻得資保獲，永慶安瀾，伊等桑梓情殷，輸忱報効，甚屬可嘉，自應俯從所請。所有此項銀兩，連前次陸續發交公項，一併歸入海塘土程應用，工竣照例覈銷。該商人等並著加恩交部議敘。該部知道。（高宗一二〇〇、二二）

（乾隆五三、一〇、癸巳）諭：據全德奏，兩淮商人呈稱，本年楚省荊州被水，隄塍衝漫，該處爲行銷淮鹽綱地轉運所資，情關休戚，情願公捐銀一百萬兩，稍助工賑之需。請於運庫解部項下，先行借支，自來年己酉綱起分五年帶納歸款等語。荊州萬城隄潰決被淹，早經發帑賑卹，修築隄工城垣，以資保障。茲據該商等具呈懇請捐輸，情詞懇切。著照所請，准其於運庫借支，分年帶完歸款；並著加恩交該鹽政查明捐輸各商，送部照例議敘。湖北爲淮商銷鹽之地，向有匿費陋例，爲數不貲。今已清查嚴禁，地方官吏不敢復行擾累，商人等鹽引暢銷，永免需索。每年所省浮費，較之此次公捐之數，不啻倍蓰，是以俯如所請。至長蘆、山東、河東、廣東、浙江等處，非兩淮可比，若因淮商現在捐輸之舉，紛紛籲請，轉非朕體恤各商之意。著傳知各該鹽政，俱毋庸代爲陳奏。（高宗一三一四、一二）

（嘉慶一一、一、辛亥）諭內閣：前據佶山奏稱，督臣鐵保，於江蘭呈懇捐備撫卹銀三萬兩，先將兩淮運庫應存江正大名下眾商津貼銀一萬九千餘兩提出備用一事，並未詳察咨詢，輒行專札提取，事屬近於專擅。又稱，鐵保前經奏明，收受泰壩、永豐壩兩處公費銀二萬兩，以備公需，隨經諭令運司按引扣費二分，計多派銀一萬三千兩。又因高堰隄工，飭令運司分派鹽屬各員派捐銀二萬兩，鐵保亦未經奏及。並據奏稱，查勘鮑營河運鹽徑捷，挑挖深通，實於運務有益，勘畢後即委員估計動工各等語。鐵保於地方應辦各事，關涉鹽務者，何以未經奏明？又未咨會鹽政，當經降旨申飭，並諭令明白回奏。茲據鐵保覆奏：江蘭捐備撫卹，並非現交銀兩，具呈時指有運庫應領銀一萬九千餘兩，餘銀設措湊繳。因係一面之詞，不得不先札運司查明，再行入告。嗣據查覆，並無此項銀兩，是以未經具奏。其泰壩、永豐壩引費，係照向例辦理，並無按引扣費情事。且鹽包過壩，先後不齊，公費盈絀無定，鐵保任內祇收銀一萬四千兩，尚不及原奏二萬兩之數。又高堰石工，令鹽屬人員幫辦一節，先經汪志伊咨會鹽政橚，據運司議詳，幫銀二萬兩，嗣因石工改為甎工，經運司以應否停捐請示，鐵保批令稟候鹽政示遵，經鹽政批駁不准。均有案卷可查等語。是鐵保於佶山所奏各款，並無專擅隱飾情弊，辦理尚無不合，即江蘭指稱存銀一項，係屬自請捐辦之事，亦可無庸置議。至挑挖鮑營河，本係應行會商督臣、河臣辦理之事，前據佶山奏稱，勘畢後即委員估辦，目無總督，當經降旨嚴飭，諭令明白回奏。茲據鐵保奏稱：佶山曾擬挑挖鮑營河奏稿，囑其會銜，鐵保以南河各工現當緊要，鹽河較可稍緩，札覆暫停開挖，佶山並示再商，即單銜具奏等語。是佶山於改挖鹽河一事，既經咨商該督，乃於鐵保札覆緩辦之後，並未再行商酌，輒即單銜具奏，又未將鐵保札覆緩辦一節敘入，實屬專擅。除將鮑營河應否開挖之處，另諭鐵保等查辦外，佶山著交部議處。（仁宗一五六、二）

（嘉慶一七、八、壬子）又諭：百齡等奏，通籌南河善後工需一摺。內稱，覈計江南、江北地畝，若按照靳輔舊議，每田一畝出銀一錢，計算可得銀三百一、二十萬兩等語。朕惠愛黎元，與民休息，從不肯議及加賦，今令按畝出銀，非加賦而何？現既據該督等覈計善後各工，不過需銀三百萬兩，所有前議，著即停止，無庸籌辦。其另摺奏，淮商捐輸銀四百萬兩，並另片請將此項銀兩，除撙節辦工之外，尚餘銀一百萬兩，解交內務府備賞等語。南河善後工需，淮商既懇請捐輸，通盤估計，三百萬兩已可集事，商捐亦係民力，但取足敷工用而止，其額外多餘之數，另解內務府，殊可不必。現在外省支撥款項，部庫不敷，每年尚由內務府撥給數十萬兩，朕躬行節儉，從無濫費，內務府亦無須如許賞項。已降旨將淮商捐銀，祇賞收三百萬兩，其餘一百萬兩，仍給還該商等，以示體恤。將此各諭令知之。（仁宗二六〇、八；東一一、七）

3. 捐資積貯等

（**雍正四、一二、甲戌**）户部遵旨議覆：兩浙鹽商，輸銀積貯，應照兩淮鹽義倉之例，於杭州府地方建倉，買米積貯，隨時平糶。從之。（世宗五一、二一）

（**乾隆一九、三、己卯**）安徽巡撫衛哲治奏：徽州府屬，山多田少，所出米穀，即豐年亦僅供數月民食，全賴江西、浙江等處，販運接濟。而溪河逆險，艱於輓運。六邑中産糧少而距江浙遠者，又惟歙縣爲甚。乾隆十七年間，有該縣商人程揚宗等，樂輸銀六萬兩，以一半買穀積貯，一半交與生息，爲將來增貯之計，建立惠濟倉。詳請奏明立案，以垂久遠。報聞。（高宗四五九、二一）

（**乾隆二八、八、己酉**）山東巡撫崔應階奏：東省有商輸穀一項，係將銷鹽額票分爲上、中、下三等，令商人按票輸穀。通計三十九州縣，共輸穀二十萬五千餘石，歸地方官收貯，每年春借秋還，加一收息。而常平倉穀，則春月出借，秋後免息還倉。查常平現缺額二十七萬餘石，商輸現存及未完民借共二十一萬餘石，請將此項輸穀歸入常平，既省買補之煩，貧民亦免加息。得旨允行。（高宗六九三、八）

（**乾隆四六、一、壬寅**）又諭曰：……［浙江］商捐銀二十萬兩，李質穎因與王亶望意見齟齬，即稱王亶望欲令商人造船。今據阿桂等查案，係在王亶望未到浙省之先，竈户等呈請令商人造辦，經李質穎批飭鹽道辦理。今何以轉將造船一事，專諉之王亶望。此處應問李質穎，從前因何如此陳奏，自蹈面欺之罪，令其明白回奏。看來李質穎竟屬全無天良。……（高宗一一二三、一三）

（**乾隆五四、九、丙申**）軍機大臣等議覆：烏嚕木齊都統尚安奏稱，鐵廠捐貲遣犯，定例按年每名捐廠費銀三十兩，滿十五年，咨部分別爲民回籍。臣因近年捐貲人犯漸少，廠費不敷，奏請不必拘三十兩之數。經軍機大臣議，一律報滿，恐啟避多就少之弊，令臣酌定章程。今請除捐銀三十兩，仍照向定十五年之例辦理外，其捐銀二十兩者酌加一年，十餘兩者酌加二年，統計年滿，能始終奮勉，方准回籍。其爲奴人犯，祇准爲民，不准回藉。應如所奏。從之。（高宗一三三八、二四）

四、官紳庶民捐輸

(一) 輸備稅貯

(**康熙一九、二、丁卯**) 諭戶部：積穀原備境內凶荒，若撥解外郡，則未獲賑濟之利，反受轉運之累，人將憚於從事，必致捐助寥寥。嗣後常平積穀，留本州縣備賑，義倉、社倉積穀，留本村鎮備賑。永免協濟外郡，以為樂輸者勸。(聖祖八八、一六)

(**康熙二九、九、癸巳**) 戶部議覆：山東巡撫佛倫疏言，本年正賦蠲免，秋成豐收，東省紳衿人民，及時樂輸。每畝收穫一石者，願捐出三合，以備積貯。合省計之，可得二十五萬餘石，後遇荒年，小民亦不致乏食。應如所請。從之。(聖祖一四八、一七)

(**雍正六、一二、甲午**) 四川巡撫憲德奏言：西藏烏蒙等處，辦運軍需，蒙恩動用倉穀，毋許絲毫累民。今崇慶州紳衿士庶，以己資代辦穀數至三千餘石，及催令赴倉領回，皆稱情願捐輸，留為本州儲備。得旨：該州士民，慕義急公，情詞肫摯，此皆聖祖仁皇帝六十餘年深仁厚澤、浹髓淪肌之效，朕心甚為慰慶。著將崇慶州雍正七年額徵錢糧，全行蠲免，以示格外加恩善良之至意。(世宗七六、一○；東六、三五)

(**雍正一○、一一、庚子**) [大學士伯督、巡陝甘經略軍務鄂爾泰] 又疏言：甘、涼、肅為軍需彙集之地，倉儲緊要。請將現行捐納款項，改折本色糧石，在甘、涼、肅等處交納。得旨：邊地改折米石，以便積貯，於軍需誠為有益。但在本地採買，恐價值騰貴，轉不便於軍民。除甘、涼、肅本地民人援例者，准即以所有糧石交納外，其他處捐納人等，俱應由他處運交，不得於甘、涼、肅採買。著該督等通飭曉諭，稽察禁止。(世宗一二五、一四)

(**乾隆六、二、乙丑**) 江蘇巡撫徐士林奏：社倉條目大備，而未收其效者，則有司奉行不善之故。蓋勸捐之事，非可法繩。限數即屬勒派，差催更滋擾累，不樂捐者一。倉在市鎮，建設又少，離鄉窎遠，輸運艱難，不樂捐者二。社長不得其人，出納不公，貸者興怨，捐者生悔，不樂捐者三。社倉撥濟外郡，一社之穀不獲充一社之用，則捐穀者不見德於隣黨，領穀者不知物所自來，施惠於不能見惠之地，不樂捐者四。社倉獎勵之法，定例已久，曾無一二舉報，是地方官不實力舉行，無從取信，民間遂指為具文，不樂捐者五。至牧令賢否，存心不同，現察覈捐穀多少，以為殿最。得旨：覽奏俱悉。此則仍宜酌量。若屬員皆務多捐為最，保無勒派之事乎？(高宗一三七、一三)

（乾隆六、三、甲午）刑部尚書署湖廣總督那蘇圖奏：湖北布政使嚴瑞龍奏請停止勸民捐穀，奉旨交臣議奏。查當日楚北，每歲民捐穀麥，原因未有社倉而設，今社穀既充，常平又在採買，所有勸捐，應如所奏停止。民間好義樂捐者，統於社倉案內，聽其自行捐輸。再向例有官捐一項，在督、撫、司、道、州、縣，撙節廉俸以資儲蓄，亦爲民之一端，有願捐者聽。佐雜、教職等官，所輸有限，亦屬煩瑣，一概停捐。湖南一體辦理。得旨：著照所議行。（高宗一三九、三五）

（乾隆六、七、庚午）［户部］又議准：陝西巡撫張楷奏稱，雍正二年，原議社倉條內，有紳庶人等，捐穀十石以上，賞給花紅；三十石以上，獎以扁額；五十石以上，報明上司，遞加獎勵，年久數多，至三四百石者，轉請奏聞，給以八品頂帶。今陝省雜糧，與穀價相仿，其獎勵請照原議條例遵行。從之。（高宗一四六、二一）

（乾隆六、七、壬辰）［署廣西巡撫楊錫紱］又奏：粵西捐輸社穀，聽民自爲經理，不涉官役之手，士民樂輸，一縣中有積穀至千石以上者。乾隆四年分，通省共捐輸穀二萬二千餘石；乾隆五年分，通省又捐輸穀六千餘石。或已建倉收貯，或存適中公所，或交與倉長，或暫寄縣倉，俱已驗明，委係實數。得旨：如此悉心妥辦，要之以久，庶可爲未雨之綢繆也。（高宗一四七、三三）

（乾隆一三、閏七、庚辰）又諭：據紀山奏稱，有瀘州士民周其睿等連名具呈，以伊等荷蒙皇恩，休養生息，連年豐稔，前歲又叨蠲免條糧，無由報稱。伊等十鄉士民，情願辦米五千石交倉，以資積貯等語。川省連年用兵，一切輓運糧粞，雖寬裕給予價值，未免有資民力，朕心方切軫念，斷無復聽其捐輸軍米之理。紀山之爲此奏，其見益鄙。但士民既已爭先交納，若仍令領回，轉需運腳，且阻子來樂輸之情。著將此項捐辦米石，合作銀數，抵爲下年應完正項錢糧。該部即行文該撫知之。（高宗三二一、三八）

（乾隆一六、九、庚午）户部議覆：四川總督策楞奏稱，川省乾隆十五年分，大小官員共捐倉穀四百七十石有奇。查常平額儲，部議以一百三萬三千八百餘石爲準，如將此項捐穀，收入常平，統於溢穀數內糶賣，殊非勸輸本意。請改歸社倉收貯，同社穀一例奏報。應如所請。從之。（高宗三九八、一五）

（乾隆二八、三、癸酉）閩浙總督楊廷璋奏：臺灣孤懸海外，奏准內地代捐，收穀運貯。現在額數已全，應請停。下部知之。（高宗六八三、二）

（乾隆四七、一、戊申）湖南巡撫劉墉奏：社穀成例，准於秋收之後，勸諭捐輸。湖南省自乾隆四十五年長沙、辰州等屬，捐穀十七萬三千五百餘石。上年湘陰等屬，又捐穀十二萬餘石，合舊存本息穀五十餘萬石，頗爲充裕。現飭各該州、縣於城鄉要地，繕治倉廒，新舊分貯，並選殷實之人，充當社長，責成州、縣官實力稽查，不令胥吏涉手，以備農民接濟。如遇儉歲，例得免息，於貧民更霑實惠。報聞。（高宗一一四八、一五）

（二）捐輸助工

（**康熙四五、一、壬午**）九卿等覆奏挑河事宜，上曰：爾等所議，尚有未詳。至將情願往河工効力者，令照山東養民例，尤爲不可。山東養民者，名爲捐助，及其後皆無實際，所欠銀兩，皆朕豁免；況所去人員，亦甚放縱。今挑河之事，俱有丈尺，稍或不實，即悞公務，而前去人員若仍行放縱，尤貽害於地方。爾等於嚴行禁止之處，並未議及，著再議具奏。（聖祖二二四、八）

（**雍正一、七、戊子**）諭內閣：前因年羹堯奏稱趙之壇情願捐銀一萬兩，往布隆吉爾地方築城効力。朕念趙之壇係功臣之後，若伊才具不勝知府之任，道員事簡易辦，捐銀敘用，似屬可行；若趙之壇才克勝任，即仍留知府用。現今趙弘燮虧空庫銀三四十萬兩，交與趙之垣料理，又何必另外捐銀？況年羹堯啓奏築城，已有張連登、王之樞等可以竣事，今復遣往効力議敘，似又開一捐例，斷不可行。若布隆吉爾築城，張連登等所捐之資，不克完工，令年羹堯密摺具奏，再將情願効力者發往，此朕從前諭旨也。……（世宗九、一○）

（**乾隆一四、六、乙巳**）諭曰：巡撫方觀承奏稱，內閣學士陳邦彥未完應追寄頓銀三萬七千五百兩，認捐修河銀二萬五千五百兩，現在飭屬勒限追完等語。方觀承查辦此案，甚屬秉公。其陳邦彥名下未完銀兩，俱係應行查追之項，但念伊向直內廷，行走尚屬黽勉。其認捐修河銀二萬五千五百兩，著加恩豁免。（高宗三四三、二三）

（**乾隆二九、三、丁巳**）諭：據託庸奏，安省應修城垣三十四處，現在收捐銀數，已敷應用，其餘具呈未收銀兩，聽士民陸續完納等語。該省勸輸報捐，原爲估修城工之需，既已報捐足數，自應即行停止。所有報捐未收銀兩，亦可聽其自便。至修理城垣，所以衛民，在急公者，既得邀頂帶以榮身，而無力貧民，亦可藉工餬口，其事洵屬有益。江蘇省前曾奏准一體捐修，昨浙省亦經奏明仿照辦理。戶部以三省不便同時報捐議駁。今安省既停止收捐，則此項捐例，自應歸江蘇專辦，俟江蘇收足後，遞及浙江。此外各直省如有應修城工，費用浩繁，必須捐修者，亦可隨時奏聞，以次仿照遞

辦。將此通諭該督撫知之。(高宗七〇六、一一)

(乾隆三〇、五、庚辰) 諭軍機大臣等：據尹繼善奏，各省城垣均關緊要，現在江南、江西各屬城工，開捐勸輸，陸續興修，已有成效，各省州縣鹽、當各商及殷實富户，所在俱有，豈無好義急公之人，願出餘資，共勸善舉？又如犯事到官，或罪有應得，而情尚可原，情願以金作贖，幫助城工，並可酌量收捐等語。城垣所以衛民，出民力以自衛，固屬公私兩便，但各省情形不同，樂輸恐未必盡皆踴躍；或地方官奉行不善，難免滋擾，則又不得不因地制宜。著傳諭各該督撫，將各省實在情形若何，是否可照江南捐修事例舉行之處，據實覆奏，到日飭部議行。如民情未能一例急公，亦不必勉強從事。所有尹繼善原奏，著一併鈔寄。(高宗七三六、七)

(乾隆三〇、一〇、丙辰) 又諭：據吳達善等奏，湖北城垣工料銀兩，除鑄錢餘息等項外，尚不敷銀五萬三千餘兩，現據各屬殷實士民，踴躍捐輸等語，已於摺內批示矣。前此安徽城工急需修理，經託庸奏請勸捐興修，該撫於此事，聚精會神，經理兩年，因得尅期告竣，雖無大弊，已不能不致議論。嗣經尹繼善奏各省城垣請照安省之例修理，朕以各省民情土俗未必相同，降旨令各督撫按該地方情形，悉心籌畫，詳議覆奏，並交該部俟各省奏齊時，彙總通盤覈議，酌量舉行，並未令其一面奏聞，一面辦理也。今吳達善等查奏修理湖北城工，自應奏明，聽俟部覆遵行。乃即飭各屬曉諭士民，陸續報捐，未免急遽無序。著傳諭該督等靜候部臣議覆，再行照辦，此時無庸急於從事。(高宗七四六、一七)

(乾隆三四、九、辛巳) 又諭曰：富明安奏，曹縣、城武二處城垣，歷係民修，今據該二縣紳民呈請，情願仍照舊制，分股認修。而長山等十九州縣，亦俱願乘此豐收，自按里社，自行黏補等語。東省應修城工甚多，前恐民修無力，是以特發帑金百餘萬，分年修築，次第蕆工。今未經估修之各州縣紳衿士庶，既皆踴躍急公，情願分股加葺，當俯順輿情，聽其自行修理。但既出自士民誠悃，一切當從其便，地方官不得稍有勉強，致滋煩擾。其出力多者，仍著據實查明，給予議敘，以示鼓舞。至遇有地方工作，每易藉端需索，或不肖有司從中染指，皆不可不嚴爲察禁。務令弊竇肅清，俾閭閻奉公興事之心，歡欣不倦。於城工永資鞏固，方爲妥協。該撫其善體朕懷，督率所屬，實心經理。並專派大員，實力稽查，如有不法官吏營私滋弊者，即行嚴叅重究。將此傳諭知之。(高宗八四二、五)

(乾隆三九、三、壬午) 署四川總督湖廣總督文綬奏，永川縣城垣，前經奏准，改爲捐修。該縣係川東大道，現值軍務需夫，難以兼顧。除收過捐

銀一萬餘兩，已修五分工程，餘俟軍務告竣，再行接辦。得旨：是。知道了。(高宗九五五、二七)

(乾隆三九、一一、辛酉)又諭：各省城工，原係發帑興修。所有東省城垣，官修報完者十五處，已准銷銀一百十八萬八千餘兩。嗣經富明安奏，民間情願捐修者，多經軍機大臣議准。朕以其事既為民所樂輸，自可聽從其便，但不得稍有勉強，致滋繁擾。曾降旨飭諭。乃自富明安先後奏明士民捐修城工，不下四十餘處，而工竣報部者，僅止三處，此外奏報完工者，頗覺寥寥。是其事竟屬有名無實，已可概見。築城所以衛民，即多費帑金，亦所不惜，又何必徒存捐修之名，致工無實濟，甚非政體。且恐胥役因緣為奸，墨吏藉端派累，設有無知之徒，妄謂王倫等肆逆之案，因強派修城起釁，更復成何事體？所關甚大，不可不為正本清源之計。著傳諭楊景素，確查該省現在未修城工，急應修整者若干，可以緩修及無庸修葺者若干，通行確覈。並查前議民修各城工內，如有地原富庶，歲復豐收，閭閻實願急公者，仍奏明聽從其便；若民力並不寬餘，稍涉勉強從事者，即應據實陳明，候降旨停止。如有必須動項修繕者，現今府庫充盈，即奏請發帑一、二百萬，交該省次第修葺，亦無所不可。且興修時，或遇有小民口食不足之處，藉以寓賑於工，亦屬善事。著楊景素即行確切查明，據實覆奏。遇該撫奏事之便，傳諭知之。(高宗九七○、二七)

(乾隆四○、八、乙巳)山東巡撫楊景素奏：東省未修城工內，有閭閻急公情願捐修者，應聽民便。但此項工程，俱係紳士等自行經理，與官修報銷者不同，請照民修水利例，一體免其報銷。得旨：如所議行。(高宗九八九、三四)

(乾隆四○、一一、丙戌)諭：據文綬奏，珙縣紳民呈請，將公捐修城銀八千三百九十餘兩歸還司庫，情詞懇切，似應俯順輿情，准其捐修等語。該縣紳民譚瀛等，情願捐貲修城，甚屬急公可嘉，著文綬詳查各所捐銀數咨部，照例分別議敘獎賞。(高宗九九六、三九)

(嘉慶一五、五、壬午)又諭：方維甸奏，彰化縣義首士民，呈請捐修城垣一摺。據稱彰化向無城垣，難資捍禦，擬請建築土城，自應准其捐建。其一切捐輸出入給發工價，俱由該士民等自行經理，毋令吏胥催查攙管，亦無庸限以時日。俟工竣驗收後，覈其捐輸之多寡，據實奏聞，量予鼓勵。(仁宗二二九、三三)

(嘉慶一五、一一、壬申)諭軍機大臣等：吳璥奏請展土方捐例限期，並請添派道府赴工幫辦一摺。河工土方捐例，原係不得已之舉，況屢經開例，報捐者並不踴躍，即再行展限，亦屬無益。此次卯期，本截至年終爲止，臨時竟可無容再展。至江南海口挑工，業已辦有九分光景，即義字壩工，現在趕緊堵築，口門亦僅存二十餘丈。兩處工程，不日皆可蕆事，亦可無須另派道府前往幫辦。吳璥惟當在家上緊調理，一俟病體大愈，即遵前旨緩程來京可也。將此諭令知之。(仁宗二三六、二五)

(**嘉慶二四、一○、庚子**) 諭內閣：吳璥等奏，從前歷屆大工，均有投効之例，或認辦工段、或交納捐貲。此次武陟大工，請援照成例，准令各省投効人員，赴工捐輸，交納豫省藩庫。除准分發四省三河外，其連界之山西、陝西、安徽、湖北、浙江等省，並准分發，自道員至佐雜分別授職等語。現在武陟大工，需費浩繁，著照所請，准令各省人員投効。其如何按捐輸之多寡，分別授職及分發之處，仍著吳璥等查照上屆成例，妥議具奏。(仁宗三六三、八)

(三) 捐賑

(**順治九、九、壬申**) 山東道御史王秉乾奏言：邇來水旱頻仍，議賑議蠲，慮或未盡。應倣《周禮》荒政專申輸粟之令，有罪者，准與納粟贖罪；倡義助賑者，酌量褒獎。一切山澤之利，暫弛其禁，俾百姓藉以餬口。亦救荒之一策也。下所司議奏。(世祖六八、三)

(**順治九、一○、癸卯**) 戶部議覆：科臣魏裔介疏奏積穀、節省、禁遏糶、旌輸粟四事，及臺臣王秉乾疏奏士紳富民，倡議助賑者，給以頂帶、服色，紀錄一事，均應如所請。下督撫遵行，以救災荒。報可。(世祖六九、六)

(**順治一二、二、己巳**) 諭戶部：年來水澇頻仍，軍民失所，殊可憫念。去歲皇太后及朕發庫銀兩，賑濟饑民，但庫帑無多，未及八旗。今皇太后發銀一萬兩，朕銀發一萬兩，中官發銀一萬兩，賑給八旗滿洲、蒙古、漢軍窮苦兵丁。諸王、群臣有爲國憂民願捐助者，量輸送部，多寡從其便。其捐助姓名及銀兩，爾部詳開數目，奏請散給。(世祖八九、九)

(**順治一二、一二、癸酉**) 戶部議覆：廣西道監察御史白尚登條奏，京師設廠煮賑，饑民全活甚衆。請敕各省地方官照例遵行，事竣仍將捐輸官民姓名併銀米數目彙冊題報，分別議敘。應如所請。從之。(世祖九六、九)

(**雍正四、一二、丁卯**) 諭戶部：今歲江南秋雨稍多，其江安所屬被水州縣，已令該督撫轉飭有司，確查賑恤，務使小民得所。但聞入冬以後，時有陰雨，積水未消，春麥未能及時耕種，恐交春米價漸昂，而青黃不接之時，更須預爲籌及。況蘇松戶口繁多，民間食米多取給於外販，尤當早爲留意。查江安糧道，有存貯還漕一項，約計二萬八千餘石；安慶，廬州、鳳陽、淮安四府，各有分貯留漕之項，共計九萬餘石。此米原爲地方備用而設，迄今年月已久，未必實貯在倉。應差京官一員，前往確查，並會同江南督撫，作何分別留運平糶之法，以濟民食。但江南地廣人稠，需米之處，此數未必敷用，必設法多貯，方覺寬裕。其應作何採買運送備用之處，著九卿速議具奏。尋議：江南現被水災，需用米穀倍於他省，應令該督撫動帑委員，赴産米地方採買運送，以濟民食。或恐採買稽遲，請暫照河工事例，將所捐銀兩改爲本色米穀，每銀一兩收米一石，或穀二石。米穀之數，少於常平，則易於急公。鄰省之人，亦准其赴捐。悉令收買商販米石，不論村籼紅白，俱准收納。分別府州縣之大小，酌量應捐米穀之多寡，捐足之日，即行停止。得旨：依議。蘇、松、常、鎮四府，地廣人稠，需米甚多，而四府所屬漕兑共一百四十餘萬石，居七省漕糧三分之一，今州縣既有被水之區，恐小民輸納匪易。著將成災五分以上之地畝漕糧，緩徵一半，約計將及二十萬石，俾閭閻既寬正額之輸將，而地方又有多餘之米粟，則編户窮黎，當不慮其乏食矣。其緩徵一半漕米，著於雍正五年秋收後帶徵完納。其不成災之地畝，仍照額徵之數，准其紅白兼收。著將此速諭該督撫遵行。（世宗五一、一五）

（**雍正一一、七、丙戌**）諭内閣：聞上年秋月，江南沿海地方，海潮泛溢，蘇松、常州近水居民，偶值水患，其本地紳衿士庶中，有僱覓船隻救濟者，有捐輸銀米煮賑者。今年夏間，時疫偶作，紳衿等復捐施方藥，資助米糧。似此拯災扶困之心，不愧古人任恤之誼，風俗淳厚，甚屬可嘉。著該督撫宣旨褒獎，將捐助多者照例具題議敘，少者給與匾額，登記檔册，免其差徭。（世宗一三三、五）

（**雍正一三、一〇、乙酉**）禁陳奏樂善好施，道不拾遺等事。諭曰：比來殷富之家，有願出己財以賑卹鄉里者，即《周官》五黨相賙，通財救荒之遺意，是以皇考恩賜議敘，以鼓勵風俗。而又恐因是或滋弊端。於本年五月間，山西巡撫石麟奏稱，太原府紳衿士民，捐銀貯公，以備賙卹一摺，特降諭旨，以爲樂善好施者，大都由地方之水旱饑饉，捐資賑助，即平常無事時，或置義倉，義田及養老育嬰等事，必出於本人之誠心，而又能親身料理，始可以惠鄉閭而收實效。石麟於地方現無應辦之事，而乃奏紳衿士民捐銀以備公用，直是另開捐納之條，而胥吏土豪，乘此得以侵蝕，與所降原旨不合，曾經嚴加申飭，並令向後不得無故捐銀交官。是皇考於獎誘善良之中，而豫防其流弊，至深且悉也。朕觀各直省捐助一事，或督撫欲博化民成俗之譽，授意屬員；或有司欲邀勸輸宣力之名，多方迎合；竟至抑勒誅求，計家資之豐約，定捐輸之多寡，甚且假公苛斂，中飽侵漁。名曰利民，而適以病民，誠有如皇考諭旨中所慮及者。嗣後各州縣如遇荒歉及修城築堤公事，果有殷實良民實情樂輸者，許親赴布政司具呈，詳請題奏，地方官不得自行申報；其他如倡立義田、義倉、義學、義塚，許具呈本州縣，詳報上司立案，仍聽本人身自經營，胥吏土豪，不得干涉，希圖漁利。該督撫體公覈實，大者提請，小者量行旌獎。倘有官吏勒派，該督撫失察，並有徇庇者，均照例分別處分。（高宗五、一九）

（乾隆四、一、乙亥）諭：據欽差侍郎班第、大學士查郎阿等奏稱，原任提督俞益謨之子中衛縣武生俞汝亮，因見寧夏地動，民人困苦，情願捐出制錢二千串、銀一千兩、羊一百五十隻，當鋪內所存皮、棉、夾衣二千九百八件，以爲災黎療飢、禦寒之用。臣等已將銀錢、衣服等件，擇民人之極貧者，按名散給，理合奏聞等語。俞汝亮誼敦桑梓，念切災傷，好善樂施，急行拯濟，俾貧民免於凍餒，甚屬可嘉。著從優授爲守備，交與大學士查郎阿，以相當之缺，即行題補。（高宗八五、一〇）

（乾隆四、七、丁卯）[吏部] 又議覆：安徽巡撫孫國璽疏稱，亳州捐職州同王慶澤，捐穀賑濟，並書院義學等項，捐輸地畝、房屋共計銀八千兩，照例題請議敘。應如所請，以應得之缺，不論雙單月即用。從之。（高宗九七、九）

（乾隆四、七、辛未）浙江巡撫盧焯題奏：金華府通判張在浚，見地方歉收，不惜多金，運米二萬三千石，計資八千四十七兩零捐輸。請照原銜，從優議敘。下部議。尋議：加一級，紀錄二次。從之。（高宗九七、一六）

（乾隆七、九、壬申）又諭軍機大臣等：據高斌等奏稱，江蘇賑濟，需費甚繁，請將鄰省撥銀一百萬兩協濟。其撥協之項，統俟樂善好施出資備賑案內，收有成效，歸補還項等語。從前高斌等奏請，樂善好施予以議敘，朕降旨允行者，以此例一開，則富民家有蓄積，皆可出資以濟貧乏。且地方被災之後，氣象未免蕭索，一旦素封之人挾資而往，則商賈亦必會集，易凋敝爲豐裕，頗有裨益，並非爲錢糧起見。若以錢糧而論，國家之正供，原出於閭閻，今地方被災，應行賑卹，以取之於民者用之於民，是屬理之當然，雖多何所吝惜？高斌等尚未深悉朕意也。至於現在撥用之帑銀，以捐款補項，亦應如此辦理者，何必見之章奏。今高斌等奏摺內諄諄以此爲言，則所見甚小矣。爾等可寄信與高斌、周學健、德沛、陳大受共知之。（高宗一七五、

二；東五、一八）

（**乾隆一一、九、己未**）大學士等議覆：兩江總督尹繼善等奏稱，本年江省黃運湖河、伏秋盛漲，上江之鳳、穎、泗，下江之淮、揚、徐、海等府州所屬地方，多被淹浸。撫卹加賑，及水利工程，需費浩大。請將從前樂善好施，減定奏准各捐款，於上下江藩庫，暫開捐例等語。係爲濟賑趕工起見，應如該督等所請，令急公人員，於上下兩江藩庫衙門投捐，分別錄用。如有情願就近在部投納者，亦准一體報捐，所收銀數仍歸江賑應用。扣限二年停止。從之。（高宗二七五、一一；東七、三二）

（**乾隆二〇、一二、甲子**）諭：今年江蘇州縣，偏災較重，屢經降旨，令該督撫加意賑卹。其各屬殷實紳士，樂善好施，捐米煮賑者，所在多有。桑梓情殷，克敦任卹之誼，甚屬可嘉。著該督撫等查明實數，分別具題，照例議敘嘉獎，以示鼓勵。該部即遵諭行。（高宗五〇三、一六）

（**乾隆三三、一一、甲寅**）是月，直隸總督楊廷璋奏：直屬本年偶被偏災，蒙恩賑貸。其有收處所，米糧亦不免昂貴，請暫停勸捐。得旨：是。（高宗八二三、二七）

（**乾隆五〇、一二、丁亥**）諭：本日召見蘇州布政使李封，據奏，蘇州、常州、鎮江等處紳士，有誼篤桑梓者，或捐資煮賑，或湊銀稟縣請票，赴四川、江西販米，至本籍減價平糶等語。蘇州等府屬，被旱成災，該處紳士誼敦任卹，捐貲賑糶，甚屬可嘉。著該督撫查明共有幾人，據實奏聞，照例賞給議敘，以示優獎。此外各府屬有似此者，並著一併查奏。（高宗一二四四、一五）

（**乾隆五二、一一、乙丑**）諭軍機大臣曰：署諸羅縣陳良驥數月以來，多方勸諭殷實之戶，捐助糧食，得資接濟，實爲出力。……（高宗一二九二、七）

（**嘉慶一七、三、辛巳**）以捐貲助賑，賞江南、安徽官員商人開復加級有差。（仁宗二五五、一〇）

（四）捐餉

（**順治六、五、癸未**）户部等衙門疏言：我朝敷政，首重恤民。定鼎以來，罷去橫徵，與民休息。但今邊疆未靖，師旅頻興，一歲所入，不足供一歲之出。今議開監生、吏典、承差等援納，給內外僧道度牒，准徒杖等罪折贖，裁天津、鳳陽、安徽巡撫、巡江御史、天津餉道等官，以裕國家經費之用。報可。（世祖四四、一六；東三、一八）

（康熙三四、九、己丑）議政大臣等會議：凡軍行馬駝爲重，諸王、貝子、公、大臣等不出征者，應各出馬駝資助。再行文直隸、山西、山東、河南各巡撫文武大小官員，願急公捐馬駝者，皆定例議敘；罪人內有願急公者，亦准其捐馬駝贖罪。從之。（聖祖一六八、一八）

　　（雍正二、九、癸卯）又諭：開例捐納，少助軍需，原屬一時權宜，非可行之久遠。皇考曾屢言捐納非美事，朕纘承大統，亦以軍需浩繁，戶部供支不繼，捐納事例，仍暫開收。今仰賴皇考在天之靈，西邊軍務，將已告竣，即現有需用錢糧之處，爲數無多，著將戶部與陝西各項事例，即行停止。其運糧赴巴爾庫爾與肅州，所動西安藩庫銀兩，悉作正項報銷。（世宗二四、三）

　　（乾隆一、一、癸丑）諭總理事務王大臣：朕聞甘省自康熙三十四年起至五十七年止，因供應喇嘛、賑濟貧民以及軍需腳價、買備駝馬等項，借動銀糧，議定扣捐官役俸工還項，迄今未經完補銀糧，尚有八萬七千餘兩。朕思俸工銀兩，所以賞給官役爲養贍之資者，在文職各官，有養廉一項，雖俸銀捐解，尚不至於拮据；至營伍將備，以及吏役人等，或全行扣抵，或捐七留三，勢必至於艱窘。此項未完銀糧，若照舊扣解，尚須數年，方得清釐；現今官吏未免匱乏，深可憫恤。著該部即行文該省督撫，將未經扣完銀糧八萬七千有零，自乾隆元年爲始，停其扣捐，以示朕加惠甘省官吏之至意。（高宗一一、五）

　　（乾隆一三、閏七、癸丑朔）軍機大臣等議准：四川巡撫紀山奏稱，大金川用兵，已閱年餘，川省各屬倉穀，除陸續碾運外，可續撥者，約計三十餘萬石。萬一凱還需時，軍糧關係甚重。臣前奏開捐例，銀米兼收，嗣張廣泗奏停收米，不得不多碾倉穀，今倉穀不敷碾運，急宜未雨綢繆。請將川運捐納人員，除交銀司庫外，有願捐本色者，於會城及附近水次，并西南路近口之各府州縣倉，就近納穀，每石作銀六錢計算。至捐例除原題各款外，其道府郎中等官，并武舉捐納衛守備即用等款，川運前次未載者，俱請照東省一體報捐，川省人應停其赴別處捐納。得旨：依議速行。（高宗三二〇、二）

　　（乾隆一三、一二、乙未）經略大學士傅恆奏：……從前高越奏請推廣捐例，業經議行。但各班銓選人員甚多，雖該省另立軍糧飛班，赴捐者仍少，於軍儲未必有濟。請將戶部收捐停止，俱令於川省報捐，本折兼收。其運米至軍前者，准以飛班即用。並將各捐班應選人員，俱停選六個月，先盡川省捐班選用。奏入，諭軍機大臣等：覽經略大學士傅恆所奏，……其糧馬等事，若非經略大學士迅速籌辦，大兵雲集，何以支應？但從前祇知川省用兵以來，供億浩繁，民力拮据，而其空虛疲憊，一至於此，竟無一人剴切敷陳者。即軍前光景，諸人奏報，亦僅依稀閃爍。朕於金川，何曾有絲毫利其土地人民之見？使訥親等能據實入告，朕寧不早爲裁奪，何至糜費若此？是以伊等之罪，益無可逭。今經略大學士思慮所及，使萬里情形，瞭如指掌。觀此，則用兵一事，斷不可過朕昨所諭兩月之期矣。此事前已爲訥親、張廣泗所誤，一無就緒，今命將調兵，飛芻輓粟，盡力籌辦，譬之爲山，已成九仞，一簣之勞，勢不可止。如其應期克捷，指日蕩平，固所深願；倘尚須籌畫，略有遷延，則以全蜀之物力，帑藏之脂膏，填於蠻荒邊徼一隅之地，實爲可惜。朕見甚確，朕志已定。在經略大學士，以軍旅自任，自不肯爲徹師之言，於理亦不當爲此言，但目前所急者，惟馬匹錢糧。馬匹雖經措辦，似可無誤，而糧運則尚費料理。經略大學士目擊該省艱窘之狀，亟思接濟，計及捐例一事，欲爲變通，誠出於無可如何。第本年十月以後，所撥部餉，及各省帑銀，共三百萬，俱可陸續於二月以前解到。官生懷挾厚貲，遠赴川省，勢難剋期而至；且聞該省軍興旁午，漢人夙多畏怯，更必裹足不前；即使踴躍赴捐，而京外行文出示，一停一開，已當至四月，於事恐亦無補。況當年西北兩路用兵，亦未至如此，今若將前例概行停選，未免浮議繁興，而官生又不能將本籍所產糧米輸納，勢必持銀赴川購買，適使該省糧價昂貴。其總理收捐之人，若如經略大學士之公正廉明，自能不致滋弊，即策楞、尹繼善亦或能之，斷非班第、紀山所能勝任。輾轉思之，實多未便。目下且就現撥之項，隨時支應，尚可敷明年二三月之用；即有不足，亦可另爲籌濟。此二摺未經交議，惟軍機大臣等及舒赫德知之，兩處辦事司員，俱勿令與聞也。……著一併傳諭經略大學士知之，並抄寄尚書舒赫德閱看。（高宗三三〇、四五；東九、六二）

（乾隆一四、二、乙酉）諭軍機大臣等：據江西巡撫唐綏祖奏稱，今值軍需旁午，請於本任倡捐養廉銀一萬兩，並傳同司、道、府、廳、州、縣，著令分別豫捐養廉，解赴川省等語。金川用兵，軍需固屬浩繁，但國家當全盛之時，公帑所儲，足敷撥濟。官員養廉，乃因事詔祿，所以優體臣工，用勵操守，非可輕議捐扣。如果經費不支，朕何妨明降諭旨，移緩就急。今以一隅餽運，逐至朘及外僚，豈成國體？唐綏祖身任封疆，以私意小見，妄行陳奏，甚屬不合。著嚴行申飭。（高宗三三四、七）

（乾隆二八、二、辛丑）又諭曰：巴爾品等奏，察哈爾八旗總管、副總管及官員等，去歲捐助移駐伊犁兵丁馬駝。此次雖不能如去歲捐助之數，現在察哈爾人等呈稱，情願出駝二百隻，馬一千匹，資助派往駐防兵丁等語。

察哈爾官兵情願捐助派往伊犁駐防兵丁馬駝，情詞懇切，甚屬可嘉，宜加恩獎賞。著交巴爾品等，將去歲捐助馬駝，及今歲捐助馬駝之官兵，由彼處租銀內動用，酌量獎賞。（高宗六八〇、二七）

（乾隆三九、四、戊子）諭：前以晉省紳士捐助川省軍餉銀一百一十萬兩，曾降旨令巴延三查明等差，開單具奏，交部議敘。嗣經該部議奏，俟解銀到川之日，再行奏請辦理。昨據文緩奏，此項銀兩，俱經解交川省藩庫收貯等語。該省紳士，踴躍抒誠，並能迅速自行解運，甚屬急公。著該部查照所捐銀數，即行分別議敘，以示嘉獎。（高宗九五六、八）

（嘉慶一八、一一、庚辰）諭內閣：前日據鐵保奏籌議經費一摺。內稱，伊曾任督撫有年，願照兩江總督俸廉一年之數，捐銀一萬八千兩，以盡蟻忱。鐵保久膺外任，養廉優厚，以祿入所餘，還輸公用。伊前因南河興辦要工，認繳養廉銀四萬兩，曾准其解交河庫；此次復因積有餘資，請再繳還總督一年養廉，事同一例，是以准其交納部庫。至其所請令京外各員量力報効之處，現交該部覈議。乃本日鄭親王烏爾恭阿奏稱，伊見教匪滋事，國用浩繁，請扣親王俸二年，歸入軍需應用等語。所奏殊屬無謂。國家仰承昊佑，斡運盈虛，雖有戎事，出入度支從無缺乏。從前辦理三省邪匪七年之久，餉銀用至八千萬兩，悉由帑藏頒發，從未令臣工輸助，彼時王公大臣亦未有奏請者。此次勦捕滑縣賊匪，地止一隅，師行兩月，連奏捷音，餘匪嬰城已如釜魚檻獸，計日即可克復；縱或駐師搜捕、經理善後事宜，臘底春初定可全師凱徹。軍需支發無多，不須廣爲籌畫。今烏爾恭阿倡爲此舉，設王公大臣等紛紛效尤，籲懇捐輸，成何政體？所請不准行。諸王大臣與國休戚相關，但當竭忠盡力，於職守所在，實心整飭，能使綱紀修明，中外肅乂。上以感召天和，豐登屢告；下以綏安黎庶，奸宄不興，數年之間，家給人足，國用日充，所獲多矣，正不必貢獻輸忱，始稱忠藎也。布告在廷，咸喻朕意。（仁宗二七九、四）

（嘉慶一九、四、癸酉）又諭：那彥成奏，軍需用項，仍請捐廉攤補一摺。上年教匪滋事，直隸省軍需動款約計九十萬兩。前因該管各上司平素漫無覺察，以致釀成叛案，降旨令那彥成查明，議罰示懲。茲據查覆，歷任各員人數無多，著落分賠，帑項仍屬虛懸。請照前奏，均攤歸款。著照所請，即交該督將軍需動用銀九十萬兩，督飭藩司詳細覈算，在於現任大小官員養廉內，分作十五年，均勻攤扣歸款。（仁宗二八九、一六）

（五）其他

（乾隆九、四、丁丑）〔江蘇巡撫陳大受〕又奏：蘇城六門，舊有義學，皆係借設寺院，又無一定經費。現據紳士捐銀四千餘兩，在郡城適中之王府基及六門地方，建設七處。又建市房一百二十間，歲得租銀，發典生息。又紳士捐助圩蕩九百餘畝，統計歲入租息，酌給塾師膏火，及一切費用，已屬充裕。聽民間貧寒子弟，入學講讀。得旨嘉獎。（高宗二一五、二三）

（乾隆一二、一、庚申）是月，直隸總督那蘇圖奏：遵旨勸捐義倉，紳民踴躍，據各屬報稱，共捐雜糧粟穀一十一萬二千餘石，分別題請獎勵外，敬陳規條。一、義倉宜分建四鄉。直省社倉，分設鄉鎮者，十之一二；附貯城內常平倉者，十之七八。今新捐義倉，穀數既多，自應四鄉建倉。使本處捐穀之人，春借秋還，民情利便。查社倉每石收息一斗，請將息穀先儘建倉，本年尚未收息穀，飭令動項鳩工，俟息穀歸款。其收捐不及二千石者，令分鄉賃房收貯，陸續動支息穀建倉。一、民人按捐分別獎勵，旗戶宜一體收捐給獎。義穀與社穀內，凡紳衿士庶，捐十石者，給以花紅；三十石、五十石以上者，獎以扁額；二百石者，題給九品頂帶；三百石者，給八品頂帶；四百石以上者，給七品頂帶；捐雜糧者，亦照數畫一獎勵。又近京五百里內旗人，有願在現住有產地方捐穀者，一體報捐監生，經部議准在案。今時和歲稔，旗戶踴躍捐輸，給獎亦宜畫一。除家奴及開戶人等外，其餘照民人例勸獎。一、勸捐宜每歲豐收舉行，仍請雜糧並收，隨時易穀。旗民近依畿輔，深沐恩施，好義急公，倍於他省，捐穀皆出至誠，據州縣報到，已收一十一萬餘石。以一歲勸捐而言，數不為少；以各貯各境而論，事應豫籌。請嗣後秋收豐稔，悉令照此次捐輸。至民間種植，粟穀居其二三，高梁、米豆居其七八，應聽雜糧並捐。每逢春借秋收，許願借雜糧之戶，按照糧價易穀交還，照穀數加息。……得旨：所奏俱悉，實力妥為之。（高宗二八三、一四）

（乾隆二三、一、丙辰）山西布政使劉愷奏：晉省積年，事無大小，通省派捐，解司收放，計一州縣歲解捐款不下數百金，恐啟侵那庫帑，藉派紳戶等弊。現清查，除地方官分應辦事，例無開銷。捐數不多者，分別酌留外，濫款革除。得旨：甚是。勉為之，以實可也。（高宗五五五、四一）

（乾隆二八、一〇、丙午）又諭：據素誠奏稱，自阿克蘇往伊犁之回人，其口糧本須採買，今阿奇木伯克阿布都拉等，情願於官用八百石照數採買之外，再捐麥四百石，摩羅和卓願捐麥一百石等語。阿布都拉等感激朕恩，願

捐麥自効，甚屬可嘉，著交與素誠照例酌量獎賞。（高宗六九七、一二）

（**乾隆二六、一二、丙寅**）吏部議復：四川布政使吳士端奏稱，士民捐輸社穀，經督撫提請議敘，給頂帶者，遇開捐事例，請照捐職人員，一體報捐。應如所奏辦理。惟此項議敘人員，應由部給照，而或領或不領，聽其自便，殊不畫一。嗣後令各督撫照議敘海洋運米例，查各該員年貌履歷籍貫，造册送部，填照封發該督撫，轉給收執。從之。（高宗六五〇、四）

五、獎敘則例及積弊

（一）獎敘則例

（**順治一六、三、戊午**）河南道御史監御史何可化奏言：各官有加級紀錄，原以獎有功也。除緝逃、開荒應如例行外，他如捐俸修城、修學、完糧、修河諸務，不過職掌之所當為，何足為功？督撫往往具題，動曰某官捐俸若干。殊不思俸銀幾何，而能捐若百若千之多？大約借小民之膏血，以利自己之功名耳。今若不辯其何者宜加級紀錄，何者不宜，恐恩施太易，法久弊生。供一事者必自敘，偶一得者必要功，得毋令守正者有向隅之悲，巧宦者生覬覦之念乎？此非所以勵官常，實所以長官邪也。下所司詳議。（世祖一二四、一六）

（**順治一七、六、辛丑**）禮部奏：亢旱日久，請修舉天下名山大川及古帝王聖賢祀典，以昭虔敬。又請暫開准貢一途，令士民捐銀賑濟。能全活百人以上者，各照出身，量與錄用。從之。（世祖一三七、一〇）

（**順治一八、九、庚子**）諭吏部、兵部：向來文武各官捐助銀米，各部議定有紀錄、加級、授官之例。今思捐助急公，雖應激勸，但大小臣工，各有職業，必實著勞積，方可加級授官。若止以捐助銀米，遽行加級授官，非慎重名器之意。嗣後凡捐助銀米者，俱不必加級授官，仍與紀錄；除有事故准其抵銷外，若後有應加卹賫者，作何定議，爾等酌議具奏。（聖祖四、一九；東一、八）

（**康熙三、二、乙巳**）兵部議敘捐馬人員，凡文武各官有捐馬百匹者，准紀錄二次，捐馬五十匹者准紀錄一次。得旨：依議。捐助緊急軍需者，著即准行，尋常捐助者，仍送總督、提督，分別具奏。（聖祖一一、一一）

（**康熙二一、七、甲寅**）户部題：工科給事中姚締虞條奏，常平等倉積貯，應行嚴察。查常平等倉，前經嚴飭，加意收貯，應無庸議。得旨：各省常平等倉，積貯米數，甚屬要務。有此積貯，偶遇年穀不豐，彼地人民，即大有裨益。雖先經奉旨通行，恐有名鮮實，一遇水旱議賑之時，未能接濟，致民生艱困。今將某省實心奉行，某省奉行不力，其逐一察議具奏。尋議：州縣衛所官員，設法勸捐，一年內勸輸米二千石以上者，紀錄一次；四千石以上者，紀錄二次；六千石以上者，紀錄三次；八千石以上者，紀錄四次；一萬石以上者，准加一級。如定有處分之例，恐有不肖官員，畏罪過派，苦累小民，是以難定處分之例。從之。(聖祖一〇三、一二)

（**雍正九、六、丁巳**）諭內閣：朕因今年五六月間，直隸、河南、山東三省，雨澤愆期，宵旰焦勞，無時或釋。深恐秋稼不登，百萬黎民，艱於粒食，將來救荒濟困，人力難周。特命大學士、九卿等竭慮殫心，爲先事圖維之計，以贖上天之譴責，稍解朕心之憂煩。昨大學士、九卿等會議，截漕通商，及遣官分查，賞給籽種，捐穀議敘各條具奏，朕已一一允行。又特降諭旨，將山東、河南二省本年漕糧，暫停徵收。蓋欲使本地之米，散布於民間，更勝借資於他省也。今據河南署撫張元懷奏報，河南南陽汝寧、歸德四府，從前陸續霑被甘霖，六月十四十五兩日，開封省城，大雨滂沛，四野沾足。又據山東巡撫岳濬奏報，東省自六月以來，陸續得雨，六府九州，膏澤已遍。直隸署督唐執玉，亦以所屬得雨之州縣，陸續奏報。觀此景象，仰蒙上天矜憫下民，而賜以生全之慶。將來既有成災之州縣，亦不至於甚廣，人力尚可展施矣。朕以手加額，既感且慰。其廷臣所議預籌各件，朕意仍照前議預備爲是。惟是本地紳衿富戶，捐穀助賑予以議敘一條，此等事向來奉行不善，輒生虛冒濫竊之弊。且捐穀多寡，如何分別議敘之處，原議俱未明晰，恐臨時難於遵行，亦須預先定議。又河、東二省漕糧，暫停徵收，將來成災之處，自另有恩旨。其不成災之處或用折色交官，或仍徵本色，將此穀石，即糶賣於本省之民人。二者孰於民間有益，著大學士、九卿再行詳議具奏。尋議：地方紳衿富戶捐穀十石以上至三十石者，分別給以花紅、扁額；二百石以上至四百石者，分別給以頂帶；該地方捐穀至三千石以上，將地方官從優議敘。仍嚴行申飭，毋得抑勒苛派，以滋煩擾。至河、東二省，本年應徵漕糧，請照例折徵銀兩，於民間甚有裨益。從之。(世宗一〇七、二七)

（**雍正一三、七、乙丑**）工部議覆：直隸河道總督朱藻疏奏，滄州及交河縣官弁紳民，捐輸土方物料，分別記功，請照江南、山東、河南栽種柳葦之例，分別議敘等語。應令該督等，造具捐輸數目，到日再議。得旨：向來沿河文武官弁，有種柳葦議敘之例，遵行已久，不便停止。今若又添土方物料議敘之例，恐奉行不善，將來必滋弊累民。凡本地方現任官弁，捐輸土方物料者，尤爲不可，概不准行。若紳衿民人等，情願捐輸者，著分別定例議

敘。（世宗一五八、二七）

（**乾隆六、八、己亥**）户部議准：原任浙江巡撫盧焯奏陳，社倉捐穀獎勵之法，請於前例稍爲變通。士民捐穀至十石以上者，州縣給花紅，鼓樂導送；三十石以上，州縣給匾；五十石以上，詳報知府給匾；八十石以上，詳報巡道給匾；一百石以上，詳報布政使給匾；一百五十石以上，詳請督撫二院給匾；年久樂輸，多至三四百石者，照例題請，給八品頂帶榮身；如捐至千石以上，又係有職之員，奏聞，分別職銜大小，酌量議敘。捐輸雜糧，亦照穀石之數，畫一獎勵。從之。（高宗一四八、一一）

（**乾隆六、九、己巳**）户部議准：原任江蘇巡撫徐士林奏稱，社倉捐輸獎勵之處，康熙五十四年定例，已極分明。惟八十石至二百石，差等稍覺相懸，而藩司爲通省錢穀總匯，不行給匾，亦似遺漏。應將紳衿捐穀一百五十石及富民比多二十石者，令藩司給匾。至雍正二年定例，捐穀三四百石者，並無定數。今應酌定。如捐穀四百石者，給以八品頂帶；凡捐小麥、粟米、大米，算作二穀；諸色雜糧，俱作穀數計算。從之。（高宗一五〇、八）

（**乾隆六、一〇、癸卯**）户部議准：廣西巡撫楊錫紱議捐輸社倉獎勵之法。雍正二年定例，滿十石以上給以花紅，三十石以上獎以匾額，三四百石者奏聞，給八品頂帶。粵西地瘠民貧，捐輸者少，如未及十石不加獎勵，無以示激勸。請捐至五石以上者，即令州縣犒以酒食；其不及五石者，將所捐之數詳登收簿，如下年再捐，准一併計算，按數加獎。又粵西省雜糧價值，或貴於稻穀．其捐輸加獎，請與稻穀一例。粵西地濕，雜糧極易朽腐，請令州縣官照依時值變價，採買稻穀，一併貯倉。從之。（高宗一五二、一一）

（**乾隆六、一一、癸亥**）户部議准：四川巡撫碩色遵議川省捐輸社倉獎勵之法，請照雍正三年條例奉行。從之。（高宗一五四、一）

（**乾隆二三、一〇、甲戌**）浙江巡撫楊廷璋奏：社倉廢馳，酌籌修舉各事宜。……一、社穀聽民樂輸，不限多寡，若照前題定獎勸輸穀章程，十石以上方與獎勵，恐阻向善之心。應凡捐數十石以下者，於該社建好善急公等坊，彙列姓名，以示鼓舞。……及殷户閑房，官購蓆板，暫貯社穀。俟收有息穀，陸續添建。得旨：好。實力妥爲之，而去弊爲尤要也。（高宗五七三、一二）

（二）捐輸積弊

（**雍正二、一一、乙卯**）廣西巡撫李紱題奏墾荒事宜。得旨：李紱條奏墾荒六款，請動支捐穀，爲開墾之費等語。朕觀其意，不過爲開銷廣西昔年捐納穀石之計。此項捐納之穀，原係陳元龍、王沛憻經手，其間有名無實、首尾不清之處甚多，朕知之最悉。李紱難於料理，故借開墾之名，以爲開銷虧空之地。可著陳元龍、王沛憻前往廣西，將此項徹底清楚。儻有不清，著李紱據實条奏。（世宗二六、一八）

（雍正三、三、庚戌）廣西巡撫李紱疏言：廣西捐穀價值每石三錢，今據原任廣西布政使今陞通政使王沛憻到粤，咨稱原捐穀價，每石實收一兩一二錢，除發穀價外，餘銀幾及百萬，並無著落。請將從前經手之督、撫、司道以下等官質訊。得旨：大凡開捐處，稍有盈餘，亦人所共知，如將此項盈餘即作枉法婪贓，一律治罪，其他捐納之省，必致生事訛詐。但不清查，則不肖官員竟視此爲分内之事，任意肆行矣。著行文各省，取具各員確供，咨送廣西，並咨原藩司黃國材處，將收捐始末情弊奏聞。如敢欺隱，從重治罪。（世宗三〇、一六）

（雍正三、七、癸亥）諭大學士等：據廣西巡撫李紱条奏，黃國材等，向在廣西經收捐穀事例，正項之外，侵匿數倍，應行查追。黃國材著解福建巡撫任，發往廣西質審。（世宗三四、二一）

（乾隆四、八、辛巳）吏部議覆：河南道監察御史李源奏稱，捐助議敍之條，宜從覈實。近日江蘇地方，好善樂施一事，聞有狡黠吏胥包攬，出銀三百，准作一千開銷。請勅督撫，詳查確實，然後題請議敍。至捐助之人，果有急公濟貧之念，亦不必專在臨時承辦，任其開銷。係米穀，則斗石若干以歸倉儲；係銀錢，則分數若干以歸公庫。該州縣收明注簿，造册詳報，督撫存案查覈。果有需用之處，申明支給。得旨：下部議。臣等正在酌議，又據工科給事中朱鳳英奏稱，捐助議敍，本係奬善之意，若如李源所奏，無事時概收報捐，則捐助之情形，疑於捐納。且始也由民而納諸官，繼也由官而給諸民，閱歷經時，輾轉多手，需索侵漁，叢生百弊。請嗣後遇有賑濟興工等事，民間情願捐助，地方官詳確查覈，監司督撫查覈造册報部，分別奬賞。倘實有濟活多人，才猷卓越者，准另疏保題，該部考覈，帶領引見，量才酌用等語。臣等查李源所奏，吏胥包攬以三百爲一千之說，應行令江南督撫，秉公據實確查嚴禁。至李源奏稱捐助不必專於臨時承辦，其流弊誠如朱鳳英所奏。至所稱才猷卓越者送部引見，應毋庸議。從之。（高宗九八、一三）

（乾隆一三、閏七、戊午）又諭：東省現在收捐，官生願捐本色者，赴各州縣就近投納。其胥吏之浮收勒掯、需索包攬等弊，皆所必有，應令該管官嚴行禁革，犯者從重治罪。至經手各州縣官，向來如虛出實收，侵肥己槖，弊端亦不一而足。該撫若不刻刻留心稽察，日後事發，皆阿里袞之責，其累更重。可傳諭阿里袞，令知此意，務先稽察屬員，以清其源。仍轉飭屬員約束胥吏，則諸弊除而後患可杜矣。(高宗三二〇、八)

（乾隆二〇、一、丁亥）江南河道總督兼署兩江總督尹繼善、署理河道總督富勒赫奏：南河捐栽柳楊，多係託兵代植，以細枝充數，甚至砍伐官樹插種，幸而成活，即邀議敘，查驗後，絕不照管，漸次枯朽。查每年兵丁額栽數十萬株，儘足敷用，捐栽之例應停止。再楊樹宜高燥，豐銅等廳卑濕，十餘年之楊，圍圓尚不及尺，請仍栽柳。得旨：所奏甚是，該部照所請行。(高宗四八〇、一九)

（乾隆二〇、七、己卯）諭曰：朕時巡江浙，已屢降旨，令該督撫等毋事浮靡，務從簡樸，並飭禁一切商捐陋習。乃聞前次南巡時，浙省辦差，至有當商捐費者，此斷不可。著再行曉諭，嚴加禁止。朕清蹕所經，觀民問俗，關政治之大端，即動用數十萬正帑，亦何不可，而必取給於捐項乎？該督撫等宜仰承德意，撫恤黔黎，苟徒以鋪張華麗，炫溷耳目，至派累各商鋪戶，使不肖胥役，乘機滋擾侵肥。是以惠民之典而轉以累民，豈朕巡行本意？亦豈所以慰兆庶望幸之忱耶？若仍出此，朕惟引以為戒，不當俯從所請矣。(高宗四九二、五；東一四、三〇)

（乾隆三八、閏三、甲戌）戶部議准：御史費南英奏稱，各省捐復人員，有欠交官項未完，遽行報捐銓選者，殊未允協。請嗣後於該員具呈時，令將有無欠項呈明，並咨工部查覈。如應追銀兩逾限及銀數在三百兩以上者，即令照數全繳，方准報捐。其有欠數較多，未經逾限者，准其先行捐復，仍令限內全完。倘逾限不完，已選者，即行解任，未選者停其銓用。從之。(高宗九三〇、三〇)

（嘉慶五、七、甲辰）諭軍機大臣等：朕近聞山西捐餉一事，辦理不妥之至。有一縣派至十萬兩，輒稱奉旨捐派。該戶未能措繳，即行掌責，鎖閉班房後，名曰黑窨。此事實出情理之外。前因山西捐輸軍餉，賞給議敘，屢經辦有成案，自係人所樂從。嗣據伯麟奏，現在捐輸者，已有一百四五十萬，約可得二百萬等語。即經密批，該省輸銀既有成數，毋庸復令捐輸，免致擾累。又降旨密諭伯麟，於接奉前批後，即將捐輸一事截住，開列銀數名單具奏。此旨由驛發往，未據覆奏，自係該撫前因奏有二百萬之語，勢必勒限催繳。如此則與橫徵暴斂何異？況富戶捐銀，原聽其隨意樂輸，將來分別議敘，即與在京報捐一例，豈有豫定成數，勒令繳銀之理？總由經手之員，藉詞科派，思為飽橐之計，伯麟糊塗不曉事，一至於此。著傳旨嚴行申飭。

儻因此激成事端，先治伯麟之罪。仍著遵照前旨，將所委之員，概行徹回。總期地方不致擾累，百姓毫無怨言，方爲妥善。若既經停止，尚有藉端苛索者，即嚴行參奏。將此密諭知之。(仁宗七一、二三)

　　(**嘉慶五、九、丁未**) 諭內閣：前據伯麟奏，晉省紳士王協、尉維模等，因官兵勦辦教匪，大功將告竣，一切善復賞賚諸事需費，情願捐銀二百一十八萬餘兩，以備凱旋之用。並查從前該省曾因捐輸軍餉議敘官職，將該紳士等原呈進呈。朕念伊等情詞懇切，且有該省捐餉成例，未便阻其報効之忱。惟因捐數過多，祗賞收銀一百五十萬兩，其餘仍著伯麟按數發還，將捐輸之各紳士咨部議敘。原以該紳士等情殷報効，踴躍急公，於獎勵之中，仍寓體卹之意。乃不料晉省府縣繆晉、郭明德、陳聖域竟有向富戶王協之姪王濡翰，及尉維模借貸銀十萬兩之事，實屬貪鄙不堪。已降旨，將繆晉等革職嚴審。但恐各省督撫兩司等，或因晉省富戶樂輸軍餉，輒思倣照辦理，希圖見好；而不肖府州縣，亦欲慫慂上官，以助餉爲名，向百姓借索，假公濟私，實難保其必無。現在川陝、湖北賊匪，不日蕩平，所發帑項，接濟各路軍需，極爲充裕。即督撫等果有具奏富戶捐輸之事，朕斷不准行。然一俟地方官稟報，督撫陳奏後，始行飭禁，而閭閻已不勝其擾。與其懲辦於事後，莫若嚴禁於事前。朕宵旰勤求，於小民生計，刻縈懷抱，總期戶有蓋藏，人皆樂利，庶幾漸臻上理，豈忍令貪官墨吏，藉詞擾我良民？著傳諭現無軍務各省分之督撫等，此後如有奏請捐輸者，不但不准所請，必將該督撫治以瀆奏之罪。儻府州縣有指稱百姓樂輸，從中漁利者，該督撫查出，即行嚴參治罪，決不寬貸。(仁宗七四、二三)